Die neue Archäologie

Die neue Archäologie

Virtuelle Reisen in die Vergangenheit

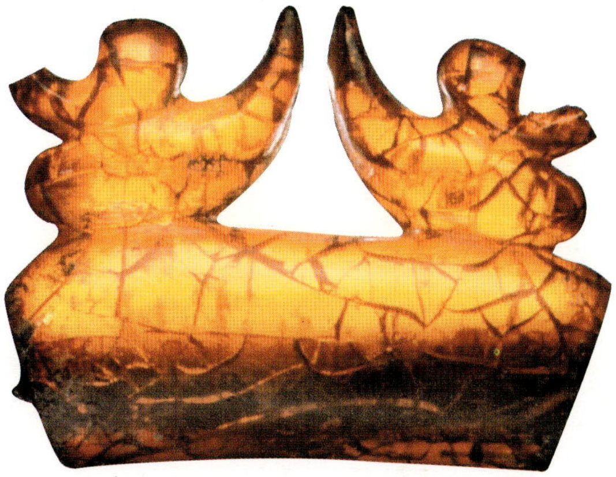

Herausgegeben von

Maurizio Forte und Alberto Siliotti

Mit einem Geleitwort von

Jean Leclant

Gustav Lübbe Verlag

Inhalt

7 Geleitwort
Jean Leclant

9–13 Einführung
Maurizio Forte

■ AFRIKA

14–17 Wüstenlack
Mauro Cremaschi

18–25 Das größte Wunder der Alten Welt
Rainer Stadelmann

26–41 Sakkara, von der Vergangenheit in die Zukunft
Maria Carmela Betrò

28–29 • Haremhabs Grab
Jacobus van Dijk

32 • Die Pyramide Pepis I.
Audran Labrousse

35 • Pyramidentexte und Informatik
Isabelle Pierre

42–51 Faijum, Restaurierung und virtuelle Archäologie
Edda Bresciani

46 • Medinet Madi: Luftbildinterpretation
Walter Ferri

50 • Ein jugendliches Antlitz für Uadsche
Francesco Mallegni

52–57 Karnak, ein Tempel im Computer

57 • Das Puzzle der Talatat
Alberto Siliotti

58–65 Die thebanischen Königsgräber

62–63 • Das Grab der Nefertari
Alberto Siliotti

66–69 Das Abenteuer Abu Simbel
Alberto Siliotti

■ VORDERER ORIENT

70–73 Çatal Hüyük, zurück zu den Ursprüngen der Stadt
Alberto Siliotti

74–75 Das alte Magan
Serge Cleuziou

76–83 Ebla, eine wiedergefundene Stadt
Paolo Matthiae

81 • Die Wiedergeburt der Monumentalarchitektur von Ebla mit Hilfe des Computers
Lorenzo Nigro

83 • Philologie und Informatik in der Erforschung der Texte von Ebla
Paolo Matthiae

84–87 Uruk, das Herz Sumers
Serge Cleuziou

88–93 Ur, die Stadt der Sintflut?
Serge Cleuziou

94–97 Babylon, das »Tor Gottes«
Serge Cleuziou

98–101 Susa, von der Grabung zum Museum
Annie Caubet

■ EUROPA

102–105 Isernia la Pineta, Kunde aus der Altsteinzeit
Carlo Peretto

103 • Experimente und Funktionsanalysen
Laura Longo, Carlo Peretto

104 • Die archäozoologische Erforschung des altsteinzeitlichen Lagerplatzes von Isernia la Pineta
Patrizia Anconetani, Carlo Peretto

106–113 Megalithkulturen

112 • Das geheimnisumwitterte Hypogäum auf Malta
Emiliana Petrioli

114–119 Ötzi, der Mann vom Similaun

117 • Ein Beispiel für interdisziplinäre Forschung
Annaluisa Pedrotti

120–125 Das minoische Kreta
Louis Godart

126–129 Die kyklopische Architektur der Mykener
Furio Dorando

130–135 Bologna, princeps Etruriae

132 • Die Villanovahütte
Maurizio Forte

136–141 Verbreitung und Verarbeitung des Bernsteins

140 • Bronzegegenstände
Maurizio Forte

142–145 Daunia, Siedlungen aus vorrömischer Zeit

143 • Die Grabstelen
Maurizio Forte

146–149 Entella, der große Felsen
Riccardo Guglielmino, Giuseppe Nenci, Maria Cecilia Parra, Simonetta Storti, Maria Adelaide Vaggioli

149 • Die Bronzetafeln von Entella
Giuseppe Nenci
150–155 Die Akropolis von Athen
Furio Durando
156–159 Delphi, Nabel der antiken Welt
Furio Durando
160–163 Olympia, Wohnsitz des Zeus
Furio Durando
164–169 Die makedonischen Königsgräber
167 • Die makedonische Grabarchitektur
Furio Durando
170–179 Rom, eine Stadtlandschaft
174 • Das Haus des Romulus
Maurizio Forte
180–189 Pompeji, die Zeitmaschine
184 • Der große Vulkanausbruch
Maurizio Forte

ASIEN
190–197 Stadtkultur im Industal
Massimo Vidale
198–203 Die mittelasiatische Stadt der Bronzezeit
Maurizio Cattani
200–203 Shahr-i Sokhta
Roberto De Nicola, Sabattino Laurenza, Ivana Marra
204–209 Baktrien und Margiana in der Bronzezeit
206 • Die digitalisierte archäologische Karte
208 • Tahirbaj
Maurizio Cattani
210–215 Völker der Steppe
Maurizio Cattani
216–219 Das Zeitalter der Jade
217 • Die Archäologie im Fernen Osten
218 • Jade
Filippo Salviati
220–221 Neue Funde aus der Shang-Zeit
Filippo Salviati
222–227 Die Terrakotta-Armee
223 • Der Erste Kaiser von China
224 • Die Große Mauer
227 • Die Geheimnisse des Grabhügels
Filippo Salviati
228–229 Museen und Restaurierungsarbeiten
Filippo Salviati
230–233 Archäologie in der Mongolei
232–233 • Beijing (Peking)
Filippo Salviati
234–239 Das alte Japan
236 • Yoshinogari und die Königin Himiko
238 • Computer und Archäologie
Filippo Salviati

Alle nachfolgenden Beiträge von Isabelle Tisserand-Gadan unter der Leitung von Daniel Lévine, falls nicht anders angegeben

AMERIKA
240–241 Pueblo Bonito und die Anasazi-Indianer
241 • Historische Quellen
242–243 Die alte Indianerstadt Cahokia
243 • Die Tempel von Moundville
244–247 Teotihuacán, Stadt der Götter
248–251 Tikal, Metropole im Regenwald
252–257 Palenque und die geheimnisvolle Pyramide
255 • Der Mayakalender
256 • Die Maya und die Kunst der Kleidung
258–259 Copán, Stadt der Kunst und der Astronomie
260–263 Die Entdeckung Tenochtitláns
264–271 Die Entzifferung der aztekischen Schrift
Joaquin Galarza
272–277 Das Reich der Inka
273 • Gegenstände des täglichen Lebens
275 • Textilkunst
276 • Landwirtschaft
278–279 Geheimnisvolle Zeichen in der Pampa von Nazca
279 • Der Totenkult
280–283 Die Mochekultur
282 • Das Grab des »Herrn von Sipan«

ANHANG
284–289 Glossar
290–295 Register
296 Bildnachweis

Herausgeber

MAURIZIO FORTE
CINECA (Centro Interuniversitario di Supercalcolo)
Progetto CEE Icarus (Archäologische Abteilung)

ALBERTO SILIOTTI
(Ägypten, Vorderer Orient, Amerika)
Centro Documentazione Archeologica

Autoren

PATRIZIA ANCONETANI
Dipartimento di Scienze Geologiche e Paleontologiche, Universität Ferrara

MARIA CARMELA BETRÒ
Dipartimento di Storia Antica-Egittologia, Universität Pisa

EDDA BRESCIANI
Dipartimento di Storia Antica-Egittologia, Universität Pisa

MAURIZIO CATTANI
IsMEO, Rom

ANNIE CAUBET
Département des Antiquités Orientales, Musée du Louvre, Paris

SERGE CLEUZIOU
Centre National de la Recherche Scientifique, Paris

MAURO CREMASCHI
Dipartimento di Scienze della Terra, Universität Mailand

ROBERTO DE NICOLA
Consiglio Nazionale delle Ricerche-IRSIP, Neapel

JACOBUS VAN DIJK
Dutch Institute, Cairo
Universität Groningen

FURIO DURANDO
Archäologe und Gräzist
Liceo Ginnasio Statale »Federico Delpino«, Chiavari

WALTER FERRI
Facoltà di Ingegneria, Universität Pisa

MAURIZIO FORTE
CINECA (Centro Interuniversitario di Supercalcolo)
Progetto CEE Icarus (Archäologische Abteilung)

JOAQUIN GALARZA
Centre National de la Recherche Scientifique, Paris

LOUIS GODART
Accademia Nazionale dei Lincei
Dipartimento di Discipline Storiche, Università »Federico II«, Neapel

RICCARDO GUGLIELMINO
Scuola Normale Superiore, Pisa

AUDRAN LABROUSSE
Centre National de la Recherche Scientifique, Paris

SABATINO LAURENZA
Consiglio Nazionale delle Ricerche-IRSIP, Neapel

DANIEL LÉVINE
Département Amériques, Musée de l'Homme, Paris

LAURA LONGO
Dipartimento di Scienze della Terra, Universität Mailand

FRANCESCO MALLEGNI
Facoltà di Scienze Matematiche, Fisiche e Naturali, Universität Pisa

IVANA MARRA
Consiglio Nazionale delle Ricerche-IRSIP, Neapel

PAOLO MATTHIAE
Dipartimento di Scienze Storiche, Archeologiche e Antropologiche dell'Antichità, Universität »La Sapienza«, Rom

GIUSEPPE NENCI
Scuola Normale Superiore, Pisa

LORENZO NIGRO
Dipartimento di Scienze Storiche, Archeologiche e Antropologiche dell'Antichità, Universität »La Sapienza«, Rom

MARIA CECILIA PARRA
Scuola Normale Superiore, Pisa

ANNALUISA PEDROTTI
Dipartimento di Scienze Filologiche e Storiche, Universität Trient

CARLO PERETTO
Dipartimento di Scienze Geologiche e Paleontologiche, Universität Ferrara

EMILIANA PETRIOLI
Dipartimento di Storia, Universität Florenz

ISABELLE PIERRE
Centre National de la Recherche Scientifique, Paris

FILIPPO SALVIATI
Dipartimento di Studi Orientali
Universität »La Sapienza«, Rom

ALBERTO SILIOTTI
Centro Documentazione Archeologica

RAINER STADELMANN
Deutsches Archäologisches Institut, Kairo

SIMONETTA STORTI
Scuola Normale Superiore, Pisa

ISABELLE TISSERAND-GADAN
Faculté d'Anthropologie, Universität Paris XIII

MARIA ADELAIDE VAGGIOLI
Scuola Normale Superiore, Pisa

MASSIMO VIDALE
Istituto Centrale del Restauro, Rom

Aus dem Italienischen von Christiane von Bechtolsheim, Giuliana Broggi Beckmann, Anna Eckner, Ulrich Hartmann, Helmut Mennicken und Ingeborg Schmutte.
Redaktion der deutschen Ausgabe: Wolfgang Schuler.

Grafische Gestaltung: Fulvio Ariani, Verona
Redaktion und Layout: Studio Editoriale Menabò, Como

Satz: Kremerdruck GmbH, Lindlar
Druck und Einband: Artes Gráficas S.A., Toledo

Printed in Spain
D.L.TO: 989-1997
ISBN 3-7857-0888-2

Geleitwort

Nicht von ungefähr stößt die Archäologie heute auf wachsendes Interesse. Angesichts der komplexen Probleme unserer Zeit und einer ungewissen Zukunft empfinden viele das Bedürfnis, sich ihren Wurzeln zuzuwenden. Sie wollen die Vergangenheit besser verstehen, um zu begreifen, woher wir kommen und wohin wir gehen. Abgesehen davon sind die schöpferischen Leistungen der Menschheitsgeschichte immer auch ein Quell der Freude und der Hoffnung.

Zu dieser Begegnung lädt der vorliegende Band ein. Er zieht eine Bilanz der modernen Archäologie und bietet eine Welt und eine Zeitreise durch das Altertum: vom Niltal und vom Mittelmeer bis nach Zentralasien (und hier vom antiken Baktrien bis zur Mongolei), durch Fernost und schließlich bis hin zu den indianischen Kulturen Nord- und Mesoamerikas, die inzwischen ihren angemessenen Platz im Kulturerbe der Menschheit gefunden haben. Die reiche Bildausstattung führt uns eine Archäologie vor Augen, die sich dank vieler Entdeckungen und neuer Betrachtungsweisen in einer Phase völliger Erneuerung befindet.

Dennoch gibt es einige »unvermeidliche« Standardthemen: Cheops und die Pyramiden, die Schlangenpriesterin von Knossos, der Parthenon, Delphi und Olympia, die Kapitolinische Wölfin und Pompeji; die Tonarmee von Xi'an, die Tempel von Teotihuacán und Tikal, die merkwürdigen Bauwerke der Inka in Peru. Aber auch viele neue Namen (Isernia la Pineta, Schar ki Sokhta, Cahokia, um nur einige zu erwähnen), die bislang nur den Spezialisten bekannt waren, geben Zeugnis von der erstaunlichen Mannigfaltigkeit des menschlichen Genies. Was für ein Trost in unsicherer Zeit!

Die in diesem überaus reichhaltigen Gemeinschaftswerk einer internationalen Koproduktion versammelten Autoren – darunter namhafte Archäologen, aber auch jüngere Forscher, die unsere Aufmerksamkeit verdienen – führen neue Arbeitsmethoden vor, die in den vergangenen zwei Jahrzehnten die archäologische Forschung ziemlich verändert haben. Sie ist nur noch in interdisziplinärer Zusammenarbeit möglich. Ihr helfen nun die neuesten Erkenntnisse der Geologie, Chemie, Biologie, Informatik und vieler anderer Disziplinen weiter. Nur ein Beispiel: In der Sand- und Felswüste von Sakkara konnten die Ägyptologen mit Hilfe verschiedener elektromagnetischer Methoden die Reste der Grabkomplexe von bislang ganz unbekannten Königinnen wie Nubunet, Inenek und Meritetis auffinden.

Der erstaunte Leser wird auf seinem Weg von einem Fundort der antiken Welt zum anderen feststellen, wie sich dank immer ausgefeilterer Techniken ganz neue Aussichten eröffnen. Es sind nicht nur neue Funde, weitere Meisterwerke, die ans Licht kommen, sondern »sprechende Steine«, die Auskunft geben über künstlerisches Schaffen, Gesellschaftsstrukturen, Bräuche und Riten, mit denen Menschen versucht haben, sich der göttlichen Welt zu nähern, Ängste und Leiden des irdischen Lebens zu überwinden und schließlich über den Tod zu triumphieren.

Bei der archäologischen Arbeit, die mitzuerleben dieser Band uns einlädt, entsteht in den virtuellen Bildern der Computerrekonstruktionen eine völlig neue Sicht auf die Wirklichkeit. Indem alle Ausgrabungsdaten im Computer erfaßt werden, wird der Archäologe in die Lage versetzt, virtuelle dreidimensionale Rekonstruktionen herzustellen. Sie treten nun neben die herkömmlichen Baupläne, Querschnitte und Aufrisse. Solche archäologischen »Animationen« gibt es mittlerweile überall. Im Tempel Pepis I. arbeiten Techniker und Archäologen zusammen, um im Bild vorzuführen, wie sich pharaonische Priester durch das Labyrinth der Gänge bis hinunter in die Totenkammer bewegt haben. Und genauso geleiten uns die italienischen Kollegen durch die Stätten des alten Italien. Gleiches gilt für die Kofun-Skulpturen des fernen Japan.

Archäologie und Informatik: die modernsten Techniken tragen nun – mit all ihren zukunftweisenden Verheißungen – zur intensiven Erforschung unserer Vergangenheit bei. An solch einem neuen aufregenden Kapitel des Abenteuers der Menschheit, wie es in zahlreichen wunderbaren Abbildungen vor Augen geführt wird, nehmen wir hier teil.

Jean Leclant
Professeur Honoraire am Collège de France,
Ständiger Sekretär der Académie des
Inscriptions et Belles-Lettres

Einführung

»Die Zukunft wird Kräfte zur Entfaltung bringen – intensivere und stärkere als jene, die in der Vergangenheit, während des Altpaläolithikums, entfesselt wurden. Die Aufgabe, Informationen zu verarbeiten und zu analysieren, ist nach wie vor entscheidend und schwierig; ebenso die Aufgabe, neue, eindeutigere Symbole und anspruchsvollere Bilder zu erschaffen und beispielsweise über das Fernsehen zu vermitteln. Wir werden nur überleben, wenn es uns gelingt, alle unsere Möglichkeiten, neben der Technik auch Kunst und Rituale, zu nutzen, um aus der wachsenden Zahl primitiver und unberechenbarer Individuen stabile Gesellschaften zu bilden.«

John Pfeiffer
The Creative Explosion. 1982

»Auf dem Wege zu einer virtuellen Archäologie« lautet der herausfordernde Titel eines 1991 erschienenen Artikels von Paul Reilly, der darin einige der möglichen künftigen Entwicklungen der Archäologie beschreibt – eine Archäologie, die wir uns als technologisch und multidisziplinär geprägt vorstellen müssen; eine wissenschaftlich-virtuelle Archäologie, weil sie sich auf elektronische Datenverarbeitung, Simulation, Experiment und Rekonstruktion mit Hilfe des Computers stützt. Aber wie wird die Archäologie der Zukunft tatsächlich aussehen? Welche Sprache wird die Archäologie des dritten Jahrtausends sprechen? Welche Wissenschaftsgebiete wird sie nutzen? Vor allem aber – wieviel werden wir von der Alten Welt, der materiellen Kultur, von Fundorten und Bauwerken rekonstruieren?

Die Möglichkeiten, die uns Wissenschaft und Technik zunehmend bieten, haben der Archäologie neue Horizonte und neue Wege zur Erkenntnis eröffnet. Es besteht kein Zweifel, daß wir bei dieser Entwicklung imstande sein werden, immer größere Bereiche einer immer ferneren Vergangenheit zu erschließen und damit eine viel genauere Vorstellung von der Antike zu gewinnen. Die Aufgabe der archäologischen Methodologie besteht darin, aus der materiell erhaltenen Kultur die größtmögliche Menge an Informationen zu ziehen, bis sich ihr Erkenntnisgehalt wissenschaftlich darstellen läßt. Die Rückgewinnung wächst ständig, das heißt: Was heute nicht entdeckt und gedeutet wird, kann möglicherweise die Archäologie der Zukunft beschäftigen. Es ist daher wichtig, den Zugang zu Informationen und Daten nicht zu versperren. In diesem Prozeß des Gewinnens, der Wiederherstellung und der Rekonstruktion wird die Hilfe des Computers und der Technik unverzichtbar sein; und genau in diesem Zusammenhang kann man von virtueller Archäologie reden.

Wahrscheinlich wird die Archäologie des dritten Jahrtausends eine stark technologisch bestimmte Wissenschaft sein. Ihre Methoden der Erforschung, der Deutung und der Klassifikation werden sehr viel zahlreicher sein und weitreichende Erkenntnisse zur Rekonstruktion der Vergangenheit liefern. Man könnte auch von einer Computerarchäologie sprechen, insofern es zu einem bemerkenswerten Einsatz von Rechnern und Meßverfahren kommen wird, mit denen ein wahrhaft virtuelles Forschungslabor betrieben werden kann. Die »Qualität« der Information und der archäologischen Klassifikation wird vermutlich die Grundlage einer neuen Wissenschaft bilden.

Während der Ausgrabung und Forschung an Ort und Stelle ist die Tätigkeit des Archäologen manchmal recht unangenehm, weil er – und das ist einzigartig – die Gegenstände seiner Forschung zum Teil zerstören muß, ohne ihren Informationsgehalt in vollem Umfang gewinnen zu können. Um die gewonnenen Daten richtig zu deuten, muß der Archäologe Schichten, Baureste und große Erdmassen entfernen. Es reicht nicht aus zu sehen, was unter der Erde liegt; oft verdecken alte Strukturen noch ältere, wie es sich an besonders geschichtsträchtigen Stätten erwiesen hat. Das von Homer besungene Troja zählt allein von 3000 v. Chr. bis zur römischen Zeit mindestens neun Hauptschichten, weitere stammen aus der Spätantike und der folgenden Zeit. Jede dieser Schichten steht für eine andere Stadt, die die Archäologen aber nur gründlich untersuchen können, wenn sie die darüberliegenden Schichten, also die jüngeren, wegräumen und damit zerstören.

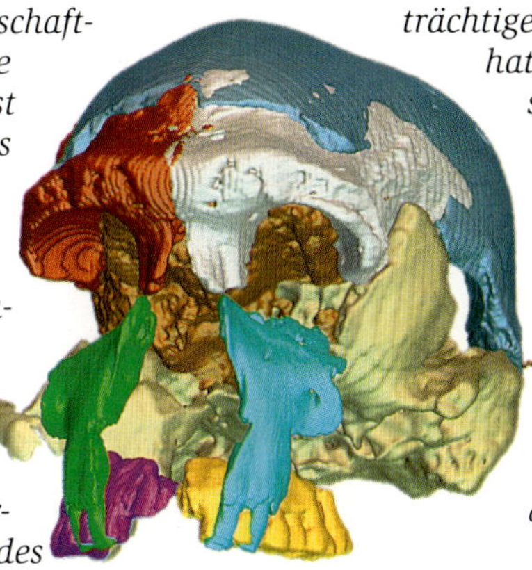

← Computerrekonstruktion eines Schädels des archaischen Homo sapiens nach Fragmenten aus Salé. Die dreidimensionale Visualisierung erlaubt die Untersuchung des Schädels am virtuellen Modell.

Die archäologische Grabung ist daher ein komplexer Erkenntnisprozeß, der, wenn er korrekt verläuft, eine logische Rekonstruktion vergangener Ereignisse gestattet, oder doch eines kleinen Teils davon. Da man sich auf Dauer nicht mit einigen wenigen Funden zufriedengeben kann, wenn im Boden noch zahlreiche andere ruhen, müssen Bodenschichten teilweise oder vollständig abgeräumt werden, ganz gleich, ob es sich um Ablagerungen oder um Baureste handelt. Um den Schichtungsbefund kennenzulernen, muß der Archäologe das Terrain gewissermaßen entblättern. Die archäologische Stratigraphie beschreibt – bis ins kleinste Detail – die Abfolge zahlreicher Ereignisse, die oft schwierig zu identifizieren, doch alle bedeutsam sind.

Um ein einfaches Beispiel zu nennen: Versuchen wir uns vorzustellen, wie

← Computerrekonstruktion von Cahokia, einer Siedlung des 12. Jahrhunderts am Ufer des Mississippi, an der Stelle des heutigen St. Louis. Im Hintergrund ein schwarzes Hügelgrab. Die Abbildung entstammt dem Dokumentarfilm »500 Nations«, der die Geschichte der alten amerikanischen Kulturen erzählt.

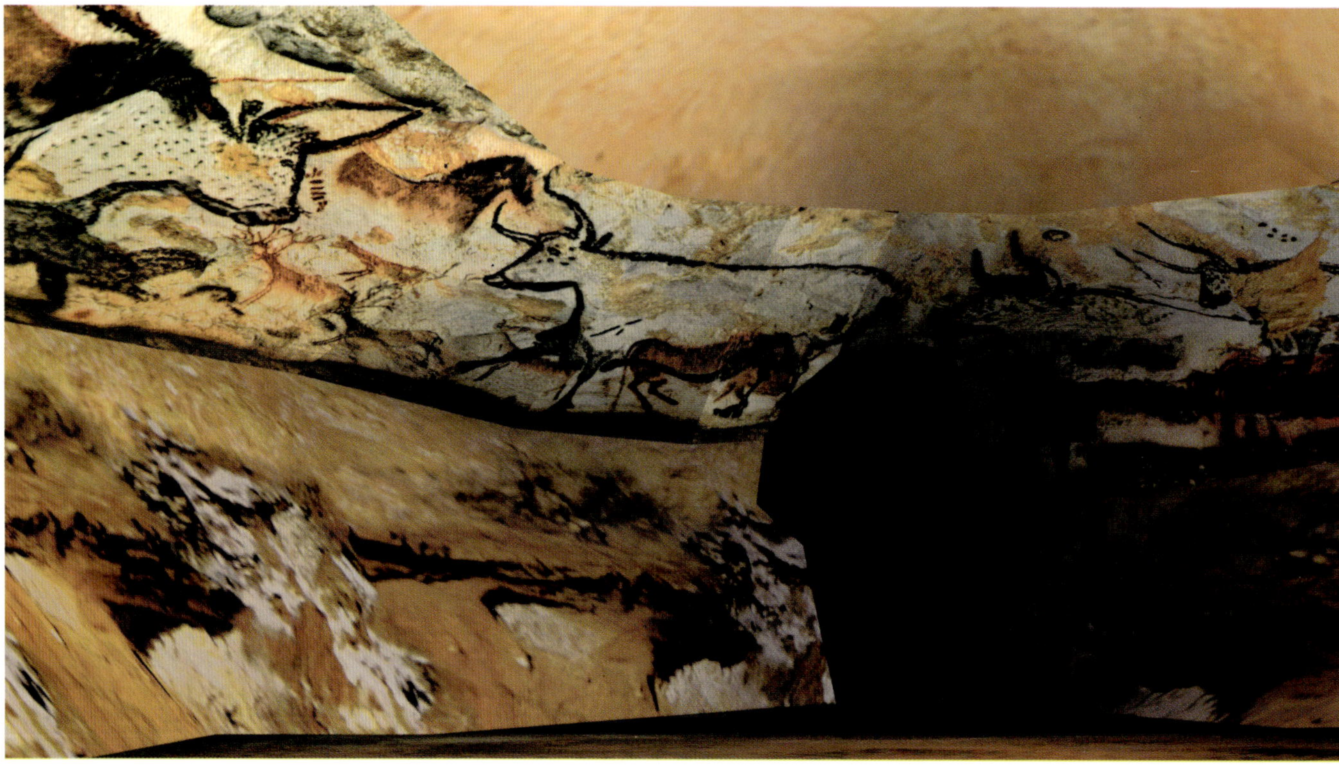

viele Informationen unsere Wohnung oder auch nur unser Wohnzimmer oder unser Büro enthält, die mit unseren zahllosen Handlungen, mit der Entwicklung von Architektur oder Einrichtung zusammenhängen. Nur die Erinnerung an sie und an unsere Handlungen, die ja nur wenige sichtbare Spuren hinterlassen – etwa durch das Verrücken eines Möbelstücks, ein Zeichen an der Wand oder auf einer Kachel usw. –, vermag uns eine verläßliche Datenbank zu liefern. Falls unsere Umwelt zerstört wird und kleine oder große Teile derselben in ferner Zukunft untersucht würden – ob es sich dabei um Trümmer, Fundamente oder ganze Bauten handelt, ist unwesentlich –, könnte der Archäologe doch nur wenige Schlüsse auf dort vollzogene Handlungen ziehen. Und falls er keine einschlägigen Dokumente fände, hätte er große Mühe, selbst die Zweckbestimmung des Raums korrekt zu deuten. (Was wäre etwa, wenn es keine Inneneinrichtung gäbe, der Unterschied zwischen einem Wohnzimmer und einem Schlafzimmer?)

Die virtuelle Rekonstruktion ist daher die beste Methode, um die Frage zu beantworten: Wieviel läßt sich überhaupt rekonstruieren? Sie ist vielleicht das einzige verfügbare Mittel, um zu einer immer korrekteren Einordnung und Deutung zu gelangen. In diesem Sinne stellt die archäologische Methodologie das letzte Stadium jener Bemühungen dar, mit denen der Mensch der Gegenwart sich der Antike bemächtigt, indem er die verborgensten Aspekte nicht willkürlich, sondern virtuell nachschafft.

Die heutigen Methoden der Archäologie – erste Berührungen mit Informatik und Computern gab es schon in den sechziger Jahren – können als überdisziplinär gelten, da sie sehr viele Forschungsgebiete der angewandten Wissenschaften einbeziehen. Die Wechselbeziehungen zwischen Archäologie, Geologie, Physik und anderen Naturwissenschaften sowie Informatik bilden ein zunehmend kompakteres methodologisches System. Eine Hauptaufgabe archäologischer Forschung ist die Darstellung der Informationen, das heißt der Gehalt an Erkenntnis in den Daten und den Entdeckungen, eine andere ihre Vermittlung. Die Archäologie ist vielleicht die populärste Wissenschaft, denn sie vereinigt die unterschiedlichsten wissenschaftlichen Anregungen zur Wiederbelebung der Vergangenheit.

Dieses Buch will dem Leser die antike Welt so sachgerecht wie möglich schildern. Es ist weder eine

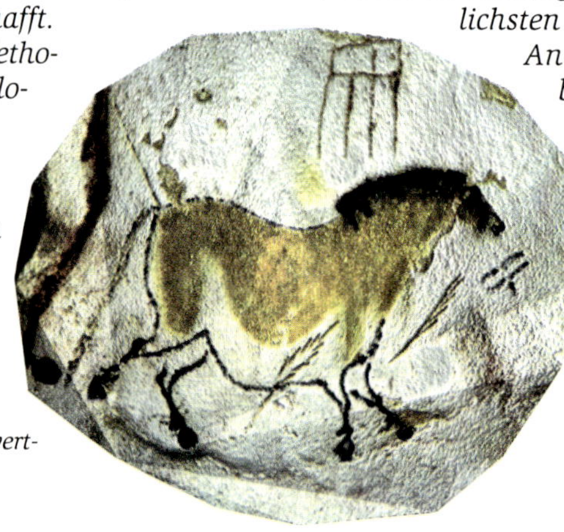

↑ → Computerrekonstruktion der Höhle von Lascaux. Rechts ein gemaltes Pferd. Die virtuelle Realität erlaubt es, die Höhle mit ihren wertvollen prähistorischen Malereien zu »besuchen«, auch wenn sie zur Zeit nicht zugänglich ist.

systematische Abhandlung noch ein Atlas der antiken Welt, weder eine lückenlose Chronologie noch ein Kompendium archäologischer Methoden, sondern ein Buch wissenschaftlicher Veranschaulichung, das aktuelle archäologische Entwicklungen schildert und reale Orte ebenso wie virtuelle Modelle der Archäologie aus aller Welt vorführt. Vielleicht wäre »Atlas der archäologischen Modelle« eine ganz zutreffende Bezeichnung. Die aktuellen archäologischen Entdeckungen sind nicht zu übersehen und führen oft auf ganz verschiedene Weise zu neuen Erkenntnissen. Der Mann vom Similaun (Ötzi) und die Vorgeschichte Europas, Faijum und das Ägypten der Pharaonen, die Felsmalereien der Sahara, der Ursprung Roms, die Stadtkultur des alten Ebla, der Diskos von Phaistos und das minoische Kreta, das paläolithische Lager von Isernia, die Daunia in vorrömischer Zeit, das Peking der Mongolen, die Stadtkulturen Mittelasiens, die »Stadt der Götter« in Amerika, die Entzifferung der aztekischen Schrift sind nur einige der hier behandelten Themen.
Die archäologische Information soll in diesem Buch auf neuartige Weise vorgeführt werden, indem die wichtigsten Ereignisse der historischen und der technischen Wiederbelebung der Vergangenheit veranschaulicht werden. Dabei wird der Leser die neuesten Entdeckungen und Forschungsergebnisse erfahren und die Orte kennenlernen, wo sie gewonnen wurden. Die antike Welt, die der Leser in den ungewöhnlichen Abbildungen dieses Buches durchstreift, ist auch eine Welt der Farbe, im Unterschied zu den Schwarzweißaufnahmen, die wir von antiken Denkmälern oder von den dürftigen Resten verlassener Stätten gewohnt sind. Die polychrome Rekonstruktion der verschiedenartigen Baumaterialien – von parischem Marmor bis Holz, von einfachem Stein bis zum Travertin, von Kalk bis zu Terrakotta und so weiter – führt dem Leser ein lebendiges Bild von den antiken Bauwerken und deren ursprünglicher Ausstattung vor Augen. Farbe ist ein Grundbestandteil archäologischer Information. Sie kann etwa in religiösen Bauten – in Tempeln, Heiligtümern, in großen öffentlichen Bauwerken des Altertums – symbolische Bedeutung haben, sie kann Größe und Kraft ausdrücken, vor allem aber gibt sie uns

↓↑ Computerrekonstruktion des unterirdischen Saals des Fürsten Uadsche in Chelua im Faijum. Von dem Saal erreicht man den Zugang zu den unterirdischen Grabkammern. Oben ist die Computergraphik einer Darstellung vom ersten Pfeiler zu sehen.

die ursprüngliche Bildgestalt, die Gesamtwirkung, die Harmonie und den architektonischen Zusammenhang zurück.
Die Computerrekonstruktionen stammen aus aller Welt, von Japan bis zu den USA, von Europa bis Afrika. Einige wurden jedoch eigens für dieses Werk angefertigt; und da es sich um virtuelle Modelle handelt, wird es möglich sein, sie in Zukunft nach dem jeweiligen Forschungsstand zu aktualisieren. Ja, wir möchten uns das vorliegende Werk gerne als »work in progress« denken: Zukünftige Auflagen könnten neue Entwicklungen berücksichtigen. Im übrigen werden in Zukunft die meisten archäologischen virtuellen Modelle per Computer in alle Welt übertragen werden, so daß sich eine systematische interdisziplinäre Forschung anbietet.
Dieses Buch mit Beiträgen bedeutender Forscher aus aller Welt ist in fünf Abschnitte gegliedert: Afrika, Vorderer Orient, Europa, Asien, Nord- und Südamerika. Jedesmal wird der Leser einige der wichtigsten Ergebnisse jüngster archäologischer Forschung finden, vor allem dann, wenn Technik und elektronische Datenverarbeitung eine besondere Rolle gespielt haben. Die genaue geographische Lage der Grabungsstätten ist auf Übersichtskarten vermerkt, verschiedentlich ergänzt durch Luft- oder Satellitenaufnahmen. Die Lagepläne sind auf den neuesten Stand gebracht. Das reichhaltige Illustrationsmaterial führt darüber hinaus auf eigenständige Weise durch das Buch, unabhängig vom Text. In der bildlichen Darstellung stellen sich Grabungsstätten und Forschungen gewissermaßen selbst vor. Der Betrachter unternimmt dabei eine optische Reise durch einen virtuellen Raum zwischen Realität und Hyperrealität. So entsteht eine multimediale Welt, in der längere Textbeiträge, Einschübe, Abbildungen, Karten, Lagepläne und Tabellen ergänzend oder vertiefend Auskunft geben, wobei auch multidisziplinäre Anwendungen nicht fehlen (Ausarbeitungen am Computer, Analyse unter dem Mikroskop, Studien zur früheren Umwelt, anthropologische Untersuchungen usw.).

↑ Computerrekonstruktion eines mongolischen Lagers. Man erkennt die äußerst regelmäßige Anordnung der Jurten, der typischen Mongolenzelte.

↑ Computerrekonstruktion einer Pyramide in Tikal, einem der bedeutendsten Fundorte des Mayatieflandes (Nordguatemala).

Aber warum ist die virtuelle Rekonstruktion einer archäologischen Stätte überhaupt wichtig? Abgesehen von ihrer Beliebtheit bei der interessierten Öffentlichkeit bietet sie eine vielschichtige Interpretationshilfe. Sie ist viel mehr als eine graphische Darstellung, sie ist eine Simulation. Mit ihr kann man ein Modell aus unzähligen Perspektiven dreidimensional erforschen. Darüber hinaus ermöglicht sie die Überprüfung von Arbeitshypothesen zu den Bereichen Architektur, materielle Kultur, Topographie, frühere Umwelt, Bodenbeschaffenheit, Restaurierung, Präsentation in Museen usw. Sie hilft der menschlichen Erkenntnis gerade in den Bereichen weiter, die weniger erforscht sind, weil sie der Vergangenheit angehören.

Auf der 3. Internationalen Konferenz über das World Wide Web, die unter dem Motto »Technology, Instruments and Applications« vom 10. bis 14. April 1995 in Darmstadt stattfand, wurde eine neue graphische Sprache zur Beschreibung dreidimensionaler Objekte vorgestellt, die »Virtual Reality Markup Language« (VRML). Es handelt sich um eine völlig neuartige Methode, um Informationen im 3D-Raum und durch eine hypermediale Steuerung zu visualisieren. Gegenstände bzw. Informationen können gedreht, umgestellt und aus allen Richtungen betrachtet werden. Diese leistungsstarke graphische Sprache eröffnet neue, außerordentliche Möglichkeiten, um multimediale Daten in dreidimensionalen Räumen zu erarbeiten. Es kann nicht ausgeschlossen werden, daß es in naher Zukunft möglich sein wird,auch die Informationen dieses Buches in VRML umzusetzen, so daß man ganze virtuelle archäologische Parks, angelegt aus physischen und gedanklichen Modellen, aus festumrissenem Gelände und mehrdimensionalen Ideen, durchstreifen kann. (Die Möglichkeiten der Computersimulation sind vielleicht unendlich.) Allen, die sich anschicken, dieses Buch zu lesen und sich durch die virtuellen Orte und Wege dieses Buches zu bewegen, wünsche ich eine gute Reise und vor allem einen glücklichen Aufenthalt.

Maurizio Forte

»Unsere Fähigkeit, Symbole zu schaffen, macht uns offenbar zu einer einzigartigen Spezies, und wir sind gewiß einmalig in der bescheidenen Fähigkeit, durch die Anwendung solcher Symbole unsere Lebensbedingungen zu kontrollieren. Die Geschicklichkeit, mit der wir die Wirklichkeit darstellen und simulieren, setzt voraus, daß wir der Ordnung der Existenz nahezukommen vermögen und alles tun, daß sie menschlichen Zwecken dient. Eine gute Simulation – sei sie nun ein religiöser Mythos oder eine wissenschaftliche Theorie – vermittelt uns ein Gefühl, unsere Erfahrungen zu beherrschen.«

Heinz Pagels
The Dreams of Reason. 1988

↓ Computerrekonstruktion des Zeremonialzentrums von Tenochtitlán, dem Venedig der Neuen Welt. In ihr ersteht die große Aztekenhauptstadt in alter Pracht.

Wüstenlack

Unzählige Felsbilder in den Gebirgsmassiven der Zentralsahara belegen den Übergang von der Wirtschaftsweise der Jäger und Sammler hin zu einer planmäßigen Nahrungsmittelproduktion durch Ackerbau und Viehzucht. In der Sahara fand zu jener Zeit auch eine dramatische Veränderung der Umwelt statt: Weite Gebiete der Savanne, in denen die Tiere lebten, die in den Felsbildern immer wieder dargestellt sind, verwandelten sich in eine extrem trockene, lebensfeindliche Wüste.

Bei der Erforschung der Felsbilder gibt es noch manche ungelöste Frage, doch am schwierigsten ist vielleicht ihre genaue Datierung: Die formale Analyse hat zwar die Abfolge (relative Chronologie) der bekannten Stile ermöglicht, doch über deren exakte zeitliche Einordnung bestehen noch Zweifel und Uneinigkeit.

Bei der relativen Datierung vergleicht man unter anderem den Patinierungsgrad der Einritzungen mit dem der übrigen Felswand: Die frühesten Bilder sind genauso stark von »Wüstenlack« (ein schwarzer Mineralfilm aus Eisenhydroxid und Manganoxid) überzogen wie der Fels, die späteren weisen einen allmählich immer augenfälligeren Unterschied auf. Neuere Untersuchungen haben jedoch gezeigt, daß ein solcher Überzug mehr als ein einfaches Mittel zur relativen Datierung sein kann, denn die Faktoren, die seine Entstehung verursacht haben, wurden vor allem vom Klima gesteuert. Sie können also über die vorzeitlichen Umweltbedingungen Aufschluß geben und hängen mit der jüngeren Erdgeschichte der Gegend zusammen.

Bisher hat man angenommen, der Wüstenlack sei dadurch entstanden, daß der Fels die Eisen- und Mangansalze sozusagen ausgeschwitzt habe, und zwar durch Ausfällung infolge Verdunstung des wenigen in diesem Milieu vorhandenen Wassers. Mit neuen Techniken konnte jedoch eindeutig festgestellt werden, daß der Wüstenlack aus feinsten Partikeln besteht, die vom Wind auf die Gesteinsoberfläche geblasen wurden.

Auffällig ist sein hoher Gehalt an Mangan, auf den die eigentümliche schwarze Färbung zurückzuführen ist. Er ist deutlich höher als der des Gesteins, von dem die Partikel stammen könnten. Daraus muß man schließen, daß das durch Windeinwirkung entstandene Material an der Felsoberfläche Veränderungen erfahren hat, die nicht nur durch physikalisch-chemische, sondern auch durch biologische Prozesse hervorgerufen worden sind. Letztere entstehen

↑ *Die linke, nur leicht geneigte Wand im Akakus (Wadi Sennadar) ist gleichmäßig von Wüstenlack überzogen; auf der vorspringenden rechten Wand hingegen hat er sich nur dort gebildet, wo Wasser herabgeflossen ist.*

↑ *Im Messak Settafet (Wadi In Elobu) überzieht der Wüstenlack das Plateau und das Geröll in den Wadis. Anhand des schwarzen Mineralfilms, der sich hauptsächlich aus Eisen- und Mangansalzen zusammensetzt, kann man die Felsbildkunst datieren und die vorzeitlichen Umweltbedingungen besser verstehen.*

durch Manganbakterien, die in einem bestimmten ökologischen Milieu gedeihen können. In der Tat fördert ein feuchtes Klima die Entwicklung entsprechender Arten wie Flechten und Pilze oder höherer Pflanzen, andererseits bewirken allzu trockene Bedingungen alkalische Verhältnisse, die die Entwicklung von Bakterien hemmen. Der manganreiche Wüstenlack kann also nur unter mäßig feuchten Bedingungen entstanden sein. In manchen Wüsten bildet sich noch Wüstenlack, in anderen ist der Entwicklungsprozeß abgeschlossen. Dies ist der Fall in der Hochebene des Messak und in den Bergen des Tadrart Akakus, wo er die Oberfläche der Felswüste, die Wände und die Geröllbrocken der Wadis gleichmäßig überzogen hat. Im Tadrart Akakus ist der Wüstenlack weit verbreitet, doch fehlt er an der Decke der Abris (schützende Felsüberhänge) und auf vorspringenden Flächen; meist ist er da entstanden, wo Wasser herabgeflossen ist. Die Wände beider Bergmassive sind von Abrißnischen zerfurcht oder durch Winderosion zerfressen; hier ist das ursprüngliche Gestein zu sehen, das leuchtend gelb oder dünn von einer eisenhaltigen rötlichen Patina überzogen ist. Auch die Flächen, auf denen der Lack erhalten ist, sind stark zerklüftet. Der Wüstenlack ist also ein Relikt aus der Vergangenheit; er ist unter klimatischen Bedingungen entstanden, die dort heute nicht mehr existieren.

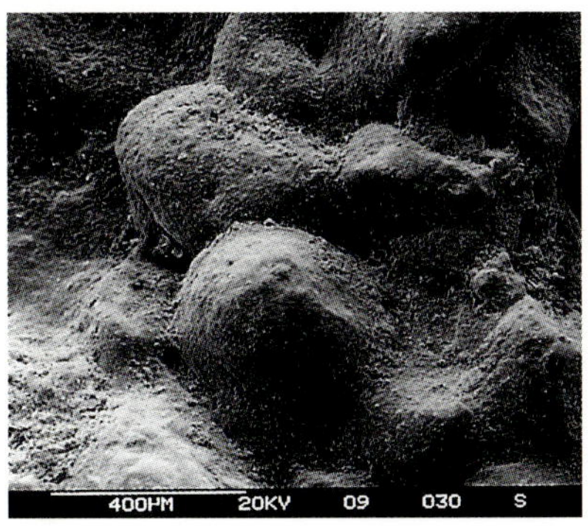

← *Unter dem Elektronenmikroskop sind in der Wüstenlackprobe aus dem Akakus (Wadi Teshuinat) die feinen, vor allem tonhaltigen Materialien auf den Sandsteinkörnchen zu erkennen.*

Um den Entstehungsprozeß des Wüstenlacks im einzelnen besser zu verstehen, wurden die Untersuchungen an Ort und Stelle durch Beobachtungen am Elektronenmikroskop und EDAX-Analysen ergänzt, ein computergestütztes Röntgenverfahren.

In allen mikroskopisch untersuchten Fällen hat der Lack einen linsenförmigen Verlauf und füllt die Unebenheiten zwischen den Körnern des Sandsteins auf; er ist zwischen 20 und 100 Mikrometer (1 Mikrometer = ein millionstel Meter) stark. Er besteht aus drei Schichten mit verschiedenen physikalischen und chemischen Eigenschaften. Die Oberflächenschicht wird von kieselsauren Tonpartikeln (Quarz, Aluminium) gebildet und weist manchmal Alkalien auf. Die Zwischenschicht besteht aus eisen- und manganhaltigen schwarzen gewellten Plättchen, ein Merkmal der organischen Sedimentation; sie entspricht dem klassischen Wüstenlack, wie er in der Literatur beschrieben ist.

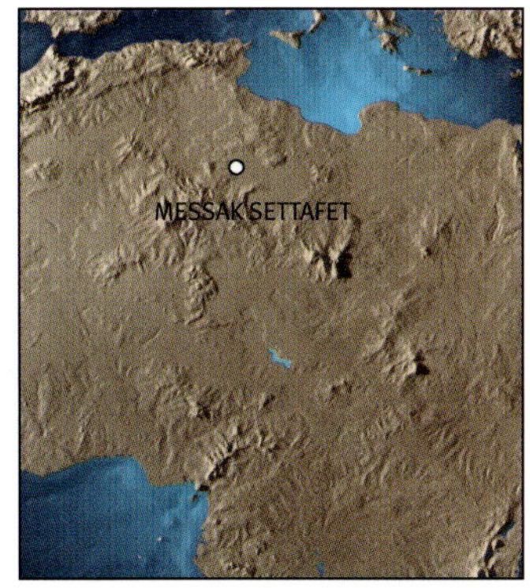

← *Die Bergketten des Messak Settafet und des Akakus in Libyen, Zentralsahara*

Die untere Schicht enthält stark eisenhaltigen Ton ohne Plättchenbildung, der ungleichmäßig verteilt und chemisch sehr unterschiedlich zusammengesetzt ist: Im besonderen sind hier organische Kalziumphosphate vorhanden. Die dritte, manchmal verwitterte Schicht war, anders als die beiden darüberliegenden Schichten, nicht in allen Proben zu finden.
Jede Schicht spiegelt andere paläoklimatische Bedingungen wider. Die Grundschicht weist auf eine Veränderung der Felsoberfläche in ziemlich feuchtem Klima hin: Der hohe Phosphatgehalt und die große Menge an Ton lassen vermuten, daß diese Schicht durch Moose und Flechten verursacht sein könnte. Die zweite, stark manganhaltige Schicht ist ein Werk der Manganbakterien, weist also auf gemäßigt trockene Bedingungen hin. Die oberste Schicht aus Ton, die hier keiner Veränderung unterlegen war und manchmal Alkalien enthält, deutet auf ausgeprägte Trockenheit hin.

→ *Messak Settafet (Nabeter): Dieses Felsbild eines katzenartigen Tiers weist heute Beschädigungen auf, die durch große Temperaturschwankungen entstanden sind.*

↑ *Computervisualisierung einer Felswand in Tan Zoumaitak.*
Mit diesem Verfahren können die gemalten Figuren – Menschen, meist reich geschmückt, und Tiere, wie hier Widder und Quallen – exakt reproduziert werden.

Das für die ersten Jahrtausende des Holozäns typische feuchte Klima weicht vor etwa dreitausend Jahren allmählich dem extrem trockenen heutigen Klima. Einige archäologische Befunde bestätigen, daß sich der manganhaltige Lack zwischen Ende des 6. und Anfang des 5. Jahrtausends in einer gemäßigt trockenen Steppenzone gebildet hat.

Der Zusammenhang zwischen Wüstenlack und Felsgravuren wird an den Felsbildern von Tin-n-Ascigh (Wadi Sennadar, Akakus) deutlich: Hier liegen, mit unterschiedlicher Wüstenlackbildung, vier Stile saharischer Felsbildkunst übereinander oder nebeneinander.
Die Ritzlinien der Darstellungen von *Bubalus antiquus* (ein ausgestorbener großer afrikanischer Büffel) und Nashorn, die aus der Großwildperiode (Bubalusperiode) stammen, sind korrodiert und gleichmäßig von manganhaltigem Lack überzogen. Auch die Giraffe aus der Rundkopfperiode ist von Lack bedeckt, die Gravierung jedoch perfekt erhalten. Die Giraffen der Hirten- oder Rinderperiode sind in den Wüstenlack eingeritzt, die Gravurlinien sind ohne Lack und haben eine rotbraune Patina. Die Rillen der späten Dromedarbilder schließlich zeigen den unveränderten Felsen.
Dieselbe Abfolge findet sich im Messak Settafet, in In Habeter und in In Elobu: Die stilistisch ältesten Bilder stammen aus der Großwildperiode. Ihre Rillen sind vom gleichen schwarzen Lack überzogen wie der Fels, zuvor aber waren sie stark korrodiert. Dann sind Rinder wiedergegeben, später Haustiere und menschliche Gestalten, die ebenso stark wie der Fels vom Wüstenlack überzogen sind, doch ihre Rillen sind einwandfrei, die Bearbeitungsspuren völlig intakt. Es folgen Felsbilder der Hirtenperiode. Ihre Rillen sind in den schwarzen Lack des Gesteins graviert; sie sind braun oder rötlich. Sie haben keinen oder nur sehr wenig manganhaltigen Lack. Die Darstellungen der Kamelperiode schließlich haben keinerlei Überzug.
Der Wüstenlack liefert also, wenn auch in begrenztem Maße, nützliche Hinweise zur Datierung der Felsbilder und zum besseren Verständnis der vorzeitlichen Umweltbedingungen.
Der manganhaltige Lack, der sich je nach Gebiet im 6. und im 5. Jahrtausend gebildet hat, ist eine Art historische Scheidelinie für die Felsbildkunst: Es gibt Bilder, die vor dem Wüstenlack, und solche, die danach oder in der Zeit entstanden sind, als die Lackbildung abklang.
Zur ersten Gruppe gehören die Bilder der Großwildperiode und die ältesten Darstellungen der Rinderperiode. Nur die Gravurlinien der Großwildperiode waren korrodiert, bevor sich die manganhaltige Patina abgelagert hat. Die Ursachen dieser Korrosion sind noch unbekannt. Man kann zwar nicht ausschließen, daß sie durch den Wind verursacht wurde, doch möglicherweise ist sie unter den feuchten Bedingungen zu Beginn des Holozäns durch Flechten oder Moose auf dem Gestein entstanden. Auf sie ist möglicherweise die Bildung der ersten Schicht zurückzuführen, die in einigen Proben gefunden wurde. Diese Darstellungen könnten mindestens in das frühe Holozän zurückreichen.
Darauf folgen die ältesten Felsbilder der Rinderperiode, von der sie sich durch Erosion der Wände unterscheiden; das Klima war noch zu feucht für Manganbakterien.
Die Umweltbedingungen, die zur Bildung von Wüstenlack geführt haben,

Perioden der Felsbildkunst in der Sahara

10 000 v. Chr.	GROSSWILD- oder BUBALUSPERIODE (vor allem Gravierungen)	
	RUNDKOPFPERIODE (vor allem Malerei)	Beginn Ende
5000 v. Chr.	HIRTEN- oder RINDERPERIODE (Gravierungen und Malerei)	frühe mittlere späte
2800 v. Chr.		
1500 v. Chr.	PFERDEPERIODE (Gravierungen und Malerei)	
n. Chr.	KAMELPERIODE (Gravierungen und Malerei)	

→ *Tin-n-Ascigh, Wadi Sennadar, Akakus: An diesen Bildern ist zu sehen, wie Figuren der vier Stile saharischer Felsbildkunst übereinandergelagert sind.* Bubalus *und Nashorn (1) gehören in die Großwildperiode, die rechte Giraffe (2) in die Rundkopfperiode, die Giraffen in der Mitte (3) in die Rinderperiode; die Dromedare (4) stammen aus einer späteren Zeit.*

scheinen in den Gebirgen des Akakus und des Messak am Ende des 6. Jahrtausends geherrscht und das Abklingen der Feuchtperiode in der Sahara begleitet zu haben. Wie die Füllungen der Abris und der Höhlen dieser Periode belegen, war die Sahara, vor allem im Messak Settafet, eine trockene Steppe und nicht mehr baumbestandene Savanne.

Nach dem 5. Jahrtausend bildete sich in den Bergmassiven der Sahara kein manganhaltiger Wüstenlack mehr. Die Trockenheit hatte deutlich zugenommen, und der Sand, den der Wind auf den Felsflächen anhäufte, bestand aus tonerdehaltigen Silikaten und Alkalien, die von den Böden der allmählich austrocknenden Seen rund um die Bergmassive abgeblasen wurden. Auch die zahlreichen Darstellungen mit roten Gravurlinien, darunter die berühmten Meerkatzen von In Habeter im Wadi Mathendush, zeigen, daß die Täler des Akakus und des Messak in dieser Periode häufig aufgesucht wurden. Damit stimmen auch die Datierungen nach der Radiokarbonmethode überein, die die oberste Schicht vieler Ablagerungen in den Abris und den Höhlen der Gegend, die von Hirten als Wohnplätze genutzt wurden, in die Zeit vom Ende des 3. bis zum Anfang des 1. Jahrtausends vor unserer Zeitrechnung verweisen.

Bibliographie

• P. Graziosi *L'arte rupestre della Libia*. Neapel 1942
• F. Mori *Tadrart Acacus. Arte rupestre e culture del Sahara preistorico*. Turin 1965
• R. I. Dorn »Case and Implications of Rock Varnish Microchemical Laminations«, in: *Nature* 310, 1984, S. 767–770
• P. Rognon *Biographie d'un desert*. Paris 1989
• M. Cremaschi »Genesi e significato paleoambientale della patina del deserto e il suo ruolo nello studio dell' arte rupestre«, in: M. Lupacciolu *Arte e il culture del Sahara Preistorico*. Rom 1992, S. 77–88
• A. M. und A. van Albada »Art Rupestre du Sahara«, in: *Dossiers d'Archéologie* 197, Oktober 1994
• T. M. Oberlander »Rock Varnish in Deserts«, in: A. Abrahams, A. Parsons *Geomorphology of Desert Environment*. London 1994, S. 16–119
• U. Sansoni *Le più antiche pitture del Sahara*. Mailand 1994

→ *Die Meerkatzen von In Habeter (Wadi Mathendush). Die rote Patina hebt sich von der Felsfläche ab, die von einem manganhaltigen Film überzogen ist.*

Das größte Wunder der Alten Welt

Auf einem 40 Meter hohen Felsplateau erheben sich, weithin sichtbar, die Pyramiden von Gise über die nordöstlichen Ausläufer der libyschen Muschelkalkberge. Die beherrschende Lage, die umliegenden Kalksteinbrüche, in denen das Baumaterial für das Kernmauerwerk gewonnen wurde, und die nahen Steinbrüche mit dem feinkörnigen, fast marmorartigen Kalkstein von Tura für die Verkleidung waren wichtige Voraussetzungen für die Wahl des Ortes.

Das sanft zum Nil hin abfallende Gelände mit einer natürlichen Hafenbucht bot genug Platz für die Pyramidenstadt mit der königlichen Residenz, den Villen des Hofstaates und der hohen Beamten und, etwas abseits im Süden, den Arbeitervierteln und den Werkstätten der Großbaustelle.

Das hügelige Plateau wurde zu Beginn der Bauarbeiten leicht begradigt; nur im Zentrum der geplanten Pyramide ließ man einen Felskern stehen, um den eine sorgfältig nivellierte Fläche zur Abmessung der Pyramidenbasis geschaffen wurde. Das Fundament ist, selbst für unsere heutigen Vermessungstechniken, bewundernswert genau verlegt: Der größte Höhenunterschied zwischen der Mitte der Nordseite und der Südostecke beträgt nicht mehr als 21 Millimeter. Natürliche Felsnischen und Karstgrotten wurden vermauert und geschlossen. Zur Nivellierung wurde nur die einfache Wasserwaage benutzt; frühere Theorien, man habe dazu das Gelände geflutet oder Wasserbecken angelegt, haben sich mittlerweile als falsch erwiesen.

Für die Ecken wurde ein eigenes Unterlager aus Fundamentblöcken mit einer leichten Neigung nach innen von 2 bis 5 Grad gebaut, um übermäßigen Druck auf die Ecken zu vermeiden. Die Orientierung am astronomischen Norden, die schon seit den ersten Pyramidenbauten der 3. Dynastie eine wichtige Rolle gespielt hat, war bei der Cheopspyramide mit der geringen Abweichung von 3'6'' äußerst genau. Als die Seiten und Winkel der Cheopspyramide jüngst mit modernen Geräten vermessen wurden, zeigte sich auch hier höchste Präzision: Die größten Abweichungen der Seitenlängen liegen bei durchschnittlich 44 Millimeter, eine Fehlerspanne, die auf solche Entfernungen unvermeidlich war, wenn man bedenkt, daß als Meßgeräte damals lediglich Seile und Stangen zur Verfügung standen. Noch heute ist die exakte Berechnung der Winkel der Ecken, die durchschnittlich nur um 2'48'' voneinander abweichen, wirklich bewundernswert. Man darf nicht vergessen, daß der Felskern in der Mitte eine Diagonalmessung nicht zuließ und daß es keine anderen Hilfsmittel gab als Holzwinkel und die Bestimmung der Winkelhalbierenden durch wiederholtes Schlagen verschieden großer Kreise. Solche Resultate kann man nur mit einem fast übermenschlichen Willen, dem Streben nach höchster Präzision erklären. Mit einer Seitenlänge von 440 altägyptischen Ellen (etwa 230,37 Meter) und einem Böschungswinkel von 51° 50' 40", nach altägyptischem Maß also ein Seket von 5,5 Handbreit Rück-

→ Diese 7,5 Zentimeter hohe Elfenbeinstatuette ist die einzige überkommene Plastik von Cheops. Es ist ein erstaunlicher Zufall, daß von dem Erbauer der größten Pyramide nur die kleinste bekannte Königsplastik erhalten ist.

↑ Die großen Pyramiden, die die Könige der 4. Dynastie auf dem Plateau von Gise errichten ließen, sind das einzige der Sieben Weltwunder, das bis in unsere Tage überdauert hat. Der Bau dieser Monumente, heute am südlichen Stadtrand von Kairo, beweist, daß die Ägypter schon sehr früh über eine hochentwickelte Technik verfügten.

← *Das Niltal ist mehr als 1000 Kilometer lang. Am Übergang zum fruchtbaren Delta liegt das Pyramidenfeld von Gise.*

→ *Die Mykerinospyramide besitzt im unteren Bereich noch die Außenverkleidung aus Rosengranit.*

sprung auf 1 Elle Steigung, erreichte die Pyramide einst eine Höhe von 280 Ellen (146,60 Meter). Heute ist sie noch 138,75 Meter hoch. Die Verkleidung aus feinem Turakalk aus den Steinbrüchen jenseits des Nil ist nur in der untersten Lage erhalten. Das Kernmauerwerk besteht aus Blöcken des örtlichen Nummulitenkalks, die sorgfältig in horizontalen Lagen gesetzt sind; ihre Maße nehmen von unten nach oben ab, aber nicht kontinuierlich. Die größten Steinquader sind maximal 3 Ellen hoch (etwa 1,50 Meter), im Schnitt 1 Elle (etwa 0,52 Meter), doch bestehen die obersten Lagen wieder aus besonders großen Blöcken besten Turakalksteins. Wir haben keine sichere Erklärung dafür, warum das so ist. Heute sind noch 201 Lagen erhalten, doch müssen es einmal 210 gewesen sein.

Über den Bau der Pyramiden erfahren wir aus zeitgenössischen Quellen so gut wie nichts. Das jeweils Einmalige des Pyramidenbaus verbot die Darstellung wie auch die textliche Beschreibung. Wir können also nur aus dem dürftigen archäologischen Befund Schlüsse ziehen. An einigen Pyramiden sind Spuren von Rampen erkennbar. Wegen der Länge und der Masse (ein Mehrfaches der Pyramide), ist eine einzelne Rampe, die senkrecht auf eine Seite der Pyramide zuführte, auszuschließen. Dasselbe gilt für eine Rampe, die an der Pyramide spiralförmig nach oben führte, denn dann wären die Ecken und die Seitenflächen dauernd verdeckt

und die Kontrolle des Neigungswinkels nicht mehr möglich gewesen. Wahrscheinlich halfen sich die Arbeiter bis zu einer Höhe von 25 bis 30 Metern mit zahlreichen kleinen Rampen, deren Material dann für eine einzige angelehnte Rampe verwendet werden konnte. Auf diese Weise gelangte man bis zu einer Höhe von 100 bis 120 Metern, wobei schon 97 Prozent der Baumasse aufgetürmt waren. Der Rest wurde auf kleinen Rampen und Treppen weiterbefördert, eventuell auch mit Hilfe von Hebebalken und anderen Hebeln.

Das Grabkammersystem

→ *Das Pyramidengelände von Gise: die Pyramiden des Cheops (1), des Chephren (2), des Mykerinos (3), Aufwege (4), Nebenpyramiden (5), westliche Nekropole (6), Totentempel (7), Taltempel (8), Sphinx (9), Gruben für die Totenschiffe (10)*

der Cheopspyramide ist die eindrucksvollste bauliche Umsetzung des Jenseitsglaubens der Pharaonen des Alten Reiches, eine Kultbühne für die Himmelfahrt des toten Königs. Der Eingang liegt an der Nordseite in 17 Meter Höhe, leicht aus der Mitte versetzt. Ein Korridor, der nur 1,20 Meter hoch und 1,09 Meter breit ist, führt mit einer Neigung von 26° 34' 23" über eine Strecke von 105,34 Metern (rund 200 Ellen) hinab und dann durch einen kurzen horizontalen Gang zur Felsenkammer, die in 30 Metern Tiefe liegt. Sie blieb unvollendet, vielleicht weil sie in dieser Tiefe ohne ausreichende Luftzufuhr nicht beendet werden konnte, oder man hatte sie bewußt so belassen, weil sie das ungastliche Reich des Totengottes Sokar darstellen sollte. Ein tieferer Schacht in der Mitte der östlichen Kammerhälfte könnte durchaus alt und für die Bestattung von Statuen vorgesehen gewesen sein. Er wurde noch weiter vertieft, als man im 19. Jahrhundert vergeblich nach verborgenen Schätzen suchte. Von der Felsenkammer führt ein 16 Meter langer Korridor Richtung Süden. Er ist ebenfalls unvollendet; vielleicht sollte er zu einem unterirdischen Kultgrab führen.
28 Meter vom Eingang des abfallenden Korridors zweigt ein aufsteigender Gang ab, der in seinem unteren Abschnitt noch heute von drei Granitplatten versperrt ist. Man umgeht sie über den alten Weg der Grabräuber; wohl nach dem Alten Reich um 2000 v. Chr. hatten sie ihn in mühseliger Arbeit angelegt, auf diese Weise die Blockierung umgangen und das Königsgrab geplündert.
Wenn man in dem aufsteigenden Korridor 39,28 Meter zurückgelegt hat, kommt man zu einer weiteren Kreuzung; von hier führt ein 38,70 Meter langer horizontaler Gang in die mittlere Kammer, die sogenannte Königinnenkammer. Der aufsteigende Korridor mündet in die Große Galerie, während ein tiefer Schacht (Grabräuberschacht) bis vor den Eingang zur Felsenkammer hin abfällt.

Die Große Galerie, eine der eindrucksvollsten Schöpfungen altägyptischer Grabarchitektur, ist 47,85 Meter lang und hat ein 8,48 Meter hohes Kraggewölbe. Dank neuer Grabungen und der vom Deutschen Archäologischen Institut durchgeführten Messungen kennen wir ihre Vorstufen: drei große Grabkammern in der Pyramide von Dahschur-Nord mit bis zu 15 Meter hohen Gewölben aus vorkragenden Steinlagen.
Durch einen kurzen Gang und einen Raum für die Fallsteine aus Granit (Porticulli) gelangt man in die Grabkammer. Dieser Raum, ganz mit dunklem Granit verkleidet und gedeckt, mißt 10 mal 20 Ellen (5,24 mal 10,49 Meter) und ist 11 Ellen (5,84 Meter) hoch. An seiner Westseite steht der schlichte Granitsarkophag des Cheops; sein Deckel ist schon im Mittelalter zerbrochen und verlorengegangen. Die Decke der Grabkammer besteht aus neun gewal-

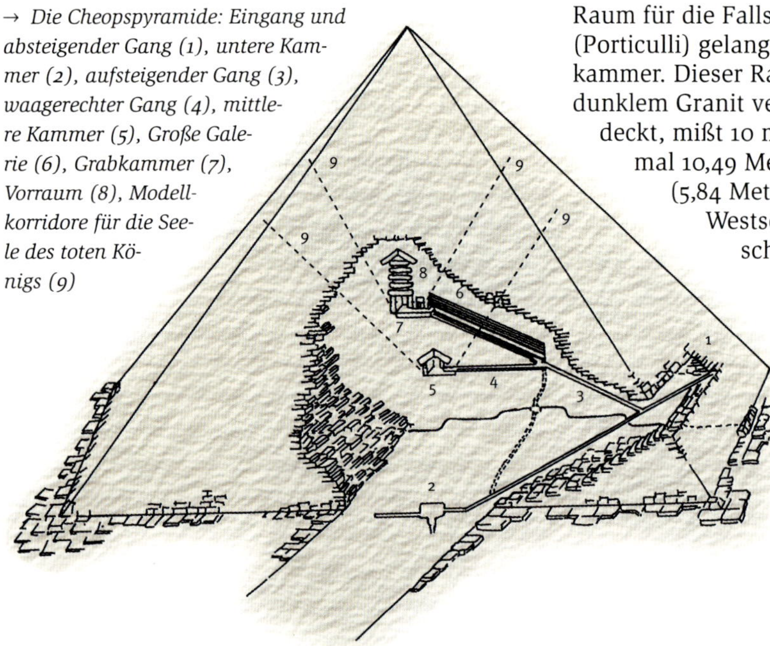

→ Die Cheopspyramide: Eingang und absteigender Gang (1), untere Kammer (2), aufsteigender Gang (3), waagerechter Gang (4), mittlere Kammer (5), Große Galerie (6), Grabkammer (7), Vorraum (8), Modellkorridore für die Seele des toten Königs (9)

↑ Die Große Galerie, die zur Grabkammer des Königs im Herzen der Pyramide führt, gehört zu den Meisterwerken der Architektur im alten Ägypten.

tigen Granitmonolithen, darüber fünf Entlastungskammern, aus gleich großen Granitplatten gebildet, und ein Giebeldach aus riesigen Kalksteinplatten.
Es wird immer darauf hingewiesen, daß die Entlastungskammern keinerlei statische Bedeutung hätten, denn die Grabkammer war durch das Giebeldach praktisch eigenständig in die Mitte der Pyramide eingebaut. Das mag stimmen, aber man darf nicht vergessen, daß die Kenntnis und die Anwendung der Statik eine Errungenschaft der Architektur seit dem 18. Jahrhundert ist und man bis dahin rein empirisch vorging. Jedenfalls hat die Decke bis heute gehalten; kleine Fadenrisse waren bereits beim Bau entstanden, und leichte Verschiebungen der Blöcke sind auf Erdbeben zurückzuführen. Der Transport und das fugenlose Setzen der bis zu 40 Tonnen schweren Deckenplatten in 60 Meter Höhe mit den damaligen Werkzeugen ist eine noch heute kaum nachvollziehbare Pionierleistung der alten Baumeister.
Sowohl von der Grabkammer wie auch von der mittleren Kammer führen schräg nach oben zu den Außenwänden im Süden und im Norden enge Schächte mit einem Querschnitt von nur 20 mal 20 Zentimetern. Man hat in ihnen Belüftungs-, Lichtschächte oder Wegweiser zu den Sternen des Orion gesehen. Jüngste Untersuchungen des Deutschen Archäologischen Instituts in Kairo haben jedoch ergeben, daß es sich hier um Modellkorridore handelt, durch die die Seele des toten Königs auf direktem Weg zum Himmel aufsteigen sollte. Ihre Öffnungen in den beiden Kammern und nach außen waren einst sicherlich verschlossen. Nur der Tote konnte sie durch einen rituellen Spruch magisch öffnen und sich ihrer bedienen.

Bisher hat man die Existenz dreier Kammern auf drei Bauphasen zurückzuführen versucht. Aber das ist gewiß ein Irrtum. An den Außenmaßen der Pyramide lassen sich keine baulichen Veränderungen feststellen. Das Grabkammersystem ist Sinn und ideeller Gehalt einer Pyramide. Es ist kaum anzunehmen, daß die alten Baumeister, die einen Kultbau von derart perfekten Maßen entworfen und ausgeführt haben, nicht das dogmatisch und funktionell wichtigste Element mitbedacht und eingeplant hätten. Heute steht fest, daß alle Königsgräber des Alten Reiches, von der Frühzeit bis zum Ende der 6. Dynastie, drei Kammern aufweisen. In der 4. Dynastie wurde unter dem Einfluß der Sonnenreligion die ursprünglich horizontale Abfolge in eine vertikale Anordnung geändert; den Höhepunkt dieses Wandels stellt die Cheopspyramide dar.
In der Mitte der Ostseite lag einmal der Totentempel, von dem nur Fundamentreste erhalten sind. Er bestand aus einem weiten offenen Hof mit Basaltpflaster und einem Pfeilerumgang, in dem Königsstatuen aus unterschiedlichem Gestein standen. Farbige Reliefbilder schmückten die Wände aus feinem Kalkstein. In der Mitte des Hofes erhob sich ein Altar, auf dem die täglichen Opfer darge-

Die Entstehungszeiten der Pyramiden während der 4. Dynastie (ca. 2630 – ca. 2475 v. Chr.)

Cheops (ca. 2585–2550)
Name: »Horizont des Cheops«
Größte und eindruckvollste Pyramide in Gise
Bauzeit: etwa 35 Jahre

Djedefre (ca. 2550–2542)
Name: »Sternzelt des Djedefre«
Die Pyramide in Abu Rauwasch blieb unvollendet
Bauzeit: etwa 8 Jahre

Chephren (ca. 2542–2510)
Name: »Chephren ist groß«
Zweitgrößte Pyramide in Gise
Bauzeit: etwa 32 Jahre

Baka (ca. 2510–2505)
Von der geplanten Pyramide in Zawijet-el-Arjan wurde nur die Ausschachtung fertig

Mykerinos (ca. 2505–2487)
Name: »Göttlich ist Mykerinos«
Die kleinste der drei großen Pyramiden in Gise
Bauzeit: etwa 18 Jahre.

↑ 1954 wurde an der Südseite der Cheopspyramide in einigen Metern Tiefe ein 43 Meter langes und knapp 6 Meter breites Schiff entdeckt (ganz oben), das heute wieder zusammengesetzt und in der Nähe des Fundortes ausgestellt ist. Ein weiteres Totenschiff (darunter), das mit einer Spezialsonde photographiert wurde, befindet sich in einer noch ungeöffneten Grube unweit der ersten.

bracht wurden. Nach Westen, direkt vor der Pyramide, lag das Kultzentrum des Tempels, der für die Totenopfer vorgesehene Raum mit der Scheintür, durch die der tote König aus seinem Pyramidengrab eintreten und die Gaben entgegennehmen konnte.
Ein 1800 Meter langer gedeckter Aufweg mit fein reliefierten Wänden führte vom Fruchtland herauf, wo der Taltempel und die Residenz des Cheops lagen. Bodenuntersuchungen 2 Kilometer östlich des Pyramidenplateaus haben kürzlich eine stattliche Basaltmauer, wahrscheinlich das Fundament der Ostmauer der Pyramidenstadt, und im heutigen Siedlungsbereich das ursprüngliche Basaltpflaster des Taltempels nachgewiesen.
Östlich der Königspyramide liegen die kleinen Pyramiden der Königsmutter Hetepheres und der beiden Königinnen Meritetis und Henutsen sowie eine erst vor kurzem entdeckte Kultpyramide des Cheops. Ebenfalls auf der Ostseite und auch an der Südseite waren jeweils zwei tiefe, lange Gruben aus dem Fels für die Jenseitsschiffe (Totenschiffe) des Cheops ausgehoben: Die nördliche beherbergte ein 43 Meter langes Flußschiff, das in mehr als 1200 Teile zerlegt war; das Innere der südlichen wurde im Oktober 1987 in einem technisch aufwendigen Verfahren durch eine versiegelte Bohrung photographiert. Darin befindet sich ein ähnliches Boot, das allerdings infolge der heutigen Umwelteinflüsse sehr gelitten hat.
Niemals wieder ist in der ägyptischen Geschichte ein solcher Wille nach Maß und Vollendung der Form sowie eine derartige Konzentration auf die Kultperson des Königs erreicht worden. Größe und Harmonie der Pyramide verewigen die Idee des göttlichen Königtums. Ihre übermenschlichen Dimensionen gelten nicht dem lebenden König, sondern dem im Tod vergöttlichten, zum Sonnengott gewordenen Jenseitsherrscher.
Cheops' Nachfolger, sein Sohn Djedefre, hatte den Bau einer Pyramide auf der Felsnase von Abu Rauwasch nördlich von Gise begonnen, konnte in den acht Jahren seiner Herrschaft aber nur die große Baugrube und etwa 20 Meter des Bauwerks fertigstellen. Nach seinem frühen Tod bestieg sein Bruder Chephren den Thron.

Chephren errichtete seine Pyramide wieder in Gise südlich des Monuments seines Vaters Cheops. Sie hatte mit 410 Ellen (215,25 Meter) eine geringere Seitenlänge als die des Cheops, erreichte aber mit ihrem steileren Böschungswinkel von 53° 10' die stolze Höhe von 143,50 Metern und ist damit nur 3 Meter niedriger als die Cheopspyramide. Die beiden unteren Lagen waren mit dunkelrotem Granit verkleidet, die übrigen mit Kalkstein. Diese Verkleidung ist im oberen Drittel bis zur Spitze noch gut erhalten; nur der letzte Block fehlt, das Pyramidion, das wahrscheinlich aus Rosengranit war.
1880 bis 1882 hat Flinders Petrie bei seinen Messungen festgestellt, daß die Böschungen der vier Seiten nach oben, zur Spitze hin, leicht voneinander abweichen, was man damals nicht erklären konnte. Dank neuerer Untersuchungen in Dahschur wissen wir, daß die antiken Baumeister kleine Unregelmäßigkeiten des hochwachsenden Baus auf den letzten 20 Metern ausgleichen mußten. Die Achse des Bauwerks weicht von der Nordachse nur um 5' 26'' ab; man nimmt an, daß die Baumeister der Pyramiden des Chephren und des Mykerinos bei ihren Vermessungen von der Cheopspyramide ausgegangen sind.
Verglichen mit dem Kammersystem der früheren Pyramiden erscheint das der Chephrenpyramide auffällig einfach, so daß man Planänderungen oder weitere verborgene Kammern angenommen hat. Letzteres ist nach naturwissenschaftlich exakten Durchleuchtungen unter Verwendung der kosmischen Strahlung auszuschließen. Doch geben doppelt angelegte Eingänge und Korridore noch Rätsel auf, die nur mit weiteren, modernen Untersuchungen zu lösen wären. Der Grund dafür könnte Chephrens fortgeschrittenes Alter bei seiner Thronbesteigung gewesen sein, das die Vollendung der Grabkammer möglicherweise dringend erscheinen ließ, vor allem nachdem der Bau seines Vorgängers in acht Jahren nicht über

← Chephren, Sohn des Cheops, bestieg den Thron erst nach dem frühen Tod seines Bruders Djedefre. Auf der Rückseite des Kopfs ist der Horusfalke dargestellt.

↑ Diese Stele zwischen den Vorderpranken der Sphinx schildert, wie Thutmosis IV. das Monument viele Jahrhunderte nach seiner Entstehung vom Sand befreien ließ.

das Anfangsstadium hinausgekommen war.
Der Plan sah vermutlich wie bei der Cheopspyramide eine Felsenkammer, eine mittlere auf dem Felsgrund und eine höher gelegene Grabkammer vor. Letztere wurde nicht ausgeführt. Statt dessen hat man die mittlere Kammer nach Westen vergrößert, die Erweiterung durch eine Stufe erhöht und den Boden mit Granit gepflastert. Die Kammer, die wohl ganz mit Granit ausgekleidet werden sollte, hat kein Ellenmaß (4,99 Meter breit, 14,15 Meter lang in ostwestlicher Richtung und 6,86 Meter hoch). Die Stufe in der Kammer und die Spuren an den Seitenwänden zeigen deutlich, daß der Raum – wohl durch eine hölzerne Schreinwand – geteilt war. An der Westwand ist der einfache Sarkophag aus dunklem Granit, ähnlich dem des Cheops, in den Boden eingelassen. Aufgrund seiner Größe muß er von oben her eingebracht worden sein, bevor die Grabkammer abgedeckt wurde.

Der Totentempel an der Ostseite der Pyramide und der Taltempel am Rand der Wüste sind mit ihren bis zu 200 Tonnen schweren Blöcken besser erhalten als die des Cheops, doch sind sie weitgehend ihres Statuenschmucks und der Granitverkleidung beraubt. Beide Tempel wirken aufgrund ihrer massiven Bauweise wie aus dem Fels gehauen.
Im Zentrum des Totentempels befindet sich auch hier ein offener Hof für die Opfergaben mit Pfeilerumgang, vor dem Königsstatuen standen. Davor wurde eine quer und längs verlaufende Pfeilerhalle gelegt. Westlich des Opferhofes schließen sich ein Komplex von fünf langen, schmalen Statuenräumen und eine Reihe von Magazinen vor der Querhalle an, darin die Scheintür, durch die der tote König aus seinem Grab eintreten konnte.
Die Außenseiten und die Fassade des Tempels bildeten eine glatte, abweisende Fläche. Die zahlreichen Räume und Korridore sowie ihre geschlossene Blockbauweise stehen im Kontrast zum Grundriß der Cheopspyramide und noch mehr zur einfachen Abfolge der Korridore und der Kammern in der Pyramide.
Wir sehen hierin ein Unterscheidungsmerkmal in der Planung und sicherlich auch in der Funktion der Kult- und Grabanlagen der Pyramiden: Einem reichen und komplizierten Raumprogramm in der Pyramide

↑ Die Chephrenpyramide war 143,50 Meter hoch, nur 3 Meter niedriger als die des Cheops, doch wurde sie in einer etwas höheren Lage und mit steilerem Böschungswinkel erbaut, so daß sie als größte Pyramide von Gise erscheint. An der Spitze ist die Außenverkleidung aus Kalkstein teilweise erhalten.

← *Computerrekonstruktion des vorderen Teils der Sphinx. Die Kolossalstatue wurde aus einem Felsblock gehauen, der in einem Steinbruch für die Cheopspyramide stehengeblieben war.*

entspricht ein eher einfacher, offener Grundriß seiner Tempel; ist dagegen das Grabkammersystem weniger kompliziert, dann ist der Pyramidentempel reicher an Raumeinheiten. Es besteht also ein ganz bestimmter Raumbedarf für die Kultbühne des Bestattungsrituals entweder in der Pyramide oder im Pyramidentempel. Es gibt noch eine weitere Entsprechung: Der Taltempel richtet sich in Raumgestaltung und Art der Dekoration, der Pfeiler oder Säulen ganz nach dem höher gelegenen Pyramidentempel. Der Taltempel des Chephren ist ebenso massiv und würfelförmig wie die Vorhalle seines Totentempels und hat wie dieser glattpolierte Pfeiler aus rotem Assuangranit. In der durch Luken beleuchteten Halle waren 23 Sitzstatuen aus Hartgestein aufgestellt, darunter die berühmte Statue mit dem Horusfalken, die in einem Schacht kultisch begraben gefunden worden war.

Nordwestlich des Taltempels erhebt sich die riesige Sphinx (sie ist fast 55 Meter lang und 20 Meter hoch). Sie – fachsprachlich auch: *der* Sphinx – wurde aus einem anstehenden Felsblock eines Steinbruchs gehauen. Im Alten Reich war sie ein Abbild des Königs, das die Kraft des Raubtiers mit der Intelligenz des Menschen vereinte. Dieses einzigartige Werk gehört entweder in die Zeit des Cheops oder die des Chephren. Die Großartigkeit der Idee, den König über jedes menschliche Maß hinaus als Herrn der Nekropole darzustellen, und die Einmaligkeit dieser Schöpfung verweisen klar auf Cheops, der die Nekropole von Gise gegründet hatte und dessen Grabbau an Monumentalität alles andere übertreffen sollte.

Auf Chephren folgte ein Sohn des Djedefre; seine Pyramide in Zawijet-el-Arjan ist in den vier Jahren seiner Regierung nicht über den Aushub hinausgekommen. Chephrens Sohn Mykerinos belegte mit seiner Pyramide den letzten verfügbaren Platz an den Südhängen von Gise. Sie markiert die endgültige Absage an die Kolossalbauten der 4. Dynastie. Das bedeutete nicht etwa einen Bruch des Pharaos mit seinen Vorgängern, deren Kult Mykerinos per Dekret bestätigt hat; vielmehr haben sich Verständnis und Bedeutung von Pyramide und Kulttempel sowie das Königtum gewandelt. Der Pharao erstrebt nicht mehr die Gottgleichheit, sondern die Gottessohnschaft (»Sohn des Re«). Dazu kommt eine verstärkte Symbolik der Farbsprache, die in der Verwendung farbiger Steine ihren Ausdruck findet. Die Mykerinospyramide war in den unteren 16 Lagen, also in der Sockelschicht, mit dunkelrotem Granit und darüber mit feinem hellgelbem Kalkstein verkleidet. Ihre Maße von 200 Ellen (104,60 Meter) Seitenlänge und 65 Meter Höhe betragen weniger als die Hälfte derer von Cheops- und Chephrenpyramide, aber das Kammersystem ist fast so großartig wie das der Cheopspyramide. Anders als dort führt es in die Tiefe. Über einen zweiten Schacht schafften die alten Baumeister die großen Granitplatten hinein, mit denen die Grabkammer ausgekleidet wurde. Die Deckbalken wurden zu einem falschen Gewölbe ausgehöhlt. In der Grabkammer befand sich der deckellose Granitsarkophag mit Palastfassade, den Howard Vyse 1838 nach England verschiffen ließ. Doch auf der Überfahrt sank das Schiff vor der spanischen Küste, wo es jüngst geortet wurde.

Die Pyramidentempel besitzen, entsprechend der oben erwähnten Regel, einen sehr einfachen Grundriß mit weiten offenen Höfen. Hervorzuheben ist die reiche Plastik aus verschiedenem Steinmaterial.

Die Pyramiden des Chephren und des Mykerinos standen stets im Schatten der großen Cheopspyramide. Den alten Griechen galten alle drei als eines der Sieben Weltwunder. Doch die fast unvorstellbare Baumasse der Cheops-

↓ *Die Sphinx vor 1860, als sie vom Sand befreit wurde, der sie teilweise bedeckt hatte.*

pyramide, ihre exakte Ausrichtung nach Norden, die Genauigkeit der Nivellierung und der Einzelmaße und die scheinbare Annäherung an die transzendente Zahl π (Pi) ließen schon immer Zahlenmystik und kosmische Spekulationen blühen. In kein anderes Bauwerk der Antike ist soviel hineingedeutet worden. Das gilt vor allem für die Korridore und die Grabkammern, aus denen man die gesamte Welt- und Heilsgeschichte herausgelesen hat. Moderne Pyramidomanen verkünden mit blühender Phantasie die Existenz verborgener Kammern voller Geheimnisse und Schätze. Man kann nur immer wieder dagegenhalten, daß die Pyramiden von Gise die Grabanlagen der Könige der 4. Dynastie sind, daß ihr Kammersystem bekannt ist und daß es keine geheimen Schatzkammern gibt. Wie die Kathedralen des Mittelalters sind die Pyramiden steingewordener Ausdruck einer tiefen Religiosität, des Strebens einer Epoche, durch Monumentalarchitektur den Tod zu überwinden und Ewigkeit zu erlangen.

↑ *Die Sphinx, ein in ganz Ägypten einmaliges Kolossalmonument, stellte den Pharao mit menschlichem Antlitz und Löwenkörper dar.*

Bibliographie

- C. Rinald: *Le piramidi.* Mailand 1983
- I. E. S. Edwards *The Pyramids of Egypt.* London 1986
- J.-P. Lauer *Le mystère des pyramides.* Paris 1988
- R. Stadelmann *Die großen Pyramiden von Giza.* Graz 1990
- – *Die ägyptischen Pyramiden.* Mainz 1991[2]

→ *Mykerinos, hier zwischen der Göttin Hathor (links) und der Schutzgottheit eines ägyptischen Gaues, ließ die dritte große Pyramide von Gise erbauen.*

Sakkara, von der Vergangenheit in die Zukunft

Etwa 30 Kilometer südlich von Kairo liegt auf dem Wüstenplateau die Nekropole der alten Hauptstadt Memphis, Sakkara, die zu den bekanntesten und meistbesuchten Orten Ägyptens zählt. Sie reicht in die Zeit zurück, in der die altägyptische Geschichte begann: Um 3100 v. Chr. beschlossen die Herrscher eines bereits vereinigten Ägypten, dort, wo das Niltal ins Delta mündet, die große Stadt Memphis zu erbauen. Herodot schreibt die Gründung der Stadt dem mythischen Pharao Menes zu, vermutlich König Aha, bestattet in Abydos.

Wenig ist bekannt über Glanz und Größe der Stadt Memphis im Alten Reich, die Epoche ihrer Blüte, und noch weniger über die Zeit davor. Doch die ältesten Monumentalgräber aus ungebrannten Lehmziegeln in der Nekropole von Sakkara aus dem beginnenden 3. Jahrtausend sprechen für das Zeugnis des griechischen Historikers, und verschiedene Hinweise scheinen Aha mit Memphis in Verbindung zu bringen.
Seit ihrer Entdeckung hat man lange darüber gestritten, ob diese Gräber tatsächlich die Königsnekropole der beiden ersten Dynastien waren. Es handelt sich um teilweise in die Erde eingelassene Bauten von oft beträchtlichem Ausmaß mit einem Aufbau aus luftgetrockneten Ziegeln. Die Grabstätten der 1. Dynastie hatten die typische »Palastfassade« aus wechselnden Vorsprüngen, waren also stattlich genug, um königliche Bauwerke zu sein. In ihrem Inneren wurden Stelen und Gegenstände mit alten Königsnamen gefunden. Als großes Problem erwies sich jedoch die Existenz zahlreicher Begräbnisstätten in Oberägypten, in der Nekropole von Abydos, die möglicherweise den ersten ägyptischen Königen gehörten.

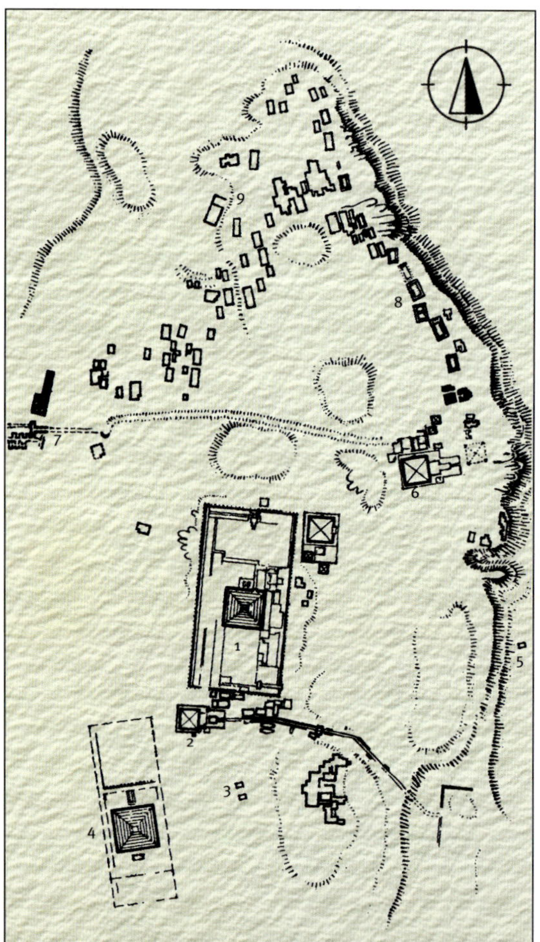

↑ *Lageplan von Sakkara: Pyramidenkomplex des Djoser (1), Pyramide des Unas (2), Gräber von Haremhab und Maja (3), Pyramide des Sechemchet (4), unterirdische Grabanlage des Bakenrenef (5), Pyramide des Teti (6), Serapeum (7), Nekropole der 1. Dynastie (8), Galerien mit den heiligen Tieren (9)*

↑ *Grabbezirk des Djoser aus südöstlicher Richtung mit den Resten der Gebäude für die Feier der Königsjubiläen und den Säulen des Kleinen Tempels, dahinter die Stufenpyramide.*

← *Die alte Hauptstadt Ägyptens: Memphis, südlich des Nildeltas gelegen. Die dazugehörigen Nekropolen waren Sakkara und Gise. Im Altertum erhob sich die Stadt direkt am linken Ufer des Nil, dessen Flußbett damals weiter westlich lag.*

Die moderne archäologische Forschung hat endgültig bewiesen, daß, zumindest bis zur 1. Dynastie, nur die Nekropole von Abydos als königlich galt. Die ebenfalls prunkvollen Grabstätten von Sakkara sind wohl eher die Gräber der Vornehmen von Memphis. Zu Beginn der 3. Dynastie aber hatte sich das Zentrum der Macht endgültig von Oberägypten nach Memphis verlagert. Unter den schattigen Palmenhainen von Mitrahine liegt noch immer das Geheimnis des älteren Memphis verborgen (der Kern der antiken Hauptstadt lag wohl im Norden und im Nordwesten des sogenannten Apriespalastes auf dem Kom Tuman). Doch zeugt die »Stadt der Toten« vom verlorenen Glanz der Stadt der Lebenden.

Auf dem Plateau von Sakkara verewigte um das Jahr 2630 der geniale Baumeister Imhotep den Namen seines Königs Djoser in der einzigartigen Stufenpyramide. Durch die geduldige und fachkundige Arbeit des französischen Architekten Jean-Philippe Lauer konnten von 1927 bis heute die ursprüngliche Gestalt und die Planung der Anlage rekonstruiert werden. Mehrere Faktoren haben die Ortswahl für die Bestattung eines Königs bestimmt. Die Königsgräber des Alten Reiches, ab der 3. Dynastie Pyramiden mit Tempeln für den Totenkult, erheben sich auf dem memphitischen Wüstenplateau auf einem etwa 30 Kilometer langen Streifen, der von Abu Rauwasch und Gise im Norden (4. Dynastie) bis zu den letzten südlichen Bauten von Sakkara (Pepi II.) reicht. Allein Sakkara erstreckt sich über ein mehr als 6 Kilometer langes und bis zu 1,5 Kilometer breites Areal. Ein paar Jahrhunderte später sollten sich hier die Könige der 12. Dynastie aus Theben bestatten lassen, die ihre Pyramiden im etwas südlicher gelegenen Dahschur errichteten. Familienangehörige und Vornehme des Hofstaates folgten dem Pharao, wenn sie gestorben waren. Die Nekropolen der Privatleute mit ihren prachtvollen, an vielfarbigem Bauschmuck reichen Mastabagräbern drängen sich um die Pyramiden. Nach der 3. Dynastie wurde Sakkara mit dem ersten und dem letzten König der 5. Dyna-

↓ *Das Zentrum Sakkaras auf einem virtuellen Bild aus der Vogelperspektive. Zu sehen sind die Rekonstruktionen: Pyramidenkomplex des Djoser (in der Mitte, mit Nebengebäuden), die Unaspyramide (unten links) und die Pyramide des Userkaf (oben rechts)*

Haremhabs Grab

Um 1330 v. Chr., am Ende der 18. Dynastie, wurde Memphis wieder Hauptstadt Ägyptens. Etwa zwölf Jahre vorher hatte der »Ketzerkönig« Echnaton den Regierungssitz in die neugegründete Stadt Achet-Aton (heute Tell el-Amarna) verlegt, um sich an einem Ort fern der traditionellen Zentren der polytheistischen ägyptischen Religion dem Kult des einzigen Gottes Aton zu widmen. Als er starb, wurde der frühere Zustand rasch wiederhergestellt, und die alten Zentren, Theben im Süden und Memphis im Norden, gewannen ihre Bedeutung zurück.

Von 1975 bis 1995 entdeckte eine gemeinsame Forschungsgruppe der Egypt Exploration Society und des Leidener Museums für Altertümer zehn Gräber vom Ende der 18. Dynastie bis zur Ramessidenzeit in Sakkara. Die wichtigsten sind die Gräber von Haremhab und Maja; die beiden Männer spielten in der Regierungszeit Tutanchamuns eine Schlüsselrolle. Da der König sehr jung war (er bestieg den Thron im Alter von neun Jahren), lag die Regierung in den Händen sowohl Haremhabs und Majas als auch des einflußreichen Hofbeamten Eje. Der wichtigste von ihnen war Haremhab. Er war nicht nur Oberbefehlshaber des Heeres und als solcher verantwortlich für die ägyptische Außenpolitik, sondern auch Stellvertreter des Königs und sollte dem Herrscher auf dem Thron folgen, falls dieser starb und keinen männlichen Erben hinterließ. So kam es auch, doch nicht sofort, weil bei Tutanchamuns Tod der Thron für einige Jahre von Eje usurpiert wurde. Der andere bedeutende Hofbeamte dieser Zeit, Maja, war Schatzhausvorsteher und verantwortlich für die Restauration der traditionellen Religion und die Wiedereröffnung der von Echnaton geschlossenen Tempel.

Die Gräber dieser beiden Persönlichkeiten wurden nebeneinander errichtet und ähneln sich in ihrem Bauschema. Sie bestehen aus zwei Grundelementen: einem tempelförmigen Oberbau für den Totenkult des Grabherren und seiner Frau sowie einer unterirdischen Grabanlage für die mumifizierten Leichname und ihre reiche Grabausstattung. Man betritt die Gebäude durch einen großen Pylon, der zu einer Reihe von Höfen und Kapellen führt. Hinter dem Pylon befindet sich bei Haremhabs Grab ein Hof mit 24 Säulen. Von ihm betritt man einen großen gewölbten Raum, der ursprünglich mit be-

↑→ *Ein virtueller Besuch des Haremhabgrabes. Oben die Simulation einer Luftaufnahme vom heutigen Zustand des Bauwerks. Rechts der virtuell rekonstruierte erste Säulenhof, von Westen her gesehen*

maltem Mörtel verputzt war. Hier waren auf der linken Seite zwei Nischen für die Statuen Haremhabs und seiner Frau. Zu beiden Seiten des Statuenraums liegt je ein gewölbtes und vielfarbig geschmücktes Magazin mit Zugang von Osten her. Jenseits des Raumes liegt ein zweiter Säulenhof, der kleiner ist als der erste; drei Türen führen zu drei Kapellen, deren mittlere das Allerheiligste, das Herzstück des Totenkults ist.
Die Verkleidung der Höfe und der mittleren Kapelle aus Kalkstein ist mit Reliefs verziert, die meist von religiösen Themen handeln, doch gibt es auch Szenen, die die Karriere des Verstorbenen schildern. Im Innenhof ist Haremhab dargestellt, wie er Aufmärschen von Kriegsgefangenen beiwohnt und diese Tutanchamun und der Königin vorführt. Andere Szenen zeigen ihn, wie er vom König mit der höchsten Ehrung ausgezeichnet wird oder zwischen dem König und einer ausländischen Delegation vermittelt.
Ursprünglich war die unterirdische Anlage des Haremhabgrabes für ihn und seine Frau Amenia bestimmt, die zu Beginn des Bauprojektes starb. Zwei Grabkammern gehören dazu; eine nahm tatsächlich die Mumie der Frau und ihre Grabausstattung auf. Zwar weisen diese Kammern einige interessante architektonische Aspekte auf, doch haben sie keinen Wandschmuck.

↑→↓ Computerrekonstruktionen: oben links der erste Hof, vom östlichen Säulengang her gesehen. Rechts der zweite Säulenhof mit dem Eingang zur Hauptkapelle, deren Dach eine kleine Pyramide aus ungebrannten Ziegeln trug; ihre Spitze bildete ein steinernes Pyramidion, von dem westlich des Grabes Fragmente gefunden wurden. Unten die Ostwand des zweiten Hofes mit den Platten der Wandverkleidung (rechts ein Ausschnitt).

Die Anlage wurde später durch eine Treppe, einen gewölbten Durchgang, eine Pfeilerkammer und eine neue unterirdische Grabkammer erweitert. Wann die Erweiterung stattfand, ist ungewiß, doch weist manches darauf hin, daß sie aus der Zeit von Haremhabs Thronbesteigung stammt. Er hat dieses unterirdische Grab dann gar nicht belegt, denn um das siebte Jahr seiner Herrschaft leitete er den Bau seines Grabes im Tal der Könige ein, wo er später bestattet wurde; das Grab in Memphis erhielt seine zweite Frau Mutnedjmet.

stie, Userkaf und Unas, wieder Ort königlicher Bestattungen. Die Unaspyramide war die erste, die im Inneren mit religiösen Texten, Beschwörungen und Zaubersprüchen beschrieben wurde. Diese Pyramidentexte geben Auskunft über die oft rätselhafte altägyptische Religion der frühesten Zeit. Andere Könige bevorzugten für ihre Pyramiden eine etwas nördlicher gelegene Stelle, das heutige Abusir, und errichteten noch etwas weiter, in Abu Gurob, die für die 5. Dynastie typischen Sonnenheiligtümer.
Die Erforschung der Pyramiden ist noch nicht allen Geheimnissen dieses Ortes auf die Spur gekommen. Luftaufnahmen belegen zum Beispiel die Existenz eines großen eingefriedeten Areals östlich der Stufenpyramide von Sechemchet (3. Dynastie), das archäologisch noch nicht untersucht ist. Und die Pyramide des Menkauhor (5. Dynastie) wartet irgendwo im Sand auf ihren Ausgräber. Sensationell war vor einigen Jahren (1988) die Entdeckung der drei Pyramiden der Königinnen Pepis I. (nach 2300) durch die von Jean Leclant geleitete französische Archäologengruppe in Sakkara. Die Pyramide Pepis I. liegt wie die Pyramiden der anderen Könige der 6. Dynastie in Sakkara-Süd (mit Ausnahme von Teti, dem Begründer des Geschlechts, der sein Grabmal am nördlichsten Punkt von Sakkara errichten ließ); sie hat die schönsten bis heute bekannten Beispiele der Pyramidentexte geliefert, wundervoll sind die Linienführung und das herrliche Türkisgrün (die Farbe der ewigen Erneuerung) der Hieroglyphen. Im Mittleren Reich war diese Pyramide so berühmt, daß nach ihrem Namen, Mennefer (»Fest und vollkommen«), die Stadt Memphis benannt wurde; ihr älterer Name Ineb-hedj (»Weiße Mauer«), der von dem leuchtenden Turakalk stammte, aus dem sie erbaut war, verschwand.

← *Soviel wir wissen, war Unas (2356–2323 v. Chr., Ende der 5. Dynastie) der erste König, der die Grabkammer seiner Pyramide und den Sarkophag mit jenen Texten ausstatten ließ, die das Schicksal des toten Pharaos im Jenseits behandeln. Vielleicht gehörten sie zu dem Ritual, das seit alters bei den Bestattungsfeiern gelesen wurde: »O Unas, du gehst gewiß nicht als Toter, du gehst als Lebender …«*

↑ *Die Grabkammer der Merenrepyramide. Der Sarkophag des Königs trägt Namen und Titulatur. Davor die aufgedeckte Lagerstätte für die Kanopengefäße, in denen die Eingeweide aufbewahrt wurden.*

Sakkaras Geschichte als Königsnekropole ist mit dem Alten Reich nicht zu Ende: Die sakrale Aura ihrer alten Friedhöfe lockte auch unbekannte Könige der Ersten Zwischenzeit. König Ibi ließ sich hier in einer kleinen Ziegelpyramide bestatten, und die bis heute unerforschte Pyramidenruine im Osten der Tetipyramide ist höchstwahrscheinlich Merikare zuzuschreiben, König in der Zeit von Herakleopolis (9./10. Dynastie). Auch zwei Könige der 13. Dynastie errichteten hier bescheidene Pyramiden aus luftgetrockneten Lehmziegeln. Und Privatgräber belegen, daß dieser Platz mindestens bis zur Schwelle des 2. Jahrtausends kontinuierlich benutzt wurde. Doch dann klafft eine Lücke von etwa einem halben Jahrtausend bis zu den ersten Gräbern der 18. Dynastie. Wir wissen nichts über das Schicksal von Memphis und seiner Nekropolen in den Wirren, die Ägypten nach dem Zerfall des Mittleren Reiches unter der Herrschaft der Hyksos erlebte, und auch in den folgenden Epochen ist das Bild ihrer Geschichte voller weißer Flecke. Die zweite Blüte der alten Hauptstadt erfolgte während des Neuen Reiches, in der Zeit von der 18. bis zur 20. Dynastie; sie hat sich uns übrigens erst in den letzten 20 Jahren dank einer Reihe von Entdeckungen und Untersuchungen erschlossen. Memphis stand der offiziellen Hauptstadt Theben in nichts nach und übertraf sie vielleicht noch an künstlerischem Niveau.
Zwar haben die Grabungen im Gebiet von Memphis zu wichtigen Ergebnissen geführt, aufschlußreicher sind jedoch die, die in Sakkara gewonnen wurden: Als das von G. T. Martin geführte englisch-holländische Archäologenteam eine Reihe von Prinzengräbern aus der Zeit von Tutanchamun und Ramses II. entdeckte, die man lange Zeit vergeblich gesucht hatte, kam endlich Licht in Kunst, Leben und Geschichte des memphitischen Hofes in jener Epoche. Die wichtigste

↑ *Der äußere Hof des Haremhabgrabes mit den teilweise rekonstruierten Säulen der Westseite. Auf den Mauern war Haremhab dargestellt, wie er das Ehrengold, die höchste Auszeichnung der Pharaonenzeit, entgegennimmt.*

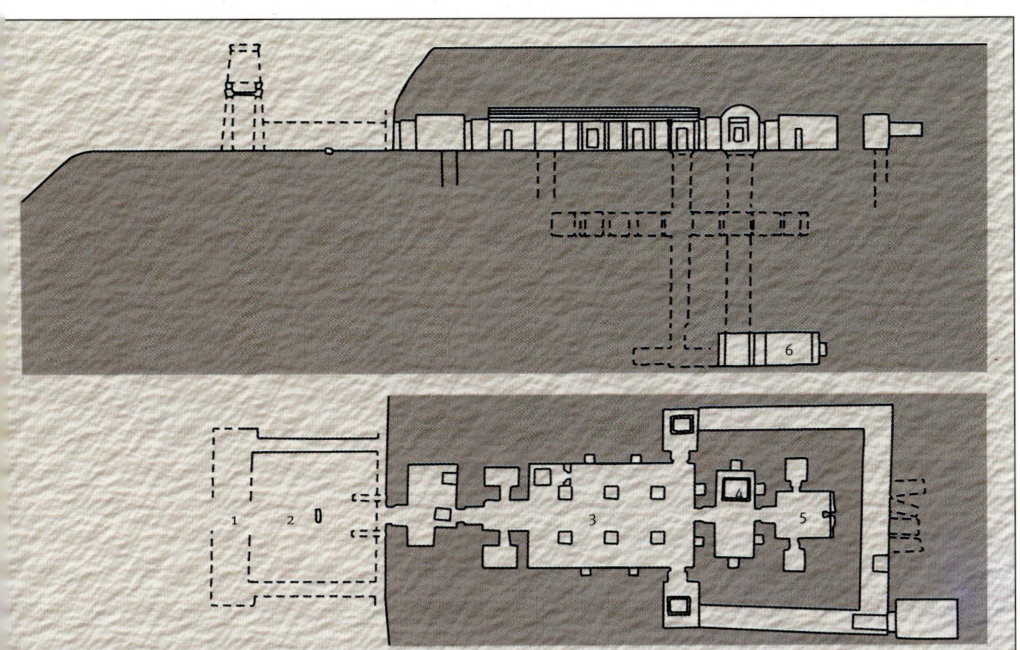

↑ *Längsschnitt und Grundriß des Bakenrenefgrabes, typisch für die 26. und die 30. Dynastie: Pylon (1), Hof (2), Pfeilersaal (3), Hauptschacht (4), Allerheiligstes (5), Grabkammer (6), die den Sarkophag enthielt; er befindet sich heute im Archäologischen Museum von Florenz.*

Grabstätte ist sicher die des Generals Haremhab, des späteren Pharaos, der daher auch im Tal der Könige in Theben (Nr. 57) bestattet wurde. Wie die anderen Gräber aus dieser Zeit gehört es zu den Kapellengräbern, wie sie in diesem Gebiet für das Neue Reich typisch waren; ihr Merkmal ist ein weiter offener Hof, oft mit Säulenreihen, von dem aus der Schacht in die unterirdische Totenkammer führt. Vielleicht noch aufregender war die Entdeckung des Grabes von Maja (der Schatzhausvorsteher war auch für die Wiederherstellung der alten Religion und die Öffnung der Tempel verantwortlich, die Echnaton geschlossen hatte). Das Monument, das der deut-

Die Pyramide Pepis I.

Bis vor kurzem konnten sich nur Ägyptologen die Gesamtanlage des Pyramidenkomplexes Pepis I. vorstellen, die jahrtausendelang geplündert worden war. Dank computertechnischer Wiedergabe oder CAO (Conception Assistée par Ordinateur) kann das Monument jetzt innen und außen dreidimensional erkundet werden.

Die ägyptischen Pyramiden sind die Umsetzung eines theologischen und politischen Programms in Stein. Der Pharao an der Spitze einer hierarchisch gegliederten Gesellschaft war Mittler zwischen Menschen und Göttern. In diesem Sinn war die Pyramide eine Art riesige Treppe zwischen Erde und Himmel. Diese Bauwerke, für die Ewigkeit errichtet,

↑ Die Ruinen der Grabanlage Pepis I. (Teilansicht)

sind heute nur noch Ruinen. Die Pyramide Pepis I. wurde gegen 2300 v. Chr. in Sakkara – so der moderne Name –, in der Nekropole von Memphis, erbaut. Auf dem ausgedehnten Plateau, etwa 30 Kilometer südwestlich von Kairo, stehen zahlreiche Pyramiden, von denen einige ziemlich verfallen sind. Hier wurden zweieinhalb Jahrtausende lang Könige, Würdenträger, aber auch heilige Tiere beigesetzt. Die Pyramide Pepis I. birgt eine unschätzbare Kostbarkeit: die berühmten Pyramidentexte, eine der ältesten Sammlungen religiöser Beisetzungsvorschriften der Menschheit. Immer wieder ausgeplündert, in Brand gesteckt und zerstört, jahrhundertelang vom Wüstensand begraben, sind von der Grabanlage Pepis I. heute nur noch Reste übrig.

Die Grabungen der letzten 30 Jahre und die moderne Computertechnik ermöglichen es heute nicht nur, ein vergessenes Bauwerk zu durchstreifen, sondern auch dem Wesen des alten Ägypten nachzuspüren: einem magischen Universum, dem einzigen Zugang zu den lebendigen Kräften einer stets vom Chaos bedrohten Welt.

Im Computer kann die komplexe Grabarchitektur in einfache Raumformen zerlegt und virtuell wieder zusammengesetzt werden. Es mag wie Zauberei aussehen, doch der Computer erfindet nichts: Er verarbeitet nur die Daten, die eingegeben wurden. Sein technologischer Beitrag ist in der Tat anderer Natur: Er holt verschwundene Räume aus dem Dunkel der Zeiten zurück.

Mit einem Gebäude entstehen zwei Räume: ein äußerer, der es zu einer Skulptur macht, und ein innerer, der das eigentliche Wesen der Baukunst ausmacht. Im Unterschied zu den anderen bildenden Künsten, wo man physisch außerhalb des Werkes bleibt, kann man sich in die Architektur tatsächlich hineinbegeben: Sie offenbart sich in dem dreidimensionalen Raum, der den Betrachter umgibt. Bisher berücksichtigten alle Systeme architektonischer Darstellung nur drei Dimensionen; keine Rolle spielte eine vierte Komponente, die Verlagerung des Blickwinkels, welche der vierten Dimension entspricht: der Zeit. Damit die innere Architektur entschlüsselt und erlebt werden kann, sind unsere Anwesenheit und der Wechsel unseres Standortes erforderlich. Indem wir aber durch das Gebäude wandern und es aus allen Blickwinkeln betrachten, erschaffen wir selbst die vierte Dimension.

In der Computeranimation wird zum erstenmal der räumliche Charakter des Inneren wiedergegeben, die Architektur wird wirklich als Raum empfunden. Der Gang durch das Innere in der Zeit, deren beweglicher Mittelpunkt wir selbst sind, ist in einen Bilderfluß übersetzt. Die Wahrnehmung ist einfach umgekehrt: Nicht mehr der Mensch begibt sich in die Architektur hinein, sondern die Architektur umgibt uns. Damit wird die ägyptische Architektur zu dem, was sie immer hätte sein sollen: ein Raum in der Zeit.

Die Computertechnik entwickelt sich ständig weiter, und man kann heute davon träumen, nach dem täglichen Lauf der Sonne durch das Grabmal Pepis I. zu wandern und in ihrem Licht die wiedererschaffenen Texte und Reliefs zu untersuchen. Mit Hilfe des Computers wird es nicht nur möglich sein, die jahrtausendealte Geschichte eines wiedergewonnenen Bauwerks zu durchstreifen, sondern auch in eine bestimmte Zeit, in einen Augenblick im ewigen Leben des Pharaos zu gelangen.

↑ Drei Computerrekonstruktionen der Grabanlage Pepis I.: oben die Gesamtanlage, unten links der große Hof und rechts der Saal, in dem die Königsstatuen verehrt wurden.

→ Auf diesem Verkleidungsblock aus dem Bakenrenefgrab trägt der Wesir sein Schreibzeug auf der linken Schulter. Es ist ein gutes Beispiel für das fein gearbeitete Flachrelief, wie es die memphitischen Künstler zu Beginn der saitischen Epoche schufen.

sche Ägyptologe Lepsius im letzten Jahrhundert teilweise ausgegraben hatte, von dem sich jedoch alle Spuren verloren hatten, wurde zwölf Jahre nach Beginn des archäologischen Forschungsprojektes völlig unerwartet gefunden.

Als Ramses II. seine neue Residenz (Ramsesstadt) im östlichen Delta gründete, verließen die Vornehmen und die Beamten Memphis. Nur die Apisstiere wurden weiterhin im Serapeum bestattet.

Mit einigen wenigen Unterbrechungen wurde es wieder still in Sakkara. Seine erneute Blüte in der 26. Dynastie (7. Jahrhundert v. Chr.) ist wirklich erstaunlich, so unerschöpflich sind die Kreativität und Vitalität der memphitischen Kunst. Die Vornehmen dieser Zeit wählten für ihre letzte Ruhestätte den Bezirk um die Stufenpyramide. Die hohen Würdenträger ließen ihre Gräber in den Felsrücken schlagen, der hoch über dem Fruchtland und der Straße nach Memphis liegt. Das unterirdische Grab des Bakenrenef, Wesir unter Psammetich I., ist die einzige Anlage, die mit ihrer fürstlichen Konzeption noch von der Großartigkeit dieser Felsengräber zeugt. Die archäologische Forschung, die die Universität Pisa seit 1974 unter der Leitung von Edda Bresciani betreibt, hat die Geschichte des Grabes geklärt. Es wurde sorgfältig wiederhergestellt, nachdem Grabräuber und geologische Verwerfungen es stark beschädigt hatten. Um Räuber abzuwehren, wurde damals oberhalb des Bakenrenefgrabes eine neue Grabform entwickelt. Sie besaß einen ziemlich breiten und tiefen Schacht, auf dessen Grund der steinerne Sarkophag nach einer findigen Methode herabgelassen wurde.

Nach der Bestattung wurde der Schacht mit Sand aufgefüllt.

Mit der Spätzeit begann auch die Erweiterung der Nekropole der heiligen Tiere. Die noch laufenden Ausgrabungen der Egypt Exploration Society haben seit 1964 neue Aufschlüsse geliefert. Neben dem Serapeum aus der Zeit Ramses' II., ab der 26. Dynastie noch einmal erweitert und reicher ausgestattet, wurden Galerien für unzählige Ibisse, Falken und heilige Paviane, für Katzen (Bubasteion) und Hunde (Anubeion), für heilige Kühe (Mütter der Apisstiere) und die Löwinnen der Göttin Sechmet ausgehoben (sie werden in den Papyri erwähnt, sind aber noch nicht gefunden).

Der Kult der heiligen Tiere, der die späte ägyptische Religiosität zutiefst geprägt hat, erschöpfte sich jedoch nicht mit den Katakomben: Entlang der Felsböschung erhoben sich die terrassenförmigen weißen Grabtempel. Innerhalb ihrer Umfassungsmauern drängten sich Kapellen für die Inkubation, kleine Orakeltempel, die Häuser der vielen Priester und Laien, die mit dem Kult betraut waren. Es herrschte ein reges Treiben, von dem uns Papyri sowie in demotischer und griechischer Schrift beschriebene Ostraka (Gefäßscherben) ein lebendiges Bild liefern.

Die unterirdische Grabanlage des Wesirs Bakenrenef aus dem 7. Jahrhundert ist nur wenige hundert Meter von der Stufenpyramide des Pharaos Djoser in den steilen Grat des Wüstenplateaus geschlagen. Sie reicht mehr als 40 Meter in den Felsen hinein und besteht aus zwei Ebenen mit Galerien und Grabschächten. Die gesamte Konzeption – die perfekte Übereinstimung von Architektur und Dekoration der einzelnen Räume – ist, wie stets in den erhabensten Beispielen ägyptischer Kunst, die Übersetzung eines umfassenden philosophisch-religiösen Systems in Stein. Um sie zu verwirklichen, ließ sich der Baumeister von

*↑ Die Frontseite des Bakenrenefgrabes aus römischer Zeit.
Im 7. Jahrhundert v. Chr. hatte die Fassade weiter vorn gelegen.*

zahlreichenVorbildern inspirieren, von den unterirdischen Königsgräbern des Neuen Reiches im Tal der Könige bis hin zu den uralten Mastabas des Alten Reiches. Das Ergebnis war ein komplexer harmonischer Bauplan: ein Außenhof, dem zweifellos Pfeiler vorgelagert waren; eine erste Halle, die ganz und gar von den Themen und dem Stil des Alten Reiches geprägt war, deren Decke aber astronomische Dekorationen trug; ein großer Pfeilersaal mit gewölbter Decke, auf der die Darstellungen in Dunkelblau und Gold von Bakenrenef in Anbetung der Tages- und Nachtstunden auffallen, und den mit Texten und Vignetten aus dem Totenbuch bemalten Wänden; der Opfersaal, quer zum vorhergehenden, von dem aus man zum Grabschacht des Wesirs gelangte, und schließlich das Allerheiligste mit zwei kleinen Seitenkammern.

Als 1974 ein Archäologenteam der Universität Pisa mit der Erforschung des Monuments begann, befand sich dieses in einem sehr schlechten Zustand. Jahrhunderte geologischer Verwerfungen in einem statisch bedenklichen Gelände und die Beharrlichkeit der Grabräuber (vor allem um die letzte Jahrhundertwende) hatten dazu geführt, daß der größte Teil der prächtigen Wandverkleidung aus fein behauenen und bemalten Kalksteinblöcken zerstört oder völlig verschwunden war. Ganze Wandteile und sogar einige der gewaltigen Blöcke, die sich von der Decke

↑ Die Decke des Allerheiligsten im unterirdischen Grab des Wesirs von Psammetich I. ist mit Sternen geschmückt und mit zehn großen Geiern mit gespreizten Flügeln bemalt (Bilder der Göttin Nechbet, der Schutzherrin der Krone), die die königlichen Symbole Schen-Ring und Federfächer in den Krallen tragen. Die Bilder wurden in den Jahren 1986 und 1987 gesäubert und erstrahlen wieder im alten Glanz der Farben.

↑→ Zwei Teilansichten des großen Leichentuches (2. Jh. n. Chr.), das 1975 im Südschacht des Bakenrenefgrabes gefunden wurde. Dieses Meisterwerk römischer Grabmalerei ist auch wegen der ungewöhnlichen religiösen Themen bedeutend. Seit 1995 im Ägyptischen Museum in Kairo.

Pyramidentexte und Informatik

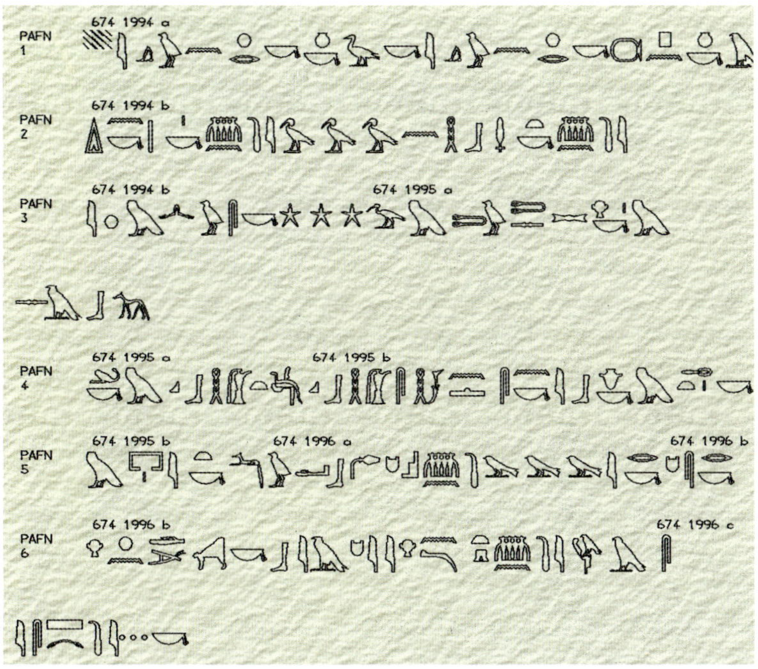

Verschiedene Forscher haben die Pyramidentexte herausgegeben, veröffentlicht, kodifiziert und ergänzt: G. Maspero hat sie erstmals publiziert; K. Sethe hat sie übersetzt und kommentiert; G. Jéquier steuerte mit seiner Arbeit in den Pyramiden Pepis II., von dessen Königinnen und Ibi weitere Texte bei; R.O. Faulkner hat diese im Vergleich mit der Ausgabe von K. Sethe tiefer ergründet. Nach mehr als 20 Jahren hat die Französische Archäologische Mission Sakkara (MAFS) unter der Leitung von Professor Jean Leclant beschlossen, die Texte hinsichtlich ihres Standortes neu zu untersuchen. Eine neue Numerierung soll die kodifizierte Benennung der Wände einbeziehen, wodurch sofort die Position eines Textes in jeder Pyramide zu erfahren wäre. Da im Lauf der Zeit die Numerierung der Texte und der Register (Hieroglyphenreihen) verändert oder erweitert wurde, war es immer schwieriger geworden, damit zu arbeiten, ohne Fehler zu machen.
Der Informatiker Alain Croisiau hat ein Programm entwickelt, mit dem nicht nur alle Angaben vereinheitlicht und zusammengefaßt werden, wobei die neue Numerierung berücksichtigt wird, sondern auch alle bisher veröffentlichten Texte, einschließlich der Lesarten und der Texte aus den Pyramiden von Teti, Pepi I. und Merenre, erfaßt werden. Ein weiteres Programm erzeugt originalgetreue Schriftzeichen, und bei Bedarf werden der Lautwert und die Klassifizierung nach den Kategorien von A.H. Gardiner hinzugefügt. Mit der Speicherung aller Wörter, die bei der Textanalyse gewonnen werden, entsteht ein Lexikon, das die graphischen Varianten ein und desselben Wortes und ihr Erscheinen in den verschiedenen Texten unter semantischen und syntaktischen Gesichtspunkten aufführt. Hier eröffnen sich viele Möglichkeiten: Weitere Querverbindungen zum Beispiel zu den Sargtexten können hergestellt, Übersetzungen und Kommentare hinzugefügt werden.

»Ich bin zu dir gekommen, [weil] ich dein Sohn bin;
ich bin zu dir gekommen, o Pepi, [weil] ich Horus bin.
Ich gebe dir deinen Stab, [damit du] die Seelen leitest;
[ich gebe dir] dein Zepter [nhbt], [damit du] die unvergänglichen Sterne leitest;
du bist vereint;
dein Antlitz ist das eines Schakals;
hinten bist du Kebehut.
Sie erfrischt [kbh] und gibt die Kraft für dich deinem Herzen in deinem Körper zurück,
im Haus deines Vaters Anubis.
Sei rein und setze dich, [um] an der Spitze jener [zu sein], die größer sind als du;
setz dich auf deinen Bronzethron, auf den Sitz des Hauptes der Westlichen.«
(Nach einer Übersetzung von Jean Leclant)

↑ *Einige Zeilen des Hieroglyphentextes, der auf der Nordmauer des Durchgangs zwischen Vorkammer und Grabkammer in der Pyramide Pepis I. steht; daneben ihre Übersetzung.*

↓ *Ostwand der Grabkammer in der Pyramide Pepis I., nach ihrer Rekonstruktion und Restaurierung durch die Französische Archäologische Mission in Sakkara (MAFS).*

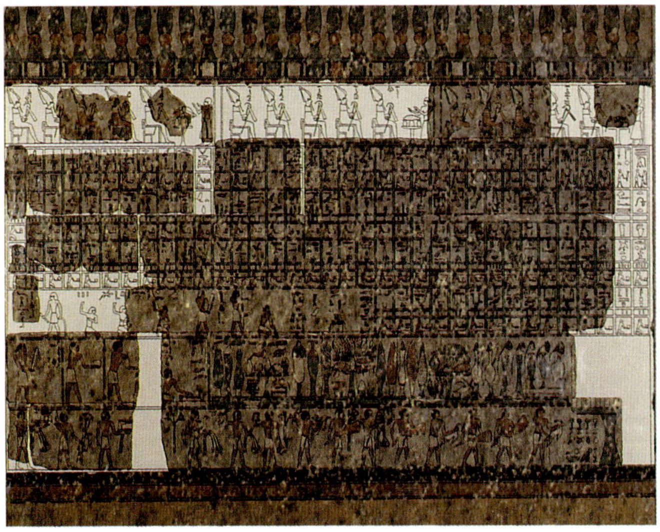

↑ *Computerrekonstruktion der Ostwand des Opfersaals im Bakenrenefgrab. Links die erhaltenen, aber in alle Welt zerstreuten Blöcke an ihrem ursprünglichen Platz; rechts sind die fehlenden Teile ergänzt.*

der Pfeilerhalle gelöst hatten, waren an Museen oder private Sammler in Europa und Amerika verkauft worden. Große Risse zogen sich über die Decke des Grabes; außen hatte die Erosion den Felsen angegriffen und die Fassadenmauer zerstört. Von Anfang an hatte es sich das Team zum Ziel gesetzt, das Fürstengrab zu restaurieren und ihm sein ursprüngliches Aussehen soweit wie möglich zurückzugeben. Ende 1985 startete das Programm.
Viele archäologische Kampagnen hatten schon vorher einen unschätzbaren Beitrag nicht nur zur Kenntnis des Monuments und der bedeutenden Familie geleistet, die es rund ein Jahrtausend lang belegt hatte – vom 7. Jahrhundert v. Chr. bis zum 2. Jahrhundert n. Chr. –, sondern auch zur Geschichte Sakkaras in der Spätzeit.
Das Forschungsprojekt, das die Universität Pisa in Zusammenarbeit mit der Ägyptischen Antikenverwaltung in Person des Architekten Salah El-Naggar durchführte, hat Licht in die Wechselfälle gebracht und die Fragen geklärt, die bei den Arbeiten am Grab gestellt worden waren.
Es wurde deutlich, was Ergänzung und spätere Änderung war, indem Teile der Dekoration wieder sichtbar gemacht wurden, die im Sand verborgen oder von nachträglichen Konstruktionen verdeckt gewesen oder auch in späteren Mauern wiederverwendet worden waren. Dabei wurde vor allem erstmals das unterirdische System der Schächte und Galerien erkundet, das teils aus der Zeit der 26. Dynastie stammt, teils von Nachfahren des Wesirs in der 30. Dynastie geschaffen wurde. Es wurden Tausende wunderbar gearbeiteter Gegenstände aus den verschiedenen Epochen der Grabnutzung gefunden; sie sind wichtig, um die Geschichte und die Kultur der ägyptischen Spätzeit rekonstruieren zu können. Etwa 8000 Blöcke und Fragmente der Wanddekoration, die heruntergefallen oder in den Schächten beschädigt worden waren, wurden sichergestellt. Das Team erforschte auch andere unterirdische Gräber in der Nähe der Grabanlage des Wesirs, darunter das bis dahin noch nicht untersuchte Grab eines Propheten der Göttin Sechmet aus dem 4. Jahrhundert v. Chr.

↑ *Die Stützmauern in der Vorhalle des Bakenrenefgrabes sind in der Animation »abgerissen«, um die dahinterliegenden Dekorationen, die zum Teil noch vorhanden sind, sichtbar zu machen.*

Mit der Wiederherstellung des Bakenrenefgrabes und dem Einsatz verschiedener Techniken konnten einige strittige Fragen in der heutigen Debatte über Restaurierung geklärt werden. Im Rahmen eines vom italienischen Außenministerium finanzierten Fachausbildungsprogramms diente das Grab von 1985 bis 1987 als regelrechte Ausbildungsstätte für ägyptische Archäologen, Architekten und Restauratoren.
Die simulierte Rekonstruktion des Grabes mittels Visuali-

sierungstechniken, die in den Bereich der virtuellen Realität hineinreichen, bildete 1992 den Abschluß einer Zeit, in der geforscht und experimentiert worden war und in der die Methoden der Datenverarbeitung für die Restaurierung der Grabanlage eine wichtige Rolle gespielt hatten. Mit diesem Teil des Programms war die Verfasserin seit 1985 befaßt, der schon bald Maria Cristina Guidotti und Flora Silvano und später Roberto Buongarzone zur Seite standen; sie alle gehören dem Ägyptologenteam aus Pisa an.
In einer ersten Phase wurde die Computertechnik zur Wiedergabe der Dekorationsbausteine eingesetzt; das Ziel war, die verbliebenen Blöcke wieder an Ort und Stelle zu bringen und eventuell fehlende Teile zu ergänzen. Das war ein kompliziertes Unterfangen, nicht nur, was das Ausmaß der Arbeit betraf (etwa 8000 während der Forschungsarbeiten gefundene Teile sollten an ihren Platz zurück, abgesehen von jenen, die sich in Museen befinden), sondern auch weil es kein Vorbild gab, an dem man sich hätte orientieren können (glücklicherweise hatte der Ägyptologe Lepsius einen großen Teil des Grabes um das Jahr 1843 beschrieben und gezeichnet, als der Wandschmuck noch in einem guten Zustand war). Ein gigantisches Puzzle also, bei dem man sich jedoch nicht einmal mit den Formen der Teile behelfen konnte; sie hätten in diesem Fall auch wenig genutzt, weil viele Blöcke verlorengegangen und die anderen zersplittert waren, als sie abbrachen. Die Analyse des gesammelten Materials machte das wunderbare Gleichgewicht deutlich, auf dem der Dekorationsplan der Grabstätte aufgebaut war, ein komplexes Ganzes von Texten, bildlichen Darstellungen und beides verbindenden Elementen, die wiederum in architektonischer Beziehung zu dem Platz standen, den sie im Inneren des Grabes einnahmen.

← In den 1000 Jahren ihres Bestehens wurde die unterirdische Grabanlage Bakenrenefs mehrmals umgestaltet, von den Änderungen des ursprünglichen Plans über die liebevolle Restaurierung durch die Nachfahren des Wesirs in der 30. Dynastie bis zu den Notmaßnahmen in römischer Zeit.
Die Computerrekonstruktion zeigt die Vorhalle, wie sie in römischer Zeit und im 7. Jahrhundert v. Chr. mit den vier ursprünglichen Säulen und den Reliefs an der Wand ausgesehen hat.

Zwar liebten die alten Künstler durchaus die Abwechslung, indem sie Elemente, Maße und Farben für jeden Raum und sogar für jede Wand neu kombinierten, dennoch lieferte die strenge Analyse des Dekorationsplans die Grundlage für die Wiederaufstellung der Blöcke und den weiteren Fortgang der Erforschung.
In einer Datenbank wurden formalisierte Beschreibung und digitalisierte Abbildungen aller Schmuckflächen bei möglichst konstanten Lichtverhältnissen erfaßt. Denn ein Bild ist weit aussagekräftiger als eine noch so genaue Beschreibung. Wenn untersucht werden soll, welche Blöcke zusammengehören oder wie sie sich überhaupt räumlich zueinander verhalten, dürfen schwer kodifizierbare Daten wie Form, Farbe oder Stil nicht vernachlässigt werden. Deren Charakter aber ist leichter mit einem Bild als mit einer Beschreibung zu vermitteln. Natürlich war 1985 der Personalcomputer für die Bildverarbeitung noch nicht sehr leistungsfähig, was Qualität und Schärfe eines digitalisierten

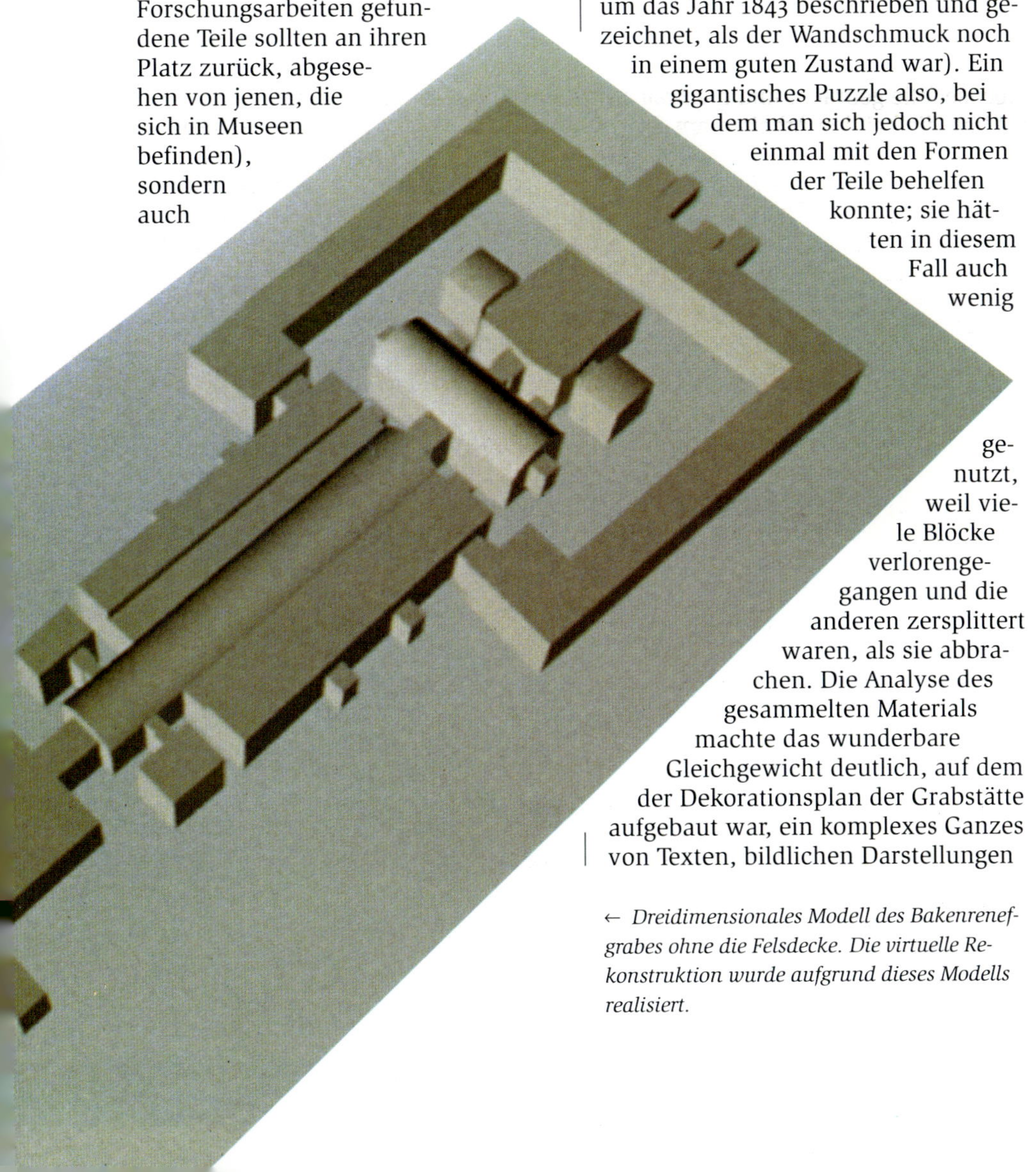

← Dreidimensionales Modell des Bakenrenefgrabes ohne die Felsdecke. Die virtuelle Rekonstruktion wurde aufgrund dieses Modells realisiert.

Bildes angeht. Doch es wurde fleißig experimentiert, was sich für die archäologische Rekonstruktion als bahnbrechend erweisen sollte: Die Lesbarkeit eines digitalisierten Bildes konnte durch stärkeren Kontrast oder Betonung einzelner Bildelemente (zum Beispiel der Konturen von Figuren und Zeichen) gesteigert werden; die Konturen konnten automatisch entfernt werden; Meßdaten und Angaben zu Gestalt und Form wurden maschinell gelesen. Außerdem war es möglich, die Bilder der Schmucksteine tatsächlich virtuell zu rekonstruieren: Mit einem Mausklick konnte man eine Farbe dort erfassen, wo sie sich am besten erhalten hatte, und an einer Stelle einfügen, wo sie verblaßt war; auf die gleiche Weise konnten Hieroglyphen und Bilder ergänzt werden, die auf einem Block lückenhaft, auf einem anderen aber vollständig waren, und so weiter. So wurde der Monitor zur virtuellen Bildwand, auf der die Hypothesen zur Lagebestimmung der Steine überprüft werden konnten: Man schob die Blöcke auf dem Bildschirm einfach hin und her, bis die möglichen Verbindungsstellen oder die passende Position gefunden waren.

In der Archäologie, die stets von den erhaltenen Teilen auf das ursprüngliche Ganze schließen muß, sind die modernen Visualisierungstechniken sehr wichtig. Bei der Rekonstruktion des Bakenrenefgrabes erfüllen sie eine doppelte Aufgabe: Einmal können mit ihnen Arbeitshypothesen überprüft werden, zum anderen liefern sie praktische Hinweise für die tatsächliche Restaurierung des Monuments. Man darf nicht vergessen, daß Aberhunderte wunderbarer Blöcke, die in Museen, privaten Sammlungen oder auf dem Antiquitätenmarkt verstreut sind, nie mehr im Grab zusammengefügt werden können. Die Zahl der verbliebenen Steine ist zwar beachtlich, aber im Vergleich zu dem, was verlorengegangen ist, doch so gering, daß sich bei der Restaurierung oft nur wenige Inseln des Bauschmucks in einem Meer nackten Gesteins ergäben. Man müßte übermäßig viel ergänzen, was sehr problematisch ist. Es ist einer jener typischen Fälle, in denen die virtuelle Rekonstruktion den direkten Eingriff in die materielle Beschaffenheit ersetzen kann: Während man in Wirklichkeit nur wenige Blöcke wieder an der Wand anbringen könnte, andere in ihren Vitrinen oder an den Museumswänden bleiben und das Bild der Originalwand, wie sie einst gewesen sein muß, nur auf dem Papier oder im Kopf des Ägyptologen existiert, kann man in der virtuellen Realität alles mehr oder weniger wirkungsvoll simulieren und, wenn erforderlich, wieder auflösen, um einer neuen Arbeitshypothese zur Rekonstruktion oder einer späteren Phase in der Geschichte des Monuments Platz zu machen.

Bis in die neunziger Jahre standen für die Rekonstruktion des Bakenrenefgrabes nur zweidimensionale Visualisierungen zur Verfügung, die vor

↑ *Das wunderbar ausgemalte Gewölbe über dem Opfersaal im Bakenrenefgrab. Nur die Decken, die natürlich nicht fortgeschafft werden konnten, blieben von der Gier der Grabräuber verschont.*

→ *Virtuelles Bild des Opfersaals, von dem der Schacht in die Grabkammer des Bakenrenef hinabführt. Keiner der hier zu sehenden Blöcke ist heute an seinem ursprünglichen Platz.*

← Beim virtuellen Besuch des Bakenrenefgrabes wandert man von der Vorhalle in den Pfeilersaal, dessen Wände mit Szenen und Texten aus dem Totenbuch geschmückt waren. Die Decke des Mittelschiffs überzogen rechts und links die 24 Darstellungen des Wesirs in Anbetung der Tages- und Nachtstunden; sie sind heute teilweise zerstört oder werden in verschiedenen Museen aufbewahrt. Rechts die Szene mit dem Verstorbenen vor dem Totenrichter Osiris, die nach den verbliebenen Fragmenten rekonstruiert wurde.

allem der Wiedergabe des ursprünglichen Wandschmucks dienten. Das führte dazu, daß die Flächen wichtiger waren als das Volumen. Dann aber wurde allmählich klar, daß die Arbeit unbedingt dreidimensional fortgeführt werden mußte; das Grab sollte »sichtbar«, der gesamte Wandschmuck an seinem ursprünglichen Platz an Wänden und Decken rekonstruiert werden, was bedeutete, daß auch die architektonischen Strukturen und die Bauelemente in ihren Originalzustand zurückversetzt werden mußten. Möglich war die Realisierung eines großen Teils dieses Projektes dank der Zusammenarbeit mit Patrizia Palamidese und Giuseppe Muccioli von der Abteilung für wissenschaftliche Visualisierung des CNUCE in Pisa. Zunächst mußte ein dreidimensionales Modell des Grabes auf der Grundlage sorgfältiger Vermessungen hergestellt werden. Dann wurden alle Angaben über Materialien, Farben, Relieftechniken, die graphische und photographische Dokumentation des Grabes und der Blöcke sowie die Entwürfe zur Rekonstruktion des Wandschmucks zu einem »visuellen Modell« vereint. Beide zusammen ergaben das volle virtuelle Modell. Man beschloß, auf die photographische Dokumentation der Blöcke zu verzichten, denn sie war in Farbgebung und durch die verschiedenen Aufnahmewinkel so unterschiedlich (vor allem was die in Museen oder Privatsammlungen aufbewahrten Blöcke betraf), daß sich zahlreiche Probleme ergaben. Die ganze simulierte Rekonstruktion des Grabes basierte also auf Zeichnungen. Beim nächsten Schritt wurde eine Animation der verschiedenen »Grabansichten« hergestellt. Ausschlaggebend für die archäologische Rekonstruktion ist hier die Möglichkeit, die Entwicklungsstufen vorführen zu können, wobei die am Monument vorgenommenen Änderungen berücksichtigt werden. Im Falle des Bakenrenef-

↑ Ein weiteres Bild aus der Animation des Pfeilersaals im Grab des Bakenrenef. Zu sehen ist in der Mitte unter dem sternengeschmückten Gewölbe mit den Darstellungen der Stunden der Durchgang zum Opfersaal mit den zwei Seitennischen (die Lünette darüber befindet sich heute, teilweise restauriert, im Field Museum, Chicago). Links befindet sich der Zugang zur Galerie, die die unterirdischen Säle umgibt.

→ *Links eine bemalte Holzstatuette der Göttin Neith. Sie wurde 1975 nördlich des Bakenrenefgrabes in einem unterirdischen Grab gefunden. Rechts die Statuette einer nackten Frau aus farbigem Gips, die 1975 außerhalb des Grabes BN2 gefunden wurde. Die üppige schwarze Perücke, der vorstehende Bauch, die langen Schamhaare erinnern an die Baubofiguren, die in griechisch-römischer Zeit als Fruchtbarkeitstalismane dienten.*

grabes ist dies von besonderem Interesse, denn es wurde in seinem tausendjährigen Bestehen mehr als einmal umgestaltet. Mit den Möglichkeiten, die die virtuelle Realität bietet, können auch hier einige äußerst schwierige Probleme geschickt umgangen werden, die moderne Restaurierungsverfahren aufwerfen: Zum Beispiel ist es in der Animation möglich, spätere Bauteile, die jetzt einen Teil der Dekoration in der Vorhalle verbergen, »verschwinden« zu lassen; die Prozessionen der Überbringer von Opfergaben und der Verstorbene, der sie entgegennimmt, werden sichtbar, ohne daß ein Meißel mit dem Stein in Berührung kommt. Welche andere Methode ist so wirkungsvoll und so behutsam?

Die Animation simuliert einen Besuch in den verschiedenen Räumen des Grabes, eine Reise durch Raum und Zeit, denn die Bauteile, die man dabei zu Gesicht bekommt, gehören verschiedenen Epochen an, und man sieht Dekorationen, die tatsächlich meist nicht mehr an ihrem ursprünglichen Platz sind.
Die Rekonstruktion hat beispielhaften Charakter und entspricht daher nicht dem wahren Kenntnisstand der Ägyptologen aus Pisa: Zum Beispiel zeigt die Animation weder die Grabfassade der saitischen Zeit, als der Wesir hier bestattet wurde, noch den Kultraum; beides wurde zu der Zeit noch erforscht. Die Animation soll eine Auswahl anbieten, mit der die verschiedenen Schwierigkeiten, auf die man gestoßen ist, beleuchtet und mögliche Lösungen vorgeschlagen werden.
Das Problem der späteren Hinzufügungen wurde bereits erwähnt. In der Animation kann auch zwischen ursprünglichen und ergänzten Bauteilen unterschieden werden, was – wenn auch nur virtuell – für eine korrekte Restaurierung wichtig ist. Zwei verschiedene Vorgehensweisen standen zur Debatte: ein statischer Ansatz in der Pfeilerhalle und eine dynamische Annäherung im dahinterliegenden Opfersaal.
Bei der statischen Methode kam man überein, für jene Teile, für die es noch keine gesicherten Rekonstruktionshypothesen gibt, weiße Flächen unter Angabe der architektonischen Umrisse zu verwenden; sehr wahrschein-

↑ *Die dreidimensionale Simulation der Reliefs war eines der schwierigsten Probleme bei der virtuellen Rekonstruktion der unterirdischen Grabanlage des Bakenrenef. Man hat mit verschiedenen Algorithmen experimentiert, um die unterschiedlichen Tiefenwirkungen und das Spiel von Licht und Schatten zu erreichen, wie es die Bildhauer mit ihrer Technik erzielt haben.*

liche Hypothesen wurden in Farbe visualisiert (hier unterscheiden die Konturen der Blöcke zwischen verbliebenen und ergänzten Teilen); schließlich zeigte nacktes Gestein an, daß man vom ursprünglichen Aussehen dieses Bereichs keine Vorstellung hat.
Bei der dynamischen Methode erscheinen die verschiedenen Komponenten einer Wanddekoration (Teile in situ, im Grab gefundene Blöcke, Blöcke in Museen, ergänzte Teile) in der Animation fortlaufend.

Im Grabschacht des Wesirs hat man schließlich die Möglichkeit erprobt, die Visualisierung als historisches Instrument einzusetzen, indem man Bakenrenefs Steinsarkophag in seinen ursprünglichen Bauzusammenhang »projizierte«. Der Ägyptologe Ippolito Rosellini aus Pisa hatte ihn 1828 in Alexandria erworben, heute steht er im Archäologischen Museum von Florenz. Das Resultat ist vielversprechend. Die Vorstellung, mittels Animation in ein Monument hineingehen, versteckte Winkel bis ins kleinste Detail erforschen und die Wandlungen durch die Zeit hindurch verfolgen zu können, ist sehr aufregend.
Aber es geht nicht nur darum. Die Animation kann auch ein leistungsfähiges wissenschaftliches Instrument sein, solange sie auf gesicherten Daten fußt. Damit sie ihren Zweck als Arbeitsinstrument und zugleich als Instrument der virtuellen Rekonstruktion erfüllen kann, muß sie genau und wirklichkeitsgetreu sein. Diese zweifache Anforderung verlangt hohe Präzision, Qualität und Auflösung der Bilder und in der Wiedergabe von Details und Farben, was zur Zeit leider nur mit relativ kostspieligen Methoden zu erreichen ist, und dafür ist die universitäre Forschung finanziell zu dürftig ausgestattet. Andererseits geht die Entwicklung besserer Visualisierungstechniken so schnell voran, daß man sicherlich schon recht bald virtuelle Reisen in die bedeutenden Bauwerke der Vergangenheit unternehmen kann.
Durch den Finanzierungsstopp für das Wiederaufbauprojekt des Bakenrenefgrabes kann man heute allein anhand der virtuell realisierten Grabstätte nur ahnen, in welchem Glanz der erst einmal tatsächlich restaurierte Bau erstrahlen würde. Die Hoffnung – und die Richtung, in die diese Forschung geht – besteht darin, daß die virtuelle Rekonstruktion des Grabes vielleicht schon bald mit der eigentlichen Restaurierung Hand in Hand gehen kann; Animation und interaktive Techniken stünden dann im Dienst der virtuellen Realität, um eine Art »lebendiges« Museum zu schaffen, in dem sowohl die Geschichte des Bauwerks als auch die modernen Restaurierungsmöglichkeiten der Archäologie vor Augen geführt werden.

Bibliographie

• J.-P. Lauer *Saqqara. The Royal Cemetery of Memphis. Excavations and Discoveries since 1850.* London 1976
• J. Baines, J. Málek *Atlas of Ancient Egypt.* Oxford 1980
• J. Leclant »A la quête des Pyramides des Reines de Pepi I«, in: *Bulletin de la Société Française d'Egyptologie* 113, 1988, S. 20–31
• *Tomba di Bakenrenef* (L.24). Attività del Cantiere Scuola 1985–1987,

Saqqara IV. Pisa 1988 (Beiträge verschiedener Autoren)
• G. Martini *The Memphite Tomb of Horemheb.* London 1989
• A. Labrousse (in Zusammenarbeit mit P. Cornon) *Regards sur une Pyramide.* Paris 1991
• »Visualization and Restoration in the Tomb of Bakenrenef at Saqqara (L.24)«, in: *Informatique et Egyptologie* 9, Utrecht – Paris 1994 (Beiträge verschiedener Autoren)

↑ *Bakenrenefs Sarkophag aus Kalkstein (oben links das digitalisierte Bild, rechts ein Detail) steht in der virtuellen Rekonstruktion an seinem ursprünglichen Platz im Grabschacht des Wesirs, in mehr als 16 Meter Tiefe. Von hier schafften ihn Diebe schon vor dem Jahre 1828 fort, als Ippolito Rosellini ihn in Alexandria kaufte.*

Faijum, Restaurierung und virtuelle Archäologie

Das Faijumbecken mit dem Karunsee (dem Moerissee der Antike, in prähistorischer Zeit ein Binnenmeer), ist wegen seiner zahlreichen Süßwasserläufe sehr fruchtbar, aber eine richtige Oase ist das »Seeland« der alten Ägypter nicht, denn durch den Bahr Jusuf (Josefkanal) ist es mit dem Nil verbunden. Der alte »Kanal des Moerissees« fließt lange parallel zum Nil nach Norden und mündet bei Illahun in die Senke, wo sich in pharaonischer Zeit ein Staudamm und ein Hafen befanden.

Als erste lebten hier Jäger und Fischer, dann siedelte sich eine bäuerliche Bevölkerung an (Kulturen A und B des Faijum). Am Moerissee und in den Sumpfgebieten wurde gejagt und gefischt – doch vom Alten Reich ist im Faijum nicht viel erhalten geblieben.

Mehr wissen wir ab dem 2. Jahrtausend, als die Pharaonen der 12. Dynastie aus Theben ihre Residenz nach Iti-Taui, dem heutigen Lischt, am Rande des Faijum verlegten. Im »Seeland« entstanden nun Pyramiden und die Gräber der Höflinge: Die Sümpfe wurden trockengelegt, und die Landwirtschaft blühte auf.

Die Vorliebe der Pharaonen für das Faijum erlahmte im Neuen Reich sicher nicht. In Gurob legte der englische Ägyptologe William Matthew Flinders Petrie eine bedeutende Residenz mit Tempeln und Palästen frei – in einem von ihnen wohnte Königin Teje, die Mutter Echnatons –, in denen wunderbare Funde gemacht wurden.

Auch die Herrscher der Ptolemäerzeit nutzten das Faijum intensiv, der Gau hieß damals »Arsinoë« nach der zur Gottheit erhobenen Gemahlin Ptolemaios' II. Über die griechisch-römische Epoche haben wir detaillierte historische, ökonomische, soziale und literarische Kenntnisse: Aus vielen Dörfern und Landgütern (Karanis, Theadelphia, Dionysias, Narmouthis, Magdola, Philadelphia, Bakchias, Tebtynis, Kerkeosiris, Soknopaiou Nesos) stammen große Mengen Papyri mit griechischer und demotischer Schrift, die teils heimlich ausgegraben und in Europa und Amerika verkauft, teils bei offiziellen Grabungen zutage gefördert wurden (von Bernard Grenfell und Arthur Hunt bis hin zu den Grabungen, die in diesem Jahrhundert unter anderem von den Universitäten Michigan und Kairo durchgeführt wurden). Die italienischen Grabungen durch Evaristo

← *Ein Fischer in einem Papyrusboot hat mit einer Harpune mit doppelter Spitze zwei Fische durchbohrt (darüber Teilansicht der Harpune). Aus dem Grab des Chnumhotep in Beni Hasan, Mittleres Reich. Illustration aus: Ippolito Rosellini* Monumenti dell'Egitto e della Nubia II, Monumenti civili, *Tafel XXV.*

↑ *Sonnenuntergang über dem Karunsee, dem Moerissee der Antike. Der große Salzsee des Faijum, Überrest eines Meeres aus dem Miozän, bietet zauberhafte Landschaften: Der Fischreichtum und ausgedehnte Sumpfgürtel locken Millionen Zugvögel verschiedenster Art.*

↓ Ein Satellitenbild des Faijum. Rot zeigt das Fruchtland an, Grau die Wüste. Auf dem Photo sind gut die Verbindung zum Nil, der große Karunsee und unten die beiden Wasserbecken des Wadi Rajan zu sehen. Wie im Altertum ist die Oase auch heute noch reich an Getreide.

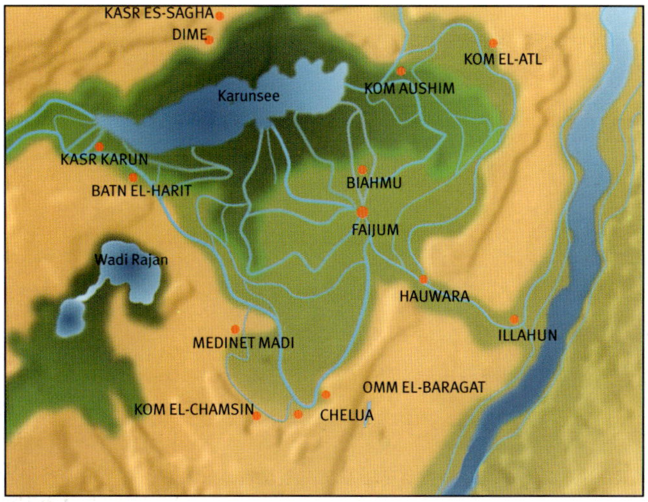

→ Das Faijum: Die fruchtbare Senke liegt in der westlichen Wüste, weniger als 100 Kilometer südwestlich von Kairo, und ist durch einen Kanal, der auf arabisch Bahr Jusuf heißt, mit dem Nil verbunden.

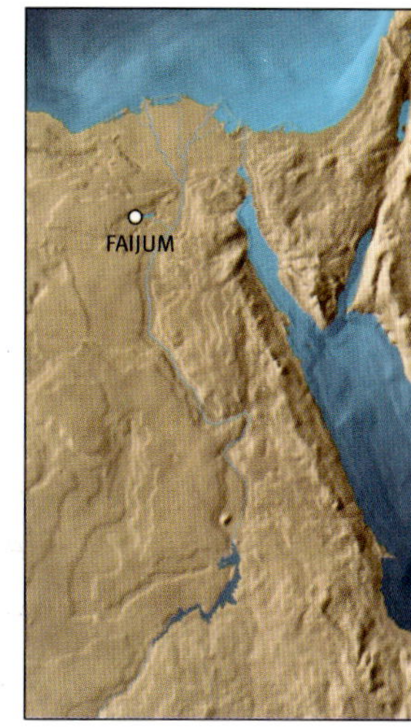

← Die Landkarte zeigt die archäologisch interessantesten Stätten des Faijum.

Breccia, Carlo Anti und Achille Vogliano im Dorf Tebtynis, in dem es noch Reste eines bedeutenden frühptolemäischen Tempels und eines großen Wohnviertels gibt, wurden glücklicherweise vor einem Jahrzehnt von einer italienisch-französischen Forschergruppe (des Istituto di papirologia della Statale di Milano und des Kairoer Institut Français d'Archéologie Orientale) wiederaufgenommen. Dem heutigen Besucher bietet das Faijum unvergeßliche Landschaften; aber es gibt nicht viele gut erhaltene Baureste, denn ein großer Teil der Tempel, Städte und antiken Nekropolen hat irreparablen Schaden erlitten oder wurde vom Wind, der ständig von der Sahara herüberweht, wieder unter dem Sand begraben.
Zu den Monumenten, die man besichtigen sollte, gehören zweifellos der römische Tempel von Kasr Karun (Dionysias) am Karunsee und der schlichte archaische Tempel von Kasr es-Sagha, der 1884 von Schweinfurth entdeckt wurde und den Dieter Arnold nach neuen Forschungsergebnissen eher der 12. Dynastie als dem Alten Reich zuschreibt.

Hauptstadt des »Seelandes« war Schedet, das, wie der griechische Historiker Diodor schreibt, Menes, der erste Pharao der Überlieferung,

← *Die Pyramide Amenemhets III. (12. Dynastie) in Hauwara aus ungebrannten Nilschlammziegeln. Die ursprüngliche steinerne Verkleidung ist verschwunden. In Hauwara wurden viele Mumienportraits gefunden.*

gegründet haben soll. Lokalgott und Schutzherr der ganzen Gegend war Sobek (Suchos), der Krokodilgott, verbunden mit dem Horusfalken, dem Gott des pharaonischen Königtums. In griechischer Zeit hieß die Stadt Krokodilopolis, »Stadt des Krokodils«: Die Tiere wurden im Faijum an verschiedenen Tempeln gehalten, die ihnen geweiht waren. Wenn sie starben, wurden sie einbalsamiert und mit allen Ehren bestattet. Die Reste von Schedet, die bis vor 30 Jahren als »Kiman Fares« bekannten Trümmerhaufen, sind heute verschwunden. Die Kartuschen von Amenemhet III. und Ramses II. lassen sich auf den wenigen herumliegenden Säulenschäften, den letzten Zeugnissen des majestätischen Sobektempels, kaum noch entziffern.

In Biahmu trugen die Kursit Faraun (die »Throne des Pharaos«, zwei mächtige Kalksteinsockel, die mitten im üppigen Fruchtland stehen) vor fast 4000 Jahren zwei Kolossalstatuen

↓ *Die Pyramide von Hauwara in einer Zeichnung, die Dominique Vivant Denon in den Jahren 1799 bis 1801 angefertigt hat. Darunter die Pyramide Sesostris' II. (12. Dynastie) in Illahun, ebenfalls von Denon gezeichnet.*

Amenemhets III.: Herodot und andere Geschichtsschreiber der Antike haben sie beschrieben, verschwunden waren sie bereits am Ende des 18. Jahrhunderts.

Die Pyramide Sesostris' II. steht in Illahun. Auf einen Felskern war ein sternförmiges Steinblockgerüst gelegt, das mit ungebrannten Nilschlammzie-

↑ *Der Tempel von Medinet Madi. Im Vordergrund neben dem Portal ein Relief aus ptolemäischer Zeit. Hinten der Eingang zum Tempel der 12. Dynastie, den Amenemhet III. der Schlangengöttin Renenutet und dem Krokodilgott Sobek geweiht hat.*

geln aufgefüllt wurde. Heute ist nur noch ein zerklüfteter Hügel zu sehen. Doch südlich der Pyramide entdeckte Flinders Petrie 1914 im Inneren des Schachtgrabes der Prinzessin Sat-Hathor-Junit einen herrlichen Juwelenschatz (ein Teil befindet sich im Ägyptischen Museum Kairo, ein Teil im Metropolitan Museum New York). Er legte in der Nähe auch das Dorf der Arbeiter frei, die das Herrschergrab errichtet haben.

Die Pyramide Amenemhets III. aus ungebrannten Nilschlammziegeln in Hauwara hat trotz des schlechten Erhaltungszustands ihre Würde bewahrt. Auch hier wurden die Archäologen für ihre sorgfältige Arbeit belohnt, denn die Grabkammer der Prinzessin Neferuptah barg einen wunderbaren Schatz aus Armbändern, Halsketten, Zeptern und kostbaren Gürteln. Die dürftigen Reste des Totentempels gehörten einst zu einem der berühmtesten Bauwerke der Pharaonenzeit, dem geheimnisumwitterten Labyrinth. Herodot hat es voller Begeisterung beschrieben: Er habe persönlich die zwölf überdachten Höfe und die 3000 Räume besichtigt. Und: »Die Pyramiden übertrafen gewiß alle Beschreibungen, jede von ihnen übertraf viele, wenn auch noch so große Bauwerke der Griechen, das Labyrinth aber – es überbietet sogar die Pyramiden.«
Auch der archäologische Bezirk von Medinet Madi im südwestlichen Faijum enttäuscht den Besucher nicht.

Amenemhet III. (unter dem gräzisierten Namen Promarres oder Lamarres wurde er im Faijum bis in die römische Zeit hinein kultisch verehrt) gründete die kleine Stadt Gia, die dann Narmouthis und später Medinet Madi hieß. Hier steht ein Tempel, den Amenemhet III. begonnen und Amenemhet IV. vollendet hat; er wurde in die Erweiterungen aus ptolemäischer Zeit einbezogen und ist daher noch gut erhalten. Das Heiligtum war der schlangengestaltigen Erntegöttin Renenutet und dem Krokodilgott Sobek geweiht und ist bisher der einzige Kulttempel des Mittleren Reiches, der anhand von Szenen, Texten und Königskartuschen mit Sicherheit datiert werden kann.
Seit 1966 ist die Grabungsbaustelle in Medinet Madi, um die sich die Universitäten von Mailand und Pisa küm-

← Hölzerner Sarkophag aus Hauwara (2. Jh. n. Chr.). Das Antlitz des Toten, auf eine Tafel gemalt, ist ein sogenanntes Mumienportrait. London, British Museum

↑ Zwei Malereien aus einer Kapelle in Kom Madi: Jagd in der Wüste (unten) und Opferung des roten Stieres (oben, 1. Jh. v. Chr.), 1978 entdeckt

Medinet Madi: Luftbildinterpretation

Neben der Photographie liefert die maßstabsgerechte graphische Darstellung eine metrisch korrekte Beschreibung einer städtebaulichen Ordnung. Für eine kartographische Erhebung müssen die Gebäude oder ihre Überreste auf dem Gelände erkennbar und ausreichend zuverlässig vermeßbar sein. Von dem antiken Städtchen Medinet Madi wurden bisher zwar viele wichtige Gebäude freigelegt, doch die meisten Bauten sind noch vom Sand begraben. Hilfreich für die Erstellung einer topographischen Karte der Stadt wären stereoskopische Meßbilder, aus der Luft aufgenommen, wobei einige photographische und geometrische Aufnahmekriterien wie Art und Brennweite der verwendeten Kamera, Flughöhe und räumliche Lage des Flugzeugs bei jeder Aufnahme bekannt sein müssen. Im Fall von Medinet Madi stand leider nur ein einziges Luftbild zur Verfügung, das 1934 aufgenommen wurde und keinerlei Bezugspunkte auf dem Boden aufweist. Doch unter Ausnutzung vorhandener archäologischer Spuren war eine Interpretation der Luftaufnahme möglich, obwohl der wichtigste Schlüssel, der stereoskopische Effekt, fehlte. Er wurde glücklicherweise durch den Umstand ersetzt, daß das Photo morgens aufgenommen wurde, als die Sonne knapp über dem Horizont stand und auch geringe Bodenerhebungen ausgeprägte Schatten warfen. Durch die Luftbildinterpretation (erstellt von Alessandro Ercoli, Geomap, Florenz) konnten alle klaren und weniger klaren linearen Strukturen, die von der Anlage einer Stadt herrühren, deutlich gemacht werden. Dabei wurde das städtische Gefüge, wie es sich vor 50 Jahren darbot, anhand der Ruinenschatten fast vollständig nachgezeichnet. Die Überprüfung an Ort und Stelle, bei der nicht nur mit Sicherheit feststellbare natürliche Gegebenheiten, sondern auch auf dem Gelände entdeckte architektonische Einzelheiten mit den Linien aus der Luftbildinterpretation verglichen wurden, ergab, daß die aus dem Luftbild »gewonnene« Landkarte, natürlich innerhalb der Meßgenauigkeit der Aufnahme, genau mit der Landkarte übereinstimmte, die aufgrund der Vermessung angefertigt worden war.

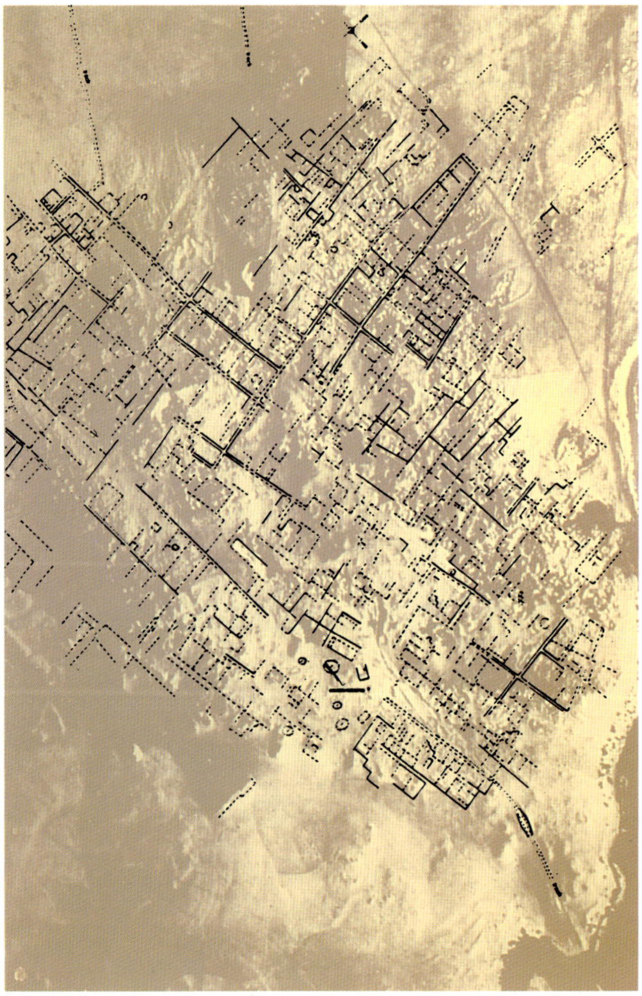

← Die Luftaufnahme von Medinet Madi (1934) mit der Bildinterpretation von 1989 von A. Ercoli und W. Ferri

mern, wieder geöffnet. 1978 wurde in Kom Madi unweit von Medinet Madi eine Kultkapelle mit bezaubernden Wandmalereien in griechisch-ägyptischem Stil mit religiösen und historischen Themen freigelegt.
Während der Arbeiten der archäologischen Forschungsgruppe der Universität Pisa in Kom Madi und Medinet Madi wurden unter anderem die Baureste von zehn Kirchen aus frühchristlicher Zeit im Gebiet des antiken Städtchens Narmouthis entdeckt, die mit Skulpturen und Malereien ausgeschmückt sind.
Das Faijum nimmt in der Geschichte des ägyptischen Christentums und Mönchtums einen wichtigen Platz ein. In den letzten Jahren forschte das Centre Polonais d'Archéologie in Der el-Naklun, das reich ist an bedeutenden Wandmalereien des 12. Jahr-

↑ Der Restaurator Gianluigi Nicola di Aramengo behandelt den salzverkrusteten Opfertisch beim Grab des Uadsche in Chelua (Anfang 2. Jahrtausend v. Chr.).

hunderts. Die Forschungsgruppe der Universität von Pisa in Medinet Madi hat sich unter anderem zum Ziel gesetzt, das städtebauliche Gefüge des Ortes in seinen chronologischen Schichtungen vom Mittleren Reich bis in die spätbyzantinische Epoche zu verstehen. Die systematische Vermessung dient dazu als Grundlage. Der Einsatz modernster Techniken, wie etwa das Thermogeoradar, ist im Faijum bisher nicht zugelassen. Wichtige Hilfe für die städtebaulichen Untersuchungen im Gebiet des antiken Städtchens leisteten andere Techniken, so die Analyse der einzigen Luftaufnahme, die die Gruppe aus Pisa besitzt, ein Bild aus dem Jahre 1934 (also

↓→ Die Archäologengruppe der Universität Pisa führte in Medinet Madi wiederholt Grabungen durch und entdeckte die Reste von zehn Kirchen.

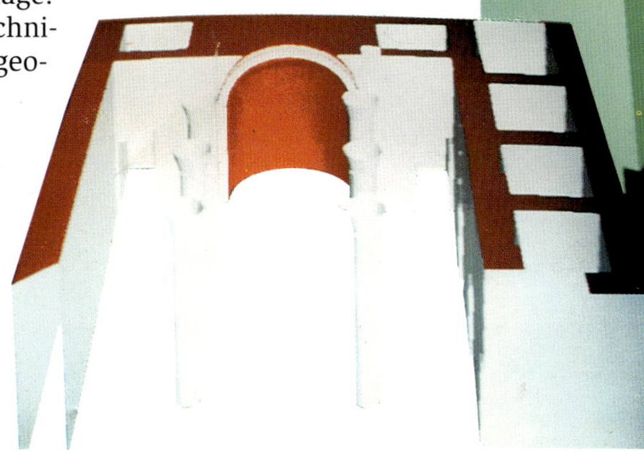

←↑ Computertechnik in der koptischen Archäologie: Vorschläge zur dreidimensionalen Wiedergabe der Kirche MM 84A. Dieses Modell wurde mit dem »Ashade 386«-System erarbeitet.

aus der Zeit vor den wichtigen Entdeckungen durch Achille Vogliano), das keinerlei Bezugspunkte auf dem Boden aufweist.

Die Archäologengruppe aus Pisa untersuchte 1981 die alten Stätten im südwestlichen Faijum. Ausgehend von Medinet Madi erforschte sie in einem Radius von etwa 15 Kilometern Tebtynis, Talit und Kom el-Chamsin in Richtung Medinet el-Nahas, das unter hohen Wanderdünen begraben ist, und des Wadi Rajan; es ist eine der bezauberndsten Gegenden der westlichen Wüste.
Eine wichtige und dazu unerwartete Entdeckung wurde in Kom Rukaia oder Chelua (der arabische Ortsname bedeutet »Grotte«, aber auch »Einsiedelei«) gemacht. Der deutsche Archäologe Dieter Arnold hatte die Ruinen bereits in den sechziger Jahren beschrieben, ohne sie mit einer bestimmten Person in Verbindung bringen zu können, denn die antike Stätte war zu einem riesigen Gesteinshaufen verfallen: Wind und Sand hatten die freiliegenden Flächen abgeschmirgelt und die Texte und zum Teil auch die Figuren auf den beiden noch sichtbaren Pfeilern gelöscht. Hier entdeckten die Forscher aus Pisa den unteren Teil

↑ Die Vorhalle des Grabes von Uadsche mit den zwölf quadratischen Pfeilern aus Kalksteinblöcken, wie sie Ende 1994 aussah. Die große Innenhalle mit den behauenen Wänden, zwölf Pfeilern, drei Nischen und dem Schacht, der zu den unterirdischen Grabkammern führt, liegt unter der Erde.

einer großen Männerstatue, die heute im Museum von Karanis steht. Die Hieroglypheninschriften erbrachten den Namen des Grabinhabers, Uadsche (was man mit »der Blühende« übersetzen könnte), und viele bedeutende Titel, darunter »Fürst«, »Gouverneur« und »Vorgesetzter des Gefildes«, also jener Sumpfregion des Faijum, in der die Pharaonen des Mittleren Reiches sich bei Jagd und Fischfang zu zerstreuen pflegten.

In drei Jahren intensiver archäologischer Arbeit (1992–1994) hat die Universität Pisa in Chelua die beiden angrenzenden unterirdischen Monumentalgräber (A, das Grab des Uadsche, und B) freigelegt, die im Kalkfelsen ausgehoben waren. Auf dem darüberliegenden Plateau entdeckte man zahlreiche Schachtgräber einer Nekropole des Mittleren Reiches, mit deren Erforschung gerade erst begonnen wurde.

Die Felsdecken des Uadschegrabes (A) sind wegen einer Schwäche des sedimentären Kalkgesteins, vielleicht auch bei einem Erdbeben, möglicherweise um das 9. bis 10. Jahrhundert, herabgestürzt. Sie zerbrachen zu gewaltigen Blöcken mit einem Gewicht von 10 bis 30 Tonnen und rissen Verkleidung, Pfeiler und was sich sonst in den Räumen befand, mit sich, bewahrten damit aber auch alles, was unter ihnen begraben lag, und verhinderten, daß es von Wind, Sand oder Grabräubern zerstört wurde.

← *1981 entdeckte das Ägyptologenteam aus Pisa im Uadschegrab unter den Blöcken, die von der Decke der Pfeilerhalle gestürzt waren, die Statue mit Hieroglyphentexten. Sie steht heute im Museum von Karanis im Faijum.*

Im Nachbargrab (B), das mit ersterem verbunden ist und aus der gleichen Zeit stammt, doch noch keinem Namen zugeschrieben werden kann (vielleicht war es das Grab von Nebetmut, der Mutter des Fürsten Uadsche), wurden die Vorhalle und der unterirdische Saal ausgeräumt. Letzteren stützen Pfeiler mit großflächig abgeschrägten Ecken, möglicherweise ein Charakteristikum der Übergangsphase zu den achtkantigen Säulen von Beni Hasan. B scheint mindestens bis zum 7./9. Jahrhundert in Gebrauch gewesen zu sein, denn christliche Eremiten benutzten es als Wohnstatt und hinterließen viele Zeugnisse. Um die Räume von den Gesteinsabbrüchen zu befreien und die riesigen Blöcke rasch und ohne Schaden herauszuholen, entschied man sich für den Einsatz leistungsstarker Kräne von 25 bis 50 Tonnen, was in der Ägyptologie gewiß nicht üblich ist.

Im unterirdischen Raum von A (hier öffnet sich der 1992 entdeckte Schacht, der zu den Grabkammern führt) fanden sich zwölf behauene Pfeiler. Die Skulpturen sind in einem miserablen bis recht guten Zustand. Doch die Farben sind erhalten geblieben – eines jener immer wieder erstaunlichen Wunder in der Archäologie. In jede Seite der an den Ecken leicht abgeschrägten und sich nach oben verjüngenden Pfeiler ist die Gestalt des Fürsten eingemeißelt (im ganzen also 48mal), jedesmal von einem fünfreihigen Hieroglyphentext begleitet. Hier ist eine Reihe von Äm-

↑ *Computerrekonstruktion der Vorhalle des Uadschegrabes. Im Vordergrund die ergänzten Statuen des Fürsten und Gouverneurs des »Seelands« auf ihren Sockeln. Jenseits des Durchgangs mit Hieroglypheninschriften ist der Saal mit zwölf Pfeilern zu sehen; diese sind mit Reliefdarstellungen des Verstorbenen geschmückt, begleitet von Hieroglyphentexten.*

tern, Funktionen und Ehrentiteln und der Name der Fürstenmutter Nebetmut überliefert. Auch die Architrave des unterirdischen Saales tragen in großen, schön gemeißelten Hieroglyphen Name und Titel des Uadsche. Die Wandreliefs sind leider nur zum Teil erhalten. Der Fürst ist hier mehrmals, an der Tafel des Totenmahls sitzend, dargestellt, während die Überbringer der Opfer in einer langen Prozession immer neue Gaben und Speisen bringen.

In die mit zwölf quadratischen Pfeilern ausgestattete Vorhalle des Grabes, die gebaut und nicht wie der unterirdische Saal in den Felsen geschlagen ist, gelangte man über einen Aufweg, der unten am Felsen begann. An der Rückwand der Vorhalle wurden die Sockel von sechs großen, aus Monolithen gemeißelten Männerstatuen noch in situ entdeckt, die Beine waren an den Knöcheln abgebrochen. Als sie gefunden wurden, lagen die Mittelstücke der kopflosen Statuen (man schätzt sie auf 1,60 bis 1,80 Meter) auf dem Boden. Sie stellen Uadsche stehend dar, in einen Umhang gehüllt, eine Hand auf der Brust, die andere ist geschlossen und hält den Saum des Mantels. Vor dem Sockel der ersten Statue links (vom Eingang aus gesehen) wurde ein (wie die Sockel und die Statuen übrigens auch) salzverkrusteter Opfertisch gefunden. Nachdem ihn der Restaurator Gianluigi Nicola di Aramengo gesäubert hatte, stellte er sich als wunder-

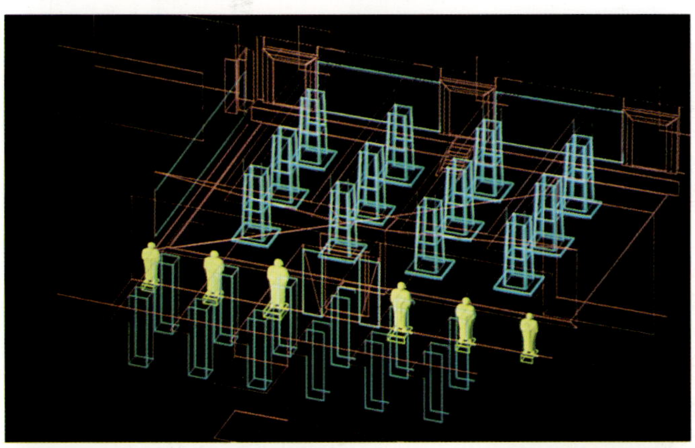

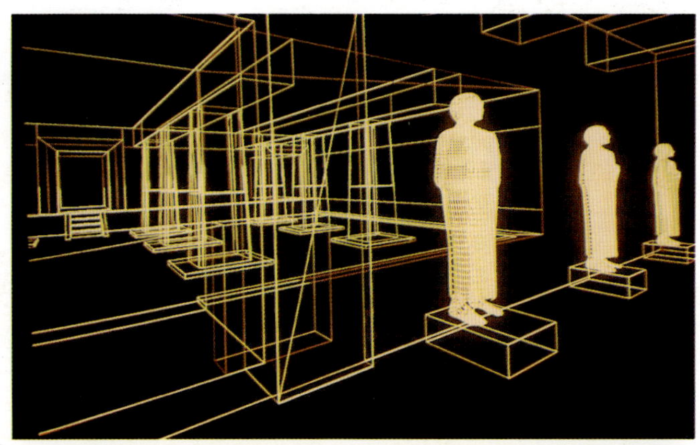

↑ *Oben ist ein Flachrelief von einem der zwölf Pfeiler im großen unterirdischen Saal des Uadschegrabes abgebildet: Es stellt den hohen Würdenträger dar, dem das Grab gehörte. Jeder Pfeiler trug seine Gestalt und darüber einen fünfreihigen Hieroglyphentext.*

In der Mitte zwei Beispiele für Vorstudien, die bei der virtuellen Rekonstruktion der Vorhalle und des unterirdischen Saales verwendet wurden. Darunter zwei fertige Computerrekonstruktionen der unterirdischen Halle.

bares, eines großen Museums würdiges Stück heraus.
Zum erstenmal waren private Statuen dieser Zeit von solcher Art und Größe zum Vorschein gekommen. Als Teil der Grabarchitektur befanden sie sich noch an ihrem ursprünglichen Ort. Einzigartig für die Kultur der Pharaonenzeit ist die Tatsache, daß die Statuen zu den beiden entgegengesetzten Seiten des Saales hin kleiner werden, wodurch der Raum tiefer erscheint.
Einige Fragen bleiben offen: Unter welchem Pharao lebte Uadsche? Ist die Tatsache, daß dieser Würdenträger, der möglicherweise aus dem Faijum stammte, seine guten Beziehungen zum (ungenannten) Herrscher und seine höfischen Titel hervorkehrte, vielleicht typisch für die zweite Hälfte der 12. Dynastie (Amenemhet III. oder IV.)? Zu welcher Stadt gehörte die Nekropole? Vielleicht zu Gia-Medinet Madi, deren Nekropole der 12. Dynastie noch nicht gefunden wurde? Oder war es eine näher gelegene Stadt im Becken von

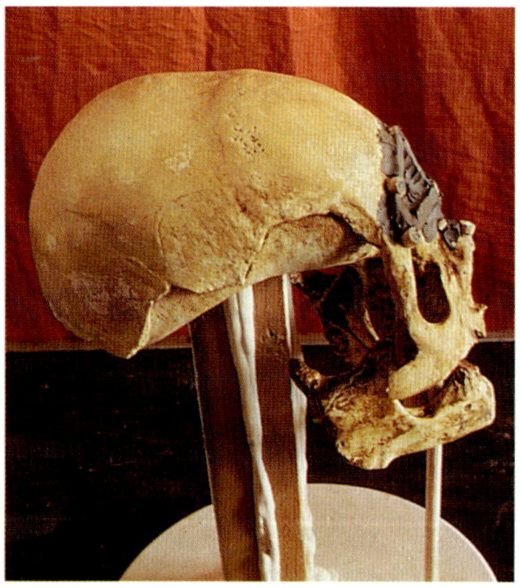
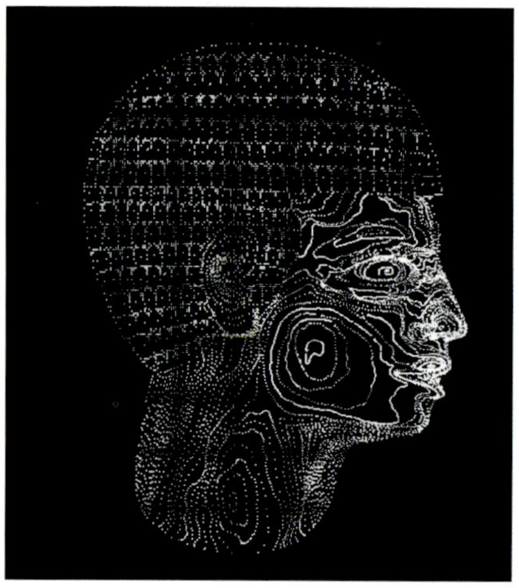
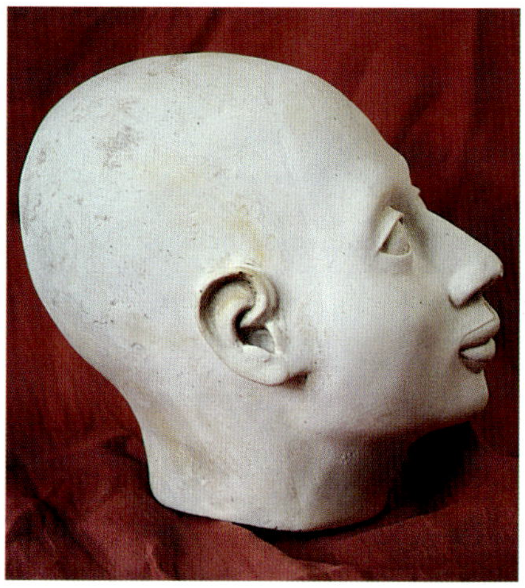

Ein jugendliches Antlitz für Uadsche

Die Methoden der dreidimensionalen Gesichtsrekonstruktion nach den Schädelknochen eines Menschen werden in der Gerichtsmedizin und in der Anthropologie angewendet. Bei den ägyptischen Mumien sind sie noch in der Entwicklung. Für dreidimensionale Darstellungen bedient man sich der Computertomographie und führt danach plastische Rekonstruktionen durch. Die Hypothese der Gesichtsrekonstruktion, ausgehend vom teilweise erhaltenen Schädel, den Edda Bresciani 1993 in der Grabkammer des Uadsche in Chelua im Faijum gefunden hat, fußt auf der von Douglas H. Ubelhaker beschriebenen Methode (Human Skeletal Remains), *bei der die Stärke des Gesichtsgewebes an verschiedenen Schädelstellen (zehn unpaarige Punkte, elf paarige Punkte) nach den Tabellen von Rhine und Campbell (1980) und von Rhine, Moore und Weston (1982) berechnet wird. Sie geben die Maße an, die mit Hilfe zylindrischer Markierer auf den Knochen übertragen werden. Mit Plastilin werden danach die Gesichtszüge modelliert. Damit ist die plastische Rekonstruktion abgeschlossen. Zwar werden die für die Physiognomie ausschlaggebenden Teile – Form und Größe der Nase, Augenschnitt und Lippenstärke – nach der Beschaffenheit des Schädels gebildet, doch können sie keine objektiv sicheren Merkmale sein.*

↑↓ Vom Schädelteilstück, das in der Sargkammer des Grabes gefunden wurde, zur dreidimensionalen und plastischen Gesichtsrekonstruktion, die unter der Leitung von F. Mallegni von der Universität Pisa durchgeführt wurde

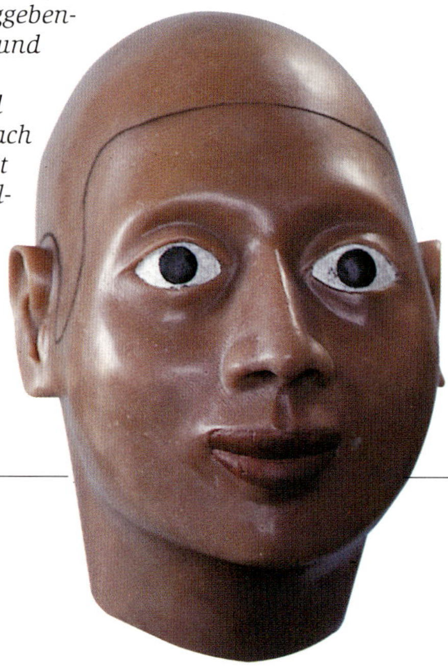

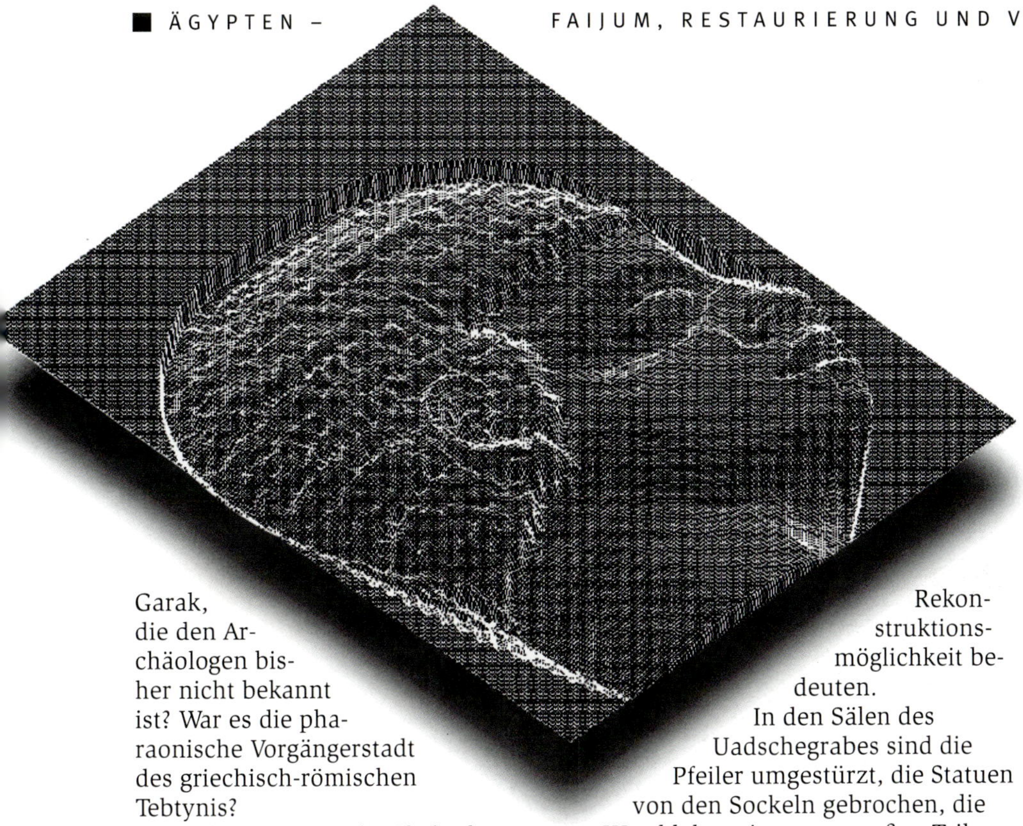

Garak, die den Archäologen bisher nicht bekannt ist? War es die pharaonische Vorgängerstadt des griechisch-römischen Tebtynis?
Immerhin verraten die Skelettknochen, die in der Sargkammer gefunden wurden, daß Uadsche mit 56 Jahren (ein recht hohes Alter für die damalige Zeit) gestorben ist, daß er an Osteoporose und Arthritis litt, eine gebrochene und wieder verheilte Rippe hatte und mit Pfeil und Bogen geschossen hat, wie die Untersuchung der rechten Armknochen ergab. Mit Hilfe der Computertechnik konnten die Gesichtszüge Uadsches nachgebildet werden, die er in seiner Jugend gehabt haben mag. Ein Vergleich zwischen dieser Physiognomie und jener der Statuen und Reliefs im Grab bestätigt, daß die altägyptischen Bildhauer in ihren Werken Portraitähnlichkeit anstrebten.

Es hat viel Mühe gekostet, die architektonischen Strukturen des Bauwerks zu erkennen, den Zustand des Gesteins und der Skulpturen sowie die Stabilität der einzelnen Teile der Anlage festzustellen. Bei der Rekonstruktion teilsweise oder gänzlich verfallener Bauten kann man heute auf dreidimensionale Computermodelle zurückgreifen, ohne tatsächliche Eingriffe vorzunehmen, die immer in irgendeiner Weise zerstörerisch sind und eine Festlegung auf eine einzige Rekonstruktionsmöglichkeit bedeuten.
In den Sälen des Uadschegrabes sind die Pfeiler umgestürzt, die Statuen von den Sockeln gebrochen, die Wanddekoration zum großen Teil vom Wind zerstört, aber es gibt hier so viele sichere Anhaltspunkte und ergänzbare Teile, daß man, auch im Vergleich mit anderen Zeugnissen, eine vom archäologischen Standpunkt aus wahrscheinliche Rekonstruktion erreichen konnte. Räume, Farben, die Atmosphäre der Säle wurden zurückgeholt, der virtuelle Besucher wird ins Grab geführt, das er wie in der Zeit vor dem Verfall sieht. Mit Hilfe des Computers ist es tatsächlich möglich, die perspektivische Flucht der Statuen in der Vorhalle zu bewundern, durch das große Tor hindurchzugehen und in die Finsternis des unterirdischen Saales vorzudringen. Dank eines simulierten Lichtes, das sich zwischen den Pfeilern bewegt, sieht man an den Wänden schemenhaft die gemeißelten und gemalten Szenen, die Schritt für Schritt beleuchtet sind, man wird um einen Pfeiler herumgeführt und bestaunt die schön modellierten Konturen der Fürstengestalt.
Die Experimente mit der virtuellen Realität haben Fortschritte gemacht. Die Methoden der Wiedergabe von Reliefs und Schatten wurden verfeinert, neue Lösungen gesucht, um Rundplastiken im Raum zu plazieren, Lichtquellen zu setzen und die filmisch vermittelten realen Gegebenheiten harmonisch mit der dreidimensionalen Animation zu verbinden.
Diese Zeitreise war die Grundlage für eine intensive interdisziplinäre Arbeit, bei der den Topographen, Photogrammetrikern, Architekten und Experten für Computergraphik das Ägyptologenteam aus Pisa für die gesamte graphische Dokumentation der Texte und Szenen zur Seite stand, für die regelmäßige Überprüfung der Inschriften und für jeglichen Rat zur architektonischen und dekorativen Ergänzung.

↑ *Oben Uadsches Profil in einer dreidimensionalen Computerrekonstruktion. Unten das Bruchstück einer Skulptur des Fürsten von hoher künstlerischer Qualität im Vergleich mit den Gesichtszügen Uadsches auf einem Pfeiler des unterirdischen Saales.*

Bibliographie

- B. P. Grenfell, A. S. Hunt, D. G. Hogarth *The Fayum Towns and Their Papyri*. London 1900
- G. Caton Thompson, E. Q. Gardner *The Desert Fayum*. London 1934
- N. Abbott *The Monasteries of Fayum*. Chicago 1937
- A. Vogliano *Un'impresa archeologica milanese ai margini orientali del deserto libico*. Mailand 1942
- E. Bresciani »Informatica ed egittologia a Pisa«, in: *Geoarcheologia*. 1, 1990, S. 61–78

Karnak, ein Tempel im Computer

Die Geschichte des Amuntempels in Karnak – Stolz der großen Stadt, die Homer »das hunderttorige Theben« genannt hat – ist die Geschichte einer 20 Jahrhunderte währenden Metamorphose. Dieser Tempel, in dem die theologischen und religiösen Vorstellungen der alten Ägypter zu Stein geworden sind, ist ein riesiges Gebilde, das über eine unglaublich lange Zeit gewachsen ist und sich dabei ständig gewandelt hat: von 1900 v. Chr. bis ins 4. Jahrhundert n. Chr., als das Christentum das heidnische Altertum beendete. Von diesem größten und am stärksten gegliederten altägyptischen Tempel sind eindrucksvolle Ruinen und Tausende von Steinblöcken übriggeblieben.

Seit einigen Jahren schon benutzen die Archäologen den Computer, um die alten Baustrukturen und ihre Entwicklung zu analysieren. So fügen sie die Seiten dieses ungeheuren »steinernen Buches« wieder zusammen und erschaffen mit virtuellen Bildern Milieus, Räume und das Gesamterscheinungsbild neu; die Ergebnisse sind oft überraschend.

Der Tempel von Amun-Re in Karnak, der einige Kilometer nördlich des heutigen Luxor in Oberägypten liegt, stellt sicherlich den eindrucksvollsten Komplex religiöser Architektur des alten Ägypten dar. Die große Hauptstadt des Neuen Reiches, die bei den Ägyptern Weset und bei den Griechen Theben hieß, erstreckte sich über das Gebiet zwischen Karnak und Luxor. Der Tempel von Amun-Re war die Umsetzung der religiösen Vorstellungen der damaligen Zeit in Stein. Im Mittleren Reich zur Zeit Sesostris' I. begonnen, wuchs und wandelte sich die Anlage in den folgenden mehr als 2000 Jahren: Jeder Pharao wollte ihr etwas Eigenes hinzufügen und ließ neue Bauten errichten oder die seiner Vorgänger zerstören. Wie ein lebender Organismus hörte der Tempel von Karnak nie auf, sich zu entwickeln und zu verändern, obwohl seine Struktur das ganze Neue Reich hindurch dieselbe blieb.

Der Amuntempel – mit zwei rechtwinkligen Achsen, die sich an einem bestimmten Punkt kreuzen – spiegelt die Weltsicht der alten Ägypter wider: Die Bahn des Sonnengestirns von Ost nach West bestimmte die göttliche oder himmlische Achse, während der Lauf des Nil von Süd nach Nord die irdische Achse anzeigte, die mit der Vorstellung von Staatsgebiet und Königtum verbunden war.

Auf diesen beiden Achsen entwickelte sich die komplexe Tempelanlage, gegliedert durch zehn Pylonen (vom griechischen Wort für »Tor«), mächtige Torbauten, die in Höfe oder Gebäudeteile führen: Die Pylonen I bis VI liegen auf der Ost-West-Achse, die Pylo-

↑→ *Luftaufnahme und Lageplan (rechts) der Tempelanlage von Karnak: Widdersphinxallee (1), erster Pylon (2), Tempel Ramses' III. (3), zweiter Pylon (4), Großer Säulensaal (5), Obelisken (6), dritter Pylon (7), vierter Pylon (8), fünfter Pylon (9), sechster Pylon (10), Hof, ursprünglich Tempel des Mittleren Reiches (11), Festhalle Thutmosis' III. (12), Tempel des »Amun, der die Bitten erhört« (13), Heiliger See (14), Kiosk des Taharka (15), siebenter Pylon (16), Cachette (17), achter Pylon (18), neunter Pylon (19), zehnter Pylon (20), Chonstempel (21), Heiligtum der Ipet (22)*

← Die geographische Lage von Karnak in Oberägypten

→ Amun-Re bildete zusammen mit seiner Gattin Mut und ihrem gemeinsamen Sohn Chons die Götterdreiheit (Triade) von Theben. Amun (»der Verborgene«) trägt hier die Gesichtszüge des Königs Tutanchamun.

nen VII bis X auf der Süd-Nord-Achse, der irdischen und königlichen Achse. Der erste Pylon, der größte und jüngste, wurde von Pharao Nektanebos I. (30. Dynastie) erbaut. Durch diesen stattlichen Eingang, der nie vollendet wurde, gelangt man in den Großen Hof. Von dort führt der Weg durch den zweiten Pylon in den Großen Säulensaal, der im Osten vom dritten Pylon (erbaut von Amenophis III.) begrenzt ist. Der Säulensaal wurde unter Sethos I. (Nordteil) und Ramses II. (Südteil) errichtet und symbolisierte den Ursumpf, aus dem sich als steingewordene Stengel (Sinnbild des pflanzlichen Sprießens) 134 mächtige Säulen erheben.
Jenseits des dritten Pylonen liegt der Kreuzpunkt der irdischen und der himmlischen Achse. Er wurde einst von vier Obelisken markiert, die Thutmosis I. und Thutmosis III. aufstellen ließen. Königin Hatschepsut fügte zwei weitere Obelisken zwischen dem vierten und dem fünften Pylonen hinzu.

Östlich des sechsten Pylonen gelangt man in das Allerheiligste, darin einst die Heilige Barke mit dem Götterbild, und dann in den ältesten Tempelteil, der auf das Mittlere Reich zurückgeht; von ihm ist heute nur noch ein großer Hof übrig, auf den im Osten ein beeindruckender Gebäudekomplex, die Festhalle Thutmosis' III., folgt.
Die Nord-Süd-Achse beginnt zwischen dem dritten und dem vierten Pylonen. Es ist der große Prozessionsweg zum Tempel der Mut. Zuerst erreicht man die berühmte »Cachette«; hier wurde zu Beginn des Jahrhunderts eine verborgene Grube entdeckt, in der rund 17000 Bronzestatuetten und 900 steinerne Statuen untergebracht waren. Dieser Hof wird an der Südseite durch den siebenten Pylonen abgeschlossen. Östlich davon liegt ein großes künstliches Becken, der Heilige See, Sinnbild des Urgewässers Nun.
Die beiden folgenden Pylonen, das achte und das neunte Tor, wurden von Haremhab errichtet. Er be-

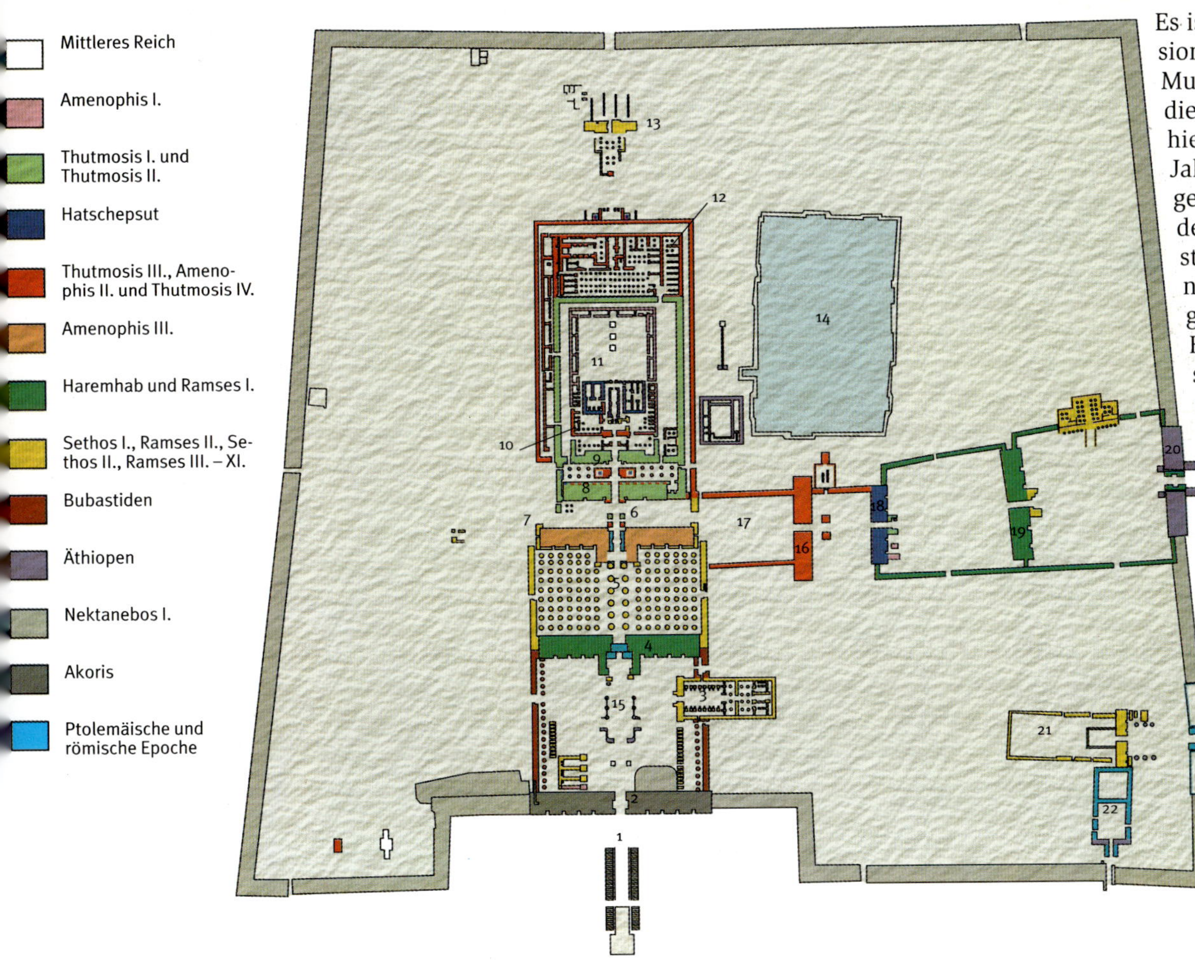

logen bald vor große Probleme. Einerseits sollten alle Entwicklungsstufen sichtbar gemacht werden, andererseits wollte man die Techniken der alten Baumeister besser verstehen. Mit Hilfe des Computers versuchten die französischen Ägyptologen des CNRS (Centre National de la Recherche Scientifique), die zusammen mit ihren ägyptischen Kollegen im Französisch-Ägyptischen Zentrum von Karnak arbeiten, jedes kleinste Detail dieses langen Entwicklungsprozesses zu analysieren. 1986 begann man, Tausende von architektonischen und topographischen Daten zu verar-

lebte den Amunkult wieder, zerstörte die dem Sonnengott Aton geweihten Tempel, die unter Amenophis IV. (Echnaton) errichtet worden waren, und verwendete deren Baumaterial für eigene Bauten.
Westlich des neunten Pylonen steht der Tempel des Chons (Mondgott, in der thebanischen Theologie der Sohn Amuns und der Göttin Mut, mit denen er die Götterdreiheit [Triade] von Theben bildete; meist in menschlicher Gestalt, aber falkenköpfig und mit Mondscheibe auf dem Kopf dargestellt). Von hier führte eine Widdersphinxallee zum Tempel von Luxor, in den sich der Gott Amun einmal im Jahr anläßlich des Opetfestes begab.

Die Erforschung der Tempelanlage von Karnak stellte die Archäo-

↑ Computerrekonstruktion des Kanals, der ursprünglich den Tempel von Karnak mit dem Nil verband, und des Beckens vor der Allee mit widderköpfigen Sphingen, die zum ersten Pylon führt. Hier setzte sich beim Opetfest die große Prozession in Bewegung. Die heiligen Schiffe von Amun, Mut und Chons sowie die Königsbarke fuhren den Nil zum Tempel von Luxor hinauf, wo die rituellen Feiern abgehalten wurden.

↑ Thutmosis III. hat viel zur Erweiterung und Verschönerung der Anlage beigetragen. Ihm ist die Errichtung eines dritten Obeliskenpaares und eines großartigen Heiligtums, der Festhalle, zu verdanken.

← Der erste Pylon wurde von Nektanebos I. (30. Dynastie) erbaut. Er ist das größte Tempeltor Ägyptens und blieb unvollendet.

← Computerrekonstruktion des Großen Säulensaales. In dieser weiten Halle zwischen dem zweiten und dem dritten Pylonen, erbaut unter Sethos I. und Ramses II., erheben sich 134 gewaltige Säulen. Die Flachreliefs, die die Außenwände schmücken und einst lebhafte Farben trugen, stellen Szenen der großen Kultfeste dar.

beiten, die komplexen Baustrukturen wurden in immer einfachere Grundformen zerlegt, die auf leicht definierbare geometrische Elemente zurückgeführt werden konnten. Auf diese Weise erhielt man eine Reihe virtueller Bilder von Räumen und Bauelementen. Mit ihnen konnte man die alten Techniken und die chronologische Entwicklung der Anlage über eine Zeitspanne von 2000 Jahren besser erkennen.

Im Mittleren Reich befand sich an der Stelle des Hofes vor der Festhalle Thutmosis' III. ein heute völlig verschwundenes Heiligtum. Unter den ersten Pharaonen der 18. Dynastie

↑ Der Große Hof geht dem Großen Säulensaal voraus; in seiner Mitte stand ein Bau, der Kiosk (Säulengang) des Taharka, eines Pharaos der äthiopischen (25.) Dynastie, der im 7. Jahrhundert v. Chr. regierte. Von dem Bau sind heute nur noch eine einzige mächtige Säule und mehrere Säulenstümpfe erhalten. Hier machte die Heilige Barke des Amun-Re halt, bevor sie den Tempel verließ.

wuchs der Tempel nach Westen hin, weitere Pylonen und neue Bauwerke wurden errichtet (aus dieser Zeit stammen auch die Obelisken, der Heilige See und die Prozessionsstraße, die den Tempel von Karnak mit dem von Luxor verband). In der 19. Dynastie begannen die Arbeiten am Großen Säulensaal. Ende des Neuen Reiches wurde der Chonstempel errichtet, unter Nektanebos I. (30. Dynastie) der erste Pylon, durch den man heute den Tempel betritt.

→ Mit Hilfe der Computertechnik ist es möglich, die ursprüngliche Gestalt der polychromen Flachreliefs zu rekonstruieren, die einst die Tempelwände geschmückt haben.

← Einer der beiden Wappenpfeiler, die das Dach einer Vorhalle stützten. Sie heißen so, weil sie die Embleme Ober- und Unterägyptens (Lilie, hier abgebildet, und Papyrus) tragen.

Aber welche Funktion hatte dieses prächtige Bauwerk, das jeder Pharao noch weiter vergrößern oder verschönern wollte und in dem nach dem Papyrus Harris 20 000 Priester für den Amunkult zuständig waren?

Die alten Ägypter nannten den Tempel von Karnak Ipet-Isut (»Der ehrwürdigste aller Orte«): Er war Amun geweiht, dem »Verborgenen«, dem König der Götter. Von hier zog jedes Jahr gegen Ende des Sommers eine Prozession während des Opetfestes nach Ipet-Resut (dem »Südlichen Heiligtum«). Das Götterbild wurde aus seinem Naos im Allerheiligsten geholt und auf einer Barke aus vergoldetem Holz von den Priestern bis zum Mittelpunkt des Tempels, markiert von den großen Obelisken, getragen. Hierher kamen aus ihren Tempeln auch die Barken der Mut, der göttlichen Gemahlin Amuns, und ihres gemeinsamen Sohnes Chons. Dann hielt die Prozession im Großen Hof inne und wartete auf die Königsbarke, die von Norden her kam. Der Pharao nahm die heiligen Reinigungen vor und begab sich zum Landungssteg. Die Kultbarken wurden nun auf Festbarken von anderen Booten den Nil hinauf bis nach Luxor gezogen.
Hier formte sich der Zug durch das Spalier der jubelnden Menge neu, und Amun von Karnak »betrat« sein Südliches Heiligtum. Dann wurden im Allerheiligsten des Tempels die komplizierten Riten gefeiert, um der göttlichen Geburt des Herrschers zu gedenken. Im Halbdunkel der verborgensten Räume wurde die Mutter des Königs von Amun magisch befruchtet; dieser nahm die Züge ihres irdischen Gemahls an und schenkte einem neuen Wesen, einem göttlichen Sohn das Leben: Pharao.
Der Tempel von Karnak, irdische Wohnstatt Amuns, war also die archi-

↑ Bei den großen Kultfesten trugen die Priester, mit geschorenem Kopf und mit einer langen Tunika aus weißem Leinen bekleidet, in einer Prozession die Heilige Barke mit dem Götterschrein auf den Schultern. Bug und Heck waren mit dem Widder, dem Wahrzeichen des Gottes, geschmückt.

↑ *Amenophis IV., der »Ketzerkönig«, der Aton zum alleinigen Gott erhob und sich selbst Echnaton nannte, ist hier auf einem Sandsteinblock (arabisch:* talatat*) seines Atontempels in Karnak dargestellt.*

Das Puzzle der Talatat

In den ersten Jahren seiner Herrschaft baute Amenophis IV., der sich später Echnaton nannte, als er den Kult der Sonnenscheibe Aton als alleinige Religion durchsetzte, einen neuen Atontempel östlich von Karnak. Die Wände bestanden aus gleichgroßen Sandsteinblöcken (56 mal 26 mal 22 Zentimeter), die sorgfältig gesetzt und mit polychromen Reliefs geschmückt waren. Jahre nach dem Tod des »Ketzerkönigs« ließ Haremhab die Bauwerke seines häretischen Vorgängers abbrechen. Das Baumaterial (wohl mehr als 400 000 Blöcke) verwendete er für das Fundament und die Auffüllung neuer Pylonen (II, IX und X), mit deren Bau er den ewigen Ruhm Amuns wieder festigen wollte. Als die Archäologen die einsturzgefährdeten Reste des neunten Pylonen abbauten, fanden sie etwa 12 000 reliefgeschmückte Sandsteinblöcke, auf arabisch talatat*, die aus dem Tempel Amenophis' IV. stammten. Es hätte enorm viel Zeit in Anspruch genommen, dieses gigantische Puzzle zusammenzusetzen, auch weil es große Lücken gab, denn viele Blöcke hatten die Araber für ihre Bauten verwendet, andere waren zerbröckelt oder von einsickerndem Wasser zerstört. Anfang der siebziger Jahre wurde eine erste Gruppe der Steinblöcke von Hand wieder zusammengesetzt (zu sehen im Museum für Altägyptische Kunst in Luxor), aber das Unterfangen war so kompliziert, daß es nur bruchstückhaft gelang.*
1984 entschieden sich die französischen Archäologen des Centre National de la Recherche Scientifique für den Einsatz der Computertechnik und schufen als erstes eine Datenbank. Damit können die Bildkomplexe virtuell zusammengesetzt werden: So entstand das Talatat-Projekt. Auf einer Wand wurden nach den Computervorgaben die Photos der entsprechenden Blöcke zusammengefügt, die zuvor numerisch geordnet und auf einer Bildplatte archiviert worden waren. Dabei wurden bisher nicht nur neue Daten über die Architektur der Tempelanlage von Karnak gewonnen, sondern auch über die Entwicklung der Ikonographie, die eng mit der Einführung und der Entfaltung des neuen Atonkultes verknüpft war.

tektonische Umsetzung eines theologischen und politischen Konzepts, das im König die Verschmelzung göttlicher und menschlicher Züge, die Verschmelzung des Himmels mit der Erde sah, damit seinem Land immerwährender Wohlstand gesichert sei. Daher zollten die Pharaonen dieser Kultstätte besondere Aufmerksamkeit.

Bibliographie

• J. Lauffray *Karnak d'Egypte, domaine du divin.* Paris 1979
• J. C. Golvin, J. C. Goyon *Les bâtisseurs de Karnak.* Paris 1984
• *Karnak, le temple d'Amon restitué par l'ordinateur.* Paris 1989 (Beiträge verschiedener Autoren)

← *Das Sanktuar, in dem Amuns Barke aufbewahrt wurde. Priester tragen die Heilige Barke aus dem Tempel.*

Die thebanischen Königsgräber

An den Ufern des Nil erhob sich rund 700 Kilometer südlich von Kairo auf der Höhe der heutigen Stadt Luxor das alte Weset, besser bekannt unter dem griechischen Namen Theben, ägyptische Hauptstadt im Neuen Reich und eine der großen Städte der Antike. Von einstiger Größe und Ruhm der Metropole zeugen heute nur noch Tempelruinen.

Gegenüber der Stadt, am anderen Nilufer, im Westen, wo von jeher der Sonnengott Re auf seiner Barke die Tagesfahrt über den Himmel beendete und die Reise durch die dunklen Tiefen der nächtlichen Welt begann, hier an den Berghängen erstreckte sich das schweigende Reich von Osiris (Herr des Jenseits) und Anubis (der »Einbalsamierer«): die thebanische Nekropole. Hier wurden Könige und Prinzen, königliche Gemahlinnen und hohe Würdenträger des Reiches bestattet, Künstler, Arbeiter und auch Leute von bescheidenem sozialen Rang, die sich eine einfache Grube in den felsigen Boden schlagen ließen, denn ihnen fehlten die Mittel für den Bau eines richtigen Grabes.
Die thebanischen Königsgräber konzentrieren sich auf zwei Bereiche im Norden und im Süden der Nekropole: das Tal der Könige und das Tal der Königinnen. Dazwischen liegen die Privatgräber: insgesamt mehr als 500, heute in verschiedene Sektoren unterteilt (El-Asasif, Dra Abu'l-Nega, El-Chocha, Schech Abd el-Kurna, Kurnet Murai, Der el-Medina); sie unterscheiden sich von den Königsgräbern durch die Bauweise und vor allem die dekorativen Elemente.

Tal der Könige. Das Tal der Könige, von den Arabern in Anspielung auf die zahlreichen Grabeingänge, die im Altertum an den Talhängen offen zutage lagen, Biban el-Moluk (»Tore der Könige«) genannt, ist tief ins Kalkgestein des thebanischen Gebirges eingeschnitten. Von hier zweigt ein weiteres Tal ab, das westliche Seitental, in dem nur zwei Pharaonengräber ausgehoben wurden: die Gräber von Amenophis III. und Eje, dem Nachfolger Tutanchamuns.
Das Tal der Könige wird vom Berg El-Kurn beherrscht, dem »Gipfel von Theben«. Seine Dreiecksform erinnert an eine Pyramide, die Gestalt der königlichen Grabstätten im Alten Reich. Wahrscheinlich waren ein solches geomorphologisches Element, das der schlangengestaltigen Göttin Meritseger als heilig galt, und die Tatsache, daß das Tal schwer zugänglich war und daher eine gewisse Sicherheit bot, der Grund dafür, daß die ersten Pharaonen der 18. Dynastie diesen großartigen, von der Wüstensonne verbrannten Platz für ihre ewige Wohnstatt aussuchten.
Man kann nicht mit Bestimmtheit sagen, welcher Herrscher sich als erster im Tal bestatten ließ: vielleicht Ahmose, der erste Pharao der 18. Dynastie, oder sein Sohn Amenophis I., deren Gräber nicht gefunden wurden; vielleicht auch Thutmosis I. oder Thutmosis II., denen zwei Gräber zugeschrieben werden (Nr. 38 und Nr. 42). Doch beim Grab Thutmosis' I. handelt es sich wahrscheinlich um eine von Thutmosis III. angeordnete Umbettung, während durch nichts be-

← Wenige Kilometer nördlich von Luxor zieht der Nil eine weite Schleife vorbei an den ersten Ausläufern des thebanischen Gebirges, in dem die Königsgräber liegen.

← Auf der Höhe von Luxor liegen die thebanischen Nekropolen in den Tälern der Gebirge, die das westliche Nilufer säumen. Für die alten Ägypter lag das Reich der Toten im Westen.

stätigt ist, daß das Grab Nr. 42 wirklich Thutmosis II. gehörte.

Das älteste Grab im Tal der Könige könnte jene riesige, nicht ausgeschmückte Grabstätte der Hatschepsut sein, der einzigen Pharaonin der ägyptischen Geschichte. Dieses Grab (Nr. 20) mit seiner eigenwilligen Architektur – es erstreckt sich auf über 200 Meter – barg zwei Sarkophage aus Quarzit, die für Thutmosis I. und Hatschepsut bestimmt waren. Der Gedanke liegt nahe, daß das Grab anfänglich für den Begründer der Thutmosidendynastie geplant war und dann erweitert wurde, um auch die sterbliche Hülle seiner Tochter Hatschepsut aufzunehmen. Nach dem, was wir heute wissen, ist mangels Inschriften und anderer Quellen nicht mit Gewißheit festzustellen, welches Königsgrab als erstes in dem Bezirk ausgehoben wurde, aber das zweifellos älteste Grab im Tal der Könige, das ganz sicher einem Herrscher zugeschrieben werden kann, ist das Grab von Hatschepsuts Nachfolger Thutmosis III.

Dem Bau des eigenen Grabes, jenes Ortes, an dem sich die Verwandlung und Wiederbelebung des toten Königs abspielte, galt zu Lebzeiten eine der Hauptsorgen des Pharaos. Im allgemeinen wählte er bereits im ersten Jahr seiner Herrschaft den Platz und ließ einen Bauplan ausarbeiten, in dem nicht nur die architektonischen Einzelheiten genau aufgeführt wurden, sondern auch die Dekoration und die Passagen aus den verschiedenen rituellen Werken, die auf den Wänden dargestellt werden mußten, damit der tote König die zahlreichen Hindernisse, denen er im Jenseits begegnen würde, überwinden und, wesenseins mit dem Sonnengestirn, auferstehen konnte. War die Planung abgeschlossen und vom König gutgeheißen, begannen die Arbeiter mit dem Bau. Diese wohnten im nahen Dorf Der el-Medina. Etwa 60 Männer bildeten zwei Mannschaften, die auf je einer Seite des Grabes arbeiteten und jeden zehnten Tag einen Tag Pause einlegten. Die Bauarbeiten dauerten (je nach Größe der unterirdischen Anlage) von wenigen Monaten bis zu mehreren Jahren.

→ Die goldene Maske Tutanchamuns, die Carter im Jahre 1922 entdeckte, ist das bekannteste Fundstück aus dem Tal der Könige.

Alle Königsgräber entsprechen, von unwesentlichen Abweichungen abgesehen, einem verbindlichen Grundplan. Er umfaßt im allgemeinen eine Treppe, einen absteigenden Korridor mit Nebensälen und die Sargkammer (nach dem Metall, welches das unverwesliche Fleisch der Götter symbolisierte, »Goldhaus« genannt), die für den Sarkophag des Pharaos bestimmt war. Hier fand nach den religiösen Lehren des alten Ägypten die Verwandlung des Königs in ein gött-

*→ **18. Dynastie:** Thutmosis I. (38), Thutmosis II. (42?), Hatschepsut (20), Thutmosis III. (34), Amenophis II. (35), Thutmosis IV. (43), Amenophis III. (33), Tutanchamun (62), Haremhab (57); **19. Dynastie:** Ramses I. (16), Sethos I. (17), Ramses II. (7), Merenptah (8), Sethos II. (15), Siptah (47), Grab der Söhne Ramses' II. (5); **20. Dynastie:** Ramses III. (11), Ramses IV. (2), Ramses VI. (9), Ramses VII. (1), Ramses IX. (6), Ramses X. (18), Ramses XI. (4)*

← Im Tal der Könige hat man 62 Grabstätten gefunden, darunter einfache Gräber ohne Inschriften und reich ausgestattete Grabanlagen hoher Würdenträger (hier eine Auswahl).

liches Wesen statt, dessen Seele zum Himmel emporstieg (symbolisiert durch die gewölbte Saaldecke, auf der die Göttin Nut, die Herrin des Himmels, dargestellt wurde), um sich mit dem Sonnengott Re zu vereinigen. Eine architektonische Besonderheit unterscheidet die Gräber der 18. von jenen der 19. Dynastie: In ersteren knickt der abfallende Korridor meist rechtwinklig ab, bevor er in die Sargkammer führt, in letzteren verläuft er geradlinig.

Die Wände wurden mit polychromen Reliefs geschmückt. Dargestellt sind nicht Szenen des täglichen Lebens, auch nicht historisch-biographische Einzelheiten, sondern einzig und allein die Welt des Jenseits und die Reise, die der Pharao unter vielen Prüfungen unternehmen mußte, um in Osiris' Reich zu gelangen. Die an die Wände gemalten Texte der großen religiösen Werke jener Zeit (Amduat, Totenbuch, Pfortenbuch, Buch von der Erde, Sonnenlitanei) mit ihren illustrierenden Bildern sicherten dem Verstorbenen die Kenntnis der Zaubersprüche, mit denen er die ihm bevorstehenden Schwierigkeiten bewältigen konnte.

Das Tal der Könige diente während der ganzen 18., 19. und 20. Dynastie bis zur Zeit Ramses' XI., der als letzter Pharao hier bestattet wurde, als Nekropole. Die alten Ägypter nannten den Ort Ta-sechet-ahat (»Das große Gefilde«). Die Straße, die sich heute die Talsohle entlangschlängelt, nimmt denselben Weg wie einst, als hier die königlichen Sarkophage zu ihrer ewigen Wohnstatt transportiert wurden. War der Pharao einmal bestattet, gab es keinen Grund mehr, in das Grab zurückzukehren, denn der Totenkult wurde in den »Häuser der Millionen Jahre« genannten Tempeln vollzogen, die der Verehrung des Pharaos dienten und in der Ebene zwischen dem thebanischen Gebirge und dem Nil liegen.

Anders als man es sich vielleicht vorstellt, waren die Eingänge der Königsgräber nicht versteckt, sondern sichtbar, vor allem ab der 19. Dynastie. Die Wachen kontrollierten nicht nur die Zufahrtsstraße zum Tal, sondern inspizierten auch regelmäßig die Eingänge, um die Unversehrtheit der Siegel zu überprüfen, die sofort nach dem Begräbnis angebracht worden waren. Doch alle Vorsichtsmaßnahmen waren umsonst, denn wir wissen aus zahlreichen zeitgenössischen Papyri, daß bereits in der 20. Dynastie die Königsgräber entweiht und geplündert wurden. Alle wurden aufgebrochen; die Priester mußten die Mu-

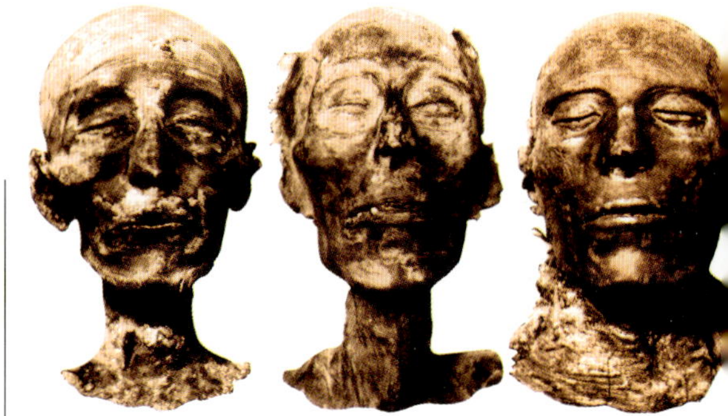

→ Die Mumien von Sethos I., Ramses II. und Merenptah. Sie wurden 1881 von G. Maspero in einem Versteck in den thebanischen Bergen gefunden; altägyptische Priester hatten sie hierhergebracht, um sie vor Grabräubern zu schützen.

↓ In Anspielung auf die Grabeingänge, die an den Talhängen weithin sichtbar sind, nennen die Araber das Tal der Könige Biban el-Moluk (»Tore der Könige«).

mien nicht weniger Pharaonen – darunter die Ramses' II. – unbemerkt in ein Geheimversteck bringen (die berühmte Cachette von Der el-Bahari in einem südlich gelegenen Tal).
Von den 62 heute bekannten Gräbern im Tal der Könige bargen nur etwa 20 tatsächlich Herrscher: Einige wurden aufgegeben, weil die Arbeiter auf ungeeignete Felsschichten stießen, in anderen wurden Prinzen, Prinzessinnen, Mitglieder der königlichen Familie und hohe Würdenträger bestattet.

↑ *Die Mumie Ramses' II. wurde in diesem einfachen Sarkophag aus Zedernholz in einem Versteck in Der el-Bahari gefunden.*

Die ersten Touristen, die das Tal der Könige besuchten, waren Griechen und Römer. Der Historiker Diodorus Siculus war im Jahre 57 v. Chr. in Ägypten und schrieb: »Es heißt, das seien die Gräber der alten Könige: Sie sind prachtvoll und lassen den Nachkommen keine Möglichkeit, etwas Schöneres hervorzubringen.« Jahrhundertelang war das Tal in Vergessenheit geraten und wurde erst zu Beginn des 18. Jahrhunderts von dem Jesuiten Claude Sicard wiederentdeckt, der zwischen 1707 und 1712 Ägypten bereiste und das alte Theben sowie das Tal der Könige fand. Viele weitere Reisende folgten, manche forschten und machten wichtige Entdeckungen: 1734 besuchte der englische Geistliche Richard Pococke das Tal und zeichnete den ersten Lageplan mit 18 Gräbern, von denen nur die Hälfte zugänglich war.
1769 erforschte der Schotte James Bruce das Grab Ramses' III. Die Wissenschaftler im Gefolge der ägyptischen Expedition Napoleons von 1798 entdeckten das Grab Amenophis' III. im westlichen Seitental und vermaßen den Ort erstmals nach wissenschaftlichen Gesichtspunkten. Einige Jahre danach, 1817, fand Giovanni Battista Belzoni aus Padua die Gräber von Ramses I., Sethos I. und Eje. Diesen sensationellen Funden folgten drei Jahre später weitere Entdeckungen des Engländers James Burton, der zwei unbetitelte Gräber und eine dritte Grabstätte (Nr. 5) fand, die Meriatum, Sohn Ramses' II., zugeschrieben wird.
Von 1824 bis 1830, in den Jahren nach der Entzifferung der Hieroglyphenschrift durch Jean-François Champollion, arbeitete John Gardiner Wilkinson im Tal der Könige. Er versah die Gräber zum erstenmal mit der Numerierung, wie sie noch heute in Gebrauch ist. Von 1828 bis 1850 war das Tal Ziel angesehener Wissenschaftler, Reisender und Künstler, darunter Champollion, Rosellini, Robert Hay, Richard Lepsius. Erst 1898 entdeckte der Franzose Victor Loret die Gräber zweier bedeutender Pharaonen – Thutmosis' III. (Nr. 34) und Amenophis' II. (Nr. 35) – und ein Jahr später das viel kleinere und bescheidenere von Thutmosis I. (Nr. 38).

↑ *Blick von Osten auf das thebanische Bergmassiv mit den Privatgräbern und dem Totentempel der Hatschepsut in Der el-Bahari. Hinter dem Berggrat liegt das Tal der Könige.*

→ *Anubis ist in der Ikonographie der Königsgräber eine der häufigsten Gottheiten: Er ist der Herr der Nekropole und leitet das Ritual der Einbalsamierung.*

Das Grab der Nefertari

Viele Fachleute halten das Grab der Nefertari im Tal der Königinnen für das schönste Grab in ganz Ägypten. Weil die wundervollen Malereien stark gefährdet waren, wurde es in den fünfziger Jahren für die Öffentlichkeit geschlossen, doch erst 1986 wurden auf Initiative der Ägyptischen Altertümerverwaltung und des Getty Conservation Institute erste Maßnahmen ergriffen, um die Bilder vor dem Verfall zu retten. Im Februar 1988 wurde nach gründlicher interdisziplinärer Vorbereitung eines internationalen Wissenschaftlerteams mit der eigentlichen Restaurierung begonnen. Zuerst wurde der Verputz stabilisiert, dann wurden die Gemäldefragmente festgeklebt, die sich von den Wänden gelöst hatten. Schließlich wurden die Bilder gesäubert und unzureichende frühere Ausbesserungen beseitigt und durch einen Mörtel ersetzt, der dem in der Pharaonenzeit verwendeten gleichkommt. Nefertari Meri-en-Mut (der Name bedeutet »Die Schönste von allen, geliebt von Mut«) heiratete den großen Pharao Ramses II. höchstwahrscheinlich noch vor dessen Thronbesteigung.

Für ihre besondere Position spricht die Tatsache, daß sie Ramses stets begleitete, sogar auf wichtigen Reisen wie nach Nubien im 24. Herrschaftsjahr (gegen 1255 v. Chr.), als der Kleine Tempel in Abu Simbel eingeweiht wurde, der der Göttin Hathor und ihr selbst geweiht war. Auf der Fassade des Tempels ist sie genauso groß wie der Pharao dargestellt, was außergewöhnlich war, denn normalerweise reichten die neben dem König dargestellten Königinnen nur etwas über dessen Knie.

Nefertaris Herkunft liegt im Dunkel: Es gibt Hinweise darauf, daß ihre Familie aus der Gegend von Theben kam und sie selbst mit Pharao Eje verwandt war, der möglicherweise sogar ihr Vater war. Nefertari hatte zwar fünf oder sechs Kinder, doch keines von ihnen bestieg den Thron: Der Nachfolger von Ramses II., Merenptah, war der Sohn einer anderen »Großen Königlichen Gemahlin«, der Königin Isetnofret, von der noch keine Grabstätte gefunden wurde. Das unterirdische Grabmal der Nefertari hatte schon während der starken Regenfälle in der Ramessidenzeit großen Schaden erlitten. Nach der Entdeckung durch Schiaparelli verschlechterte sich der Zustand rapide; es kam offensichtlich zu einer Änderung des empfindlichen Mikroklimas innerhalb des Grabes. Nach der Veröffentlichung mehrerer wissenschaftlicher Berichte zwischen 1970 und 1983 wurden auf Initiative der Ägyptischen Altertümerverwaltung und des Getty Conservation Institute als erste Notmaßnahme etwa 20 Prozent der Wandfläche behandelt. Über 10 000 Streifen Baumwollgaze und Japanpapier wurden auf die Wandgemälde gelegt, um ihren heiklen Zustand wenigstens provisorisch zu erhalten. 1987 kam man überein, die während des ersten Eingriffs erprobten Maßnahmen zur Erhaltung in großem Maßstab durchzuführen. Im einzelnen sollten die abblätternden Bilder gefestigt, der Staub entfernt, abgebröckelter Putz ausgebessert werden; das Wandgestein sollte fixiert werden, wo große Lücken entstanden und mehrere Schichten verloren waren; Salzausblühungen sollten entfernt und abgelöste Putzfragmente wieder angeklebt werden. Man entschied auch, die Bilder nur so weit nachzumalen und die verlorengegangenen Stellen nur so weit zu rekonstruieren, als es unbedingt notwendig war.

Der Restaurierung gingen weitreichende biologische, geologische, mineralogisch-kristallographische Analysen voraus, die mit ausgefeilten wissenschaftlichen Methoden erstellt wurden. Dazu kamen Farbanalysen, die mit Techniken

⇅ Oben: ein durch Parallelprojektion gewonnenes Bild der Grabkammer mit den Räumen, die einen Teil der Grabausstattung bargen. Unten: Computerrekonstruktion des abfallenden Korridors, der in die Kammer führt

← Die Kartusche von Nefertari Meri-en-Mut, deren Name »Die Schönste von allen, geliebt von Mut« bedeutet. Nefertari heiratete den späteren Ramses II. wahrscheinlich vor dessen Thronbesteigung.

ohne zerstörerische Wirkung durchgeführt wurden, die datenmäßige Verarbeitung der Bilder und multispektrale photographische Analysen. Auch das Raumklima wurde ständig von außerhalb kontrolliert. Um die geologischen Verhältnisse des Geländes, in dem das Grab liegt, und damit den Einfluß der Umgebung auf seinen Zustand besser einschätzen zu können, wurden im gesamten Gebiet geologische und hydrogeologische Untersuchungen vorgenommen. Ein interdisziplinäres Team von ägyptischen und ausländischen Fachleuten, darunter Restauratoren, Archäologen, Historiker und Ingenieure, führte die wissenschaftlichen Tests durch und untersuchte die Umweltbedingungen, um die Schadensursachen festzustellen und eine geeignete Behandlung der Salzausblühungen anzusetzen, die den

↑ *Auf dieser restaurierten Wandmalerei der Grabkammer sind die drei Hauptgottheiten der Totenwelt dargestellt: Anubis, Hathor-Imentet und Osiris.*

schon brüchigen Putz weiterhin abzulösen drohten. So begann im Februar 1988 die zweite Phase der Rettungsaktion für Nefertari unter der Leitung des italienischen Restaurators Paolo Mora: Die abgelösten Stücke wurden wieder befestigt, die verschiedenen Arten von Schmutz wie Staub, Rußablagerungen, hervorgerufen durch Öllampen (sie wurden mit einem ganz weichen Radiergummi entfernt), und Fingerabdrücke von Touristen beseitigt. Schließlich hat man frühere Ausbesserungen, die nicht gelungen waren, durch einen Mörtel ersetzt, ähnlich dem, der in der Pharaonenzeit verwendet worden war. Im April 1992 konnte die Restaurierung des Grabes abgeschlossen werden, aber die ägyptischen Behörden wollten es zunächst noch nicht für die Öffentlichkeit freigeben. Wenn sich allzu viele Besucher im Inneren eines derart empfindlichen Monuments befinden, kann es zu Änderungen des Mikroklimas und vor allem zu einer Erhöhung der Luftfeuchtigkeit und der Temperatur kommen, was die Restaurierung gefährden würde. Doch um den Touristen nicht den Genuß eines solchen Kunstschatzes vorzuenthalten, wurde das Grab der Nefertari 1995 wieder geöffnet. Die farbenprächtigen Malereien, die Nefertaris Weg ins Jenseits zeigen, wirken nun wieder so frisch, als seien sie gestern gemalt worden.

Um die restaurierten Wandmalereien vor den Ausdünstungen der Touristen zu schützen (jeder Besucher sondert 15 bis 20 Gramm Schweiß und Feuchtigkeit ab), ist pro Tag und Führung die Zahl der Besucher beschränkt, die Atemmasken und Überschuhe tragen müssen. Auch ist der Eintrittspreis ziemlich hoch. Apparaturen regulieren Temperatur und Luftfeuchtigkeit. Man sucht inzwischen nach Alternativen, um die wunderbaren Bilder zu erhalten. Wie bei der berühmten Grotte von Lascaux in Frankreich scheint die beste Lösung eine originalgetreue Kopie des unterirdischen Grabes im Tal der Königinnen zu sein.

↓ *Darstellungen auf dem südöstlichen Pfeiler der Grabkammer: Osiris, ein Djedpfeiler als Symbol der Wiederauferstehung, Nefertari vor Isis und eine an ein Priesteramt geknüpfte Sonderform des Horus (Horus-neg-itef)*

Zu Beginn des 20. Jahrhunderts, im Jahre 1903, fand Howard Carter das Grab Thutmosis' IV. (Nr. 43), und 1903 bis 1908 entdeckte der Engländer Edward Ayrton das nicht erbrochene Grab des Juja und der Tuja (Nr. 46) – der Eltern von Königin Teje, der Gemahlin Amenophis' III. –, das Grab des Pharaos Siptah (Nr. 47) und das Grab, in dem der General und König Haremhab bestattet wurde (Nr. 57). Einige Jahre später, 1922, stieß Carter, der mit Lord Carnarvon zusammenarbeitete, auf das einzige Königsgrab des Tales, das praktisch unberührt war, mit seinen überaus kostbaren Schätzen: das berühmte Grab des Tutanchamun, des letzten legitimen Vertreters der 18. Dynastie und Pharaos von 1358 bis 1349 v. Chr.
Neuere Forschungen im Tal der Könige hatten bis Februar 1995 keine spektakulären Ergebnisse mehr erbracht, als der Ägyptologe Kent Weeks von der Amerikanischen Universität in Kairo während der Säuberungsarbeiten im Inneren des Grabes Nr. 5 (1820 von Burton entdeckt und am Anfang des Tales gelegen, etwa 30 Meter vom Grab Ramses' II. entfernt) in einen Bereich vordrang, von dessen Existenz man bislang nichts gewußt hatte.
Die Nachricht von dieser Entdeckung ging um die Welt: Zahlreiche Kammern haben das Wissen der Archäologen über Plan und Bedeutung des Grabes entscheidend erweitert. Mit seinen 67 Räumen ist diese ungewöhnliche Grabanlage die größte im ganzen Tal. Erste Untersuchungen haben ergeben, daß hier mehrere der 52 Kinder Ramses' II. bestattet worden waren, von denen bisher nur vier namentlich bestätigt sind. Ganz hinten ist in einer Nische auf der Mittelachse an der Kreuzung mit einem querlaufenden Korridor, der dem Grab eine T-Form verleiht, ein Hochrelief von Osiris aus dem Stein gemeißelt, was sehr ungewöhnlich ist. Dieses Grab wurde zwar schon im Altertum geplündert, doch seine Erforschung wird sicherlich neues Licht auf die Zeit Ramses' II. und seiner Familie werfen.

↑ *Die Deckel der vier Kanopengefäße tragen das Antlitz des toten jungen Pharaos mit dem klassischen Königskopftuch* (nemes).

Tal der Königinnen. Das Tal der Königinnen, wie Champollion dieses im Süden der thebanischen Nekropole gelegene Wadi getauft hat, umfaßt mehr als 100 Grabstätten, die ab der 18. Dynastie (seit dem 16. Jahr-

↓ *Die historische Aufnahme zeigt die Seitenkammer mit dem Kanopenschrein (für die Eingeweide des Königs), davor der schakalköpfige Anubis auf einem vergoldeten Schrein.*

↑ *Die Sargkammer im Grab des Tutanchamun, das Carter 1922 entdeckt hat. Sie ist der einzige ausgemalte Raum des Grabes. Der große Sarkophag aus rotem Quarzit enthält den innersten der drei Särge, darin die Mumie, die einzige, die im Tal der Könige verblieben ist.*

hundert v. Chr.) ausgehoben wurden. Hier wurden anfänglich Prinzen und Prinzessinnen von königlichem Geblüt und Persönlichkeiten des Hofes bestattet, später dann, ab Ramses II., die Königinnen, die den Titel »Große Königliche Gemahlin« trugen. In der 20. Dynastie ließ Ramses III. die Tradition wiederaufleben und bereitete im Tal den Bau der Gräber für einige seiner Kinder vor.
Der Ort wurde für die königliche Nekropole ausgewählt, weil er als heilig galt: Sei es wegen seiner Nähe zum »Gipfel von Theben«, sei es, weil seine natürliche Beschaffenheit an religiöse Vorstellungen und Bestattungsbräuche erinnerte. Eine Grotte soll in der Tat den Bauch oder den Uterus der Himmelskuh (eine der Gestalten Hathors) vorgestellt haben. Wenn aus ihr Wasser hervorquoll, kündigte dies die bevorstehende Wiedergeburt der an diesem besonderen Ort bestatteten Toten an.
Typologisch bilden die Grabstätten im Tal der Königinnen zwei Gruppen: einmal die mehr als 60 Grabschächte aus der 18. Dynastie, dann die großen Ramessidengräber der 19. und der 20. Dynastie; letztere sind komplex konstruiert, es sind wirkliche Totenwohnungen, ähnlich wie die Gräber im nahen Tal der Könige, nur einfacher gebaut. Erst in der 19. Dynastie begann man mit Sat-Re, der Gemahlin Ramses' I. und Mutter Sethos' I., die königlichen Gemahlinnen im Tal der Königinnen zu bestatten. Nach der Ramessidenzeit und der folgenden systematischen Ausplünderung der Stätte durch Grabräuber, die unter anderem in zahlreichen juristischen Papyri belegt ist, wurden die Gräber im Tal regelmäßig wieder ab der 21. Dynastie und in der Dritten Zwischenzeit als Bestattungsort für Personen benutzt, die nicht von königlichem Blut und im wesentlichen mit der Bewirtschaftung der riesigen Ländereien der Priesterschaft beschäftigt waren. Seit der römischen Herrschaft bis zur Mitte des 4. Jahrhunderts n. Chr. war das Tal ein öffentlicher Friedhof.
Viele Gräber haben seit der Antike schwer gelitten, was vor allem an der Beschaffenheit des Geländes liegt.
Die pharaonischen Arbeiter, die vor 3500 Jahren die Gräber im Tal der Königinnen schufen, waren sich zweifellos darüber im klaren, daß sie an schlechtem Fels arbeiteten, der sie zu besonderen Techniken zwang. So verwendeten sie einen speziellen Verputz, der häufig Wände und Decken des Grabes vollständig bedeckt.
Manchmal stellte sich der Fels als so minderwertig heraus, daß die Baumeister die Arbeiten lieber abbrachen und an geeigneterer Stelle von vorn begannen; so erklärt sich die hohe Zahl unvollendeter Gräber. Man hat auch Spuren sehr heftiger Regenfälle in nachramessidischer Zeit gefunden, die sich auf die Gräber gewiß verheerend ausgewirkt haben.

Der Italiener Ernesto Schiaparelli, Direktor des Ägyptischen Museums in Turin, führte im Tal der Königinnen als erster systematische Grabungen durch (1903 bis 1906 zusammen mit dem Ägyptologen Francesco Ballerini). Ihm ist die Entdeckung aller wichtigeren Gräber im Tal der Königinnen zu verdanken, aber die aufsehenerregendste war die des Grabes von Nefertari, der »Großen Königlichen Gemahlin« Ramses' II. Ende 1906, als Schiaparelli seine Arbeit im Tal der Königinnen einstellte, waren zu den zwischen 1826 und 1854 erforschten Gräbern immerhin 13 hinzugekommen.

Bibliographie
- J. Romer *La Valle dei Re*. 1984
- E. Hornung *The Valley of the Kings*. Horizon of Eternity. 1990
- C. Reeves *Valley of the Kings*. 1990
- A. Siliotti *Guida alla Valle dei Re e alla necropoli tebana*. 1996

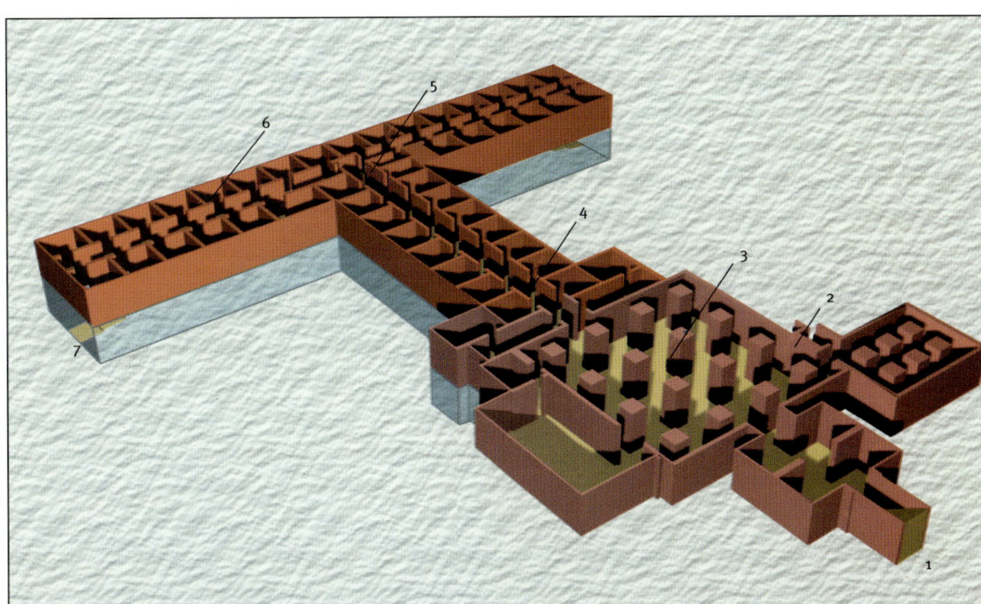

↑ *Dieser Salbentopf, der den Gott Bes darstellt, gehörte zur unermeßlich reichen Grabausstattung Tutanchamuns. Kairo, Ägyptisches Museum.*

↑ *Das Grab der Söhne Ramses' II. Hier stieß das Team des amerikanischen Archäologen Kent Weeks 1995 ganz unversehens auf ein riesiges Katakombensystem: Eingang (1), von Burton 1820 entdeckter Bereich (2), Pfeilerhalle (3), Korridor (4), Osirisstatue (5), Grabkapellen (6), Treppen, die zu einem vermuteten Untergeschoß herabführen könnten, 1995 noch unerforscht (7)*

Das Abenteuer Abu Simbel

Die beiden Tempel von Abu Simbel liegen am westlichen Ufer des Nassersees in Nubien, unterhalb des zweiten Katarakts und nah der Grenze zum Sudan. Das Ensemble ist die bemerkenswerteste bauliche Anlage dieser Gegend. Die Tempel waren in den sechziger Jahren, als der Assuanstaudamm gebaut wurde, Gegenstand einer von den europäischen Ländern unterstützten spektakulären Rettungsaktion unter der Schirmherrschaft der UNESCO.

Im März 1813 erreichte der Schweizer Forschungsreisende und Orientalist Johann Ludwig Burckhardt Abu Simbel, das völlig in Vergessenheit geraten war. Ramses II. hatte die beiden Tempel aus dem Fels hauen lassen: Der größere war dem vergöttlichten Pharao geweiht, der kleinere der »Großen Königlichen Gemahlin« Nefertari und der Göttin Hathor. Burckhardt, der als Araber verkleidet reiste, konnte nur von außen bewundern, was von den monumentalen Fassaden zu sehen war, denn die Eingänge lagen unter Sandverwehungen verschüttet.

↑ Computerrekonstruktion der Fassade des Großen Tempels von Abu Simbel. So muß das Monument mit den vier Kolossalstatuen Ramses' II., die aus dem Fels herausgehauen und mit lebhaften Farben bemalt waren, einst ausgesehen haben. Man nimmt an, daß der Kopf des ersten Kolosses links vom Eingang noch im Altertum heruntergestürzt ist.

← *Abu Simbel liegt am Westufer des Nassersees unweit des zweiten Nilkatarakts und der Grenze zum Sudan.*

Erst im Oktober 1815 konnte der englische Altertumsforscher William John Bankes, begleitet von Giovanni Finati aus Ferrara, in den Kleinen Tempel vordringen. Zwei Jahre später, am 1. August 1817, gelang es Giovanni Battista Belzoni aus Padua, der von 1816 bis 1819 im Dienst des englischen Konsuls Henry Salt stand, die gewaltigen Sandmassen wegzuräumen und in das Innere des Großen Tempels vorzudringen.

Die aus dem Fels gehauene Fassade des Großen Tempels ist etwa 30 Meter hoch und 35 Meter breit und wird von vier Sitzfiguren des Pharaos beherrscht; sie sind fast 21 Meter hoch. Neben den Beinen der Kolosse befinden sich einige kleinere Statuen der wichtigsten Mitglieder der königlichen Familie. In der Mitte über dem Tempeleingang ist das Bild des falkenköpfigen Gottes Re-Harachte zu sehen. Eine Reihe von 22 Pavianstatuen ziert das obere Gesims der Fassade. Im Inneren betritt man nach der Vorhalle einen großen, von acht Osirispfeilern gestützten Saal. Von hier gelangt man in eine zweite, kleinere Pfeilerhalle und schließlich in eine Vorhalle, die in das Allerheiligste führt, das kleine Gemach am westlichen Ende der Pfeilerhalle.

Diese Abfolge ist wichtig, um die religiöse Bedeutung des Gebäudes zu verstehen, da den architektonischen und dekorativen Details ein theologischer Sinn und eine konkrete Botschaft innewohnen: die Verherrlichung des lebenden Pharaos nicht nur als König und siegreicher Herrscher, sondern auch als Gottheit.

Die vier Fassadenstatuen stellen Ramses auf dem Thron sitzend dar und tragen die Doppelkrone, gebildet aus den Kronen Ober- und Unterägyptens. Neben den Beinen jeder Statue stehen kleine Plastiken, niedriger als die Knie des Pharaos. Sie stellen außer Nefertari (von ihr gibt es drei Statuen) auch andere Familienmitglieder des Königs dar: seine Mutter Mutemuja, die Töchter Merit-Amun, Bintanat und Nebet-taui und die beiden Söhne, die Prinzen Riamses und Amun-her-chepeschef. Die Thronreliefs zeigen auf Feldzügen unterworfene Länder und Völker.

Die große Statue des Gottes Re-Harachte über dem Eingang bildet zugleich den Thron- oder Krönungsnamen Ramses' II. (User-Maat-Re): Neben dem Gott Re steht die Hieroglyphe *user* (ein Stock mit Tierkopf), und neben seinem linken Bein befindet sich das Bild der Maat, Personifizierung der kosmischen Ordnung.

Die Reliefs der Pfeilerhalle zeigen die

← *In den Sockel einer Statue an der Tempelfassade von Abu Simbel ist die Kartusche mit dem Namen eingeschnitten, den Ramses II. bei seiner Thronbesteigung als König von Ober- und Unterägypten annahm: User-Maat-Re setep-en-Re (»Der Gott Re ist groß in Wahrheit und Gerechtigkeit. Der von Re Erwählte«).*

← *Das vielfarbige Relief in der ersten Pfeilerhalle des Tempels stellt Ramses II. dar. Er trägt die Blaue Krone (Cheperesch). Der Ausschnitt gehört zu einer Szene der Schlacht von Kadesch, die der König in seinem fünften Herrschaftsjahr gegen die Hethiter führte.*

↓ *Die stereophotographische Karte von der Fassade des Großen Tempels wurde vor der Zerlegung des Monuments angefertigt, das rund 200 Meter landeinwärts und 65 Meter höher wiederaufgebaut wurde.*

→ *Teilansicht eines der acht Osirispfeiler, die die Decke der ersten Pfeilerhalle stützen. Die etwa 10 Meter hohen Statuen stellen Ramses II. als Osiris dar, den Herrn des Jenseits, um die Ewigkeit der königlichen Stellung zu unterstreichen. Der König hält die Attribute des Osiris in der Hand, das Heka-Zepter (Krummstab) und die Nechacha-Geißel. Die Statuen der nördlichen Reihe tragen die Doppelkrone, die der südlichen Reihe tragen die Weiße Krone Oberägyptens.*

Kriege, die Ramses in Syrien und Libyen geführt hat, darunter die berühmte Schlacht bei Kadesch gegen die Hethiter, eines der bedeutendsten militärischen Ereignisse seiner Zeit. Die Osiriskolosse stellen den Pharao dar, der mit dem wichtigsten Totengott der memphitischen Theologie eins geworden ist, und heben die ewige Fortdauer seines Königtums im Jenseits hervor. Doch neben den Reliefs mit militärischen Themen gibt es auch klare Hinweise auf die Vergöttlichung des Pharaos, wie eine Darstellung Ramses' in der zweiten Pfeilerhalle bezeugt, der vor der Heiligen Barke sich selbst als Vergöttlichtem Opfer darbringt. Unterstrichen wird dieser Hinweis auf Ramses' göttliches Wesen von den Statuen im Allerheiligsten. Neben den Hauptgottheiten der Epoche (Ptah aus Memphis, Amun-Re aus Theben, Re-Harachte aus Heliopolis) ist auch der vergöttlichte Pharao selbst dargestellt.

Die Lage des Tempels ist so berechnet, daß die ersten Sonnenstrahlen, angebetet von den 22 Pavianen des oberen Fassadenfrieses, zweimal im Jahr an der Tempelachse entlang durch die Pfeilerhalle bis ins Allerheiligste fallen. Dabei streifen sie über Re-Harachte, Ramses und Amun; Ptah, der Gott der Unterwelt, bleibt stets im Dunkel. Weil das Sonnenlicht die Statuen des Allerheiligsten nur an zwei Tagen im Jahr, am 20. Februar und am 20. Oktober, ganz beleuchtet, liegt der Gedanke nahe, daß eines dieser Daten einem besonderen Ereignis während der Herrschaft Ramses' II. entsprach. Die chronologische Abfolge der Ereignisse ist für diese Zeit zwar nur ungefähr bekannt und weist gewisse Unsicherheiten auf, aber man weiß, daß beide Tempel von Abu Simbel in der ersten Herrschaftsperiode des Pharaos gebaut wurden. Astronomische Berechnungen haben ergeben, daß der heliakische Aufgang des Sirius/Sothis (als dieser Stern sich vom Sonnengestirn entfernt und wieder sichtbar wird, gegen 1260 v. Chr., dem Jahr, in dem das dreißigjährige Jubiläum des Herrschers gefeiert wurde) auf den 22. Juni fiel. Da die Ägypter dieses Ereignis mit dem Beginn des Kalenderjahres gleichsetzten und man aus Inschriften weiß, daß das fünfte und das sechste Königsjubiläum am ersten Tag des ersten Monats der Jahreszeit *peret* (Aussaat), am 22. Oktober, gefeiert wurden, liegt die Vermutung nahe, daß Ramses' dreißigjähriges Jubiläum

↑ *Die erste Pfeilerhalle des Großen Tempels ist 18 Meter lang, darin zwei Reihen zu je vier Osirispfeilern. In diese Halle gelangte Giovanni Battista Belzoni erstmals 1817, nachdem der Sand weggeschafft war, der den Eingang unter sich begraben hatte.*

↑ *Zweimal im Jahr, im Oktober und im Februar, fallen die ersten Sonnenstrahlen bis in das Allerheiligste – den kleinen Raum im westlichsten Teil des Tempels. Dies hing wahrscheinlich mit Ramses' dreißigjährigem Krönungsjubiläum zusammen.*

jenes Ereignis war, das der Architekt des Großen Tempels von Abu Simbel in Stein verherrlichen wollte; dann nämlich beleuchteten die Sonnenstrahlen den Gott Re-Harachte und zugleich den vergöttlichten Pharao, der mit der Sonnengottheit eins geworden war.
Mit dem Bau des großen Assuanstaudamms unter Nasser wären die Tempel von Abu Simbel wie viele andere, weniger bekannte Tempel zwischen Assuan und Abu Simbel in den Wassern des riesigen Stausees verschwunden. Um die bedeutenderen Kultbauten zu erhalten, startete die UNESCO eine internationale Kampagne. In Abu Simbel wurden zwischen 1964 und 1968 beide Tempel zerlegt und rund 200 Meter von ihrem ursprünglichen Standort entfernt und 65 Meter höher originalgetreu wieder auf- und zusammengebaut. Darüber spannen sich Betonkuppeln, die durch Felsverkleidung und aufgeschüttetes Gestein außen wie natürliche Hügel wirken.

Bibliographie

- L. A. Cristophe *Abou Simbel et l'épopée de sa découverte*. Brüssel 1965
- Chr. Desroches-Noblecourt, C. Kuentz *Le Petit Temple d'Abou Simbel*. Kairo 1968
- Chr. Desroches-Noblecourt *La Grande Nubiade*. Paris 1992
- W. Emery *Egypt in Nubia*. London 1965

↑ Über dem Eingang des Großen Tempels ist eine Nische mit der Statue des Re-Harachte zwischen einem Hieroglyphenzeichen (user) *und einer Darstellung der Göttin Maat. Das Ganze ergibt den Thron- oder Krönungsnamen des Königs: User-Maat-Re.*

→ Die Statuen der Hauptgottheiten der Ramessidenzeit und des vergöttlichten Ramses im Allerheiligsten. Von links: Ptah, Amun-Re, Ramses II., Re-Harachte

Çatal Hüyük, zurück zu den Ursprüngen der Stadt

Im Süden des anatolischen Hochlandes erhebt sich ein weitläufiger Doppelhügel. Die Grabungen an dieser Stätte, die auf das 7. Jahrtausend v. Chr. zurückgeht, hielten für die Archäologen eine Überraschung bereit: In dem kleinen untersuchten Abschnitt schmiegten sich an die tausend Behausungen aneinander, die gleichförmig aus ungebrannten Ziegeln und Rohrgeflecht gebaut waren. Es gab weder ebenerdige Eingänge noch Straßen. Die Wände schmückten einzigartige Malereien, die Jagdszenen, Stiere, rätselhafte geometrische Muster und weibliche Gottheiten darstellten. War das »die älteste Stadt der Welt«?

Çatal Hüyük, was soviel wie »Hügel an der Straßengabelung« bedeutet, liegt etwa 50 Kilometer südöstlich von Konya und gilt als älteste bisher bekannte stadtartige Großsiedlung. Die Grabungen, die der englische Archäologe James Mellaart Anfang der sechziger Jahre auf einer Fläche von etwa einem Dreizehntel des auf mehr als 12 Hektar geschätzten Geländes durchführte, haben eine stratigraphische Abfolge von nicht weniger als 13 Schichten aus der Zeit zwischen 6800 und 5400 v. Chr. ergeben. In dem untersuchten Bereich standen dichtgedrängt an die Tausend Lehmziegelhäuser. Eine äußere Schutzmauer gab es nicht; allein die stärkeren Außenmauern der Häuser am Rand der Siedlung dienten der Abwehr. Zugänglich

→ In Çatal Hüyük wurden zahlreiche Statuetten gefunden, die die Große Mutter, Gottheit der Fruchtbarkeit, beschwören.

↑ Çatal Hüyük heute. Der Ort wurde Anfang der sechziger Jahre von dem englischen Archäologen James Mellaart ausgegraben, der einen kleinen Teil des über 12 Hektar großen Geländes untersucht hat. Nach fast dreißigjähriger Unterbrechung wurden die Grabungen 1994 wiederaufgenommen.

→ Die Keramikherstellung war sehr weit entwickelt und hatte ein hohes Niveau erreicht, wie dieser polierte Terrakottabehälter zeigt. Er stammt aus einem der Häuser der Schicht IV.

waren die Häuser über Öffnungen in den flachen Dächern. Diese Öffnungen dienten darüber hinaus als Oberlicht und Rauchabzug.
Ein einziges, grob quadratisches Zimmer machte den Hauptteil aller Häuser aus, deren Grundfläche etwa 25 Quadratmeter betrug. Eine kleine rechteckige Vorratskammer schloß sich an. Die Wände, die mit Gips verputzt und geweißt waren, wiesen zahlreiche Nischen auf und waren oft bemalt. Einzelne Häusergruppen waren durch kleine Zwischenräume voneinander getrennt und lagen um einen größeren Innenhof, der als Versammlungsort oder öffentlicher Platz genutzt wurde.

Außer diesen kleinen Häusern wurden auch größere Bauten entdeckt, die wahrscheinlich kultischen Zwecken gedient haben. Ihre Wände zierten Malereien, auch bemalte Reliefs, die Stiere darstellen, aus Gips modellierte Schädel von Stieren oder Auerochsen *(Bos primigenius)*, oft mit echten Hörnern. Die Tatsache, daß häufig Rinder abgebildet sind, hängt möglicherweise mit dem Kult einer Stiergottheit zusammen, der sich noch in der minoischen Kultur auf Kreta erhalten hat, oder mit der Domestikation der ersten Rinder, die der Vergöttlichung des Tieres vorausgegangen zu sein scheint. Weitere Themen waren Jagdszenen und solche des Totenkultes sowie geometrische Mo-

→ Çatal Hüyük liegt an einem der frühesten Handelswege in der anatolischen Hochebene, etwa 50 Kilometer südöstlich von Konya.

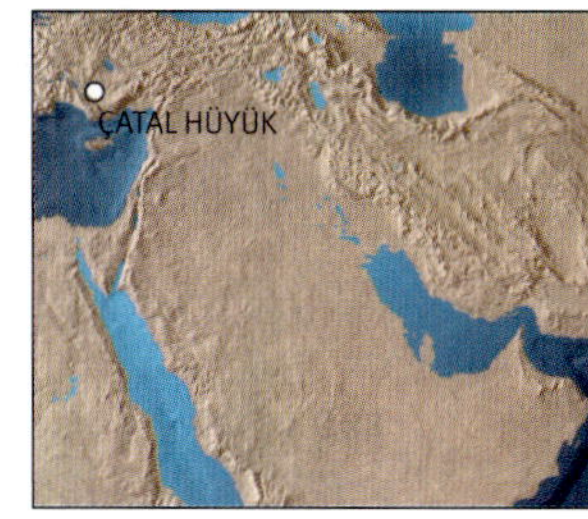

↓ Die gleichförmigen Wohneinheiten (1) in Çatal Hüyük waren dicht aneinandergebaut, dazwischen die Kulträume (2). Da es zwischen den Häusern keine Zwischenräume, also auch keine Sraßen gibt, nimmt man an, daß die Menschen auf den Dächern gingen. Die Siedlung hatte keine Umfassungsmauer, aber die Häuser am Rand hatten dickere Außenmauern.

tive, die wir nicht deuten können, sich überraschenderweise aber noch heute in den Kelims, den anatolischen Teppichen, finden.
Die Untersuchung der zeitlichen Verteilung von Kultstätten und Wandmalereien in den Wohnungen ergab, daß erstere (etwa 40) vor allem in den Schichten VI und VII, letztere in den Schichten III bis X vorkommen.
Wahrscheinlich dienten die Jagdszenen einem magisch-rituellen Zweck, denn seit dem Paläolithikum glaubten die Menschen, die bildliche Darstellung der Tiere, die gejagt werden sollten, begünstige das Unterfangen auf magische Weise. Die Bilder spiegeln im Zusammenhang mit dem Kult eines Stiergottes den Glauben einer Gesellschaft wider, deren wirtschaftliche Grundlage vor allem das Jagen und das Sammeln war. Ihr Verschwinden könnte die Folge einer tiefgreifenden, auch geistigen Entwicklung gewesen sein, die den Übergang zu Landwirtschaft und Viehzucht begleitet hat und in der sich neolithische Kulte wie der der Muttergöttin durchgesetzt haben, die die Fruchtbarkeit beschworen (der Muttergöttin sind manchmal Tiere wie Stier und Leopard beigegeben, die beide zur Vorstellung der sich fortpflanzenden Lebenskraft gehören).

↑ Ein großer Stier, gemalt mit rotem Ocker, schmückt die Wand eines Kultraumes in Schicht III. Das Gemälde, oft fälschlicherweise als Jagdszene gedeutet, hängt wahrscheinlich mit einem Stierkult zusammen.

↓ In Schicht VI (ca. 6000 v. Chr.) fand man unter den Grabbeigaben für eine Tote diese Kette aus Steinperlen und Muscheln. Konya, Museum

→ Diese berühmte Statuette aus Schicht II (etwa 5750 v. Chr.) stellt eine zwischen zwei Leoparden gebärende weibliche Figur dar, wahrscheinlich die Muttergöttin. Ankara, Archäologisches Museum

Große Bedeutung hatte in Çatal Hüyük der Totenkult: Die Verstorbenen wurden zunächst außerhalb der Ansiedlung auf Plattformen gelegt, wo Geier sie entfleischten (dieser Brauch ist in den Kultstätten der Schicht VII dargestellt). Dann wurden die Skelette mit Grabbeigaben unter dem Fußboden der Häuser bestattet. Es fanden sich zahlreiche sorgfältig ausgeführte Gegenstände aus Stein, darunter Obsidian.
Die Fülle an Klingen und Messern aus Obsidian (er stammt vom nahen Vulkan Hasan Dağ) läßt vermuten, daß Çatal Hüyük ein bedeutendes Handelszentrum war. Der Rohstoff war sehr begehrt und wurde von hier zu den Märkten des Mittelmeers exportiert. Der Fund eines Schlackebrockens aus Kupfererz beweist, daß man auch Metall geschmolzen hat. Ovale oder runde Terrakottaformen, mit geometrischen Mustern verziert, sind möglicherweise Stempelsiegel, mit denen man das Eigentum an einem Objekt angezeigt hat. Es sind die ältesten, die bisher gefunden worden sind.
Zahlreiche Getreidefunde (Weizen, Gerste, Emmer) belegen, daß der Ackerbau eine wichtige Ernährungsgrundlage für die Bevölkerung von Çatal Hüyük war. Den größten Teil des Fleisches, das verzehrt wurde, etwa 90 Prozent, lieferte die Viehzucht (hauptsächlich Ziegen). Dazu kam das Fleisch von der Jagd, die für die Bewohner des Ortes auch weiterhin von Bedeutung war.
Daß Çatal Hüyük eine weitläufige zusammenhängende Siedlung des Neolithikums gewesen ist, in der es ein hochentwickeltes religiöses Leben gegeben hat, muß nicht unbedingt zu der Vermutung führen, es handele sich hier um die »erste Stadt«. Die gleichförmige Anlage ohne erkennbare Gliederung der öffentlichen Räume spricht unmißverständlich

dafür, daß die Gesellschaft nicht hierarchisch aufgebaut war, was aber eine wesentliche Voraussetzung jeder Stadtkultur ist. Erstaunlicherweise hat sich an dieser architektonischen Gleichförmigkeit über Jahrhunderte hinweg nichts geändert, was eine sehr konservative Geisteshaltung dieses archaischen Zeitalters verrät. Doch in Çatal Hüyük haben wir wahrscheinlich den ersten bekannten Vorläufer der Stadt und einen jener Orte vor uns, an denen sich eine eigenständige Kultur entwickelt hat, die auf Landwirtschaft, Domestikation von Haustieren und Handel gründete, und wo sich früh eine ausgeprägte Religiosität entfaltet hat, wie sie dem Menschen des Neolithikums im 7. Jahrtausend v. Chr. eigen war. So zeigt sich, daß im Übergang von der dörflichen zur urbanen Lebensform die Voraussetzungen kultureller Entwicklung entstanden sind.

Bibliographie

• P. A. Bialor »The Chipped Stone Industry of Çatal Hüyük«, in: *Anatolian Studies* XII, 1962, S. 67–110
• S. Cole *The Neolithic Revolution*. London 1963
• J. Mellaart »Excavations at Çatal Hüyük, 1963, Third Preliminary Report«, in: *Anatolian Studies* XIV, 1964, S. 39–119
• – »Çatal Hüyük West«, in: *Anatolian Studies* XV, 1965, S. 135–156
• – *Çatal Hüyük. Stadt aus der Steinzeit*. Bergisch Gladbach 1967
• A. Siliotti *L'Anatolia*. Mailand 1995

↑ Dieses Wandgemälde in einem Kultraum der Schicht VII (ca. 6200 v. Chr.) zeigt große Geier und kopflose Menschen, eine Schilderung der Bestattungsriten: Man legte die Toten auf spezielle Plattformen, ließ sie von Geiern entfleischen und bestattete sie dann in den Häusern.

← Die Wände der Räume waren mit außergewöhnlich schönen Bildern verziert. Sie befinden sich heute im Archäologischen Museum von Ankara.

↓ Computerrekonstruktion einer Kultstätte. Verehrt wurde eine Stiergottheit, Ausdruck des männlichen Elements der Fruchtbarkeit und Ergänzung der Großen Mutter. Die Wand im Hintergrund trägt Stierköpfe aus Ton und Handabdrücke. In die Bänke sind Stierhörner eingelassen.

Das alte Magan

Die jüngere Vorgeschichte der Halbinsel Oman ist erst seit etwa 20 Jahren bekannt. Ihre Grundzüge, die mit Hilfe moderner Techniken der Archäologie aufgespürt werden konnten, haben die Entwicklung einer eigenständigen Kultur deutlich gemacht, die auf der lokalen Wirtschaft basierte und doch mit Einflüssen verknüpft war, die aus dem Kontakt mit den großen städtischen Kulturen des 3. Jahrtausends entstanden: Mesopotamien und Industal. Die Berührung mit den arabischen, iranischen, indischen und afrikanischen Welten, die diese Gegend heute prägt, hat sehr alte Wurzeln, wie die Forschungen einer franko-italienischen Expedition in der Provinz Ja'alan im Sultanat Oman und besonders in Ra's al-Junayz ergeben haben.

An den Küsten Omans sind mehr als 100 prähistorische Stätten bekannt: Für die Zeit vom 6. bis zur Mitte des 3. Jahrtausends kann man diese von Fischern und Muschelsammlern bewohnten Orte mit dem wechselnden Verlauf der Küstenlinie in Verbindung bringen. Wegen des damals etwas höheren Meeresspiegels boten die – heute versandeten – großen Lagunen kleineren Gruppen von Menschen die typischen Ressourcen einer differenzierten Umwelt: Wasservögel, Krustentiere und Lagunenfische ergänzten die Nahrungsmittel aus der Steppe (Jagd) und dem Meer. Denn mit ihren wahrscheinlich recht unsicheren Booten fuhren die Küstenbewohner zweifellos aufs offene Meer hinaus.
Ende des 4. Jahrtausends entwickelte sich in den Zentren im Landesinnern eine Form von Agrarwirtschaft. Ursache war wahrscheinlich der Abbau von Kupfer in den omanischen Bergen für den Export in die fernen Städte Mesopotamiens, wo man dieses Gebiet »Land von Magan« nannte. Die Küstenbevölkerung tauschte daher Meeresprodukte (gesalzenen oder getrockneten Fisch, Objekte aus Muscheln) gegen Bodenerzeugnisse und Kupfer aus dem Landesinneren. Um die Mitte des 3. Jahrtausends taucht eine neue Kultur auf, die am Kupfer aus den Bergen von Oman interessiert ist: die des Industals. Ra's al-Junayz und der Nachbarort

← Die Lage von Ra's al-Junayz ganz im Osten Omans

Ra's al-Hadd erleben daraufhin eine bedeutende und folgenreiche Entwicklung.
Auch wenn der Ort wegen der Monsunwinde, die die Nutzung der Bucht behinderten, nur im Winter besiedelt war, bauten die Bewohner doch Häuser aus luftgetrockneten Lehmziegeln nach dem Vorbild der Häuser in den Oasen. Die Bauten dienten als Arbeits- und Lagerstätten. Die Menschen hier lebten zwar hauptsächlich von der Fischerei, waren aber andererseits fest in ein weites Fernhandelsnetz einbezogen.
Die Weichtiere bereicherten die Nahrung. Aus einigen, wie etwa *Conus* oder *Pinctada* (Perlmuschel), wurden mit Steinwerkzeugen aus dem nahen Dschebel Saffan Ringe gefertigt. Zahlreiche Dattelsteine bezeugen die Einfuhr aus landwirtschaftlich genutzten Gebieten ebenso wie Keramik, die dort produziert worden ist.

Der Güteraustausch mit der Induskultur ist durch viele Objekte belegt. Dabei handelt es sich vor allem um Scherben von großen Krügen aus Pakistan. Heute sieht man in ihnen Transportgefäße für Nahrungsmittel, Vorläufer der Amphoren; einige tragen kurze Reihen von Schriftzeichen, die noch nicht entziffert sind. Ein bemalter Krug, ein in Kupfer geschnittenes Siegel, typisch für die Kultur am Indus, und ein Kamm aus Elfenbein sind weitere Beweise für die Handelsbeziehungen zwischen beiden Gebieten.
Der Fundort liegt in einer flachen Bucht südlich des Vorgebirges. Hier landeten im Winter die Schiffe mit Gütern vom Indus, die auf dem Landweg zu den Oasen im Inneren Omans weiterbefördert wurden. Kupferexport im Gegenzug von hier zum Industal ist zwar nicht bewiesen, aber es gibt auch nichts, was ihn grundsätzlich ausschlösse.
Die Bewohner des Dorfes profitierten vom Handelsaustausch, indem sie den Schiffsbesatzungen ihre eigenen Produkte anboten, darunter große Muscheln, von denen in Mesopotamien, etwa in den Königsgräbern von Ur, zu Trinkgefäßen verarbeitete Exemplare gefunden wurden. Ein Mangandioxid wurde zu einem schwarzen Puder zermahlen, das für eine Salbe *(khol)* verwendet und in kleinen Muschelschalen aufbewahrt wurde. Solche Schalen mit einem schwarzen Pulver hat man in den Königsgräbern von Ur entdeckt.

Zwar haben sich keine Reste weiterer Exporterzeugnisse erhalten, aber es wird diese mit Sicherheit gegeben haben, etwa die Panzer von Meeresschildkröten, die bei den Sumerern sehr geschätzt waren, oder auch die Schalen von Weichtieren: In zerriebener Form waren sie für die Duftstoffproduktion als einer der Hauptbestandteile wichtig.
Bei den Ausgrabungen in Ra's al-Junayz wurde in einem auf um 2200 datierten Bau ein unerwarteter Fund gemacht, der zweifellos von grundlegender Bedeutung für die Beziehungen zwischen den frühen Kulturen ist. Es handelt sich um zwei kleine Siegel, die hier hergestellt worden sind. Jedes trägt drei Schriftzeichen, die nicht zu den Schriften Mesopotamiens (keilförmig) oder des Industals gehören; diese Schriften kannten die Bewohner von Ra's al-Junayz zwar, verwendeten sie aber wahrscheinlich nicht. Dagegen finden wir die Zeichen im Iran wieder, in der elamischen Linearschrift der zweiten Hälfte des 3. Jahrtausends. Aufgrund ihrer Form könnte man sie mit der des Alphabets vergleichen, das viel später in der westsemitischen Welt entstanden ist. (Die wenigen überlieferten Namen von Bewohnern aus Magan gehören sämtlich zu einer westsemitischen Gruppe.) Ein einfaches, lange vergessenes Fischerdorf ermöglicht somit neue Hypothesen zur Entstehung der Schrift, die für die Entwicklung der Kultur von grundlegender Bedeutung ist.

Bibliographie

- S. Cleuziou »Pays du Golfe (archéologie)«, in: *Encyclopedia Universalis* III, Paris 1990³, S. 560–570
- S. Méry »Origine et production des récipients de terre cuite dans la Péninsule d'Oman à l'Age du Bronze«, in: *Paléorient* 17, II, 1991, S. 63–89
- V. Charpentier *Un archéologue en Arabie*. Paris 1992
- *Cachets inscrits de la fin du III millénaire à Ra's al-Junayz, Sultanat d'Oman* (Comptes rendus de l'Académie des inscriptions et belles lettres). Paris 1995, S. 453–468 (Beiträge verschiedener Autoren)

← Die Ausgrabungen in der Oase Hili haben die Existenz von Siedlungen am Ende des 4. Jahrtausends bewiesen. Ihre Bewohner lebten vor allem von der Landwirtschaft.

↑→ Computerrekonstruktion einiger Häuser aus ungebrannten Lehmziegeln in Ra's al-Junayz

Ebla, eine wiedergefundene Stadt

Die systematische Erforschung von Tell Mardich – dem alten Ebla, 60 Kilometer südwestlich von Aleppo –, die 1964 auf Initiative der Universität von Rom begonnen wurde, hat unser Wissen vom antiken Orient grundlegend verändert. Einerseits hat sie die hochentwickelte frühsyrische Stadtkultur des 3. Jahrtausends enthüllt, andererseits wirft sie Licht auf eines der größten Zentren der altsyrischen Kultur der ersten vier Jahrhunderte des 2. Jahrtausends v. Chr.

Die Ausgrabungen von Tell Mardich (1968) wurden unternommen, um die historischen Wurzeln jener altsyrischen Kultur freizulegen, die für die Jahrzehnte nach der Herrschaft des großen Hammurapi (ca. 1792 bis 1750 v. Chr.) erstmals dank der Erforschung von Alalach durch Leonard Woolley in den Jahren 1937 bis 1949 relativ umfassend ans Licht kam. Diese Ausgrabungen führten mit der Entdeckung eines Königstorsos mit Inschrift aus dem Anfang des 2. Jahrtausends zur Identifizierung des Fundortes mit dem alten Ebla. Die Stadt, die in Keilschrift- und Hieroglyphenquellen Mesopotamiens, Anatoliens und Ägyptens immer wieder erwähnt wird, blühte in der Zeit von 2400 bis 1600 v. Chr. Man hatte sie in der Hochebene am Fuß des Taurus in der südlichen Türkei vermutet. Tatsächlich hatte sie sich jedoch mitten in Nordsyrien befunden.

Gegen 2300 wurde Ebla durch Sargon von Akkad zum erstenmal zerstört; es taucht in den Keilschriftquellen dann als Name des Gebiets auf, das durch Naram-Sin von Akkad um 2250 von neuem erobert wurde, und als das Land, aus dem Gudea von Lagasch in der zweiten Hälfte des 22. Jahrhunderts kostbare Hölzer für seine berühmten heiligen Bauten zu Ehren des Gottes Ningirsu bezog. Später, gegen Ende des 18. oder während des 17. Jahrhunderts, zur Zeit des mächtigen nordsy-

↓ Luftaufnahme der Unterstadt und der Akropolis von Tell Mardich/Ebla, von Nordwesten; im Vordergrund die riesige Kultterrasse mit Hof, der für die Unterbringung der heiligen Löwen der Göttin Ischtar bestimmt war.

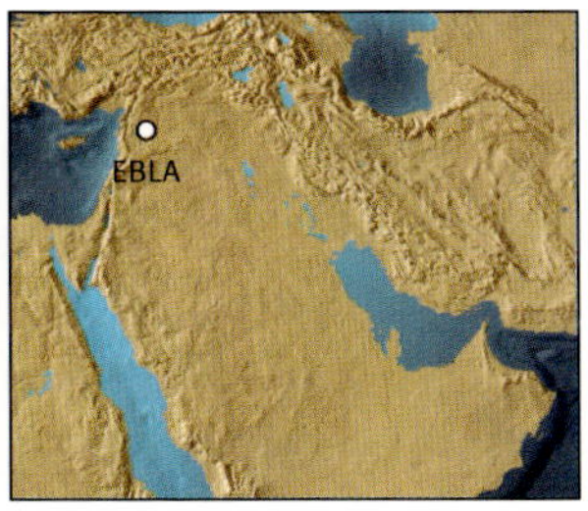

← *Tell Mardich, das alte Ebla, liegt 60 Kilometer südlich von Aleppo in Syrien.*

rischen Königreiches Jamchad mit der Hauptstadt Chalpa (heute Aleppo), wird Ebla in den Texten von Alalach genannt, und zwar wegen einer dynastischen Heirat, die das Herrschergeschlecht mit den Herren von Alalach verband, die einer jüngeren Linie der Dynastie in Chalpa angehörten.
Das Ansehen Eblas in Mesopotamien und Syrien – zur Blütezeit des Mittleren Reiches in Ägypten – tritt in dem sogenannten *Epos der Befreiung* zutage, einem Bericht, der auf hethitisch und churritisch verfaßt ist und vor kurzem in der hethitischen Hauptstadt Hattusa entdeckt wurde. Er beschreibt auch die endgültige Zerstörung Eblas – in diesem Text »Stadt des Throns« genannt – durch einen großen hethitischen Herrscher, vielleicht Mursili I., den Eroberer von Chalpa/Aleppo und Babylon. Wie der archäologische Befund ergeben hat, fand die Zerstörung um 1600 statt.

Auch nach der endgültigen Zerstörung der großen, rund 60 Hektar umfassenden Siedlung, die mit Karkemisch, Aleppo, Urschu, Alalach und Qatna zu den bedeutendsten städtischen Zentren der altsyrischen Epoche zählte, wird Ebla gelegentlich noch in Texten erwähnt, wenn über die Gegend berichtet oder auf die religiösen Traditionen der inzwischen fast völlig verlassenen Stadt eingegangen wird. Tatsächlich erwähnt ein Ritual des großen Assurtempels in Assur aus dem 13. Jahrhundert unter mehreren Gottheiten auch eine Eblaitu, die Ischtar von Ebla (die Herrin der Liebe, der Fruchtbarkeit und des Krieges), deren Ruhm und deren Kult die politische Bedeutung der altsyrischen Stadt überdauert hatten. Gegen Endes des 2. Jahrtausends verschwindet der Name Ebla endgültig aus den Schriftquellen.

Obwohl es der archäologischen Forschung noch nicht gelungen ist, die Anfänge des vollentwickelten frühsyrischen Ebla von 2400 bis 2300 restlos aufzuklären, dürfte Ebla in der Phase von Mardich IIB1 – es ist die Zeit großer Machtentfaltung, wie sie in den königlichen Archiven beschrieben wird – eine Großstadt mit etwa 50 Hektar Ausdehnung gewesen sein.

↑ *Das Ausgrabungsgelände von Süden. Die Wälle der alten Stadt Ebla sind noch immer gut zu erkennen und erreichen an der Ostseite eine Höhe von 22 Metern. In der Mitte des Bildes ahnt man die Akropolis und die Baureste, die sie umgeben.*

Das Zentrum wurde vom königlichen Palast beherrscht, der sich über mehr als 10 000 Quadratmeter erstreckte, wovon inzwischen etwas mehr als 2500 Quadratmeter ausgegraben wurden. Der Gebäudekomplex, der in den Texten der Archive »Saza« heißt, bestand aus einem weiträumigen Audienzhof (mit Säulengang und einem Podium für den Königsthron auf der Nordseite), einem Verwaltungsbereich (um einen Innenhof mit Thronsaal und Archivraum) sowie dem zentralen Komplex (eine gegliederte architektonische Einheit für die Nahrungsmittelherstellung, die Einlagerung landwirtschaftlicher Produkte, die handwerkliche Erzeugung von Stoffen und Metallwerkzeugen und die Wohngemächer des Herrschers und wahrscheinlich der wichtigsten Würdenträger).
Im Verwaltungsbezirk befanden sich der Saal des Hauptarchivs, das kleine Archiv und das trapezförmige Magazin, in dem mehr als 17000 Bestandsnummern der berühmten königlichen Archive entdeckt worden sind – ein ganz außergewöhnlicher Bestand an Dokumenten in Keilschrift. Wahrscheinlich waren es in der Zeit zwischen 2350 und 2300 rund 5000 Tontafeln. Es handelt sich um wirtschaftliche, administrative, juristische, literarische, lexikalische und epigraphische Texte, die als die wichtigste Entdeckung der orientalischen Archäologie seit 50 Jahren gelten.
Hier hat man den ältesten politischen

↑ *Elfenbeinfigur mit Krone (1750–1650 v. Chr.) aus dem Nordpalast*

→ *Elfenbeinstatuette: Ein Mann mit entblößtem Haupt trägt als Opfertier das Junge einer Gazelle (um 1750 v. Chr.).*

↓ *Computerrekonstruktion der Stadt Ebla zur Zeit Hammurapis (18. Jahrhundert v. Chr.) von Südwesten her gesehen*

Vertrag (zwischen Abarsal und Ebla) gefunden, das erste zweisprachige Wörterverzeichnis (Eblaisch und Sumerisch) mit mehr als 1500 Wörtern und den ältesten literarischen semitischen Text, eine Hymne an den Gott Schamasch – aus all dem ergibt sich ein ziemlich differenziertes Bild der Institutionen, der Wirtschaft und der Gesellschaftsstruktur von Ebla, so daß wir heute darüber mehr wissen als über das bekanntere zeitgenössische Akkad.

In Ebla herrschte eine erbliche Monarchie, von der für die Zeit der Archive drei Herrscher bekannt sind (Igrisch-Chalam, Irkab-Damu und Isch'ar-Damu). Daneben gab es ein zweites hohes Amt, das des Wesirs, von dem drei Inhaber namentlich bekannt sind (Arrukum, Ibrium und Ibbi-Sikir). Unter Isch'ar-Damu waren sie offenbar besonders darum bemüht gewesen, die Machtstellung Eblas zu stärken, so daß schließlich nicht nur Nordsyrien unter seiner Kontrolle stand, sondern dank fester Bündnisse – angefangen mit Mari und Nagar, dem heutigen Tell Brak – auch ein Teil Nordmesopotamiens.

Der große Erfolg von Ebla beruhte zweifellos auf der strategisch günstigen Lage der Stadt (auf dem Weg zwischen Euphrat und Mittelmeer). Ökonomisch lag er in der extensiven Landwirtschaft (Getreide, Weinberge, Ölbäume sowie Rinder- und Schafzucht), in den Wäldern des Libanon und des Amanos (Grenzgebirge zwischen Kilikien und Syrien) und den Metallen (vor allem Kupfer, Silber und Gold) vom Amanos und vom Taurus. Man darf mit großer Wahrscheinlichkeit annehmen, daß gerade die Kontrolle dieser Rohstoffquellen und die Bündnisse mit den wichtigsten politischen Zentren des nördlichen Mesopotamien um 2300 den Feldzug Sargons von Akkad zum Mittelmeer und in den Libanon ausgelöst haben, bei dem Mari und Ebla verwüstet wurden.

Außerdem war Ebla in der Mitte des 3. Jahrtausends wahrscheinlich eine wichtige Etappe des Fernhandels, der insbesondere den hochgeschätzten Lapislazuli aus dem fernen Afghanistan nach Südmesopotamien und weiter noch Nordsyrien und Ägypten brachte. So fanden sich in den Ruinen des königlichen Verwaltungsgebäudes von Ebla über 22 Kilogramm unbearbeiteter Lapislazuli und mehrere Bruchstücke ägyptischer Alabaster-

↑ Das monumentale Eingangsportal zur großen Treppe, die ins Innere des Königspalastes G führte (2400–2300 v. Chr.)

und Dioritschalen, darunter eine mit einer Inschrift, die zwei der Titel des Chephren aus der 4. Dynastie (des Erbauers der zweiten Pyramide von Gise) anführt, und ein Alabasterdeckel einer Salbenvase von Pepi I., dem zweiten Pharao der 6. Dynastie. Dieses einmalige historische Dokument belegt, daß Sargon von Akkad, Pepi I. von Ägypten und Isch'ar-Damu von Ebla zur selben Zeit gelebt haben: um 2300 v. Chr.

Bei der Plünderung des Königspalastes durch die Armee Sargons blieben zwar die Archive unversehrt, die wertvollen Ausstattungen der übrigen Räume aber wurden vollständig zerstört. Dennoch hat man eine Reihe aufschlußreicher Fragmente entdeckt: die prachtvollen Frisurteile aus Steatit von zwei königlichen Büsten in Lebensgröße, Bruchstücke von Hochreliefs aus Holz mit Goldfolie überzogen, die den Zug von Würdenträgern zeigen, Paneele mit Intarsien und kleine Tonplastiken mit dem Abdruck von Rollsiegeln hoher Beamter. Vor allem aber besitzt man mit dieser Palastglyptik einen kompletten ikonographischen Schatz, der, selbst wenn er durch die zeitgenössische mesopotamische Siegelkunst beeinflußt wurde, doch verschiedene frühsyrische Eigenschöpfungen aufweist, so zum Beispiel die Große Mutter, die über die wilden Tiere herrscht, die Frau-Kuh (eine weibliche Entsprechung des Mann-Stiers) und einen Atlas, der auf dem Kopf ein vierteiliges kosmisches Symbol trägt.

Aus der Nachpalastzeit IIB2 (nach der Zerstörung Eblas durch Sargon) haben jüngere Ausgrabungen einen Sektor des eindrucksvollen Palastes im nordwestlichen Teil der Unterstadt ans Licht gebracht, der wohl der Königspalast des 22. bis 21. Jahrhunderts sein dürfte. Er verrät Einflüsse der neosumerischen Kultur Südmesopotamiens; dem entspricht, daß nach Texten der 3. Dynastie von Ur Botschafter und Händler aus Ebla die sumerische Metropole besucht haben.

Das Gebäude wurde in der Nähe eines heiligen Bezirks der Unterstadt errichtet, der der Göttin Ischtar geweiht war und das größte religiöse Zentrum Eblas gewesen sein dürfte. Dort wurde auch eine aufschlußreiche Schichtenfolge entdeckt: Der noch immer wenig bekannte mittlere Palast wurde während der Phase Mardich IIIA, wahrscheinlich zwischen dem 20. und 19. Jahrhundert, über dem Südteil des älteren erbaut, darüber in der Endphase der altsyrischen Periode schließlich der große Nordpalast, der zu den drei Palastbauten gehört, die am Ende von Mardich IIIB (um 1600) noch immer benutzt wurden. Die Anlage sowie die wichtigsten religiösen und weltlichen Denkmähler des Stadtzentrums aus der folgenden Zeit sind besser bekannt.

Zu Beginn von Mardich IIIA, schon während des 20. Jahrhunderts v. Chr. wurde die Stadt mit einem mächtigen, über 20 Meter hohen Erdwall befestigt, der an seiner Basis durch eine 5 Meter hohe Steinverkleidung und oben wahrscheinlich durch eine Mauerkurtine aus Stein und Lehmziegeln geschützt war, die sich nur teilweise an der Stelle erhalten hat, wo sie mit dem Turm in Verbindung stand, der sich neben dem südwestlichen Tor befand.

↑ Die Ostseite des Westpalastes. Bemerkenswert sind die monolithischen Türpfosten und die Bautechnik mit Steinsockeln und Wänden aus luftgetrockneten Lehmziegeln.

← *Trinkgefäße des klassischen kelchförmigen achromatischen Typs, der zwischen 2400 und 2300 v. Chr. verbreitet war. Diese Exemplare wurden in den Räumen des Königspalastes G gefunden.*

Vier Tore öffneten sich auf den äußeren befestigten Ringwall: das nordwestliche Tor in Richtung Aleppo; das nordöstliche Tor auf die Straße zum Euphrat; das südwestliche Tor in Richtung Damaskus; das kleinere, südöstliche Tor zur Steppe hin.
Erst später, vielleicht am Ende von Mardich IIIA, wurde auch die Zitadelle durch einen zweiten, inneren Befestigungsring geschützt. Dieses doppelte Ringsystem von Ebla wird auch im *Epos der Befreiung* erwähnt, dessen Verfasser eine genaue Kenntnis der Topographie der Stadt vor ihrer endgültigen Zerstörung besessen haben muß.
Schon während Mardich IIIA befand sich auf der Zitadelle der königliche Palast E, der sich mindestens zum großen Teil über die nördliche Hälfte der Akropolis erstreckte. Von ihm wurde nur ein begrenzter Sektor um einen weiten Hof ausgegraben. Des weiteren erhob sich auf der Akropolis der große Tempel D, dessen heiliger, der Göttin Ischtar geweihter Bezirk mit kleineren Kapellen vor dem Hauptheiligtum den westlichen Rand des Hügels einnahm.
Der Tempel D war eine typische altsyrische Sakralarchitektur, der Länge nach dreigeteilt, mit einem Vestibulum, einem Vorraum und einer langen Cella mit einer Nische für das Kultbild. Durch diese Besonderheit ist der Bau der älteste bekannte Vorläufer des Tempels, den Salomo im 10. Jahrhundert auf dem Berg Morija in Jerusalem erbauen ließ.

In der Unterstadt standen mehrere monumentale Gebäude um den Fuß der Zitadelle, mindestens von Nordosten bis Südwesten. Nordöstlich liegt der dem Sonnengott Schamasch geweihte Tempel N; sein Eingang ist auf den Sonnenaufgang hin ausgerichtet. Nach Nordwesten erstreckt sich der weitläufige heilige Bezirk der Göttin Ischtar (mindestens 10 000 Quadratmeter) mit dem Tempel P2, dem größten Sakralgebäude der Stadt, und mit dem imposanten Monument P3, einer riesigen Kultterrasse mit Hof, der die heiligen Löwen der Göttin aufnahm. Nördlich des heiligen Bezirks erhob sich seit dem Beginn von Mardich IIIB (etwa um 1800) der Nordpalast auf einer Fläche von mehr als 3500 Quadratmetern. Sein Grundriß ist trapezförmig, was von den früheren Palastbauten herrührt. Die Hauptfassade ist nach Westen ausgerichtet. Im Inneren befand sich ein großer Audienzsaal.
Südlich, gegenüber der westlichen Seite der Zitadelle, liegt der Westpalast. Mit 115 Metern Länge und einer Fläche von mehr als 7300 Quadratmetern war er das große Palastgebäude des Stadtkerns; er diente als Residenz des Kronprinzen. Während ein großer Teil des vorderen südlichen Sektors, der eine Stirnseite mit Säulen gehabt haben dürfte, verlorengegangen ist, gab es im Mittelflügel einen Empfangssaal mit einem Hauptteil, der durch zwei Säulen und zwei ungleichmäßige Flügel zweigeteilt war. Im besser erhaltenen nördlichen Teil befanden sich verschiedene Diensträume, darunter ein Raum für die Zubereitung der Speisen, mit einer langen Bank, auf der noch 16 Mörser mit Stößeln standen. Südwärts vom Westpalast erhoben sich der kleine, dem Gott des Jenseits, Raschap, geweihte Tempel B und das Heiligtum B2. Dieses ist ein unregelmäßiges architektonisches Gebilde, das dem Kult der königlichen Vorfahren diente. Es hatte in der Mitte einen Hauptsaal mit Bänken und Podium für die Grabmahlzeiten sowie, umlaufend, mehrere kleine Räume mit Altären, auf denen Bronzestatuetten vergöttlichter Herrscher standen.
Der Westpalast, der Tempel von Raschap und das Heiligtum B2 bildeten eine funktionale Einheit, da sie in einem besonders wichtigen Teil der Stadt lagen, wo auch die Gräber der königlichen Nekropole von Mardich IIIB gefunden worden sind. Der Zusammenhang zwischen der Begräbnisstätte und dem Westpalast erklärt sich leicht; denn die Hauptaufgabe des Kronprinzen bestand darin, den reibungslosen Ablauf der Begräbnisriten für den verstorbenen König sicherzustellen und für die ordnungsgemäße Durchführung der Kultzeremonien zu Ehren der königlichen Vorfahren zu sorgen.

↑ *Kopf (Basalt, um 2300 v. Chr.) einer Götterstatue, wahrscheinlich Ischtar, bei der Entdeckung im Tempel P2*

Die Wiedergeburt der Monumentalarchitektur von Ebla mit Hilfe des Computers

Computer werden in der Archäologie nicht nur für statistische Zwecke eingesetzt, etwa um unterschiedliche Materialien und verschiedene Untersuchungen der Besiedlung zu erfassen, sondern auch zur dreidimensionalen Rekonstruktion antiker Bauwerke, ja ganzer Areale. Von den Stätten des vorklassischen Altertums im Nahen Osten sind häufig nur die Fundamente erhalten. Denn die Wände waren meist aus luftgetrockneten Lehmziegeln errichtet, die den Witterungseinflüssen nicht lange standhielten.

Seltene Zeugnisse – wie der Palast G von Ebla, wo die Ziegelmauer bis zur Höhe von 8 Metern erhalten ist –, einige Tonmodelle und bildliche Darstellungen sowie Berechnungen der Tragkraft von intakten Fundamenten haben es ermöglicht, die räumliche Ausdehnung und die Gestalt vieler Gebäude zu rekonstruieren.

In Ebla zur Zeit des Hammurapi kennen wir die Reste dreier Königspaläste, sieben Kultgebäude, Königsgräber, das Straßennetz, den Verlauf der Befestigungen mit vier Toren. Die Wälle waren an der Basis bis zu 50 Meter breit. Sie erheben sich noch heute bis zu einer Höhe von mehr als 20 Metern und umschließen eine Fläche von 50 Hektar.

Mit dem CAD-System kann man nicht nur jedes Gebäude in allen Einzelheiten nachbilden, wobei Bedachung und Gliederung des Aufbaus berücksichtigt werden, sondern auch ein Informationsmodell bilden, um beliebige virtuelle Rundgänge in der Stadt zu unternehmen. Man kann etwa durch eines der Tore die Stadt betreten, sich zur Akropolis wenden und am monumentalen Portikus des Westpalasts vorbeigehen (mit seinen 115 Metern Länge und einer Fläche von mehr als 7300 Quadratmetern der größte Palast der Stadt und ehemals Sitz des Kronprinzen) oder in niedriger Höhe den großen heiligen Bezirk der Unterstadt, der Göttin Ischtar geweiht, überfliegen.

Computerrekonstruktionen besitzen ihren eigenen Reiz. Denn der Rechner liefert den vollen dreidimensionalen Aufbau in einem virtuellen Raum, in dem man sich mit Hilfe elektronischer Ausrüstung oder auf dem Bildschirm scheinbar frei bewegen kann. Für den interessierten Laien bedeutet das einen durch nichts zu ersetzenden Gewinn an Anschaulichkeit. Denn wie soll er aus ein paar unansehnlichen Trümmern auf die ursprüngliche prächtige Gestalt einer seit langem versunkenen Stadt und ihre zum Teil gewaltigen Bauwerke schließen?

Nutzt ein Archäologe die Ausrüstung, um Gebäude oder Grabungsschichten zu Dokumentationszwecken wiedererstehen zu lassen, dann zeigt ihm der Computer Probleme, die in einer traditionellen zweidimensionalen Rekonstruktion, einer gezeichneten perspektivischen Ansicht, unerkannt geblieben wären. Diese Technik ermöglicht also die Überprüfung wissenschaftlicher Hypothesen zur Rekonstruktion antiker Bauwerke, wobei die praktische Durchführbarkeit im Computermodell vorweggenommen und nach Maßstäben, die in der Wirklichkeit gelten, getestet wird. Dabei können fehlerhafte Lösungen oder solche, die in der Wirklichkeit nicht durchführbar wären, erkannt und korrigiert werden. Zumindest macht die dreidimensionale virtuelle Darstellung das Problem sichtbar, das nun in aller Ruhe diskutiert werden kann.

Dies alles beruht nicht allein auf bloßer Computergraphik. Denn die Grundlage der Rekonstruktion bilden genaue Daten über Bodenbeschaffenheit, über Stärke, Gestalt und Bemalung der Architekturteile, die darüber hinaus einer strengen Kontrolle durch statische Berechnungen, Materialprüfungen und solche der Bruchfestigkeit unterliegen.

←↑↓ Computerrekonstruktionen von Ebla zur Zeit Hammurapis (18. Jahrhundert v. Chr.). Oben: Unterstadt und Akropolis, von Norden her gesehen. Im Vordergrund der Nordpalast. Links: Tempel N, Tempel P2 und die Terrasse im heiligen Bezirk der Ischtar. Unten: die Erdwälle und die Ostmauern

← *Basaltstele der Ischtar (um 1800 v. Chr.): Die Göttin erscheint im oberen Register in einer geflügelten Ädikula.*

Die königliche Nekropole dürfte zwischen dem Ende von Mardich IIIA (um 1825) und gegen Ende von IIIB (um 1650) benutzt worden sein; möglicherweise auch noch später. Entdeckt wurden zehn Gräber, die großteils bereits im Altertum entweiht worden sein dürften; komplett ausgegraben wurden drei: Das Grab einer Fürstin mit einer bedeutenden Ausstattung an Goldschmuck und um die 60 Keramikvasen war unversehrt, es wurde zwischen 1825 und 1800 oder kurz danach versiegelt. Das Grab des Herrn der Capriden wurde bei der Zerstörung der Stadt durch die Hethiter entweiht und hat sicherlich einem Herrscher gehört, denn um 1750 hatte er Goldjuwelen, Bronzewaffen, Steingeschirr, Talismane aus Elfenbein und etwa 70 Keramikvasen als Grabbeigaben erhalten, darunter auch mehrere ägyptische Stücke. Das Grab der Zisternen wurde wahrscheinlich um 1650 versiegelt und hat bei der Zerstörung der Stadt um 1600 am meisten gelitten.
Zeugnisse monumentaler Skulptur aus der Zeit zwischen 1900 und 1650 gibt es in Ebla reichlich. Zwei Reinigungsbecken tragen an mindestens drei der vier Seiten Reliefs, die rituelle und mythische Szenen darstellen, darunter die vom Bankett des Herrschers, der vor einer Tafel für Opfergaben sitzt, die mit Brotlaiben überladen ist. Aus der Zeit um 1900 stammen auch die ältesten Exemplare der Votivfiguren aus Basalt, unter denen sich die Büste des Königs Ibbit-Lim befindet. Sie trägt eine Widmungsinschrift, durch die 1968 Tell Mardich als das antike Ebla identifiziert werden konnte. Verschiedene andere Bruchstücke von Königsstatuen, Gestalten von thronenden Herrschern oder von stehenden Königinnen wurden im Ischtartempel der Unterstadt gefunden, die in die Zeit zwischen 1750 und 1625 datiert werden. Ein ikonographisch recht bedeutsames Werk ist die Stele der Ischtar, die um 1800 errichtet und in einem kleinen Nebentempel im heiligen Bezirk der Göttin auf der Zitadelle entdeckt wurde. Auf den vier Seiten zeigen Reliefs göttliche, rituelle und mythische Szenen, darunter das Bild der Großen Göttin, die in einem geflügelten Heiligtum auf dem Rücken eines Stieres von zwei Männer-Stieren gestützt wird – ein Bild, das nicht nur das himmlische Wesen, sondern auch die Erdgebundenheit der Gottheit symbolisiert.

⇆ *Thronender Herrscher, Teil eines Elfenbeintalismans (rechts), aufgefunden im Grab des Herrn der Capriden (1750–1700 v. Chr.). Die übrigen Figuren gehören zu einer Szene, die eine Grabmahlzeit für den König darstellt; dieser erscheint auf der rechten Abbildung links in Seitenansicht, vor ihm zwei Kronprinzen, unbekleidet und in Vorderansicht dargestellt.*

Weitere bedeutende künstlerische Erzeugnisse Eblas sind die Elfenbeinschnitzereien. Unter ihnen ragen die figurativen Arbeiten mit Gestalten der ägyptischen Götterwelt (von Sobek bis Horus, von Hathor bis Osiris) hervor, die sehr wahrscheinlich die Rückenlehne eines Throns oder eines Zeremonialbetts aus der Zeit um 1700 schmückten.

→ *Der älteste bis heute bekannte Staatsvertrag (zwischen Ebla und Abarsal, einer noch nicht entdeckten Stadt). Das Täfelchen mit Keilschrift stammt aus der Zeit um 2350 v. Chr.*

Obwohl aus der späteren Zeit nur sehr wenige Bruchstücke von kleinen Tontäfelchen gefunden wurden, lassen sich die Namen einiger Herrscher von Ebla aus Mardich IIIA und IIIB rekonstruieren. Zu den ältesten, die sicherlich noch ins 20. Jahrhundert v. Chr. gehören, zählen Igrisch-Chep und sein Sohn Ibbit-Lim, der Ischtar jene Statue weihte, die uns den alten Namen von Tell Mardich überliefert hat. Um 1750 dürfte sehr wahrscheinlich Immeja regiert haben – möglicherweise die Person, die in dem Grab des Herrn der Capriden beigesetzt wurde, wie die dort gefundene Silberschale mit demselben Namen vermuten läßt. Im 18. Jahrhundert dürfte Indilimgur geherrscht haben, einer der letzten Könige dieser Stadt, Vater eines Prinzen, der auf einigen Krügen des Westpalasts den Abdruck seines schönen Siegels hinterlassen hat.

Als um 1600 die Hethiter unter Mursili I. Ebla eroberten, ausplünderten und dem großen altsyrischen Zentrum ein Ende machten, war die hochstehende Stadtkultur im ganzen Gebiet schon weit verbreitet. Die Stadt hatte die bemerkenswerte frühsyrische städtische Tradition des 3. Jahrtausends weiterentwickelt und weitergegeben, eine Tradition, die sich, trotz Unterbrechungen und Abbrüchen, bis zur Auflösung des städtischen Lebens in diesem Gebiet zwischen dem Ende des 8. und dem Beginn des 7. Jahrhunderts hingezogen hat.

Philologie und Informatik in der Erforschung der Texte von Ebla

Der riesige epigraphische Schatz auf den Tontafeln der Staatsarchive von Ebla enthält eine große Menge von Texten administrativen, wirtschaftlichen, juristischen, literarischen und lexikalischen Inhalts, die in einer Zeitspanne von 50 bis 55 Jahren zwischen 2350 und 2300 geschrieben wurden. Sie gelten als eine der wichtigsten Entdeckungen der vorderasiatischen Archäologie in den letzten Jahrzehnten. Hier hat man den ältesten erhaltenen Staatsvertrag, das älteste zweisprachige Verzeichnis mit mehr als 1500 Wörtern und den ältesten literarischen semitischen Text gefunden, eine Hymne an den Gott Schamasch. Und man erfährt auf den Tontäfelchen recht viel über Wirtschaft und Gesellschaft im Ebla der damaligen Zeit.

Ein Hauptproblem ist die innere Chronologie und die Katalogisierung der vielen Götternamen, Hunderter Städtenamen und Tausender von Namen der Würdenträger, Beamten, Boten und Geschäftsleute, die am Hof von Ebla weilten und insbesondere in den Monats- und Jahresberichten der Archive erwähnt sind. Mit der vollständigen Inventarisierung der Götter-, Orts- und Personennamen können drei Aufgaben gelöst werden: Welche Kulte hatten die erwähnten Städte? Zu welchen Städten gehörten die erwähnten Personen? Können die Würdenträger von Ebla zeitlich, absolut oder relativ, eingeordnet werden? So kann etwa ein genaues Studium der Personenlisten, die auch die Karrieren am Hofe berücksichtigen, einen großen Teil der undatierten Verwaltungstexte chronologisch ordnen. Auf diese Weise können viele Texte ohne absolute zeitliche Einordnung in die Regierungszeiten bekannter Herrscher, etwa Igrisch-Chalams, Irkab-Damus oder Isch'ar-Damus, (relativ) datiert werden. Daraus resultieren wiederum wichtige Daten zur Rekonstruktion der Stadtgeschichte unmittelbar vor dem Eingreifen Sargons von Akkad in Nordsyrien um 2300. Auf diese Weise hat man auch festgestellt, daß Ebla erst während der letzten Jahre Irkab-Damus und unter Isch'ar-Damu wirtschaftlich aufblühte, als immer mehr Gold und Silber durch die Vermittlung hoher Würdenträger (»die Großen«) ins Land kam.

Die Bestimmung der inneren Chronologie der Archivtexte läßt darüber hinaus erkennen, daß Ebla erst gegen Ende von Mardich IIB1 ein starkes Bündnis mit der Stadt Nagar (Tell Brak) eingegangen ist, das am Kultsitz des Gottes Dagan in Tuttul abgeschlossen wurde; vielleicht auch mit Mari am Euphrat. Erst diese Bündnisse haben eine Art Monopol über die Lieferquellen von Holz und Metallen in den Gebirgsregionen von Amanos und Taurus begründet. Dies wiederum hat zum Eingreifen Sargons geführt, der auf seinem Zug zum Mittelmeer und nach Kleinasien Mari, Jarmuti und Ebla eroberte und der Blütezeit von Mardich IIB1 ein Ende bereitete.

Bibliographie

- P. Matthiae *I Tesori di Ebla.* Rom-Bari 1985²
- – *Ebla. Un impero ritrovato. Dai primi scavi alle ultime scoperte.* Turin 1995²
- – *Ebla, una città rivelata.* Mailand 1995
- *Ebla. Alle origini della civiltà urbana.* Mailand 1995 (Beiträge verschiedener Autoren)

Uruk, das Herz Sumers

Die Ruinen von Warka in der südmesopotamischen Ebene, die seit 1912 von einer deutschen Expedition ausgegraben wurden, sind die Reste des altorientalischen Uruk, des biblischen Erech. Uruk war einst die mächtigste Stadt des Sumerischen Reiches, und die Dynastien, die dort aufeinanderfolgten, spielten während des ganzen 3. Jahrtausends eine sehr wichtige politische Rolle. Obwohl die Stadt bereits ab dem Ende des 3. Jahrtausends jede politische Bedeutung verloren hatte, blieb sie bis zur Partherzeit eine religiöse Hauptstadt, mit Priestern, die weiterhin die Keilschrift verwendeten.

In Uruk kam eine Monumentalarchitektur zutage, die in die zweite Hälfte des 4. Jahrtausends zurückreicht. Den Ausgrabungen dieser uralten Stätte ist ein Gutteil unseres Wissens über die Entstehung von Stadt und Staat zu verdanken: Dort entstanden die ersten schriftlichen Zeugnisse der Menschheitsgeschichte; sie können auf etwa 3300 v. Chr. datiert werden. Der Ort ist ziemlich groß und erstreckt sich über fast 500 Hektar; aber das Interesse der deutschen Archäologen hat vor allem der heilige Bezirk Eanna am Fuß der Zikkurat geweckt; er wurde in späterer Zeit der Göttin Inanna geweiht. Wegen starker Bodenerosion lagen hier die Schichten vom Ende des 4. Jahrtausends gleich unter der Oberfläche und konnten großflächig ausgegraben werden. Die Baumeister des Altertums hatten überdies die früheren Bauten abgerissen und nur einige Backsteinfundamente stehenlassen. Daher konnten die Architekten und die Archäologen die Grundrisse vollständig und exakt ermitteln, ohne die enormen Zerstückelungen, die unter anderen Umständen auftreten. Es kamen drei Schichten aus der zweiten Hälfte des 4. Jahrtausends ans Licht, die für unsere Kenntnis der Urbanisierung in Mesopotamien entscheidend sind.

Die ältesten Schichten konnten nur dank einer umfangreichen stratigraphischen Sondierung erkannt werden: Sie reichen bis ins 5. Jahrtausend zurück. Die folgende Epoche von Uruk ist insbesondere durch das Verschwinden gemalter Dekoration auf Tonwaren gekennzeichnet; diese wurden nunmehr »industriell« gefertigt, vielleicht sogar schon auf der Töpfer-

↑ In einem Tempel von Uruk wurde diese Statuette aus Kupfer entdeckt, die eine Frau mit Korb darstellt und auf die Regierungszeit von Ur-Nammu zurückgeht.

← Uruk liegt in der mesopotamischen Ebene, etwas weniger als 100 Kilometer nordwestlich von Ur.

→ Nach der Überlieferung soll Gilgamesch Uruk mit einer Stadtmauer umgeben haben. Doch wurden davon bislang keine Reste gefunden.

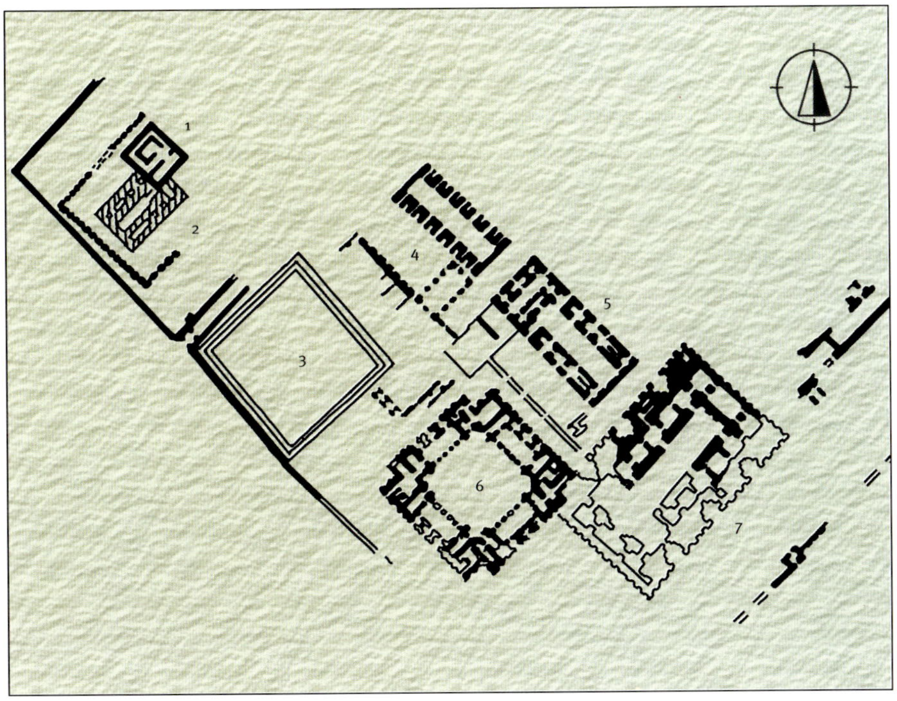

↑ *Das Kultzentrum von Uruk: Riemchengebäude (1), Tempel der Stiftmosaiken (2), Hof (3), Pfeilerhalle (4), Tempel C (5), quadratisches Gebäude (6), Tempel D (7)*

scheibe. Diese Schichten umfassen die Jahrhunderte der sogenannten städtischen Revolution.
Die Großarchitektur ist ab der fünften Schicht nachweisbar, die man um 3500 ansetzt. Doch mag es frühere Beispiele gegeben haben, denn die dreigeteilten Grundrisse mit einem Zentralraum, charakteristisch für diese Schichten, erinnern an die von anderen Grabungsorten her bekannten Grundrisse von Wohnhäusern aus der Obeidzeit, nur daß sie sehr viel größer sind als diese.
In dieser Schicht tauchen auch die ersten Rollsiegel auf, die zur Beglaubigung in frischer Tonerde abgerollt wurden. Anders als die früheren Stempelsiegel liefern sie eine ununterbrochene Folge des Bildmusters.
Die Schrift ist ab der nächsten Schicht vorhanden. In Uruk sind fast 5000 Schrifttafeln aus Ton gefunden worden. Man hatte sie weggeworfen, als man sie nicht mehr brauchte. Gleichzeitig macht die Bildhauerkunst mit der Darstellung von Göttern und Herrschern große Fortschritte.

Die älteste bekannte Monumentalarchitektur ist hier der Tempel der Stiftmosaiken in der sechsten Schicht (um 3500 v. Chr.). Er ist etwa 30 Meter lang und besteht aus einem Zentralraum mit zwei längslaufenden Zimmerreihen, der sich im Norden zu einem langen Saal hin öffnet, der wiederum von Nebenräumen umgeben ist. Der Grundriß in T-Form kennzeichnet die gesamte Monumentalarchitektur der folgenden Schichten. In einem Nebenraum führt eine Treppe zu einem höheren Stockwerk oder aufs Dach. Seinen Namen verdankt das Gebäude einem Mosaik aus farbigen kegelförmigen Tonstiften, die in die noch feuchte Lehmputzschicht gesteckt wurden – eine Technik, die hier erstmals angewendet wurde.
Der »Kalktempel« der fünften Schicht, der aber möglicherweise älter ist, war ein sehr großes Gebäude mit einem dreiteiligen Grundriß, 78 Meter lang und 30 Meter breit; er heißt so, weil seine Basis (der einzig erhaltene Teil) und möglicherweise auch der ganze übrige Bau aus Kalkstein und nicht aus Lehmziegeln bestand, wie es in Mesopotamien sonst üblich war. Man hat lange angenommen, daß diese

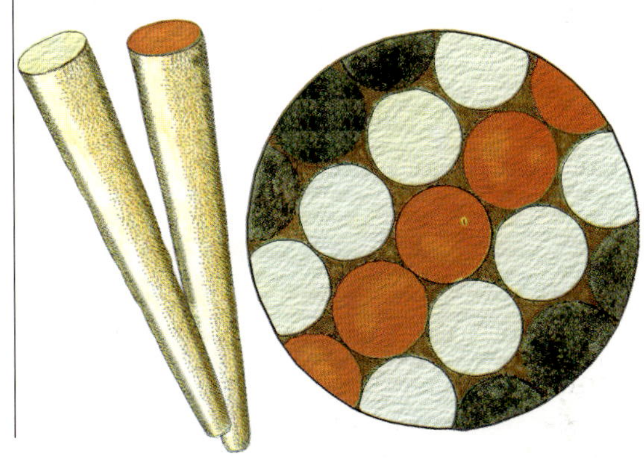

↑ *Eine Besonderheit ist die Stiftmosaikverkleidung. Hierbei wurden kleine Tonkegel (etwa 10 Zentimeter lang), seltener Steinkegel, mit gefärbten Köpfen in die noch feuchte Lehmputzschicht gesteckt. Dieses Beispiel stammt aus dem heiligen Bezirk Eanna in Uruk.*

→ *Opferkanne mit Tiermotiven in Hochrelief, Anfang des 3. Jahrtausends. Bagdad, Iraq Museum*

Steine von sehr weit her importiert wurden, eine Vermutung, die das Monument noch einmaliger erscheinen ließ. Inzwischen wurde nachgewiesen, daß das Material aus einem nahegelegenen Kalksteinbruch stammt.
Der Zentralraum des Tempels war 11 Meter breit. Für seine Bedachung waren sicherlich große Balken erforderlich, die von weit her transportiert worden sein mußten. (Möglicherweise wurden bereits damals Zederstämme vom Libanon auf dem Euphrat verschifft.) Auf zwei Seiten war er von einer Reihe rechteckiger Räume gesäumt, die entweder als Durchgang ins Freie oder als Treppenhaus benutzt wurden. Fassade und Wand waren mit Friesen und rechteckigen Nischen geschmückt.
Während der Grundriß des Tempels dank seiner strengen Symmetrien recht genau erschlossen werden kann, läßt sich das für den Aufbau nicht sagen, von dem nicht viel erhalten ist. Wir wissen noch nicht einmal, ob das Gebäude isoliert oder Seite an Seite mit anderen Bauten stand. In ihm gibt es die ersten Rollsiegelabdrücke, die bereits eine vollentwickelte Kleinkunst zeigen.
An der Stelle des »Kalktempels« wurde später ein großer Bau aus ungebrannten Lehmziegeln um einen rechteckigen Hof errichtet. Er besitzt einen dreiteiligen Grundriß und wurde später abgewandelt. Besonders auffällig ist der Pfeilersaal, eine Galerie, die zwei Gebäude zu einem T-förmigen Grundriß verband und aus zwei Reihen mit je vier gewaltigen Säulen aus Lehmziegeln bestand. Diese und die vier Halbsäulen an den Enden der Galerie waren mit einem Tonstiftmosaik geschmückt, deren rot, schwarz oder hellgelb gefärbte Köpfe geometrische Muster bildeten. Die gleiche Dekoration trugen auch die Mauern des Hofes und der Gebäude in T-Form, wo sich narbenartig verputzte Friese mit Nischen abwechselten, die ebenfalls mit Tonstiftmosaiken geschmückt waren.
Diese auffallende Dekorationstechnik ist ein besonderes Merkmal der Urukzeit: Tonstifte finden sich an zahlreichen mesopotamischen Fundorten, doch diese Zierform, prachtvoller Ausdruck der ersten Stadtkultur, wird später verschwinden.

In der Spätphase der vierten Periode entstanden auf einer weiten eingefriedeten Fläche von fast 300 mal 200 Metern mehrere Bauwerke, darunter der gewaltige Tempel D (rund 80 mal 50 Meter) und ein Gebäude mit vier Sälen, die sich auf einen rechteckigen Hof hin öffnen, der sogenannte Rote Tempel oder quadratische Palast. In ihm hat man die ersten Dokumente in Bilderschrift gefunden. Die ursprüngliche Funktion dieser Gebäude bleibt umstritten; sie alle wurden zerstört und geplündert.
Die deutschen Ausgräber hatten in den Gebäuden Tempel gesehen, was damals allgemein akzeptiert worden war, denn das paßte zu der Vorstellung, daß Priesterkönige an der Spitze der alten Städte Mesopotamiens gestanden hatten – daher auch die traditionellen Bezeichnungen, die wir hier beibehalten haben.
In Wahrheit zeigen diese Bauten keine der für einen mesopotamischen Tempel charakteristischen Kulteinrichtungen. Es spricht mehr dafür, sie als weltliche Gebäude zu deuten, als Residenz einer Macht, die religiöse Züge besaß oder auch nicht.
Der Weiße Tempel der dritten Periode – so genannt wegen der hellen Farbe des Kalkverputzes der Wände – gehört mit größerer Wahrscheinlichkeit in die Kategorie religiöser Gebäude. Er erhebt sich auf einer Terrasse mit steilen Mauern, die mit Friesen geschmückt sind. Man erreichte ihn über zwei Treppen und eine Rampe, auf der wahrscheinlich Opfertiere herangeführt wurden. Innen befinden sich verschiedene Tribünen und ein Altar, wie sie üblicherweise zur Ausstattung mesopotamischer Tempel gehörten. Seine Ausmaße sind bescheiden, und der Grundriß ist sehr einfach: Zwei Reihen von Räumen auf beiden Seiten eines zentralen Saals, einer enthielt die Treppe. Der Hauptzugang führte durch einen Seitenraum. Wir finden hier weder den T-Grundriß noch die Monumentalität, die die Bauten der Eanna auszeichnet. Das Gebäude steht vielmehr in einer älteren Tradi-

→ *Die feingearbeitete Alabasterstatuette stellt einen Herrscher dar und stammt vom Ende des 4. Jahrtausends. Bagdad, Iraq Museum*

← *Die Keilschrifttafel aus der Zeit von Ur-Nammu (um 2100 v. Chr.) wurde im Tempel der Inanna gefunden.*

tion, die auf das Ende der Obeid-Epoche in Eridu verweist.

Auf dieselbe Periode könnte auch der älteste Teil eines Gebäudes mit ähnlichem Grundriß zurückgehen, das nach dem Himmelsgott der Sumerer als Anutempel bezeichnet wird und dessen schlecht erhaltene Überreste am Fuße der Terrassierung wiederentdeckt worden sind. Der literarischen Überlieferung Mesopotamiens zufolge war Uruk von einer Mauer umgeben, deren Errichtung dem legendären König Gilgamesch zugeschrieben wurde. Von diesem Ringwall ist bisher aber nichts gefunden worden.

→ *Das hohe Niveau der handwerklichen Erzeugnisse von Uruk ist auch an den kleineren Fundstücken erkennbar, so in dieser herrlichen Darstellung eines Stiers (Ende des 4. Jahrtausends).*

Einrichtungsgegenstände wurden vor allem an Abfallstellen und in Gruben entdeckt, so im Riemchengebäude (Riemchen = kleine Lehmziegel mit quadratischem Querschnitt), das nach seiner Auflassung als Mülldeponie benutzt wurde. Ihr Inhalt dokumentiert den Erfindungsreichtum des Handwerks und den Luxus der Mächtigen. In den Werkstätten der Eanna wurden Rollsiegel hergestellt, mit Kupfer aus Iran Gegenstände gefertigt, Vasen und Statuen aus Stein gemeißelt. In dieser Zeit kam auch die Technik des Metallgusses in verlorener Form auf, mit der komplexere Objekte hergestellt werden konnten. Die ältesten uns bekannten Beispiele sind Köpfe von Anstecknadeln, die Menschen darstellen.

Der archäologische Befund aus ältester Zeit bezeugt einen kontinuierlichen sozialen Wandel, der wohl auf die zahlreichen technischen Errungenschaften zurückzuführen ist, denn diese begründeten neue wirtschaftliche und gesellschaftliche Beziehungen. Die bedeutendsten und folgenreichsten Erfindungen waren das Rollsiegel und die Schrift. Gerade letztere, wegen ihrer geringen Formentwicklung schwer zu entziffern, verrät die rege Betriebsamkeit einer Gesellschaft, in der von Anfang an alles und jedes klassifiziert wurde (so gab es zehn verschiedene Zahlensysteme). Dies sollte sich während der gesamten mesopotamischen Kultur nicht ändern. Damit liefert Uruk das derzeit beste archäologische Zeugnis vom Beginn einer dreitausendjährigen Geschichte.

Bibliographie

- A. Falkenstein »La cité-temple sumérienne«, in: *Cahiers d'histoire mondiale* I, 4, 1954, S. 784–814
- E. Strommenger, M. Hirmer *Fünftausend Jahre Kunst in Mesopotamien*. München 1964
- J. Schmidt »Zwei Tempel der Obeidzeit in Uruk«, in: *Baghdader Mitteilungen* 7, 1974, S. 173–187
- H. J. Nissen, P. Damerow, R. K. Englund *Frühe Schrift und Techniken der Wirtschaftsverwaltung im alten Vorderen Orient*. Bad Salzdetfurth 1991

→ *Einer der berühmtesten Funde aus Uruk ist diese fast ein Meter hohe Kultvase aus Alabaster, gefunden in der dritten Schicht (um 3000 v. Chr.). Sie stellt in höchster künstlerischer Qualität eine Opferszene dar. Bagdad, Iraq Museum*

Ur, die Stadt der Sintflut?

Die von dem britischen Archäologen Leonard Woolley zwischen den beiden Weltkriegen durchgeführten Ausgrabungen haben die Überreste der mächtigen Hauptstadt eines sumerischen Staates zum Vorschein gebracht. Der Ort hat wichtige Zeugnisse aus zwei Abschnitten der mesopotamischen Kultur zutage gefördert: aus der Zeit Mitte des 3. Jahrtausends mit den berühmten Königsgräbern, deren reichhaltige Ausstattung wertvolle Informationen zu Kunst, Religion und Gesellschaft der Sumerer liefert, und aus der Zeit um 2000 mit den öffentlichen und privaten Gebäuden einer Metropole Ostmesopotamiens.

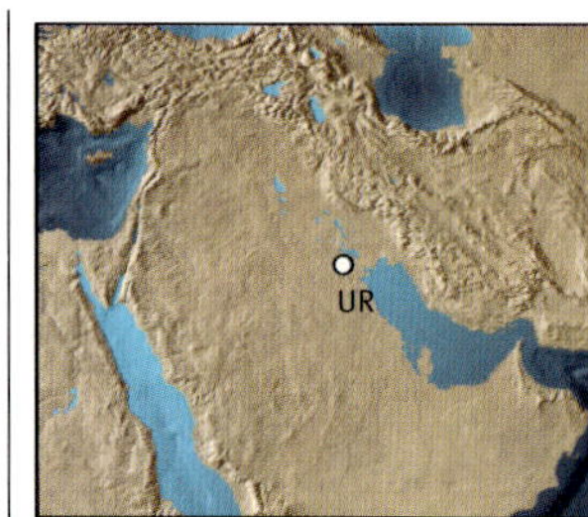

← Die sumerische Stadt Ur liegt im südlichen Irak, dessen Territorium einen großen Teil des alten Mesopotamien umfaßt.

Die Ursprünge der Stadt jedoch reichen viel weiter zurück. Es wurden Siedlungsschichten und ein Gräberfeld entdeckt, die ans Ende der Obeidzeit im 4. Jahrtausend gehören. In einer dicken Schlammschicht sah Woolley gar die Ablagerungen der biblischen Sintflut (ein Gedanke, der später aufgegeben wurde).
Berühmt gemacht hat Ur die Entdeckung der sogenannten Königsgräber aus der 1. Dynastie. Die Funde daraus bilden heute die Hauptattraktionen der orientalischen Abteilungen der Museen von Bagdad, London und Philadelphia. Es handelt sich um 16 Grabstätten einer großen Nekropole mit einigen hundert Gräbern; sie war über mehrere Jahrhunderte benutzt worden. Ihre Erforschung in den Jahren 1927 bis 1929 wurde leider zu eilig vorgenommen; heute ist es schwierig, die ursprüngliche Lage der Gräber genau zu bestimmen. Sie werden auf die Zeit zwischen 2600 und 2300 datiert. Die prächtigsten Stätten besitzen Räume mit Stein- oder Ziegelsteingewölben. Nur ein einziges, das von Meskalamdug – dieser Name stand auf einer muschelförmigen Lampe aus Gold –, wies eine gewöhnliche Bestattung in einem Holzsarg auf; der Reichtum seiner Beigaben

↑ Gehänge aus Lapislazuli und Gold, das einen Adler mit dem Kopf eines Löwen darstellt; es stammt aus Ur, wurde aber in Mari gefunden. Vielleicht war es ein Geschenk des Königs von Ur an den König von Mari.

→ Computerrekonstruktion des Zentrums von Ur. Die Ausgrabungen Woolleys in der Zeit zwischen den zwei Weltkriegen brachten zahlreiche Fundstücke und eine bedeutende Nekropole ans Licht, den sogenannten Königsfriedhof, der auf die Mitte des 3. Jahrtausends datiert wird.

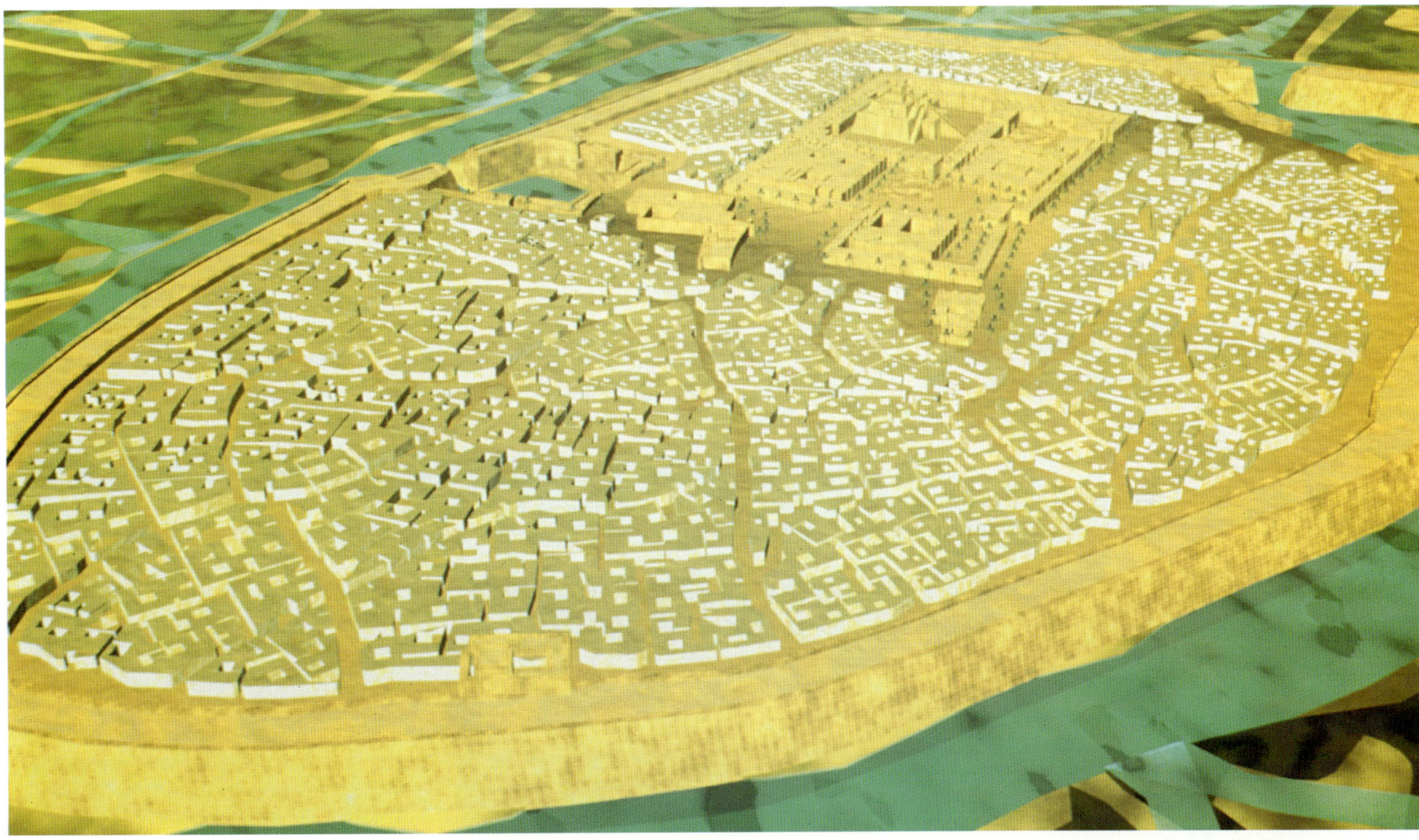

war dagegen ungewöhnlich: 50 Vasen aus Kupfer, Dolche aus Gold und Kupfer, Hunderte von Perlen aus Gold und Lapislazuli, eine Doppelaxt aus Elektron, einer Legierung aus Gold und Silber, sowie ein Goldhelm mit Haardekor.
In anderen Fällen war die Grabkammer auf dem Grund eines großen Schachts errichtet, man erreichte sie über eine schräge Rampe. Verschiedentlich handelte es sich um Mehrfachgräber mit Deckengewölben (typisch für Gräber von hochrangigen Persönlichkeiten, wie die in Kisch nahe Bagdad oder die unterhalb des Palasts von Mari in Syrien). Manche dieser unterirdischen Räume sind geplündert worden, andere dagegen wurden unversehrt aufgefunden, darunter auch das Grab der Puabi (Schubad), der Herrscherin, deren Namen auf einem Rollsiegel aus Lapislazuli

↑ Schon im 3. Jahrtausend war Ur ein politisches Zentrum. Sein Stadtbild wurde von einer großen Zikkurat beherrscht, die sich im heiligen Bezirk neben dem Tempel des Mondgottes Nanna erhob. Ur wurde um das 4. Jahrhundert v. Chr. aufgegeben, möglicherweise wegen einer Veränderung im Lauf des Euphrats.

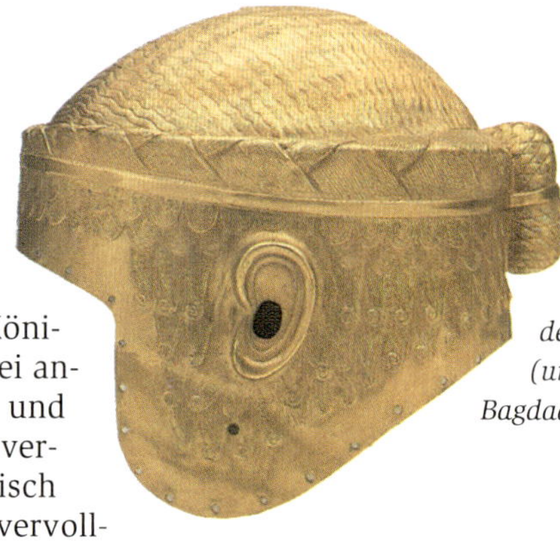

← *Goldhelm mit Haardekor aus dem Grab des Meskalamdug in Ur (um 2500 v. Chr.). Bagdad, Iraq Museum*

eingraviert ist. Geschmückt mit Kleinodien aus Gold und Lapislazuli ruhte die Königin zusammen mit zwei anderen Personen. Gold- und Silbervasen, eine reichverzierte Harfe, ein Spieltisch und über 250 Objekte vervollständigten das Inventar. Eine anderes, ebenfalls unversehrtes Grab besteht aus zwei Stockwerken. Im oberen Raum fanden sich die sterblichen Überreste einer Person in einem Holzsarkophag, während im unteren die von fünf Personen lagen, dazu Vasen und Rollsiegel aus Gold.
Die erstaunlichsten Entdeckungen lieferten allerdings die Zugangsrampen.

Im Grab der Puabi enthielt die Rampe Knochen von fünf Soldaten und zehn Frauen (darunter einer Harfenistin) sowie einen von zwei Ochsen gezogenen Karren. In einem anderen Zugang lagen die Knochen von 59 Höflingen und 19 Frauen (zum Teil mit Musikinstrumenten) sowie zwei von sechs Ochsen gezogene Karren. In einer dritten Grabkammer, die geplündert und von Woolley »Großer Totenschacht« genannt worden war, fanden sich 74 Leichen (68 Frauen und 6 Männer). Alle hatten Schalen aus Ton, Stein oder Metall bei sich, woraus man geschlossen hat, daß sie Gift genommen haben, um ihrer Königin oder ihrem König in den Tod zu folgen, was allein den Übergang in eine höhere Daseinsform garantiert haben könnte. Die Tiere, deren Reste über den menschlichen Gebeinen ruhten, wurden geopfert, nachdem das Gift sein Werk getan hatte.
Die Königsgräber von Ur stellen bisher ungelöste Fragen; eine betrifft die Namen Meskalamdugs oder seines Nachfolgers Akalamdug, die auf ihren Rollsiegeln den Titel eines Königs tragen, aber in den auf uns gekommenen Königslisten nicht auftauchen. Andererseits wurde keiner der Namen auf diesen Listen in den Gräbern gefunden. Solche Bestattungszeremonien sind nur in Ur bezeugt und dürften in diesen besonders angespannten Zeiten mit der Herausbildung aristokratischer Eliten und Herrschergeschlechter in Zusammenhang stehen. Die mesopotamische Gesellschaft hatte keine sehr glückliche Vorstellung vom Jenseits; die Ehre, am postumen Ruhm eines hochangesehenen Toten teilzuhaben, dürfte als Privileg gegolten haben.

Zweifellos gibt es noch viele solcher Gräber zu entdecken. Die von Ur bezeugen den Reichtum und die Macht der sumerischen Dynastien. Diese kriegerische Aristokratie konnte sich auf Paraden brüsten mit ihren Waffen aus Gold und Kupfer, mit Juwelen – das Blau des Lapislazuli und das Rot des Karneols brachten das Gold noch stärker zur Geltung – und kostbaren Stoffen, die wahrscheinlich mit Gold- und Silberfäden durchwirkt waren. Die Metalle wurden aus Arabien oder von der iranischen Hochebene importiert; der Lapislazuli, der im 3. Jahrtausend eifrig gehandelt wurde, stammt aus den fernen Bergen des afghanischen Pamir. Lapislazuli wurde in Sumer bearbeitet, während die großen Perlen aus Karneol mit weißen Inkrustierungen vom Indus kamen; nur dort wußte man sie herzustellen.
Das sumerische Goldschmiedehandwerk war hoch entwickelt. Gold und

↑→ *Computerrekonstruktion des Inneren eines Palasts von Ur: Der Bau besteht aus zwei Geschossen um einen mit Backsteinziegeln belegten offenen Innenhof. Das obere Stockwerk umlief zum Hof hin eine Holzgalerie auf Säulen, die direkt auf dem Boden des Hofes standen.*

→ *Leonard Woolley fand bei seinen Ausgrabungen viele Statuetten aus Gold und Lapislazuli, die an Bäumen oder Sträuchern aufgerichtete Böcke zeigen.*

Silber sind reichlich vorhanden und raffiniert bearbeitet. Die sumerischen Juweliere waren perfekte Meister der klassischen Techniken wie etwa der Treibarbeit, mit der sie formenreiche Vasen und Gegenstände schufen (wie den Goldhelm mit Haardekor aus dem Grab Meskalamdugs oder die Stierköpfe, die die meisten Harfen schmücken). Vor allem aber entwickelten sie zwei wichtige Techniken: Filigranarbeit und Granulation, wozu feine Fäden und kleine Körnchen aus Gold hergestellt werden mußten. Die Goldfäden wurden zu einem kunstvollen Geflecht verarbeitet, die Körnchen auf einen Goldgrund aufgeschmolzen, ohne daß sie sich verformten. Diese Techniken wurden hier entwickelt und tauchen erst Jahrhunderte später in anderen Kulturen auf. Zu den besser erhaltenen Objekten gehört ein rund 40 Zentimeter langer Dolch mit einem Griff aus Lapislazuli, der mit Goldnägeln beschlagen ist; seine Scheide ist reich mit Granulation geschmückt, die Felder sind mit Filigranarbeiten eingefaßt.

Außer Gold, Silber und Elektron wurden Kupfer und Zinnlegierungen in unterschiedlichen Mischungen verwendet. Die Methode des Gusses in verlorener Form (Wachsausschmelzverfahren), die Ende des 4. Jahrtausends auftaucht, erlaubte eine massenweise Anfertigung von Statuetten in Menschen- und Tiergestalt. Einige Überreste belegen die Verarbeitung von Holz in Form von Intarsien. Auch sollte man nicht vergessen, daß es viele Textilien gegeben hat, selbst wenn sie sich nicht erhalten haben. Texte deuten darauf hin, daß die Verarbeitung von Stoffen die mesopotamische Hauptindustrie gewesen ist.
Häufig wurden zusammengesetzte, mehrteilige Objekte gefunden, wie der an einem Strauch aufgerichtete Widder aus Gold, Lapislazuli und Muscheln oder die Holzharfen mit goldenen bärtigen Stierköpfen; sie waren mit Goldblech, Perlmutt, Lapislazuli und roter Steinpaste verziert. Einzigartig ist die »Standarte von Ur«, wie sie Woolley genannt hat. Die Mosaikarbeit, Muschelschalen und Lapislazuli auf einem Holzkern, hatten Plünderer in einem Grab vergessen. Eine Seite stellt Kriegsszenen mit Wagen dar, von Pferden gezogen, die die besiegten Feinde zerstampfen. Zu sehen sind weiterhin Reihen von Soldaten in langen Ledermänteln und mit dem Schwert an der Seite sowie nackte Gefangene vor dem König. Auf der anderen Seite tragen Menschen landwirtschaftliche Produkte und Fische oder treiben Haustiere vor sich her, während der König und sein Hof beim Festmahl sitzen und von einer Harfenistin unterhalten werden. Ihr Instrument trägt einen bärtigen Stierkopf des gleichen Typs, wie er in den Grä-

↑ *Unter den im Grab der Puabi (Schubad) gefundenen Gegenständen befindet sich eine Harfe aus Holz, die mit einem Stierkopf aus Gold und Lapislazuli geschmückt ist.*

→ *Von diesem Fund, genannt »Standarte von Ur«, ist die genaue Funktion nicht bekannt. Man nimmt an, daß es sich um den Resonanzboden eines Musikinstruments handelt. Die hier abgebildete Seite zeigt eine Friedensszene.*

↑ *Dieses Spiel, vielleicht ein früher Vorläufer unseres Damespiels, mit einem Mosaik aus verschiedenen Materialien (Holz, Lapislazuli, Knochen, Kalksteinchen und Muscheln) wurde in einem der Königsgräber gefunden.*

bern gefunden wurde. Zwar kennen wir nicht die Namen der Herrscher zur Zeit der Königsgräber (1. Dynastie), aber wir sind über die 3. Dynastie von Ur (letztes Jahrhundert des 3. Jahrtausends) gut unterrichtet. Von Ur-Nammu begründet, stellte sie in Südmesopotamien die Ordnung wieder her, die durch das Ende des Reiches von Akkad erschüttert worden war. Sie war die letzte sumerische Dynastie, die das Land regierte. Ihre Herrschaft erstreckte sich über ein Gebiet, das so groß war wie unter der vorausgegangenen Dynastie; ihre Epoche war gewiß der wirtschaftliche und politische Höhepunkt der Stadt, die 2003 v. Chr. von den Schlägen der Amurru (den Amoritern der Bibel) im Nordwesten und der Elamiter im Osten erschüttert wurde. Das Stadtbild wurde von der großen Zikkurat des Ur-Nammu beherrscht. Sie hat einen rechteckigen Grundriß (62 mal 43 Meter) und ist noch heute mehr als 20 Meter hoch. Ihr Kern besteht aus luftgetrockneten Lehmziegeln, dazwischen Lagen aus Binsen, vermutlich um den Austritt der Feuchtigkeit zu erleichtern. Der Kern ist mit einer Verschalung aus gebrannten Ziegeln und Bitumenmörtel verkleidet. Gegliedert werden die Außenflächen durch flache Wandpfeiler und die Einheit betonende stärkere Eckpfeiler. Drei Treppen – eine senkrecht, die anderen parallel zur Fassade – führen zum ersten Stockwerk empor. Offenbar gab es insgesamt drei Terrassen; auf der obersten dürfte ein kleiner Tempel gestanden haben. Noch ist nicht mit Sicherheit geklärt, welche Funktion die Zikkurat hatte, obwohl sie, wie der Turm von Babel, für uns das alte Mesopotamien symbolisiert. Am Ende des 3. Jahrtausends war dies ein völlig neuer Bautyp, und er scheint in Ur entwickelt worden zu sein. (Man sollte ihn nicht mit jenen Tempeln verwechseln, die auf einer Plattform errichtet wurden; diese Bautradition reicht bis ins 4. Jahrtausend zurück.) Einige Texte erwähnen für den obersten Stock Gärten, Bäume und einen Tempel, von dem nicht bekannt ist, wem und welchem Zweck er geweiht war. Jede Stadt besaß nur eine Zikkurat.

Ihr zu Füßen erstreckte sich ein weiter Komplex von Heiligtümern, darunter der große Nannahof, der auf vier Seiten von Gebäuden gesäumt und von außen durch ein monumentales Portal erreichbar war.
Die Herrscher der 3. Dynastie von Ur ließen im Stil der Königsgräber unterirdische Grabstätten aus Lehmziegeln anlegen; sie sind sämtlich geplündert

↑→ *Die breite Treppe, die zu der großen Plattform der Zikkurat führt, wie sie heute nach der Wiederherstellung aussieht. Das außergewöhnliche Bauwerk, das wir auf der folgenden Seite in einer Computerrekonstruktion bewundern können, ließen König Ur-Nammu (2112–2095) und sein Sohn Schulgi errichten.*

→ *Die Kopfbedeckung und die Juwelen der Königin Puabi (Schubad) gehören zu den kostbarsten Funden, die in den Königsgräbern gemacht wurden.*

worden. Dieser Bezirk galt noch lange nach dem Niedergang der Stadt als heiliger Ort. In der Mitte des 2. Jahrtausends errichteten hier die Könige der Kassiten neue Gebäude. Im 6. Jahrhundert ließ ihn Nebukadnezar II. von Babylonien wiederherstellen; den Gesamtkomplex umgab er mit einer großen Mauer mit mehreren monumentalen Toren.
Der Sturz der 3. Dynastie von Ur hat jedoch nicht zum Niedergang der Stadt geführt. Ausgrabungen liefern vielmehr ein lebendiges Bild eines Wohnviertels des 19. vorchristlichen Jahrhunderts, mit ungepflasterten Straßen und Gassen. Die Häuser hatten einen Innenhof, um den die Räume lagen, die im Erdgeschoß als Vorratslager oder Werkstätten dienten. Eine Treppe führte zu einer Holzgalerie empor, die um den Innenhof lief und auf die sich die Wohnräume des ersten Stocks öffneten.

Die zahlreichen Keilschrifttafeln dieser Epoche schildern recht genau das damalige Wirtschaftsleben. Am Persischen Golf, dessen Küste damals nahe der Stadt verlief, gab es einen Hafen. Die Verwaltung war aufwendig und regelte alle Dinge, vor allem die Beziehungen zwischen Palast und dem großen Staatsbesitz, der Wirtschaft der Tempel, die ebenfalls über großen Grundbesitz verfügten, und den Händlern, die in Verbänden zusammengeschlossen waren. Sie importierten große Mengen Kupfer aus Magan (dem heutigen Oman) sowie verschiedene Produkte von der Arabischen Halbinsel und aus den Regionen jenseits der Straße von Hormos. Umgekehrt exportierten sie Erzeugnisse des städtischen Handwerks, insbesondere Stoffe, und der Landwirtschaft. Das heißt, Ur war nicht nur eine bedeutende politische Macht und ein bekanntes Kultzentrum, es war auch eine wirtschaftlich blühende Metropole.

Bibliographie

- L. Woolley *Ur Excavations I, II: The Royal Cemetery*. (The British Museum and the University Museum) London-Philadelphia 1934
- – »Ur in Retrospect«, in: *Iraq* 22, 1960
- – *Ur of the Chaldees*. Ithaca (New York) 1982
- R. H. Dyson »Archival Glimpses of the Ur Expedition in the Years 1920 to 1926«, in: *Expedition* 20, 1977
- P. R. S. Moorey »What Do We Really Know About the People Buried in the Royal Cemetery?«, in: *Expedition* 20, 1977

Babylon, das »Tor Gottes«

Babylon, dessen semitischer Name, Bab-ili, »Tor Gottes« bedeutet, war die herrlichste Stadt seiner Zeit. Gegründet wurde es später als viele andere Städte. Erstmals wird es um 2200 v. Chr. erwähnt, und zwar von einem König aus Akkad, der einen der Göttin Ischtar geweihten Tempel errichtet hat. Rasch wurde es Hauptstadt des mittleren Mesopotamien, als im 19. vorchristlichen Jahrhundert hier eine semitische Dynastie amoritischer Herkunft die Macht übernahm. Unter Hammurapi (1792–1750) beherrschte die »königliche Stadt« die ganze Region. Sie war über ein Jahrtausend das bedeutendste geistige und religiöse Zentrum Mesopotamiens. Hier soll sich der berühmte Turm zu Babel erhoben haben.

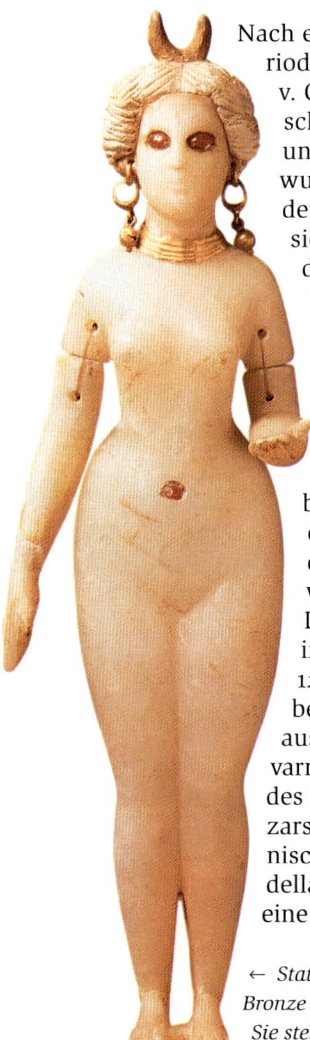

Nach einer glänzenden Periode im 6. Jahrhundert v. Chr. unter der Herrschaft Nebukadnezars II. und seiner Nachfolger wurde die Stadt 539 von den Persern erobert, die sie zu ihrer Winterresidenz machten. Später war sie Hauptstadt des Reiches Alexanders des Großen. Dann setzte ein langsamer Niedergang ein. Als der griechische Geograph und Geschichtsschreiber Strabon im 1. nachchristlichen Jahrhundert den Ort besuchte, war er unbewohnt. Doch nie geriet er ganz in Vergessenheit. Im 12. Jahrhundert n. Chr. besuchte Rabbi Benjamin aus Tudela (Provinz Navarra, Spanien) die Ruinen des Palastes Nebukadnezars, von denen der italienische Reisende Pietro della Valle im Jahre 1616 eine ausführliche Beschreibung geliefert hat. Die ersten Grabungen fanden von 1899 bis 1917 statt und wurden von der Deutschen Orientgesellschaft unter Leitung von Robert Koldewey durchgeführt. Sie haben die Ruinen der Stadt Nebukadnezars freigelegt, deren Herrlichkeit die Zeit leider nicht überdauert hat. Die Arbeiten wurden 20 Jahre später vom Amt für Altertümer des Irak wiederaufgenommen, das mit der Wiederherstellung der wichtigsten Denkmäler begann. Auf diese Weise ist ein neues Babylon entstanden; doch ob es nun die Hängenden Gärten der Semiramis oder den berühmten Babylonischen Turm

← Statuette aus Alabaster, Gold und Bronze (ca. Mitte des 3. Jhs. v. Chr.): Sie stellt die Göttin Ischtar dar und wurde in Babylon gefunden.

↓ Rekonstruktion des berühmten Ischtartores von Babylon. Das Gemälde von Maurice Bardin befindet sich im Chicago Oriental Institute.

← *Babylon im mittleren Irak. Einst lag es am alten Euphratlauf.*

(Turm zu Babel) betrifft, viel ist nicht übriggeblieben von den Wundern, die einst der griechische Geschichtsschreiber Herodot beschrieben hat und die unsere Vorstellung zweifellos stärker geprägt haben als die Grabungen. Aber der Nationalstolz ist befriedigt – eine Inschrift im Saal Nebukadnezars feiert die Wiederherstellung des vergangenen Glanzes des irakischen Volkes als Werk Saddam Husseins. Die Grundlinien des alten Stadtplans, wie wir sie heute kennen, wurden nach einem Keilschrifttext aus der Zeit Nebukadnezars I. bereits 1225 v. Chr. gezogen; vielleicht aber erst in der Zeit, als sich die Stadt gegenüber dem mächtigen Assyrischen Reich behaupten konnte. Nebukadnezar II. (604–562) folgte sicherlich dem alten Plan, als er die Hauptstadt seines neuen und mächtigen Reiches in ihrer ganzen Pracht wiederherstellte. Dies entsprach jedenfalls der Praxis der neubabylonischen Könige, die, darin Vorläufer der modernen Archäologen, sorgfältig nach Überresten der alten Gebäude suchten, bevor sie diese nach vorgefundenem Muster wiederaufbauten.

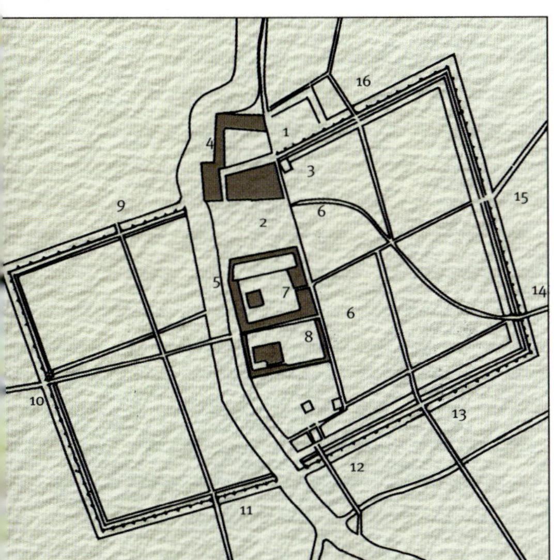

↑ *Babylon zur Zeit Nebukadnezars II.: Ischtartor (1), Nordteil (2), Tempel der Ninmach (3), Bastion (4), Euphrat (5), Prozessionsstraße (6), Zikkurat (7), Marduktempel (8), Lugalgirrator (9), Adadtor (10), Schamaschtor (11), Uraschtor (12), Enliltor (13), Zababator (14), Marduktor (15), Sintor (16)*

Babylon lag an den Ufern des Euphrat, die durch eine 115 Meter lange Brücke verbunden waren; diese wurde von Stützpfeilern aus gebrannten Lehmziegeln und Steinblöcken getragen. Die Grundfläche der Stadt bildete ein Viereck (2500 mal 1500 Meter). Umgeben war die Stadt mit einer doppelten turmbewehrten Mauer und einem breiten äußeren Graben.
In der Stadtmauer öffneten sich neun große Tore, auf die die wichtigsten städtischen Verkehrswege zuführten; diese bildeten ein weitgehend rechtwinkliges Straßennetz. Die meisten Amtsgebäude und die Wohnhäuser der Würdenträger lagen im Ostteil der Stadt; am westlichen Euphratufer wohnten die einfachen Leute.
Im Herzen der Stadt stand der Tempel des Gottes Marduk (Esagila), überragt vom Turm zu Babel, der berühmten Zikkurat, deren sumerischer Name, Etemenanki, »Fundament des Himmels und der Erde« bedeutet. Höchstwahrscheinlich wurde sie über einem früheren Bauwerk errichtet. Damit stünde sie in einer alten Tradition

↑ *Teil des Wandschmucks aus glasierten Ziegeln in Hochrelief. Er zierte die Mauern, die die Prozessionsstraße säumten; der Fries zeigt 120 Löwen in Bewegung.*

↓ *Diese babylonische Tafel aus dem 8. Jahrhundert v. Chr. zeigt eine der ersten Weltkarten. Die Erde ist als Kreis dargestellt, umgeben von einem Ozean und mit Babylon in der Mitte. London, British Museum*

↑ *Die Steintafel aus der Mitte des 9. Jahrhunderts v. Chr. zeigt den Sonnengott Schamasch auf einem Thron, unter einem Zelt, beim Empfang des Königs Nabu-apla-iddina in Begleitung von zwei Gottheiten. Zwischen den beiden Gruppen erhebt sich auf einem Altar ein Sonnensymbol. London, British Museum*

und wäre keinesfalls eine neue Erfindung. Schon lange war in Mesopotamien keine Zikkurat mehr gebaut worden, und es sollte auch später keine mehr entstehen. Sie war auf einem viereckigen Grundriß mit 90 Meter Seitenlänge errichtet und genauso hoch, mit sieben Stufen, umgeben von einer großen Mauer.
Ohne das Zeugnis zweier historischer Dokumente wäre eine Identifizierung der Überreste der Stadt nicht möglich gewesen: ein Keilschrifttext, der die Maße eines Bauwerks wiedergibt, und Herodots Beschreibung. Die wichtigste Achse Babylons bildete die Prozessionsstraße. Sie führte vom zentralen Tempelbezirk am monumentalen Tor in der Mauer vor der Zikkurat vorbei nach Norden und durchschnitt die zwei Stadtmauern beim Ischtartor, dessen Hauptgewölbe 14,30 Meter hoch war. Die Mauern des Ischtartors waren mit Tierfriesen geschmückt, auf denen sich Stiere und Drachen abwechselten. Das Tor, das in Berlin wiederaufgebaut wurde, besitzt Wandreliefs aus glasierten Ziegeln auf blauem Grund. Nach dem Tor führte die Prozessionsstraße durch einen Komplex von befestigten Gebäuden, darunter dem Nordpalast, und erreichte rund drei Kilometer weiter stromaufwärts den Sommerpalast Nebukadnezars II. am Fluß, der noch innerhalb der äußeren Stadtmauer lag, wie auch das Haus des Neujahrsfestes, das den Texten zufolge in den jährlichen Feiern für den Gott Marduk eine Hauptrolle gespielt hat.

In der Stadt erhoben sich an die 60 Tempel, von denen zehn ausgegraben wurden. Die bekanntesten sind zweifellos der Ischtar- und der Ninmachtempel. Keiner von ihnen erreichte jedoch die Größe der Esagila, der Wohnung Marduks, wo zwölf Tage lang das Neujahrsfest mit Opfern, Rezitationen und Prozessionen gefeiert wurde. Dieses Heiligtum, das lange vor dem 1. Jahrtausend entstand, wurde 479 v. Chr. von dem Achämeniden-Herrscher Xerxes I. zur Strafe für einen Aufstand zerstört. Der riesige Palast Nebukadnezars bestand aus fünf aufeinanderfolgenden Höfen, die, mit Ausnahme des ersten, je einen Saal auf der Südseite hatten.

→ *Wiederaufgebauter Innenhof des Ischtartempels, der sich auf der östlichen Seite der Prozessionsstraße erhob.*

← *Stele aus Sandstein (Mitte des 7. Jahrhunderts v. Chr.). Sie stellt Assurbanipal dar, den König, der den Marduktempel wiederaufbauen ließ. Auf dem Kopf trägt er einen Korb mit Erde für die rituelle Vorbereitung des ersten Ziegels.*

Der des dritten Hofs, der größte, war der Thronsaal. Der Fassadenschmuck aus glasierten Ziegeln zeigt Lebensbäume über einem Löwenfries. In der Nordwestecke ist eine Serie von 14 gewölbten Räumen, in zwei Reihen gruppiert, mit einem Steinplattenboden und einem Brunnen, als mögliche Fundamente der berühmten Hängenden Gärten gedeutet worden. In diesem Palast ist wahrscheinlich Alexander der Große gestorben. Westlich, am Ufer des Euphrat, sicherte eine gewaltige Befestigung die Schatzkammer, wo die Kriegsbeute aufbewahrt wurde, von der aber nichts mehr gefunden wurde.
Leider zeugen nur sehr wenige Fundgegenstände von der Kunst und der Kultur der Stadt, die lange Zeit die geistige und religiöse Hauptstadt Mesopotamiens und überhaupt eines der bedeutendsten Zentren der Alten Welt gewesen ist. Es scheint fast, als ob die Verwüstung der Stadt, wie sie von den Propheten des Alten Testaments als Strafe für das Babylonische Exil der Juden unter Nebukadnezar vorhergesagt worden war, auch die archäologischen Zeugnisse betraf.

Bibliographie

• R. Koldewey *Das wieder erstehende Babylon*. Herausgegeben von Barthel Hrouda. München 1990
• J.-L. Huot »Dossier: Babylone«, in: *Le Monde de la Bible* 71, 1991
• A. Invernizzi *Dal Tigri all' Eufrate II: Babilonesi e Assiri*. Turin 1992

↑ *Auf der Museumsinsel in Berlin (Pergamon-Museum) kann man noch heute das gewaltige Ischtartor, 27 Meter hoch, mit seinen glasierten Ziegeln auf blauem Grund bewundern. Bei diesem Tor, das durch die innere und äußere Stadtmauer schnitt, begann die Prozessionsstraße, die zum heiligen Bezirk führte.*

Susa, von der Grabung zum Museum

Bis zur islamischen Revolution im Iran wurden die Ruinen von Susa ohne große Unterbrechung mehr als 100 Jahre lang von französischen Archäologen erforscht. Einige bedeutende Entdeckungen, wie etwa der Kodex Hammurapi, die Stele von Naramsin und die Bogenschützenreliefs des Darius, haben die Ausgrabungsstätte berühmt gemacht. Dennoch wissen wir recht wenig über die alte Stadt, über ihre öffentlichen und privaten Gebäude. Trotz der systematischen Forschungen in den siebziger Jahren haben wir keine Ahnung, wie die einstige Hauptstadt von Elam und spätere Residenzstadt der Achämeniden während ihrer langen Geschichte ausgesehen hat, obwohl wir diese dank der königlichen Inschriften recht gut kennen.

Die Erinnerung an die Perser war im Westen nie verlorengegangen. Die kriegerischen Auseinandersetzungen zwischen Griechen und Persern waren Gegenstand literarischer Meisterwerke wie *Die Perser* von Aischylos oder der bildenden Kunst, etwa des Alexanderschlacht-Mosaiks aus Pompeji.
Das alte Schuschan oder Susa, das »Schloß Susan im Lande Elam« beim Propheten Daniel, ist vor allem durch die biblische Geschichte von Esther (»zu Schloß Susan«) in Erinnerung geblieben. Westliche Reisende des 18. und des 19. Jahrhunderts haben von den dreisprachigen Inschriften, die Darius und seine Nachfolger in den Felsreliefs von Bisutun (Behistan), in Persepolis und Naghsch e Rostam hinterlassen haben, Abschriften angefertigt. Diese Inschriften in altpersischer, elamischer und babylonischer Sprache haben wegen der Verwandtschaft zwischen modernem und altem Persisch die Entzifferung verschiedener Keilschrifttexte ermöglicht.

← *Der Kodex Hammurapi. Die altbabylonische Dioritstele wurde noch im Altertum als Beutestück nach Susa verschleppt und dort 1901 wieder aufgefunden. Paris, Louvre*

In der Nähe der Ortschaft Schusch, südwestlich von Desful, waren im 19. Jahrhundert noch mächtige Ruinenhügel, sogenannte Tells, und Bruchstücke persischer Säulen zu sehen. Vom einstigen Wohlstand dieser Siedlung ist nur wenig in Erinnerung geblieben – und dies auch nur dank einer heiligen Stätte, an der der Prophet Daniel begraben sein soll.
Der erste Gelehrte, der sich für die antiken Denkmäler Susas interessierte, war der Engländer William Kennett Loftus, der die Gegend zwischen 1850 und 1853 bereiste. Er zeichnete den Grundriß des Apadanapalastes (Apadana: großer Audienzsaal der persischen Königspaläste), den er im größten Tell wiedererkannt hatte, und identifizierte die Stadt mit dem Susan des *Buches Esther*.
Der französische Ingenieur Marcel Dieulafoy bereiste den Iran zwischen 1884 und 1886 zusammen mit seiner Frau Jane, die über ihre Erlebnisse einen lebendigen, wirklichkeitsnahen Bericht verfaßt hat, den sie mit Stichen illustrierte, darunter aufschlußreiche Ansichten des damaligen Ruinenhügels. Das Ehepaar veranlaßte die ersten größeren Ausgrabungen des Apadanas und fand einige aufsehenerregende Werke wie das Kapitell mit dem doppelten Kopf eines Stiers und einige Teile des Frieses aus farbigen Ziegelsteinen, die nach Frankreich verbracht wurden. Der Löwenfries befand sich fast noch an seiner ursprünglichen Stelle am Fuß der mit Standarten geschmückten Mauer der Nordfassade des Ehrenhofes. Anderer Bauschmuck (Friese der Bogenschützen mit Lanzen, mythologische Tiere, Tributträger) hat man später für Gebäude wiederverwendet, die auf den Ruinen des Apadanas errichtet wurden; sie wurden im Louvre restauriert nach dem Vorbild der besser erhaltenen und in situ noch sichtbaren Stücke in Persepolis. Die Ausstellung des Bauschmucks vom Palast des Darius in Frankreich hat das Interesse der Öffentlichkeit an der Archäologie im Iran geweckt.

Wie Dieulafoy waren auch seine Nachfolger Jacques de Morgan (in Susa: 1897–1908) und Roland de Mecquenem (in Susa: 1908–1946) Ingenieure, die eher für die Gewinnung von Bodenschätzen als für archäologische Forschung ausgebildet waren. Mit großflächigen Grabungen, Tunneln und der Ausräumung von Schutt mit Hilfe von Schienenfahrzeugen haben sie den wichtigsten Ruinenhügel

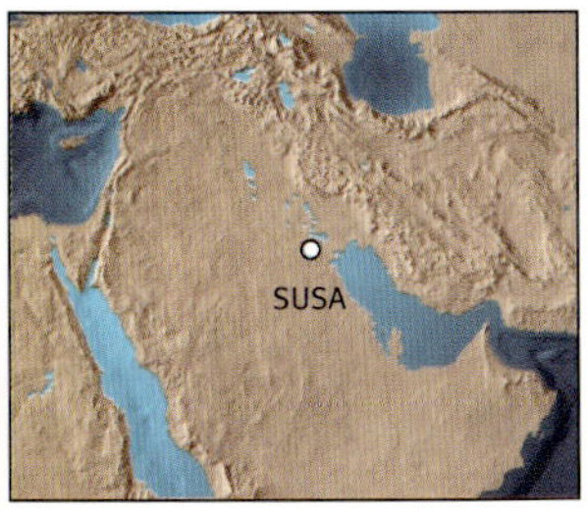

← *Susa liegt im südwestlichen Teil des Iran*

↑ *Das Ausgrabungsgelände von Susa. Das »Schloß Susan im Lande Elam« des Propheten Daniel ist durch die biblische Geschichte von Esther in Erinnerung geblieben.*

leider fast vollständig zerstört. Morgan wollte die gesamte Stätte ausgraben. Zu diesem Zweck erreichte er 1897 von der persischen Regierung, daß eine französische Expedition das Exklusivrecht erhielt, im Iran archäologische Grabungen vorzunehmen. Morgan war neugierig und historisch gebildet. Er vermutete, daß der Ruinenhügel in Wirklichkeit aus dem Bauschutt mehrerer Jahrtausende bestand und daß die Akropolis der Mittelpunkt des religiösen Lebens gewesen war. In den Heiligtümern der in Susa besonders verehrten Gottheiten Ninhursag und Inschuschinak entdeckte er mehrere Votivtafeln. Einige tragen protoelamische Strichinschriften und reichen bis in die frühgeschichtliche Zeit des 3. Jahrtausends zurück.
Eine Vase, gefunden 1907, enthielt einen Schatz, der um 2500 auf der Akropolis vergraben worden war: Kupfer aus Oman, Alabaster aus Ostiran und sumerische Rollsiegel zeugen von den intensiven Handelskontakten der Stadt in der Mitte des 3. Jahrtausends.
Südlich des Tempelbezirks stieß Morgan in 15 Meter Tiefe auf eine dicke Schicht aus luftgetrockneten Lehmziegeln. Die Untersuchungen von J. Perrot in den Jahren 1972 bis 1977 ergaben, daß es sich um eine Terrassierung aus dem 4. Jahrtausend handelt, möglicherweise eine gestufte Plattform für einen Tempel. Das Ganze muß eines der bedeutenderen öffentlichen Bauwerke der Stadt gewesen sein. Es konnte wohl einen Vergleich mit den großartigen mesopotamischen Bauten aus den Anfängen der Stadtbildung in Obeid und Uruk aushalten.
An seinem Fuß liegt eine der Nekropolen der Stadt aus dem 4. Jahrtausend. Hier hat man die ersten Metallarbeiten entdeckt. Den Toten hatte man Vasen aus bemalter Keramik mitgegeben. Sie zeigen Steinböcke, afghanische Windhunde und Sumpfvögel.

Nach dem Ersten Weltkrieg machte die Archäologie dank verbesserter Ausgrabungsmethoden große Fortschritte. Mit Hilfe der Keramik (Leitformen) konnten auch im Nahen Osten Grabungsschichten datiert werden; Lehmziegelbauten wurden identifiziert, so etwa in Uruk, Assur und Ur; und über die stratigraphische Analyse, die Untersuchung des Schichtungsbefunds einer Grabungsstätte, wurde ein genaues Schichtenprofil gewonnen, das, in Schnitte übertragen, die Reihenfolge der Kulturschichten festhält.
Dennoch wandte Roland de Mecquenem weiterhin die Methoden Morgans an, mit denen man die Anlage der Lehmziegelbauten nur schwer erkennen kann. Sein Verdienst liegt in der regelmäßigen Veröffentlichung (ab 1900) seiner Arbeiten in dem Monumentalwerk *Mémoires de la Délégation en Perse* (MDP). Darüber hinaus hatte er das Glück, sich, wie schon Morgan, auf die Arbeiten des Paters

← *Leibgardisten des Königs. Ziegelrelief aus dem Apadana in Susa. 6. bis 5. Jahrhundert v. Chr. Paris, Louvre*

einige der schönsten und aufschlußreichsten Zeugnisse mesopotamischer Geschichte und Kultur.

Die moderne archäologische Erforschung Susas beginnt mit Roman Ghirshman in den Jahren 1946 bis 1967. Sein Interesse galt vor allem den privaten Wohnvierteln vor der Akropolis. Die von ihm geleiteten Arbeiten in Dur-Untasch (heute Tschogha Sanbil), der im 14. Jahrhundert v. Chr. von Untasch-Napirischa gegründeten Königsstadt, haben die glorreichste Zeit der elamischen Geschichte in ein neues Licht gerückt.
Auf Ghirshman folgte Jean Perrot, ein Prähistoriker, der die Ausgrabungen von 1967 bis zur islamischen Revolution im Iran leitete. Seine feinen analytischen Methoden ermöglichten ein besseres Verständnis der von seinen Vorgängern entdeckten Bauten, insbesondere der Terrassierung aus dem 4. Jahrtausend.
Die neue Mannschaft widmete sich vor allem dem achämenidischen Susa. Die Ausgrabung des großen Palastes Artaxerxes' II. wurde gleichzeitig mit einer neuen Erforschung des Apadanas durchgeführt, den Darius I. hatte erbauen lassen.
Es zeigte sich, daß dieser Palast aus zwei ganz verschiedenen Teilen besteht: einem Bau persischen Stils, dessen Typus durch Persepolis gut bekannt ist. Er wirkt offener und ist um eine Säulenhalle mit umlaufenden Bogengängen errichtet, wo der Königsthron stand. Der andere Bau verweist nach Mesopotamien. Er wirkt geschlossen, mit Sälen, die um mehrere aufeinanderfolgende Höfe herum gruppiert sind. Zwei Höfe waren durch einen breiten Doppelsaal verbunden. Diese Anlage, wahrscheinlich ein zweiter Thronsaal, läßt sich mit den assyrischen Palästen vergleichen. Dieser zweite Teil

Jean-Vincent Scheil stützen zu können. Die Entzifferungsleistung dieses großen Altorientalisten ist enorm. Scheil übersetzte und veröffentlichte die akkadisch abgefaßten Keilschrifttexte, kaum daß sie gefunden waren. Damit standen die frühen Schriftdokumente, mit denen, wie Scheil im ersten Band der MDP schrieb, »die Geschichte Elams beginnt«, der Wissenschaft äußerst schnell zur Verfügung. Er übersetzte auch die achämenidischen persischen Texte. Somit hat die Philologie und nicht die Archäologie, die nur die Dokumente lieferte, die Geschichte Susas geschrieben. Die alte Stadt erscheint danach wie der eine Pol eines politischen und ethnischen Gebildes, in dem es zwei verschiedene Elemente gab. Das eine gruppierte sich um Persepolis, das andere um Susa, das der mesopotamischen Welt näher lag.
Die Akropolis von Susa hat einen einmaligen Schatz mesopotamischer Königsskulpturen freigegeben, insbesondere die der Herrscher von Akkad (Sargon I., Manischtusu, Naramsin), den Kodex Hammurapi, die Statuen der Könige der Stadt Eschnunna und anderes mehr. Viele Werke tragen noch die ursprüngliche Widmung mit Herkunftsangabe und dem Namen des Königs, der sie schaffen ließ. Sie alle waren im 12. Jahrhundert als Beutestücke nach Susa gekommen.
Wir wissen nicht, ob nur ein einziger siegreicher König von Elam die sogenannte mesopotamische Beute nach Susa gebracht hat. Unübersehbar aber ist der Stolz, mit dem der Sieg Elams über seine Nachbarn der Nachwelt überliefert wurde. Diesem Umstand verdanken wir

↑ Protoelamische Tontafel (um 3000–2800 v. Chr.): Dargestellt sind Tiere in menschlicher Haltung, vielleicht mit allegorischer Bedeutung. Paris, Louvre

→ Tonidol aus mittelelamischer Zeit: eine Frau mit betonten Armen und Schenkeln, die ihre Brüste stützt. Paris, Louvre

des Palastes war mit bunten Ziegeln verkleidet; Friese zeigen Bogenschützen, mythische Fabelwesen und Tributträger, die in langen Reihen die Treppen emporsteigen. Der Bauschmuck aus Ziegeln erinnert an den von Persepolis, wo er aber aus Stein gefertigt ist. Beide zeigen ikonographisch dieselbe Königsidee.
Die Vermutung liegt nahe, daß der Mischcharakter des Palastes, den Darius in seinen ersten Herrscherjahren, zur Zeit der Wiedervereinigung des Reiches, erbauen ließ, seinem politischen Einigungsstreben entsprach. Das Bauwerk verkörperte gewissermaßen die Vereinigung heterogener Teile.
Die persischen Denkmäler Susas wurden systematisch geplündert und dem Erdboden gleichgemacht; doch ihrer Erbauung gingen gewaltige Terrassierungen voraus. Ihre genaue Untersuchung hat eine zeichnerische Rekonstruktion ermöglicht, die uns einen Teil des Palastkomplexes mit Terrassen, mit Ziegeln verzierten Treppen und den monumentalen Toren zeigt.

↑ Modell aus Bronze, »Sit-Schamschi« genannt, das wahrscheinlich eine Zeremonie bei Sonnenaufgang wiedergibt; 12. Jahrhundert v. Chr. Paris, Louvre

Im östlichen Tor wurde übrigens die Kolossalstatue des Darius gefunden. Auf ihrem Sockel waren nach ägyptischem Vorbild die unterworfenen Völker dargestellt.

Die jüngeren Studien haben eine neue Anordnung der Persischen Abteilung des Louvre in Paris angeregt.
Mit dem Umbau des alten Sitzes des französischen Finanzministeriums wird den Sammlungen von Susa mehr Platz eingeräumt. Da man die ursprüngliche Stellung der Friese aus bunten Ziegeln des Dariuspalastes nicht genau kennt, wurde entschieden, sie nach Themen (Bogenschützen, Löwen, mythischen Fabelwesen, Tributträger) und nach architektonischen Kategorien (Wandfriese, Treppenverkleidungen, Türschwellen, Fensterbrüstungen und Nischengesims) zu ordnen. Die Bogenschützenfriese, die Dieulafoy rekonstruiert hat, werden wegen ihres wissenschaftshistorischen Wertes unverändert aufbewahrt. Darüber hinaus hat die Direktion des Louvre einige Computerrekonstruktionen in Auftrag gegeben, die verschiedene Bauschmuckformen des persischen Palastes zeigen.

← Im Louvre wurde ein Schaumodell entwickelt, das die Schmuckelemente der Paläste von Susa und ihre Zusammenstellung im Museum zeigt.

Bibliographie

• P. Amiet *L'Age des Échanges inter-iraniens, 3500–1700 a.C.* Paris 1984
• – *Suse. 6000 ans d'histoire.* Paris 1988
• H. J. Nissen *The Early History of the Ancient Near East, 9000–2000 B.C.* Chicago 1988
• *La cité royale de Suse.* Paris 1994 (Beiträge verschiedener Autoren)
• A. Siliotti *L'Iran e Susa.* Mailand 1996

Isernia la Pineta, Kunde aus der Altsteinzeit

Wie bei allen Forschungsvorhaben war man auch im Fall des altsteinzeitlichen Lagerplatzes von Isernia la Pineta darum bemüht, Spezialisten aus verschiedenen Disziplinen zusammenzuführen. Sie sollten einerseits ihre bewährten Methoden anwenden, andererseits neue Techniken der Dokumentation, Messung, Analyse und Konservierung entwickeln. Das hat zu neuartigen Vorgehensweisen geführt oder bekannte Forschungsmethoden abgewandelt. In dieser Hinsicht erwies sich die Grabungsstelle in der Nähe von Isernia als ein Experimentierfeld für Dutzende von Gelehrten aus aller Welt. Ihnen bot sich hier die Gelegenheit, verschiedene Hypothesen zu diskutieren, deren wissenschaftlichen Wert zu prüfen und daraus die notwendigen Schlußfolgerungen zu ziehen.

↑ *Das Grabungsgelände bei Isernia. Die Pineta (Pinienwald) wurde überdacht, damit die Arbeiten, vor Witterungseinflüssen geschützt, fast das ganze Jahr über weitergehen können. Die vier Siedlungsniveaus liegen unter fünf Meter hohen Schichten von Flußablagerungen und vulkanischem Material.*

Die Größe des Grabungsgeländes, die Menge sowie die Qualität der Funde, die in Isernia gemacht wurden, und der komplexe Schichtungsbefund bieten die besten Voraussetzungen für interdisziplinäre Untersuchungen eines Ortes, an dem schon vor 700 000 Jahren Menschen gelebt haben.

Das altsteinzeitliche Grabungsfeld. Das Gelände lag in der Nähe eines Flusses, der während der regenreicheren Jahreszeiten über die Ufer trat. Seine Ablagerungen und

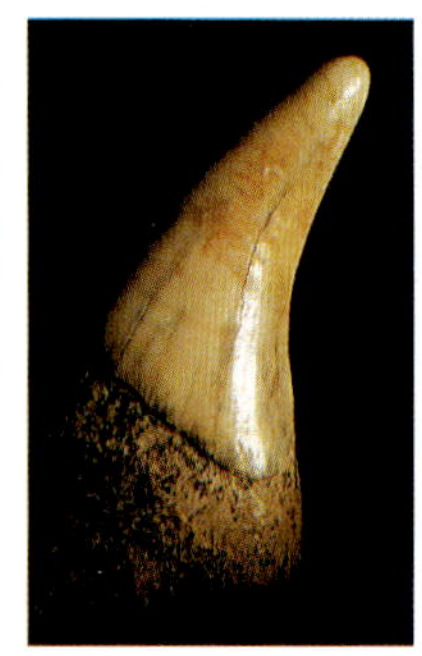

↑ *Der Eckzahn eines Bären (links) und die Backenzähne eines Elefanten (rechts) sind Beispiele für die zahlreichen Funde aus der Altsteinzeit, die bei Isernia gemacht wurden.*

Vulkanausbrüche haben die Artefakte der frühen Menschen unter einer dicken Schicht begraben, die sie vor Korrosion schützte.
Stratigraphische Untersuchungen zeigen, wann sich hier Menschen zum erstenmal niedergelassen und Spuren ihrer Tätigkeiten hinterlassen haben. Die darüberliegenden Schichten bestehen aus Flußablagerungen, die auf steilere Flußböschungen, hervorgerufen durch tektonische Hebungen, zurückgeführt werden, und aus Tuffstein, einem lockeren und porösen vulkanischen Material. In dieser Zeit lagerten hier erneut Menschen. Drei Siedlungsschichten bezeugen es.

Hier lebten damals zahlreiche Nashörner, Wisente, Elefanten und Bären. Seltener sind Flußpferd, Wildschwein, Hirsch und Ziege. Von Löwen zeugt nur ein einziger Fund: ein Zahn des Raubtiers. Außerdem sind Knochenfragmente von Vögeln

← Die Fundstätte aus der Altsteinzeit in der Nähe von Isernia. Sie wurde beim Bau der Autobahn Neapel – Vasto entdeckt.

(darunter die Stockente), kleinen Nagetieren, Schildkröten und Fischen gefunden worden.
Unter den Pflanzen überwogen Kräuter, Gräser und solche, die auf feuchten Böden gedeihen. Bäume waren im flachen Land selten: einige Weiden, Pappeln und Platanen; noch seltener waren Eichen und Fichten. Pollenanalysen lassen auf weite Wiesenlandschaften mit einigen wenigen Bäumen schließen. An den Seen wuchsen Riedgras und Schilf. Die Höhen waren mit Nadel- und Laubgehölz bedeckt. Zwei Jahreszeiten, die eine lang und trocken, die andere kurz und feucht, werden die Bildung einer solchen Umwelt gefördert haben.
Die Menschen haben ihre Werkzeuge vor allem aus Stein gefertigt: Kiesel und Kalkstein. Die vielen bearbeiteten Geröllsteine (Kiesel) sind klein und dick, oft mit gezackten Rändern. Choppers nennt man ovale Geröllsteine mit einer behauenen Längskante, die als Schneide diente.
Steinwerkzeuge und Tierknochen lagen in vier Siedlungsschichten. Sie lassen Schlüsse auf die gesellschaftliche Organisation der frühen Menschen zu. Man hat vor allem Knochen von Wildrindern (Wisente), Nashörnern und Elefanten gefunden. Ihre Häufigkeit steht allerdings nicht im richtigen anatomischen Verhältnis zueinander: So ist zum Beispiel die Zahl der Schädel im Verhältnis zu den Wirbeln zu hoch. Die Knochen weisen zahlreiche Brüche auf, die auf menschliches Einwirken zurückzuführen sind; so konnten bei derselben Tierart oft an den gleichen Stellen die gleichen Brüche beobachtet werden. Der Grund dafür dürfte in der Nutzung der gejagten Tiere zu suchen

Experimente und Funktionsanalysen

In petrographischen, chemischen und geologischen Untersuchungen wurde nachgewiesen, daß die Steinwerkzeuge durch Absplitterung von Geröllsteinen entstanden sind, die aus der geologischen Formation des mehrfarbigen Bandjaspis stammen. Die experimentelle Archäologie konnte die Techniken bestimmen, mit denen die erhaltenen Steinwerkzeuge hergestellt wurden. Dabei stellte sich zur großen Überraschung heraus, daß die Bearbeitung des Steins schnell und relativ grob erfolgt ist und daß nicht die behauenen Steine, sondern die Abschläge die gewünschten Werkzeuge waren. Der kleine Block wurde auf einem Kalksteinamboß mit einem Stein so geschlagen, daß dünne scharfkantige Blättchen absplitterten. Genaue Untersuchungen haben ergeben, daß sich Gebrauchsspuren tatsächlich nur auf den Abschlägen befinden. Mit den scharfen Kanten dieser Steinwerkzeuge konnte man ritzen, schneiden und schaben. Damit mußte die alte Vorstellung vom Steinwerkzeug aufgegeben werden: Was früher als Abfall (Abschlag) betrachtet wurde, ist in Wirklichkeit das Werkzeug, und was man für das Werkzeug (das gezackte Kernstück) gehalten hatte, ist dagegen nur Reststück der Bearbeitung.

←↓ Ein harter brüchiger Geröllstein wurde auf einem »Amboß« mit einem Schlagstein so bearbeitet, daß zahlreiche Abschläge entstanden; als »Abfallprodukt« blieb das kleine gezackte Kernstück übrig.

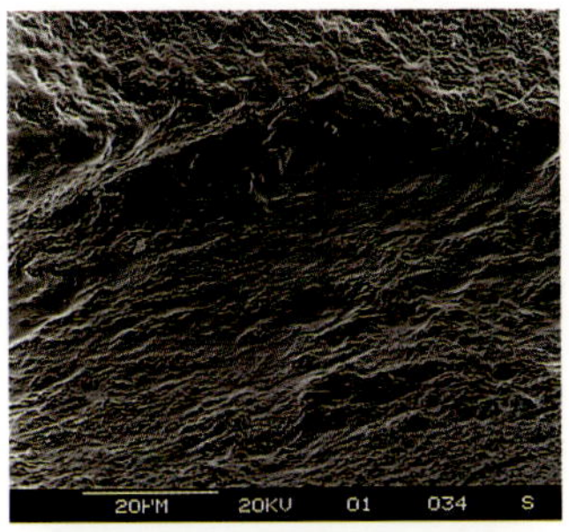

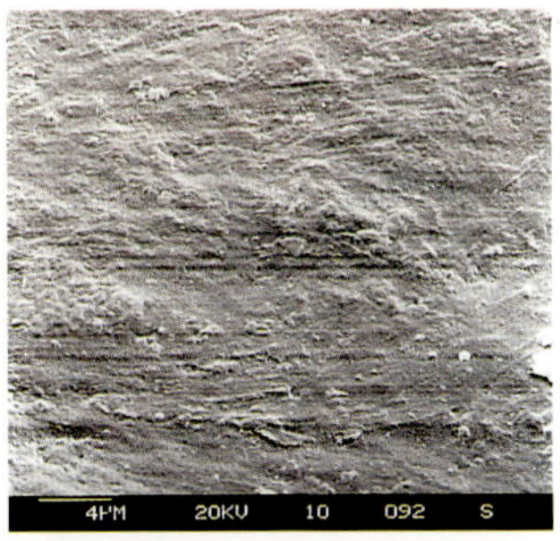

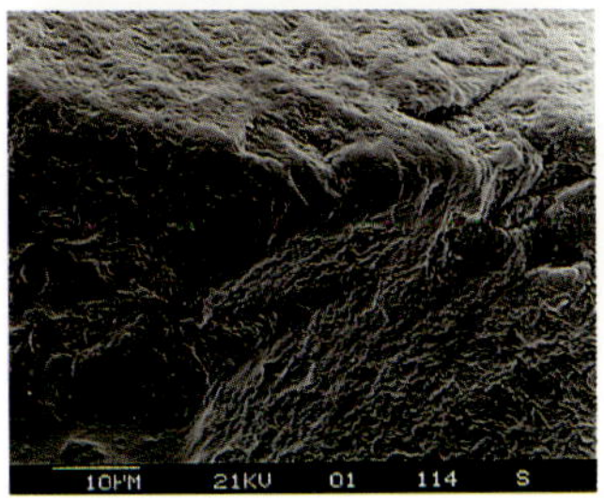

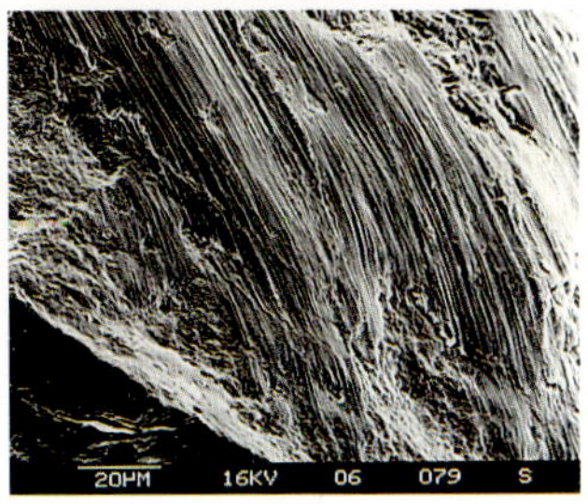

← Die tägliche Benutzung der Steinabschläge durch den Menschen hat Spuren auf der Oberfläche hinterlassen: Streifen oder glatte Stellen. Durch eine mikroskopische Untersuchung läßt sich bestimmen, welche Teile des Werkzeugs zu welchem Zweck benutzt worden sind.

Die archäozoologische Erforschung des altsteinzeitlichen Lagerplatzes von Isernia la Pineta

Die Untersuchung der Überreste von Tieren in Isernia la Pineta sollte die Tätigkeiten der prähistorischen Menschen und deren Verhältnis zur Umwelt besser verständlich machen. Dafür wurde eine neue Methode entwickelt, um einerseits die gewonnenen Daten zu ordnen, zu speichern und zu bearbeiten; andererseits sollten die Ergebnisse im Experiment bestätigt sowie die Arten und die Herkunft der Tiere bestimmt werden, vor allem wenn es sich dabei offenbar um Reste von Jagdbeute handelt. Es sollte weiterhin festgestellt werden, welche Tiere gejagt und welche nicht gejagt wurden, wobei nach Spezies, Alter und Geschlecht zu unterscheiden war. Und schließlich: Was wurde verwertet?

Der Aufenthalt von Menschen an diesem Ort ist nicht nur durch zahlreiche Steinwerkzeuge, die hier gefunden wurden, belegt, sondern auch durch die Tatsache, daß an den Knochen keine Spuren entdeckt wurden, die auf fleischfressende Tiere zurückzuführen wären. Die Knochenfunde von Isernia liefern wohl kein vollständiges Bild von der damaligen Tierwelt. Gut vertreten sind die pflanzenfressenden Arten im Unterschied zu den fleischfressenden. Nichts spricht dafür, daß bei der Jagd nach Geschlecht und Alter der Tiere unterschieden wurde. Immerhin scheint die Zahl gejagter Jungtiere gering zu sein, andererseits hat man stark abgenutzte Zähne von Nashörnern gefunden, was für deren fortgeschrittenes Alter spricht.

Da der Platz sehr alt ist, ist organisches Material, wenn überhaupt vorhanden, nur schlecht erhalten. Auch die Knochen lassen nur schwer erkennen, ob sie von geschlachteten Tieren stammen. Deutlich hingegen sieht man, wenn die prähistorischen Menschen sie aufgebrochen haben, um Knochenmark zu gewinnen.

Es kann nicht ausgeschlossen werden, daß das Hirn verzehrt wurde; doch die Deutung der häufig zerstörten Schädeldecken (im Laufe der Zeit eingedrückt oder von Menschenhand eingeschlagen?) ist noch nicht abgeschlossen.

Um die Ursachen und die Art gewaltsamer Einwirkung besser verstehen zu können, hat man seit 1993 Knochen von frisch geschlachteten Rindern (die anatomisch den Wisenten am meisten gleichen), insbesondere Schulter-, Rumpf-, Ober- und Unterschenkelknochen sowie Mittelfuß und Unterkiefer, mit verschiedenen Schlagtechniken zerbrochen: direkter Schlag (Knochen auf einem Kalksteinblock wird mit einem Stein-, Knochen- oder Holzwerkzeug bearbeitet), Wurfschlag (Knochen wird gegen einen Kalksteinblock geschlagen), Brechung (Knochen an beiden Seiten packen und heftig auf eine Steinkante aufschlagen). Dabei wurden mehrere Unterschiede festgestellt: Der direkte Schlag führt zu einer großen Aufschlagfläche mit unregelmäßigen Rändern und erzeugt zahlreiche kleine Splitter; der Wurfschlag hat glatte Ränder zur Folge, die Aufschlagfläche weist manchmal gezackte Ränder auf, und es entstehen nur wenige Splitter, die Bruchstellen können manchmal schräg oder quer verlaufen. Der Längsbruch ermöglicht im allgemeinen eine bessere Gewinnung des Knochenmarks, wobei der Erfolg natürlich von der Kraft des Menschen abhängt.

Bei diesen Untersuchungen hat sich herausgestellt, daß die Bestimmung der Bruchtypen je nach angewandter Technik, anatomischem Bereich und Alter des Tiers von großer Bedeutung ist.

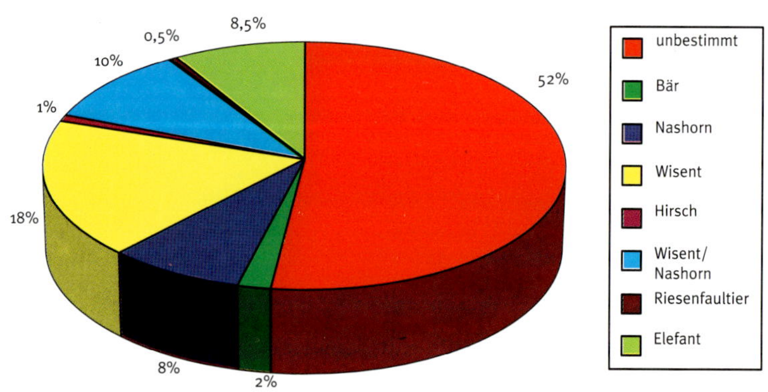

↑ Häufigkeit der Tierarten anhand der Knochenfunde in der Schicht 3A des ersten Ausgrabungssektors

sein, etwa in der Verwertung des Knochenmarks als Nahrung.

Die Wahl des Ortes, die Suche nach dem Rohstoff und die Erzeugung von Steingeräten, Jagen und Ernten, die Beförderung der Jagdbeute oder Teile davon zum Lager, die Techniken des Knochenbrechens, um Mark zu gewinnen, liefern Aufschluß über Lebensweise und Umwelt der Menschen vor 700 000 Jahren.

DIE ANGEWANDTEN TECHNIKEN. Dutzende von Spezialisten haben in Isernia la Pineta Daten gesammelt, Lage und Koordinaten der Funde bestimmt, die Ablagerungen und ihre Stratigraphie untersucht, Proben der Ablagerungen, des Bodens unter anderem für Laboranalysen entnommen, die Bodenkrume zur Bestimmung kleinster Knochensplitter ausgewaschen, die Vorarbeiten für graphische Darstellungen geleistet, als da sind Bodenreliefs, Planimetrien, Schnitte, Photogrammetrie, Photos und Filme, schriftliche Berichte über alle Maßnahmen, Beobachtungen und Eingriffe und so weiter. Größe und Zerbrechlichkeit des paläontologischen Materials haben früh zu Überlegungen geführt, wie es konserviert und geschützt werden kann. Es wurde der Plan entwickelt,

↑ *Siedlungsschicht 3A des ersten Ausgrabungssektors. Zu erkennen sind Geröllsteine aus Travertin und Kalkstein, Überreste von Wisentschädeln sowie, unten links, der Stoßzahn eines Elefanten.*

im Museum die Schichten mit den in ihnen gefundenen Gegenständen zu rekonstruieren. Glücklicherweise waren die Funde bereits bei ihrer Untersuchung konserviert und abgesichert worden. Da man von den Ausgrabungsflächen Abdrücke genommen hatte, konnten sie im Museum mit allen Feinheiten der Bodenbeschaffenheit (Wölbungen, Neigungen, Unebenheiten) modelliert werden.
Viel Mühe wurde darauf verwandt, alle qualitativen und quantitativen Variablen der Funde und der Fundumstände im Computer zu speichern, so daß sie jederzeit abgerufen werden können.
Insbesondere die Ergebnisse der experimentellen Archäologie haben im Vergleich mit den in Isernia gefundenen Steinwerkzeugen unser Wissen von der altsteinzeitlichen Werkzeugherstellung bereichert: Was man füher für Abfälle der Steinbearbeitung gehalten hat, die Abschläge, waren in Wirklichkeit die Werkzeuge. Mit den scharfen Kanten dieser Klingen konnte man ritzen, schneiden und schaben. Dagegen ist das gezackte Kernstück der unbrauchbare Rest der Werkzeugherstellung, der im Gegensatz zu den Abschlägen auch keine Gebrauchsspuren aufweist.
Gemessen an der unvorstellbaren Zeitdauer von rund 700 000 Jahren, die inzwischen vergangen sind, bietet der altsteinzeitliche Lagerplatz von Isernia la Pineta erstaunlich aufschlußreiche Einblicke in Umwelt und Lebensweise der frühen Europäer.

Bibliographie

- M. Cremaschi, C. Peretto »Les sols d'habitat du site paléolithique d'Isernia La Pineta (Molise, Italie centrale)«, in: *L'Anthropologie* 92, 4, 1988, S. 1017–1040
- G. Giusberti, C. Peretto »Evidences de la fracturation intentionelle d'ossements animaux avec moelle dans le gisement paléolithique de La Pineta de Isernia (Molise, Italie)«, in: *L'Anthropologie* 96, 1991, S. 765–778
- C. Peretto (Hg.) *Isernia La Pineta, nuovi contributi scientifici* (Istituto Regionale per gli Studi Storici del Molise »V. Cuoco«). Isernia 1991, S. 1–99
- – *Le industrie litiche del giacimento di Isernia La Pineta.* Isernia 1994
- »Nuove ricerche nel giacimento paleolitico di Isernia La Pineta (Molise)«, in: *Riv. Sc. Preist.* XLIV, 1–2, 1992, S. 3–41 (Beiträge verschiedener Autoren)
- *Isernia La Pineta: un accampamento più antico di 700 000 anni* (Ausstellungskatalog). Bologna 1994

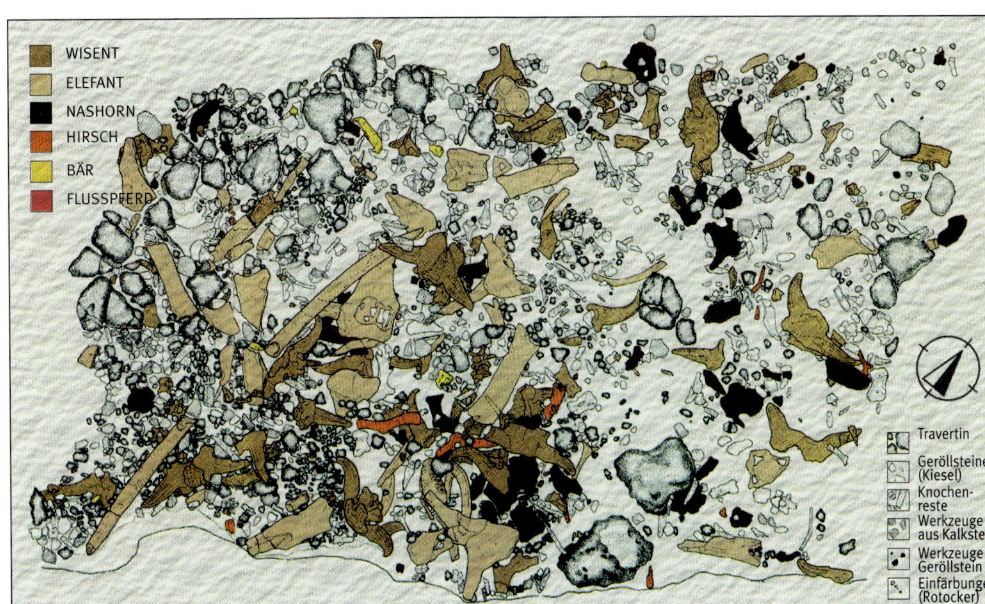

↑ *Verteilung von Knochen und Steinwerkzeugen auf einer großen Fläche der Siedlungsschicht 3A. Mit Hilfe des Computers und statistischer Erhebungen können eventuelle Gruppierungen erkannt werden, wodurch die frühen menschlichen Aktivitäten besser verstanden werden können.*

Megalithkulturen

Der Begriff »Megalith« kommt aus dem Griechischen und bedeutet »großer Stein«. Er wurde als Bezeichnung für die zum Teil gewaltigen Steinsetzungen in aller Welt eingeführt. Wir werden hier nur auf einige Monumente in Frankreich, England, Irland und Malta eingehen. Dabei richten wir uns nach folgender Typologie: Menhir (aufrechtstehender Steinblock), Alignment (Alignement, Reihe hochkant gestellter Steinblöcke), Dolmen (Kammergrab), Cromlech (Steinkreis), Galeriegrab, Tempel, Hypogäum (unterirdischer Grab- oder Kultraum).

DIE EUROPÄISCHE MEGALITHKULTUR. Nach heutiger Auffassung ist das Aufrichten großer Steine eine Kulturleistung des Neolithikums. Die Technik ist nicht an einem einzigen Ort entstanden. Vere Gordon Childes Hypothese (1925), derzufolge die Wurzeln der Megalithkultur im Orient liegen, von wo aus sie nach Europa ausgestrahlt hat, wurde mit Hilfe der Dendrochronologie, der Jahresringdatierung anhand alter Holzproben, entkräftet. Sie hat ergeben, daß die europäische Megalitharchitektur sehr alt ist und hier entstand. Sie spielte wahrscheinlich im Fruchtbarkeits- und Totenkult der Jungsteinzeit eine Rolle.
Während von ihren Behausungen keine Spuren geblieben sind, haben uns die damaligen Bauern in ihren gewaltigen Steinsetzungen grandiose Zeugnisse ihres Kulturwillens hinterlassen. Über einige Megalithbauten wurde übrigens spekuliert, sie hätten einst als Sternwarten gedient.
Schon in der mittleren Steinzeit (um 10 000 v. Chr.) wurden in der Bretagne und in Portugal nahe der Tejomündung megalithische Frühformen entwickelt. Dies belegen große Steinplatten von Gräbern, die der Kollektivbestattung gedient haben. Außer Frage steht, daß sich die Megalithkultur um 5000 vor allem in Frankreich voll entfaltet hat. Das beweisen rund 5000 Steinsetzungen: Dolmen, Galeriegräber, Menhire, Alignments, Cromlechs, Menhirstatuen, Hypogäen, Hügelgräber. Von Frankreich hat sich die Technik offenbar nach Portugal (3900), Spanien und um 3600 auf die Britischen Inseln ausgedehnt. Von der Iberischen Halbinsel und Westfrankreich scheint sie Italien, Sardinien und Korsika erreicht

← Der mächtige Menhir von Champ-Dolent (Dol-de-Bretagne) ist 9,50 Meter hoch und wiegt rund 125 Tonnen.

↓ Teilansicht der kilometerlangen Steinreihen (Alignments) von Carnac an der südbretonischen Küste. Rund 3000 Menhire bilden drei Gruppen von Zehner- bis Dreizehnerreihen.

↑ *Die Verteilung der wichtigsten megalithischen Monumente, die bislang in Europa gefunden wurden: Menhire, Alignments, Dolmen, Cromlechs, Galeriegräber, Tempel, Hypogäen*

zu haben. Die Megalithkultur des maltesischen Archipels ist wahrscheinlich an Ort und Stelle entstanden; die Tempelbauten und das berühmte Hypogäum weisen ganz eigene Merkmale auf.

MENHIRE. Etymologisch läßt sich der Begriff auf bretonisch *men* (Stein) und *hir* (lang) zurückführen. Menhire sind von Menschen aufgerichtete, in den Erdboden eingetiefte Steine unterschiedlicher Größe: Manche sind zwischen 1 und 6 Meter hoch, andere bis zu 12 Meter. Auffallend ist der Menhir von Locmariaquer (Morbihan) in Frankreich, der heute in vier Bruchstücken auf dem Boden liegt; in seiner ursprünglichen, stehenden Form muß er einen eindrucksvollen Anblick geboten haben, denn er war etwa 300 Tonnen schwer und 23,50 Meter hoch.
Zwar sind Menhire hauptsächlich in Frankreich verbreitet, aber es gibt sie auch in anderen Gebieten Westeuropas: in Spanien, Portugal, Norditalien (Menhirstatuen), Süditalien (Apulien), auf Sardinien und Korsika. Nach dem dazugehörigen Material (Keramikscherben u.a.) zu urteilen, geht der größte Teil dieser Steinsetzungen auf die mittlere und die späte Jungsteinzeit (4. Jahrtausend) zurück, mit Ausnahme einiger Exemplare, die sich der älteren und der mittleren Bronzezeit zuschreiben lassen (erste Hälfte des 2. Jahrtausends).
Wozu die Steine gedient haben, ist unbekannt. Vielleicht sollte der unbehauene Menhir die Weltachse symbolisieren, die Erde und Himmel verbindet. Andere sehen im Menhir ein Phallussymbol, das in den Schoß von Mutter Erde eindringt, um die Fruchtbarkeit des Bodens zu gewährleisten. Verschiedentlich sind Zeichen eingemeißelt, die Sonne und Wasser bedeuten könnten, die wohl auch im Neolithikum mit dem Leben in Verbindung gebracht wurden. Ein kultischer oder religiöser Zusammenhang von Menhir, Wasser und Fruchtbarkeit könnte die auffällige Häufigkeit dieser Steinsetzungen in der Nähe von Wasserläufen erklären. Da Menhire auch bei Grabstätten und Kultplätzen vorkommen, hat man vermutet, daß sie einst heilige Orte anzeigten. Auch könnte die Unvergänglichkeit des Steins für das ewige Leben eines Toten gestanden haben, Denkmal und Bürge der Ewigkeit in einem. Eingravierungen, die eine menschliche Gestalt schematisiert wiedergeben, die Menhirstatuen, würden dann vielleicht das Bild des Toten bedeuten.

DIE ALIGNMENTS VON CARNAC. Alignments (oder auch französisch: Alignements, wörtlich: Ausrichtung, Bauflucht) sind parallele Menhirreihen. Das berühmteste Beispiel bietet Carnac im Département Morbihan. Die Anlage erstreckt sich mit fast 3000 Menhiren, angeordnet in drei Gruppen von Zehner- bis Dreizehnerreihen, über etwa drei Kilometer. Die meisten Steine wurden im Laufe der Zeit beschädigt. Die Gruppe von Ménec besteht aus 1169 Menhiren, die von Kermario aus 1099 und die von Kerlescan aus 594. Ähnliche Denkmäler wie in Carnac finden sich nur noch in Tibet und im Dekhan (Südindien). Wir wissen nicht, ob die Steinreihen von Carnac einem Kult oder astronomischen Beobachtungen wie in Stonehenge gedient haben. Hier soll nur die Hypothese von A. Thom erwähnt werden, derzufolge man mit ihnen Sonnenfinsternisse vorhersagen konnte.

DOLMEN. Der seit Ende des 18. Jahrhunderts gebräuchliche Begriff besteht aus dem bretonischen Wörtern *dol* (Tisch) und *men* (Stein). Er bedeutet also »Steintisch« und bezeichnet eine prähistorische Grabkammer aus senkrecht aufgestellten

↑ *Der berühmte Dolmen Roche aux Fées (Essé, Ille-et-Vilaine, Frankreich) besitzt einen monumentalen Eingang, der zu einem niedrigen Gang führt; an dessen Ende öffnet sich eine große Kammer mit hohen Wänden, die durch Pfeiler vierfach geteilt ist.*

Tragsteinen und einer oder mehreren Deckplatten. Der Innenraum kann rund, polygonal oder viereckig sein; manchmal ist ihm ein Gang vorgelagert. Zuweilen erhebt sich über die Steinkonstruktion ein Hügel aus Erde oder Stein *(cairn)*, der möglicherweise die Stätte hervorheben und die Gräber im Inneren schützen sollte. Einige Dolmen in Frankreich tragen Ritzzeichnungen von Steinäxten mit oder ohne Griff. Manche Einzelheiten sind nicht eindeutig identifiziert. Die meisten Bilder zeigen Konturen oder stark schematisierte Teile des menschlichen Körpers; wahrscheinlich handelt es sich um Darstellungen einer Schutzgottheit (Dolmengottheit), die häufig auch in anderen Megalithgrabtypen auftaucht. Vielleicht handelt es sich um Darstellungen der Muttergöttin, die in den bäuerlichen Kulturen der Jungsteinzeit zugleich eine Gottheit der Fruchtbarkeit und Schutzgöttin der Toten war.

Einige Dolmen in Frankreich sind komplexer aufgebaut, so etwa das große Hügelgrab von Barnenez in Plouezoc'h (Finistère). Es ist 70 Meter lang und 25 Meter breit und birgt elf Dolmen mit Gang, die in zwei Perioden des mittleren Neolithikums gebaut wurden. Mit Hilfe der Radiokarbonmethode wurden sie in die Zeit um 3800 und um 3500 datiert. Mehrere Grabkammern haben einen runden Grundriß und besitzen ein falsches Gewölbe (Kraggewölbe).

CROMLECH. Der Name kommt aus dem Walisischen: *crom* (Kreis) und *llech* (Stein). Er bezeichnet eine kreis- oder halbkreisförmige Anlage von Steinsetzungen. Ihre Größe variiert stark; sie können einen Durchmesser von 5 bis 8 Meter haben wie die von Li Muri (Arzachena) auf Sardinien bis hin zu den größten steinzeitlichen Kultstätten, etwa in Avebury (Wiltshire) in Südengland, wo der riesige Cromlech einen Durchmesser von 427 Metern aufweist. Überhaupt finden sich die meisten Cromlechs auf den Britischen Inseln.

STONEHENGE. Eines der eindrucksvollsten Denkmäler der europäischen Megalitharchitektur ist die Anlage von Stonehenge (Wiltshire) in Südengland. Wir unterscheiden heute drei Bauphasen: Stonehenge I, nach der Radiokarbondatierung 4410 ± 60 und 4130 ± 105 Jahre alt, besitzt einen runden äußeren Ringgraben mit innerem Wall, Durchmesser etwa

↑ *Der Dolmen Roche aux Fées ist ein herausragendes Beispiel megalithischer Architektur. Die mächtigen Deckplatten ruhen auf gewaltigen Tragsteinen. Das imposante Steinensemble verfehlt nicht seine Wirkung auf die zahlreichen Besucher.*

↑ *Einritzung auf einem Tragstein des Dolmens (mit Gang) von Luffang (Crach, Frankreich). Die schematisiert wiedergegebene Gestalt stellt wahrscheinlich eine Gottheit dar.*

100 Meter; außerhalb davon steht ein 5 Meter hoher und 35 Tonnen schwerer Menhir (Heel Stone), der auf einer gedachten Achse durch den Mittelpunkt des Areals die Stelle des Sonnenaufgangs bei der Sommersonnenwende (21. Juni) markiert. Innerhalb der Wallanlage wurden 56 Gruben freigelegt, die sogenannten Aubrey-Löcher (benannt nach dem Altertumskundler John Aubrey, der sie im 17. Jahrhundert entdeckt hat), von denen einige Reste von Brandbestattungen aufweisen.

Stonehenge II (vor etwa 3800 Jahren) bestand aus 82 »bluestones«, die zwei konzentrische Ringe bildeten. Stonehenge III (vor 3400 ± 150 Jahren), die heute sichtbare Anlage: Die »bluestones« wurden entfernt und durch einen Ring von 30 gewaltigen behauenen Sandsteinblöcken ersetzt, der mit Steinplatten gedeckt war; diese bildeten einen fortlaufenden gebogenen Sturz. Innerhalb davon befand sich ein weiterer Ring aus »bluestones«. Er umschloß fünf mächtige Trilithen (zwei aufrechtstehende Steine, die durch einen aufliegenden dritten Stein verbunden sind) aus Sandstein; sie sind hufeisenförmig angeordnet, ebenso weitere 19 »bluestones« innerhalb der Trilithen. Ungefähr in der Mitte der Anlage liegt eine große Platte (4,5 mal 1 Meter), der sogenannte Altarstein. Auf einer Umlauflinie am Fuß des Erdwalls markieren vier Sarsen (Sandsteinblöcke von den Kalkstein-»Downs« in Wiltshire) die Stellen, die vielleicht astronomischen Beobachtungen gedient haben. Am Eingang wurde der sogenannte Opferstein entdeckt.

Wozu Stonehenge gedient hat, ist nicht geklärt. Altar- und Opferstein sowie die runde Anlage sprechen für seine Rolle im Kult einer bäuerlichen Gesellschaft. Daneben muß man die Möglichkeit in Erwägung ziehen, daß die Anlage Sternbeobachtungen gedient hat, wobei aber beide Funktionen sich gegenseitig nicht von vorneherein ausgeschlossen haben müssen. Stonehenge könnte also auch einem Sonnenkult und der kalendarischen Bestimmung der Jahreszeiten gedient haben. (Die 30 Steinblöcke haben vielleicht die Tage eines Monats angezeigt.)

← *Das Ganggrab von Newgrange (Irland) stammt aus der Zeit um 3400 v. Chr.*

↓ *Die große Steinplatte am Eingang des Grabes ist mit spiralförmigen Motiven verziert. Eine Öffnung in der Wand könnte eine astronomische Bedeutung gehabt haben.*

MEGALITHGRÄBER. Die Megalithkultur Europas hat sehr verschiedenartige Grabbauten hervorgebracht, die in zwei Kategorien geordnet werden können: Die erste umfaßt Gräber, die vom prähistorischen Menschen in den Fels geschlagen wurden, oder natürliche Felsspalten, die er als Grabstätten verwendet hat; die zweite betrifft Gräber, die auf dem Erdboden errichtet und oft mit einem Erd- oder Steinhügel *(cairn)* überdeckt wurden. In der Bretagne sind die ältesten Grä-

ber entdeckt worden, so das Ganggrab unter dem Grabhügel von Kercado (Carnac) aus der Zeit um 4800 v. Chr. Ähnliche Bauten gibt es auf der Iberischen Halbinsel, in Irland, Deutschland, Dänemark und Schweden.
Wenn menschliche Knochen erhalten sind, erlauben sie Rückschlüsse auf die Art der Bestattung und die genauere Bestimmung der Grabanlagen, in denen sie gefunden wurden. Ohne Zweifel hat es damals Kollektivbestattungen gegeben, denn einige Gräber haben zahlreiche menschliche Knochen freigegeben, die verschiedentlich zu Hunderten von Personen gehören; möglicherweise waren es Gräber für die Mitglieder einer Familie oder eines Dorfes.
Vielleicht haben Megalithgräber zuweilen als Beinhäuser gedient: Nachdem die Toten einem Prozeß der Entfleischung ausgesetzt waren, wurden ihre Knochen gesammelt und in der Grabkammer deponiert. Daneben hat es nachgewiesenermaßen Brandbestattungen gegeben. Aus den Grabbeigaben – Waffen, Gebrauchsgegenstände aus Landwirtschaft und Haushalt, Lebensmittel, von denen Spuren gefunden wurden – kann man auf die religiösen Vorstellungen des prähistorischen Menschen schließen, nach denen der Verstorbene auf seiner Reise ins Jenseits offenbar über alles verfügen sollte, wessen er auch zu Lebzeiten bedurft hatte. Viele, manchmal kostbare Gegenstände waren absichtlich zerbrochen worden, denn ihren irdischen Zweck brauchten sie nicht mehr zu erfüllen und niemand sollte sie auf Erden weiterhin benutzen können – ein Brauch, den wir noch aus frühgeschichtlicher und historischer Zeit kennen.
Die Megalithgräber bestätigen auch den inneren Zusammenhang von Fruchtbarkeits- und Totenkult. In ersterem ging es darum, durch Opfer an die Muttergottheit Fruchtbarkeit des

↑ *Computerrekonstruktion der Sonnenbewegung in Stonehenge (Südengland). Einigen Gelehrten zufolge ist der astronomische Zweck der Megalithanlage gesichert. Immerhin kann man den Zusammenhang mit einem Sonnenkult und der astronomischen Bestimmung des Kalenders nicht völlig ausschließen.*

Bodens und Schutz für die bestatteten Verstorbenen zu erflehen. Der Totenkult wiederum diente nicht nur der ehrenden Erinnerung an diese, sondern galt auch deren Einfluß auf die Vegetationszyklen, Lebensgrundlage einer Ackerbau treibenden Gesellschaft. Denn einmal begraben, hatten die Toten teil an der Lebensenergie der Erde, verkörpert und vergöttlicht in der Muttergöttin. Grabbeigaben aus Stein und Knochen sind wahrscheinlich Idole, die die Muttergottheit in schematischer Gestalt wiedergeben. Auch sie verweisen auf den Zusammenhang von Fruchtbarkeits- und Totenkult in der Vorstellung des prähistorischen Menschen, ebenso die Darstellungen der Muttergöttin an den Wänden der Gräber.

Bauweise und ähnliche Grabbeigaben verbinden die Megalithgräber in Europa. Bemerkenswert sind die Ganggräber der Nekropole von Los Millares aus der zweiten Hälfte des 3. Jahrtausends und von Antequera aus dem 4. bis 3. Jahrtausend (beide Orte in Südspanien). Ähnliche Bauten gibt es auch in Irland. Von besonderer Bedeutung ist das Grab von Newgrange (um 3400). Es ist nicht nur von imposanter Größe, es gehört auch zu den am schönsten dekorierten Ganggräbern. Unter den Motiven fällt eine ungewöhnliche dreifache Spirale auf. Es hat einen kreuzförmigen Grundriß und wird von einem Hügel bedeckt. Der Zugang führt zu einem Korridor, der sich auf die eigentliche Grabkammer hin öffnet. Die Anlage ist auf den Beginn der Wintersonnenwende (21. Dezember) ausgerichtet: An diesem Tag dringen die Sonnenstrahlen

↑ *Einer der gewaltigen fünf Trilithen in Stonehenge. Er führt die großen technischen Fähigkeiten der Erbauer vor Augen.*

↓ *Teleaufnahme von Stonehenge bei Vollmond*

Das geheimnisumwitterte Hypogäum auf Malta

Unterirdische Grabräume aus der Jungsteinzeit gibt es rund

um das Mittelmeer. Besonders eindrucksvoll ist das Hypogäum (griech. hypógeios = unterirdisch) auf Malta, das in Hal Saflieni in der Zeit zwischen 4100 und 2500 entstanden ist. Die in den Fels geschlagene unterirdische Anlage erstreckt sich über drei »Stockwerke« und besteht aus Kammern, oft miteinander verbunden, kleinen Zellen und Grabnischen. Die Wände sind nach dem Vorbild oberirdischer Tempel plastisch gegliedert und waren einst bemalt.

Das Hypogäum hat offenbar zwei Zwecken gedient: den Kultfeiern zu Ehren der Muttergottheit und der Bestattung Tausender von Toten (es wurden die Überreste von fast 7000 Skeletten gefunden). Die ganze Anlage erstreckt sich über eine Fläche von rund 500 Quadratmetern und erreicht eine Tiefe von 11 Metern. Über zwei Jahrtausende hinweg wurde es mit einfachsten Steinwerkzeugen aus dem Fels gemeißelt. Unbeantwortet muß die Frage bleiben, ob die drei Ebenen (zu verschiedenen Zeiten?) verschiedenen Zwecken gedient haben. Doch weisen viele Funde, wie Grabbeigaben, Knochen, Keramikbruchstücke, Figurinen und anderes, immer wieder auf die beiden Hauptfunktionen hin: die Bestattung der Toten und, eng damit verbunden, der Kult der Muttergöttin.

Weibliche Statuetten und ein wahrscheinlich phallisches Symbol, die auf der mittleren Ebene gefunden wurden, legen die Vermutung nahe, daß hier das Ritual der Heiligen Hochzeit zwischen Priester und Priesterin, stellvertretend für die männliche und die weibliche Gottheit, ausgeübt wurde. Das Ritual gehörte zum Kult der Muttergottheit und sollte die Wiederkehr der Vegetationszyklen gewährleisten. Denn für eine Agrargesellschaft war der Feldbau im jahreszeitlichen Wechsel von ausschlaggebender Bedeutung.

Möglicherweise war der Kult der Muttergöttin der ursprüngliche Sinn des Bauwerks. Hier die Toten zu bestatten wäre dann erst später hinzugetreten. Dann stammten die Grabbeigaben aus der zweiten Epoche.

Der Brochtorff-Kreis auf der Nachbarinsel Gozo – von A. Bonanno, T. Gouder, C. Malone, S. Stoddart, D. Trump wiederentdeckt – weist Analogien mit dem Hypogäum von Hal Saflieni auf. Es handelt sich um einen unterteilten Komplex auf nur einer Ebene (4 bis 5 Meter tief), der aus einer Reihe kleiner natürlicher Höhlen besteht, die für viele Tote bestimmt waren. Auch hier erinnern architektonische Einzelheiten an die oberirdischen Tempel. Das Ganze wird von einem Steinkreis umschlossen, der wohl aus der Zeit zwischen 3300/3000 und 2500 stammt. Die bekannten fettleibigen Frauenstatuetten betonen auch hier den Zusammenhang von Fruchtbarkeits- und Totenkult, während eine Gruppe schematisiert wiedergegebener Männerfiguren auf ein Grabritual verweist.

Daraus kann man den Schluß ziehen, daß der Brochtorff-Kreis den gleichen Bestattungs- und Kultbedürfnissen entsprach, die die alten Malteser zum Bau des Hypogäums veranlaßt haben. Dazu würde passen, daß beide Bauten in die gleiche Epoche gehören (in die Zeit zwischen 4100 und 2500) und daß sie sich in der Nähe von oberirdischen Tempelanlagen befinden.

↑→ Der Hauptraum auf der mittleren Ebene des Hypogäums von Hal Saflieni (Malta) und die berühmte Schlafende Frau, die man im Inneren des Heiligtums gefunden hat

← Ein Innenraum der Tempelanlage von Ggantija (Gozo), wahrscheinlich aus der Zeit 3600 bis 3300/3000 v. Chr.

durch eine Öffnung über dem Eingang in die Kammer.

DIE TEMPEL VON MALTA UND GOZO. Nur auf diesen Mittelmeerinseln wurden megalithische Tempelanlagen entdeckt. Neben den unterirdischen Räumen (oben im Kasten beschrieben) führen uns 30 Tempel eine jungsteinzeitliche Megalithkultur vor Augen, die hier zwischen 4100 und 2500 v. Chr. (Radiokarbondatie-

rung mittels Dendrochronologie kalibriert) geblüht hat. Ihre Größe und ihre Bauweise sind gleichermaßen beeindruckend.
Die ungewöhnliche Entwicklung der maltesischen Megalithkultur ist mit aller Wahrscheinlichkeit dadurch zu erklären, daß die hier vorkommenden Gesteinsarten (Globigerinen- und Korallenkalk) relativ leicht bearbeitet werden können und die damaligen Inselbewohner bautechnisch sehr geschickt waren. Obwohl diese Kultur im allgemeinen als autochthon betrachtet wird, scheint sie unserer Meinung nach doch Beziehungen zur bereits erwähnten europäischen aufzuweisen. In beiden werden große Steinbauten errichtet, die mit Spiral- oder Augenmotiven geschmückt sind. Allerdings besitzen die maltesischen Statuen (wie etwa der untere Teil der einst fast 3 Meter hohen Kolossalstatue aus dem Tempel in Hal Tarxien), aber auch die Kleinplastiken eine Monumentalität, die sie von den schematisierten Idolen der Kammergräber unterscheidet.

Bibliographie

- P. R. Giot *Menhirs et dolmens. Monuments mégalithiques de Bretagne.* Chateaulin (Finistère) 1976
- S. v. Reden *Die Megalithkulturen. Zeugnisse einer verschollenen Ur-Religion.* Köln 1982
- A. Bonanno *Archaeology and Fertility Cult in the Ancient Mediterranean.* Malta 1986
- G. Eogan *Knowth and the Passage-Tombs of Ireland.* London 1986
- S. Neubert, S. v. Reden *Die Tempel von Malta. Das Mysterium der Megalithbauten.* Bergisch Gladbach 1988
- M. Cipolloni Sampò *Dolmen.* Rom 1990
- E. Petrioli »Aspetti culturali dell'ipogeo di Hal Saflieni nell'isola di Malta«, in: *Studi Sardi* XXIX, 1990/91, S. 163–213
- »Cult in an Island Society. Prehistoric Malta in the Tarxien Period«, in: *Cambridge Archaeological Journal* 3:1, 1993 (Beiträge verschiedener Autoren)

→ Zwei sitzende weibliche Figuren, die die Muttergottheit darstellen. Der Fund wurde im Brochtorff-Kreis gemacht.

↑ Plan des sogenannten Brochtorff-Kreises westlich des Tempelkomplexes von Ggantija: Megalith des Steinkreises, der die Grabanlage umschloß (1), Eingang (2), Schwelle (3), Altar (4), Steingefäß, das jenem ähnelt, das im Tempel von Hal Tarxien gefunden wurde (5), Hauptraum des Heiligtums (6), große Gruben mit Skeletten (7), Grotte (8), Steintor, ähnlich dem in Hağar Quim (9), Statuetten sitzender Frauen, die die Muttergöttin darstellen. – Die Anlage wurde zwischen 4100 und 2500 v. Chr. häufig aufgesucht.

Ötzi, der Mann vom Similaun

Die Entdeckung der rund 5000 Jahre alten mumifizierten Leiche eines Mannes in den Ötztaler Alpen hat ein sehr großes Interesse in der Öffentlichkeit gefunden. Zahlreich sind die Beinamen, die der bislang ältesten Mumie verliehen wurden: Mann vom Similaun, Gletschermann, Mann im Eis oder schlicht Ötzi. Für die vorgeschichtlichen und die völkerkundlichen Forschungen im Alpengebiet war und ist der Fund von größter Bedeutung.

Am 19. September 1991 entdeckte ein deutsches Ehepaar auf einer Bergtour auf 3210 Meter Höhe in der Nähe der Similaunhütte in einer Senke die Leiche eines Mannes und informierte den Wirt der Berghütte. Wegen einer plötzlichen Wetterverschlechterung fand die Bergung unter der Leitung des Gerichtsmediziners Rainer Hann aus Innsbruck erst am 23. September statt. Die Leiche wurde mit einem Hubschrauber vom Berg geholt, zum Gerichtsmedizinischen Institut der Universität Innsbruck gebracht und am Tag darauf ins Anatomische Institut verlegt, wo sie noch immer aufbewahrt wird – in einer Kühlzelle, bei einer ständigen Temperatur von −6° C und einer Luftfeuchtigkeit von etwa 96–98 Prozent.

In den Tagen zwischen Entdeckung und Bergung begaben sich mehr als 20 Menschen an den Fundort. Es wurden Gegenstände bemerkt, von denen sich später herausstellte, daß sie zur Ausrüstung des Gletschermanns gehören: ein Gefäß aus Birkenrinde, ein Bogen, ein Köcher, ein Dolch aus Feuerstein und ein Kupferbeil. Beiltyp und Radiokarbonmethode haben es Konrad Spindler, dem Leiter des Instituts für Ur- und Frühgeschichte ermöglicht, den außergewöhnlichen Fund auf das Ende des 4. Jahrtausends, in die Kupferzeit zu datieren. Angesichts der Bedeutung der vorgeschichtlichen Mumie führte Andreas Lippert, der damalige Leiter des obengenannten Instituts, eine erste Untersuchung an der Fundstelle durch; dabei wurden weitere Ausrüstungsgegenstände gefunden. Die Aktion mußte wegen schlechten Wetters unterbrochen werden. Binnen weniger Tage lag die Gegend unter mehreren Metern Schnee begraben. Eine zweite Untersuchung wurde vom 20. Juli bis 25. August 1992 vorgenommen, wieder unter der Leitung von Lippert, der inzwischen zum Institut für Vor- und Frühgeschichte in Wien übergewechselt war, zusammen mit Lorenzo dal Rì, Hans Nothdurfter vom Landesdenkmalamt Bozen und Bernardino Bagolini von der Universität Trient. Dabei wurde alles Wasser der Eisschmelze sorgfältig gefiltert. Es kamen zahlreiche Fundstücke zutage: Gräser, Blätter, verkohltes Holz, Insektenteile. Auch die oberste Schicht des Bodens wurde untersucht. Dabei fand man organisches Material: Stücke von Haut und Adern, Haare von Kopf und Körper sowie einen Fingernagel. Vor allem aber kamen das Ende des Bogens, der bei der Bergung zerbrochen war, und die Kopfbedeckung aus Fell zum Vorschein. Einige Objekte lagen direkt auf dem Felsboden. Die Mulde lag also nicht unter hohem Eis, als der Mann dort Zuflucht suchte.
Es wurden auch zwei kleine Stein-

← Die Mulde, in der am 19. September 1991 die rund 5000 Jahre alte Mumie des Gletschermanns entdeckt wurde

→ *Der Gletschermann: Als er im Spätherbst hoch in den Bergen ums Leben kam, trocknete sein Körper aus, bevor ihn Schneemassen begruben, die später zu Gletschereis zusammengedrückt wurden. Dadurch wurden Mumifizierung und Konservierung der inneren Organe möglich.*

fragmente entdeckt. Eines ist wahrscheinlich das Bruchstück eines Stichels aus der mittleren Steinzeit. Das würde bedeuten, daß auch hier vor etwa 9000 Jahren Gruppen von Jägern und Sammlern unterwegs waren, wie wir das für die Berge des Trentino durch zahlreiche Überreste wissen. Möglicherweise folgten sie bei der Jagd auf Steinböcke den Tieren bis ins Hochgebirge.

DIE MUMIE. Bei der Bergung war die Gletscherleiche ohne Kopf- und Körperhaare. Denn vor der Mumifizierung hatte bereits eine Fäulnisbildung der Oberhaut begonnen, dabei waren die Haare ausgefallen. (Untersuchungen mit Hilfe der Computertomographie haben dagegen gezeigt, daß die inneren Organe sehr gut erhalten sind.) An der Kleidung wurden zahlreiche Haare entdeckt; sie sind dunkelbraun, gewellt und bis zu 9 Zentimeter lang. Anatomische Untersuchungen haben ergeben, daß es sich um einen Mann handelt, der im Alter zwischen 35 und 40 Jahren starb, etwa 160 Zentimeter groß war und 45 Kilogramm wog. (Sein jetziges Gewicht beträgt nur noch 13,3 Kilogramm.) Einige Besonderheiten sind auffällig: die angeborene Zahnlücke zwischen den oberen Schneidezähnen, das Fehlen des dritten Backenzahns (Weisheitszahn) und der zwölften Rippe. Mit Röntgenaufnahmen und der Computertomographie wurden alte Brüche der Nasenscheidewand sowie der linken dritten und neunten Rippe nachgewiesen. Andere Brüche (rechte dritte und sechste Rippe sowie am linken Oberarmknochen) dürften, da sich kein neues Knochengewebe gebildet hat, nach dem Tod aufgetreten sein. Die Verkalkung der Blutgefäße verrät, daß Ötzi einen sehr hohen Cholesterinspiegel gehabt haben muß. Ein zystenartiges Gebilde an einer Zehe könnte beim Erfrieren entstanden sein.
Eine besonders interessante Entdeckung sind die Tätowierungen links und rechts der Lendenwirbel, am Knie, am rechten Fuß und auf der linken Wade. Es sind die ältesten, die man bis heute gefunden hat. Es ist schwierig, den Sinn dieser Zeichen zu verstehen. Möglicherweise hatten sie einen therapeutischen Zweck (vielleicht eine Art Akupunktur). Tatsächlich hat die Computertomographie unter den Tätowierungen degenerative Prozesse im Knorpelknochengewebe (Osteochondrose und Spondylose) festgestellt, des weiteren eine beginnende Arthritis.

DIE KLEIDUNG. Dank der sorgfältigen Restaurierungsarbeiten von Roswitha Goedecker-Ciolek im Römisch-Germanischen Zentralmuseum in Mainz unter der Leitung von Markus Egg wissen wir, daß der Mann bei seinem Tod ein Paar mit Heu gefütterte Schuhe, eine Hose (besser: Bein- oder Hosenröhren), einen Lendenschurz, ein Obergewand, eine Mütze und einen Grasmantel trug. Mit Ausnahme des Mantels bestehen alle Kleidungsstücke aus Fell und, seltener, Leder. Sie schützten vorzüglich vor dem rauhen Klima im Hochgebirge. Fell und Leder (Ziege, Kalb, Hirsch und Braunbär) waren gegerbt (zum Teil Rauchgerbung) und eingefettet, was sie nicht nur weicher, sondern auch wasserundurchlässiger machte. Die Tierhäute wurden in Streifen geschnitten und sauber mit regelmäßigen Stichen zusammengenäht.
Als Garn dienten Sehnen (meist vom Rind), Tierhaare und Grasfasern. Mehrere zum Teil recht unbeholfen ausgeführte Flickarbeiten am Obergewand lassen vermuten, daß der Mann einige einfache Reparaturen selbst

→ *Der Fundort der Gletschermumie. Sie lag nur 90 Meter von der Grenze entfernt auf italienischem Staatsgebiet auf dem Hauptkamm der Alpen; rund 1,25 Kilometer Luftlinie sind es zur Similaunhütte.*

Nr.	Pflanze	Lat. Name	Benützter Teil	Verwendung
1	Eibe	Taxus baccata	Holz	Bogen, Holm des Beils
2	Linde	Tilia sp.	Holz (Ast), Bast	Retuscheur, Schnur, Bindematerial
3	Esche	Fraxinus excelsior	Holz	Dolchgriff
4	Hasel	Corylus avellana	Holz	Rahmen d. Tragekorbs, Verstärkung d. Köchers
5	Lärche	Larix decidua	Holz	Brettchen d. Tragekorbs, Brennmaterial
6	Wolliger Schneeball	Viburnum lantana	Holz (Trieb)	Pfeilschaft
7	Hartriegel	Cornus sp.	Holz (Trieb)	Pfeilschaft
8	Birke	Betula sp.	Rinde, Saft	Behälter, Teer
9	Netzweide	Salix reticulata	Holz	Brennmaterial
10	Gemeine Felsenbirne	Amelanchier ovalis	Holz	Brennmaterial
11	Erle	Alnus viridis	Holz	Brennmaterial
12	Fichte	Picea abies	Holz, Nadeln	Brennmaterial
13	Kiefer	Pinus sp.	Holz	Brennmaterial
14	Ulme	Ulmus sp.	Holz	Brennmaterial
15	Wacholder	Juniperus sp.	Nadeln	?
16	Spitzahorn	Acer platanoides	Blätter	Isoliermaterial
17	Schlehdorn	Prunus spinosa	Frucht	Nahrungsmittel

→ *Die Pflanzen, die Ötzi benutzt hat, bestimmt von Sigmar Bortenschlager und seinem Team vom Institut für Botanik der Universität Innsbruck*

vorgenommen hat. Tragspuren, wie sie durch Hautabsonderungen entstehen, zeigen, daß die Kleider mit dem Fell nach außen getragen worden sind.

DIE AUSRÜSTUNG. Der Mann trug eine sehr praktische Ausrüstung mit sich: einen Bogen aus Eibenholz, 182,5 Zentimeter lang, einen Köcher aus dem Leder eines hirschartigen Tieres mit einer Versteifung aus Haselnußholz, darin 14 Pfeile, davon nur zwei schußbereit, also mit einer Feuersteinspitze und dreifacher Befiederung versehen (bis auf einen sind alle Schäfte aus Trieben des Wolligen Schneeballs gefertigt), vier Geweihspitzen (Hirsch), die mit einer Bastschnur zusammengebunden waren, einen leicht gebogenen Geweihdorn (Hirsch, vielleicht eine Nadel), zwei Sehnen (möglicherweise Nähmaterial), eine Schnur aus Pflanzenfasern. Neben dem Mann lag ein Beil mit einem Holm aus Eibenholz und einer Klinge aus fast reinem Kupfer (99,7 % Kupfer, 0,22 % Arsen, 0,08 % Silber), die mit Birkenrindenpech und Lederstreifen befestigt war; ein kleiner Dolch mit einer Klinge aus Feuerstein, die mit Schnüren am Eschenholzgriff angebracht war; eine Scheide aus geflochtenen Pflanzenfasern, die wahrscheinlich zu dem Dolch gehörte; ein Werkzeug aus Lindenholz mit einem dünnen Hirschgeweihdorn, der in Längsrichtung tief ins Holz getrieben ist, ein sogenannter Retuscheur zum Nachschärfen (durch Druckeinwirkung) von Feuersteinmessern; zwei auf einem Lederstreifen aufgefädelte Pilze der Art *Piptoporus betulinus* (Birkenporling); ein Leibriemen mit Tasche, darin eine Art Schaber, ein Bohrer und eine kleine Feuersteinklinge mit Spuren von Abrieb; eine Ahle aus Knochen, deren Spitze beschädigt ist, und eine schwarze Masse, Rest des Zunderschwamms *(Fomes fomentarius)*.
Des weiteren wurden gefunden: zwei Birkenrindengefäße, von denen eines wohl zum Transport glühender Holzkohle gedient hat, wie die Schwarzfärbung der Innenwand und Holzkohlereste (Föhre, Fichte, Lärche,

↑ *Reinhold Messner (rechts) und Hans Kammerlander an der Fundstelle (21.9.1991). So wie sie haben in den Tagen zwischen Entdeckung und Abtransport der Leiche 22 Menschen den Ort aufgesucht, wobei sicherlich einiges zerstört wurde. Kammerlander (links) stützt sich mit der rechten Hand auf die Rückentrage. Rechts im Hintergrund ist der am Fels lehnende Bogen zu sehen, dessen unteres Ende noch im Eis steckt.*

Ulme, Erle u.a.) an Spitzahornblättern nahelegen, die sich im Behälter fanden; der U-förmige Rahmen eines Tragekorbs (Rückentrage) aus einer Haselrute und Lärchenbrettchen, an den Ecken zweifach gekerbt; zahlreiche Schnüre, vorwiegend aus Pflanzenfasern; eine kleine flache Marmorscheibe mit einem Loch in der Mitte, durch das ein schmaler Fellriemen gefädelt ist (es ist der einzige Gegenstand ohne praktischen Nutzwert, dem der Besitzer wahrscheinlich magische, Unheil abwehrende Eigenschaften beigemessen hat).
Wenn man die Anzahl der verschiedenen Holzarten bedenkt (immerhin 17), die für die Anfertigung der Ausrüstung verwendet wurden, ist man doch einigermaßen beeindruckt.

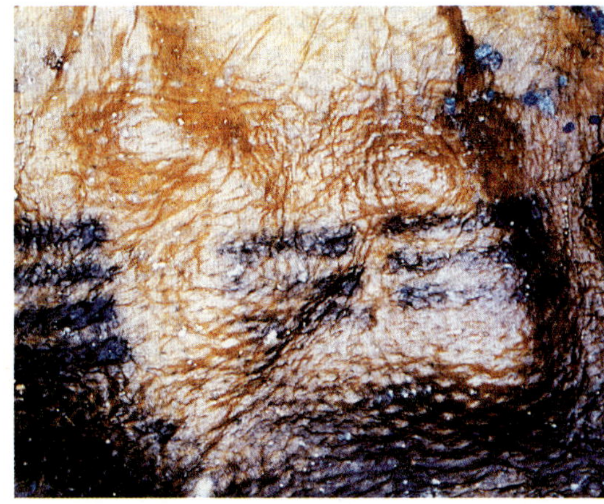

↑→ Oben: Kreuzförmige Tätowierung auf der Innenseite des rechten Knies. Rechts: Strichtätowierungen links und rechts der Lendenwirbel.

Ötzi muß mit den Eigenschaften der Hölzer und den Techniken ihrer Bearbeitung vertraut gewesen sein. Bei der Anfertigung seiner Ausrüstung war stets die bestgeeignete Holzart gewählt worden, die in dem Gebiet verfügbar war. Da alle dieser Hölzer (Eibe, Wolliger Schneeball, Esche,

Ein Beispiel für interdisziplinäre Forschung

Zur Zeit sind 64 Forschungsgruppen mit der Mumie befaßt. Insgesamt sind ungefähr 150 Gelehrte aus elf Nationen beteiligt, insbesondere Fachleute aus Medizin, Biologie, Paläobotanik, Zoologie und Ornithologie.
Es ist vor allem der Initiative von Werner Platzer, dem Leiter des Anatomischen Instituts der Universität Innsbruck, und Konrad Spindler, dem dortigen Leiter des Instituts für Ur- und Frühgeschichte, zu verdanken, daß die Erforschung eines so bedeutenden Fundes nicht einer einzigen Forschungseinrichtung vorbehalten blieb. Mehrere Teams können eine größere Kontrolle der Resultate und Untersuchungsmethoden gewährleisten. Diese Überlegung spielte auch bei der Verteilung der Proben für die Datierung mit der Radiokarbonmethode eine Rolle. Beteiligt sind fünf Labors: in Uppsala, Paris, Oxford, Zürich und Cambridge (USA). Ihnen wurden insgesamt neun Proben von der Mumie und vom pflanzlichen Material geliefert, die am Körper oder in der unmittelbaren Nähe gefunden worden sind. Die Untersuchungen stimmen darin überein, daß unser Jäger irgendwann zwischen 3352 und 3108 v. Chr. gelebt haben muß. Damit wäre die Mumie mindestens 5000 Jahre alt. Die von Dieter zur Nedden, dem Leiter der Radiologischen Abteilung der Universitätsklinik für Innere Medizin in Innsbruck, koordinierte Zusammenarbeit von Gelehrten verschiedener Nationalität hat neue Methoden ergeben, die beispielsweise im Bereich der plastischen Chirurgie Anwendung finden können. Dank der Stereolithographie besitzt sein Team ein exaktes dreidimensionales Schädelmodell des Gletschermanns im Maßstab 1:1, das den Anthropologen mehr Messungen erlaubt, als es normalerweise möglich wäre, ohne daß die Mumie dabei beschädigt wird.

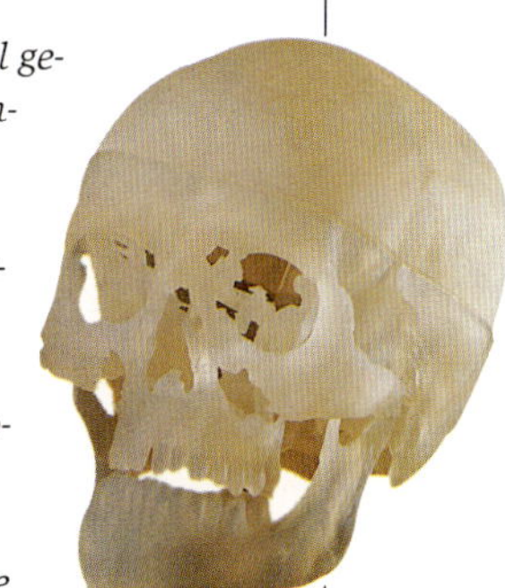

→ Dem Original genau entsprechende Modell des Schädels aus Acrylharz, angefertigt in vierzigstündiger Arbeit im Stereolithographieverfahren. Diese neueste Methode gestattet, dank der durch TAC gelieferten computergespeicherten Daten, die Herstellung plastischer Modelle. Bei diesem Modell hier können Schädeldach und Unterkiefer herausgezogen werden.

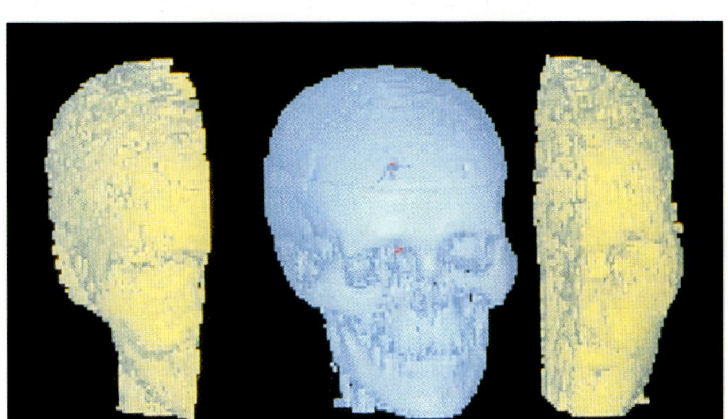

← Dreidimensionale Darstellung des Gletschermannschädels mit Hilfe des Computers

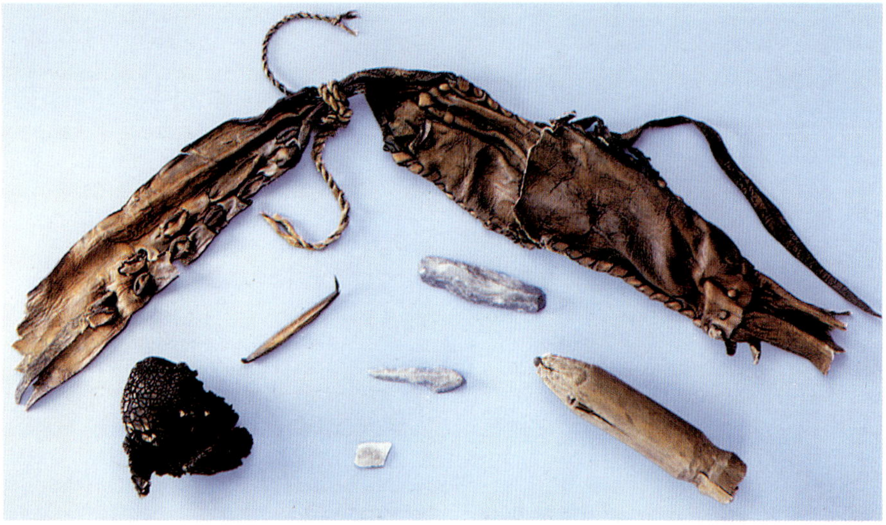

Hartriegel, Hasel, Linde) in geringerer Höhe wachsen (manche kommen immerhin noch in einer Höhe von 1600 Metern vor), hat man guten Grund anzunehmen, daß die Ausrüstung in tiefer gelegenen Gegenden gefertigt wurde, wo Ötzi vermutlich auch seine Heimat hatte, wofür auch die beiden Getreidekörner (Einkorn, *Triticum monococcum*) sprechen, die man bei Ötzi gefunden hat. Der Mann kam aus dem Tal, aus einer bäuerlichen Gemeinschaft, die neben Ackerbau auch Jagd und Viehzucht betrieb, wie man aus den Utensilien schließen kann, die er mit sich führte. Die Getreidekörner lassen vermuten, daß gerade die Ernte eingebracht wurde. Ötzi unternahm seine letzte Wanderung ins Hochgebirge also wahrscheinlich im Frühherbst, wofür auch die aufgefundene reife Frucht des Schlehdorns und die Ahornblätter sprechen, die noch immer Chlorophyll enthalten, das heißt, sie müssen noch grün gewesen sein, als sie gepflückt wurden.

Ötzi hatte wohl Kontakt zur Bevölkerung der Südalpen, denn der Feuerstein seiner Werkzeuge kommt in den kristallinischen Vintschgauer Alpen nicht vor, hingegen im Kalkgestein des südlichen Trentino und Westvenetiens, etwa in den Monti Lessini.

Schwieriger ist es, ihn einem bestimmten Kulturkreis zuzuordnen, da er keinerlei Keramik mit sich führte. Die Pfeilspitzen, der kleine Dolch aus Feuerstein und die Kupferklinge des Beils erinnern stark an die Stücke, die man in Remedello (Poebene) gefunden hat und die mit der Radiokarbonmethode ins späte 4. und in das 3. Jahrtausend datiert worden sind. Weitere Forschungen haben ergeben, daß solche Gegenstände in fast allen Kulturen der Kupferzeit in Norditalien hergestellt wurden.

In dieser Periode hat es tiefe wirtschaftliche und soziale Veränderungen gegeben, wie sie etwa das Aufkommen und die Verbreitung der Menhirstatuen, großer Bildsteine, um die Wende vom 4. zum 3. Jahrtausend widerspiegeln. Es sind monumentale Stelen, in die sehr schematisierte menschliche Gestalten einge-

↑ *Zur Ausrüstung des Gletschermanns gehörten unter anderem: ein Leibriemen mit Gürteltasche (ganz oben), eine Mütze aus Bärenfell mit Kinnriemen, der rechte Schuh mit Heuwattierung und das innere Schnurnetz aus Pflanzenfasern vom linken Schuh, das das Heupolster fixiert hatte, ein kleiner Dolch mit einer Klinge aus Feuerstein und einer Scheide aus Baststreifen, das Birkenrindengefäß und das Beil, dessen Holm aus Eibenholz und dessen Klinge aus Kupfer besteht (rechts).*

↑ *Die Ausrüstung Ötzis in einer Rekonstruktion des* stern. *Sie zeigt, daß er für das rauhe Klima des Hochgebirges sehr gut gerüstet war.*

meißelt sind. Sie sind schwer zu deuten, doch gut zu erkennen sind Waffen, Schmuck und Kopfbedeckungen, die demnach in die Kupferzeit gehören. Dolche des Remedellotyps, Beil, hellebardähnliche Waffen (Dolchstäbe) und »Zepter« sind zu sehen. Sie zeugen von einer Gesellschaft, in der bestimmte Gegenstände wohl eine besondere Bedeutung hatten. Sie waren vielleicht eine Art Statussymbol.
Ötzis Beil entspricht genau dem Typus, der auf Bildsteinen derselben Zeit zu sehen ist. Möglicherweise hat er sogar selbst die Waffe hergestellt, wie die Konzentration von Arsen, Kupfer, Nickel und Mangan in seinem Haar nahelegt. (Sie ist drei- bis fünfzehnmal höher als heute und kann nur durch seine enge Beziehung zum metallverarbeitenden Handwerk erklärt werden.) Die Musterung des ledernen Obergewandes, die unter anderem durch den Wechsel heller und dunkler Streifen entstanden ist, erinnert an die Mäntel, die die Schultern der Figuren auf den Menhirstatuen bedecken. Daraus kann man schließen, daß Ötzi in seiner Gemeinschaft eine wichtige Rolle gespielt hat.

Was aber hat ihn in solche Höhen getrieben? Vielleicht war er ein Wanderhirte. Zu dieser Hypothese würden zahlreiche Funde in mehr als 1600 Meter Höhe in Südtirol passen. Auch haben paläobotanische Analysen im Ötztal ergeben, daß hier seit dem 4. Jahrtausend Weidewirtschaft betrieben wurde. Noch heute ziehen alljährlich am 14. Juni Hirten aus dem Schnalstal über das Tisenjoch, um ihre Herden auf die Weiden des Ötztals zu führen; Mitte September ziehen sie auf dem gleichen Weg wieder nach Hause.
Die Ursache seines Todes bleibt im dunkeln. Konrad Spindler und Markus Egg denken an einen Unfall. Fest steht, daß Teile seiner Ausrüstung nicht ganz fertig bzw. nicht voll funktionsfähig waren. So war der Bogen nicht fertig. Die Versteifung des Köchers ist in drei Stücke zerbrochen, das mittlere Stück wurde neben der Mumie gefunden, als ob der Mann den Köcher habe reparieren wollen. Gleiches gilt für die Pfeile, von denen keiner verschossen werden konnte; die zwei mit Feuersteinspitzen und Befiederung sind zerbrochen, die anderen Pfeilschäfte sind zwar heil geblieben, doch haben sie weder Spitzen noch Befiederung. Vielleicht wollte er für sie Spitzen aus den vier Hirschgeweihstangen schnitzen, die ebenfalls im Köcher gefunden wurden.

Bibliographie

• L. H. Barfield, E. Koller, A. Lippert *Der Zeuge aus dem Gletscher. Das Rätsel der frühen Alpen-Europäer*. Wien 1992
• »Die Gletschermumie vom Ende der Steinzeit aus den Ötztaler Alpen«, in: *Jahrbuch des Römisch-Germanischen Zentralmuseums, 39*. Mainz 1992 (Beiträge verschiedener Autoren)
• F. Höpfel, W. Platzer, K. Spindler (Hg.) *Der Mann im Eis*. Bd. 1 (Veröffentlichungen der Universität Innsbruck 187). Innsbruck 1992
• K. Spindler *Der Mann im Eis. Die Ötztaler Mumie verrät die Geheimnisse der Steinzeit*. München 1993
• *Der Mann im Eis. Neue Funde und Ergebnisse (The Man in the Ice 2)*. Wien–New York 1995 (Beiträge verschiedener Autoren)

← *Die Kleidung nach den Erkenntnissen der Restauratoren vom Römisch-Germanischen Zentralmuseum in Mainz. Von links: der Ledergürtel oder Leibriemen, der einen Lendenschurz und die Beinröhren hielt, Obergewand und Schuhe aus gefüttertem Leder, die Kopfbedeckung aus Bärenfell, der Mantel, geflochten aus Sumpfgräsern.*

Das minoische Kreta

Um 6000 v. Chr. landeten die ersten Menschen auf Kreta und brachten Saatgut und Haustiere mit. Gegen Ende der späten Jungsteinzeit (3000) war die ganze Insel bevölkert. Um 2800 trafen neue Zuwanderungsgruppen aus dem Osten, insbesondere aus Anatolien, ein, die sich mit der alteingesessenen Bevölkerung vermischten.

Die Minoer, wie wir heute die Menschen des bronzezeitlichen Kreta nach ihrem legendären Herrscher Minos nennen, waren bald durch intensive Landwirtschaft und Viehzucht sowie ausgedehnten Handel zu beträchtlichem Wohlstand gekommen. An den syro-palästinensischen und den ägyptischen Küsten tauschten sie ihre landwirtschaftlichen Erzeugnisse gegen Rohstoffe, vor allem gegen Metalle, an denen Kreta stets arm gewesen war.

DIE ZEIT DER ÄLTEREN PALÄSTE. In der beginnenden mittleren Bronzezeit (um 2100) scheint die Bevölkerung Kretas zugenommen zu haben. Die Ortschaften wurden größer; neue kamen hinzu. Auf der ganzen Insel entstanden kleine bäuerliche Gemeinschaften, gleichzeitig bildeten sich die ersten echten Städte heraus. In der Westhälfte Kretas, vor allem in Chania, Monastiraki und Apodoulou zeigen die Siedlungen Merkmale, die denen in Ostkreta so ähneln, daß man von einer einheitlichen Kultur schon gegen Ende des 3. Jahrtausends sprechen kann.

In dieser Zeit entstanden auch die ersten Paläste. Es sind ausgedehnte Gebäudekomplexe, die Bauwerke unterschiedlicher Bestimmung (Wohnquartiere, Küchen, Stallungen etc.) vereinen. Drei Funktionen sind zu erkennen: ökonomische, politische und religiöse.

Die Gründe für diese Neuerungen sind noch immer umstritten. Manche Forscher erklären sie aus den häufigeren Kontakten zu anderen Kulturen. Im Nahen Osten reicht die Palastarchitektur viel weiter zurück. Auch wenn die ersten Paläste auf Kreta aus früheren lokalen Bautypen entwickelt wurden, können Vorbilder aus dem Nahen Osten nicht ausgeschlossen werden. Die Paläste beherrschten das Umland, das ihnen agrarische Produkte lieferte; ein Teil davon diente der Ernährung des zahlreichen Palastpersonals, das, von der Nahrungsproduktion befreit, sich anderen Aufgaben zu widmen hatte.

Palastwirtschaft und Vorratshaltung erforderten eine genaue Buchführung, die nur mit Hilfe schriftlicher Fixierung möglich war. In der Zeit der älteren Paläste wurden zwei Schriften entwickelt: Linear A, von der die ältesten Texte in der Zerstörungsschicht des ersten Palastes von Phaistos gefunden worden sind, und eine Hieroglyphenschrift, die bisher vor allem in Knossos und in Malia bezeugt ist.

Diese zwei Schriftarten haben einiges gemeinsam: Beide sind Silbenschriften, das heißt, ihre Zeichen geben ganze Silben wieder, verwenden Zahlen des Dezimalsystems und Ideogramme, das heißt Schriftzeichen, die nicht einen bestimmten Lautwert, sondern einen ganzen Begriff meinen, wie etwa Gegenstände, Produkte oder

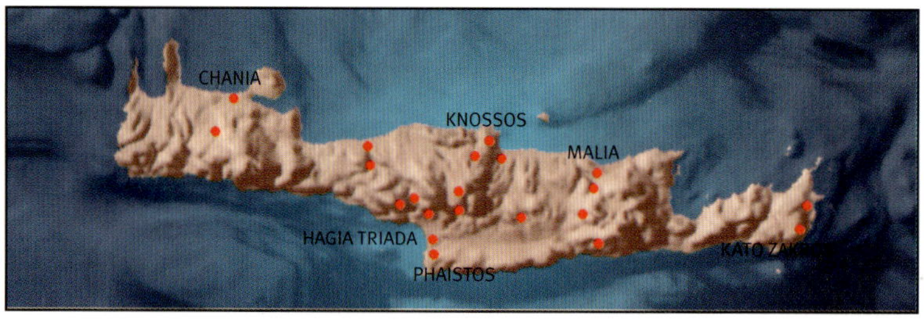

← Die geographische Lage der bedeutenden minoischen Orte Chania, Knossos, Phaistos, Hagia Triada, Malia und Kato Zakros. Seit 1994 wurde eine neues Kapitel der ägäischen Archäologie geschrieben.

↑ Der zweite Palast von Malia (16.–15. Jahrhundert v. Chr.) mit den großen Vorratsgefäßen (Pithoi), in denen landwirtschaftliche Produkte der Gegend gelagert wurden.

→ *Die ältesten erhaltenen Verwaltungsurkunden aus der Ägäis sind Tontäfelchen wie das hier abgebildete. Es trägt verschiedene Siegelabdrücke, mit denen der Warentransport zu den Magazinen kontrolliert werden konnte.*

Lebewesen. Dennoch scheint Linear A nicht von der Hieroglyphenschrift abgeleitet worden zu sein.
Beide Schriftsysteme haben in dieser Zeit offenbar nebeneinander bestanden; wahrscheinlich waren im selben Palast zur gleichen Zeit Schreiber von Linear A und der Hieroglyphenschrift tätig. Während der mittelminoischen Periode IIB (1750–1700) wurde Kreta von gewaltigen Erdbeben heimgesucht, die alle Zentren der Insel zerstörten. In der Zeit unmittelbar danach bauten die Minoer die zweiten Paläste.

Die Zeit der jüngeren Paläste. Daß die minoischen Baumeister, manchmal auf den Ruinen der früheren Paläste, die großartigen fürstlichen Residenzen von Knossos, Phaistos, Malia, Kato Zakros und Chania sofort neu errichtet haben, gründete im Wohlstand der Insel und in ihrer politischen Bedeutung im östlichen Mittelmeer.
Seit der Zeit der ersten Paläste trieben die Minoer intensiven Handel übers Meer mit den Städten der syro-palästinensischen Küste und des Niltals. Dort wurden Keramikvasen des Kamaresstils gefunden, der für die minoischen Höfe der mittleren Bronzezeit typisch ist (in der Kamareshöhle am Idagebirge wurden so viele Keramikvotivgaben gefunden, daß sie einem bestimmten Stil den Namen gegeben haben). Daß damals Minoer an den Nil kamen, erwähnen ägyptische Texte, die in die Zeit vor 1580 zurückgehen. Umgekehrt ist der Einfluß Ägyptens auf Kreta spürbar: Vasen aus Malia mit Darstellungen von Katzen und Sphingen, der kleine Tempel in Monastiraki mit der Statuette einer Katze, die ägyptische Kleinplastik aus Knossos mit dem Namen des User, das Schwert mit dem Akrobaten aus Malia oder der goldene Anhänger in Form zweier Bienen, der in Chrysolakkos von P. Demargne gefunden wurde. Als in Ägypten die 18. Dynastie an die Macht kam, wurden unter anderem die vorderasiatischen Gebiete zwischen Gasa und Ugarit Ziel ägyptischer Eroberungszüge. Das Land am Nil brauchte Nachschub an Rohstoffen für sein Handwerk, denn die Bergwerke im Sudan waren nahezu ausgebeutet. Ein Strom von Edelhölzern, Webstoffen und vor allem an Edelmetall, Gold und Silber, sowie Edelsteinen (Lapislazuli) ergoß sich ins Land. Doch es gab Transportprobleme. In dieser Situation wurden die Minoer, die Herren des Meeres, zu den bevorzugten Gesprächspartnern des thebanischen Hofes: Sie beförderten die Güter aus dem Orient nach Ägypten. Aus dieser Vermittlerrolle zwischen Asien und Ägypten zogen die Minoer einen dreifachen Vorteil: Sie hatten freien Zugang zu den Häfen Syriens, die inzwischen von Ägypten kontrolliert wurden; sie besorgten die Rohstoffe aus dem Osten (es ist kein Zufall, daß man im Palast von Kato Zakros Elefantenstoßzähne aus Syrien, Kupferbarren und Splitter von Lapislazuli gefunden hat); Ägypten wurde Abnehmer ihrer Erzeugnisse (Handwerk, Landwirtschaft, Viehzucht).

Zwei Schriften, die noch immer nicht entziffert sind. Die Verwaltung zur Zeit der jüngeren Paläste (1600–1450) verwendete die Linear-A-Schrift. Sie findet sich in den Dokumenten der Archive und in Weihinschriften, die an minoischen Kultstätten und Heiligtümern entdeckt wurden. Die kretische Hieroglyphenschrift und Linear A sind bis heute nicht entziffert. Der Lautwert der meisten Silbenzeichen ist unbekannt. Auch sind nur recht wenige Schriftzeichen überliefert, zu wenig jedenfalls, um sie im schriftlichen Zusammenhang deuten zu können. Außerdem fehlt uns ein zweisprachiges Dokument mit einer bekannten Schrift, von der auf die minoische geschlossen werden könnte. Wir wissen auch nicht, ob Linear A nur eine einzige Sprache wiedergibt, ob also die

↓ *Baureste der minoischen Stadt Malia aus der Zeit der älteren Paläste (um 1700 v. Chr.)*

← *Die berühmte Schlangenpriesterin von Knossos mit der Katze auf dem Kopf (16. Jh. v. Chr.). Das Thema vom Kampf zwischen Katze und Schlange ist in der ägyptischen Kunst häufig.*

Archivdokumente der älteren Paläste in derselben Sprache abgefaßt sind wie die Weihinschriften aus der gleichen Zeit.

DAS MYKENISCHE KRETA UND GRIECHENLAND. Um 1450 fielen die minoischen Paläste; die Schrift Linear B (1952 durch Michael Ventris entziffert) ersetzte Linear A, deren Silbenzeichen und Ideogramme sie zum Teil übernommen hat. Linear B gibt die Sprache der Mykener wieder, eine frühe Form des Griechischen.
Auch auf dem griechischen Festland wurden Linear-B-Texte entdeckt, so in den mykenischen Residenzen Mykene, Tiryns, Pylos, Theben und Mideia. Sie stammen aus der Zeit zwischen 1450 und 1200, sind auf Tontäfelchen oder auf den Bauch von Bügelkannen geschrieben. Bis April 1994 hatte man nur solche gefunden, die wirtschaftliche Angaben enthalten. Jüngste Forschungen werfen ein völlig neues Licht auf diese Schrift. Sie beweisen, daß Linear B keineswegs nur für Verwaltungszwecke verwendet wurde.
1994 hat das Griechische Amt für Archäologie in Olympia die erste in Stein geritzte Inschrift in Linear B entdeckt. Dieser Text aus dem 17. Jahrhundert v. Chr. – mindestens 800 Jahre vor Homer! – beweist, daß Linear B auf dem griechischen Festland in der Zeit entstand, als die Bewohner von Mykene zur Bestattung ihrer Herrscher die Schachtgräber anlegten. Ebenfalls 1994 hat eine Notgrabung die Reste des Palastarchivs in Theben freigelegt. Die aufgefundenen Texte handeln von Opfergaben (Gerste, Weizen, Wein und Oliven) an die Götter.
Viele der bisher überlieferten Götternamen gehören ins griechische Pantheon des ersten Jahrtausends: Zeus, Hera, Dionysos, Poseidon, Hermes, Athena, die Herrin (Potnia). Die neuen Täfelchen von Theben dagegen beziehen sich auf den Kult einer bislang unbekannten Gottheit: Maka, in der wir die griechische Ma/Gaia wiedererkennen, die Erd- und Muttergöttin, wie sie durch Aischylos in den *Schutzflehenden* um 460 bezeugt ist.
Mit der Erdgöttin steht eine ganze Reihe neuer Kulte in Beziehung, in denen Schlangen, Hunde, Pferde, Stiere und Vögel verehrt werden. Es sind chthonische Kulte, die auf vorgriechische Wurzeln zurückgehen.
Die Wiederentdeckung des Archivs von Theben wirft daher auch ein neues Licht auf die Geschichte der griechischen Religion.
Da aber Linear B vor allem den mykenischen Fürsten zur Verwaltung ihrer Ländereien und der Palastwirtschaft

↑ *Die große Treppe, die vom Mittelhof des Palastes von Knossos zu den Gemächern der Königin führt. Die in Beton ausgeführte Rekonstruktion von Arthur Evans wird von vielen als unangemessen beurteilt, hat jedoch das Verdienst, daß sich auch der Laie vorstellen kann, wie der Palast zuletzt (etwa um 1370 v. Chr.), unter mykenischer Herrschaft, ausgesehen hat.*

↑ *Der Thronsaal in Knossos. Nachdem die Mykener um 1450 v. Chr. die Herrschaft in dem alten minoischen Königspalast übernommen hatten, übte ein griechischer Fürst namens Wana-ka – griechisch Anax – die Macht über die ganze Insel aus.*

diente, also die Schrift des Hofes war, überdauerte sie nicht den Untergang der mykenischen Welt um 1200 v. Chr.

DER DISKOS VON PHAISTOS. Neben den Texten mit Hieroglyphen, in Linear A und B hat der Boden Kretas noch ein berühmtes Schriftdokument freigegeben: den Diskos von Phaistos. Luigi Pernier hat ihn gefunden (1908), zusammen mit einem Schriftstück in Linear A, minoischen Keramikfragmenten und anderem, späterem Material, darunter auch Scherben aus hellenistischer Zeit. Der Fundort liegt in einer Gegend, die im Lauf der Geschichte immer wieder erobert und besetzt worden ist. Da auch der Fundzusammenhang keinen zeitlichen Aufschluß liefert, kann die Tonscheibe nicht genau datiert werden. Ihr Durchmesser liegt zwischen 158 und 165, ihre Dicke zwischen 16 und 21 Millimetern.
Beide Seiten sind mit insgesamt 45 verschiedenen Stempelzeichen beschriftet. Der Autor ist der erste, von dem wir wissen, daß er Schriftzeichenstempel in den weichen Ton gedrückt und auf diese Weise erstmals in der Geschichte bewegliche Lettern zum Schreiben eines Textes benutzt hat. Details und Konturen der Zeichen sind bemerkenswert klar und geben alles in allem Anlaß zu der Annahme, daß die Stempel aus so widerstandsfähigem Material waren, daß sie längere Zeit in Gebrauch waren. (Es liegt auf der Hand, daß sie auch zur Anfertigung anderer Texte gedient haben; denn es ist ja gerade der Sinn eines Stempels, wiederholt benutzt zu werden.)
In jede Seite wurde eine Spirale eingeritzt. In die Windungen sind die 242 Schriftzeichen durch senkrechte Striche zu 61 Gruppen (»Wörtern«) geordnet. Seite A (Rosette in der Mitte) besitzt 123 Stempelungen in 31 Zeichengruppen, Seite B 119 in 30 »Wör-

→ Der goldene Anhänger in Form zweier Bienen mit einer Honigwabe in der Mitte wurde in der Nekropole Chrysolakkos bei Malia gefunden – eins der wenigen Beispiele für den hohen Stand der Goldschmiedekunst zur Zeit der älteren Paläste (1750–1700 v. Chr.).

↑ Das Fresko der Damen in Blau mit raffinierter Haartracht und prunkvollen Kleidern zeugt vom Luxus am Hof von Knossos im 15. Jahrhundert v. Chr.

← Stierkopf aus dem Kleinen Palast in Knossos (15. Jh. v. Chr.) aus Speckstein (Steatit) mit Einlagen aus Kalkstein und Bergkristall sowie Hörnern aus Goldblech. Es handelt sich um ein Spendengefäß: Die Flüssigkeit wurde in ein Loch im hinteren Teil des Kopfes gegossen und konnte aus den Nüstern austreten.

tern«. Verschiedentliche Überschneidungen der Stempelränder lassen erkennen, daß der Text von rechts nach links, von außen nach innen gelesen werden muß. Am Spiralenanfang befindet sich jeweils ein weiterer Strich, auf den die Griffelspitze fünf Pünktchen eingedrückt hat.

Die Schrift des Diskos von Phaistos ist mit keiner der übrigen kretischen Schriften verwandt; ihre Zeichen entsprechen jedoch Darstellungen oder Gegenständen der ägäischen Kultur. So erinnert der Handschuh (Zeichen 8) an die Handschuhe der Faustkämpfer von Hagia Triada; das Schiff (Zeichen 25) an ein Boot, das auf einem Ring aus Mochlos erscheint; die Muschel (Zeichen 20) an ein Steingefäß aus Hagia Triada; das Zeichen 21 an den Abdruck eines Siegels aus Phaistos. Selbst der mit einem Federbusch oder hochgebundener Frisur geschmückte Kopf (Zeichen 2) ähnelt der Haartracht der Seevölker, wie sie auf den Außenwänden des Tempels von Ramses III. in Medinet Habu dargestellt ist; zu den Seevölkern übrigens gehörten wahrscheinlich auch die Philister, die laut der Bibel von Kreta (in der Übersetzung Luthers: »Krethi und Plethi« = Kreter und Philister) gekommen waren. Später wurde nach ihnen Palästina benannt.

Der Diskos von Phaistos entstammt also wahrscheinlich einer ägäischen Kultur. Aber welcher? Wie schon gesagt, kann die Tonscheibe nicht datiert werden; und archäologische Vergleiche lassen sich mit Motiven aus verschiedenen Abschnitten der Geschichte des 2. Jahrtausends anstellen. In der Tat gehört jener Siegelabdruck, der dem Zeichen 21 entspricht, zur Kultur der älteren Paläste. Andererseits müssen der Ring von Mochlos mit der Darstellung eines Schiffes und das in Hagia Triada aufgefundene Gefäß der jüngeren Palastzeit zugeordnet werden. Die hochgebundene Haartracht schließlich gehört, insofern sie den Darstellungen von Medinet Habu entspricht, in die Schlußphase der mykenischen Palastkultur. Vergleiche der Bildmotive des Diskos und anderer Funde verweisen also auf eine recht lange Zeitspanne von rund 550 Jahren (1750–1200). Da die Vase nicht vor 1500 bis 1450 entstanden sein kann, nehmen wir an, daß der Diskos von Phaistos in die Zeit zwischen 1500 und dem Ende des 13. Jahrhunderts gehört. Daraus kann man folgern, daß die Sprache, die hier fixiert ist, in jener Zeit auf den ägäischen Inseln gesprochen wurde. Die Tatsache, daß sich auf dem Diskos – im Unterschied zu den Archivdokumenten, die in der kretischen Hieroglyphenschrift, in Linear A oder Linear B abgefaßt sind – keine Ideogramme und keine Zahlzeichen finden, könnte ein Hinweis sein, daß wir es hier mit einem Text zu tun haben, der sich nicht mit wirtschaftlichen Belangen befaßt. Darüber hinaus läßt sich nichts aussagen. Jede weitere Hypothese darüber,

↑ Rekonstruktion der sogenannten Räume der Königin mit dem Megaron. Sein Wandschmuck zeigt unter anderem Delphine. Die Vorliebe der Minoer für Blumen, Tiere und die Natur insgesamt kommt in allen Bildern zum Ausdruck, die in den Palästen Kretas und neuerdings auch auf der Insel Santorin (Thera) im Herzen der Ägäis gefunden wurden.

←↓ Die zwei Seiten des Diskos von Phaistos mit insgesamt 242 Stempelabdrücken – wenn man so will, das erste (erhaltene) Beispiel eines mit beweglichen Lettern »gedruckten« Textes. Er besteht aus 61 (31 + 30) Gruppen von Zeichen und konnte bislang nicht entziffert werden. Die Schrift ist mit keiner der übrigen Schriften Kretas verwandt, ihre Bildmotive entstammen zum Teil aber eindeutig der Kultur der Ägäis. Der Diskos dürfte in die Zeit zwischen 1500 und 1200 v. Chr. gehören.

was in diesem Text behandelt wird, muß Spekulation bleiben, einschließlich der oft wiederholten Vermutung, daß es sich um einen religiösen Text handele.
Es ist möglicherweise einfacher, den Typus der Schrift zu bestimmen, mit der wir es hier zu tun haben. Es gibt in der ganzen Welt nur drei Systeme graphischer Zeichen, die zum Zweck menschlicher Kommunikation verwendet werden. Das erste besteht darin, den Gegenstand, den man nennen will, einfach abzubilden. Um Haus, Mann oder Schaf graphisch auszudrücken, zeichnet man sie. Diese Bilderschrift wird »ideographisch« genannt; jedes Zeichen ist ein Ideogramm. Um Handlungen oder abstrakte Begriffe auszudrücken, brauchen alle ideographischen Schriften, wie zum Beispiel das Chinesische, sehr viele Zeichen, weil zahlreiche Gegenstände in Beziehung zueinander gebracht werden müssen, wenn man Sätze zeichnerisch darstellen will, die Verben, Adverbien, Adjektive usw. verknüpfen.
Die beiden anderen graphischen Systeme – Silben- und Buchstabenschrift – bestehen aus Zeichen, die, zusammengesetzt, den Klang des gesprochenen Wortes wiedergeben. Die Silbenschrift zerlegt, wie der Name sagt, die Wörter in Silben. Hier ist die Zahl der Zeichen natürlich viel geringer als bei ideographischen Schriften. Eine Sprache wie Japanisch, das mit einer Silbenschrift notiert wird und das fast nur offene Silben kennt – das heißt Silben, die mit einem Vokal enden –, kann ohne große Schwierigkeit in einem Silbenverzeichnis festgehalten werden, das 48 Zeichen und zwei diakritische Hilfszeichen enthält. Wir verwenden die Buchstabenschrift. Sie wurde von den Phöniziern geschaffen, von den Griechen weiterentwickelt und ist das erfolgreichste System, weil es mit der kleinsten Zahl von Zeichen (Alphabet) auskommt.
Der Diskos von Phaistos enthält insgesamt 45 verschiedene Zeichen, zu wenig für eine ideographische (Bilderschrift) und zu viel für eine alphabetische Schrift. Wir dürfen daher annehmen, daß es sich hier um eine Silbenschrift handelt.
Leider gibt es nichts, was auf eine Verwandtschaft dieser Schrift mit irgendeiner Schrift des östlichen Mittelmeerraums, des Nahen Ostens oder Ägyptens hinweist. Der Diskos bleibt daher isoliert.

Bibliographie

• P. Demargne *La naissance de l'art grec.* Paris 1974
• L. Godart *L'invenzione della scrittura. Dal Nilo alla Grecia.* Turin 1992
• – »I Minoici«, in: *Archeo* VII, 4,86. April 1992, S. 48–112
• – *Il disco di Festo. L'enigma di una scrittura.* Turin 1994
• – »La civiltà delle Cicladi«, in: *Archeo* IX, 2,108. Februar 1994, S. 56–99
• – »Le mystère du disque de Phaistos«, in: *Archéologie Nouvelle* 4, 1994, S. 72–85

↑ Das Zeichen 12 des Diskos könnte einem Kernos mit näpfchenförmigen Vertiefungen (zur Aufnahme von Opfergaben), wie wir ihn aus dem Palast in Malia kennen (oben), nachgebildet sein.

Die kyklopische Architektur der Mykener

Im 14. Jahrhundert v. Chr. stand die bronzezeitliche Zivilisation von Mykene, wie wir das frühe Griechentum nach einem seiner Hauptorte nennen, in höchster Blüte. Damals scheint die Aristokratie der Peloponnes politisch und wirtschaftlich eindeutig die Vorherrschaft in der Ägäis besessen zu haben.

Aus bescheidenen Zentren, zumeist auf Anhöhen unweit des Meeres gelegen, die eine Ebene oder ein Tal überragen, entwickelte sich hauptsächlich auf der Peloponnes ein städtebauliches Konzept, das sich eng an den Typus der minoischen Palaststadt anlehnte und in vielerlei Hinsicht an die mittelalterlichen Flecken erinnert, deren Häuser sich um die Burg des Lehnsherrn scharten. Wirtschaftlicher Aufschwung, nicht zuletzt dem keramischen und dem eisenverarbeitenden Kunsthandwerk zu verdanken, und der Unternehmungsgeist der Kaufleute, die das ganze Mittelmeer befuhren, führten zu großem Wohlstand. Die Palastarchitektur folgte auch weiterhin dem sehr alten Bauschema des Megarons (rechteckige Halle mit vorgezogenen Seitenwänden, den Anten), doch die Gebäude wurden nun größer, ihre Räume zahlreicher. Die Paläste haben Säulenhöfe, Vorhallen und Wirtschaftsbereiche. Sie sind umgeben von Wohnquartieren, die offensichtlich für Würdenträger mit politischen und militärischen Aufgaben vorgesehen waren. Die Befestigungsmauern wurden verstärkt und erweitert, gewaltige zwingerartige Toranlagen nach phrygischem Vorbild errichtet. Die Grabstätten nahmen monumentalen Charakter an; in den Grabkammern der Mächtigen trifft man vermehrt auf reichverzierten Goldschmuck – Zeichen des Reichtums und des hohen Ansehens der mykenischen Fürsten.

Mykene liegt auf einem Hügel mit Blick auf die fruchtbare Ebene von Argos und den nahen Golf von Nauplia. Durch Berge, tiefe Schluchten und abschüssiges Gelände gut gesichert (nur im Nordwesten war der Zugang ohne Schwierigkeiten möglich), zeigt es die für eine kriegerische Gesellschaft typischen Merkmale einer starken Befestigungsanlage. Die Festungsmauern wurden aus großen Quadern in sogenannter kyklopischer Bauweise errichtet (die späteren Griechen schrieben ihre Erbauung den Kyklopen, den Riesen der Sage, zu, so gewaltig wirkten auf sie die Steine).

← Die wichtigsten Gebäudekomplexe der Burg von Mykene: Löwentor (1), Kornspeicher (2), Schachtgräberkreis A (3), Wohnhäuser (4), Tempel (5), Tsountas-Haus (6), Palast (7), Säulenhaus (8), Nebentor (9), Ausfallpforte (10)

↑ Goldene Totenmaske eines Fürsten (sogenannte Maske des Agamemnon) aus dem Schachtgrab V im Kreis A von Mykene (16. Jh. v. Chr.). Athen, Nationalmuseum

→ Lage der wichtigsten archäologischen Stätten auf der Peloponnes: Mykene und Tiryns in der Argolis, Pylos in Messenien

Die Steinblöcke sind unregelmäßig behauen und mörtellos zu zwei Mauerschalen gefügt. Die Innenfüllung besteht aus Erde und Steinen. Sie wurde im 13. Jahrhundert errichtet, später verstärkt und erweitert. Sie umfaßt das berühmte Schachtgräberrund A, das Schliemann 1876 ausgegraben hat und das ursprünglich außerhalb einer älteren Befestigungsmauer lag, die damals weiter oben verlaufen sein muß und eine noch ziemlich kleine Burg umgab. Hauptzugang war das prächtige Löwentor (tatsächlich sind keine Löwen, sondern Löwinnen dargestellt). Im Norden gibt es noch ein Nebentor. Im Ostende der Mauer wurde später ein zwingerartiger Bau angefügt; von ihm führten je eine Ausfallpforte nach Norden und nach Süden sowie ein Treppenweg zu einer unterirdischen Schöpfstelle.
Das Löwentor ist in der uralten Trilithentechnik errichtet, die wir aus den Megalithkulturen kennen. Dazu wurden drei gewaltige Steinblöcke verwendet: Zwei stehen aufrecht, einer liegt darauf. Beim Löwentor kommt noch ein Block hinzu: die Türschwelle, auf der sich das Tor erhebt. Am größten ist der nach oben abgerundete Sturz. Über ihm kragen die Quadern der Mauer so vor, daß ihr Gewicht nicht auf dem Sturz ruht. Dadurch entstand ein mehr als 3 Meter hohes leeres Dreieck, in das das Löwenrelief, gearbeitet aus einer rund 70 Zentimeter starken Kalksteinplatte, gestellt ist.

Besser als in Mykene kann man in Tiryns die Verbindung von Befestigungsmauer und Palast erkennen. Die Außenmauern aus der Zeit um 1250 sind bis zu 8 Meter dick. Das Haupttor war über eine Rampe zu erreichen, die an der Mauer emporführte und von dort im Falle eines Angriffs unter Beschuß genommen werden konnte. Wenn es einem Angreifer gelungen war, den Haupteingang zu überwinden, mußte er sich nach links wenden, einen langen schlauchartigen Zwinger passieren, bis er ein erstes, dann ein zweites Festungstor erreichte. Auf der ganzen Wegstrecke konnte er von den Mauern herab und zu ebener Erde angegriffen werden. Dann kam er zum ersten Hoftor, das sich nach rechts öffnete. Die Hauptachse des Palastes ist in Nord-Süd-Richtung auf den großen Thronsaal des Megarons ausgerichtet, kenntlich an der niedrigen kreisrunden Herdstätte in der Mitte des Raums mit bemalter Umrahmung, wie wir es auch von Pylos und Mykene kennen. Um den Herd erhoben sich vier Holzsäulen, die das Dach stützten.

Um den Zentralkomplex, in dem es auch ein kleines Bad gab, lagen die Räume der Bediensteten sowie Zisternen. In der südöstlichen Bastion der Außenmauer befindet sich ein ungewöhnliches System gedeckter Galerien, die sogenannten Kasematten, die Verteidigungszwecken gedient haben. Gedeckt sind sie mit dem falschen Gewölbe, einer spitzbogenartigen steinernen Dachkonstruktion, bei der die horizontal gelagerten Steine nach oben Reihe für Reihe etwas über die untere Lage nach innen vorkragen, bis sie schließlich zusammentreffen. Auf diese Weise wird der lotrechte Druck auf die seitlichen Bauteile umgelenkt.
Die Grabungen in Pylos (Messenien) haben die Grundmauern eines Palastes zum Vorschein gebracht, die den Zustand vor der Zerstörung zeigen; damit liefert er ein sehr gutes Bild von der inneren Anlage mykeni-

↑ Das berühmte Löwentor in Mykene (Ende des 14. Jhs. v. Chr.). Auf dem Relief sind zwei Löwinnen dargestellt. Säule und Basis verraten minoische Vorbilder.

→ *Das sog. Schatzhaus des Atreus (14. Jh. v. Chr.). Bemerkenswert sind der lange, nach oben offene Zugang (Dromos), der Kuppelraum (Tholos) und die in den Fels gehauene Grabkammer an der Seite.*

scher Paläste. Da er aber, anders als die übrigen, unbefestigt war, muß sein Äußeres eher dem einer Landvilla geähnelt haben, einem Zentrum der örtlichen Feldwirtschaft und des Handwerks. Nach der Überlieferung sollen in ihm Neleus und Nestor geherrscht haben.

Im Palastarchiv wurden 1200 Tontäfelchen, beschriftet in Linear B, gefunden, die von der Feuersbrunst, der der Palast um 1190 v. Chr. zum Opfer fiel, gebrannt worden waren, so daß sie die Zeit überdauert haben. Sie haben wichtige Hinweise zur Entzifferung der Silbenschrift geliefert, in der der frühgriechische Dialekt geschrieben wurde.

Man betrat den Palast durch ein Propylon mit je einer Säule zwischen den Anten vor und hinter der Türwand, seitlich anschließend Räume für die Wachen und die königlichen Archive. Hinter dem Eingang öffnete sich der Palasthof. Durch eine Vorhalle gelangte man ins Megaron mit der niedrigen Herdstätte in der Mitte, umgeben von vier Säulen, die das Dach stützten, in der Mitte der rechten Wand der Thron. Über Treppen und Flure waren die kleineren Räume erreichbar: Wohnräume und Magazine. Offenbar hatte der Palast zwei Stockwerke, das obere mit Balkongalerien und hellen Deckenfenstern. Als Baumaterial dienten vorwiegend Stein für das untere Mauerwerk, darüber Holz und Stuck, was einen höheren Aufbau erlaubte.

Bemerkenswert sind auch die mykenischen Grabbauten. Auf die erwähnten Schachtgräber folgen um etwa 1400 die Kammergräber, die in den Felsgrund gehauen wurden. Zu der gewöhnlich viereckigen Grabkammer von 6 Meter Seitenlänge führte ein kurzer, nach oben offener Zugang *(dromos)*. Letzterer verweist auf Ägypten, mit dem die Mykener in engen wechselseitigen Beziehungen standen. In der zweiten Hälfte des 14. Jahrhunderts entstanden die riesigen und zugleich originellsten Grab-

↑ *Der Zugangsdromos und der Eingang zum sog. Grab der Klytaimnestra mit großem Entlastungsdreieck (14. Jh. v. Chr.)*

↑ *Ein interessantes Beispiel für die Keramikproduktion in Mykene ist dieses Rhyton (tiergestaltiges Ritualgefäß) in Form eines Stierkopfs, eine Nachahmung feinerer Stücke aus Stein und Edelmetall.*

bauten der mykenischen Welt: die Kuppelgräber *(tholoi)*. Sie dienten fürstlichen Beisetzungen. Der Typus stammt wahrscheinlich aus Kreta. Die schönsten Beispiele trifft man in Mykene an. Das »Schatzhaus des Atreus« ist in Wirklichkeit ein großes Kuppelgrab, das sämtliche Merkmale dieses Grabtyps besitzt. Der 36 Meter lange und 6 Meter breite, nicht gedeckte Dromos ist in den Abhang eingeschnitten und führt zwischen schrägen Mauern aus großen Konglomeratquadern auf das gewaltige Eingangsportal zu, das mehr als 5 Meter hoch und fast 3 Meter breit ist. Es ist restauriert und verrät minoische Einflüsse. Das Entlastungsdreieck darüber entspricht dem des Löwentors. Der Kuppelraum hat einen Durchmesser von 14,50 Meter und ist 13 Meter hoch. Die Kuppel ist nach dem Prinzip des falschen Gewölbes gebaut. In einem zweiten Arbeitsgang wurden ihre Ecken abgeschlagen und alles so fein bearbeitet, bis die spitzbogig-sphärische Kuppel entstand. Rechter Hand öffnet sich im Fels die kleine Grabkammer. Über der Kuppel erhebt sich ein Hügel *(tumulus)*.

Von der mykenischen Kunst existieren zahlreiche Zeugnisse allerhöchsten Niveaus; dennoch vermögen die Reste der Wandmalereien in Mykene, Tiryns und Pylos nur eine unzureichende Vorstellung von der leuchtenden Vielfarbigkeit der Paläste wiederzugeben. Stärker beeindrucken die prächtigen Gegenstände aus Gold und Silber, etwa die berühmten Totenmasken (darunter auch die fälschlicherweise Agamemnon zugeschriebene), die Dolche mit Einlege- und Nielloarbeiten, die großen tiergestaltigen Ritualgefäße *(rhyta)*, die Becher von Vaphio sowie die vielen Schmuckstücke aus den Gräbern der Fürsten und, nicht zu vergessen, die allerfeinsten Töpferwaren, deren künstlerische Sprache immer stilisierter wird.

Bibliographie

• J. B. Wace *Mycenae. An Archaeological History and Guide*. Princeton 1949
• W. Taylour *Micenei*. Mailand 1964
• G. Mylonas *Mycenae and the Mycenean Age*. Princeton 1966

← *Dieses Werk erfaßt einen der Hauptzüge der mykenischen Gesellschaft, ihr kriegerisches Wesen: Das Fresko aus Tiryns (1350 v. Chr.) stellt einen Krieger dar. Athen, Nationalmuseum*

↓ *Computerrekonstruktion des Megarons von Mykene (Farben und Schmuckformen beruhen auf Annahmen) mit der großen Herdstätte in der Mitte, umgeben von vier Säulen, die sich nach unten verjüngen*

↑ *Eine lebendige Vorstellung vom ursprünglichen Aussehen des Megarons im mykenischen Palast von Pylos in Messenien liefert die hypothetische Rekonstruktion des Zeichners Piet de Jong.*

Bologna, princeps Etruriae

Plinius der Ältere, der römische Schriftsteller des ersten vorchristlichen Jahrhunderts, nannte Bologna »princeps Etruriae« (die Vornehmste oder Fürstin Etruriens) und schrieb ihr in der etruskischen und der italischen Geschichte eine besondere Rolle zu. Am Reno in der Poebene gelegen und vom Osservanzahügel geschützt, war das alte Felsina bereits im 9. Jahrhundert v. Chr. besiedelt (für das Ende der Bronzezeit, das 10. Jahrhundert, liegen keine datierbaren Zeugnisse vor) und wurde bald das Zentrum der eisenzeitlichen Villanovakultur, die sich bis zur Mitte des 6. Jahrhunderts über die heutige Toskana ausbreitete. Nach der Entdeckung der Nekropole von Villanova di Castenaso bei Bologna im vergangenen Jahrhundert versteht man unter diesem Begriff die etruskische Kultur während der frühen Eisenzeit (vom 9. bis zur Mitte des 6. Jahrhunderts v. Chr.).

Die Siedlung entstand wohl aus der Begegnung von Menschen aus dem nördlichen Etrurien, der heutigen Toskana, mit Einheimischen, die Landwirtschaft, Viehzucht und Handel trieben. Die geographische Lage machte sie zu einem Knotenpunkt zwischen der Apenninenhalbinsel, Nordeuropa und – über die Häfen der Adria – auch dem östlichen Mittelmeer. Schon im 8. Jahrhundert erreichte sie eine bemerkenswerte Größe. Sie bestand aus mehreren Dörfern und bedeckte im 7. Jahrhundert eine Fläche von mehr als 300 Hektar. Rom hatte noch im 6. Jahrhundert eine Ausdehnung von nur 150, im 4. Jahrhundert von 285 Hektar.

Aus der dörflichen Struktur der Ansiedlung ergibt sich eine auffällige hierarchische Gliederung zwischen Zentrum und Peripherie, die über mehr als drei Jahrhunderte hinweg keine wesentliche Veränderung erfahren hat. Diese Stabilität dürfte die Stellung der Hauptsiedlung gestärkt haben, jedoch nicht zum Nachteil der kleineren Dörfer, die die Verkehrswege und Handelsrouten kontrollierten und davon profitierten.

Trotz der Einflüsse von außen, weitreichender Kontakte und demogra-

→ Feuerbock aus Terrakotta in Form von Pferdeköpfen, die mit kleinen Kreisen und schematisierten Darstellungen von Wasservögeln verziert sind (7. Jahrhundert v. Chr.). Der größte Teil der Siedlungsfunde aus der Villanovakultur von Bologna wurde in den Jahren 1872 bis 1890 gemacht, als die Stadtverwaltung neue Baumaßnahmen in Angriff nahm.

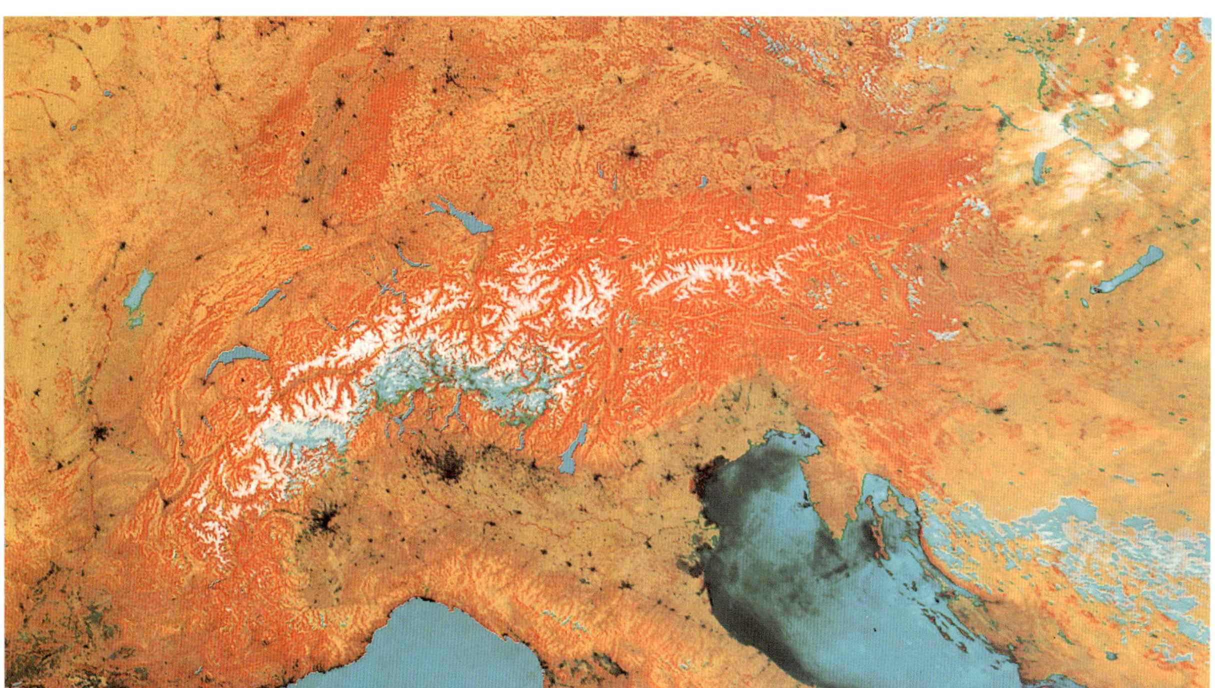

← Satellitenaufnahme mit der Poebene südlich der Alpen. Die jüngsten Funde deuten darauf hin, daß die Besiedlung des Gebiets in der Zeit vom 9. bis in die erste Hälfte des 8. Jahrhunderts v. Chr. ständigen Schwankungen unterworfen war. Vom Ende des 8. an und im 7. Jahrhundert entstanden die meisten neuen Siedlungsgebiete, während die neuen Wohnstätten des 6. Jahrhunderts zu 90 Prozent auf bereits vorhandenem Siedlungsgelände entstanden sind, was offenbar eine Konzentration der Bevölkerung und eine Stagnation der Siedlungsgründungen bedeutet.

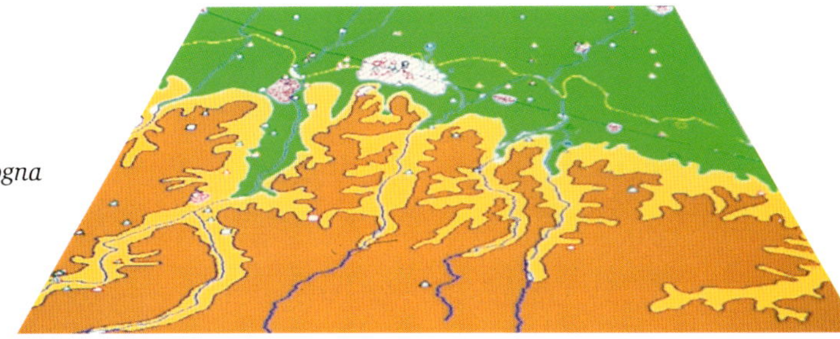

→ *Besiedlung der Ebene von Bologna zur Zeit der Villanovakultur. Bei dieser Computergraphik sind die bis heute bekannten Daten berücksichtigt.*

phischer Veränderungen blieb die vorherrschende Wirtschaftsform die Selbstversorgung (Subsistenzwirtschaft). Eine der dringlichsten Aufgaben bestand zweifellos darin, Rohstoffe und Erzeugnisse effizient und gleichmäßig zu verteilen. Dazu mußte ständig die Organisation verbessert werden, mit der der Transport der landwirtschaftlichen Produkte und die Dienstleistungen geregelt wurden.

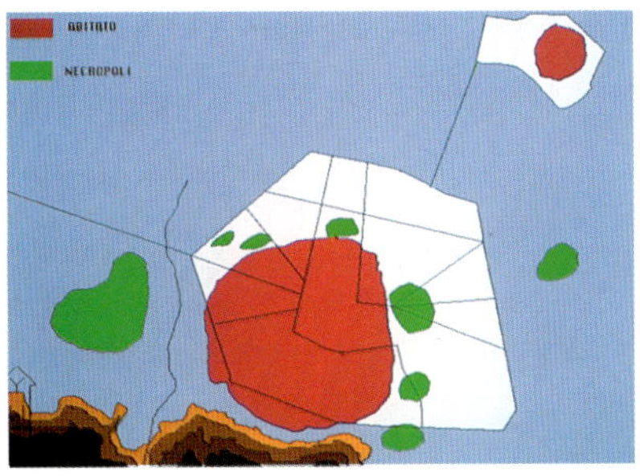

← *Die Entwicklung der Besiedlung von Bologna zur Zeit der Villanovakultur: in der Mitte (rot) die mehr als 300 Hektar große Siedlungsfläche, am Rand die Begräbnisstätten (grün).*

Wie die Grabausstattungen belegen, nahmen in der zweiten Hälfte des 8. Jahrhunderts die gesellschaftliche Differenzierung und der Wohlstand zu. Grund und Boden wurden in kleinere Parzellen aufgeteilt. In dieser Zeit sind auch die Einflüsse aus dem Osten (orientalisierender Stil) zu bemerken, wie etwa die Grabstelen, die sogenannten protofelsineïschen Steine, erkennen lassen. Für die Siedlungsforschung ist es von Bedeutung, daß die Stelen nicht nur im ursprünglichen Zentrum, sondern später auch im übrigen Gebiet vorkommen, wie es Funde aus Saletto, San Giovanni in Persiceto, Crespellano und Casalecchio di Reno (7. Jahrhundert) belegen. Die Bedeutung des Gebietes in dieser Zeit wird noch unterstrichen durch den Typus der Stelen und der Zippi (Gedenksteine außerhalb des Grabes), und dies um so mehr, als sie nun in Bologna selbst viel seltener erscheinen. Die Stele Malvasia Tortorelli und insbesondere die Stele aus der Via Tofane zeigen eine künstlerische Formensprache, die wahrscheinlich nicht durch Vorbilder, sondern direkt durch orientalische Handwerker nach Bologna vermittelt wurde.

Alles spricht dafür, daß zu dieser Zeit ein sozialer Wandel stattgefunden hat, der zur Herausbildung einer ländlichen Aristokratie geführt hat. Eine Bestätigung dafür lieferte in jüngster Zeit die Nekropole von Casteldebole gleich im Westen Bolognas. Besonders prunkvolle Grabausstattungen, darunter Schwerter, zeigen, daß es auch im Nachbargebiet hochstehende Gesellschaftsschichten gegeben hat. Die Tatsache, daß man die meisten Monumentalstelen in der Ebene und im Hochland gefunden hat, spricht ebenfalls dafür, daß die Gebiete mit intensiver Landwirtschaft einer strengen Kontrolle unterworfen waren.

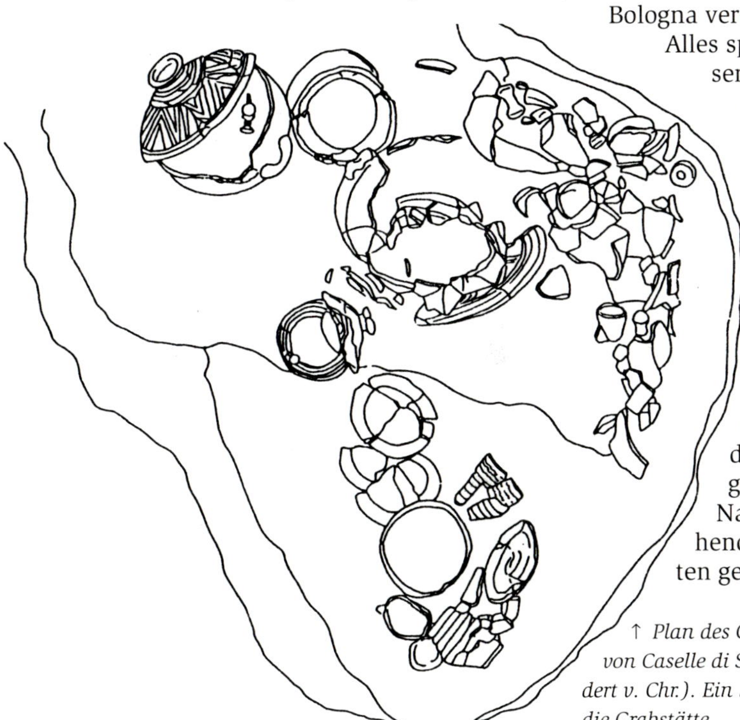

↑ *Plan des Grabes Nr. 25 der Nekropole von Caselle di San Lazzaro (7. Jahrhundert v. Chr.). Ein kleiner Erdhügel bedeckte die Grabstätte.*

Der Bronzehort von San Francesco. Am 17. Januar 1877 stieß man bei Kanalbauarbeiten auf der heutigen Piazza San Francesco im Zentrum Bolognas auf einen großen Krug (Höhe: 125 Zentimeter, Durchmesser: 95 Zentimeter). Er enthielt 14 838 Bronze- und nur drei Eisengegenstände. Gefunden wurde er im Fußboden einer Hütte der Villanovazeit. In ihm hatte man mit großer Sorgfalt gebrauchte Gegenstände verschiedenster Art gesammelt: Waffen, Geräte, Werkzeuge, Tonscherben, Metallplättchen, Schlacken, Gußreste, Fibeln, Dolche, Messer, Lanzenspitzen, Bruchstücke von Schwertern, Feilen, Raspeln, Sägen, Ahlen, Rundsicheln, Skalpelle, Rasiermesser, einen Amboß, Pferdezaumzeug, Angelhaken,

↑ *Steinkistengrab aus Sandsteinplatten mit Aschenurne und Deckelschale (9. Jahrhundert v. Chr.). Bologna, Museo Civico Archeologico*

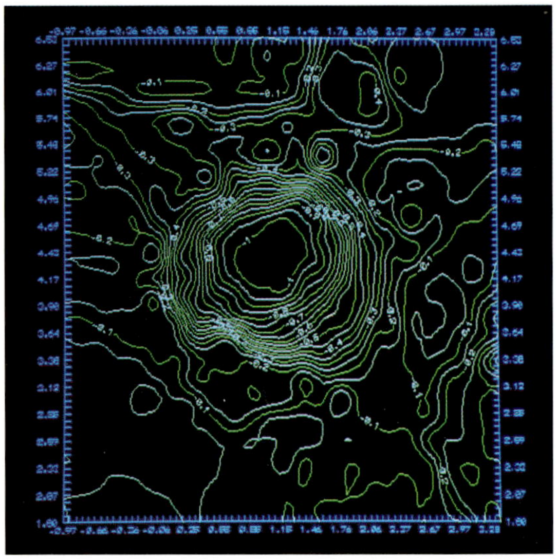

→ *Während der Grabungen per Computer vorgenommene Vermessung einer Villanovahütte*

Schmuckscheiben, Ringe, Gefäße, Nägel und Axtklingen, letztere in großer Zahl (4073). Alle Gegenstände stammen aus der Zeit vom Ende der Bronzezeit bis zum Beginn des 7. Jahrhunderts. Einige tragen Schriftzeichen oder Buchstaben, die vielleicht der Identifizierung und der Zählung dienten. Es ist der größte Fund dieser Art in Italien, eine kostbare Quelle für Informationen über das Alltagsleben und über das technische Wissen jener Epoche.
Seit Ende des vergangenen Jahrhunderts wird lang und breit darüber diskutiert, wie dieser Fund zu bewerten sei: War es ein Votivdepot, das Magazin einer Gießerei oder etwas ganz anderes? Tatsächlich dürften die Gegenstände, von denen viele alt, abgenutzt und unbrauchbar waren, noch immer recht wertvoll gewesen sein. Metall war an sich kostbar und wurde nicht weggeworfen, wenn etwas zer-

Die Villanovahütte

Die Schwierigkeiten, vor die sich die Archäologie gestellt sieht, wenn sie Gebäude der frühen Eisenzeit (9. bis 6. Jahrhundert v. Chr.) rekonstruieren will, beruhen darauf, daß diese aus vergänglichen Materialien errichtet waren und daher wenig Spuren, oft nur indirekte Hinweise, hinterlassen haben: Gruben, Pfostenlöcher, Kanäle, Fundamente oder Erdhügel. Man muß daher zunächst alle zur Verfügung stehenden Daten sammeln. Sehr aufschlußreich sind kleine Hüttenmodelle aus Ton, die in Gräbern gefunden und als Aschenurnen benutzt wurden. Danach hatten ihre Vorbilder einen elliptischen, kreisförmigen oder rechteckigen Grundriß und bestanden aus einem Raum, verschiedentlich auch aus zwei oder drei Räumen. Stützpfosten verstärkten innen und außen die Wand, die aus gestampftem Lehm und einem Holzgerüst errichtet wurde. In einigen Fällen besaßen sie einen Säulenvorbau. Der Fußboden bestand aus gestampfter Erde oder, häufiger, aus Holzdielen, die einen Hohlraum abdeckten. Auffallendstes Merkmal dieser Hütten ist diese künstliche, mehr als 2 Meter tiefe Aushöhlung. Vielleicht diente sie als Keller, zur kühlen Lagerung von Lebensmitteln. Das Dach bestand ebenfalls aus Zweigen, Holz und gestampftem Lehm, mit einer Öffnung für den Rauchabzug. Innen befand sich in der Mitte des Raums die Herdstätte mit Feuerböcken und Kochstellen aus Terrakotta. Die Inneneinrichtung war im großen ganzen bescheiden und bestand aus Holzmöbeln, Tischgeschirr, Töpfen und Wasserkesseln. Die größten Gefäße, in denen man Lebensmittel aufbewahrte, wurden im unterirdischen Teil unter dem Fußboden gelagert.

↑→ *Modell einer Villanovahütte aus dem 8. bis 7. Jahrhundert v. Chr.*

brochen oder unbrauchbar war, sondern bis zur Wiederverwertung aufbewahrt. Vielleicht war Bronze damals eine Vorform des Geldes und der Fund so etwas wie eine frühe »Nationalbank«, deren Aufgabe im Sammeln und sicheren Lagern des gemeinschaftlichen Reichtums an Metall bestand, das als Tauschwährung diente. Metallurgische Analysen der Gegenstände haben jedenfalls keinerlei Spuren einer Schmelztätigkeit an diesem Ort ergeben.

↑ *Zwei Pferdezaumzeuge mit Schmuckscheibe aus Bronze (Grab Nr. 34 der Nekropole Benacci-Caprara, 8. Jahrhundert v. Chr.). Bologna, Museo Civico Archeologico*

DIE GRÄBER. Die vorgeschichtlichen Nekropolen Bolognas umfassen mehr als 4000 Gräber. Jede Siedlung hatte ein eigenes Gräberfeld. Die ausgedehntesten Komplexe liegen im westlichsten Abschnitt jenseits des Flusses Ravone. Es handelt sich um die Grabstätten Benacci, Benacci-Caprara, De Lucca, Melenzani, Romagnoli, Cortesi, Nanni Guglielmini, Arnoaldi, Stradello della Certosa und Aureli. Südwestlich befinden sich die Nekropole »dell'Arsenale Militare«, im Osten die Grabstätten von San Vitale, der Via Savena, die zum ältesten Kern der Siedlung gehören, sowie die Gegend der Piazza della Mercanzia und der Via Savena. Im Norden dagegen ließen sich nur kleine Grabfelder aufspüren.

← *Gewandspangenpaar (Fibeln) aus Bronze aus dem Grab Aureli 11 (Ende 7. Jh. v. Chr.). Bologna, Museo Civico Archeologico*

↓ *Bronzefibel in Form eines Blutegels (Ende 7. Jh. v. Chr.). Bologna, Museo Civico Archeologico*

In der Villanovakultur war Brandbestattung üblich. Die Asche des Verstorbenen wurde in einer bikonischen Urne (der kegelförmige Deckel ist auf ein ebensolches Gefäß gestülpt) beigesetzt. Erst mit dem Übergang von der frühen Eisenzeit zur geschichtlichen Epoche gegen Mitte des 6. Jahrhunderts wird dieser Ritus aufgegeben.

Die Formen und der wachsende Reichtum der Grabausstattung liefern uns nicht nur Hinweise zur Datierung, sondern erlauben uns auch, Schlüsse über die Vorstellungswelt, die wirtschaftliche Entwicklung und die Gesellschaftsstruktur der Villanovakultur zu ziehen.

Im 9. Jahrhundert sind die Gräber im allgemeinen eher bescheiden und vor allem gleichmäßig ausgestattet, Spiegel einer im Grunde egalitären Gesellschaft: Meist findet man nur bikonische Aschenurnen. In der ersten Hälfte des 8. Jahrhunderts tauchen andere Gefäßtypen auf wie Töpfe, Krüge und Tassen, dazu Bronzestücke, Gewandspangen und – in den Gräbern von Frauen – Metallgürtel mit Treib- oder Einlegearbeiten. Unter den Grabbeigaben für Männer finden sich vor allem Rasiergerät und Pferdezaumzeug, letzteres Ausdruck aristokratischer Macht. Ab Mitte des 8. Jahrhunderts wird die Ausstattung reichhaltiger: Vasen, Tafelgeschirr, verziert mit geometrischem Dekor und Metallplättchen, die die dunkelgebrannte, schwarzglänzende Keramik aufhellen. Eher selten stößt man unter den Beigaben für Männer auf Waffen, die lediglich in außergewöhnlich reich ausgestatteten Gräbern auftauchen. Typisch dagegen sind nach wie vor Rasiergerät, Schlangenfibeln mit gewundenem Bogen, Messer und Broschen. Die Gräber der Frauen unterscheiden sich vor allem durch die Spulen, Spindeln und Bogenfibeln mit Knocheneintarsien, Bernstein und Glaspaste. Gegen Ende des 8. und während des

→ *Grabsäulen-(Zippus-)Altar aus Sandstein (Via Fondazza). Der 1,90 Meter hohe und mit Pflanzenmotiven, Palmetten und Lotosknospen verzierte Stein ist ein Zeugnis für das hohe künstlerische Niveau der Stadt im 7. Jahrhundert v. Chr.*

ganzen 7. Jahrhunderts zeigt die Grabausstattung Einflüsse der Orientalisierung, einer komplexen geschichtlichen und künstlerischen Erscheinung, die damals sowohl im westlichen wie im östlichen Mittelmeerraum um sich griff. Aus dem Nahen Osten wurden Gegenstände erworben und Motive übernommen und weiterverarbeitet, die für die etruskische Adelsschicht so etwas wie Statussymbole waren und daher bei zeremoniellen Anlässen zur Schau gestellt und getragen wurden. Als Rangabzeichen der Lebenden durften sie bei den Bestattungsriten für die Toten nicht fehlen.
Zum neuen Bildrepertoire gehören nunmehr neben geometrischen Motiven Palmetten, Lotosblumen, Rosetten, Tiere aus Wirklichkeit und Phantasie, menschliche Gestalten. Sie finden sich in geprägter, eingelegter und reliefartiger Form auf dem Geschirr, in der Formensprache der Keramik und auf Bronzegegenständen.

↑ Die Plaketten aus vergoldetem Silber stellen Köpfe mit Haartracht nach ägyptischem Vorbild dar (Grab Aureli 11, Ende 7. bis Anfang 6. Jahrhundert v. Chr.). Bologna, Museo Civico Archeologico

Die Einführung der Schrift. Aus der Villanovakultur sind nur wenige schriftliche Zeugnisse in etruskischer Sprache überliefert. Bei den ersten Schriftzeichen auf Keramiken und Bronzegegenständen handelt es sich um einfache Buchstaben. Der Hortfund von San Francesco lieferte mehr als 100 Schriftzeichen und eine Namensinschrift. Einer der ältesten und längeren etruskischen Texte stammt aus Bologna selbst und ist auf einer kleinen Amphore (7. Jahrhundert) aus der Nekropole Melenzani zu finden. Diese Inschrift verläuft spiralförmig von rechts nach links und wurde vor dem Brennen in den weichen Ton geritzt. Die Deutung der 30 Wörter fällt schwer: Man konnte den Namen der Frau ausmachen, die den Gegenstand als Geschenk erhielt (Venus), den Namen eines der Schenkenden (Remesalu, vielleicht der Ehemann der Frau) und den des Töpfers (Remiru), der die Amphore geformt und die Inschrift eingeritzt hat *(zinake)*. Es konnte auch der Name des Gefäßes in einer Verkleinerungsform *(zavenuza)* gelesen werden. Nach der Art der Schreibung zu schließen, stammt die Inschrift von einem Handwerker aus dem nördlichen Etrurien.
Abgesehen von ihrer sprachgeschichtlichen Bedeutung liefert uns die Inschrift eine sehr viel wichtigere Information: Gegen Ende des 7. Jahrhunderts schrieb die herrschende Schicht etruskisch und gehörte gewiß auch zur etruskischen Kultur.

← Bronzene Situla (eimerförmiges Gefäß) aus der Certosa (Mitte 6. Jahrhundert v. Chr.) mit Kriegerszenen, Prozession und Tieren. Bologna, Museo Civico Archeologico

Besiedlung und Siedlungsmuster. Jüngste Ausgrabungen von Nekropolen und

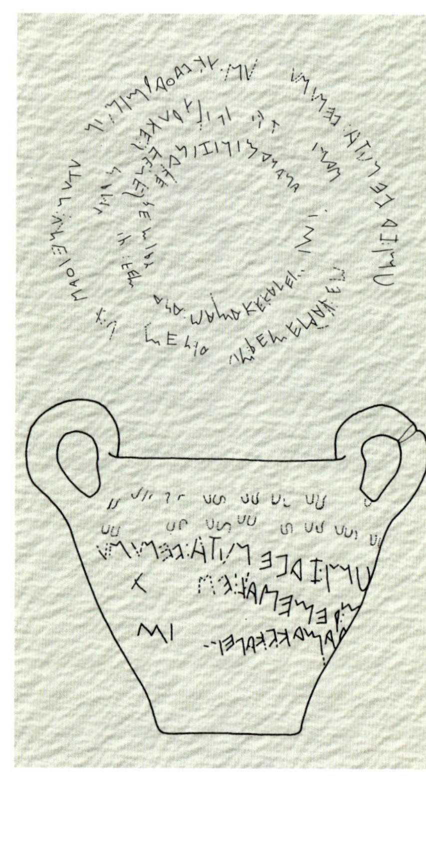

↓ Etruskische Inschrift von einer kleinen Amphore; sie besteht aus mindestens 30 Wörtern. (Nekropole Melenzani, 7. Jahrhundert v. Chr.)

→ Glockenscheibe aus Bronze (Grab Nr. 5 der Nekropole »dell'Arsenale Militare«, Ende 7. Jahrhundert v. Chr.). Dargestellt sind Szenen mit zwei elegant gewandeten Frauen beim Spinnen und Weben. Bologna, Museo Civico Archeologico

Ortschaften der Villanovakultur in der Ebene von Bologna haben bislang unbekannte Hinweise zur Siedlungstypologie in der Eisenzeit geliefert. Danach scheinen die Siedlungen gemeinsame Merkmale zu besitzen. Sie liegen an Flußläufen, deutlich getrennt vom Gräberfeld, das streng nach Norden ausgerichtet ist. Die Hütten haben unterschiedliche Grundrisse: von dem typisch viereckigen bis hin zu einem eiförmigen oder elliptischen. Die bebaute Fläche, fast immer in dem ziemlich bescheidenen Ausmaß von 6 bis 10 Quadratmeter und höchstens 25 bis 30 Quadratmeter, läßt darauf schließen, daß jeweils eine Familie ein Gebäude bewohnte.
Zwischen den Weilern gab es freie Flächen, die wahrscheinlich als Felder, als Weideland und zur Tierhaltung genutzt wurden. In der Mitte des Dorfes lagen die Einrichtungen für Handwerk und Gewerbe, worauf Spuren der Bearbeitung von Knochen und Horn sowie Gruben für Gießereiarbeiten hindeuten. Unweit davon gab es andere Gruben für Abfall, zum Auffangen von Wasser, zur Lagerung von Lebensmitteln und anderen Gütern.
Es gab Kanäle zur Entwässerung des Bodens, zur Wasserversorgung und für die Abwässer. Diese Wassergräben sind 4 bis 5 Meter breit und mehr als 2 Meter tief; im Querschnitt ist ihre Keilform mit deutlich konvexen Wänden zu erkennen. Sie scheinen zu einem ausgeklügelten Kanalisationssystem zu gehören, mit dem man die Bodenfeuchtigkeit regulierte und vielleicht auch die Parzellierung steuerte. Dieses System, das auch noch im 6. und im 5. Jahrhundert in Betrieb war, verrät einen ausgeprägten Hang zur Planung und zur Verwaltung des Gebietes sowie entwickelte Techniken der Bodennutzung.
In den Dörfern wurden vor allem Schafe (Wolle) und Schweine sowie in geringerem Umfang auch Rinder und Ziegen gehalten. Außerdem ging man auf die Jagd und betrieb Vogelfang und Fischerei. Untersuchungen der damaligen Fauna, in Ermangelung vergleichender Pollenanalysen, lassen auf eine ziemlich weit verstreute Besiedlung feuchter und recht großer Waldgebiete schließen.
Faßt man alle Daten zum Verlauf der Besiedlung zwischen den Flüssen Panaro im Westen und Idice im Osten für diese frühe Zeit zusammen, so ergibt sich folgende Entwicklung: Im 9. und im 8. Jahrhundert weitet sich das Siedlungsgebiet aus. Ab der zweiten Hälfte des 8. und im 7. Jahrhundert wächst die Anzahl der Ortschaften rapide. Im 6. Jahrhundert normalisiert sich die Situation wieder.

Bibliographie

• M. Zuffa »La civiltà villanoviana«, in: *Popoli e civiltà dell' Italia antica* 5. Rom 1976, S. 199–363
• *La necropoli villanoviana di Cà dell' Orbo a Villanova di Castenaso. Problemi del popolamento dal IX al VI secolo a.C.* (Ausstellungskatalog). Bologna 1979
• C. Morigi Govi, D. Vitali (Hg.) *Il Museo Civico Archeologico di Bologna*. Imola 1982
• G. Bermond Montanari (Hg.) *La formazione della città in Emilia Romagna* (Ausstellungskatalog II). Bologna 1987
• G. Bartoloni *La cultura villanoviana. All'inizio della storia etrusca*. Rom 1989
• R. Peroni *Introduzione alla protostoria italiana*. Bari 1994
• M. Forte, P. von Eles (Hg.) *La pianura bolognese nel villanoviano. Insediamenti della prima età del Ferro*. Florenz 1994

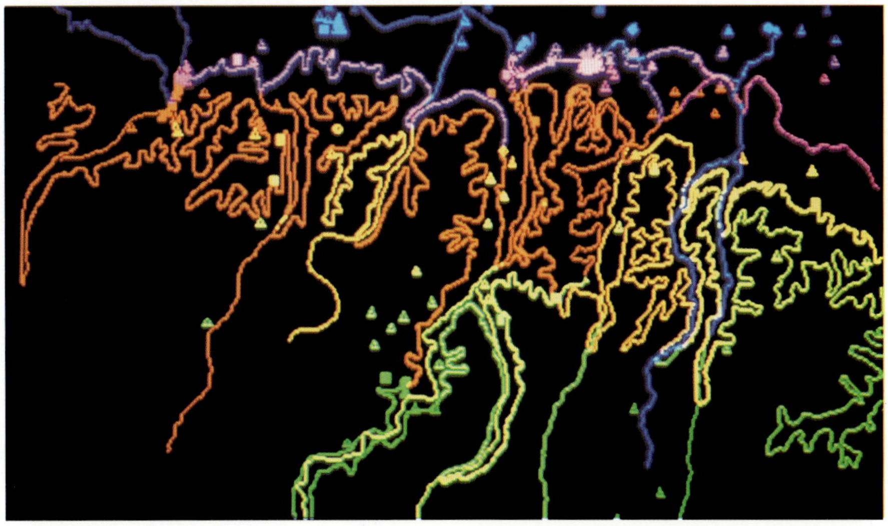

↑ Das Siedlungsgebiet der Villanovakultur von Bologna, wie es der Computer mit Hilfe des Geographischen Informationssystems (GIS) errechnet hat. Die archäologischen Stätten sind innerhalb ihrer Siedlungsdynamik erfaßt, wobei Landschaftsentwicklung, Geomorphologie und räumliche Beziehungen die für eine korrekte Interpretation abhängigen Variablen darstellen.

Verbreitung und Verarbeitung des Bernsteins

Eines Morgens gab Helios dem Drängen seines Sohns Phaëton nach, der ihn schon seit längerem gebeten hatte, den Sonnenwagen lenken zu dürfen. Phaëton wollte seinen Schwestern, den Heliaden, beweisen, daß er dazu Manns genug war. Da es ihm aber an der nötigen Kraft mangelte, um den Schwung der Rosse zu zügeln, die die Schwestern eingespannt hatten, geriet das Gespann mit der Sonne in solche Höhe, daß die Sterblichen vor Kälte fröstelten, dann dermaßen nahe an die Erde, daß sämtliche Felder vertrockneten. Darüber geriet Zeus so in Zorn, daß er Phaëton mit einem Blitzstrahl aus dem Wagen schleuderte. Phaëton stürzte in den Eridanos. Die trauernden Schwestern verwandelte Zeus in Pappeln – anderen zufolge in Erlen –, die am Flußufer Tränen aus Bernstein vergossen.

Diese Fassung des griechischen Mythos von Phaëton führt gut zum folgenden Thema hin, zur Verbreitung des Bernsteins während der europäischen Vor- und Frühgeschichte. Verucchio nahe Rimini war in der frühen Eisenzeit eines der wichtigsten Handels- und Verarbeitungszentren für Bernstein. Das Rohmaterial stammte von den südlichen Ostseeküsten und wurde zu kostbarem

↓ *Verbreitungswege des Bernsteins in vorgeschichtlicher Zeit von den Vorkommen in Nordeuropa nach Osten und ins nördliche Mittelmeergebiet. In der Bronzezeit und zu Beginn der Eisenzeit wird rege mit Bernstein gehandelt.*

Schmuck verarbeitet. Schon seit der Jungsteinzeit war dieses fossile Harz begehrt und besaß einen hohen Prestigewert. In der *Odyssee* (18, 294f) zum Beispiel ist unter den bedeutenderen Geschenken der Freier Penelopes »ein köstliches Halsgeschmeide, lauteres Gold, mit Ambra (Bernstein) besetzt, der Sonne vergleichbar«. Im Altertum wurden dem Bernstein zudem Unheil abwehrende und Heilkräfte zugeschrieben. In geschichtlicher Zeit haben Herodot und insbesondere Plinius über den Handel mit dem nordischen Bernstein berichtet.

↑ *Ohrring aus Grab Nr. 23 (Moroni) in Verucchio (7. Jh. v. Chr.). Der Bernsteinanhänger in Form einer Scheibe wird von dünnen, spiralförmigen Ringen aus Gold gehalten.*

Plinius *(Naturalis historia* 37, 3, 11, 43f) zeichnet die Route nach, die ein römischer Reiter zu Neros Zeiten zurücklegen mußte: Von den baltischen Gestaden gelangte dieser durch Germanien nach Carnuntum an der Donau (kurz vor dem heutigen Bratislava); von dort ging es durch die römische Provinz Pannonien nach Aquileia. Der Bernsteinhandel verband seit vorgeschichtlicher Zeit über weite Strecken hinweg die verschiedenen Zivilisationen Europas und des Mittelmeerraums. Alte Mythen nennen die Bernsteinfelsen (Electrides petrae) als Fundort des wertvollen Materials (das griechische *elektron* bedeutet wie das lateinische *electrum* Bernstein). Anderen Quellen zufolge wurde er

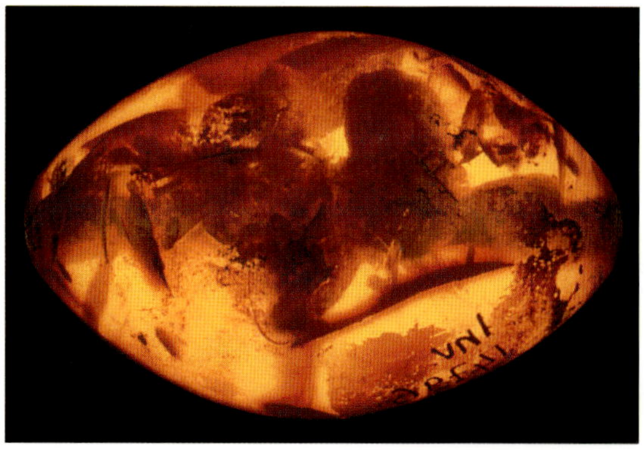

↑ *Bernsteinverkleidung einer Gewandspange (Fibel) aus Grab Nr. 118 (Lippi, 7. Jh. v. Chr.). Im Inneren sind Einschlüsse von Pflanzenteilen zu erkennen, was sich auf die Farbigkeit des Materials auswirkt.*

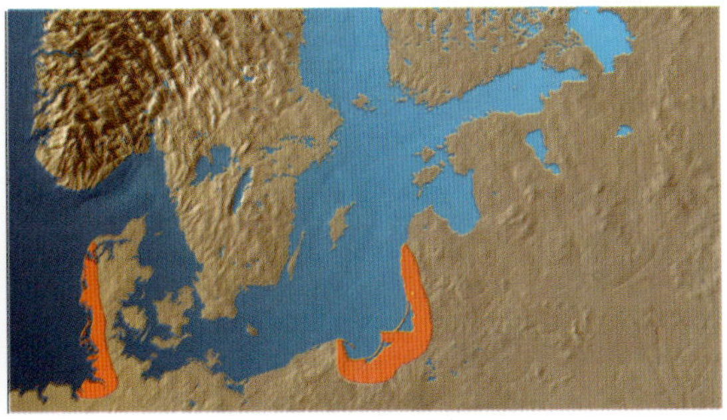

↑ *Die wichtigsten Bernsteinvorkommen befanden sich in Küstengebieten von Nord- und Ostsee, die im Tertiär von Nadelwäldern bedeckt waren.*

auch an der Mündung des Po oder immerhin doch an der nördlichen Adria gefunden. In dieser Gegend sind tatsächlich bereits seit vorgeschichtlicher Zeit Verarbeitung von und Handel mit Rohbernstein aus Nordeuropa bezeugt.

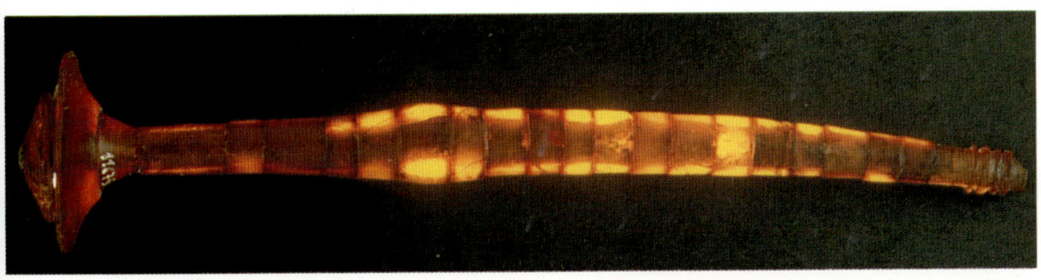

↑ *Gewandspange in Form eines Spinnrockens (Grab Nr. 47, Lippi, Mitte 7. Jahrhundert v. Chr.). Durch den Bernsteinbesatz sind winzige geometrische Muster zu erkennen.*

DER BERNSTEIN VON VERUCCHIO. Verucchio, vom 9. bis Mitte des 6. Jahrhunderts v. Chr. in der Hand etruskischer Fürsten und im Mittelalter von einer Burg der Malatesta beherrscht, erhebt sich auf einem großen Felsen von mindestens 300 Meter Höhe. Menschliche Ansiedlungen auf großen Felsen kennt man in der frühen Eisenzeit eher aus dem Norden Latiums, aus Umbrien und der Toskana. Offenbar haben die ersten Etrusker, die vermutlich im 9. Jahrhundert v. Chr. aus Südetrurien eingewandert sind, den Platz aus strategischen Gründen gewählt; vielleicht hat er sie auch an die Vulkanlandschaft im Inneren Etruriens erinnert.
In der Eisenzeit bot der etwa 15 Kilometer vom Meer entfernte Ort alle Vorzüge eines großen, nahe der See gelegenen Stadtstaates: ausreichend geschützt vor den Gefahren, die von See her drohten, andererseits nahe genug an der Küste, um Vorteile aus dem Handel, dem Verkehr und dem Transport zu ziehen. Der Hafen wird sich wohl an der Mündung des Marecchia befunden haben, nahe dem heutigen Rimini. Verucchio beherrschte ein großes Gebiet und konnte durch das Marecchiatal und über den Viamaggiopaß die Verbindungswege nach Mittelitalien, dem Tibertal und Südetrurien (Veji und Tarquinia) kontrollieren. Anders als die etruskischen Zentren in der Poebene und im tyrrhenischen Etrurien muß Verucchio wohl eine Enklave gewesen sein, umgeben von Völkern verschiedener Zunge und Kultur, darunter die Umbrer, die Picenter und, etwas weiter entfernt, die Veneter. Auch das würde die Wahl eines sicheren Platzes erklären sowie die zahlreichen Waffen, die in den Fürstengräbern gefunden wurden.
Ohne Zweifel besaß Verucchio eine Schlüsselstellung innerhalb der Handelswege zwischen Adria, Poebene, Tibertal und Mitteletrurien. Voraussetzung dazu war die Uneinnehmbarkeit des Ortes, in dem sich Händler und Handwerker niederließen. Doch von hier gingen die Verbindungen über See auch in entferntere Gegenden: nach Mittel- und Nordeuropa und dem östlichen Mittelmeerraum.
Es ist nicht ausgeschlossen, daß Verucchio bereits in ältester Zeit direkte oder mittelbare Kontakte nach Venetien unterhielt. Mit Sicherheit aber läßt sich sagen, daß der Ort die frühere Rolle von Frattesina (Rovigo) jenseits des Po geerbt hatte. Beide Orte haben auch gewisse topographische Ähnlichkeiten. Allerdings liegt Frattesina ziemlich weit von der Küste und den Flußschiffahrtswegen entfernt.
Verucchio war nun zum einflußreichen Zentrum der Bearbeitung und der Verteilung von Bernstein geworden, wobei auch die relative Nähe zum Meer von Bedeutung gewesen sein muß; denn der Hafen Verucchios bildete den Ausgangspunkt für den Seehandel übers Mittelmeer.

Ob der Hafen bei oder an der Stelle Riminis gelegen hat, ist nach wie vor ungewiß, da es bislang keine archäologischen Beweise gibt. Rimini, dessen lateinische Ortsbezeichnung

↑ *Fibel in Form eines Blutegels aus bearbeitetem Knochen aus Grab Nr. 47. Knochen und Bernstein sind zu komplizierten geometrischen Motiven in Einlegearbeit gefügt.*

← *Schemazeichnung der Bestandteile einer Bogenfibel: Bernstein mit Pigment- und Ritzdekor (1), Zinnplättchen (2), gefaltetes Bronzeblättchen (3), Bernsteinscheibe mit Einstecklöchern (4), Befestigungshölzchen der Scheibe (5), Achse (6)*

»Ariminum« sich wahrscheinlich aus der älteren etruskischen Form »Arimna« herleitet, wurde 268 v. Chr. römische Kolonie, nachdem es wohl schon sehr lange der Küstenschiffahrt als Hafen gedient hatte.

Die Grabbeigaben, die in Verucchio gefunden wurden, belegen eine bemerkenswerte Kunstfertigkeit der Handwerker; sie wurden für die Mitglieder der Oberschicht geschaffen. Es gab Bildhauer, Weber kostbarer Tuche, Bronzegießer, Metallverarbeiter, Kunsthandwerker, die Einlegearbeiten aus Holz, Elfenbein, Knochen und Bernstein fertigten. Einige von ihnen waren vermutlich aus Etrurien zugezogen. Ansonsten scheint der Ort seit Ende des 8. Jahrhunderts ein unabhängiges Machtzentrum mit etruskischer Oberschicht gewesen zu sein. Das jedenfalls legen einige Meisterwerke der Metallverarbeitung nahe, die griechischen Heiligtümern gestiftet worden sind, etwa die in Olympia und Samos ausgegrabenen etruskischen Bronzeschilde.

Bernstein taucht bereits im 9. Jahrhundert unter den Grabbeigaben in Verucchio auf. In den folgenden Jahrhunderten kommt er immer häufiger vor, am reichhaltigsten zur Zeit des orientalisierenden Stils (7. Jahrhundert). Die Ursache dafür dürfte im wachsenden Wohlstand der Fürsten von Verucchio liegen, die sicherlich vom Fernhandel profitiert haben. Auffällig ist das häufige Vorkommen von Bernsteinschmuck in Frauengräbern.

Das hohe Niveau des Kunsthandwerks in Verucchio zeigt, daß der Ort nicht nur ein Umschlagzentrum für Rohbernstein, sondern auch eine wichtige Produktionsstätte von bearbeitetem Bernstein war. Offenbar hatte sich in Verucchio eine hochentwickelte Bernsteinindustrie etabliert, die nicht allein die Nachfrage der lokalen Oberschicht befriedigte, sondern in der Lage war, einen weitaus größeren Markt zu beliefern. Zwar bewegte sich der Handel mit Bernstein auf denselben Wegen wie in früheren Zeiten, aber jetzt, während des orientalisierenden Stils, kamen die Interessen der Fürstengeschlechter mit ins Spiel, die im Austausch von Luxusgütern mit ausländischen Herrschern nicht auf kunsthandwerkliche Erzeugnisse aus Bernstein verzichten wollten; denn diese waren überall sehr gefragt.

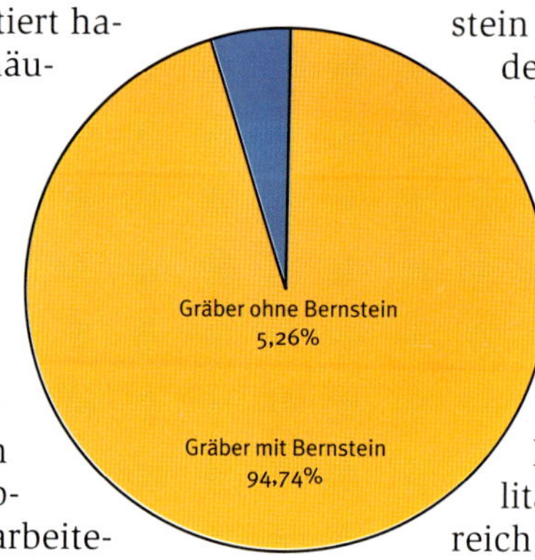

Techniken der Verarbeitung. Bernstein ist ein fossiles Harz, das sich im Tertiär aus bestimmten Nadelhölzern gebildet hat. Er ist glatt, handwarm beim Anfassen und lädt sich beim Reiben elektrisch auf. Der bekannteste Bernstein kommt von der Ostsee und stammt von einer Kiefernart *(Pinus succinifera)*. Seine Farbe schwankt zwischen hellgelb, orangerot und bräunlich. Den gelben Bernstein findet man in Norddeutschland (Schleswig-Holstein), in Dänemark (Jütland) und vor allem an der südlichen Ostseeküste (das alte Ostpreußen, heute Polen und Rußland, dort das ehemalige Samland = Bernsteinküste). Schlechtere Qualität gibt es in Südfrankreich, Italien, Spanien, Syrien und Rumänien. Die bekannten, eher dürftigen Vorkommen in Italien wurden auf Sizilien und in den Apenninen der Emilia-Romagna entdeckt.

↑ *Prozentualer Anteil von Bernstein an den Grabbeigaben. Er wurde vor allem in den Gräbern von Frauen gefunden.*

↑ *Fibel in Drachenform mit doppelter Nadel aus Gold (Grab Nr. 89, Lippi). Die 30,45 Gramm schwere Gewandspange trägt in der Mitte eine Rosette und ist mit Treibarbeiten und Granulation in Dreiecksmotiven verziert. Die 436 Körnchen sind nur Millimeterbruchteile dick (0,1–0,2 Millimeter). Die Nadel und der Bogen sind in drei Teilen gegossen.*

↑ *Schlangenfibel (Grab Nr. 20 unterhalb der Malatesta, 7. Jahrhundert v. Chr.). Goldblech auf Eisenkern*

Im Altertum wurden sie allerdings nicht ausgebeutet, da sie damals unbekannt waren.

Die zahlreichen Grabbeigaben in Verucchio sind aus vielerlei Materialien, darunter auch Bernstein, hergestellt und bieten eine breite Palette technischer Lösungen. So gibt es etwa Fibeln (Gewandspangen), die jeweils aus fünf oder sechs verschiedenen Werkstoffen gefertigt wurden: Knochen, Elfenbein, Bronze, Eisen, Bernstein oder Glasmasse. Dabei wurden Bernstein und Glasmasse nicht zusammen als Schmuckelemente verwendet: Wo das eine vorhanden ist, fehlt das andere.
Wahrscheinlich hat man den Bernstein erwärmt, bevor man ihn verarbeitete; so ließen sich Schnitt und Modellierung besser ausführen, ohne daß man viel Material einbüßte. Je nach gewünschter dekorativer Wirkung (Form, Farbe oder Transparenz) und mit Rücksicht auf die anderen Materialien, die verwendet werden sollten (etwa Bronze, Knochen, Elfenbein), wurde der Bernstein mit verschiedenen Techniken »geformt«, so etwa eine Gewandnadel in Form eines Spinnrockens aus 23 geschnittenen Bernsteinstückchen mit einem Loch in der Mitte. Den konischen Nadelkopf überragen zwei kleine Bernsteinscheiben, zwischen ihnen ist eine dünne Scheibe aus Bronze, die zusammen mit der übrigen Nadel gegossen wurde. Das Besondere daran ist, daß sich durch die Bernsteinstückchen hindurch dekorative Motive erkennen lassen wie etwa Mäander, Knospen und Pflanzenmuster. Da es keine speziellen Untersuchungen gibt, kann man nur vermuten, daß die Nadel einen Kern besitzt, auf dem die Schmuckmotive eingeritzt oder gemalt sind; der Kern könnte aus Knochen oder auch aus Metall bestehen. Dazu gehörte merkwürdigerweise ein Bronzemesser mit einem Griff, der mit zwei Bernsteinstückchen und vier kleinen Elfenbeinscheiben verziert ist. Auch hier schimmern Verzierungen durch den Bernstein hindurch: Mäander, die im Bernstein eingeschlossen scheinen.
Unter den Fibeln, deren Bogen aus Bernstein und Knochen gebildet sind, kommen solche mit Einlagen aus Bernstein besonders häufig vor. In den Gräbern fanden sich auch eingliedrige Gewandspangen in Bogenform, deren Kern Fassungen aus bearbeitetem Knochen zur Aufnahme der Bernsteineinlagen besitzt. Bei einer Fibel lassen sich mehr als 300 kleine kreuzförmige und fast 30 rechteckige Einlagen aus Bernstein zählen. Es sind Gegenstände von kaum mehr als 10 Zentimeter Länge, die aus 350 bis 400 Einzelteilen bestehen können. Die verwendeten Knochenstücke stammen von Rindern und sind rechteckig oder trapezförmig zugeschnitten und poliert, und zwar unterschiedlich konvex, damit die Oberfläche des Bogens die gewünschte gerundete Form erhielt, etwa bei der sogenannten Blutegelform. Interessanterweise haben die kleineren Vertiefungen innen winzige runde Löcher (fast immer fünf pro Vertiefung), in die die Bernsteineinlage zum besseren Halt eingepaßt wurde. Die größeren Einlagen dagegen, ob trapezförmig oder rechteckig, sind in die Fassun-

↓ *Detail der links abgebildeten Fibel. Das Goldblech, das den Eisenkern verkleidet, wird von einem doppelten, zu einer Spirale gedrehten Draht gehalten. Die acht seitlichen Knöpfe sind am Bogen der Gewandspange mit kleinen Haken befestigt. Die Verzierung besteht aus Granulation und Filigranarbeit.*

← *Detail der Drachenfibel (links) aus Grab Nr. 89. Bemerkenswert an der Mittelrosette sind die Dreiecksmotive in Granulation, die zum Mittelpunkt ausgerichtet sind.*

Bronzegegenstände

Mit chemisch-physikalischen Untersuchungen kann man die Verarbeitung der Materialien sowie die Produktionsstätten und so weiter in der Antike erforschen. Die metallurgischen Analysen antiker Bronzen und Metalle im allgemeinen gelten den Legierungen und den Schmelztechniken. Bei den Bronzen von Verucchio kamen zwei Methoden zur Anwendung: die Spektrophotometrie der Atomabsorption, eine Methode, mit der man die chemischen Bestandteile identifizieren und quantifizieren kann, sowie die Untersuchung unter dem Mikroskop. Bei den Bronzegegenständen von Verucchio haben die ersten Resultate einen Anteil von Zinn ergeben, der weitaus höher ist als der bei jenen Objekten aus dem 7. bis 6. Jahrhundert, die im tyrrhenischen Etrurien ausgegraben wurden. Die Analysen des Pferdezaumzeugs, das häufig als Symbol der Macht mit ins Grab gegeben wurde, haben ergeben, daß die Trensen und die dekorativen Teile aus verschiedenen Legierungen bestehen. Solche Untersuchungen belegen die hohe Spezialisierung und die Meisterschaft der Handwerker und zugleich den großen Wohlstand ihrer Fürsten.

← *Henkelgriff aus Bronze (Grab Nr. 3, Le Pegge). Er besteht aus einer durchbrochenen Scheibe mit einer Figur und zwei Flügeln oder geflügelten Tieren; sie wird von einer menschlichen Figur, ebenfalls aus Bronze, hochgehalten.*

In Verucchio finden wir Bernstein auch eingelassen in die Henkel kleiner Trinkbecher und in Elfenbeingegenstände, wie etwa konische Knöpfe, Gürtelschnallen und Griffe.

Goldschmiedekunst. Während des orientalisierenden Stils (Ende 8. bis 7. Jahrhundert) hat es in Etrurien den größten Umlauf an Edelmetallen gegeben, wie man an den Grabbeigaben hochgestellter Würdenträger ablesen kann. Die neuen Formen und Verarbeitungsmethoden gehen auf Kontakte mit dem Kunsthandwerk des Nahen Ostens zurück. Neuartige Ziertechniken der Goldschmiedekunst, wie Granulation und Filigran, ermöglichten eine neue

← *Teilansicht der gehämmerten Goldfolie aus Grab Nr. 18 unterhalb der Burg der Malatesta (7. Jh. v. Chr.). Teil einer Gruppe von Goldfolien, die Gewänder verzierten: Zu verlängerten Dreiecken mit geraden Seiten gehämmert, waren sie mit menschlichen Köpfen, runden Bossen, Äffchen, kleinen Schlangen und geometrischen Motiven verziert.*

gen perfekt eingefügt und gewinnen daher ihren festen Halt.
Bei den meisten Fibeln aus Knochen und Bernstein befinden sich an den Enden Bernsteinstückchen und kleine Scheiben mit gebogenen Öffnungen, um die Nadeln zu arretieren.
Andere Gewandspangen lassen Bernsteinscheiben mit beispielsweise rautenförmigen Knocheneinlagen, die wiederum mit Bernstein verziert sind, abwechseln.
Die Bernsteinstückchen haben kleine Löcher, die eine doppelte Funktion erfüllten: Einerseits wurden mit sehr kleinen Textilfäden die Einzelteile der Spange zusammengehalten, andererseits bildeten sie dekorative zylindrische Motive in gefälligem Streifenmuster.

↑ *Teil einer gehämmerten Goldfolie aus Grab Nr. 18. Ursprünglich in drei Punkten endend, zeigt sie abwechselnd Menschengesichter und runde, kleine Bossen.*

← *Holzthron aus Grab Nr. 89 unterhalb der Burg der Malatesta in Verucchio. Er ist mit Einlegearbeiten und Bronzebeschlägen verziert; die Szenen schildern die Verarbeitung und den Transport der Wolle und Episoden aus dem Alltagsleben.*

Form- und Bildsprache. So selten auch Gegenstände aus Gold in den Gräbern von Verucchio sind, so verfügen wir doch über Fundstücke von außergewöhnlicher Machart, die eine absolute Beherrschung der Verarbeitung sowie ein außerordentliches Bemühen um neue Gestaltungen erkennen lassen. Sie spiegeln darüber hinaus das große Ansehen wider, dessen sich die Fürsten von Verucchio erfreuten, deren Macht und Wohlstand. Nach Form und Funktion kann man die Gegenstände in verschiedene Gruppen aufteilen, etwa in Gewandspangen (Bogen-, Schlangen-, Drachenfibeln und andere) oder in Folien oder Plättchen, geprägt mit Texturornamenten. Dabei finden alle wichtigen Techniken der Goldschmiedekunst Anwendung: Guß, Intaglio, Granulation, Filigran, Ziselierung, Prägung.
Bei der Gußtechnik bediente man sich des Wachsausschmelzverfahrens (Guß in verlorener Form) oder goß den Gegenstand in eine Gußform aus zwei oder mehreren Schalen; sie bildeten das Negativ der zu gießenden Form mit einer Eingußöffnung für das flüssige Metall und einer Öffnung für die entweichende Luft. Die Etrusker wendeten meist das Wachsausschmelzverfahren an. Dabei wurde ein (positives) Modell des zu gießenden Objektes aus Wachs angefertigt. Das Wachsmodell wurde mit Ton, darin mehrere Öffnungen, umkleidet. Wenn die Tonummantelung gebrannt wurde, schmolz das Wachs und entwich durch die Öffnungen. Zurück blieb eine hohle Gußform, die innen den negativen Abdruck des Modells besaß. Durch eine Öffnung wurde nun aus einem Schmelztiegel das erhitzte flüssige Gold gegossen, während durch eine andere Öffnung die Luft entweichen konnte. Dann ließ man Guß und Form erkalten. Danach wurde die Tonumkleidung zerschlagen, die damit zerstört war (daher Guß in verlorener Form), und zum Vorschein kam das fertige Gußstück, eine genaue Kopie des Wachsmodells. Da sich beim Wachsausschmelzverfahren die Gußform nicht wiederverwenden ließ, war genaugenommen jeder gegossene Gegenstand ein einmaliges Exemplar, ein Unikat.

Bibliographie

- G. V. Gentili »Il villanoviano verucchiese nella Romagna Orientale e il sepolcreto Moroni«, in: *Studi e documenti di archeologia* I, 1985
- – »L' età del Ferro a Verucchio: cronologia degli scavi e scoperte ed evoluzione della letteratura archeologica«, in: *Studi e documenti di archeologia* II, 1986, S. 1–41
- N. Negroni Catacchio »L'ambra: produzione e commerci nell'Italia preromana«, in: *Italia: omnium terrarum parens*. Verona 1989, S. 659–696
- M. Forte (Hg.) *Il dono delle Eliadi: ambre e oreficerie dei principi etruschi di Verucchio* (Ausstellungskatalog). Rimini 1994

↑ *Teilansicht des Holzthrons aus Grab Nr. 89 (oben). Die Bildszenen sind nach den Prinzipien des orientalisierenden Stils symmetrisch angeordnet.*

Daunia, Siedlungen aus vorrömischer Zeit

Die Gegend, die früher Daunia hieß, umfaßt die heutige Provinz Foggia zwischen den Flüssen Fortore und Ofanto, einschließlich des Gargano, den Südosten des Ofantobeckens (Provinz Bari) und die Gegend um Melfi am Mittellauf des Ofanto und am Oberlauf des Bradano. Jede Region ist in geologischem Aufbau und Landschaftsbild anders, was sich auf Verteilung und Typus der Siedlungen ausgewirkt hat.

Die Zivilisation der Daunia entwickelte sich über mehr als sieben Jahrhunderte hinweg, von der frühen Eisenzeit (9. Jahrhundert v. Chr.) bis zum Beginn der Romanisierung (3. bis 2. Jahrhundert v. Chr.). Es war ein vergleichsweise geschlossener Kulturraum, der sich äußeren Einflüssen nur schwer öffnete. Als sich einflußreiche Adelsgeschlechter herausbildeten, nahm die Gesellschaft allmählich hierarchische Strukturen an. In dieser Zeit kamen auch die ersten bedeutenden Gräber auf (etwa zwischen 650 und nach 600); später (von 500 bis gegen 400) entstanden die fürstlichen Wohnsitze, die sogenannten Paläste. Nachdem der Adel im 5. Jahrhundert, so der archäologische Befund, in eine schwere Krise geraten war, haben die daunischen Fürsten, die *principes*, nach hellenistischem Vorbild im 4. und im 3. Jahrhundert zuerst die protourbane und dann die eigentlich städtische Architektur geschaffen, bis schließlich das ganze Gebiet romanisiert war. Im Unterschied zu anderen italischen Völkern haben sich die Daunier tatsächlich erst ziemlich spät zu einer städtischen Zivilisation entwickelt. Während der Eisenzeit siedelten hier die Menschen, wie wir es auch von den Bewohnern anderer Gegenden kennen, in vereinzelt gelegenen offenen Dörfern, das heißt kleinen Gruppen unbefestigter Hütten in der Ebene oder zu Füßen der Hügel, oder in Dörfern, die geschützt auf Höhen oder an anderen Orten lagen, wo sie von Natur aus sicher waren; im letzteren Fall wurden die Hütten oft so gruppiert, daß handwerklich genutztes Gelände vom Weideland getrennt war. Die Wirtschaftsstruktur scheint sich lange Zeit auf die Selbständigkeit und Gleichrangigkeit der kleinsten Siedlungseinheiten gestützt zu haben, die jeweils große Gebiete bewirtschafteten. Im Laufe der Zeit dürften sich je nach Lage und Notwendigkeit Spezialisierung und Arbeitsteiligkeit im Produktionsprozeß herausgebildet haben; und es gibt nun ein räumlich bedingtes Grundmuster der Besiedlung: größere Ortschaften in zentraler Lage (50 bis 80 Hektar) oder kleinere Bauerndörfer (1 bis 5 Hektar). Es waren offene, einsehbare Dörfer, so daß die optische Verbindung zu den Nachbarsiedlungen stets gewährleistet war. Da sie nur in seltenen Fällen weiter als zwei bis drei Wegstunden auseinanderlagen, waren sie jederzeit untereinander erreichbar. Für die Kommunikation brauchten sie in der Tat kein städtisches Vorbild, da der Zusammenhalt schon bemerkenswert eng und gut war: Mit dieser Dorfstruktur konnte das Gebiet gut kontrolliert und bewirtschaftet werden. Die städtische Kultur, die ein ganzes Gebiet auf die Stadt als zentrales Verwaltungszentrum hin orientiert, war in der Daunia ein ganz und gar fremdes Element. Hier wurde es erst eingeführt, als die Hellenisierung bereits abgeschlossen war (vor 300 bis gegen 200), wobei zuerst die samnitische, dann die römische Expansion die Entwicklung vorantrieb.

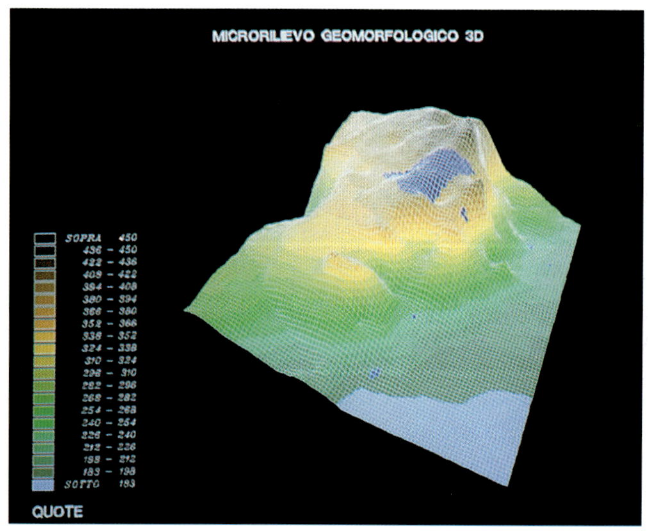

↑ *Computerrekonstruktion der Landschaft von Ascoli Satriano (Foggia) während der Eisenzeit mit ihren Höhenunterschieden. Die Siedlungsgebiete sind blau markiert.*

↓ *Plan des Hypogäums Varrese von Canosa mit einem Mittelgang und fünf Räumen*

→ *Die bedeutendsten Siedlungen der antiken Daunia. Das Gebiet war recht ausgedehnt und wurde durch verschiedene Siedlungsentwicklungen über mehr als fünf Jahrhunderte hinweg geprägt.*

SIEDLUNGEN UND BAUWEISE. Die Hütten wurden aus Stroh, ungebranntem Lehm und Holz gebaut. Der Grundriß entwickelte sich langsam vom rechtwinkligen Typ mit geradem oder rundem Abschluß, wie etwa in Salapia (10. bis 9. Jahrhundert), zu runden oder ovalen Bauten (7. bis 6. Jahrhundert), wie bei zahlreichen Siedlungen in Arpi, Cupola, Ordona und Lavello.

Am weitesten verbreitet war schließlich der Haustyp, bei dem der Herd in der Mitte stand, das Fundament aus Stein war, Pfosten die Wände abstützten und in manchen Fällen eine Art Portikus dem Eingang vorgelagert war. Die Entwicklung von der vorgeschichtlichen Haushütte aus leichtvergänglichem Material zu

Verschleierter Frauenkopf, aus einem Votivfund in Lucera (San Salvatore, 3. Jahrhundert v. Chr.)

Computerrekonstruktionen von daunischen Siedlungen (8. bis 4. Jahrhundert v. Chr.). Links: dreidimensionale Projektion, Mitte: Geländerelief, rechts: Feinrelief

Die Grabstelen

Die Grabstelen sind typische Zeugnisse der daunischen Kultur. Es handelt sich um anthropomorphe Skulpturen, mit denen die Gräber geschmückt waren. Am weitesten verbreitet waren sie im 7. und 6. Jahrhundert v. Chr., als die vorgeschichtlichen Siedlungen eine glanzvolle Epoche erlebten. Die Stelen sind aus weichem Kalkstein gehauen; der untere, nicht bearbeitete Teil ist in die Erde eingelassen, der obere trägt menschliche Züge: Der Verstorbene wird mit einem talarähnlichen Gewand, oft mit persönlichen Dingen oder Waffen wiedergegeben. Des weiteren finden sich geometrische Muster und figürliche Szenen aus dem täglichen Leben: Fischfang, Jagd, Seefahrt oder häusliche Verrichtungen wie Spinnen und Getreidemahlen sowie magisch-religiöse Rituale. Abgebildet wurden auch Begräbnisspiele sowie die letzte Reise des Verstorbenen in die Unterwelt. Verschiedentlich sind auf den Stelen kleine rot und schwarz gefärbte Gravierungen zu erkennen.
Die Stelen, die Männer darstellen, erkennt man daran, daß sie vier gerade Seiten haben und daß sie keinen persönlichen Schmuck zeigen. In vielen Fällen sind die Figuren mit Waffen (Kurzschwert), Schild und Brustschutz gerüstet. Die weiblichen Figuren sind reich mit Schnallen, Anhängern und Halsketten geschmückt, haben die Arme über der Brust gekreuzt und tragen Handschuhe. Zwei Vertiefungen am Hals sollen diesen länger erscheinen lassen. Die Menschendarstellungen dieser Bildsteine sind stark schematisiert. Weder soziale oder politische Stellung noch individuelle Persönlichkeit sind zu erkennen. Man stattete die Dargestellten nur mit dem unverzichtbaren magischen Abwehrzauber aus, damit sie ihre Reise ins Jenseits würden bestehen können. Der Oberschicht waren nicht nur eigene Tracht und Ikonographie vorbehalten, sondern mit Sicherheit auch diese Begräbniskultur, in deren Riten ihre Vorstellungswelt zum Ausdruck kam.

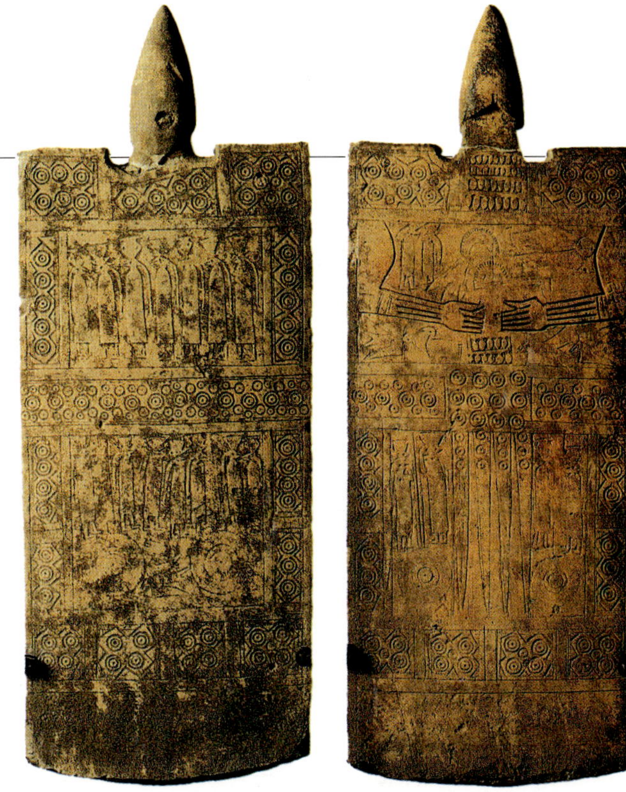

↑ *Frauenstele (6. Jahrhundert v. Chr.). Deutlich sieht man die Ornamente, die Arme sowie die geometrischen und figürlichen Motive, die um die Stele herumlaufen.*

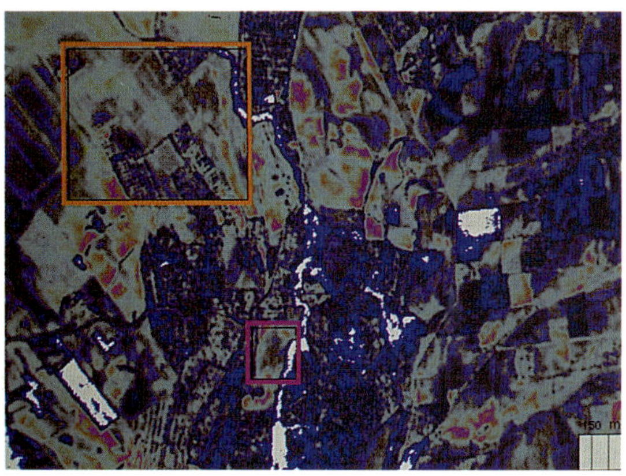

← *Im Computer bearbeitete Luftaufnahme der Gegend von Ascoli Satriano, eine Methode, mit der es gelungen ist, größere archäologische Objekte (etwa Gebäudereste) unter der Erdoberfläche zu orten*

einem Gebäude des »städtischen« Typs vollzieht sich nur langsam und nicht überall gleichzeitig. In einigen Orten erhalten sich die leichtgebauten Hütten noch lange. Sichtbar werden die Veränderungen gegen Ende des 6. Jahrhunderts, vor allem aber im 5. Jahrhundert. Von nun an baut man Häuser mit rechteckigem Grundriß auf einem Sockel aus Stein und Lehm, mit Wänden aus Holz und luftgetrockneten Lehmziegeln. Gedeckt waren sie mit Dachziegeln und manchmal mit aufgesetzten Palmetten geschmückt, die griechischen Einfluß verraten (in Banzi, Cannae und Ordona).
Eine Ausnahme bilden die öffentlichen Gebäude. In Canosa, Ortsteil Toppicelli, wurden Reste eines Gebäudes aus der zweiten Hälfte des 6. Jahrhunderts entdeckt. Es war ein kleines Heiligtum. Gebaut wurde es aus großen quadratischen Blöcken.

Der Bauschmuck aus Terrakotta verweist ebenfalls auf Griechenland. In Lavello und wahrscheinlich auch in Tiati und Ascoli Satriano hat es richtige Palastanlagen gegeben, die politisch-religiöse Funktionen gehabt haben müssen. Fundamente und Mauern des Palastes von Lavello waren aus Stein. Holzpfosten verstärkten die Wände und stützten das Dach, das ursprünglich noch aus vergänglichem Material bestanden hatte. Zu ebener Erde befindet sich ein rechteckiger Raum mit Vestibulum. Sowohl der kleine Tempel in Canosa als auch die Paläste, typische Beispiele der einheimischen Baukunst, können als späte Zeugnisse einer frühen Stadtarchitektur gelten, so wie zuvor die großen Palastanlagen der Etrusker.

Diese solidere Bauweise zuerst bei den öffentlichen, dann auch bei den privaten Gebäuden ist zum Teil Kultureinflüssen von außen zuzuschreiben, wie es auch die Verbreitung des Terrakottabauschmucks in griechischem und etruskisch-kampanischem Stil zeigt. Der runde Bauschmuck in Form eines Medusenhauptes (Gorgo) in der Gegend von Melfi verrät großgriechischen Einfluß wahrscheinlich aus dem Golf von Tarent, das um 706 von Griechen gegründet worden und bald zur mächtigsten Stadt Großgriechenlands (des von Griechen kolonisierten Süditalien) aufgestiegen war. Die umkränzten Köpfe in Zentral- und Norddaunia (Lucera, Arpi, Tiati) verweisen hingegen auf das etruskisch geprägte Kampanien. Da uns für lange Zeit städtische Beispiele fehlen, können wir nur an diesem Typ öffentlicher, privater und religiöser Bauwerke

→ *Spätgeometrischer Krug aus dem Grab Nr. 2 von Ordona (Werkstatt von Canosa, 550 bis 500 v. Chr.)*

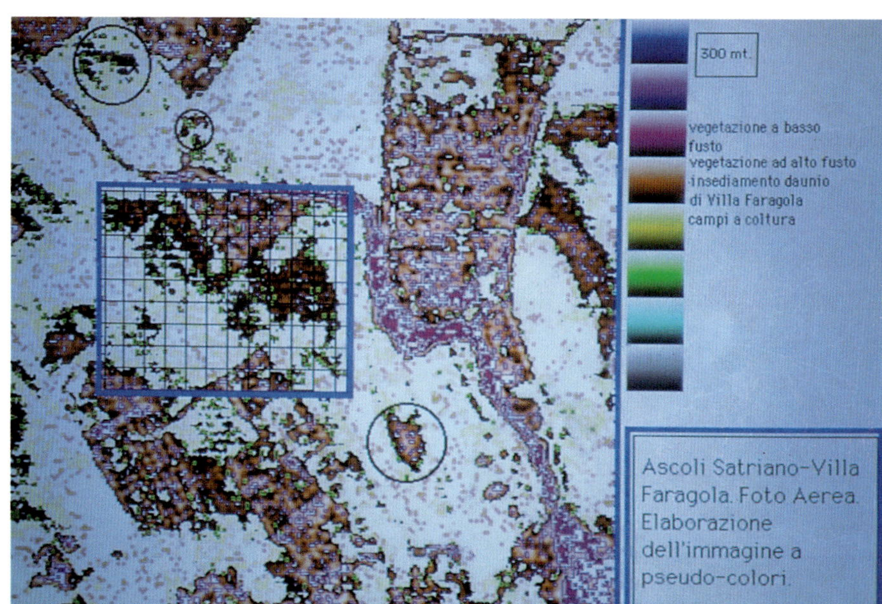

↑ *Ausschnitt aus einer digitalen Computerbearbeitung einer Luftaufnahme von Ascoli Satriano. In dem Rechteck in der Mitte, angrenzend an den dunklen Farbton, eine Ortschaft mit Hütten aus daunischer Zeit (8. bis 4. Jh. v. Chr.). Die Farbabstufungen (rechts) bezeichnen die verschiedenen Böden und Baustrukturen, die sich durch unterschiedliche »Reflexion« vom übrigen Gelände abheben.*

erkennen, wie das gesellschaftliche Leben organisiert war. Scheint im 8. und 7. Jahrhundert der größte Teil der Siedlungen äußeren Einflüssen überhaupt nicht zugänglich gewesen zu sein, so wird die daunische Welt im 6. und 5. Jahrhundert in der Begegnung mit den griechischen Kolonien (Golf von Tarent) dafür immer empfänglicher. Dies zeigen unter anderem die ionischen Gefäße und die schwarzgrundige Keramik.

Neuere Untersuchungen des Geländes bei Ascoli Satriano lassen Wohlstand und wirtschaftliches Wachstum der Gegend deutlich erkennen. Die Gesellschaft veränderte sich endgültig im 4. Jahrhundert, als sich eine neue, ungewöhnlich vitale Schöpferkraft entfaltete. Dazu kam eine solch starke Nachfrage nach Gütern, auch den erlesensten, daß ein weitverzweigtes Verteilersystem vorausgesetzt werden muß.
In dieser Zeit trugen die Veränderungen in der öffentlichen wie der privaten Bautätigkeit und die starken Anstöße der griechischen Kultur entscheidend zur Formung der Stadt bei. Es wurden befestigte Zentren mit planmäßigem Straßennetz angelegt, in denen Raum für private, öffentliche und religiöse Gebäude vorgesehen war. Urbanisierung und Bevölkerungskonzentration führten zur Entvölkerung des Landes und der verstreuten Dörfer. Ende des 4. Jahrhunderts waren diese großenteils verlassen; auf dem Land gab es nur noch vereinzelte Gutshöfe. Dieser Wandel ließ aus frühen Zentren erste Städte entstehen (Canosa, Cannae, Ascoli, Ordona), wohin die jüngeren Menschen vom Land strömten.
Dieser Prozeß ist auch in Ordona, dem alten Herdonia, zu beobachten. Ende des 4. Jahrhunderts wurde die Stadt dort gegründet, wo später die römische Anlage entstand und wo der Kern der daunischen Siedlungen gewesen war. Der Hügel war mit einem Erdwall und stützendem Gebälk befestigt. Zu Beginn des 3. Jahrhunderts entstanden ein zweiter Wall und ein Graben. Anders konstruiert waren die Ringmauern des antiken Luceria (römisch seit 315 oder 314), des heutigen Lucera, für das man behauene Sandsteinblöcke verwendet hat.
Das letzte Beispiel öffentlicher Architektur in der Daunia ist der Tempel von San Leucio in Canosa, den man auf die Zeit zwischen Ende des 4. und Anfang des 3. Jahrhunderts datiert. Es ist ein majestätisches, auf erhöhtem Unterbau stehendes Bauwerk mit monumentalen Treppen und einer Kolonnade aus ionischen Säulen, darüber ein dorischer Fries mit Metopen und Triglyphen. Die Kapitelle der Cella stellen männliche und weibliche Köpfe dar, die mit Voluten und Akanthusblättern geschmückt sind. Die Monumentalität des Tempels und der Reichtum des Bauschmucks wurden durch die Großzügigkeit der daunischen Fürsten von Canosa ermöglicht. Er veranschaulicht den Übergang von der daunischen zur römischen Kultur.

↓ Teilstück der Mauer (Opus mixtum) *vom antiken Herdonia. Die Grabungen haben nicht nur die vorrömische Siedlung, sondern auch die römische Stadt (vom Ende des 4. Jahrhunderts v. Chr.) zutage gefördert.*

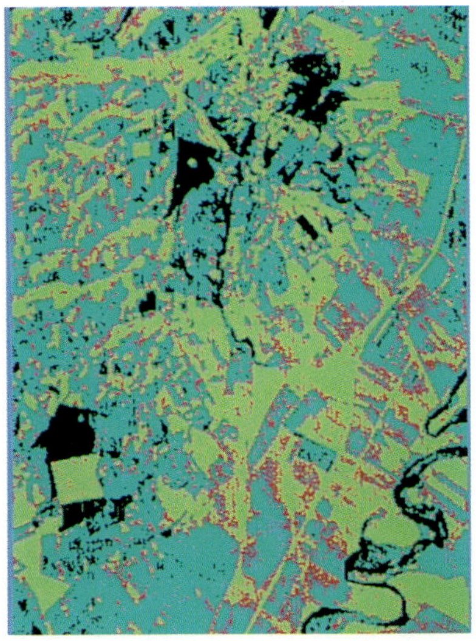

← Im Computer bearbeitete Luftaufnahme von Ascoli Satriano. Die digitalen Analysen haben zur Entdeckung bisher unbekannter Fundstätten geführt.

Bibliographie:
- E. M. De Iuliis *La ceramica geometrica della Daunia*. Florenz 1977
- – »L'origine delle genti iapigie e la civiltà dei Dauni«, in: *Italia omnium terrarum alumna*. Mailand 1988, S. 593–650
- *– Gli Iapigi. Storia e civiltà nella Puglia preromana*. Mailand 1988
- M. L. Nava. *Stele Daunie*. Band 1. Florenz 1980
- *La civiltà dei dauni nel quadro del mondo italico*. (Atti del XIII Convegno di studi etruschi e italici, Manfredonia, 21. bis 27. Juni 1980). Florenz 1984

→ Herdonia: Blick auf Forum und Basilika, die aus der Zeit des Augustus stammt, in der Mauertechnik des Opus incertum *errichtet war und einen zentralen Säulengang besaß*

Entella, der große Felsen

In der Ortschaft Rocca d'Entella (Gemeinde Contessa Entellina), südlich von Palermo, östlich des Belice sinistro, erheben sich die Ruinen der antiken Stadt der Elymer, eines Volkes, das bereits vor den Griechen im westlichen Sizilien siedelte. Neuere archäologische Nachforschungen haben Teile der Stadtmauer und der griechischen Nekropole, einen hellenistischen Getreidespeicher und einige Baureste aus normannisch-staufischer Zeit ans Licht gebracht.

Neben Segesta und Eryx (Erice) war Entella eine der drei größten elymischen Städte. Es wurde von einem Volk gegründet, das der Sage nach aus Phrygien im westlichen Kleinasien nach Sizilien kam und noch lange seine eigene kulturelle Tradition und seine Sprache bewahrt hat, auch wenn es ein griechisches Alphabet aus Selinunt benutzte. Von den Griechen Siziliens wurden sie »Elymer« genannt, das heißt »die mit der Hirse«, weil Hirse eines ihrer Grundnahrungsmittel war (neben Weizen und Gerste). Die Bewohner dieser Gegend sollen enge Kontakte mit der griechischen Welt gepflegt haben, vor allem im 5. Jahrhundert v. Chr. Dies ging so weit, daß sich ihre größte Stadt, Segesta, mit Athen gegen Syrakus verbündete.
Entella scheint politisch autonom gewesen zu sein. Das hatte es seinen guten Beziehungen zunächst zu den phönizischen Bewohnern Siziliens, dann zu Karthago zu verdanken, bis nach dem Scheitern des Sizilienfeldzugs der Athener im Jahre 413 v. Chr. kampanische Söldner sich der Stadt bemächtigten. In der Herrschaft über die Stadt wechselten sich mehrmals Kampanier, Syrakuser und Punier ab, bis die Stadt, die im 4. Jahrundert eigene Silber- und Bronzemünzen geprägt hat, schließlich im Ersten Punischen Krieg (264–241) unter die Kontrolle der Römer geriet. Damit begann ihr Niedergang. Rund anderthalb Jahrtausende später beantwortete Friedrich II. einen Aufstand der arabischen Einwohner von Entella mit harten Gegenmaßnahmen. 1225 und 1246 ließ er die Überlebenden nach Lucera in Apulien deportieren und besiegelte damit das Ende der Stadt.
Einige Bronzeinschriften von Entella aus der Zeit des Agathokles von Syrakus (Ende 4. Jahrhundert v. Chr.), die durch illegale Grabungen in den siebziger Jahren zum Vorschein kamen, haben wertvolle Hinweise auf das Leben der Stadt geliefert, auf ihre Bündnisse, ihre Verordnungen, den Kalender, einige Bauwerke, wie den Tempel der Hestia, das Theater und das Buleuterion (Haus der Ratsversammlung). Die 1983 von der Hochschule von Pisa begonnene archäologische Erforschung hat bis jetzt sowohl die hellenistische Periode (4. bis 3. Jahrhundert) wie auch die arabisch-normannische erhellt, aus der die Reste von zwei Burgen stammen. Entdeckt wurde außerdem eine muslimische Nekropole – die erste, die man in Sizilien gefunden hat. Unter den hellenistischen Bauwerken ist ein großes Lagerhaus für Lebensmittel zu verzeichnen. Die alte Ringmauer, mit einem Aufsatz aus hellenistischer Zeit, umschließt einen etwa 40 Hektar großen Bereich, in den zwei Tore an der Nordseite führten. Diese Mauer machte aus Entella, das auf mehreren Seiten durch hohe Felsausläufer geschützt war, eine besonders wehrhafte Stadt.

↑ Nordwestliches Teilstück der Verteidigungsmauer. Die Anlage von geraden Abschnitten und Bollwerken war hervorragend dem Gelände angepaßt.

→ Halbmondförmiges Schmuckstück aus Gold, aus einem hellenistischen Grab der Nekropole von Entella. Trotz der illegalen Ausgrabungen in der Vergangenheit hat man hier noch wertvolle Erzeugnisse des antiken Kunsthandwerks unversehrt geborgen.

← Entella war eine von den Elymern gegründete Stadt. Sie bewohnten in vorgeschichtlicher Zeit das westliche Sizilien.

DAS VERTEIDIGUNGSSYSTEM. Der naturgegebene Schutz von Rocca d'Entella wurde bei dem Befestigungssystem berücksichtigt, das man in Luftaufnahmen der Bodenoberfläche und bei Probegrabungen an der Nordseite, die als einzige nicht steil abfällt, nachgewiesen hat. Hier hat sich die Stadtmauer nicht nur auf dem mittleren Felsmassiv erhalten, sondern auch in den nordöstlichen und nordwestlichen Tälern, durch die man, vom Belicetal her kommend, einen natürlichen Zugang zum Ort fand.
Im Nordosten ist die Mauer, wenn auch unterbrochen, in einem guten Teil des Tales noch zu erkennen. Sie besteht aus geraden Abschnitten, unterbrochen von zwei oder vielleicht auch drei Bollwerken, von denen eines rund ist. Auf diesem Abschnitt muß ein Tor vermutet werden, auch wenn es im Gelände nicht zu erkennen ist, weil die Felsen darüber offensichtlich herabgestürzt sind.
Auch das Felsmassiv in der Mitte war in die Befestigungsanlage einbezogen. Die Mauer muß noch an den abschüssigsten Stellen verlaufen sein: Im äußersten Osten kann man eine viereckige Bastion erkennen. Im nordwestlichen Tal wurden etwa 120 Meter der Mauer nachgewiesen: Sie schließt mit einer viereckigen Bastion an das mittlere Felsmassiv an, neben dem sich ein kleines Tor öffnete. Ein wenig weiter nach Westen steht ein halbrundes Bollwerk auf einem Felsenvorsprung, während sich am tiefsten Punkt des Tales vielleicht ein Zugang befand, der durch zwei Bastionen geschützt war. Neuerliche Grabungen lassen vermuten, daß der Eingang wohl nicht an der Vorderseite lag. Westlich davon steigt die Mauer bis auf halbe Höhe. Wo sie abknickt, war sie durch Bollwerke verstärkt. Die bislang ausgegrabenen Mauerreste stammen aus archaischer Zeit, sind aber wohl nicht älter als 550 v. Chr. Verschiedene Bautechniken an einigen Stellen lassen auf Reparaturen schließen; wann man diese vorgenommen hat, steht nicht fest. So sind die Kreideblöcke des westlichen Bollwerks kaum behauen und trocken mit Erde als Mittel zur Fugendichtung vermauert, während die äußere Mauer am östlichen Bollwerk aus großen gleichseitigen Kreide- oder Kalksteinquadern besteht: Hier sind die Reihen der Blöcke regelmäßig, glatte und unbehauene Seite wechseln sich ab. Auf einen Wiederaufbau

↑ Der Zugang zum Getreidespeicher aus hellenistischer Zeit. Es ist eine große Treppe, die den offenen Raum des dahinterliegenden Gebäudes mit den Getreidekammern verband.

wahrscheinlich in hellenistischer Zeit deuten die technischen Unterschiede hin, die zwischen dem unteren und dem oberen Teil der rechteckigen Bastion im äußeren Osten dieses Mauerabschnitts sichtbar sind. Jedoch fehlt jede Spur einer erneuten Benutzung im Mittelalter. Offensichtlich hat man sich dieses Verteidigungssystems damals nicht mehr bedient. Die mittelalterlichen Befestigungen liegen weiter zurück, innerhalb des antiken Mauerrings.
Schwierig zu datierende Verteidigungsanlagen, die aber bestimmt nicht aus dem Mittelalter stammen, fanden sich auch an den abschüssigen Seiten des Felsens, zumindest dort, wo ein Aufstieg möglich war. Einige Befestigungsabschnitte schützten den Zugang zum unteren Bereich der Stadt, wo Stufen im Felsen zu den Nekropolen führen, während auf der

← Der Getreidespeicher vom Ende des 4. Jahrhunderts v. Chr. lag an einem weiten offenen Platz, vielleicht der Agora.

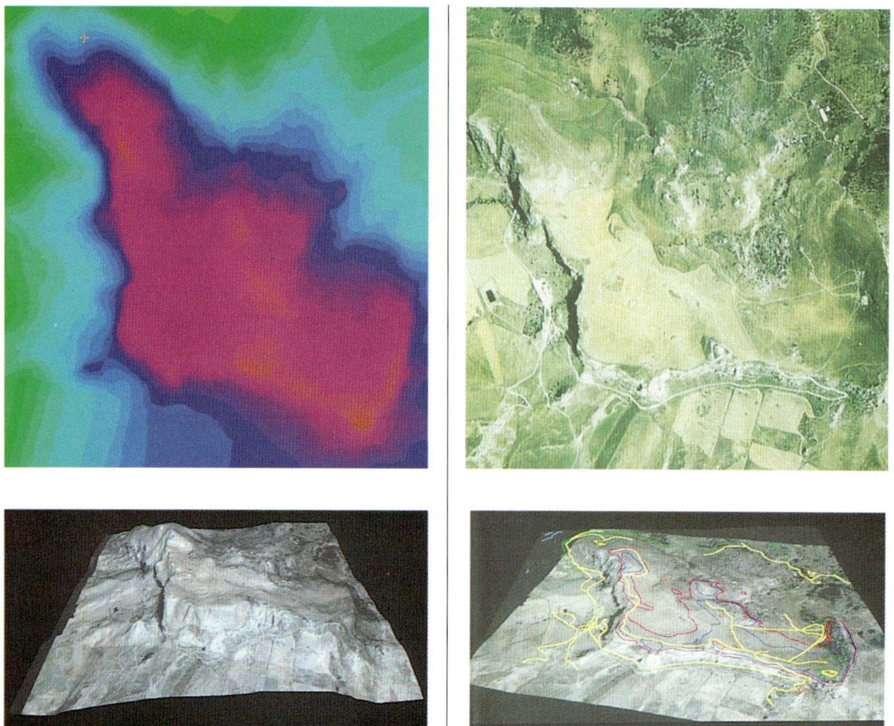

↑ *Computerrekonstruktion des Geländes. Oben links: das Höhenprofil (durch die Farbintensität sind die höchsten Stellen kenntlich); oben rechts: eine Luftaufnahme vom Fundort. Unten: das dreidimensionale Modell, in dem man sich virtuell bewegen kann.*

südlichen Seite noch Reste des Mauerverlaufs und eines viereckigen Turmes zu sehen sind.

Ein Getreidespeicher aus hellenistischer Zeit. Die antike Stadt war von Norden durch ein Tal her zugänglich, das auf ein befestigtes Tor zuführte. Am östlichen Hang dieses Tals hat man nun ein öffentliches Gebäude aus hellenistischer Zeit freigelegt.
Die Ausgrabungen haben nicht nur die Aufbauten, sondern auch Spuren häufiger Benutzung durch frühere Bewohner nachgewiesen. In einem Kreidefelsen wurde eine Höhle entdeckt, die in der Antike als Steinbruch und im Mittelalter als Unterkunft gedient hat. Deutliche Spuren gibt es auch aus römischer Zeit: späte Republik, Kaiserzeit und Spätantike.

Das hellenistische Gebäude steht dicht bei einer höheren Terrasse, die künstlich in die Felsbank gehauen und durch die umlaufende Mauer begrenzt war. Es besteht aus zwei Komplexen, der eine nach Norden, der andere nach Süden ausgerichtet, und einem Treppenhaus. Der größere Gebäudeteil besitzt fünf aneinander angrenzende Räume in nord-südlicher Richtung, der kleinere zwei Räume in ost-westlicher Richtung. Das Dach bestand aus Holzbalken und Ziegeln. Wahrscheinlich gab es nur einen einzigen Giebel, der zum Tal hin blickte. Anzeichen für ein zweites Stockwerk gibt es nicht.

Mit Sicherheit noch in der zweiten Hälfte des 4. Jahrhunderts gebaut, aller Wahrscheinlichkeit nach im letzten Viertel, hatte das Gebäude in seinem nördlichen Teil in den ersten Jahrzehnten des 3. Jahrhunderts unter einem Brand zu leiden. Später stürzten die beiden ersten Räume ein. Darauf wurden auch die übrigen Räume aufgegeben, die Gegenstände mitgenommen, mit Ausnahme der großen Getreidebehälter, die nicht durch die Tür gingen. Später verfielen die Mauern. Der Zerfall der Stadt ist offenbar in mehreren Schüben erfolgt, wobei Erdbeben als Ursache der Zerstörung nicht ausgeschlossen werden können. Da in wenigstens drei Räumen Pithoi (große Vorratsgefäße aus Ton für die Lagerung von Öl, Getreide u.ä.) vorhanden waren, hat man das Gebäude unter die öffentlichen Getreidespeicher aus hellenistischer Zeit eingeordnet, die man in Sizilien freigelegt hat, so zum Beispiel in Monte Andranone und in Serra Orlando, dem antiken Morgantina. Mit dem langgezogenen rechteckigen Grundriß und den Räumen entlang einer einzigen Achse kommt die Anlage von Morgantina der von Entella am nächsten; doch ist diese bedeutender und jünger. Die anderen Räume haben wahrscheinlich der Verwaltung und als Wohnung für diejenigen gedient, die für die Verteilung des Getreides zuständig waren. Im Südosten des Gebäudes wurde der Kreidesteinbruch entdeckt, aus dem das Baumaterial stammt. Unter den Fundamenten einer Begrenzungsmauer fand man mehrere Weihgaben, die den Fortgang der Bauarbeiten günstig beeinflussen sollten.

↑ *Computerrekonstruktion des Getreidespeichers in Entella. Mit Hilfe der Computergraphik zeigt sie in genauer Modellierung die Strukturen der Außenmauern, indem man die vorgefundenen Steine als Muster für die digitale Zusammensetzung nutzte.*

Die Bronzetafeln von Entella

Raubgräber haben in den siebziger Jahren mit Hilfe eines Metalldetektors eine außergewöhnliche Hinterlassenschaft der Stadt zutage gefördert. Es handelt sich um eine Reihe von Bekanntmachungen, die in der Zeit des Agathokles von Syrakus, aller Wahrscheinlichkeit nach in den Jahren 312 bis 306 v. Chr., auf Bronzetafeln festgehalten worden sind. Unter den bisher bekannten Stücken stammt eines, nämlich das dritte, aus einer anderen, auf Sizilien bisher noch nicht lokalisierten Stadt: Nakone. Die Texte wurden im Buleuterion (Nr. IV, V, VII, VIII und IX) und im Tempel der Hestia (Nr. I, II, VI) ausgestellt. Daß auch ein Dekret von Nakone darunter war, legt die Vermutung nahe, daß die Tafeln in Wirklichkeit nie aufgehängt wurden, sondern bis zu ihrer Entdeckung in der Bronzewerkstatt lagen. Der schnelle und überraschende Rückzug der Karthager in die Stadt (in der kriegerischen Auseinandersetzung mit Agathokles) begünstigte sicherlich nicht die öffentliche Aushängung von Texten, in denen sich einige Städte Siziliens für Hilfeleistungen im Krieg gegen die Karthager bedankten.

↑ Bekanntmachung Nr. IX, in der Entella seine Zufriedenheit darüber zum Ausdruck bringt, daß Segesta Männer und Frauen von einem Feind befreit hat

Im dorischen Dialekt Siziliens verfaßt, bieten sie heute das beste Quellenmaterial für die Erforschung dieser Sprache. Die Texte bezeugen nicht nur die Beziehungen Entellas zu anderen Städten wie Segesta, Enna, Assoros, Gela, Herbita, Petra, Makella und Schera, sondern verraten uns auch den bisher unbekannten Namen eines Ortes: Kutattara. Außerdem erfahren wir noch einiges über die Institutionen des antiken Entella, wie die Ratsversammlung und die rituelle Eingeweideschau, den Kalender der Stadt, die Rolle der Volksversammlung, eine schwere Hungersnot, während der die Stadt wie auch Privatleute Hilfe anboten. Auch der Besuch eines Beauftragten von Agathokles wird erwähnt sowie Namen der Bewohner. Nicht weniger wichtig sind die Angaben über die Stadt selbst; genannt werden ein Theater, der Tempel der Hestia sowie das Buleuterion.

← Photographische Aufnahmen wie diese vom Getreidespeicher in Entella haben die Anfertigung von Digitalbildern erleichtert.

DIE NEKROPOLE. Das Gräberfeld A befindet sich auf einer weiten natürlichen Terrasse unterhalb der südlichen Felswand. Außerhalb der Stadt und an einer Zugangsstraße gelegen, die wahrscheinlich auf ein Tor zuführte, entsprach sie einem in der Antike üblichen Muster. Interessanterweise wurde der Friedhof nicht nur in frühhellenistischer Zeit (Ende 4. bis 3. Jahrhundert v. Chr.), sondern auch viele Jahrhunderte später, im Mittelalter, benutzt, nämlich in der Zeit vom 11. bis 13. Jahrhundert n. Chr. Die frühhellenistischen Gräber nahmen jeweils nur einen einzigen Leichnam in Rückenlage auf. Trotz der Zerstörungen, die bei den illegalen Grabungen entstanden, ist die ganze Bandbreite der Bautypen dokumentiert. Sie reicht von der einfachen Erdgrube bis zum monumentalen unterirdischen Raum aus großen Kalkplatten. Die Grabausstattung besteht fast ausschließlich aus Terrakottageschirr und Salbendosen aus Alabaster.

Aus dem Mittelalter, als die Stadt mit Sicherheit von Muslimen bewohnt war, ist nur ein einziger Grabtypus bezeugt: eine einfache Erdgrube, die weder ausgekleidet noch gedeckt war und in die man den Toten ohne Beigaben auf die rechte Seite legte. Das Gesicht zeigte nach Mekka. Zwei Gräber stammen aus der zweiten Hälfte des 7. Jahrhunderts v. Chr., Töpfereispuren weisen in archaische Zeit zurück.
Etwa 10 Meter weiter östlich der Nekropole A haben Probegrabungen in prähistorischen Schichten Tonwaren zutage gefördert, die man meist dem Umkreis Thapsos-Milazzese (Ostsizilien, Lipari) aus der mittleren Bronzezeit zuordnet. Außerdem wurde reichlich griechisch-archaisches Material gefunden, was Kontakte zum großgriechischen Raum schon in den letzten Jahrzehnten des 7. Jahrhunderts beweist.

Bibliographie

- *Entella. Ricognizioni topografiche e scavi 1983–1986*. ASNP, S. III, XVI, 1986, S. 1075–1174
- *Entella. Ricognizioni topografiche e scavi 1987*. ASNP, S. III, XVIII, 1988, S. 1469–1556
- *Entella. Relazione preliminare della campagna di scavo 1988*. ASNP, S. III, XX, 1990, S. 429–552
- *Entella. Relazione preliminare della campagna di scavo 1989*. S. 627–759
- *Alla ricerca di Entella*. Pisa 1993
- *Entella. Relazione preliminare delle campagne di scavo 1990–1991*. ASNP, S. III, XXIV, 1994, S. 85–336
- *Entella I*. Pisa 1995

Die Akropolis von Athen

Seit Jahrhunderten gilt die Akropolis von Athen als Inbegriff griechischer Kunst, Kultur und Zivilisation. Das Ensemble klassischer Bauten beeindruckt durch seine Monumentalität und ist in der Tat eine der bemerkenswertesten Anlagen der Antike. Hier vereinen sich philosophische Konzeptionen, ethisch-religiöse Werte, politischer Wille mit künstlerischen und technischen Leistungen auf höchstem Niveau, so daß etwas entstand, das man zu Recht »Unternehmen Vollendung« genannt hat.

Das 156 Meter hohe Felsplateau mit den steilen Hängen, das sich von Osten nach Westen hinzieht, war schon im Neolithikum besiedelt. In mykenischer Zeit erhob sich hier eine Burg, Sitz eines Fürsten; in der archaischen Epoche wurde die Akropolis religiöses Zentrum der Stadt, benannt nach der Gottheit, der der Platz geweiht war: Athena. Nach der Sage soll die Göttin hier dem König Kekrops erschienen sein und Poseidon im Kampf um den Besitz Attikas besiegt haben. Der Gabe des Meeresgottes, dem Pferd, Symbol der kriegerischen Adelsgesellschaft (in anderer Überlieferung ließ er mit seinem Dreizack eine Quelle entspringen), habe sie ihr Geschenk entgegengesetzt: den Ölbaum, der für die ehrliche und mühselige Arbeit steht, für den Handel mit dem eigenen wertvollen Produkt und den gerechten Frieden, der dafür die Voraussetzung ist. Auf der Akropolis gab es allerdings auch heilige Bereiche, die anderen Gottheiten geweiht waren, so dem Zeus, der Artemis, dem Herakles und eben jenem Poseidon, außerdem noch einigen vergöttlichten Helden wie Erechtheus.

Schon im 6. Jahrhundert v. Chr. wurde die Anlage erheblich erweitert, zuerst unter der Tyrannis des Peisistratos, der die Großen Panathenäen eingeführt hat, die alle vier Jahre zu Ehren der Göttin abgehalten wurden; dann unter der seiner Söhne Hippias und Hipparchos: Ein ursprünglich dorischer Tempel, 100 attische Fuß lang, gelegen zwischen den späteren Bauten Parthenon und Erechtheion, wurde durch einen großen Dipteros (Tempel mit doppelter Säulenreihe) von wahrscheinlich ionischer Ordnung ersetzt. Außerdem wurden kleinere Heiligtümer und die ersten Propyläen errichtet.

Nachdem die ganze Anlage in den Perserkriegen zerstört worden war (480), erhielt die Akropolis in der zweiten Hälfte des 5. Jahrhunderts die Gestalt, die sie berühmt gemacht hat. Den sich wandelnden Plan zur völli-

↑ *Teil einer Statue der Athena, der Göttin der Weisheit und des Krieges, die im Wettstreit mit ihrem Bruder Poseidon um die Schutzherrschaft über Attika den Sieg errang.*

← *Der Parthenon von Südwesten aus gesehen. Von hier kann man die vollkommene Harmonie der Proportionen gut erkennen.*

gen Neugestaltung wird man wohl im Zusammenhang mit der demokratischen Entwicklung der Stadt sehen müssen: Aus der ursprünglichen Verteidigungsanlage wird endgültig ein ausschließlicher Festraum der Götter. Der sogenannte Perserschutt wurde in den neuen Mauern verbaut; in den Jahren 1886 und 1887 ausgegraben, hat er wertvolle Hinweise auf den früheren baulichen Zustand geliefert. Schon der athenische Staatsmann Kimon, der das Plateau nach Süden erweitern und die Ost- und Südmauern erbauen ließ, hatte dem genialen Baumeister Kallikrates den Auftrag erteilt, der Athena Parthenos (Jungfrau) einen großen Tempel mit 6 mal 16 Säulen am Südrand des Geländes zu errichten. Doch 461 wurden mit der Verbannung Kimons die Arbeiten eingestellt.

Unter Perikles, einem Gegner Kimons, wurde der Bauplan entscheidend abgewandelt: Er nahm monumentale Züge an, Ausdruck einer neuen Entwicklung in Athen.
Nach der persischen Invasion war 477 der Attisch-Delische Seebund, eine Vereinigung griechischer Staaten, zum Schutz Griechenlands gegründet worden. Er hatte von Anfang an unter der Führung Athens gestanden. Doch unter Perikles wurde aus dem Bund ein Machtinstrument athenischer Politik mit expansionistischen Bestrebungen. Neue Kolonien wurden gegründet. Beiträge der Mitgliedsstaaten flossen nach Athen und dienten dem Ausbau der Stadt, insbesondere der Akropolis.
Das Perikleische Zeitalter, wie die Epoche genannt wird, war der Höhepunkt klassischer griechischer Kultur, denn dem erfolgreichen Staatsmann gelang es auch, die bedeutendsten Wissenschaftler und Künstler Griechenlands in die Stadt zu holen.
Athen, nun führend auf allen Gebieten – Politik, Wirtschaft, Kunst, Geistesleben –, suchte und fand den Ausdruck seines neuen Selbstwertgefühls in der grandiosen Neugestaltung der Akropolis. Sie sollte der Verherrlichung der Stadt, ihrer Bürger, ihrer Einrichtungen, ihrer religiösen Werte und politischen Vorstellungen dienen und nach ganz Griechenland ausstrahlen.
Ab 449 plante man, das Projekt des Kallikrates wieder aufzunehmen. An dessen Seite trat nun der Baumeister Iktinos. Der berühmte Bildhauer Phidias, Freund des Perikles, hatte die Oberaufsicht über die Bauarbeiten, die 447 begannen, und über die Bauplastik; er schuf auch das Goldelfenbeinkultbild der Athena Parthenos, das im Inneren des Tempels aufgestellt werden sollte. Perikles, der gewiß viele Ideen beigesteuert hat, überprüfte und kümmerte sich selbst um alle Arbeiten.
Nach Jahrhunderten der Zerstörung,

→ Die geographische Lage Athens. Über Piräus, den 10 Kilometer südwestlich des Stadtzentrums gelegenen Hafen, wurde der Handel mit der Ägäis abgewickelt.

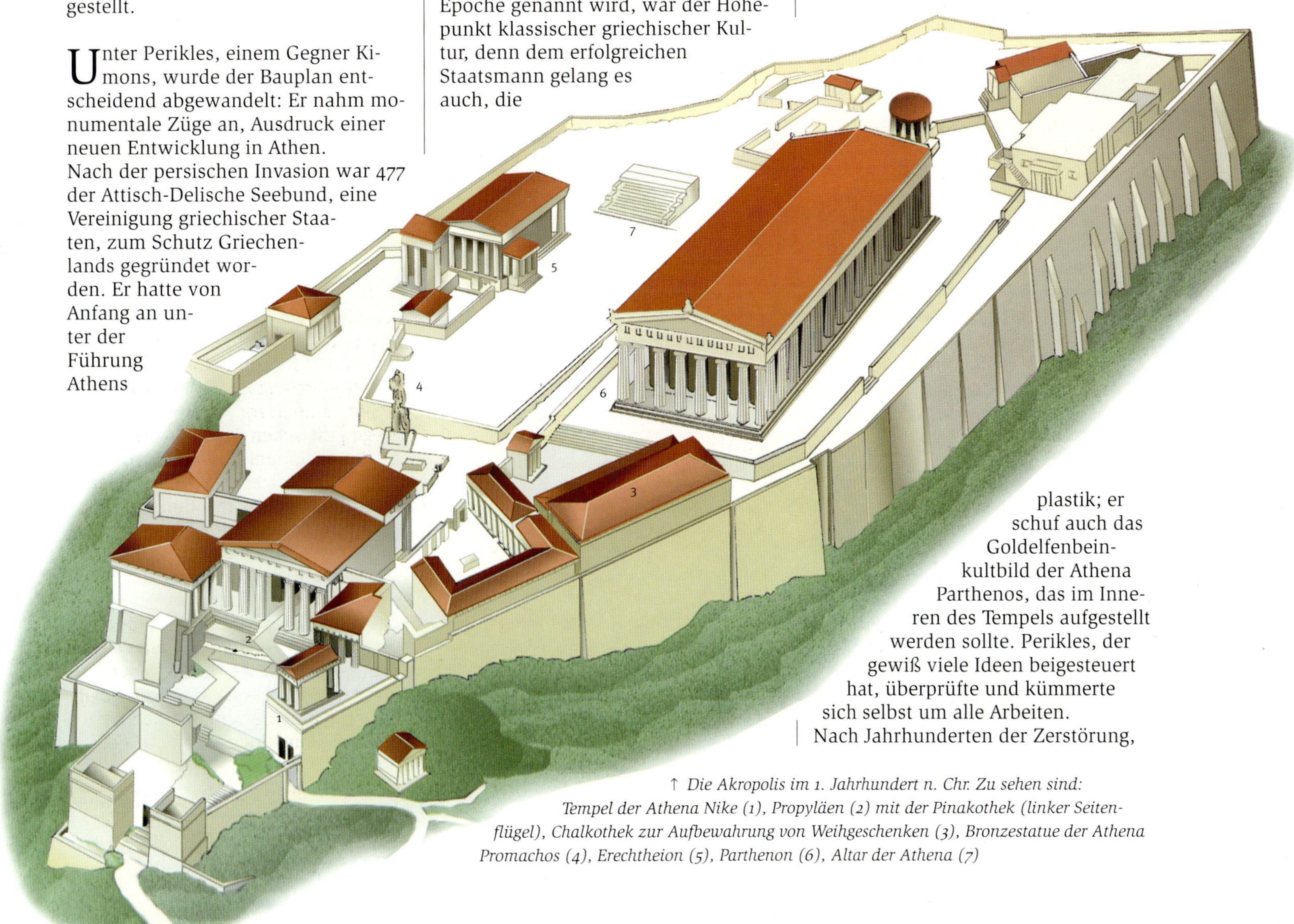

↑ Die Akropolis im 1. Jahrhundert n. Chr. Zu sehen sind: Tempel der Athena Nike (1), Propyläen (2) mit der Pinakothek (linker Seitenflügel), Chalkothek zur Aufbewahrung von Weihgeschenken (3), Bronzestatue der Athena Promachos (4), Erechtheion (5), Parthenon (6), Altar der Athena (7)

↑→ *Der heutige Zustand des Parthenons (oben), von den Propyläen her gesehen. Die Eleganz der Proportionen wird aus diesem Blickwinkel besonders deutlich. Rechts eine Computerrekonstruktion*

der Beschädigung und der zweckentfremdeten Benutzung (im großen und ganzen unbeschädigt bis 1687, als ein deutscher Leutnant in venezianischen Diensten das türkische Pulvermagazin, das im Tempel untergebracht war, in die Luft jagte) bietet der Parthenon heute noch immer das Bild ungetrübter Klarheit und edler Vollendung. Iktinos schuf einen Peripteros mit 8 mal 17 Säulen, den größten dorischen Tempel (30,9 mal 69,5 Meter) Griechenlands, in dem jeder Raum, jedes Maß, jedes Element aufeinander abgestimmt sind, darin gleichermaßen den Anforderungen des Kultes wie der Ästhetik folgend. Die Proportionierung beruht nicht mehr auf einer Grund*einheit*, sondern auf einem Grund*verhältnis*, das am ganzen Bau zu beobachten ist. Um ein Beispiel zu nennen: Der untere Durchmesser der Säule verhält sich zum Säulenabstand wie die Breite zur Länge von Stylobat (Unterbau) und Cella, nämlich 4:9. Die Maßeinheit, die für alle Teile des Gebäudes gilt, beträgt zehn attische Daktylen (19,24 Zentimeter); sie liegt auch dem Kultbild der Athena aus Goldelfenbein zugrunde, das Phidias für die Cella schuf.
Die vier ionischen Säulen im Westraum (»Saal der Jungfrauen«) sowie die großen und schlanken dorischen Säulen der Cella lassen die Räume größer und weiter erscheinen.

Noch überraschender sind die Konsequenzen, die sich aus der Wahl des Standorts ergeben, und die optischen Korrekturen, die die antiken Baumeister vorgenommen haben, um die Wirkung des Bauwerks zu erhöhen.
Den Baugrund hatte schon Kallikrates ausgewählt. Iktinos blieb dabei, erweiterte ihn aber nach Norden, um die Zahl der Säulen an den schmalen Seiten von sechs auf acht erhöhen zu können, was die perspektivische Wirkung des Baus steigert, wenn man ihn von den Propyläen her erblickt, denn von hier sieht man sowohl die westliche Schmal- als auch die nördliche Längsseite des Parthenons, und von hier bewegte sich während der Pan-

← *Ein Detail der Ostfassade des Parthenons mit der Quadriga der Selene und, darunter, Metopen mit Szenen aus der Gigantomachie*

← *Der ionische Fries der Cella des Parthenons, Meisterwerk des Phidias und seiner Schüler. Dargestellt ist der Festzug während der Panathenäen. Den Mittelpunkt bildete dabei der neue prunkvolle Peplos, Monate zuvor von den Frauen gewebt, der der Athena Polias (Beschützerin der Stadt) überreicht wurde. Die Frauen, die das Prachtgewand gewebt haben, schreiten ruhig und feierlich einher. Der Künstler hat die Figuren und die fließenden Gewänder mit großer Sensibilität behandelt. Paris, Louvre*

athenäen die Prozession zu Ehren der Stadtgöttin auf der Heiligen Straße entlang der ganzen Nordseite des Tempels, zur Ostfassade, dem Haupteingang.
Um optische Täuschungen zu korrigieren, die das Gebäude länger, die Säulenreihen zur Mitte hin niedriger erscheinen lassen, wurden die Säulen ein wenig nach innen und zur mittleren Achse einer jeden Seite hin geneigt, das Stylobat ließ man zur Mitte hin leicht ansteigen, was dort zu einer Höhendifferenz von 6 Zentimetern gegenüber den Schmalseiten führt.

Die Kultstatue der Athena Parthenos wurde in der Cella aufgestellt und 438 in Gegenwart des Perikles geweiht. Phidias hatte sie aus Gold und Elfenbein geschaffen. Sie war 12 Meter hoch (mit Sockel 15 Meter) und zu kostbar, als daß sie die Antike überdauert hätte. Doch hat man eine recht genaue Vorstellung von ihr, da sie in den Berichten zahlreicher Reisender beschrieben wird und einige Kopien von ihr erhalten sind, von denen die kleine Varvakionstatuette (heute Nationalmuseum) wohl den besten Eindruck von ihrer äußeren Erscheinung, nicht vom religiösen Gehalt des Kunstwerks vermittelt. Allerdings ist diese Nachahmung rund 500 Jahre jünger als das Original.
Phidias und seine ausgezeichneten Mitarbeiter waren auch für Teile der Bauplastik verantwortlich: die Giebel, in denen die Geburt der Athena in voller Rüstung aus dem Haupt des Zeus (Ostgiebel) und der Wettstreit zwischen Athena und Poseidon um den Besitz Attikas vor Kekrops dargestellt waren; die Metopen des dorischen Frieses im frühklassischen Stil, vielleicht schon für den Parthenon gedacht, den die Regierung des Kimon in Auftrag gegeben hatte und in dem (wie üblich als Allegorie für den Gegensatz zwischen Gut und Böse) Griechen und Amazonen, Griechen und Kentauren, Götter und Riesen, Griechen und Trojaner aufeinanderprallen – letzteres sollte wohl auf den kurz zuvor errungenen Sieg der Athener über die Perser verweisen: den Sieg des Rechts über die Barbarei; den ungewöhnlichen ionischen Fries der Cella mit dem feierlichen Festzug zu Ehren der Göttin während der Großen Panathenäen, bei denen sich die ganze Stadt in Gestalt des Volkes den Göttern darbot.

↑ *Der monumentale Auf- und Eingang zur Akropolis, die Propyläen. Der großartige Torbau wurde nach den Plänen des Architekten Mnesikles errichtet, nachdem der Parthenon fertiggestellt und ein freier Zugang für große Mengen sperrigen Baumaterials nicht mehr erforderlich war; rechts das Tempelchen der Athena Nike, erbaut von Kallikrates*

↑ *Vorderansicht des kleinen Niketempels auf einem Felsvorsprung südlich der Propyläen. Das Meisterwerk erhebt sich auf drei Stufen. Nur Vorder- und Rückseite weisen eine Säulenstellung auf. Der durchlaufende Relieffries von mehr als 25 Meter Länge des Epistyls (Gebälk) wurde fast vollständig wiederaufgefunden.*

Ein Jahr nach der Vollendung des Bauwerks, 437 – nur die Bauplastik war noch nicht fertig –, begannen unter der Leitung des Mnesikles die Arbeiten an den neuen Propyläen, dem monumentalen Eingang zur Akropolis. Sie dauerten rund fünf Jahre.
Die Toranlage ist dem schwierigen Gelände der einzigen natürlichen Aufgangsseite hervorragend angepaßt. Vor dem Mittelbau erhoben sich sechs fast 9 Meter hohe dorische Säulen. Links und rechts davon ist je ein Seitenflügel vorgelagert, der sich mit jeweils drei dorischen Säulen und zwei Eckpfeilern ebenfalls zum Besucher hin öffnete; der nördliche enthielt die Pinakothek mit berühmten Gemälden. Im Inneren der Mittelhalle gelangte man zur eigentlichen Eingangswand mit fünf Durchgängen, die mit schweren, bronzebeschlagenen Holztüren verschlossen werden konnten. Zum größten, mittleren Tor führte durch zwei Reihen ionischer Säulen (je drei) eine gepflasterte Rampe für Prozessionswagen und Opfertiere. Östlich, zur Akropolis hin, ist auf höherem Bodenniveau ein weiterer Portikus, bestehend aus sechs dorischen Säulen, vorgelagert. Von hier führte die Heilige Straße zur Ostfassade des Parthenons.
Nicht weit von der östlichen Säulenvorhalle der Propyläen entfernt erhob sich die bronzene Kolossalstatue der Athena Promachos, die eine Höhe von 9 Metern erreicht haben soll; auch sie ein Werk des Phidias. Ihre Lanzenspitze konnten angeblich die Seefahrer von Kap Sunion aus blinken sehen.
Südlich der Propyläen liegt auf einem Felsvorsprung der kleine ionische Niketempel, zwischen 424 und 410 von Kallikrates als Amphiprostylos (Säulenvorhallen nur an Vorder- und Rückseite des Tempels) erbaut. Der Fries konnte fast vollständig wiederaufgefunden werden (Teile davon befinden sich heute in London); er zeigt neben einer Götterversammlung (Athena zwischen Zeus und Poseidon) Szenen aus den Kriegen zwischen Griechen und Persern, Themen, die schon am Parthenon behandelt sind.

Ein ebenfalls rein ionisches Bauwerk ist das Erechtheion auf der Nordseite der Akropolis, Tempel, Grabmal und Schauplatz von Mysterien. Es wurde zwischen 421 und 405 entweder von Kallikrates oder von Mnesikles errichtet. Sein Bauplan ist auf den ersten Blick recht unübersichtlich. Dieser Eindruck wird noch verstärkt durch die Höhenunterschiede in Länge und Breite, wodurch der Hauptbau in zwei Cellae geteilt wurde. Die Gründe für die unregelmäßige Anlage könnten in vielerlei Rücksichten liegen, die man auf gewisse kultische Besonderheiten des seit alters heiligen Ortes nehmen mußte.
Durch einen Vorraum (Pronaos) im Osten mit Portikus aus sechs ionischen Säulen betrat man die östliche Cella, die der Athena Polias (Beschützerin der Stadt) geweiht war und in dem ihr hölzernes Götterbild (Xoanon) oder Idol aufbewahrt wurde. Darauf folgt die West-Cella des Posei-

→ *Ein Teilstück vom Tempel der Athena Nike. Der Fries über den Säulen greift die Themen der Metopen des Parthenons auf, die Auseinandersetzungen zwischen Griechen und Barbaren (Persern). Zu beachten sind auch die äußerst fein ausgeführten Kapitelle. Das Bauwerk ist eines der elegantesten und harmonischsten Beispiele des ionischen Stils.*

↑ *Die berühmte Korenhalle des Erechtheions. Die Wiederaufnahme der ionischen Tradition der Frauensäulen, die schon im spätarchaischen Griechenland bekannt war, ist wahrscheinlich dem Alkamenes, Schüler des Phidias, zuzuschreiben.*

don-Erechtheus. Der Nordportikus aus sechs ionischen Säulen ist mit seinem Architrav, seinem Fries aus bläulichem Marmor und seiner Kassettendecke ein Meisterwerk attischer Baukunst. Hier soll sich die Stelle befinden, an der Poseidon im Wettstreit mit Athena mit seinem Dreizack eine Salzwasserquelle entspringen ließ, während die siegreiche Athena ihren Ölbaum vor dem sogenannten Mündungssaal wachsen ließ.
Von hier gelangt man, vorbei am Kekropion, dem Grabmal des Kekrops, des sagenhaften Königs von Athen, zur berühmten Korenhalle.
Sie ist ein baldachinartiger Anbau südlich des Mündungssaals und von diesem her über Treppenstufen zu betreten. Sein Gebälk wird nicht von Säulen, sondern von sechs überlebensgroßen Mädchen (Koren) getragen. Sie sind mit dem gegürteten Peplos, dem ärmellosen faltenreichen Frauengewand, bekleidet. Die Einfügung der menschlichen Gestalt in den architektonischen Zusammenhang hat hier ihre klassische Lösung gefunden; sie verbindet ionische Eleganz mit der strengen Bildsprache des Phidias. Alles ist so gut gelungen, daß der Künstler einer seiner besten Schüler gewesen sein muß, wahrscheinlich Alkamenes.

Bibliographie

• G. P. Stevens, J.M. Paton *The Erechteum*. Cambridge, Mass. 1927
• G. Becatti *Problemi fidiaci*. Florenz 1951
• J. Liegle *Der Zeus des Phidias*. Berlin 1952
• C. Tiberi *Mnesicle, l'architetto dei Propilei*. Rom 1964
• R. Carpenter *Gli architetti del Partenone*. Turin 1972
• M. Robertson *The Parthenon Frieze*. Oxford 1975
• J. Boardman »The Parthenon Frieze. Another View«, in: U. Höckmann, A. Krug (Hg.) *Festschrift für Frank Brommer*. Mainz 1977, S. 39ff.
• G. Jouven *L'architecture cachée. Traces harmoniques*. Paris 1979
• W. B. Dinsmoor jr. *The Propylaia to the Athenian Akropolis*. Princeton 1980

↑ *Links und rechts Computerrekonstruktionen zweier Koren vom Erechtheion; in der Mitte eines der Originale, die heute im Museum bewundert werden können. Sie wurden restauriert und wegen der starken Luftverschmutzung in Athen am ursprünglichen Standort durch Kopien ersetzt.*

Delphi, Nabel der antiken Welt

Ein Ort von außerordentlicher Faszination, auf halber Höhe zwischen den Felswänden der Phädriaden (»Strahlende Felsen«) und dem Meer von Ölbäumen, das sich silbern glänzend kilometerweit das Tal hinab bis zum Golf von Itea zieht: So liegt Delphi an den Hängen des Parnaß auf einer Höhe von 570 Metern, im Herzen von Phokis, an der Kreuzung uralter Verbindungsstraßen.

Das berühmte Heiligtum des Apollon Pythios, dem man später auf einer weiter unten künstlich angelegten Terrasse noch den etwas bescheideneren Bau zu Ehren der Athena Pronaia hinzugefügt hat, enstand seit der geometrischen Zeit (10. und 9. Jahrhundert v. Chr.) an einem alten mykenischen Ort: Auch hier, wie an zahlreichen anderen religiösen Zentren aus prähellenischer Zeit, spiegelt der Wechsel in der Verehrung von einer älteren Gottheit zu einem Gott des Olymps die Ankunft der indogermanischen Eroberer wider. Besonders aufschlußreich ist die Sage vom Sieg Apollons über den Sohn der Gaia, der Großen Mutter Erde. Er tötete Python, einen Drachen, der das Orakel seiner Mutter in Delphi bewachte. Es befand sich in einer Felshöhle, in der berauschende Dämpfe den Menschen prophetische Gaben verliehen. In einem Akt »notwendiger Gewalt« gegenüber der von Python symbolisierten primitiven Wildheit triumphierte Apollon, doch mußte er dafür Sühne leisten. Damit bewies er seinen festen Willen, die Zivilisation zu lehren und sich gegen die Barbarei der »dunklen Zeiten« zu wenden. Er verkörpert die Vernunft, das Gleichmaß, das Wissen und den schöpferischen Geist: besondere Eigenschaften und zugleich Geschenke des Gottes. Er verwandelte die geheimnisumwitterte naturhafte Urgewalt, die der Höhle entsprang, in eine schützende Macht. Sein Wesen prägte die Orakelsprüche einer Priesterin, der Pythia, die von einer eigens ausgewählten Priesterschaft gedeutet wurden. Die Motive hinter der religiös-politischen Vorstellung von Delphi als dem »Nabel der Welt/Erde«, vor allem im 7. und 6. Jahrhundert v. Chr., lassen sich leicht erahnen: Durch den Mund des Gottes sollten hier mit Prophezeiungen und Antworten alle Unternehmungen des griechischen Volkes entweder gerechtfertigt oder untersagt werden, angefangen bei der Gründung von Kolonien bis hin zu Kriegen zwischen den Stadtstaaten.

Diese Rolle des Orakels beweisen die eindrucksvollen Ruinen der Heiligtümer Apollons und Athenas, darunter neben den Tempeln die Bauten für die Pythischen Spiele, die zu Ehren Apollons veranstalteten musischen und sportlichen Wettkämpfe: Stadion, Theater und Unterkünfte für die Teilnehmer. Inmitten der unantastbaren heiligen Unordnung, die aus uralten Kulttraditionen erwachsen war, gab es auch Bauwerke rein ästhetischer Natur: Kunstwerke, Altäre und die sogenannten Schatzhäuser

↑ Luftaufnahme Delphis von Osten her. Im Temenos, dem heiligen Bezirk, sind von links nach rechts deutlich zu erkennen: das Schatzhaus der Athener (490–480 v. Chr.) am Rande der Heiligen Straße, die sich zum Apollontempel (373 v. Chr.) in der Mitte emporwindet, und das Theater (4. Jahrhundert v. Chr.).

→ Der lebensgroße Wagenlenker, eines der berühmtesten Meisterwerke griechischer Bronzekunst im frühklassischen Strengen Stil. Er gehörte zu einer Quadriga, die Polyzalos von Gela nach seinem Sieg bei den Wagenrennen während der Pythischen Spiele (474 v. Chr.) Apollon geweiht hatte. Delphi, Archäologisches Museum

für die kostbaren Weihe- und Opfergaben der griechischen Stadtstaaten.
Die heiligen Stätten Griechenlands – vor allem die größeren wie Delphi, Delos, Olympia und Dodona – bieten ein recht unübersichtliches Bild. Es gab keinen einheitliche Bauplan. Bauten aus ganz verschiedenen Epochen stehen nebeneinander. Gebaut wurde, wo Platz war. Dabei wurde auch keine Rücksicht auf bereits vorhandene Bauwerke genommen. In Delphi, wie in anderen heiligen Stätten, gab es auch später keine bauplanerische Vereinheitlichung: Es wurde hinzugebaut, ohne daß etwas abgerissen wurde. Was die Zeit oder ein Unglück zerstört oder beschädigt hatte, wurde repariert oder größer wiederaufgebaut. Das Ergebnis ist, daß die Bauwerke die Fläche ganz wahllos ausfüllen.
Der Temenos, der heilige Bezirk, war von einer Mauer aus großen Steinblöcken umgeben. Alles, was sich in ihm befand, gehörte der Gottheit. Neun Tore boten Einlaß. Das größte lag im Südosten, zur römischen Agora hin, die von Säulengängen mit Läden für Devotionalien und Andenken gesäumt war. Hier beginnt die Heilige Straße, die sich in Windungen emporzieht. Zu beiden Seiten war sie gesäumt von den Werken der Künstler und Architekten des 6. vorchristlichen bis 4. nachchristlichen Jahrhunderts.

Die zahlreichen Sockelreste von Statuen, die griechische Städte hier im 5. und im 4. Jahrhundert v. Chr. zur Erinnerung an wichtige historische Ereignisse errichtet haben, vermitteln eine ungefähre Vorstellung von der einstigen Pracht der im ersten Abschnitt der Heiligen Straße versammelten Weihedenkmäler, die oft aus Bronze gegossen waren.
Es folgen die Schatzhäuser, die die griechischen Stadtstaaten dem Ruhm Apollons weihten: die von Sikyon, Theben, Megara, Syrakus, Knidos,

← Die Lage Delphis in Phokis, Mittelgriechenland. Der kultisch verehrte Omphalos (Nabel), ein kegelförmiger Stein im Apollontempel, galt als Mittelpunkt der Erde. Das hier geübte Orakel zu wichtigen politischen und persönlichen Entscheidungen wirkte in der griechischen Kleinstaatenwelt als verbindendes Element.

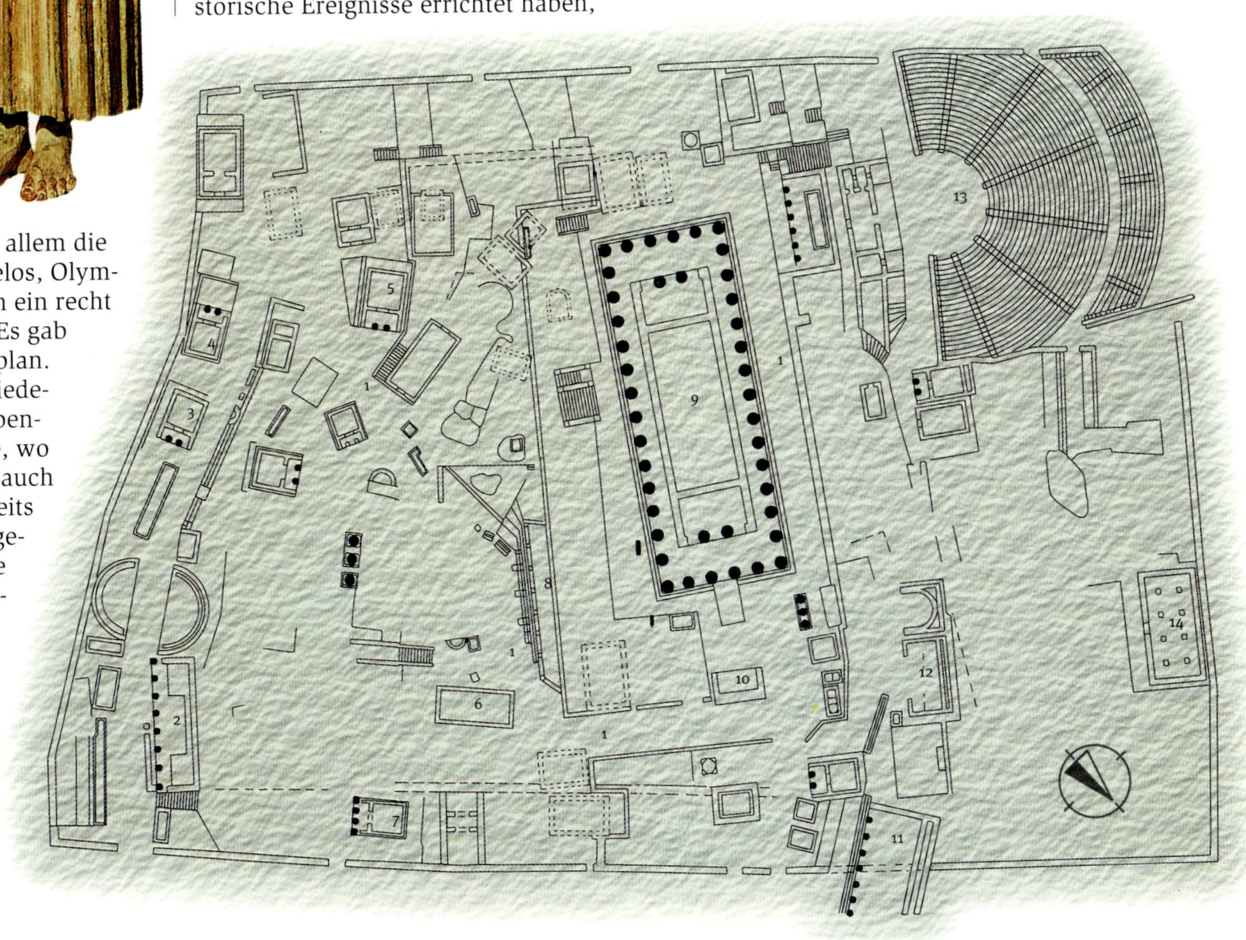

↑ Lageplan des Heiligtums des Apollon Pythios: Heilige Straße (1), Denkmal des Lysander (Monument der Lakedaimonier) für den Sieg bei Aigospotamos (2), die Schatzhäuser von Sikyon (3), Siphnos (4), der Athener (5), von Korinth (6), Kyrene (7), die Halle der Athener (8), Apollontempel (9), davor der Altar (10), der Säulengang des Attalos I. (11) und das Weihedenkmal der Thessalier, von Daochos II. errichtet (12), das Theater (13), die Lesche (Halle) der Knidier, ursprünglich geschmückt mit Wandgemälden des Polygnot von Thasos (14)

→ *Rekonstruktion der Vorderansicht einiger Schatzhäuser: das Schatzhaus von Sikyon (560–550), ein dorischer Pseudo-Tetrastylos mit Triglyphen über den Säulen (1); das Schatzhaus der Athener (490 bis 480), ein dorischer Antentempel mit zwei Frontsäulen und Triglyphen über den Anten, den Säulen und den Säulenzwischenräumen (2); das Schatzhaus von Massilia (530) im Heiligtum der Athena Pronaia mit zwei ionischen Säulen zwischen den Anten und eleganten Giebelverzierungen an den Ecken (3); das Schatzhaus von Siphnos (530–520), ionischer Distylos* in antis, *aber anstelle der Säulen zwei Karyatiden (4)*

Korinth und andere, die nicht genau zugeordnet werden können. Von all diesen Bauten blieben nur wenige Reste erhalten.

Das Schatzhaus von Siphnos und das der Athener sind zwei sehr gute Zeugnisse von Architektur und Plastik aus archaischer Zeit und des Strengen Stils. Von ersterem stehen an Ort und Stelle nur noch die Fundamente; sein schöner Skulpturenfries befindet sich im Museum von Delphi. Es war ein kleiner ionischer Tempel mit zwei Karyatiden (Frauenstatuen) anstelle der sonst üblichen Säulen zwischen den Anten (vorgezogene Seitenmauern); sie bildeten den Eingang im Westen. Das Schatzhaus wurde in den Jahren 530 bis 525 erbaut und ist nach wie vor eines der schönsten Beispiele für die ausgereifte archaische Kunst. Vor allem der Nord- und der Ostfries, die eine Gigantomachie (Kampf zwischen Göttern und Giganten/Riesen) und eine Versammlung der Götter auf dem Olymp darstellen, zeigen bei kühner Nutzung des Raums eine lebhafte Plastizität. Gleich nach dem Schatzhaus von Siphnos beschreibt die Heilige Straße einen engen Bogen nach rechts. Linker Hand liegt danach das berühmte Schatzhaus der Athener aus der Zeit nach 490. In ihm wurde ein Teil der Trophäen aufbewahrt, die man von den Persern in der Schlacht von Marathon erbeutet hatte. Seine Trümmer konnten ohne Schwierigkeiten wieder zusammengesetzt werden, so daß es heute das sehenswerteste Schatzhaus von Delphi ist. Auch dieser Bau ist ein kleiner Antentempel mit zwei Säulen, kaum größer als das Schatzhaus von Siphnos, aber von dorischer Ordnung. Die einfache Harmonie der Proportionen wurde gekrönt von einem schlichten Fries aus Triglyphen (aus drei Stegen bestehende Platten) und Metopen (Bildreliefplatten), auf denen Kämpfe zwischen Griechen und Amazonen, die Abenteuer des Theseus und die Arbeiten des Herakles dargestellt sind, alles im Strengen Stil mit noch spätarchaischen Elementen. Beispiel für die politische Propaganda, wie sie verschiedentlich bei der Wahl des Standortes der Schatzhäuser zu beobachten ist: Die Syrakuser errichteten nach der erfolglosen Sizilischen Expedition Athens (415 bis 413) ihre Weihestätte ausgerechnet gegenüber jener der Athener, dem Sinnbild griechischer Unabhängigkeit.

Das wichtigste Bauwerk des heiligen Bezirks von Delphi war natürlich der Tempel des Apollon. Sichtbar sind noch die Reste aus Bauphase VI (373 v. Chr.), in den Abmessungen des Vorgängerbaus aus archaischer Zeit. Es handelt sich um ein klassisches Beispiel eines dorischen Peripteraltempels aus Kalk und Tuffstein mit sechs Säulen an den Schmalseiten, 15 Säulen (Ecksäulen doppelt gezählt) an den Längsseiten und je

→ *Das wiederaufgebaute Schatzhaus der Athener (490–480 v. Chr.); Metopen im Strengen Stil, die noch spätarchaische Elemente zeigen*

zwei zwischen den Anten der Vorder- und der Rückseite. Seine Maße betragen ungefähr 60 mal 23 Meter. Die Säulen aus stuckiertem Tuffstein ruhten auf dem Stylobat, der obersten von drei Stufen auf einem kräftigen Unterbau. Die Cella (Hauptraum mit Götterbild), die Peristasis (der umlaufende Säulenring), der Pronaos (Vorhalle) und der Opisthodomos (Raum hinter der Cella) bewahrten Kunstwerke sowie kultische und historische Zeugnisse, wodurch der Tempel auch so etwas wie ein Museum sakraler Kunst war; dies gilt übrigens für viele größere Heiligtümer Griechenlands.
Mit seiner Größe und seiner Masse muß der Tempel ein überwältigendes Bild geboten und alle Blicke auf sich, das »Haus Gottes«, gezogen haben; dazu seine beherrschende Lage auf halbem Weg zwischen den beiden Quellen und dem Felsen, den die Tradition mit dem Orakel der Pythia verbindet. Über Terrasse und Tempel »hängt« das Theater, das bis auf das Bühnengebäude noch sehr gut erhalten ist. Es schmiegt sich, wie im alten Griechenland üblich, in den Hang und schließt gewissermaßen den Prospekt der Anlage.
Außerhalb des heiligen Bezirks liegt das Stadion, halb in den Hang gegraben, rund 180 Meter lang, umgeben von Stufen über einem hohen Sockel, der wahrscheinlich durch ein Gitter geschützt war. Hier fanden die sportlichen Wettkämpfe und Pferderennen der Pythischen Spiele statt.

Das Heiligtum der Athena Pronaia (weiter östlich) ist zwar viel kleiner als der Apollontempel, besitzt aber eines der schönsten Bauwerke des antiken Griechenland: die Tholos, ein Marmorrundbau, Meisterwerk des phokischen Baumeisters Theodoros aus den Jahren 380 bis 370.
Ihre Hauptmerkmale – Proportionen, Beachtung der mathematischen Verhältnisse, Stil – sind eindeutig attisch mit dem äußeren Peristyl aus 20 dorischen Säulen, von denen drei wieder aufgerichtet werden konnten. Sie folgen dem klassischen Rhythmus, wie ihn Iktinos, der Baumeister des Parthenons, festgelegt hat. Im Inneren befand sich eine runde Cella, die sich nach Süden öffnete. Die Innenmauer war mit zehn korinthischen Halbsäulen geschmückt. Sie standen auf einem hohen Sockel aus dunklem Kalkstein aus Eleusis, der sich vom weißen pentelischen Marmor der Säulen selbst abhob. Der dorische Fries, wiederholt auf der Außenwand der Cella, die Kassettendecke der Peristasis und selbst noch die Regenrinnen verraten einen Drang nach Ausschmückung, wie er bis dahin nicht bekannt war. Er wird zum architektonischen und künstlerischen Eklektizismus führen, der später den Hellenismus kennzeichnet.

↑ *Computerrekonstruktion der Ostfassade des Apollontempels. Zum Stylobat führt eine Rampe hinauf; gegenüber der große Altar des Gottes. Ganz oben sind die heutigen Ruinen aus der gleichen Perspektive zu sehen; sie gehören zum Tempel, der nach 373 v. Chr. in den Abmessungen des Vorgängerbaus aus archaischer Zeit errichtet wurde.*

Bibliographie

- Ecole Archéologique Française d'Athènes (Hg.) *Fouilles de Delphes.* Athen (seit 1892)
- B. Conticello »Delfi«, in: *Enciclopedia dell'arte antica classica e orientale* III. Rom 1960, S. 27–44
- V. Petrakos *Delfi.* Athen 1979

Olympia, Wohnsitz des Zeus

Im Herzen von Elis, in der Stille des kurzen Tales am Zusammenfluß von Alpheios und Kladeos, hinter einem niedrigen Hügel mit Pinien und Unterholz, die an heißen Sommertagen den Ort mit Harzduft durchtränken, liegt der archäologische Park von Olympia, das antike Heiligtum des Zeus. Hier fanden sich Griechen aus allen Stadtstaaten ein, um ihre Götter zu verehren und ihre ethnische und kulturelle Identität jenseits aller politischen Konflikte zu feiern.

Das Kultzentrum war in zweifacher Hinsicht bedeutsam: als Heiligtum (ohne Orakel) und als Ort der friedlichen Zusammenkunft von ganz Hellas während der alle vier Jahre stattfindenden Olympischen Spiele. Damit einher ging ein heiliger Waffenstillstand, der die Konflikte und Differenzen zwischen den Stadtstaaten mit Hilfe jener Vernunft lösen sollte, die den Menschen eher durch Zeus als durch die mystische Zweideutigkeit der Antworten des Apollon aus dem Mund der Pythia in Delphi eingeflößt wurde.

Die Ursprünge des Kultortes gehen zurück auf das Ende des 2. Jahrtausends, auch wenn eine Besiedlung des Kronionhügels und des heiligen Bezirks (Altis) schon für die Zeit um 2800 nachgewiesen ist. Um diesen heiligen Hain voller Platanen, Ölbäume, Eichen, Pappeln und Pinien herum entwickelte sich der Temenos, der Kultbereich.
In Olympia treffen, wie in vielen anderen uralten Heiligtümern, verschiedene Kulte und Mythen aus dem Umkreis von Zeus zusammen: Herakles, der den heiligen Ölzweig aus dem sagenumwobenen Land der Hyperboreer hierhergebracht und die Olympischen Spiele eingesetzt haben soll in Erinnerung an das Wagestück des Pelops und zu Ehren des Zeus. – Der Flußgott Alpheios, dessen unerfüllte Liebe zu Arethusa in Syrakus ihr Ende fand, wo die Nymphe in eine Quelle verwandelt wurde; man glaubte, daß der größte Fluß der Peloponnes, der Alpheios, durchs Meer fließt und in dieser Quelle wieder auftaucht, Ausdruck eines tiefen geistigen Bandes zu den Griechen des Westens. – Der Heros Pelops aus Kleinasien, der nach Elis kam, in einem wagemutigen Wagenrennen durch einen Trick die Königstochter Hippodameia gewann und König wurde, worin die starke Verbindung auch mit jenen fernen Landen zum Ausdruck kam, die von den Griechen noch vor den italischen und den sizilischen Küsten kolonisiert worden waren; nach ihm hieß das Land Peloponnes, die »Insel des Pelops«. – Hera, Gemahlin des Zeus, der hier schon ein Tempel gehörte, als der König des Olymps nach vorgeschichtlichem Brauch noch im heiligen Hain der Altis auf einem Altar im Freien verehrt wurde, von dem uns nichts überkommen ist.

→ Aryballos (Öl-, Salbenfläschchen) in Form eines knienden Athleten, der sich die Tainia (Kopfbinde als Fest- und Ehrenschmuck) anlegt. Athen, Agoramuseum

Das Heiligtum und seine Umgebung mit Gebäuden für Athleten, Besucher, Pilger und Abordnungen,

↑ Luftaufnahme Olympias von Osten. Im Vordergrund der Kladeos und, von links nach rechts, das Gymnasion, die Palaistra, die Werkstatt des Phidias, das Leonidaion. In der Mitte die Reste der Tempel des Zeus und der Hera. Im Hintergrund das Stadion, in dem die Olympischen Spiele stattfanden.

→ Olympia liegt im Herzen von Elis (nordwestliche Peloponnes), am Zusammenfluß von Alpheios und Kladeos, nahe der Küste des ionischen Meers.

die nicht nur während der Olympischen Spiele herbeiströmten, bieten nicht den spektakulären Anblick wie die dramatische Landschaft in Delphi. Olympia wirkt durch die Ausmaße der Anlage und die Monumentalität einiger Bauwerke, die die zahlreichen kleineren Bauten überragen: Weihegeschenke, Kunstwerke, Votivbilder, Schreine und Schatzhäuser aus der Zeit vom 7. Jahrhundert v. Chr. bis ins 4. Jahrhundert n. Chr. Erst der römische Kaiser Theodosius verbot 394 n. Chr. den Kult mitsamt den Olympischen Spielen. Die heilige Stätte verfiel; Brände und Erdbeben taten das Ihrige.
Die Großartigkeit einiger Bauten lassen die dreidimensionalen Rekonstruktionsmodelle des Heiligtums erkennen, die in den vergangenen Jahrzehnten maßstabsgerecht angefertigt wurden. Sie sind im neuen Museum ausgestellt.
Ein antikes Heiligtum entstand über die Jahrhunderte durch vielerlei Bautätigkeit, die, anders als die funktionale Städteplanung, allein den kultischen Erfordernissen galt. Im übrigen bieten die heiligen Stätten ein Bild, das nach ihrer eigentlichen Blüte entstanden ist. Auch in Olympia begegnet man Zeugnissen aus ganz verschiedenen Zeiten: orientalisierenden Phasen der archaischen Zeit, der klassischen Epoche mit Werken von Libon, dem Baumeister des Zeustempels, von Phidias, dem Schöpfer der gewaltigen Zeusstatue, von Praxiteles und Paionios, den großartigen Bildhauern, bis hin zum Hellenismus und der römischen Zeit.

↓ Lageplan des Heiligtums von Olympia: Tempel des Zeus (1) und der Hera (2), Palaistra (3), Leonidaion (4), Philippeion (5). Die Anlage folgt keinem einheitlichen Gesamtplan. Auch die markanten Achsen, die von der Echohalle (6) und der Terrasse der Schatzhäuser (7) gebildet werden, tragen nicht zu ihrer Gliederung bei.

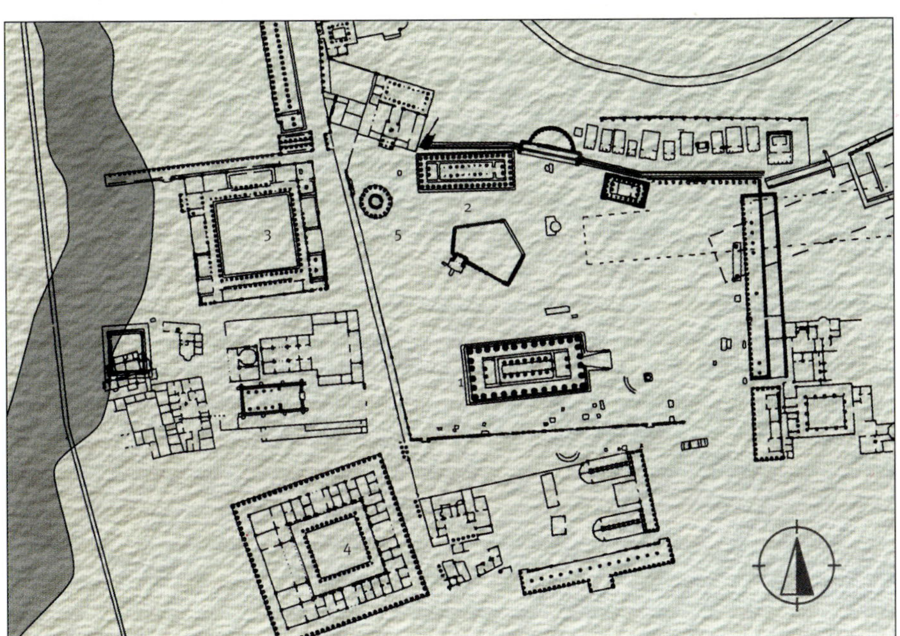

Zentrum der Anlage war und ist der Zeustempel, wie verstümmelt er heute auch sein mag. Gebaut wurde er im vierten Jahrzehnt des 5. Jahrhunderts v. Chr. aus Muschelkalk, der stuckiert wurde. Es ist ein dorischer Peripteros mit je sechs Säulen an Vorder- und Rückseite und den zwei berühmten, 26 Meter langen Giebelfeldern des unbekannten Meisters von Olympia, Meisterwerken der griechischen Kunst im Übergang vom Strengen Stil zur reifen Klassik. Zwölf Metopen von Pronaos und Opisthodom schildern die Arbeiten des Herakles. Erdbeben und Überschwemmungen der Flüsse Alpheios und Kladeos haben, nachdem das Heiligtum verlassen war, die mächtigen Säulen und das Gebälk zum Einsturz gebracht.
Am Fuße der hohen Stufen des Unterbaus liegen heute verstreut die gewaltigen Säulentrommeln und Kapitelle. In wahrscheinlich keinem anderen Tempel der griechischen Welt erreichte die Bauplastik der Schmalseiten eine solche ethisch-religiöse In-

↑ Ein Meisterwerk des Strengen Stils aus einer korinthischen Werkstatt ist dieser Terrakotta-Akroter (von einem Tempel?): Zeus entführt Ganymed, datiert auf etwa 480 bis 470 v. Chr. Olympia, Museum

tensität, die noch durch lebhafte Farben gesteigert wurde, ganz anders, als es sich die Neoklassizisten vorgestellt haben.
An der Ostseite ist der Augenblick vor dem Wagenrennen des Pelops und des Oinomaos, Vater der Hippodameia, dargestellt. In der Mitte steht Stallbursche neben Hippodameia.
Der Westgiebel schildert den Kampf der Lapithen mit den Kentauren, Fabelwesen der griechischen Mythologie mit menschlichem Torso auf einem Pferdeleib – Sinnbild für den ewigen Konflikt zwischen Gut und Böse, zwischen Recht und Unrecht, zwischen Vernunft und Triebhaftigkeit.
Nördlich des Zeustempels liegen die Reste des Heraions, des Tempels der Hera, aus der zweiten Hälfte des 7. Jahrhunderts. Es war ein dorischer Peripteros mit je sechs Säulen an den Schmalseiten, einer ziemlich langen Basis und reichen Verzierungen aus bemalter Terrakotta. Er beherbergte wertvolle Votivgaben und gewann im-

→ Kauernder Knabe vom Ostgiebel des Zeustempels, ein Ephebe, vielleicht den Heros Arkadios darstellend, um 460 v. Chr. Olympia, Museum

← Die phantasievolle Rekonstruktion von V. Laloux (1883) vom Aufriß des Zeustempels zeigt, wie die Kolossalstatue des Phidias ausgesehen und gewirkt haben könnte.

Zeus, der das Schicksal lenkt: Pelops (links anschließend) wird über Oinomaos (rechts) siegen, dessen Tochter Hippodameia (neben Pelops) heiraten und der grausamen Herrschaft ein Ende bereiten. Bis auf den siegessicheren und uneinsichtigen König zeigen die auf den ersten Blick statischen Haltungen der Figuren eine leichte Bewegtheit. In leisen Gesten kommt die innere Unruhe zum Ausdruck, wie in der Figur des alten Wahrsagers, der sich den Bart rauft, während er Oinomaos, dessen Ende er schon »sieht«, mit den Augen fixiert; oder in der Haltung der Hippodameia, die, von göttlicher Vorahnung erfüllt, in einer Geste verharrt, die zum Hochzeitszeremoniell gehört; oder in den Stellungen der einfachen Leute, die in unbestimmbarer Weise beunruhigt innehalten, wie der junge

↑ Die Computerrekonstruktion der Ostfassade des Zeustempels zeigt uns Dimensionen, Proportionen und die äußere Gestalt des Bauwerks. Wir erahnen den Eindruck überwältigender Größe, den der Besucher empfand, wenn er sich dem hohen Stylobat näherte.

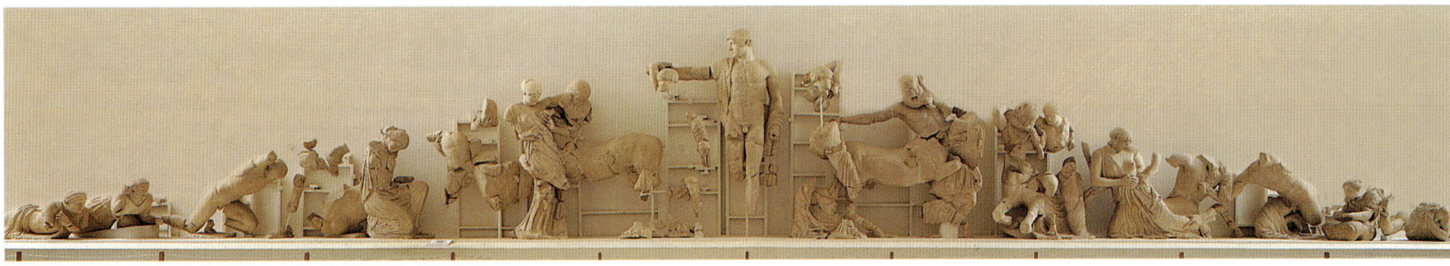

↑ Westgiebel des Zeustempels. Die im Gegensatz zum Ostgiebel sehr bewegte Darstellung des Kampfes zwischen Lapithen und Kentauren bei der Hochzeit von Peirithoos und Deidameia (Hippodameia). Um 460 v. Chr. Olympia, Museum

mer mehr den Charakter eines Museums für sakrale Kunst. In Nischen standen Statuen von Heroen, siegreichen Athleten, Gottheiten, politischen Persönlichkeiten, am berühmtesten die Statuengruppe Hermes und Dionysos, die nicht unwidersprochen dem Praxiteles zugeschrieben wird, die aber auf jeden Fall ein Meister-

→ Die Reste des Heratempels (7. und 6. Jahrhundert v. Chr.). Die ursprünglich hölzernen Säulen wurden später aus kultischen Gründen nur dann durch Steinsäulen ersetzt, wenn sie in sehr schlechtem Zustand waren. Die verschiedenartigen Schäfte und Kapitelle stammen aus den Jahrhunderten von der archaischen bis in die römische Zeit.

werk der spätklassischen Zeit ist (heute im Museum zu besichtigen). Etwas erhöht, auf einer Terrasse, die man am Fuß des Kronion ausgegraben hat, standen die Schatzhäuser, man sollte wohl sagen, Schreine, in denen berühmte Städte wie Sikyon, Sybaris, Kyrene, Selinunt, Megara, Gela, Byzanz, Metapont, Syrakus, Epidamnos und andere, nicht identifizierte Städte im Laufe der Jahrhunderte ihre Geschenke zu Ehren des Gottes niedergelegt haben, als ewiges Zeugnis ihrer Dankbarkeit und ihrer eigenen Macht.

Am Fuß dieser Terrasse standen 16 Statuen des Zeus. An ihnen gingen die Athleten und Zuschauer auf ihrem Weg zum Stadion vorbei. Sie dienten wohl der Ermahnung, denn sie waren mit den Geldbußen finanziert worden, die bei den Olympischen Spielen jenen Athleten auferlegt worden waren, die durch Bestechungen oder Betrügereien den Sieg zu erringen versucht hatten. 45000 Zuschauer konnte das Stadion auf seinen terrassenförmig angelegten Zuschauerrängen fassen.

Bemerkenswert ist auch das Philippeion, ein eleganter runder Monopteros ohne Cella, unter Philipp II. von Makedonien nach seinem Sieg von Chaironeia (338 v. Chr.) begonnen und von seinem Sohn, Alexander dem Großen, fertiggestellt. Er besitzt eine ionische Peristasis und korinthische Säulen im Inneren, wo fünf Statuen aus Gold und Elfenbein standen, Darstellung des Eroberers mit seinen Eltern und Vorfahren, verlorenes Meisterwerk des Leochares.

Bibliographie

- Deutsches Archäologisches Institut in Athen (Hg.) *Olympische Forschungen und Berichte über die Ausgrabungen in Olympia*
- A. Yalouris, N. Yalouris *Olimpia. Guida del museo e del santuario.* Athen 1987

↓ Computerrekonstruktion der Ostfassade des Heratempels. Begonnen im 7., beendet im 6. Jahrhundert v. Chr., zeigt er gut die typischen Merkmale der archaischen Zeit: die Schwere, die geringe Höhe, die Einfachheit der Ausschmückung.

Die makedonischen Königsgräber

Die Ausstellung »Kunst der Makedonen vom mykenischen Zeitalter bis zu Alexander dem Großen«, 1988 in Bologna, hat die reiche Kunstproduktion im antiken Makedonien vor Augen geführt. Es gab sie schon vor der Schlacht von Chaironeia (338 v. Chr.), in der Philipp II. von Makedonien die Koalition der Griechen besiegte und die Herrschaft über ganz Griechenland errang. Die Hauptstädte Philipps II., Alexanders des Großen und ihrer Nachfolger zogen viele Gelehrte an: Pella und Aigai sind hochinteressante archäologische Stätten. Dazu kommen noch die königlichen und aristokratischen Nekropolen von Vergina, Lefkadia, Saloniki und Dion.

Es ist nicht übertrieben zu behaupten, daß die makedonischen Gräber zu den bemerkenswertesten griechischen Baudenkmälern aus der Zeit vom 4. bis ins 2. Jahrhundert v. Chr. gehören: unterirdische Anlagen unter aufgeschütteten Erdhügeln, errichtet aus dem örtlichen weichen Tuffstein, verputzt mit einer dicken Stuckschicht, die den Schimmer des polierten Marmors nachahmt, weiß oder farbig, um die bauliche Gliederung deutlich zu machen. Der Bau bestand entweder aus einem einzigen Raum oder aus einer Vorhalle und der Grabkammer, die von einem Tonnengewölbe gedeckt war, über dessen Entstehung und zeitliche Einordnung man lange diskutiert hat. Die Fassade war wie ein Tempel mit Säulen und Gebälk gestaltet, häufig von dorischer Ordnung. Sie und manchmal auch die Innenräume waren mit gemalten Friesen geschmückt, die, sofern erhalten, die Eleganz und die lebendige Farbigkeit der spätklassischen und hellenistischen Malerei vor Augen führen. Hier wurden die Herrscher, die Feudalherren und ihre Hetairoi, die Gefährten, in kostbaren Urnen zur letzten Ruhe gebettet und für die Ewigkeit mit reichen Grabbeigaben versehen. Es waren Familiengräber, die über Generationen hinweg benutzt wurden.

Eine kurze Übersicht über die makedonischen Gräber muß mit den berühmten Königsgräbern von Vergina beginnen, die Manolis Andronikos 1977 in einer Gegend entdeckt hat, die auch vorher schon für ihre zahlreichen bedeutenden Begräbnisstätten bekannt war.
Das Grab Nr. 1 (2,90 mal 4,30 mal 3 Meter) muß eine wertvolle Ausstattung besessen haben, die allerdings Grabräubern zum Opfer gefallen ist. Erhalten sind indessen sehenswerte

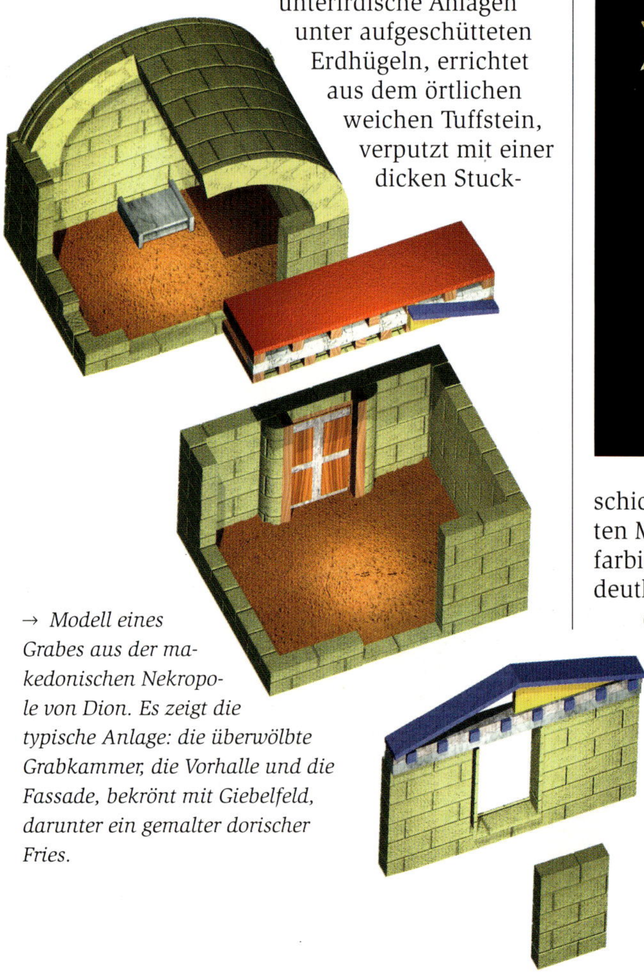

→ Modell eines Grabes aus der makedonischen Nekropole von Dion. Es zeigt die typische Anlage: die überwölbte Grabkammer, die Vorhalle und die Fassade, bekrönt mit Giebelfeld, darunter ein gemalter dorischer Fries.

↑ Goldener Kranz mit lanzettförmigen Blättern, Beeren und Blumen (350–300 v. Chr.) aus dem Grab B von Derveni. Saloniki, Archäologisches Museum

→ *Vergina, das antike Aigai, liegt im Herzen von Makedonien. Die militärische Expansionspolitik Philipps II. und Alexanders des Großen brachte die Gegend, ursprünglich am Rande der hellenischen Welt gelegen, ins Zentrum der politischen Geschichte Griechenlands.*

Fresken auf drei der Innenwände. Ein Band mit Greifvögeln und Blumen bildet den unteren Abschluß der Wandmalerei mit weiblichen Figuren – sie hat Andronikos zu Recht auf die Frauengestalten der eleganten weißgrundigen Lekythen (schmale Henkelkrüge) des 5. Jahrhunderts v. Chr. zurückgeführt. Die Szene, in der Hades Persephone in die Unterwelt entführt, wurde recht selten dargestellt: Hermes läuft vor der Quadriga des Gottes her, der die verzweifelte Persephone schon gepackt hat, alles vor den erschrockenen Augen ihrer Freundin Kyane. Die leuchtenden Farben, die Sicherheit des Strichs und die dramatische Stimmung der Fresken haben die Vermutung nahegelegt, daß sie von Nikomachos, dem berühmten Maler um die Mitte des 4. Jahrhunderts v. Chr., stammen.

Das Grab Nr. 2, inzwischen zweifelsfrei als das Philipps II. identifiziert, war wie durch ein Wunder unangetastet geblieben. Es gehört zum Typ des Grabes mit zwei hintereinanderliegenden Kammern (9,10 mal 5,60 mal 5,30 Meter). In der Fassade öffnet sich eine zweiflügelige, von zwei dorischen Säulen eingerahmte Eingangstür, darüber ein farbiger Architrav und ein Fries mit der Darstellung einer Treibjagd mit Menschen zu Pferd und zu Fuß sowie wilden Tieren. Einige Menschen scheinen porträtähnliche Züge zu tragen. Das künstlerische Niveau ist sehr hoch. In beiden von einem Tonnengewölbe gedeckten Räumen fand sich eine reiche Grabausstattung. Anrührend die Gegenstände, die man so belassen hat, wie sie die Entdecker der Nekropolen vorfanden; sie stehen noch genauso da, wie die Menschen sie

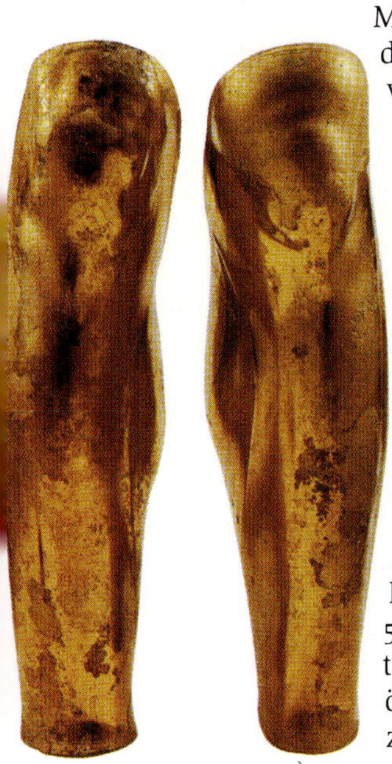

↑ *Beinschienen aus Bronze (350–300 v. Chr.), die Unterschenkel naturalistisch nachahmend, aus dem Grab A von Derveni, Teil einer Rüstung. Saloniki, Archäologisches Museum*

↓ *Der Marmorthron mit skulptierten und gemalten Verzierungen aus dem Grab der Eurydike (325–300 v. Chr.). Bemerkenswert ist die ungewöhnliche Darstellung auf der Rückenlehne: eine Verherrlichung von Hades und Persephone, ein in der griechischen Kunst völlig neues Thema für Grabausstattungen.*

sahen, als sie ihren König bestatteten und die Türen, wie sie glaubten, für immer verschlossen.
Berühmt sind auch die Gräber von Lefkadia, zwischen Edessa und Veria gelegen, von denen das sogenannte Große Grab oder das Grab des Letzten Gerichts besondere Würdigung verdient.

Das Grab des Letzten Gerichts (etwa 10 mal 8 Meter) besteht aus einer rechteckigen Vorhalle und der nicht ganz so großen Grabkammer. Die Anlage folgt dem in Makedonien üblichen Typ: Beide Räume werden von einem Tonnengewölbe abgeschlossen, die Mauern sind aus Kalkstein, die zweigeschossige Fassade ist wie ein viersäuliger Antentempel gebaut sowie reich geschmückt und wird von einem Giebelfeld bekrönt. Das untere Geschoß ist in fünf Abschnitte mit vier dorischen Halbsäulen unterteilt, deren größter der Tür entspricht. In der oberen Hälfte der seitlichen Wandfelder sind vier sehr gut erhaltene Fresken zu sehen. Ihr Thema ist einzigartig in der Geschichte der griechischen Kunst, abgesehen von einigen Vasenbildern: Hermes als Psychopompos, als Begleiter der Seelen in die Unterwelt. Er führt den Verstorbenen zu den Richtern Hades, Aaikos und Rhadamanthys.
Im oberen Geschoß reihen sich sieben Blendfenster mit doppelten, verzierten Flügeln aneinander, unterteilt von ionischen Halbsäulen. Zwischen den beiden Geschossen verläuft ein gemalter dorischer Fries mit Triglyphen und Metopen, darüber ein durchgehender ionischer Fries aus bemaltem Stuck. Die elf Metopen des unteren Frieses zeigen Szenen aus dem Kampf zwischen Lapithen und Kentauren; auf dem oberen ist eine Schlacht zwischen Makedonen und Persern zu sehen, die an die Schlachten zwischen Griechen und Persern oder zwischen Achäern und Trojanern erinnert, ein Thema, das in der Bauplastik der archaischen und klassischen Zeit ständig wiederkehrt: Metapher für den ewigen Kampf zwischen Gut und Böse, zwischen Recht und Unrecht, zugleich aber auch Anspielung auf den aristokratischen und daher notwendigerweise »heroischen« Stand des Verstorbenen, eine Art melancholisches Memento an die Grausamkeit des Todes. Zeitlich gehört das Grab in die Herrschaft Alexanders des Großen (336–323).
Andere nennenswerte Gräber aus Lef-

↑ Rechts: vergoldeter Bronzekrater mit silbernen Inkrustationen (etwa 330 v. Chr.) aus dem Grab B von Derveni. Auf Seite A (oben) ist eine Szene aus der Hochzeit von Dionysos und Ariadne unter tanzenden Satyrn und Mänaden dargestellt. Links: Teilansicht eines Volutengriffs mit Kopf des Herakles. Saloniki, Archäologisches Museum

← Graphische Rekonstruktion der Fassade am Grab des Letzten Gerichts (336–323 v. Chr.). Die Baugliederung zeigt von unten nach oben: die dorischen Halbsäulen und die Fresken des Gerichts; den Fries mit gemalten Metopen: den Kampf zwischen Lapithen und Kentauren; darüber den ionischen Fries mit der Schlacht zwischen Makedonen und Persern; die Blendfenster, dazwischen ionische Halbsäulen; den gemalten Giebel.

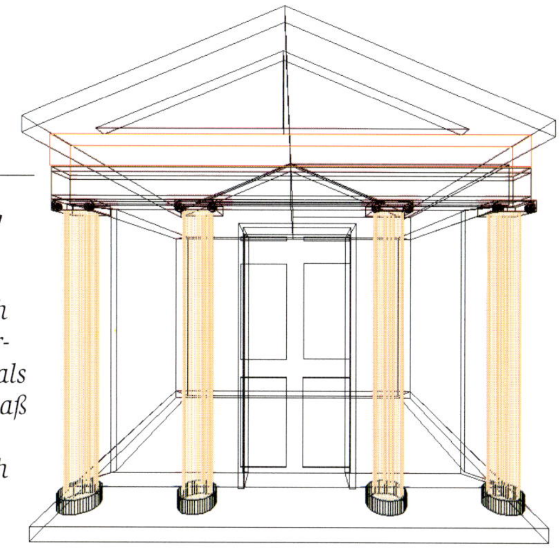

Die makedonische Grabarchitektur

Da alle makedonischen Gräber, die von den Archäologen vor 1977 ausgegraben wurden, geplündert waren, haben sich viele Wissenschaftler bei ihren Datierungsversuchen auf stilistische und technische Einzelheiten bezogen, was zu Fehlern geführt hat. Denn weder das Verhältnis zwischen Höhe und Umfang des Grabes, bestimmt durch die Größe des Tonnengewölbes, noch typologische Vergleiche des Bauschmucks, der zudem noch von Grab zu Grab verschieden ist, ermöglichen zuverlässige Aussagen. Mit gutem Grund muß man also die Schwierigkeiten betonen, aus Gewölben und Fassaden auf die Entwicklung eines bestimmten Bautyps zu schließen. Die jüngsten Grabungen haben neue Daten für die zeitliche Einordnung geliefert.

Das erste bekannte Beispiel eines Tonnengewölbes in einem griechischen Grab gibt es in der Grabkammer Philipps II. (†336 v. Chr.) in Vergina aus der Zeit noch vor dem Ende des 4. Jahrhunderts. Früher galt es als Beweis für die Theorie, daß dieser Grabtyp aus dem Orient stammt und durch den Feldzug Alexanders des Großen nach Europa gelangt war, als hätten die Griechen nicht auch schon vorher Gelegenheit gehabt, architektonische Modelle aus dem Orient zu übernehmen, oder als wären sie nicht in der Lage gewesen, selbst Bogen, Tonnengewölbe und Grabmalerei zu entwickeln.

Manolis Andronikos begann damit, vier, früher von der Kritik eher unterschätzte Werke von Sophokles, Platon, Seneca und Plinius dem Älteren zu analysieren, und gelangte zu dem Schluß, daß das makedonische Gewölbe im Land entwickelt worden war. Er brachte die Schriften Platons mit der Gestalt des Grabes Nr. 2 in Vergina in Verbindung, welches übrigens dem Grab Nr. 1 ähnelt, der ursprünglich geplanten Grabstätte Alexanders des Großen, wie sie Diodorus Siculus beschrieben hat.

Es scheint gesichert, daß im 4. Jahrhundert die makedonischen Baumeister zuerst die Steinkistengräber gewaltig vergrößerten und dann das Deckengewölbe entwickelten, um die statischen Probleme zu bewältigen. Dann wurden Fassaden, geschmückt mit Bauplastik und Wandmalerei, davorgesetzt. Über ihre Entwicklung wissen wir noch nichts; doch wir können bestimmte Elemente erkennen: so etwa den Eingangsportikus, wahre Propyläen, den wir als Schrein des Verstorbenen deuten können, oder auch die elegant gegliederten Friese und Giebel.

←↑ Computerrekonstruktionen der Fassade eines makedonischen, von K. A. Rhomaios freigelegten Grabes (300–250 v. Chr.). Es liegt am Rande der Hochebene von Vergina.

kadia sind das Grab Kinch, benannt nach dem dänischen Forscher, der es als erster untersucht hat, und das Grab von Lyson und Kallikles, benannt nach den dort gefundenen Inschriften. In der Umgebung wurden noch weitere bedeutende monumentale Anlagen ausgegraben, die jedoch erst noch näher erforscht werden müssen. Mit Sicherheit aber gehören sie wie die genannten prunkvollen Grabstätten zu den Residenzen.

DIE AUTOPSIE ERGAB: »ES IST PHILIPP VON MAKEDONIEN.« Herbst 1977. Das griechische Archäologenteam unter Manolis Andronikos entdeckt im Laufe einer Grabungskampagne in der Nähe des kleinen makedoni-

→ Das goldene Haupt der Medusa (350–340 v. Chr.) aus dem Grab Philipps II. zeigt nicht mehr die schreckenerregenden Züge der archaischen Zeit, sondern eher einen menschlich beunruhigten Gesichtsausdruck. Entsprechungen gibt es in der zeitgenössischen Terrakottaplastik. Saloniki, Archäologisches Museum

→ *Ein weiterer Beweis für das hohe Niveau der griechischen Goldschmiedekunst ist dieser Köcher aus vergoldetem Silber (um 350 v. Chr.) mit einem äußerst fein gearbeiteten Relief aus Figuren und Pflanzenmustern, wahrscheinlich eine Kriegsbeute. Aus dem Grab Philipps II. Saloniki, Archäologisches Museum*

schen Dorfes Vergina, unweit der Reste des antiken Königspalastes von Aigai, zwei unberührte Gräber. Eines davon, nämlich das Grab Nr. 2 mit zwei Kammern, ist die Grabstätte Philipps II., des makedonischen Herrschers, der der Unabhängigkeit der griechischen Stadtstaaten ein Ende bereitet hat. Er war der Vater Alexanders des Großen. Die Entdeckung weckte in der ganzen wissenschaftlichen Welt großes Interesse: Die von Andronikos vorgeschlagene Zuordnung wurde allerdings mit einigen Zweifeln aufgenommen, trotz der wertvollen goldenen, silbernen und bronzenen Grabbeigaben, die hinter der zweiflügeligen Marmortür verborgen waren und die auf die königliche Familie hinweisen. Andere meinten, daß die beiden Verstorbenen (in der Vorkammer stand die Urne mit den Ascheresten einer Frau) Philipp III. Arridaios, der Stiefbruder Alexanders des Großen, dem er 323 v. Chr. auf den Thron folgte, und dessen Frau Eurydike seien. Diese Vermutung wurde durch die pathologischen Untersuchungen widerlegt, die ein englisches Forscherteam an dem männlichen Skelett vorgenommen hat. Immerhin hat die Argumentation beispielhaft vorgeführt, wie auch die scharfsinnigste Schlußfolgerung, fußend allein auf literarischen Quellen, in die Irre gehen kann. Bewegung in die Angelegenheit brachten die Beobachtungen von Xirotiris und Langenscheidt im Jahr 1981. Ihnen fehlten aber noch wichtige Fakten, um die Beschreibung der äußeren Erscheinung Philipps II. mit den Überresten der Einäscherung in Zusammenhang bringen zu können. Der König hatte sein rechtes Auge durch eine Pfeilwunde verloren, die sein Gesicht entstellte; die Verwundung hatte er bei der Belagerung von Methone (354) erlitten. Prag, Musgrave und Neave nahmen diesen Umstand zum Ausgangspunkt ihrer Untersuchungen und gelangten zu folgenreichen Ergebnissen: Sie unternahmen mehrere Experimente zur Technik der Einäscherung und zur prozentualen Verringerung der Knochensubstanz je nach Temperatur des Feuers und Dauer der Verbrennung, wobei sie eine längere Zeitspanne wählten, als es wahrscheinlich in der Antike üblich war.
Es stellte sich heraus, daß die Einäscherung allein nicht die Deformationen am Schädel erklären konnte. Schon daß am oberen Teil der rechten Augenhöhle der Knochen eindeutig verheilt war, wies auf eine frühere Verletzung hin. Dafür sprechen auch Verformungen und Spuren von Frakturen am rechten Jochbein und Kiefer sowie Hinweise auf einen Eingriff am Unterkiefer, der wohl das Kauen wieder ermöglichen sollte. An einem Abdruck des Schädels konnte nachgewiesen werden, daß die Entstellung des Gesichts viele Jahre vor dem Tod geschehen war. Ein Gegenstand muß gewaltsam eingedrungen sein und eine fürchterliche Wunde am rechten Auge Philipps hinterlassen haben. Die genaue Rekonstruktion des Schädels zeigt uns, wie die Verletzung ausgesehen hat: Eine tiefe Narbe lief über die rechte Augenhöhle und das Jochbein. Nachdem das Nasenprofil rekonstruiert, die für makedonische Herrscher typische Haar- und Barttracht hinzugefügt worden war, ergab sich ein Gesicht, das verblüffend den Bildern Philipps II. ähnelt, die wir von Statuen, Münzen und Medaillen kennen. Vor allem aber gleicht es jenem schönen Miniaturkopf aus Elfenbein, den man im Grab Nr. 2 in Vergina gefunden und in dem man sofort den Sieger über die Griechen bei Chaironeia erkannt hat.
Das Skelett von Vergina ist also wirklich das Philipps II. von Makedonien, und es belegt jene schwere Verletzung

← *Die Larnax aus getriebenem Gold, mit Reliefs und Inkrustationen aus Gold und Glaspaste (um 340 v. Chr.), die die Marmorurne mit der Asche Philipps II. enthielt*

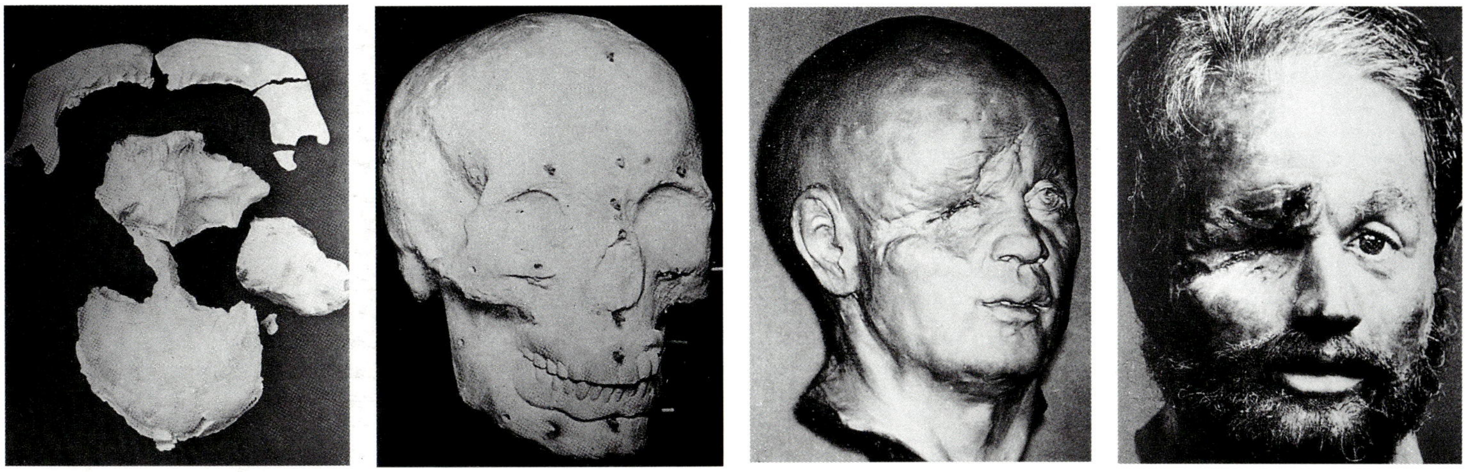

↑ *Vier Phasen der Rekonstruktion des Gesichts Philipps II., das durch eine schreckliche Narbe entstellt war. Er war bei der Belagerung von Methone (354 v. Chr.) von einem Pfeil verwundet worden.*

aus dem Jahr 354, die ihn das rechte Auge gekostet und seine rechte Gesichtshälfte entstellt hat. Nach der bekanntesten Quelle ist Philipp von einem Pfeil getroffen worden, den ein Bogenschütze von den Mauern Methones auf ihn abschoß, als der König gerade die Wurfmaschinen inspizierte.

Die Fassade von Grab Nr. 2 trägt einen Fries mit einer einzigartigen Jagdszene. Der Eingang besteht aus einer zweiflügeligen Marmortür. Daran schließen sich eine Vorhalle und die eigentliche Grabkammer an. Dort stieß man auf goldene Larnakes (Kastenurnen), in deren eine die Überreste einer Frau lagen, sowie auf wertvolle Goldschmiedearbeiten. Erwähnenswert sind die dünnen Goldblättchen mit dem makedonischen Stern, von dem acht Strahlen ausgehen; ein Bogenbehälter und ein Köcher aus vergoldetem Silber; fünf Miniaturköpfe aus Elfenbein (etwa 3 Zentimeter hoch), die Mitglieder der königlichen Familie darstellen, unter denen man ohne Zweifel Philipp II., seine Gemahlin Olympias und den Prinzen, den späteren Alexander den Großen, erkennen kann. Diese Köpfchen könnten eine kleine, wenn auch nicht weniger wertvolle Wiedergabe der Köpfe jener Statuengruppe sein, die der Herrscher bei dem großen Bildhauer Leochares in Auftrag gegeben hatte, um im Heiligtum von Olympia ein Denkmal (Philippeion) für seinen Sieg bei Chaironeia zu setzen.

← *Eisenpanzer (etwa 350 v. Chr.), geschmückt mit Bändern und Verzierungen aus Gold. Aus der Grabausstattung Philipps II. Saloniki, Archäologisches Museum*

↓ *Dieser kleine Elfenbeinkopf (338 v. Chr.), der Philipp II. darstellt und das Bett der Grabausstattung des Herrschers zierte, sieht dem rekonstruierten Gesicht verblüffend ähnlich. Saloniki, Archäologisches Museum*

Bibliographie

- M. Andronikos *Les tombes royales de Vergina*. Athen 1980
- – »Some Reflections on the Macedonian Tombs«, in: *Annual of the British School at Athens* 82, 1987, S. 1–16
- »The Skull from Tomb II at Vergina: King Philipp II of Macedon«, in: *Journal of Hellenic Studies* CIV, 1984, S. 60–78 (Beiträge verschiedener Autoren)
- R. Martin *La Grecia e il mondo greco* II. Turin 1984, S. 111–133
- J. Touratsoglou *Lefkadia*. Athen 1987
- *Arte dei Macedoni dall'età micenea ad Alessandro Magno*. Bologna 1988 (Beiträge verschiedener Autoren)

Rom, eine Stadtlandschaft

Das große Rom der Kaiserzeit war ein Ballungszentrum mit all den Schwierigkeiten, die Großstädte auch heute belasten: Verkehrsprobleme, Übervölkerung, Schmutz, Brandgefahr, gefährdete öffentliche Ordnung, schlechter Straßenzustand, Armut, zu hohe Mieten und so weiter. Bei eineinhalb Millionen Einwohnern ergaben sich zudem vielfältige Verwaltungsprobleme. Obschon sich manche städtebauliche Lösungen einiger Kaiser als geradezu genial und sehr wirksam erwiesen, konnten die großen baulichen Veränderungen Roms zur Kaiserzeit die grundlegenden Mängel der Ewigen Stadt nicht beheben. Wenn wir die Lebensbedingungen im heutigen Rom und in unseren Stadtzentren als schlecht empfinden, dann ist es vielleicht ein schwacher Trost, daß die Bewohner des alten Rom sie ganz ähnlich erlebt haben.

↑ Büste Kaiser Hadrians. Er war ein feinsinniger Liebhaber griechischer Kultur und ließ bei Tivoli (Tibur) die eindrucksvollste Villenanlage außerhalb Roms errichten: die Hadriansvilla (125–138 n. Chr.).

↑ Das antike Rom. In der Mitte der Circus Maximus und die etruskische Stadtmauer, die beide zu den ältesten erhaltenen Bauwerken Roms zählen. Städtebauliche Probleme gab es wegen der sieben Hügel von Anfang an.

DIE PROBLEME DER EWIGEN STADT. Die Probleme Roms zeigten sich fast von Anfang an. Denn als die Besiedlung der sieben Hügel in etwa abgeschlossen war, war sie auch schon ziemlich dicht. Eine vernünftigere, das heißt eine angemessenere systematische Stadtplanung war nun nicht mehr möglich; bestenfalls konnte man kleinere Eingriffe bei baulichen Veränderungen vornehmen. Verblüffenderweise hat es gerade zur Zeit Neros, nach dem furchtbaren Brand des Jahres 64 n. Chr., eine der wenigen, aber nur teilweise genutzten Gelegenheiten zur städtebaulichen Erneuerung gegeben. Eher finden sich hervorragende Beispiele architektonischer Neuschöpfung in der Provinz oder an den Grenzen des Reiches, weil es dort genügend Raum für Neuerungen gab.

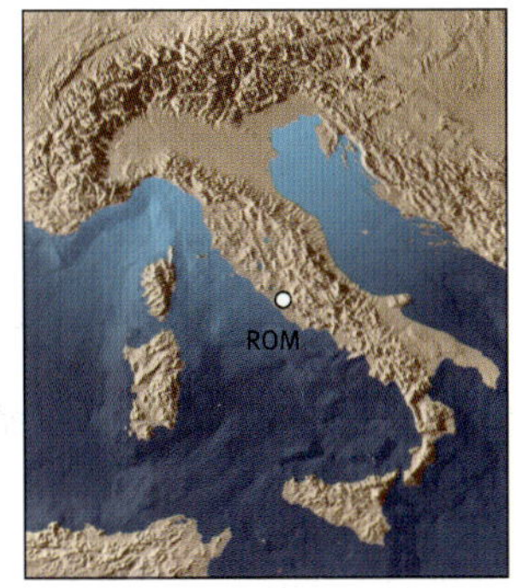

← *Die geographische Lage Roms am Tiber. Der Fluß war die wichtigste Wirtschaftsader der Stadt.*

Die städtebauliche Geschichte Roms zur Kaiserzeit ist die Geschichte bedeutender Sanierungen, angefangen beim Bau der kaiserlichen Foren (von Caesar bis Trajan) über die Eröffnung der Via Nova zwischen Aventin und Caelius (zur Zeit Caracallas) bis zum Bau der Stadtmauer unter Aurelian (271). Die großen Umwandlungen der Stadt durch Augustus mit der Schöpfung der 14 Stadtteile, durch Nero nach dem Brand des Jahres 64 und durch Trajan, um nur einige zu nennen, waren hervorragende bauliche Leistungen, beseitigten jedoch nicht die grundsätzlichen Mängel.
Chronischer Platzmangel ließ den Verkehr in den engen Straßen nur langsam vorankommen, denn die zahlreichen Fahrzeuge konnten sich nur schwer im Zentrum verteilen. Die engen Straßen behinderten nicht nur die Fahrzeuge, sie erhöhten auch die Brandgefahr, denn die Wohnhäuser waren vor allem aus Holz errichtet. Die städtische Feuerwehr war daher immerhin 7000 Mann stark; die Fundamente ihrer Kasernen sind noch heute zu sehen. Ein öffentliches Transportsystem gab es nicht, mit Ausnahme von »Taxis« in Form von Sänften oder Mietstühlen, die von Sklaven getragen wurden. Ein Großteil der Bevölkerung wurde mit Wasser aus öffentlichen Brunnen versorgt. Wasser im Haus war ein Privileg, das

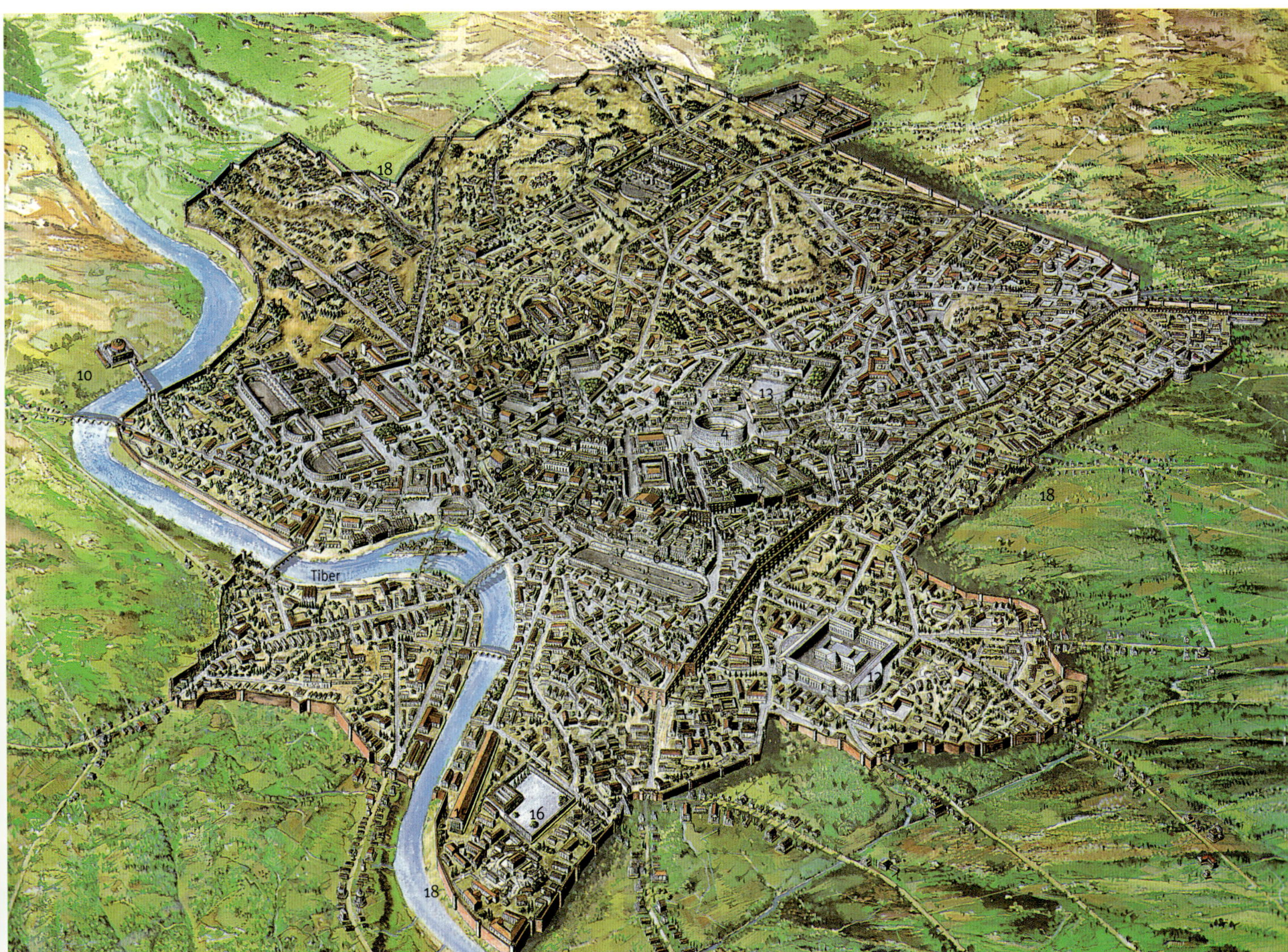

↑ *Rom im 4. Jahrhundert n. Chr.: Forum Romanum (1), Forum des Trajan (2), Circus Maximus (3), Kolosseum (4), Stadion des Domitian (5), Kaiserpaläste (6), Tempel des Divus Claudius (7), Tempel des Iupiter Capitolinus (8), Pantheon (9), Mausoleum Kaiser Hadrians, die heutige Engelsburg (10), Mausoleum Kaiser Augustus' (11), Caracallathermen (12), Trajansthermen (13), Thermen des Diokletian (14), Porticus Aemilia (Große Markthalle, 15), Horrea Galbae (Speicher, 16), Lager der Prätorianergarde (17), Aurelianische Mauer (18)*

direkt vom Kaiser nach Verdienst vergeben wurde.
Es gab weder öffentliche Friedhöfe noch für diesen Zweck vorgesehenes Gelände. So konnte man die Toten in eigener Erde bestatten, vorausgesetzt, daß sie außerhalb des Pomerium, des sakralen Raums beidseits der Stadtmauer, lag. Hinweise auf öffentliche Einrichtungen dieser Art geben nur die Friedhöfe, die Augustus und Maecenas in Parks umwandeln ließen.

Ein Problem, das die Stadt ständig beschäftigte, war das Gesundheitswesen, insbesondere Hygiene und angemessene Wohnverhältnisse. Bevölkerungsdichte und städtische Ballung haben niemals zufriedenstellende Lösungen gefunden: Die schlechten Wohnbedingungen bei ungenügender Belüftung der Häuser, mangelndem Tageslicht angesichts der Höhe der Gebäude und unzureichender Bewegungsfreiheit wurden in Gefahrensituationen (Stadtkriegen, Epidemien, Bränden, Tumulten) noch schlimmer. Die dramatische Lage wird deutlich, wenn man bedenkt, daß es in Rom bis zum 4. Jahrhundert n. Chr. weder städtische Krankenhäuser noch Altenheime, Waisen- oder Armenhäuser gab. Zur Zeit Gallienus' forderte die Pest in Rom und den umliegenden Dörfern täglich mindestens 5000 Opfer. Reichlich spät schuf man, übrigens durch Privatinitiative, häufig auch mit christlicher Unterstützung, Hilfseinrichtungen, so erstmals in der Umgebung Roms ein Krankenhaus (380). Auch trugen nur die großen Straßen, vor allem die *vici* (Stadtteile), Namen. Abgesehen von Plätzen, öffentlichen und sakralen Gebäuden, Foren und Denkmälern, sahen sich die übrigen Wohnviertel zum Verwechseln ähnlich. Sie hatten die gleichen Hausfassaden, die gleichen unbeleuchteten und engen Straßen. Hinweise auf die Lage gaben beispielsweise Name und Beruf des Besitzers, Haus- oder Straßennummern gut bekannter Örtlichkeiten der Stadt, Ladenschilder und Geschäftsvertretungen oder bestenfalls besondere Kennzeichnungen oder Schmuckfassaden privater Häuser. Selbstverständlich waren Honoratioren und bedeutende Personen, Besitzer von Herrschaftshäusern und Privatresidenzen leicht auffindbar, selbst dann, wenn nur die Nummer des Stadtteils bekannt war.
Da es keine Museen in der modernen Bedeutung des Wortes gab (geschlossene Räume, die ausschließlich öffentlichen Kunstausstellungen vorbehalten sind), schuf man Wanderausstellungen im Freien, etwa auf dem Augustusforum, dem Friedensforum, in den Thermen, in den Gärten des Agrippa, auf dem Marsfeld oder in den Gärten Caesars im heutigen Trastevere. Thermen und Bogengänge erwiesen sich zur Kaiserzeit als die besten öffentlichen Orte für Exponate. Am bedeutendsten war die Säulenhalle Octavias; die Sammlungen waren im Mittelteil, im umlaufenden Säulengang, in der Schola und den beiden Tempeln des Iupiter Stator und der Iuno verteilt. Andererseits gab es zahlreiche, jedoch weniger besuchte Ausstellungen im Innern von Tempeln, zum Beispiel in denen Caesars, Augustus', im Tempel der Concordia auf dem Forum Romanum oder auch in Bürgerhäusern, den Theatern von Marcellus, Pompeius und Balbus, dem Kaiserpalast auf dem Palatin, dem Goldenen Haus (Domus Aurea) Neros. In Wirklichkeit war der größte Teil dieser Ausstellungen dem Publikum kaum zugänglich. In diesem Zusammenhang spricht Plinius der Ältere (*Naturalis historia* XXXV, 10, 29) vom »Gefängnis« der Gemälde des Fabullus.
Die Geschichte des kaiserlichen Rom endete mit dem Fall des Weströmi-

↑ *So sieht das Forum Romanum heute aus. Es war Mittelpunkt des politischen und des wirtschaftlichen Lebens sowie der Rechtsprechung im antiken Rom. Mit dem Anwachsen der Bevölkerung wurde es fast zu klein.*

← *Computerrekonstruktion des Forum Romanum. Im Jahre 46 v. Chr. ließ Caesar, wie es auch später die Kaiser von Augustus bis Trajan taten, ein neues Forum bauen.*

schen Reiches 476 n. Chr., als der germanische Söldnerführer Odoaker den letzten weströmischen Kaiser Romulus Augustulus absetzte und sich vom Heer zum König ausrufen ließ. Und als 537/538 der Ostgotenkönig Witigis Rom belagerte und sich der Aquädukte bemächtigt hatte, mußten die Bewohner das Wasser aus dem Tiber holen – ein Zustand, der rund ein Jahrtausend anhalten sollte.

→ Die Kapitolinische Wölfin (etwa 450–430 v. Chr.), ein typisches Beispiel italisch-etruskischer Bronzekunst. Nach Berichten Ciceros war das Tierbildnis, Gründungssymbol der Stadt Rom, auf dem Kapitol ausgestellt. 65 v. Chr. wurde es vom Blitz getroffen, aber nicht restauriert. Die Zwillinge Romulus und Remus wurden in der Renaissance hinzugefügt.

DIE ANFÄNGE. Ab dem 14. vorchristlichen Jahrhundert erfolgte die erste kontinuierliche Besiedlung zwischen Palatin und Kapitol. Es war noch keine Stadt, sondern bestenfalls ein lockerer Verband mehrerer kleiner Dörfer, die auf Hügeln und an Flußübergängen lagen. Daraus entwickelten sich Anfang des ersten Jahrtausends echte Gemeinwesen, Keimzellen künftiger Stadtkultur. Zwischen 850 und 750 entstand das Septimontium (Siebenhügelbund), eine Föderation von Dörfern gleicher Rechts- und Religionszugehörigkeit. In dieser Zeit vergrößerten sich die Siedlungen durch den Zusammenschluß verschiedener Stammesgruppen ungewöhnlich schnell.

Wie aber sah die Landschaft damals aus? Wir müssen sie uns als unzugänglich, mit Tälern, tiefen Schluchten, steinigen Bachläufen und gewundenen Pfaden vorstellen, die zu den hochgelegenen frühzeitlichen Behausungen hinaufführten. Jahrhundertealte Wälder aus Eichen, Buchen, Steineichen und Zypressen bedeckten die Hügel, während Täler und Abhänge mit Buschwald aus Myrten, Feigen, Lorbeer und Dorngestrüpp dicht bewachsen waren.
Es gab heilige Stätten, die Nymphen oder Gottheiten geweiht waren, zum Beispiel Quellen oder Grotten, etwa die Lupercalhöhle oberhalb des Velabrum, der sumpfigen Niederung zwischen Palatin und Tiber. Dort wurden nach der Sage Romulus und Remus von der Wölfin gesäugt. Die Dörfer, im Verbund wohl autonom, waren umgeben von Gärten und bebauten Feldern mit eingefriedetem Gelände für das Vieh und Einrichtungen für die Herstellung von Keramiken und Metallgegenständen.
Im zweiten Viertel des 8. Jahrhunderts entstand aus dem Gemeindeverband ein Stadtstaat mit eigenem Territorium, das über den Palatin und die Stadtgrenze hinausreichte. Bewaffneten war der Zugang zum Palatin nicht gestattet; als »verbotener« Bezirk unterstand der Hügel allein der politischen Autorität. So war der Palatin früh ein bevorzugter Ort, ein politisches Machtzentrum, um das herum sich die Stadt entfaltete. Damit wurde Rom zu einer der bedeutendsten Siedlungen im westlichen Mittelmeerraum.
Noch im 8. Jahrhundert war der Rindermarkt (Forum Boarium) Versammlungsort und bedeutendster Marktplatz der Stadt. Unter der Herrschaft von Ancus Marcius (640–616) und Tarquinius Priscus (616–578) gab es erste erkennbare Eingriffe in die Stadtplanung, wovon im Tal des Forums erste Straßenpflaster (625) und die erste Regia, der Amtssitz des Pontifex Maximus, in Hausform zeugen. Um diese Zeit wurden auch die einfachen Hütten durch gemauerte Häuser mit Dachziegeln ersetzt.
Um 600 geriet die Stadt unter die

← Fresko aus der Domus Aurea in Pompeji mit der Darstellung der Anfänge Roms: Mars steigt vom Himmel herab, um Rea Silvia, die Mutter von Romulus und Remus, zu begatten.

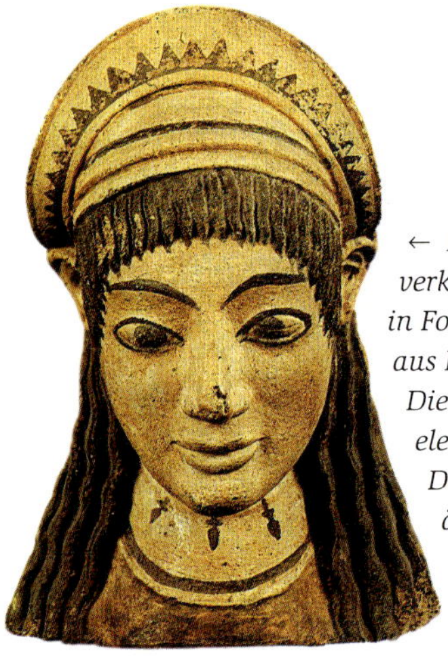

← *Farbige Gesimsverkleidung aus Terrakotta in Form eines Frauenkopfes aus Rom-Tre Fontane. Dieses herrliche Schmuckelement war auf dem Dach als Abschluß am äußersten Ende der Dachpfannen angebracht.*

Herrschaft etruskischer Könige aus dem Geschlecht der Tarquinier. Unter Tarquinius Priscus und Servius Tullius (578–534) wurden mehrere große Bauunternehmen durchgeführt, Straßen, Plätze und Abzugskanäle angelegt, Sümpfe trockengelegt. Auf dem gewonnenen Boden entstanden zahlreiche neue Dörfer. Mit dem Bau der Cloaca maxima wurde das Gelände für das Forum Romanum entwässert. Hier entstand das neue politische, religiöse und administrative Zentrum der Stadt. Tarquinius Priscus soll die Regia, die alte Königsburg des Numa Pompilius, wiederaufgebaut, das Kuriengebäude errichtet und den Platz für die Bürgerversammlungen angelegt haben. Auf dem Rindermarkt ließ er Tempel für Fortuna und Mater Matuta erbauen.

Das Haus des Romulus

Jüngste Ausgrabungen an den Südwesthängen des Palatin haben ein Hüttendorf aus der frühen Eisenzeit ans Licht gebracht. Erkennbar sind die Pfostenlöcher, die zu den in den Tuffstein geschlagenen Fußböden passen. Der Aufbau bestand vermutlich aus Stroh, Zweigen und Lehm.

Die Fundstelle liegt günstig: Von hier konnte man den Fluß bei der Tiberinsel überblicken. Auffällig ist, daß eine einzige Hütte von späteren Umbauten in römischer Zeit verschont blieb. Ja, man hat sogar ein kleines Heiligtum um sie herum errichtet.

Das Ganze liegt nicht weit entfernt vom Haus des Augustus und vom Tempel der Magna Mater (Kybele) und war zu jener Zeit gewiß noch gut erhalten. Es muß schon jemand Besonderes gewesen sein, dem diese Hütte einmal gehört hatte, da man ihr bis in die Kaiserzeit so viel Ehrfurcht entgegenbrachte.

Aus antiken Quellen erfahren wir, daß hier irgendwo die Hütte (casa) *des Romulus verehrt wurde, oder besser gesagt, ein Gebäude, das die Alten dafür gehalten haben. Wir wissen auch, daß dieses Heiligtum bis ins 4. Jahrhundert n. Chr. eine Strohhütte barg, einen symbolischen Bau, der, wenn er in Brand geraten war oder verfiel, repariert oder neu errichtet wurde.*

Was die Archäologen hier gefunden haben, ist wahrscheinlich dieses Heiligtum mit dem Haus des Romulus. Die Ausgrabungen am Palatin haben gezeigt, daß die einzige von der Stadtentwicklung unberührte Zone in diesem Bereich diejenige um dieses Heiligtum war. Und sie sollte es auch bleiben, nicht nur in der republikanischen Zeit, als in der Nähe der Tempel der Magna Mater gebaut wurde, sondern auch in der Kaiserzeit, als hier Werkstätten entstanden.

Aus der Schichtenfolge ergibt sich zweifelsfrei, daß der Bau aus Steinquadern (opus quadratum) *nicht mehr entweiht oder verändert wurde und in der ganzen römischen Geschichte ein Ort der Erinnerung, ein Zeichen der Ursprünge, geblieben ist. Augustus selbst, der sich mit Nachdruck zum ebenbürtigen Nachfolger des Gründers der Ewigen Stadt* (urbs aeterna) *erklärt hat, errichtete sein »Haus« in nächster Nähe des ersten »Hauses« Roms, dem des Romulus.*

↑ *Computerrekonstruktion des Tempels von San Omobono aus dem zweiten Viertel des 6. Jahrhunderts*

Überall gab es nun Häuser auf den Hügeln, in den Tälern, an der Via Sacra auf dem Forum Romanum, an den Hängen des Palatin, begrünt, mit Säulengängen, Innenhöfen und schönen Dachkonstruktionen. Eine Vorstellung vom Farbenreichtum der Gebäude und vom prächtigen Hausrat gewinnt man am Beispiel der etruskischen Grabkammern von Cerveteri (Caere), die, wie die Tomba delle Sedie e degli Scudi, in Tuffstein geschlagen waren. Die Sakralbauten unterschieden sich nur wenig davon, wie die frühen Bauphasen eines Tempels aus der Zeit des Servius Tullius belegen (San Omobono). Der Bau hat einen fast quadratischen Grundriß und drei Cellae (Cella = Hauptraum des antiken Tempels) mit Porticus (Säulenvorhalle). Die Häuser waren mit farbiger Terrakotta geschmückt. Mit dem Innenhof in der Mitte sind ihre Grundrisse nicht größer als 10 mal 20 Meter. Erst später wurden sie geräumiger, wie jüngste Funde unterhalb des Titusbogens ergeben haben (35 mal 19 Meter, mit weiten Lichthöfen). Zur Stadtgestaltung gehörten auch Zisternen aus Tuffstein zum Auffangen des Regenwassers. Gegen Ende der Frühzeit war das Stadtbild schon recht

→ *Löwenjunges aus Elfenbein mit etruskischer Inschrift, gefunden bei San Omobono (erster Bau des heiligen Bezirks).*

ausgeprägt: Die Bürgerhäuser waren mit Ziegeln gedeckt, Türme überragten die Patrizierhäuser, die Tempel erstrahlten in leuchtenden Farben (so die Tempel Iupiters und der Fides auf dem Kapitol, der Iuno Lucina auf dem Cispius am Esquilin und der Luna auf dem Aventin). Auch Straßen, gepflasterte Plätze und Mauern aus rechteckigen Blöcken *(opus quadratum)* fügten sich zu einer einheitlichen Stadtlandschaft.

Rom erhielt seine endgültige äußere Gestalt durch die Stadtmauer des Servius Tullius, ein eindrucksvolles Bauwerk aus Tuffsteinquadern von 11 Kilometer Länge, das Hügel und Felsen überwand und den urbanen Bereich deutlich vom Umland trennte – Ausdruck auch der politischen und der sakralen Legitimation der Stadt. Man schätzt, daß Rom zu dieser Zeit etwa 30 000 bis 40 000 Einwohner auf einem Gebiet von 300 Hektar zählte und damit zu den größten Städten des westlichen Mittelmeerraumes gehörte. Unter Tarquinius Superbus (533–509) wurde die politische Bedeutung der Stadt durch den Tempelbau für Iupiter Capitolinus unterstrichen, den obersten Gott der Stadt und Beschützer des römischen Volkes: ein großartiger Tempel aus regelmäßigen Steinblöcken von 53 mal 53 Meter Seitenlänge, mit sechs Eingangssäulen und drei Cellae, welche die Trias der römischen Schutzgottheiten Iupiter, Iuno und Minerva symbolisierten.

↑↓ *Oben: Computerrekonstruktion römischer Mietshäuser* (insulae) *mit mehreren Stockwerken.*
Unten: Mietshäuser in Ostia; ein besonders prachtvolles Beispiel stellt das kleinere Modell dar.

ROM UNTER AUGUSTUS. Ende der republikanischen Zeit bildete die Mauer der Stadt auch deren Grenze. Im Jahr 7 v. Chr. bezog Augustus die Vorstädte *(pagi)* mit ein. Dadurch vergrößerte sich das Stadtgebiet beträchtlich, das in 14 Verwaltungsbezirke (Regionen) eingeteilt wurde: »Urbs XIV regionum« (die Stadt der 14 Regionen). Eine der größten Schwierigkeiten, vor denen Augustus

bei der Neugestaltung der Stadt stand, war deren unregelmäßige Anlage, ein Erbe aus republikanischer Zeit. Das historische und das politische Zentrum war der Palatin, umgeben von den anderen Hügeln. Via Appia und Via Flaminia bildeten die Hauptverkehrsader in nord-südlicher Richtung. Vom Zentrum führten viele Straßen zum Stadtrand. Bis zum Ende des Imperiums hat sich die Stadt in zwei Richtungen ausgedehnt: nach Osten und im Westen bis auf das jenseitige Tiberufer; seit dem späten 3. Jahrhundert umschloß die neue Aurelianische Mauer (Baubeginn 271) das vergrößerte Stadtgebiet. Die Stadt der 14 Regionen erfuhr im 4. Jahrhundert ihre größte Ausdehnung mit einer Gesamtfläche von 1800 Hektar.

ROM UND DIE WELT. »Götter und Menschen haben diesen Platz nicht ohne Grund gewählt, als sie die Stadt bauten: so gesunde Berge, einen so günstig gelegenen Strom, daß er uns die Früchte des Hinterlandes heranbringt und die Zufuhr vom Meer empfängt. Das Meer ist nahe genug für unseren Vorteil und setzt uns doch nicht durch zu geringe Entfernung der Gefahr fremder Flotten aus.« So beschrieb Livius (V, 54) die strategische Lage der Stadt und ihre Entwicklungsmöglichkeiten. Sie lag am Schnittpunkt bedeutender Handelswege, die seit Beginn der Eisenzeit genutzt wurden. Hier, an der wichtigsten Tiberfurt in Verbindung mit der Tiberinsel, hatten sich latinische, etruskische und sabinische Siedlungen vereint. Von hier ist das Meer über den Tiber schnell zu erreichen. Über Land führten die Wege nach Ostia, Ardea, Labici, Tusculum, Praeneste, Gabii, Tibur und Nomentum. Gegen Ende des 4. Jahrhunderts gab es bereits ein ausgedehntes Straßennetz, das inzwischen durch ganz Europa führen würde. Mit dem Bau von Via Appia, Via Flaminia, Via Salaria, Via Cassia, Via Aurelia und Via Aemilia gewann es sehr an Bedeutung. Übers Meer war die Stadt mit allen wichtigen Küsten verbunden. Auf dem kombinierten Wasser- und Landweg kam ägyptisches Getreide (250 000 Tonnen im Jahr) ins Land. Andere Routen führten bis nach Ostindien, zum Persischen Golf oder zum Roten Meer. Zur Zeit Diokletians (284–305 n. Chr.) war es billiger, Getreide per Schiff von einem zum anderen Ende des Reiches zu befördern, als es 100 Kilometer auf einem Wagen zu transportieren. Jede Ladung konnte den Wasserweg passieren: Säulen, Marmorblöcke, Statuen, Sarkophage, hohe Obelisken und erst recht leichteres Material wie Keramik, Stoffe, Glas, Schmuck, Wein und Lebensmittel. Die wichtigsten Seewege führten nach Antiochia, Alexandria, Caesarea, Karthago, Gades (Cádiz), Tarraco (Tarragona), Narbo (Narbonne), Massilia (Marseille), Arelate (Arles). Die Routen wurden je nach Jahreszeit, Örtlichkeit, insbesondere jedoch nach kaufmännischen Erwägungen verändert.

↑ *Diese Statue des Kaisers Augustus, aufgefunden 1863 im Haus der Livia, gilt als Prototyp der Rüstungsstatuen, die bis in die späte Kaiserzeit üblich waren.*

MIETSHÄUSER (INSULAE). Zu den Besonderheiten, die das antike Rom mit unseren Städten verbindet, gehören die mehrstöckigen Mietshäuser für jeweils mehrere Wohnparteien. Der lateinische Begriff »insula«

↓ *Computerrekonstruktion des Inneren eines luxuriösen römischen Wohnhauses* (domus)*: in der Mitte des Atriums das Impluvium, ein kleines Becken, in dem das Regenwasser aufgefangen wurde*

(Insel) rührt von frühen Häusern her, die freien Raum um sich hatten und auf allen Seiten umgehbar waren. Als die Stadtbevölkerung zunahm, wurde diese Bauweise aufgegeben. Nun entstanden die großen Wohnhäuser mit mehreren Etagen, die vermietet wurden. Sie trugen aber weiterhin den alten Namen. Die neue Bauweise war notwendig geworden, weil die Übervölkerung der Stadt zu einem großen Mangel an Wohnraum geführt hatte. Jetzt wurden mehrere Stockwerke und Keller genutzt, Zimmer und Unterkünfte verkleinert.
Der häufigste Typus der Insula war die große Mietskaserne mit zahlreichen Wohnungen. Sie hatte vier bis fünf Stockwerke mit Geschäften im Erdgeschoß und verschiedentlich Dachgärten oder Speicher. Im allgemeinen waren die Proportionen der Insulae jedoch bescheidener: 6 bis 12 Meter breite Fassaden, ein Zugang zu den Geschäften und ein weiterer zum Treppenhaus. Die Höhe der Miete hing von Größe und Ausstattung der Wohnungen ab. Zu den kleineren Insulaetypen gehörte die Taberna, ein bescheidener Laden oder ein Werkraum, der auch als Unterkunft dienen konnte. Im kaiserlichen Rom haben Wohnungsnot und fehlendes Baugelände zu Bauten von mehr als 30 Meter Höhe geführt; bei ihnen bestanden stets Einsturz- und Brandgefahr.
Häufig waren die Insulae nach ihren Besitzern benannt.

THERMEN. Zu den wichtigsten Erholungs- und Vergnügungsorten der Kaiserstadt zählten die großen öffentlichen Badeanstalten, wahre Prunkbauten, beispielhaft für gesunde Umwelt und zweckmäßige Einrichtung. Durch ihre Größe boten sie vielen Besuchern Platz. Bis zu 1600 Personen

↑ Computerrekonstruktion der Via Triumphalis mit Konstantinsbogen und dem Amphitheatrum Flavium, später Kolosseum genannt (rechts)

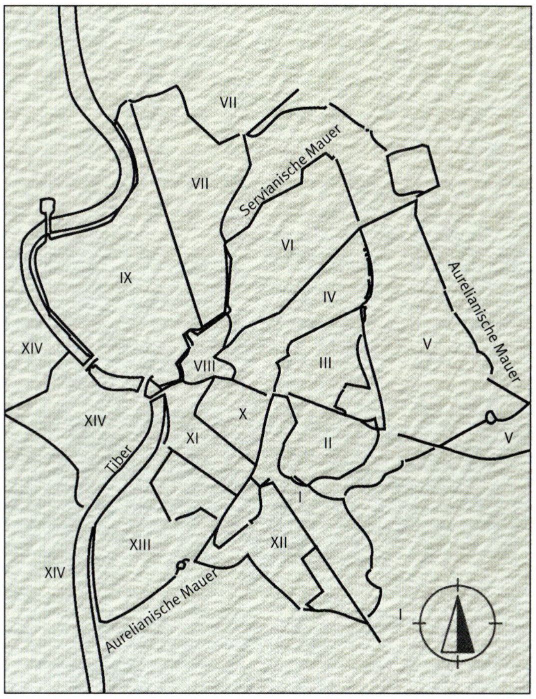

→ Die 14 Regionen (Stadtteile), in die Rom von Augustus eingeteilt wurde: Porta Capena (I), Caelemontium (II), Isis et Serapis (III), Templum Pacis (Friedenstempel, IV), Esquiliae (V), Alta Semita (VI), Via Lata (VII), Forum Romanum et Magnum (VIII), Circus Flaminius (IX), Palatium (X), Circus Maximus (XI), Piscina Publica (Öffentl. Bad, XII), Aventinus (XIII), Trans Tiberim (XIV)

konnten die Caracallathermen gleichzeitig nutzen, 3000 die Thermen des Diokletian. Es gab warme und kalte sowie Dampfbäder. Die prunkvoll ausgestatteten Kaiserthermen hatten darüber hinaus noch weitere Einrichtungen: Neben der Palaestra, einem Hof für Sport und Spiel, boten sie auch Bibliotheken und Räume für Unterhaltung, für musikalische und literarische Ereignisse; auch gab es Gaststätten und Kaufläden. Und sie dienten als Museen: Sehr viele auf uns gekommene große Kunstwerke standen einst in Thermen, wie etwa die Laokoongruppe von Hagesander, Athanodoros und Polydoros von Rhodos sowie Pluto und Cerberus, die sich bei den Trajansthermen befanden, der Farnesische Stier und der Herkules Farnese von den Caracallathermen, die großen Castor-und-Pollux-Statuen von den Konstantinsthermen.
212 n. Chr. wurde ein Arm des Acqua-Marcia-Aquädukts gebaut, um die gerade entstehenden Caracallathermen mit Wasser zu versorgen. Der gewaltige Komplex wurde im Jahr 216 eingeweiht und konnte kostenlos benutzt werden. Abgeschlossen wurden die Bauarbeiten erst unter den folgenden Kaisern Elagabal und Severus Alexander. Von Aurelian, Diokletian und Theoderich restauriert, wurde er Ende 537 wieder in Betrieb genommen, nachdem die Besetzung durch die Goten beendet war. Im 6. und im 7. Jahrhundert wurde das Gelände teilweise als Nekropole genutzt. Der Zentralbereich maß 220 mal 114 Meter, der von einer hohen Einfriedung umgebene Gesamtkomplex 337 mal 328 Meter. Flankiert von zwei symmetrischen Seitenflügeln, den Palaestrae (für Spiel und Sport), beherbergte der Mittelteil die eigentlichen Baderäume: Caldarium, Tepidarium, Frigidarium und Natatio.
Das Caldarium (Warmwasserbad) war ein großer, runder Raum mit einer von acht Pfeilern getragenen Kuppel, in dem acht große Becken untergebracht waren, eines davon rund. Das Tepidarium (Abkühlungsraum mittlerer Temperatur), ein kleiner Raum mit zwei Bassins und Nischen für Statuen, war mit dem Frigidarium (Kaltwasserbad), einem sehr großen rechteckigen Raum, verbunden, der ein dreijochiges Kreuzgewölbe besaß, getragen von Pfeilern und Granitsäulen. Die Natatio schließlich, das überdachte Schwimmbad, das bis zu 1400 Kubikmeter Wasser faßte, lag in der Mitte der Nordostseite vor einer eleganten Säulen- und Nischenreihe, letztere für Statuen. Das für die Wasserverteilung

↑ *Das Caldarium (Warmwasserbad) der Caracallathermen war ein großer runder Saal mit acht Wasserbassins, überwölbt von einer Kuppel.*

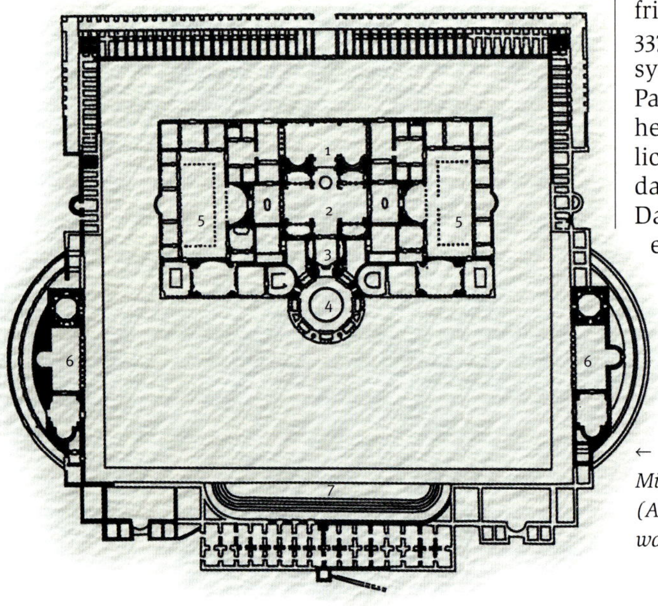

← *Grundriß der Caracallathermen: Natatio (Schwimmhalle, 1), Mittelsaal, Frigidarium (Kaltwasserbad, 2), Tepidarium (Abkühlraum mittlerer Temperatur, 3), Caldarium (Warmwasserbad, 4), Palaestrae (5), Exedra (6), Zisterne (7)*

← Der Farnesische Stier, wahrscheinlich die römische Kopie eines griechischen Originals aus hellenistischer Zeit, das den Tod der Dirke darstellt. Amphion und Zethos rächen ihre Mutter, indem sie das ihr zugedachte Schicksal Dirke erleiden lassen: Sie wird an die Hörner eines Stiers gefesselt und zu Tode geschleift. Die monumentale Marmorgruppe wurde bei den Caracallathermen gefunden. Neapel, Nationalmuseum

notwendige hydraulische System nahm zwei unterirdische Stockwerke ein. Im oberen Stockwerk befanden sich die Leitungen, durch die das Wasser in die Becken und die Springbrunnen gelangte, im unteren wurden die Abwässer gesammelt und direkt in den großen Kanal im Südwestbereich des Gebäudes geleitet.

Die Thermen des Caracalla waren kleiner als die des Diokletian, die gut 3000 Besucher fassen konnten. In ihnen fanden nur etwa 1600 Badegäste Platz, die aus den angrenzenden Vierteln kamen und zum einfachen Volk gehörten.

Die Thermen gehören zu den herausragenden Leistungen römischer Baukunst. Sie wurden in vergleichbarer Weise überall im Römischen Reich errichtet und tragen bis heute dazu bei, den Eindruck von der Einheitlichkeit altrömischer Kultur entstehen zu lassen. Und tatsächlich waren sie Zentren des gesellschaftlichen Lebens im ganzen Römischen Reich, die gleichermaßen der Gesundheit, der Bildung und dem Vergnügen dienten. In der Nähe lagen meist Gaststätten und Bordelle, so daß die drei klassischen Freuden »balnea« (Bäder), »vina« (Weine) und Venus nahe beieinanderlagen.

Bibliographie

- G. Lugli *La tecnica edilizia romana con particolare riguardo a Roma e Lazio*. 2 Bände. Rom 1957
- R. Bianchi Bandinelli *Roma. L'arte romana al centro del potere.* Mailand 1969
- A. Boethius, J. B. Ward Perkins *Etruscan and Roman Architecture.* 1970
- G. A. Mansuelli *Architettura e città.* Bologna 1970
- L. Homo *Roma imperiale e l'urbanesimo nell'antichità.* Mailand 1976
- J. B. Ward Perkins *Architettura romana.* Mailand 1979
- P. Gros, M. Torelli *Il mondo romano.* Rom, Bari 1988
- *Storia di Roma. Roma in Italia.* Turin 1988 (Beiträge verschiedener Autoren)
- *Storia di Roma. Caratteri e morfologie.* Turin 1989 (Beiträge verschiedener Autoren)
- *Storia di Roma. L'impero mediterraneo.* Turin 1990 (Beiträge verschiedener Autoren)
- M. Cristofani (Hg.) *La grande Roma dei Tarquini.* Rom 1990 (Ausstellungskatalog)

→ Computerrekonstruktion eines Caldariums (Warmwasserbad). Der Fußboden ist mit kostbarem Marmor ausgelegt.

Pompeji, die Zeitmaschine

Am 24. August 79 n. Chr. erstarb in Pompeji alles Leben, als der Ausbruch des Vesuv die Stadt und ihre Bewohner auf dramatische Weise begrub. Heute bietet die Ausgrabungsstätte das Bild eines in der Zeit »eingefrorenen« Ortes, wie ausgelöscht durch eine Nuklearexplosion.

Als der Vesuv ausbrach, war Pompeji eine kleine Provinzstadt mit ungefähr 10 000 Einwohnern, weder ein kulturelles noch ein politisches Zentrum, sondern ein Landstädtchen inmitten von Weinhügeln und Obstgärten. An der Mündung des Sarnus und in Meeresnähe gelegen (durch die Vesuvausbrüche ist die Küste um mehr als anderthalb Kilometer hinausgeschoben), war die Kleinstadt verkehrstechnisch und wirtschaftlich in einer günstigen Position. Der Ruf, den diese archäologische Stätte in der Welt genießt, geht größtenteils auf die außergewöhnlich gute Erhaltung des Ortes zurück, und nicht etwa darauf, daß sie in römischer Zeit von besonderer Bedeutung gewesen wäre.
Zwar gibt es vereinzelt Spuren menschlicher Tätigkeit aus der frühen Eisenzeit, aber solche einer kontinuierlichen Besiedlung stammen erst aus dem 6. vorchristlichen Jahrhundert. Damals umschloß eine Mauer aus Steinquadern ein Gebiet, das mehr als 60 Hektar umfaßte. Ans Ende des 6. Jahrhunderts und ins

↑→ *Auf dieser Luftaufnahme von Pompeji sieht man im Hintergrund das Amphitheater, in der Mitte die Stabianer Thermen, das Theater und den Isistempel; unten das Forum mit den Tempeln der Venus und des Apollon. – Auf der rechten Seite, unten, eine Übersichtskarte von Pompeji: Haus des Caecilius Iucundus (1), Casa del Moralista (2), Haus der Iulia Felix (3), Haus der Vettier (4), Haus der Silbernen Hochzeit (5), Haus des Fauns (6), Haus des Menander (7), Haus des Octavius Quartus (8), Haus des Chirurgen (9), Casa della Caccia (Jagd) antica (10), Haus des Caius*

← *Pompeji an der Mündung des Sarno (Sarnus). Die Stadt kontrollierte die Verkehrswege und den örtlichen Handel.*

5. Jahrhundert gehören Gegenstände etruskischer Herkunft, darunter Buccherovasen. Sie lassen weniger an eine etruskische Besetzung des Ortes denken, sondern eher an Handelskontakte mit dem Umland, das wohl unter etruskischem Einfluß gestanden hat.
Im 5. Jahrhundert haben die Samniten, ein italisches Volk aus dem mittleren Süden, das Land erobert und die Stadtmauer Pompejis erneuert. Unter ihrer Herrschaft (5. bis frühes 1. Jahrhundert) hatte die Stadt eine autonome Verwaltung.

Mit der Vernichtung der samnitischen Aristokratie im Bundesgenossenkrieg (*bellum sociale*, 91–89 v. Chr.) beginnt die römische Geschichte Pompejis. Im Jahre 80 wurde es in den Rang einer römischen Kolonie unter dem Namen »Colonia Veneria Cornelia Pompeianorum« erhoben, die durch Landwirtschaft und Hafenumschlag schnell zu beträchtlichem Wohlstand kam.
Die Stadt hatte sich über eine recht lange Zeit hin entwickelt. Im 2. Jahrhundert entstanden neue herrschaftliche Viertel mit großen Palästen, darin prächtige Mosaikfußböden. Zu den schönsten Gebäuden aus dieser Zeit gehört das »Haus des Fauns«, benannt nach einer bronzenen Faunstatuette, die man hier gefunden hat und die sich heute im Archäologischen Nationalmuseum in Neapel befindet. Der ganze Komplex umfaßt mehr als 3000 Quadratmeter und ist damit größer als der Königspalast von Pergamon.
Im südwestlichen Teil der Stadt liegen das Forum mit den wichtigsten städtischen

↑ *Schauspielermaske. Das Theater aus dem 2. Jahrhundert v. Chr. (es wurde unter Augustus umgebaut) faßte etwa 5000 Zuschauer; seine Bühne hatte zwei Ebenen. Neapel, Archäologisches Nationalmuseum*

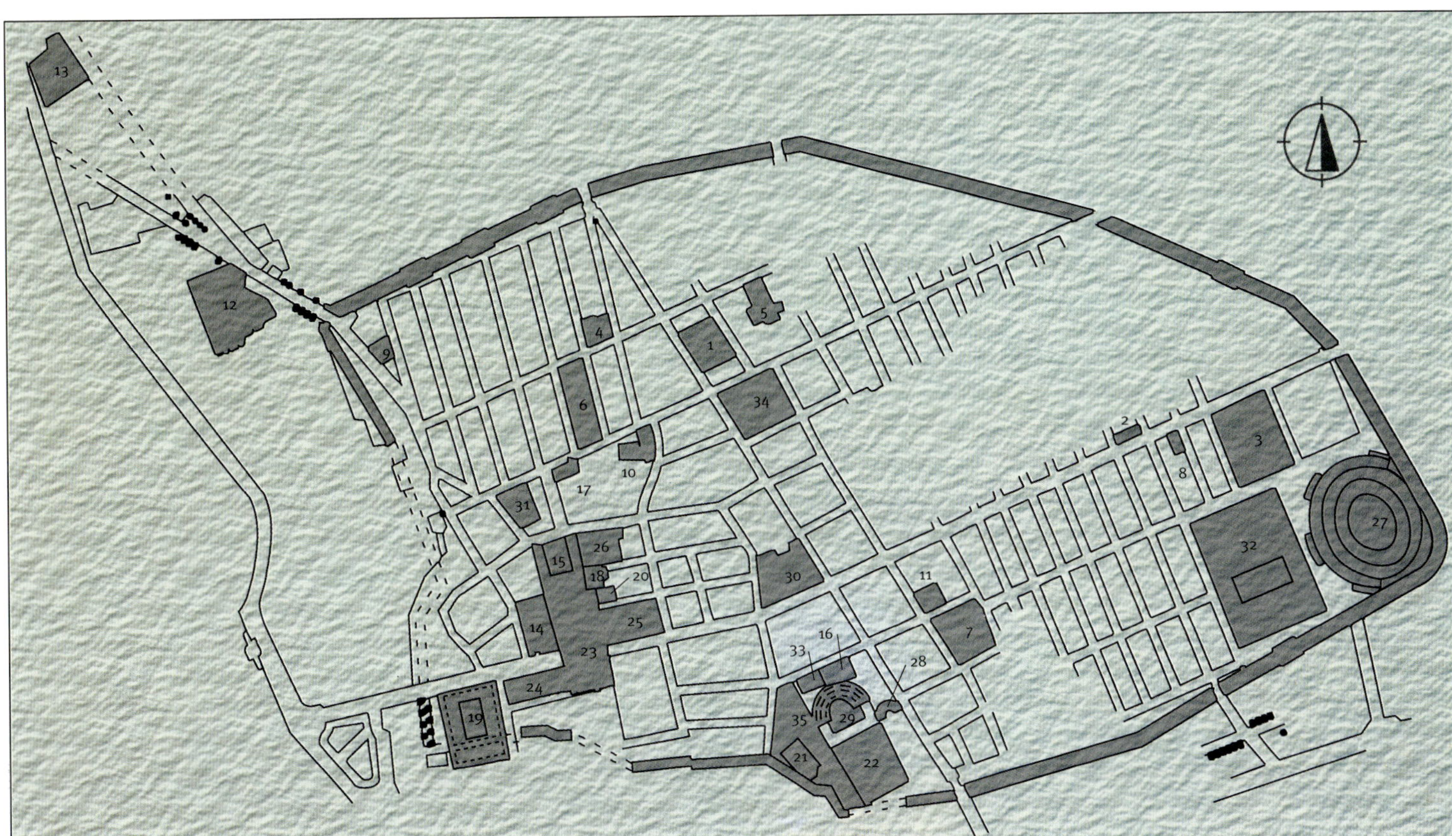

Secundus (11), Villa des Cicero (12), Villa der Mysterien (13), Apollontempel (14), Jupitertempel (15), Isistempel (16), Fortunatempel (17), Heiligtum der städtischen Laren (18), Venustempel (19), Tempel des Vespasian (20), archaisch-dorischer Tempel (21), Kaserne der Gladiatoren (22), Forum (23), Basilika (24), Gebäude der Eumachia (25), Macellum, die Markthalle (26), Amphitheater (27), Odeon (28), Theater (29), Stabianer Thermen (30), Thermen des Forums (31), Große Palaestra (32), Kleine Palaestra (33), Zentralthermen (34), Forum triangulare (35)

↑ *Computerrekonstruktion der Basilika. Das Gebäude wurde als Markt- und Gerichtshalle genutzt.*

Gebäuden sowie Apollon- und Iupitertempel; weiter östlich, nahe dem Stabianer Tor, war das Freilichttheater in eine natürliche Aushöhlung des Hügelabhangs hineingebaut, daran anschließend das überdachte Odeon für musikalische Veranstaltungen und Rezitationen. Im Südosten der Stadt ging man in der ersten Hälfte des 1. Jahrhunderts (lange vor Rom) an den Bau des Amphitheaters, des ältesten erhaltenen. Daneben wurde in augusteischer Zeit die Große Palaestra errichtet. Erwähnt seien unter den öffentlichen Bauten noch die Thermen, von denen die Stabianer Thermen die besterhaltenen der ganzen Stadt sind. Zwei wurden in republikanischer Zeit erbaut, ein dritter Bau stammt aus der Zeit nach dem Erdbeben von 62 n. Chr.

Das Bild der Stadt wäre nicht abgeschlossen ohne das rechtwinklige Netz von Haupt- und Nebenstraßen, alle mit Lavaplatten gepflastert. Die Gehsteige sind recht hoch, da es keine Abflußrinnen für das Regenwasser gab. Über Trittsteine konnte man trockenen Fußes von einem Bürgersteig zum anderen gelangen; zwischen ihnen war Platz für die Räder der Fahrzeuge, deren Fahrspuren noch heute deutlich auf dem Pflaster zu erkennen sind.

Es gab Wohnviertel mit Läden und Werkstätten. Einige Gebäude verdanken ihre heutigen Namen besonderen Umständen, ihren ehemaligen Besitzern oder Funden, die in ihnen gemacht worden sind: so das schon erwähnte »Haus des Fauns«; das »Haus der Vettier«, das zwei Kaufleuten gehört hat, die in den letzten Jahren der Stadt zu Reichtum gekommen waren; das »Haus der Hundertjahrfeier«, eines der besterhaltenen in Pompeji, so genannt, weil es genau 1800 Jahre nach dem Vulkanausbruch ausgegraben wurde; das »Haus des Menander«, denn hier fand sich ein Bildnis des griechischen Dichters; außerhalb des eigentlichen Stadtbezirks die »Villa der Mysterien« aus dem dritten vorchristlichen Jahrhundert, benannt nach Figurenfresken, die Szenen aus den orphischen und dionysischen Mysterien zeigen. Im Jahr 62 n. Chr. wurde Pompeji von einem schweren Erdbeben so stark beschädigt, daß der Tempel der Venus, Beschützerin der Stadt, noch nicht wiederhergestellt

↓ → *Computergraphik des Apollontempels als schematische Darstellung (rechts); mit den entsprechenden Materialien ergänzt die Computerrekonstruktion das ursprüngliche Aussehen des Gebäudes (unten). Der Tempel wurde in der ersten Hälfte des 6. Jahrhunderts v. Chr. erbaut und im 2. Jahrhundert erneuert.*

war, als die Stadt 79 die große Vulkankatastrophe ereilte.

Unsere Kenntnis von Pompeji wird ständig durch neue Ausgrabungen erweitert. Selten sind es spektakuläre Entdeckungen. Doch die geduldige Arbeit der Archäologen läßt weite Teile des Alltagslebens in der Antike wiedererstehen. So hat man jüngst eine Küche ausgegraben, in der noch alle Gegenstände und Zutaten für eine warme Mahlzeit vorhanden waren: ein Kochtopf aus Terrakotta, der mit anderem Geschirr, das die Speisen warmhalten sollte, sorgfältig auf die Feuerstelle gesetzt war; auf dem Mauersims einige Wasserkrüge, während andere Krüge noch umgedreht zum Trocknen standen: In ihnen sollte wohl Landwein gereicht werden.

← *Computergraphiken von Teilansichten der antiken Via dell'Abbondanza als schematische Darstellungen*

Das Forum. Im 4. Jahrhundert war der wichtigste Platz Pompejis noch ein offenes Gelände von geringer Ausdehnung, ohne Säulen, mit Steinen gepflastert, umgeben von einfachen Läden. Im 2. Jahrhundert vollzog sich der große Wandel. Das Forum wurde in Nord-Süd-Richtung um 142 Meter in der Länge und 38 Meter in der Breite vergrößert; damit war es Mittelpunkt der Stadt mit mächtigen Säulengängen, sakralen und öffentlichen Gebäuden auf drei Seiten; an der Nordseite standen Ehrenbögen aus Ziegelstein.

↑ *Endgültige Computerrekonstruktion eines Teilstücks der antiken Via dell'Abbondanza, die die Stadt von Osten nach Westen durchquert. Die Straßen Pompejis waren mit Lavaplatten gepflastert; Trittsteine ermöglichten den Fußgängern den Übergang von einer Straßenseite zur anderen und zugleich den Fahrzeugen die Durchfahrt, da die Räder durch die Zwischenräume paßten.*

Der große Vulkanausbruch

Plinius der Jüngere war Augenzeuge des Vesuvausbruchs am 24. August 79 n. Chr. Er weilte gerade in Misenum am Golf von Neapel bei seinem Onkel, Plinius dem Älteren, der als römischer Flottenkommandant dort eine Villa besaß.
Sein Bericht, der uns in zwei Briefen (VI, 16, 20) an Tacitus überliefert ist, schildert die Vorgänge ganz wirklichkeitsgetreu. Übrigens ist sein Onkel bei dem Ausbruch ums Leben gekommen, als er einem befreundeten Offizier in Stabiae, das ebenfalls verschüttet wurde, zu Hilfe eilte.
Plinius beschreibt das erste Vorzeichen des Ausbruchs, eine gewaltige Wolke, die sich am 23. August über dem Vesuv erhob, mit den Worten: »Die Wolke glich in ihrer Gestalt einem Baum, am meisten wohl einer Pinie, und dehnte sich dann in einzelnen Zweigen aus.« Diese Gestalt einer Pinienkrone erinnert uns an die pilzförmige Wolke, wie sie bei Atomexplosionen entsteht. Ein Regen aus Asche und glühender Auswurfmasse ging auf das Gebiet nieder. Dann zog die Wolke südwärts und bedeckte unter anderem auch Pompeji und Stabiae mit einer Bimssteinschicht, in der die offenen Flächen, Parks und Gärten versanken. Aber noch gab es keine Menschenopfer. Ausgrabungen haben ergeben, daß die Ablagerungen fast drei Meter hoch gewesen sind.
Am nächsten Tag folgte ein starker Aschenregen, der mit giftigen Gasen niederging und alle Bewohner tötete, die sich nicht in Sicherheit gebracht hatten. Andere wurden in den einstürzenden Häusern begraben oder starben in der unerträglichen Hitze. In die Hohlräume, die die verwesenden Leichen in der verhärteten Aschenschicht hinterlassen haben, hat man bei der Ausgrabung der Stadt Gips oder spezielle Harze gegossen und so sehr realistische Abgüsse gewonnen.
Am dritten Tag war die Stadt unter einer bis zu sieben Metern dicken Schicht aus Vulkanasche und Lapilli (Lavabröckchen) begraben, die bei späteren Ausbrüchen des Vesuvs noch weiter anwachsen sollte. Dies hat die antike Stadt immerhin vor natürlicher Erosion, menschlicher Zerstörung und Plünderung bewahrt.
Die Vorgänge im Inneren des Vulkans sind kürzlich von der internationalen Vulkanologengruppe des CNR und vom Forschungszentrum IBM von Pisa untersucht worden, die mathematische Simulationsmodelle erarbeitet haben. Dabei konnte der Ausbruch von 79 nachvollzogen werden: der Druck in der Magmakammer, die Art und Weise des Auswurfs und des Niederschlags sowie die Strömungsrichtung der Gase, der Winde und vieles andere mehr. Solche Untersuchungen sind nicht nur für die Archäologie von Bedeutung, sondern auch für vulkanologische Vorhersagen in der Gegenwart.

← Gipsausgüsse von Hohlräumen, die Leichen vor ihrem Zerfall in der verhärteten Aschenschicht hinterlassen haben. Sie zeigen die Körperhaltungen beim Tod der Menschen.

Die Nordseite des Forums wurde um 150 v. Chr. erweitert, um Platz für den Iupitertempel zu schaffen, ein sechssäuliges korinthisches Bauwerk auf hohem Unterbau mit einer weiten Vorhalle und einer dreischiffigen Cella, in der Kultstatuen aufgestellt waren. Auf der Westseite des Forums erhob sich der Apollontempel, der in der ersten Hälfte des 6. Jahrhunderts errichtet, im 2. Jahrhundert umgebaut wurde. Er ruht auf einem mächtigen Unterbau und war von 48 Säulen umgeben.
Die Südwestecke des Platzes nimmt die Basilika ein, die antike Versammlungs- und Gerichtshalle. Sie besitzt drei Schiffe, einen ungedeckten monumentalen Eingang und weist eine Verlängerung vom Ende des 2. Jahrhunderts auf. Im Inneren liegt erhöht das Tribunal (die Tribüne der Richter) auf zwei Ebenen mit Doppelreihen übereinanderstehender Säulen. Die große Innenhalle hat auf den vier Seiten je zwölf ionische Säulen und Halbsäulen, gemauert aus Ziegelsteinen und ummantelt mit Stuck. Das Ganze muß wohl überdacht gewesen sein. Die Wände waren mit Malereien im ersten pompejanischen Stil geschmückt.
Die Südseite des Forums nahmen die Verwaltungsgebäude der Stadt ein: die Ämter der Duumvirn (Zweimannbehörde), des Ordo decurionum

→ *Das »Haus des Fauns«, 1830 bis 1832 freigelegt, erhielt seinen Namen nach der Bronzestatue eines tanzenden Fauns (3./2. Jh. v. Chr.), die einst das Impluvium schmückte (Original heute im Archäologischen Nationalmuseum von Neapel). Im Fußboden der Exedra wurde das berühmte Alexandermosaik (Schlacht gegen Darius) gefunden.*

(Stadtrat) und der Aediles (Polizeiaufsicht). Das mittlere Gebäude besitzt an den Wänden eine Nischenreihe, die vermutlich als Tabularium (Archiv) gedient hat. An der Ostseite lag das Comitium mit der südlichen Tribüne des Magistrats. Hier fanden Volksversammlungen und Stadtratswahlen statt.

Etwas nördlich davon das Gebäude der Eumachia, Schutzherrin der Tuchwalker, das von der Priesterin in der Kaiserzeit erbaut wurde. Das Bauwerk konnte eindeutig identifiziert werden, da der Name der Eumachia auf dem Architrav der Vorhalle und in einer Inschrift am Seiteneingang erscheint. Es war der Concordia Augusta und der Pietas geweiht und diente wohl als Verkaufs- und Lagerhalle der Stoffhändler. Im Inneren öffnet sich eine Vorhalle mit zwei Säulenordnungen. Die Ostmauer besaß drei Apsiden, deren mittlere die Statue der Concordia Augusta beherbergte. Sonderbarerweise war in einer Mauer ein Terrakottagefäß eingelassen, in dem Urin gesammelt wurde, um Wolle zu entfetten.

Weiter nach Norden folgt der Tempel des Vespasian mit vier Frontsäulen auf hohem Unterbau. Er war dem kaiserlichen Kult gewidmet. Daneben das Heiligtum der städtischen Laren, der Schutzgeister; darin Sockel und Nischen für Statuen.

Das letzte Gebäude auf der Ostseite des Forums nach Norden ist das Macellum, die gedeckte Markthalle, um deren rechteckigen Innenhof die Ladengeschäfte lagen. In der Südwestecke steht ein Sacellum (Kapelle) für den Kult der kaiserlichen Familie.

In ihm befanden sich die Statuen der Erneuerer des Macellum; daneben zwei Räume mit einem Altar und Verkaufsständen.

Die Mitte des Platzes ist besonders sorgfältig gepflastert; hier erinnerte eine Inschrift in Bronzelettern an die Arbeiten. So erhielt das Forum im 1. Jahrhundert v. Chr. seine endgültige Gestalt, die es bis zum großen Vesuvausbruch behalten sollte. Es war wie die übrigen Markt- und Versammlungsplätze der römischen und hellenistischen Welt angelegt: mehr oder weniger nach Norden ausgerichtet, mit einem markanten Abschluß, der in Pompeji vom Iupitertempel gebildet wurde.

Öffentliche Gärten, das Atriumhaus. Genaue Untersuchungen von Wurzeln, Samen und Pollen in Speziallaboratorien haben ergeben, wie die Pflanzenwelt der Antike beschaffen war. So konnte unter anderem die Palaestra nahe dem Amphitheater originalgetreu wieder mit Platanenreihen gesäumt werden. Überhaupt haben sich zahlreiche Spezialstudien vor allem mit den Grünflächen der Stadt Pompeji beschäftigt. Diese können als typische Beispiele antiker Gartenarchitektur gelten, die auch Rückschlüsse auf die Baukunst selbst zulassen, denn beide waren Teile einer Gesamtkonzeption. Har-

↑ *Das »Haus des Fauns«: Computerrekonstruktion des Atriums mit dem Impluvium in der Mitte. Von hier öffneten sich die Schlafgemächer* (cubicula), *das Tablinum, das Speisezimmer* (triclinium), *ein Peristyl mit ionischen Säulen und andere Räume.*

↓→ Computergraphik des Tempels der Fortuna Augusta (rechts). Die Computerrekonstruktion (unten) gibt die vollständige ursprüngliche Gestalt wieder. Das nördlich des Forums gelegene Bauwerk konnte anhand einer Inschrift identifiziert werden.

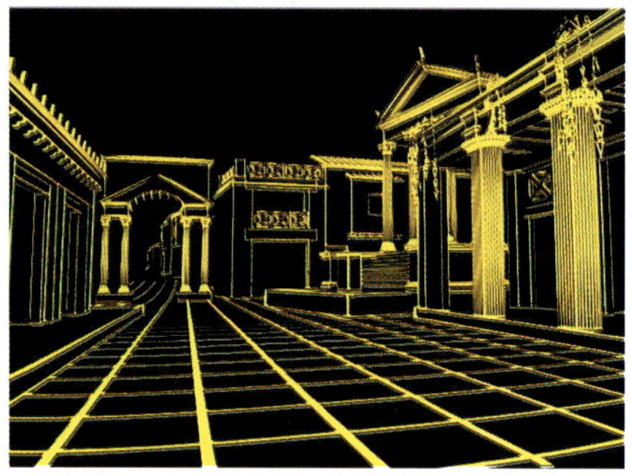

monie, wohlbedachte Gliederung, der ausgewogene Wechsel von gestalteter Natur und offenen Räumen mit ihrem verschwenderischen Wandschmuck spiegeln den ästhetischen Geschmack der Epoche getreu wider. Überzeugenden Ausdruck findet er auch bei der Gestaltung des Atriumhauses, des römischen Wohnhauses mit Innenhof.
Im 4. und im 3. Jahrhundert folgten die ältesten Häuser Pompejis dem altitalischen Vorbild. Der große Mittelraum, das Atrium, Zentrum des familiären Lebens, hatte eine größere Öffnung im Dach *(compluvium)*, die nicht nur der Beleuchtung des Raums diente, sondern auch das Regenwasser in ein Becken *(impluvium)* leitete, das im Fußboden eingelassen war. Daran schloß sich das Tablinum an, der repräsentative Empfangsraum, mit einem großen Fenster auf den Garten *(hortus)*, der durch einen seitlichen Gang zu erreichen war; er war von hohen Außenmauern umgeben. Eingang, Atrium und Tablinum mit Blick auf den Garten lagen auf einer Achse und gewährten freien Durchblick.
Im 2. Jahrhundert wandelte sich das italische Atrium nach hellenistischem Vorbild in ein Peristyl, in einen Säulenhof, ebenso der Garten (Peristylgarten), dessen Säulenumgang das Viridarium, den eigentlichen Ziergarten, umgab, der dadurch gewissermaßen in die Innenarchitekur der hochherrschaftlichen Häuser einbezogen wurde. Hier wuchsen Blumen, Pflanzen für die Götter und Heilkräuter; und hier hatten die Götter der Jahreszeiten ihre symbolische Wohnung. Die Wandmalereien im Inneren greifen die Gartenmotive auf und zeigen blühende Büsche, Schneeball- und Lorbeersträucher, Palmen, bunte Girlanden und Kränze. Allein in den Häusern Pompejis finden sich mehr als 50 gemalte Darstellungen mit Gartenmotiven.

DAS PROJEKT »POMPEJI DRITTES JAHRTAUSEND: DIE ZEITMASCHINE«. Seit Mai 1994 ersteht das antike Pompeji neu. Virtuell. Mit Hilfe des Computers sind dreidimensionale Ansich-

↑ *Backofen im Haus Nr. 17 an der Dreistraßenkreuzung der Via Consolare. Die bekannteste Bäckerei gehörte dem N. Popidius Priscus. Sie hatte vier Mühlsteine aus Lava, einen Backofen und einen Lagerraum.*

ten der alten Stadt aus der Zeit vor ihrer Zerstörung möglich. Sie zeigen originalgetreu die gewaltigen Tempel des Apollon und der Fortuna Augusta, die strenge Architektur der Basilika, die malerischen Straßen dell'Abbondanza und der Concordia mit den kleinen Ladengeschäften.

Stereoskopische Apparaturen gestatten den virtuellen Zugang, vom Besuch einzelner Gebäude bis zum Panoramablick über die gesamte Stadt. Das alles ist dank besonderer Techniken der dreidimensionalen Rekonstruktion möglich geworden, die Computergraphik mit einer neuen stereoskopischen Technologie, »Stereosystem G«, verbindet. Dazu wurden stereoskopische Filmaufnahmen mittels eines Scanners mit hoher Auflösung digitalisiert. So konnten die antiken Bauwerke räumlich modelliert werden, ohne daß dabei Details verlorengingen.

Um die Ansichten zu vervollständigen, mußten Angaben zu den Materialien eingegeben werden, mit denen die Gebäude errichtet worden waren: Marmorsorten, Stuckarten, Ziegel, Mörtel und so weiter. Daraus können die Originalfarben, die Oberflächenbeschaffenheit, die Relieffeinheiten und die Lichtwirkungen (Schatten, Spiegelungen) der alten Materialien berechnet werden.

Die größten Schwierigkeiten im Herstellungsverfahren liegen bei der Kameraführung und der Beleuchtung. Denn die Verhältnisse zwischen Kamera, Gegenstand, Fokussierung, direktem und reflektiertem Licht sowie atmosphärischer Dichte bestimmen den räumlichen Eindruck der Bauteile.

Mit komplizierten Algorithmen werden im Computer die Lichtreflexe auf den Oberflächen der verschiedenen Materialien berechnet, damit sie täuschend echt wiedergegeben werden können. So entstehen wirklichkeitsgetreue Bilder in 16 800 000 Farbtönen. Speziell entwickelt wurde das »Stereosystem G«. Es berücksichtigt die eingeschränkte Beweglichkeit der Augäpfel bei unterschiedlicher Krümmung der Linsen und berechnet die Brennweite des optischen Systems. Indem auf diese Weise der Konvergenzwinkel der Augen verändert wird, werden die Bilder tatsächlich dreidimensional wahrgenommen. Das virtuelle Pompeji, zum Teil in antiker Pracht neu geschaffen, ist dem Pu-

↑ *Trinkgefäß in Form einer ithyphallischen Maske. Herkunft ungewiß, vermutlich aus dem 1. Jahrhundert v. Chr. Neapel, Archäologisches Nationalmuseum*

↑ *Computerrekonstruktion einer pompejanischen Backstube: links der Backofen, rechts die Mühlsteine. Die gewerbsmäßige Brotherstellung wurde in der römischen Gesellschaft während des 2. Jahrhunderts v. Chr. eingeführt. Anfangs war dem Brot kein Sauerteig zugesetzt, der erst im 1. Jahrhundert aufkam. Das Brot der Reichen bestand aus Mehl und war weiß; das der Armen wurde aus Kleie gebacken und war schwarz.*

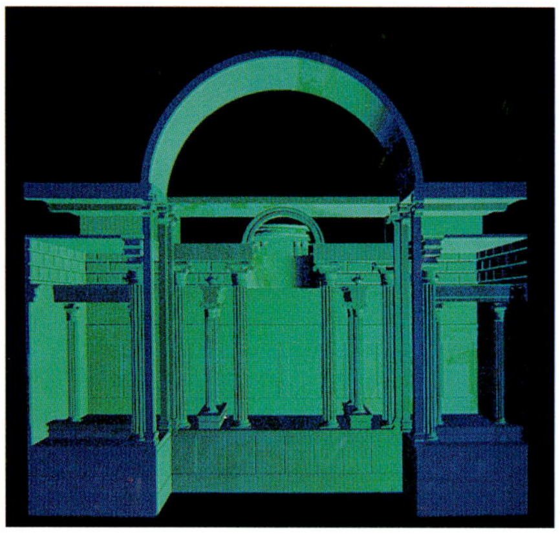

blikum in einem 1200 Quadratmeter großen Multimediasaal zugänglich, der eigens beim Ausgrabungsgelände eingerichtet worden ist. Auf einem 60 Meter langen und 3 Meter hohen Bildschirm lassen 48 Dia- und zwölf Videoprojektoren synchron dreidimensionale Animationen der antiken römischen Stadt entstehen. Die Raumbilder, die mit besonderen stereoskopischen Brillen gesehen werden können, zeigen wechselweise die Ausgrabungen Pompejis und die virtuelle Rekonstruktion. Stereoskopische Standbilder führen dazwischen die Vulkankatastrophe des Jahres 79 n. Chr. vor Augen, die das Leben in Pompeji so dramatisch auslöschte. Eingeblendete Filmszenen aus »Die letzten Tage von Pompeji« ergänzen die Computeranimation zur besseren Veranschaulichung. Untermalt wird das optische Spektakel von einem suggestiven Raumklang (Audio-surrounding-System), dem sich kaum ein Besucher entziehen kann.

Das Projekt »Neapolis«. Das Unternehmen »Neue Stadt« – die Verbindung von Medientechnologie und Archäologie – wurde in den Jahren 1987 bis 1989 unter Leitung der Altertümerverwaltung von Pompeji entwickelt. Sein Ziel war die Einrichtung einer vollständigen Datenbank mit allen wissenschaftlichen Informationen über Pompeji: Karten, Pläne, Aufnahmen, Funde, Texte und Angaben zur Architektur und zum Städtebau. All dies wurde in einer Computeranlage gespeichert und bearbeitet. In der Ausstellung »Riscoprire Pompei« (Pompeji wiederentdecken), die in Rom und New York gezeigt wurde, fand die Arbeit beim Publikum große Beachtung. Denn neben der Besichtigung von Fundstücken war es möglich, den Computer nach künstlerischen, kulturellen, architektonischen und städtebaulichen Problemen Pompejis zu befragen.
Auf Knopfdruck am Computer erfährt der Benutzer alles, was man über das Alltagsleben in Pompeji zur römischen Zeit weiß. Die Präsentationen lauten im einzelnen: »Introducing Pompei«, »Artifacts in Action«, »Digging in Progress«, »Images on Walls«, »Walking on Video«.
»Introducing Pompei« liefert den allgemeinen historischen Rahmen einer römischen Provinzstadt im ersten nachchristlichen Jahrhundert.
»Artifacts in Action« zeigt, wozu die verschiedenen Fundgegenstände gedient haben, wie sie hergestellt wurden, wer sie weshalb benutzt hat.
»Digging in Progress« schildert die Geschichte der Grabungen, die wichtigsten Entdeckungen, die Untersuchungsmethoden und Dokumentationstechniken.

↑ Computerrekonstruktion einer Wandmalerei mit Architekurmotiven aus der »Villa der Mysterien«.

↓→ Computermodelle der Stabianer Thermen, der ältesten öffentlichen Bäderanlage von Pompeji (4. bis 2. Jahrhundert v. Chr.)

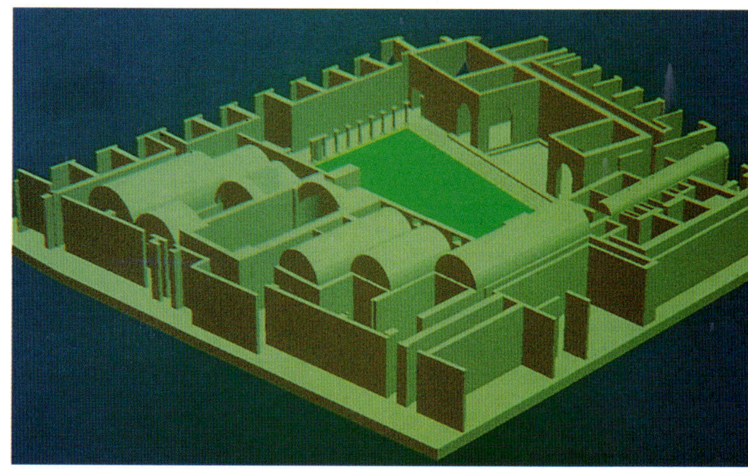

← *Bronzener Warmhalter aus dem »Haus der vier Stile«. Er trägt oben einen Triton und auf der Stirnseite ein Medusenhaupt.*

→ *Das Forum von Pompeji und seine Umgebung in digitaler Umsetzung: Die Farben bezeichnen unterschiedliche Mauerlagen.*

»Images on Walls« führt dem Publikum die handwerklich-künstlerische Seite des Wandschmucks vor Augen. Anschaulich werden Techniken und formale Aspekte wie etwa Kompositionsaufgaben der pompejanischen Wandmalerei beschrieben; es wird aber auch ausführlich auf inhaltliche Elemente eingegangen: Themen, Symbolik, Motive, Einflüsse usw. »Walking on Video« beschließt die multimediale Schau mit einem virtuellen Rundgang durch zwei berühmte Häuser Pompejis: das »Haus des Menander« und das »Haus der Vettier« (nachdem der Besucher die vollständigen Grundrisse beider Häuser kennengelernt hat, hat er die Möglichkeit, auf selbstgewähltem Weg weiter vorzudringen).
Weitere wertvolle Hinweise haben die Computerrekonstruktionen der Wandmalereien Pompejis und die Digitalisierung der Papyrustexte aus Herculaneum geliefert. Im ersteren Fall konnten anhand der verbliebenen Farbreste die fehlenden Bildteile ergänzt werden. Für die Papyrustexte wurde ein graphisches Erkennungsprogramm entwickelt, das in der Lage ist, ähnliche Buchstabenformen zusammenzustellen und zu prüfen, auch in semantischer Hinsicht, ob sie fehlende Zeichen ersetzen können. Wenn etwa in einem Wort einige Buchstaben fehlen, kann der Computer eine Liste aller Wörter liefern, die dieselbe oder eine ähnliche Buchstabenfolge aufweisen. Um Fehlendes zu ergänzen, wurden dem Computer auch alle erhaltenen Schreib- und Farbspuren eingegeben.

Bibliographie

- J. Ward Perkins, A. Claridge *Pompeii A. D. 79* (Ausstellungskatalog). Boston 1978
- F. Zevi (Hg.) *Pompei 79. Raccolta di studi per il decimonono centenario dell'eruzione vesuviana.* Neapel 1984
- – *Pompei I.* Neapel 1991
- L. Richardson jr. *Pompeii. An Architectural History*. Baltimore 1988
- S. De Caro »Lo sviluppo urbanistico di Pompei«, in: *Atti e Memorie della Società Magna Grecia* 3,1,1992, S. 67–90
- *Riscoprire Pompei* Rom 1993 (Ausstellungskatalog)
- P. Zanker *Pompei*. Turin 1993

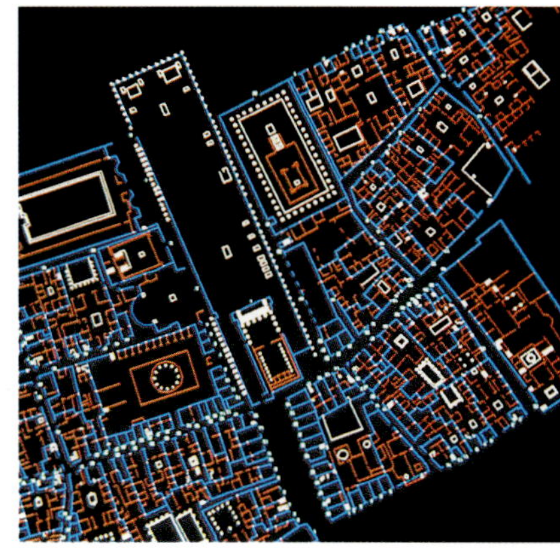

↓ *Die Venus in der Muschel gab dem Gebäude den Namen, das noch Spuren des Erdbebens vom Jahr 62 n. Chr. zeigte, als es beim großen Vulkanausbruch verschüttet wurde.*

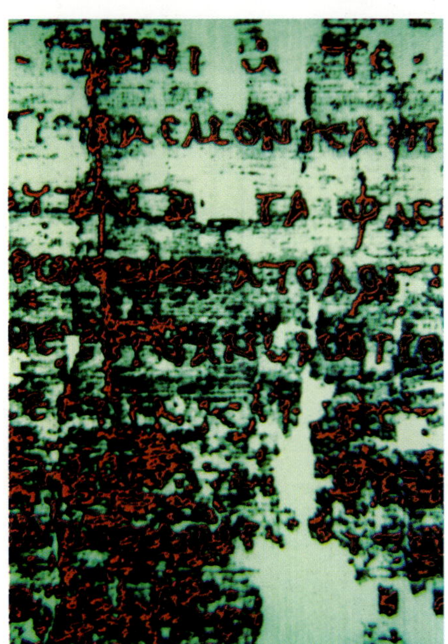

→ *Falschfarbendarstellung eines Papyrus aus Herculaneum. Mit Hilfe der Digitalisierung lassen sich die Schriftzeichen besser lesen und eventuelle Lücken im Text füllen.*

Stadtkultur im Industal

Die Induskultur hat der Archäologie Grenzen gesetzt. Sie gehört zu den bedeutendsten Kulturen des Altertums, und doch besteht über sie am wenigsten Klarheit. An ihr müssen sich Begriffe und Methoden der Archäologie erst noch bewähren. Es ist zum großen Teil eine Archäologie der Städte, auch wenn der städtische Charakter Indiens im 3. Jahrtausend v. Chr. angesichts der vielen kleineren vorstädtischen und ländlichen Zentren überbewertet wurde, die noch immer der Ausgrabung harren und in denen Hinweise zum besseren Verständnis der frühindischen Kultur verborgen sein könnten.

↑ *Siegel aus Steatit mit einem Fabelwesen, dem Einhorn. Tausende ähnlicher Siegel wurden in den großen Städten des Industals gefunden.*

Um die Mitte des 3. Jahrtausends gab es städtische Zivilisationen in einem großen, aber keineswegs homogenen geographischen Bogen, der sich von Ägypten bis zur westlichen Ebene des Ganges hinzieht. Einige der großen frühgeschichtlichen Städte Mittelasiens, die der Archäologie heute bekannt sind, umfaßten Hunderte von Hektar und beherbergten Zehntausende Einwohner. Mehrere mesopotamische Städte wie etwa Uruk und Ur mit ihren großen Ringmauern sind seit langem bekannt; weniger bekannt ist, zumindest dem breiten Publikum, die Tatsache, daß in Mittelasien, auf der iranischen Hochebene und an den Ufern des Indus Menschen in Städten lebten, die genauso groß und politisch ebenso wichtig waren.

In den letzten 60 Jahren hat die Archäologie gezeigt, daß die Städte im Nahen Osten und die weiter südöstlich gelegenen Zentren trotz der unterschiedlichen Bevölkerungen und Kulturen bemerkenswerte Ähnlichkeiten aufweisen. Hier wie dort waren nicht nur Messer und Werkzeuge aus Kupfer und Bronze im Gebrauch, sondern auch die gleichen langen, dünnen Steinklingen. Die Handwerker verwendeten ähnliche Werkzeuge, um harte Steinperlen zu durchbohren. Und von Kreta bis Indien regelten Palastbeamte den Warenverkehr und die Lagerung in Magazinen mit Hilfe von Siegeln, Stempeln und komplizierten Richtlinien.

Andererseits gibt es große Unterschiede. Dazu zählen die verschiedene Anlage und Organisation der Städte. In Mesopotamien und ganz allgemein im Nahen Osten bildet der umwallte heilige Bezirk der Stadt, wo die großen pyramidenförmigen Tempeltürme der Götter emporragten, einen Kern, um den sich die Handwerks- und Wohngebiete mit unregelmäßigem Straßennetz wie Ringe lagern. Tempel und Herrschersitz waren mit wertvollen Bronze- und Steinstatuen, mit Mosaiken, Intarsien aus Stein und Holz geschmückt, kurzum: mit dem Luxus und dem Prunk ausgestattet, mit denen sich das Göttliche und die Macht dem Menschen einprägten. Die Ikonographie vermittelte zwischen den Stadtbewohnern, der weltlichen Autorität und dem Absoluten. Die kleinen Städte des europäischen Mittelalters, in denen eine gotische Kathedrale die Siedlungen

↓ *Luftaufnahme der Ruinen der Zitadelle von Mohendscho Daro (Sind, Pakistan). Man kann die Reste des sogenannten Großen Bades und des Großen Getreidespeichers erkennen.*

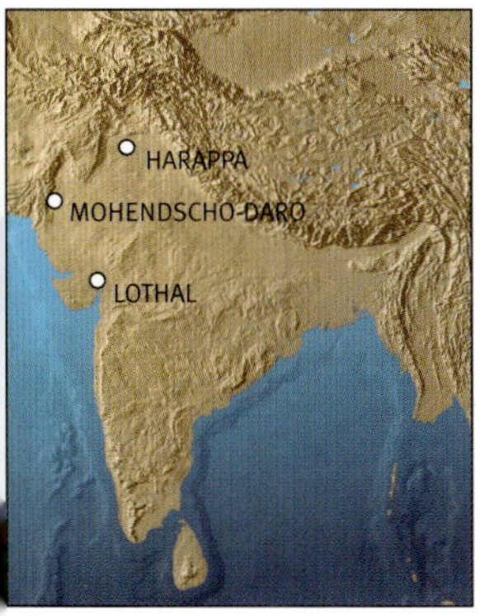

← *Wichtige Fundorte der Induskultur, die sich auf dem Gebiet der heutigen Staaten Indien und Pakistan entwickelt hat.*

niedriger Holzhäuser überragte, waren nicht viel anders angelegt.
Die Städte des Industals entstanden, zumindest am Anfang des 3. Jahrtausends, nach ganz anderen und zum großen Teil bis heute nicht verstandenen Vorstellungen. Trotz ausgedehnter Ausgrabungen an verschiedenen großen und mittleren Plätzen ist es bisher weder gelungen, einen Tempel oder einen Palast mit Sicherheit nachzuweisen, noch sind Beispiele einer die Gottheit rühmenden Kunst bekanntgeworden, die mit der großen und ununterbrochenen Tradition des Nahen Ostens verglichen werden könnte. Die mesopotamische Kunst zeigt den Gläubigen und den Untertan unmittelbar verbunden mit der jeweiligen Rangordnung und der Gottesidee. Dies scheint hier nicht der Fall gewesen zu sein. Vereinfachend gesagt: Die Bewohner der Städte des Industals bewegten sich auf zwei Ebenen, auf der der kollektiven und auf der der individuellen Repräsentanz, je nach ihrer Position in der Struktur der Stadt oder ihrem in Schmuck und Symbolen manifestierten persönlichen Status.

↑ *Ein Brunnen und eine kreisförmige Ziegelplattform, von der man nicht weiß, wozu sie gedient hat; nördlich der Zitadelle von Harappa (Pandschab, Pakistan, 2500–2000 v. Chr.)*

↑ *Straße eines Wohnviertels in der Zone DK in Mohendscho Daro (2500–2000 v. Chr.)*

Die Einfriedungen der großen Zentren des Industals hatten noch eine andere Aufgabe als in den übrigen Kulturen dieser Zeit. Sie sollten nicht nur die Städte vor Flußhochwasser und fremden Eindringlingen schützen; ihre Errichtung und ihre Instandhaltung scheinen auch der Einhaltung komplexer gesellschaftlicher Regeln gedient zu haben. Die Städte waren offenbar seit ihrer Gründung unterteilt in höhergelegene Zitadellen auf gewaltigen Plattformen aus luftgetrockneten Lehmziegeln, in mittlere und in Unterstädte. Die Zugänge zu den verschiedenen Stadtteilen wurden von großen Toren mit engem Durchlaß beherrscht, oft ohne Elemente der Monumentalarchitektur wie Freitreppen und Säulengänge. Man gewinnt tatsächlich den Eindruck, daß das Passieren von einem in den anderen Stadtteil einen kritischen Moment bedeutet hat. Die Anlage der Städte folgt verschiedenen Rastern und bevorzugt rechte Winkel. Sie scheint die Menschen in genau definierten Innenbezirken mit festen Kontrollpunkten an den Übergängen eingegrenzt zu haben.

→ *Aus Backstein gemauerte Abwasserleitung eines Privathauses in Mohendscho Daro (zweite Hälfte des 3. Jahrtausends v. Chr.)*

Das indische Kunsthandwerk des 3. Jahrtausends bewegte sich auf sehr hohem Niveau. In zahlreichen Kleinindustrien wurden Muscheln, Hartgestein und Siegel bearbeitet, Keramiken bei hohen Temperaturen gebrannt, Fayencen und Goldschmie-

dearbeiten hergestellt. Spätestens seit dem 6. Jahrtausend war man am Indus darum bemüht, gewöhnliche Rohmaterialien zu kunsthandwerklichen Produkten zu verarbeiten, oft so fein behandelt, daß es mit bloßem Auge nicht zu erkennen ist. Die Techniken sind heute noch immer weitgehend unbekannt.
Die Mitglieder der Oberschicht trugen im täglichen Leben oder bei feierlichen Anlässen kostbaren Schmuck und Statussymbole aus ganz verschiedenen Materialien. So gesellte sich zur Künstlichkeit der städtischen Welt die der Materialien, die für Schmuck, Siegel und Kopfputz verwendet wurden. Sie sollten wahrscheinlich die Rangordnung innerhalb der Gruppe von Privilegierten bezeichnen. Denn die altindische Gesellschaft scheint bereits im 3. Jahrtausend weitgehend fest gegliedert gewesen zu sein.
Im Vergleich mit anderen gleichzeitigen Zivilisationen wirkt die altindische Welt ungewöhnlich. Ihre Erforschung könnte Hinweise darauf liefern, wie sich im 2. Jahrtausend das indische Kastenwesen entwickelt hat. In diesem Prozeß haben die Gesellschaften der Bronzezeit eine Rolle gespielt – oder war es vielmehr ihr Erlöschen, das ihn ermöglicht hat? Und wenn sie dabei eine Rolle gespielt hatten – welcher Bereich des wirtschaftlichen und des gesellschaftlichen Lebens hat davon profitiert? Ohne die radikalen Thesen indischer Gelehrter übernehmen zu wollen, denen zufolge die Städte sozial dreigeteilt waren, weil es in ihnen bereits die drei oberen Kasten des folgenden wedischen Indien gegeben hat, muß eingeräumt werden, daß die sozialen Unterschiede in den alten Städten am Indus bisher noch nicht als archäologisches Problem erkannt worden sind. Dabei wäre die Archäologie der Städte im Industal mit einem Paradox konfrontiert: Sie müßte sich dem Phänomen ganzheitlich nähern und es zugleich in seinen Elementen isoliert betrachten. Denken wir an den urbanen Bereich: Die Struktur der Städte können wir nicht verstehen, wenn die Ausgrabungsflächen nicht ausgedehnt genug sind, um sie als großangelegtes Werk zu begreifen. Wenn andererseits nicht präzise mikrostratigraphische Methoden angewendet werden (das heißt, wenn nicht Spachtel und Haarpinsel zur Anwendung gelangen), werden wir nicht verstehen, wie und warum ein Haus, eine Plattform, ein Arbeitsbereich errichtet, erhalten, benutzt und aufgegeben wurde.
Über diese Kultur geben keine Schrifttafeln Aufschluß; keine ikonographischen Darstellungen sagen uns etwas über die Götter, die Könige, die Soldaten und die Handwerker. Im Nahen Osten kann sogar ein mit der Spitzhacke geleerter Palast bei der Entdeckung eines Archivs von Schrifttafeln eine wahre Flut historischer Erkenntnisse auslösen; doch in unserem Fall können wir – in Anbetracht der kurzen, noch stummen frühindischen Inschriften – nur mit ausgefeiltesten Grabungstechniken und genauesten Untersuchungen herausfinden, welche Tätigkeit auf einem Lehmboden ausgeübt wurde, der jahrelang gefegt und erneuert worden

← Kleiner Kopf aus gebranntem Ton (2500–2000 v. Chr.) aus Mohendscho Daro. Karatschi, Nationalmuseum

← Frauenstatuette aus gebranntem Ton mit aufwendigem Kopfputz und Juwelen (2500–2000 v. Chr.) aus Mohendscho Daro. Delhi, Nationalmuseum

ist. Andernfalls wird es unmöglich sein zu verstehen, ob die großen Gebäude von Mohendscho Daro Häuser von reichen Leuten oder Priestern, Kultstätten, Arbeitsräume oder Verkaufsplätze waren und ob die Bewohner und die dort ausgeübten Tätigkeiten im Lauf der Zeit wechselten.

Viele Spuren des damaligen Kunsthandwerks wurden im Boden gefunden, was Rückschlüsse auf die Arbeitsweise der Handwerker zuläßt. Bestimmte Gruppen, wie Steinmetze, Zuschneider von Muscheln, Töpfer, Metallarbeiter, wirkten innerhalb oder in der Nähe großer Städte. Eine Schicht mit dem Abfall eines Handwerkers sollte daher wie ein Lager altsteinzeitlicher Jäger behandelt werden. Nur eine sorgfältige Bewertung dessen, wie sich eine Schicht gebildet hat, kann uns helfen festzustellen, ob da ein Töpfer zeitweilig gearbeitet hat, ob er ein Fachmann war oder ob dieselbe Familie der gleichen Beschäftigung am selben Ort über Generationen nachgegangen ist (möglicherweise ein Zeichen für berufliche Erbfolge, die zum Kastensystem im alten Indien gehörte).

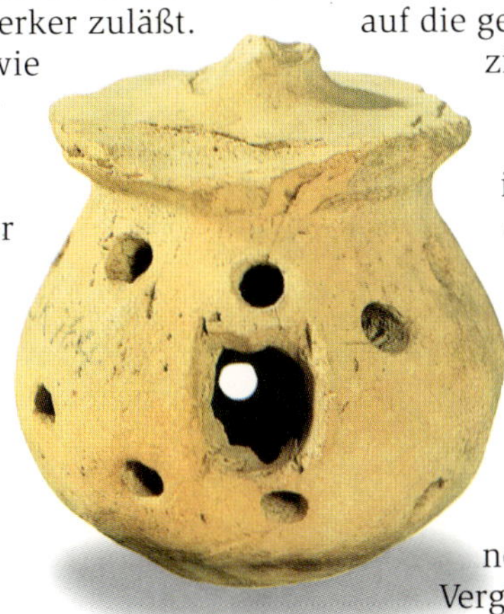

→ *Kleine durchlöcherte Vase, wahrscheinlich ein Käfig für Grillen (2500–2000 v. Chr.)*

Neben den Ausgrabungen liefern Laboruntersuchungen wertvolle Hinweise, etwa zur Herkunft bestimmter Rohstoffe oder zu den alten Herstellungsverfahren. Gerade Änderungen in der Technik lassen Rückschlüsse auf die gesellschaftliche Differenzierung zu. Denn jede Technik hat ihren eigenen Arbeitsaufwand, ihren eigenen »Stil« und erfordert besondere organisatorische Bedingungen.

Um die handwerkliche Produktion in den altindischen großen Städten angemessen beurteilen zu können, müßten ausreichend Vergleichsdaten zu Materialien und Fabrikaten von anderen zeitgenössischen Plätzen vorliegen, auch aus Gegenden, die heute abgelegen oder aus politischen Gründen schwer zu erreichen sind.

Ein weiteres Problem liegt in der Beherrschung des Feuers im Indien des

↑ *Freilegung der Fußböden eines Hauses in Harappa (2500–2000 v. Chr.). Die Hauswände wurden aus gebrannten Ziegeln errichtet.*

3. Jahrtausends, denn nur mit hohen Temperaturen konnten bestimmte Gegenstände hergestellt werden. Allgemein gilt: Je ausgereifter eine Technik war, um so schwieriger und kostspieliger ist es heute, sie zu rekonstruieren. Es ist daher unumgänglich, über längere Zeit im Labor genaue Untersuchungen vorzunehmen.

Mit dem üblichen Mangel an Mitteln begaben wir uns Anfang der achtziger Jahre gutgläubig in das Gestrüpp aus Ignoranz, Vorurteilen, wissenschaftlichen und organisatorischen Problemen. Wir begannen mit der Arbeit in Mohendscho Daro im pakistanischen Sind: wir – das sind das italienische Institut für den Mittleren und den Fernen Osten (IsMEO) und die Universität Aachen, die seit vielen Jahren Bauwerke (um die 350) dokumentiert. Diese wurden in den dreißiger Jahren ausgegraben und seither teilweise mehrmals restauriert, ohne daß sie immer dokumentiert wurden. Diese Arbeit wurde geleitet von Michael Jansen, einem hartnäckigen, auf die Induskultur spezialisierten Archäologen und Architekten, und von Maurizio Tosi, der zuvor die Oberflächenarchäologie an den Fundorten der Bronzezeit im östlichen Iran ins Leben gerufen hatte.

Der Teil des archäologischen Gebiets von Mohendscho Daro, der sich auf dem Schwemmland des

↑ *Mikrostratigraphische Ausgrabung eines kleinen Ofens in Harappa, in dem Töpferwaren gebrannt wurden. (3000–2500 v. Chr.)*

↑ *Schnittgrabung eines Ofens in Harappa, in dem wertvolle Keramik gebrannt wurde*

↓ *Archäologische Feldforschung an den Südhängen von Moneer in Mohendscho Daro. Gesucht wird nach Resten, die bei der Verarbeitung von Halbedelsteinen und der Herstellung kleiner Steingeräte angefallen sind.*

Indus erhebt – die Unterstadt und die Zitadelle –, erstreckt sich über rund 80 Hektar, doch Ruinen und andere Überreste finden sich auf einer fünfmal so großen Fläche. Die Grabungen der dreißiger Jahre hatten keinen eindeutigen Schichtungsbefund ergeben, der etwas über die Geschichte der Stadt ausgesagt hätte. Wie konnte man nun weiter vorgehen? Doch zunächst lag die größte Schwierigkeit darin, daß keine Grabungsgenehmigung eintraf. (Damals erschien uns das als große Behinderung, im nachhinein war es vielleicht eine große Hilfe.)

Während die Deutschen aus einem Luftballon mit einer Stereokamera Luftbildmessungen (Aerophotogrammetrie) der Denkmäler und der Bodenerhebungen vornahmen, entwickelten die Italiener ein Programm geophysischer Beobachtungen, das sich mit wichtigen Teilen der noch nicht ausgegrabenen Hügel der Stadt befaßte. Die von der Fondazione Lerici mit elektrischen und geomagnetischen Methoden durchgeführten Bodenuntersuchungen wurden durch Dutzende von tiefen Kernbohrungen ergänzt. Sie waren auf lange »Schnitte« angelegt, um größere Unregelmäßigkeiten zu erkennen. Dabei wurde längs der Südseite des Sektors HR ein recht großer Teil wohl einer Befestigung der Stadtanlage geortet, eine außergewöhnlich wichtige Entdeckung, denn es handelt sich um Reste einer alten Siedlung, die möglicherweise in die erste Hälfte des 3. Jahrtausends datiert werden kann und die durch eine Überschwemmung verwüstet wurde, rund 10 Meter unter der Schwemmlandoberfläche. Eine Plattform aus luftgetrockneten Lehmziegeln, mehr als 200 Meter lang, 5 Meter dick und 6 Meter breit, dürfte der Flußeindämmung und als Festungsanlage gedient haben.

In einer Ablagerung aus Sandschlamm und Ausschußware glasierter Keramik wurden große Mengen glasierter Tonknollen entdeckt, die, eigens angefertigt, wahrscheinlich der zusätzlichen Befestigung der Südseite der Stadt gedient haben. Weiterhin konnte nachgewiesen werden, daß die Plattform aus luftgetrockneten Lehmziegeln später wiederholt beschädigt und wiederhergestellt worden war. Schichten aus der Zeit, als die Zitadelle von HR aufgegeben wurde, enthalten Zeugnisse handwerklicher Tätigkeit; darüber eine dritte, mächtige Schwemmschicht, deren Oberfläche die heutige Landschaft bildet. Spätere Sondierungen, begrenzt auf die Oberflächenschichten, haben diese Abfolge bestätigt. Sie wurden in der Regel alle 20 bis 30 Zentimeter unterbrochen, um die durch Erosion freigelegte Architektur aufzufinden. Noch später wurde festgestellt, daß der Plattformrand mit einem niedrigen Backsteindamm wiederhergestellt worden war, um sozusagen symbolisch die Bedeutung dieser Abgrenzung zu betonen, als die Plattform selbst bereits in der Erde verschwunden war.

↑ *Kleine Steinklingen und -bohrer, Splitter von Achat, Karneol, Jaspis, Lapislazuli, Grossular (Granat) und Quarzit, die durch Aussieben in Wasser von einer Oberflächenprobe in Moneer zum Vorschein kamen (2500–2000 v. Chr.)*

Offenbar wurde die Stadt an einem stra-

↑ *Grabungsgitter auf einer Schicht, die durch Salzerosion entstanden ist. Sie enthält zahlreiche Reste, die bei der Bearbeitung von Halbedelsteinen abgefallen sind. Mohendscho Daro*

tegisch günstigen Platz angelegt, der aber hydrogeologische Risiken barg. Zumindest an der Südseite von HR waren die Baumeister mit der Gewalt des Flusses fertig geworden. (Mehr als einen Kilometer südlich vom heutigen Flußbett des Indus sind später die Reste eines tiefer gelegenen, vermutlich weniger gut geschützten Viertels ausgegraben worden.) Mittlerweile ist eine sehr gründliche Oberflächenerkundung der durch Erosion angegriffenen Anhöhen durchgeführt worden. An mehr als 50 Stellen wurde man fündig. Die Archäologen fühlten sich ins Zentrum des indischen Handwerks im 3. Jahrtausend v. Chr. versetzt, denn sie entdeckten direkt an der Oberfläche zahlreiche Reste der alten Produktion und der verschiedenen Herstellungsverfahren: Brennöfen und Abfall von Brennöfen, Bruchstücke von Gußformen aus feuerfester Keramik, mit denen Töpferwaren gebrannt wurden, Stücke von Seemuscheln, Splitter von Halbedelsteinen, Tausende Steatitstücke, Steinklingen und Bohrer.

Die wissenschaftliche Ausbeute war so groß, daß bislang völlig unbekannte Techniken festgestellt und teilweise rekonstruiert wurden. Die Materialien sind noch heute, 15 Jahre nach Beginn des Projekts, Gegenstand von Forschungen und Dissertationen in Italien und den Vereinigten Staaten. Es wird immer deutlicher, daß in den Städten am Indus Schmuck und Luxusgegenstände in einer Weise hergestellt wurden, die für fortgeschrittene Staatsorganisationen typisch ist. Das Hauptinteresse galt damals nicht exotischen kostbaren Rohstoffen, die man sich durch intensiven Fernhandel beschaffte, wie es bei archaischen Gesellschaften oft vorkommt, sondern ausgereiften Technologien, mit denen man bei hohen Temperaturen relativ billig örtliche Materialien zu hochwertigen Fertigprodukten verarbeiten konnte: Steingut, glasierte Tonwaren (Fayencen), Keramiken.

Mit der Oberflächengrabung wurde auch bis zu einem gewissen Maß der Zusammenhang deutlich, in dem die Produktion stattfand. Offenbar wurden in der letzten Phase der Stadtgeschichte bestimmte Tätigkeiten aus bislang unbekannten Gründen nur noch im Stadtzentrum ausgeübt, vorab die Keramikherstellung. (Diesem Umstand verdanken sich wahrscheinlich unsere 50 Fundstellen.) Sowohl die alten Grabungen als auch unsere Erkenntnisse sprechen dafür, daß sich die Töpfer in Stadtgebieten angesiedelt haben, die zuvor teilweise von ihren Bewohnern verlassen worden waren. Dies muß nicht unbedingt auf eine städtische Krise hinweisen, wie man früher angenommen hat. Auch im heutigen Indien werden Gebäude plötzlich verlassen und zu Produktionszwecken genutzt. Die Gründe dafür könnten in den Veränderungen in Politik und Wirtschaft sowie in dem Bemühen gelegen haben, jeden nur verfügbaren Raum zu nutzen. Dennoch dürfte es nur relativ selten vorgekommen sein, daß in der Stadt Brennöfen installiert wurden; denn eine Stadt von der Größe Mohendscho Daros muß von vielen Dörfern umgeben gewesen sein, die auf die Herstellung von Gefäßen und Ziegeln spezialisiert waren.

In einem Gebiet mit Spuren einer besonders komplexen Arbeitsweise gelang es uns bei einer Oberflächengrabung, bei der Erosionseinwirkungen und Objektverlagerungen berücksichtigt werden mußten, 7300 Objekte zu lokalisieren, auf Karten einzutragen und eine relative Chronologie der verschiedenen Handwerkstätigkeiten aufzustellen. Zuerst hat man wohl in Werkräumen inner-

↑ *Schmuck aus dem Industal. Seine Herstellung aus Edelmetall, die Verarbeitung von Schmucksteinen und die Produktion erlesener Keramiken zählten zu den besonders entwickelten Industrien dieser frühgeschichtlichen Kultur. Bedeutende Depots wurden in allen Städten gefunden.*

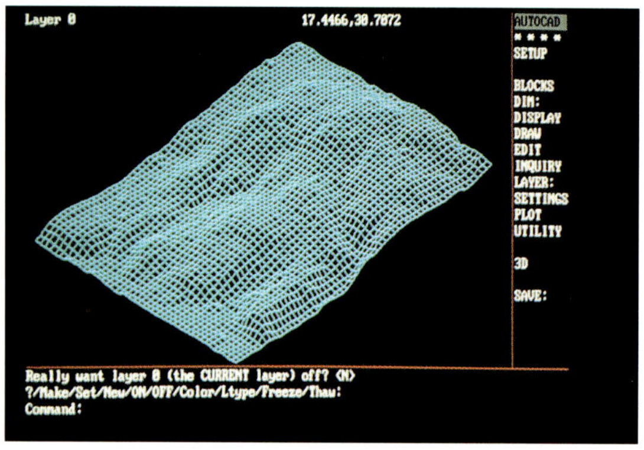

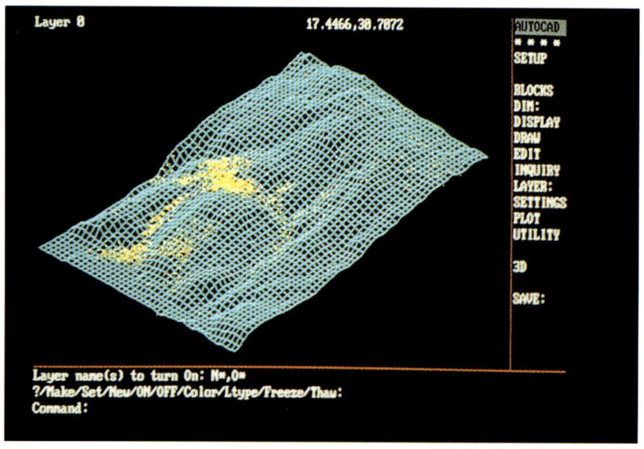

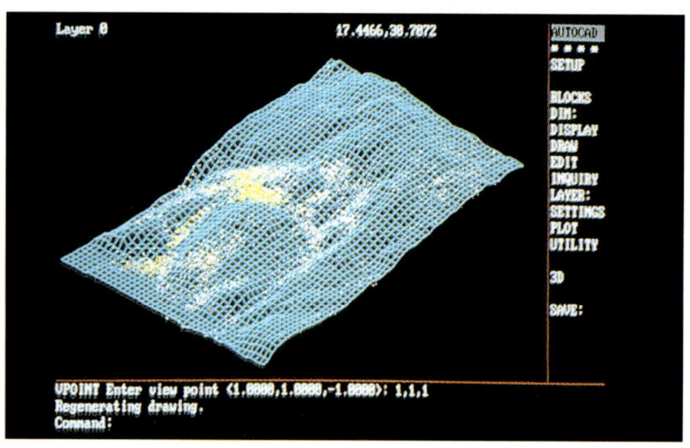

↑ Computerisierte Oberfläche eines Hangs in Mohendscho Daro (oben) mit Fundstellen von Arbeitsabfällen aus der zweiten Hälfte des 3. Jahrtausends: In der Mitte bezeichnen die gelben Pünktchen die Stellen, an denen Stücke von Brennöfen zur Herstellung von Keramik gefunden wurden. Unten geben die zusätzlichen weißen Pünktchen die Verteilung von Steingeräten wieder: Klingen, Bohrer und Splitter; sie stammen aus einer sehr späten Werkstatt, in der Schmuck zum persönlichen Gebrauch hergestellt wurde.

halb der Wohnstätten aus Steatit Perlen, Schmuck und Siegel hergestellt. Später wurde eine große Werkstätte mit Warenlagern und Brennöfen zur Produktion von feineren Armbändern aus Keramik eingerichtet, und zwar in einem nicht mehr bewohnten Gebäude. Verwendet wurden gebrannte und luftgetrocknete Ziegel, die aus verfallenen Gebäuden stammten. In die Zeit, nachdem die Werkstatt aufgegeben war, gehören Abfallhalden mit Tausenden Splittern von Achat, Jaspis, Granat, Quarzit, Steinklingen und Hunderten Mikrobohrern zum Durchlöchern der Steinperlen. An anderer Stelle wurden zahlreiche Reste von Seemuscheln gefunden, woanders Steinschaber, mit denen vermutlich organisches Material bearbeitet worden war. In die letzte Phase scheinen auch einige kleine Töpferbrennöfen zu gehören.
Möglicherweise verweist diese relative Chronologie indirekt auf eine Handwerkerrangfolge: vornean die Hersteller von Siegeln aus Steatit, dann die von Armbändern aus Keramik, danach die Steinschneider und Bearbeiter organischer Materialien und schließlich die Töpfer.

Viele der in Mohendscho Daro aufgestellten Hypothesen sind in den ausgedehnten Grabungen von Harappa weiterentwickelt und ergänzt worden, die von den amerikanischen Universitäten Harvard und Madison (Wisconsin) durchgeführt wurden. Hier waren die stratigraphischen Kontrollen sehr genau; die exakten Daten Zehntausender von Kleinstfunden konnten in den Computer eingegeben werden. Dem erwähnten archäologischen Paradox wurde mit einer flexiblen Ausgrabungsstrategie begegnet.
Die Ausdehnung der großen Einfriedungsplattformen aus luftgetrockneten Lehmziegeln ist durch 30 bis 40 Zentimeter tiefe Sondierungen bekannt, die sich, planimetrisch betrachtet, zu einer einzigen großangelegten Struktur zusammenfügen. Anders als in Mohendscho Daro scheinen die Rohziegeleinfriedungen, die die Anhöhe E umziehen (die topographisch der Zitadelle HR von Mohendscho Daro entspricht), in mehreren Phasen errichtet worden zu sein. Sie verlaufen nicht gerade, sondern unregelmäßig gebogen, da sie sich wahrscheinlich mit der Zeit und in verschiedenen Bauperioden den Hängen einer Erhebung angepaßt haben. Sie werden in die erste Hälfte des 3. Jahrtausends v. Chr. datiert. Einige wenige Schnittgrabungen an den Schlüsselpunkten des Straßennetzes galten der Erforschung der ältesten Schichten und der Stadtplanung. (Es wurden Wagenspuren entdeckt, die bereits in der Nord-Süd-Achse der späteren Stadtanlage verlaufen.)

Trotz des stark beeinträchtigten Zustands der oberen Schicht des Ausgrabungsgeländes, das 1857 von den englischen Erbauern der Eisenbahn Multan-Lahore als Ziegelbruch

← Teil des Ausgrabungsgeländes von Harappa. Die im Bild gut erkennbaren Lehmziegelmauern sind stark restaurierte Reste des sogenannten Arbeiterviertels, das in den vergangenen Jahren am Fuß der Zitadelle ausgegraben wurde. (2500–2000 v. Chr.)

← *Modell eines Wohnhauses aus Mehrgarh (Pakistan). Es wurde aus luftgetrockneten Lehmziegeln errichtet. Das Dach besteht aus Stangen und Reisig. Die frühesten Handwerker der Induskultur haben in solchen einfachen Häusern gelebt.*

benutzt wurde, hat ihre Untersuchung doch eine bemerkenswerte Anzahl von Geräten, Arbeitsabfällen und Halbfertigteilen zutage gefördert. An der einzigen unberührten Stelle, die durch eine Polizeistation geschützt war, wurden Abfälle gefunden, die bei der Bearbeitung von Steatit, Achat und Edelmetallen anfallen.

Die Erosion des Westhangs der Anhöhe E hat an einer ungeschützten Stelle innerhalb der großen Mauereinfriedung zur Entdeckung eines Bereichs geführt, in dem Keramik produziert wurde. Um einen großen Brennofen mit halbkreisförmigem Grundriß und einem Mittelpfeiler lagen Brennabfälle, Geräte zum Glätten der Vasen, Tonerde und Asche. Der Ofen kann auf etwa 2500 v. Chr. datiert werden. Die Erforschung der tieferen Schichten hat jedoch zwei weitere, ältere Brennöfen und Spuren von Verbranntem zum Vorschein gebracht, die noch einige Jahrhunderte weiter zurückreichen (offensichtliche Hinweise auf eine handwerkliche Tätigkeit, die in der Stadt jahrhundertelang am selben Ort ausgeübt wurde, und damit vielleicht auf die Erblichkeit des Berufs.)

Mohendscho Daro und Harappa lassen erkennen, wie verschieden die urbane Entwicklung in zwei gleich großen Stadtstaaten desselben Kulturraums verlaufen konnte.

Wenn die Archäologie der Städte im Nahen Osten im Grunde eine Archäologie der Macht ist, so läuft die Archäologie des Industals Gefahr, ein Bild des allgemeinen Konsenses mit einer Weltanschauung und einer Gesellschaftsstruktur zu vermitteln, die noch zum großen Teil unbekannt sind, aber zweifellos weithin wirksam und bestimmend waren. Wie auch immer, die Vervollkommnung der analytischen Methoden bei der Grabung wie im Labor erlaubt uns jedoch, hinter der Fassade des Konsenses intuitiv verworrene soziale Konflikte zu erahnen.

Bibliographie

- M. Wheeler *The Indus Civilization*. Cambridge 1953
- – *Alt-Indien und Pakistan*. Köln 1962
- D. P. Agrawal *The Archeology of India*. London, Malmö 1982
- B. und F. R. Allchin *The Rise of Civilization in India and Pakistan*. Cambridge 1982
- R. H. Meadow (Hg.) *Harappa Excavations 1986–1990*. Madison 1991
- G. L. Possehl (Hg.) *Harappan Civilization*. New Delhi 1993

↑ *Der sogenannte Große Getreidespeicher von Harappa. Die ursprüngliche Zweckbestimmung des geräumigen Backsteinbaus aus der zweiten Hälfte des 3. Jahrtausends v. Chr., unterteilt in schmale, lange parallele Räume, ist noch immer ein Rätsel.*

Die mittelasiatische Stadt der Bronzezeit

Die Stadtkultur im Hochland zwischen Sagros und Hindukusch unterhielt bereits gegen Ende des 4. Jahrtausends v. Chr. enge Beziehungen zur mesopotamischen Welt und zu jener Gegend, in der sich später die Induskultur entwickeln sollte. Ihre Städte waren so groß und so reich wie die im Zweistromland. Es wurden Gegenstände aus Keramik, Bronze und Edelsteinen gefertigt und exportiert. Es war eine Welt gemeinsamer Formen und Vorstellungen, die in mancherlei Hinsicht auf die großen Kulturen des Orients eingewirkt hat.

← Das Sistanbecken mit dem abflußlosen Binnendelta des Helmand. Hier entwickelte sich die bronzezeitliche Stadtgesellschaft mit ihrem Zentrum Shahr-i Sokhta.

Unter Mittelasien wird hier jenes Gebiet verstanden, das im Süden an den Persischen Golf und im Norden an die asiatischen Steppen grenzt; es umfaßt das iranische Hochland östlich des Sagrosgebirges bis zur Gebirgskette des Hindukusch. Die großen Gebirge liefern reichlich Wasser, das die zahllosen Flußläufe versorgt und das Entstehen fruchtbaren Schwemmlandes ermöglicht. Die menschlichen Siedlungen wurden nicht nur am Fuß der Berge und entlang der Flüsse errichtet, sondern auch in den Ebenen, wo sich die Flüsse in abflußlose Becken ergießen.

Es ist nicht leicht, sich ein Bild von der städtischen Gesellschaft des 4. und 3. Jahrtausends zu machen; zu lückenhaft sind die verfügbaren Informationen. Dagegen sind die protourbanen Entwicklungsprozesse eher zu begreifen, die spätestens seit dem Jahr 6000 von den gemeinsamen Wurzeln ausgegangen sind. Diese unterscheiden sich von allen kupfersteinzeitlichen Kulturen des Nahen Ostens: Die jungsteinzeitliche Wirtschaft festigte sich durch die Kultivierung der ersten Weizen- und Gerstensorten. Die seßhafte Bevölkerung lebte in Dörfern, die miteinander in Verbindung standen, um das Land besser bewirtschaften zu können.

In Mittel- und Südiran wurden Kupferminen und komplizierte Bewässerungssysteme entdeckt, mit denen die landwirtschaftliche Nutzung intensiviert werden konnte (Tepe Jahja, Geoksiur). In der Zeit zwischen 3500 und 3000 kam es zu ersten einschneidenden Veränderungen, die die Produktion und den Handel steigerten, was wiederum den Wohlstand hob. Dorfgemeinschaften, die Lebensmittelüberschüsse produzierten und in denen daher Arbeitsteiligkeit und handwerkliche Spezialisierung möglich wurden, schlossen sich nun zu regionalen Einheiten zusammen.

Der archäologische Befund spricht dafür, daß es nach einer Periode des stabilen Wirtschaftswachstums (seit

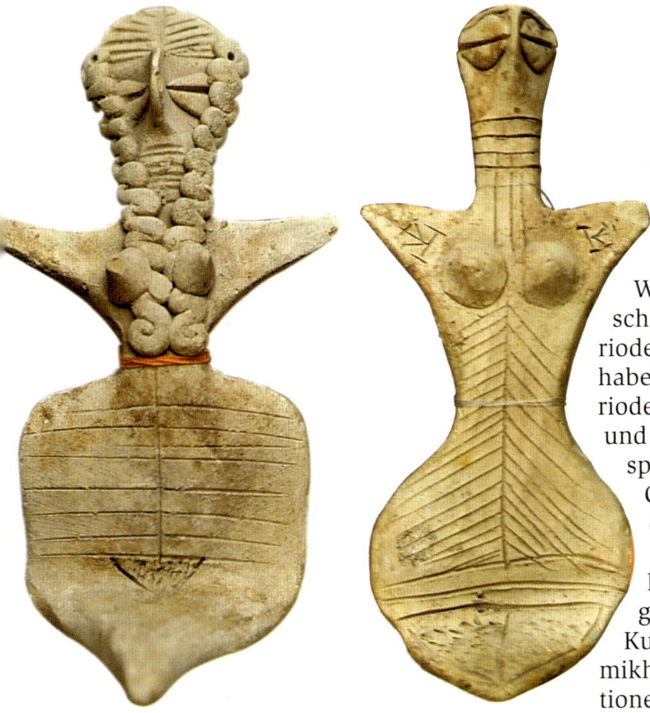

↑ *Kleine weibliche Idole aus Terrakotta aus Altin Depe (2300–2200 v. Chr.). Solche menschen- und tiergestaltigen Statuetten waren im bronzezeitlichen Mittelasien weit verbreitet.*

3200) zu einem tiefgreifenden sozialen Wandel kam, der um 2500 seinen Höhepunkt erreichte. Damals erlangten die lokalen Machtzentren ihre größte Ausdehnung. Die Gesellschaft war streng hierarchisch gegliedert. Während in Mesopotamien die ersten staatlichen Gebilde entstanden (um 3200), verlief die Entwicklung östlich des Sagrosgebirges langsamer, obgleich es von Anfang an Verwaltung und Güterverteilung gegeben hat: In Shahr-i Sokhta, Tepe Sialk, Tepe Jahja, Tepe Tal-i Iblis und Tepe Hissar wurden Tontafeln mit protoelamischer Schrift, Münzen und Rollsiegel oder deren Abdrücke in Ton gefunden, die auf eine zentralistische Organisationsform hindeuten.

Die Städte haben sich offenbar in zwei Schüben ausgedehnt: Der früheste erfolgte in der Zeit von 3200 bis 2600. Dabei wurden spezialisierte Handwerker, die aus der Fremde gekommen sein müssen, in die Städte eingegliedert. Ihre Werkstätten trugen zum Wachstum der Orte bei, vermehrten die Produktion und verbesserten die Qualität der Güter, die schon seit der Kupferzeit produziert wurden. Damit entstanden regionale Zentren. Wachsender Wohlstand und sozialer Wandel scheinen sich auf die folgende Periode (2600–2400) ausgewirkt zu haben, die in Shahr-i Sokhta der Periode III, in Mundigak der Periode IV und in Namazga der Periode V entspricht.

Gemeinsam sind diesen Zentren die Stempelsiegel (entweder aus Stein oder aus Bronze), einige Keramikformen und andere Eigentümlichkeiten der materiellen Kultur, obschon sich bei der Keramikherstellung mindestens drei Traditionen unterscheiden lassen. Die kulturelle Einheit der verstreuten Gebiete kann mit intensiven Handelskontakten erklärt werden, wobei vor allem Gegenstände mit hohem Prestigewert wie etwa Schmuck aus Edelsteinen (Türkis, Lapislazuli) und Seemuscheln eine Rolle gespielt haben. In der frühen Bronzezeit ist eine weitere Konzentration der Bevölkerung zu beobachten. Einige Orte wuchsen stark an und herrschten nun über die einfacheren Dörfer.

Das Wachstum der Städte ist jedoch nicht nur auf die Zuwanderung der Landbevölkerung zurückzuführen, sondern auch auf die zunehmende Arbeitsteiligkeit und Spezialisierung. Doch machen gesellschaftliche Gliederung, Vorratswirtschaft und Handwerk nur einen Teil der Ursachen aus – so jedenfalls der archäologische Befund.

Vor allem das Handwerk, das bislang in Wohngebieten oder in kleinen Dörfern ausgeübt worden war, wurde nun in einigen Stadtvierteln konzentriert. Der Vorteil lag im höheren technischen Niveau und in der besseren Organisation der Produktivkräfte, womit sich die Spezialisierung endgültig gegenüber der nebenbei ausgeübten Arbeit durchsetzte. Unter Berücksichtigung von Geschlecht und Alter entstand die Arbeitsteilung, indem sich bestimmte Personengruppen mit der Verarbeitung bestimmter Rohstoffe beschäftigten.

Irgendwann zwischen 3000 und 2500 war die Verstädterung abgeschlossen. Es entstanden ganze Komplexe mit Monumentalarchitektur (wie in Shahr-i Sokhta, Mundigak und Tureng Tepe). Die spezialisierten Handwerker

→ *Die großen Zentren der bronzezeitlichen Stadtkultur in Mittelasien. Durch dieses Gebiet führten die wichtigen Handelswege nach Mesopotamien und ins Industal.*

↑ *Luftaufnahme des östlichen Randes von Shahr-i Sokhta. Gegen Ende des 4. Jahrtausends v. Chr. ein kleines Dorf, entwickelte sich der Ort zu einem der wichtigsten städtischen Zentren Mittelasiens und dehnte sich zur Zeit seiner höchsten Blüte (2400–2300 v. Chr.) über eine Fläche von 80 bis 100 Hektar aus.*

waren in einigen Stadtteilen zusammengefaßt, so in Hissar, Shahr-i Sokhta, Altin Depe und Shahdad. Ab 2200 begann das städtische System zu zerfallen, sehr schnell in den Hauptzentren. Die archäologische Forschung hat für diesen Vorgang, der keine vollständige Auflösung der sozialen Strukturen nach sich zog, noch keine Erklärung und interpretiert ihn heute als eine Veränderung der gesamten Gesellschaftsordnung.

Shahr-i Sokhta. Der Name bedeutet »die verbrannte Stadt«. Ihn haben die Bewohner der Gegend dem wichtigsten frühgeschichtlichen Zentrum im Sistanbecken gegeben. Das wird verständlich, wenn man die Oberfläche des Geländes in Augenschein nimmt: Eine Schicht aus Keramikscherben deutet darauf hin, daß sich hier einst eine große Ansiedlung befunden hat. Die rote Erde und verkohlte Reste belegen, daß ein Feuer Teile der Stadt verwüstet hat. 1916 untersuchte der große Archäologe und Forschungsreisende Sir Aurel Stein das Gelände. Ihm waren die Tonscherben aufgefallen. Er glaubte, daß Wind und Überschwemmungen die alten Gebäude zerstört hätten. In Wirklichkeit war die Erosionswirkung gering gewesen, wie ein erstes italienisches Archäologenteam unter der Leitung von G. Tucci 1961 festgestellt hat, denn eine dicke Salzkruste hatte einen Teil der Bauten geschützt. Die Grabungen des italienischen Instituts für den Mittleren und Fernen Osten (IsMEO) unter Leitung von M. Tosi in den Jahren 1967 bis 1978 haben eine Besiedlung über fast 1400 Jahre nachgewiesen. Shahr-i Sokhta liegt im Sistanbecken an der iranisch-afghanischen Grenze und nahm zwischen 2400 und 2300 (also in der Periode seiner Blütezeit) eine Fläche von etwa 80 bis 100 Hektar ein, zu der noch die 21 Hektar der Nekropole hinzuzurechnen sind. Das Gebiet ist heute ausgetrocknet, aber im 3. Jahrtausend wurde es vom großen Binnendelta des Flusses Helmand bewässert. Der nördliche und der östliche Rand der Hochebene, auf der der Ort lag, bildet ein unregelmäßiges Dreieck. Die frühen Kolonisten fanden hier eine Flußterrasse vor, die geradezu ideale Siedlungsbedingungen bot. In der östlichen Hälfte des Geländes war auf 75 Hektar die Trümmerschicht mehr als 12 Meter dick: die Reste der alten Stadt. Im Südwesten dagegen wurde kein Schutt gefunden. Hier lag einst die Nekropole, später wurden Bauten aus vergänglichem Material errichtet.

Die Wohnviertel der Stadt nahmen während ihrer 1400jährigen Geschichte eine Fläche zwischen 110 und 120 Hektar ein, was 75 Prozent des Grabungsgeländes entspricht. Dessen Größe blieb nicht ohne Einfluß auf den Forschungsansatz: Grabungsmethoden, Probenentnahmen in einem regelmäßigen Gittermuster aus Rechtecken und Bodenanalysen wurden ständig verfeinert. Die Untersuchungen gaben Auskunft über Chronologie und Zweckbestimmung der Bauzonen. Danach läßt sich das Gelände in drei Bezirke einteilen:
1. Das östliche Wohngebiet ist 16 bis 20 Hektar groß und nimmt die gesamte östliche Seite der Ansiedlung mit den höchsten Erhebungen (18,32 Meter hoch) ein, darin der sogenannte verbrannte Palast (17,31 Meter hoch); die höchste Erhebung besteht aus Schichten der Periode I (3200–2700), die es nur hier gibt. Dieser Bezirk wurde in den Jahren 1967 bis 1970 ausgegraben. 2. Die zentralen Viertel nehmen eine Fläche von 20 bis 25 Hektar ein und wurden 1975 und 1976 erforscht. Im Osten, Westen und Süden werden sie von drei größeren Bodensenken begrenzt. Die ältesten Baureste gehören ans Ende der Periode I (2800) und stammen wohl ebenfalls von Wohnhäusern. Um 2500 entstanden hier große Baukomplexe. 3. Die sogenannte »nordwestliche Monumentalzone« umfaßt 20 Hektar und besteht aus Erhebungen und freien Plätzen.
Fundmaterial und Probegrabungen lassen eine Datierung auf die Zeit um 2600 zu. In Periode III (2500) wurden ein großes Verwaltungszentrum und die Handwerkerviertel mit Werkstätten für die Bearbeitung von Lapislazuli, Keramik und Metall errichtet. Von dort stammt einer der interessantesten Gegenstände: eine Bronzestatuette, eine weibliche Figur darstellend, die nach dem Vorbild der traditionellen Kanephore (Korbträgerin) einen Krug auf dem Kopf trägt. Die Besiedlung begann also um 3200 am Ostrand der Terrasse im östlichen Wohngebiet. Das Wachstum der Bevölkerung führte zur Erweiterung der Anlage in Periode III, gekennzeichnet durch einen Überfluß an Materialien (Lapislazuli, Türkis, Seemuscheln). Dieses Rohmaterial wurde im Rahmen des regionalen Warenaustauschs aus fernen Gegenden importiert und hier bearbeitet. All das beweist, daß die Stadt zu Reichtum gekommen war und sich die Bedingungen für die Organisation der Handelsbeziehungen deutlich verbessert hatten.

Kurz nachdem Shahr-i Sokhta seine höchste Blüte erreicht hatte, geriet es in eine solche Krise, daß es zwischen 2300 und 2100 aufgegeben wurde. Über die Zeit des Niedergangs ist wenig bekannt. Weite Gebiete der nördlichen Viertel scheinen vernachlässigt worden zu sein. Für den Verfall wird es wahrscheinlich mehrere Gründe gegeben haben, natürliche ebenso wie soziale, die sich zu einer

↓ *Luftaufnahme des östlichen Wohngebiets von Shahr-i Sokhta. Unten im Bild ist der sogenannte verbrannte Palast zu erkennen.*

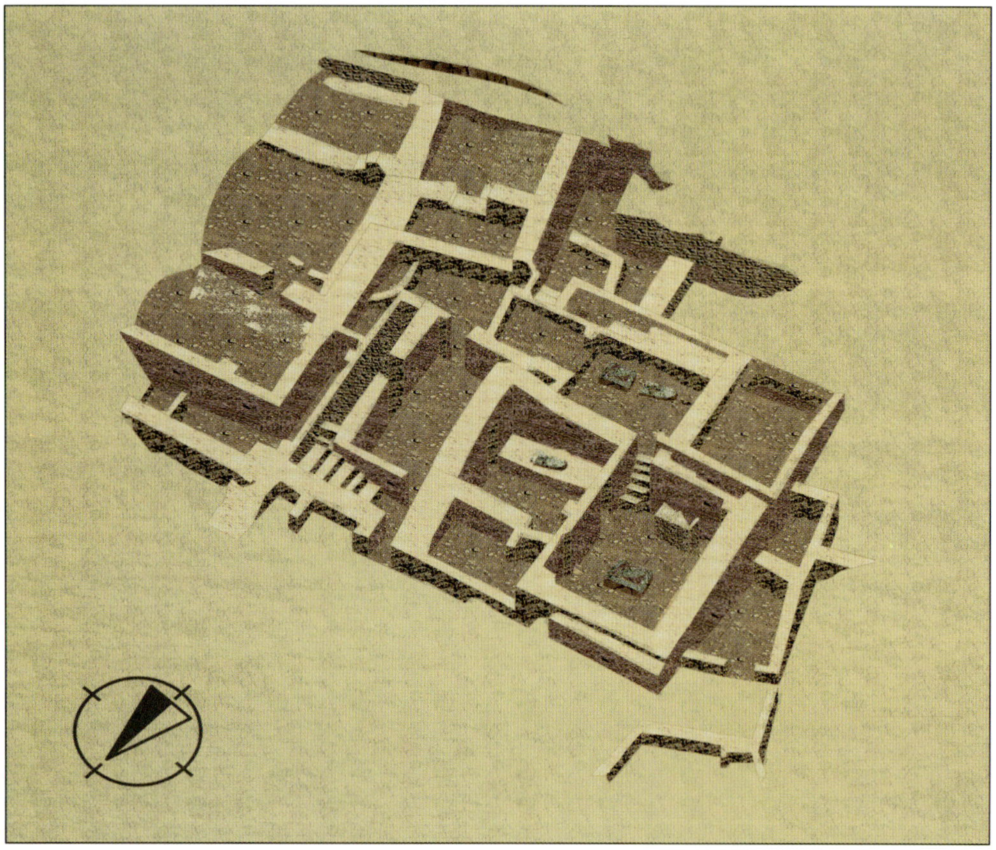

Funde wurden überall im Grabungsgelände gemacht, sowohl in der urgeschichtlichen Siedlung als auch in den verschiedenen Gräbern, von denen allein das IsMEO mehr als 300 ausgegraben hat, und zwar in einer Nekropole, die sich, wie bereits erwähnt, über ein Gelände von etwa 21 Hektar erstreckte.
Doch das Leben im südlichen Sistan ging dank der günstigen geographischen und der durch die Umwelt bestimmten Bedingungen auch nach der Aufgabe des Ortes weiter, wie die Überreste der verstreuten Dörfer mit Keramik vom Beginn des 3. Jahrtausends bezeugen, die über die ausge-

← Teil des »Hauses mit dem kleinen Brunnen« in Shahr-i Sokhta. Der außergewöhnlich gute Erhaltungszustand erlaubt es, mit dem Computer die Aufnahme aus der Vogelperspektive so zu bearbeiten, daß die Gliederung der Wohnanlage zu erkennen ist, die sich aus verschiedenen Räumen zusammensetzt (darunter jenen mit Feuerstätte und Kochstellen).

Gesamterscheinung bündelten, wie es in Innerasien mehrfach vorgekommen ist. Doch trotz der vielen offenen Fragen zur Abfolge der Kulturstufen in Shahr-i Sokhta bleibt die Entsprechung von Schichtungsbefund und materieller Kultur. Gerade der ausgezeichnete Erhaltungszustand vor allem der zahlreichen Funde (Keramik, Siegel, menschen- und tiergestaltige Statuetten, Steinobjekte, Metallgegenstände) hat viel zu unserer Kenntnis der kulturellen Entwicklung in Shahr-i Sokhta beigetragen. Diese

↑→ Ausgrabungen der Nekropole von Shahr-i Sokhta (oben) mit Gräbern aus der Periode III (2500–2200 v. Chr.) und einem Grab aus der Zeit um 3000 v. Chr. mit bemalten Keramikgefäßen (rechts). Das IsMEO hat eine etwa 21 Hektar große Nekropole mit etwa 300 Gräbern freigelegt.

trocknete Lehmebene verstreut liegen. Der Untergang Shahr-i Sokhtas scheint weder auf Entvölkerung oder Rückgang der Bevölkerung noch auf eine Invasion indoarischer Völker aus dem Norden zurückzuführen zu sein. Vielleicht liegen die Gründe eher in einer Krise des hierarchischen urbanen Modells, das an einem einzigen Ort, der Stadt, die Verwaltung der gesamten Produktion und das hochentwickelte Handwerk konzentrierte. Wie dem auch sei, ab dem Jahr 2000 (Periode IV) war der Ort keine Stadt mehr, sondern eine Oase, ein dicht bevölkertes Gebiet mit kleinen, gut bewässerten Dörfern, offen für den Tauschhandel mit Nomaden, die Viehzucht betrieben, der ab dem 3. Jahrtausend v. Chr. vorherrschenden Wirtschaftsform in den nördlichen Steppengebieten Zentralasiens.

Bibliographie

• V. M. Masson »The Urban Revolution in South Turkmenia«, in: *Antiquity* XLII, 1968, S. 178–187
• R. Biscione »Dynamics of an Early South Asian Urbanization. The First Period of Shahr-i Sokhta and its Connections with Southern Turkmenia«, in: *South Asian Archaeology*. London 1973
• – »Archaeological Discoveries and Methodological Problems in the Excavations of Shahr-i Sokhta«, in: J. E. van Lohuizen-De Leeuw *South Asian Archaeology*. Leiden 1973
• – »Le Plateau Iranien et l'Asie Centrale des origines à la Conquête Islamique«, in: *Colloques Internationaux* 567, Paris 1977
• C. C. Lamberg Karlovsky, M. Tosi »Shahr-i Sokhta and Tepe Yahya. Tracks on the Earliest History of the Iranian Plateau«, in: *East and West* 23, 1973, S. 21–57
• C. C. Lamberg Karlovsky »Third Millenium Modes of Exchange and Modes of Production«, in: J. A. Sabloff *Ancient Civilization and Trade*. 1975
• M. Tosi *Prehistoric Sistan I* (IsMEO Rep. Mem.) Rom 1983
• R. H. Dyson jr. »Tappeh Hesar. Reports of the Restudy Project«, in: *Monografie di Mesopotamia* 2. Florenz 1989
• M. Tosi, S. M. Shahmirzadi, M. A. Joyenda »The Bronze Age in Iran and Afghanistan«, in: V. M. Masson, A. H. Dani *History of Civilization of Central Asia*. Paris 1992, S. 191–225
• P. Hinge *New Fusions: Archaeological Informations in the Relational Database*. 1994

↑ *Das sogenannte östliche Wohngebiet von Shahr-i Sokhta umfaßt den gesamten östlichen Teil der Siedlung mit den höher gelegenen Bereichen. Die Ausgrabungen haben lediglich ein kleines Areal der Stadt freigelegt, deren Wohngebiet ein engmaschiges Netz aus Straßen und Gassen aufweist.*

Baktrien und Margiana in der Bronzezeit

Die in den letzten Jahrzehnten von den sowjetischen Archäologen in Afghanistan und den zentralasiatischen Republiken der ehemaligen UdSSR durchgeführten Forschungsarbeiten haben eine neue Stadtkultur der Bronzezeit zum Vorschein gebracht. Beim Studium der Kulturen des Nahen und des Mittleren Ostens müssen wir heute Baktrien und Margiana (Merw) des 3. und des 2. Jahrtausends v. Chr. dazurechnen. Derzeit unternehmen Teams aus westlichen und fernöstlichen Ländern archäologische Expeditionen nach Turkmenistan und liefern neue Beiträge zur Entwicklung der seßhaften und der nomadischen Gemeinschaften von der Jungsteinzeit bis zur islamischen Ära. Insbesondere Italien hat sich mit seinem Institut für den Mittleren und den Fernen Osten (IsMEO) den alten Siedlungen im Murgabdelta gewidmet.

Die geographische Lage und die Umweltbedingungen sind für das Verständnis der Entwicklung der Gemeinschaften in Baktrien und Margiana während der Bronzezeit entscheidend. Diese Gegenden werden im Osten und Süden von den Gebirgsketten des Pamir, des Hindukusch und des Koppe Dagh begrenzt. Hier gibt es große Wasservorräte. Regelmäßig führen die Flußtäler reichlich Wasser, was Schwemmebenen entstehen läßt. In Baktrien bildet der Amudarja (der Oxus des Altertums) mit seinen Zuflüssen das wichtigste Flußsystem, während in Margiana Murgab und Tedschen kleinere Seen mit fruchtbarem Schwemmland bilden. Solche Böden, bei Überschwemmungen regelmäßig mit Schlickablagerungen aufgefrischt, boten die besten Voraussetzungen für Landwirtschaft und Viehzucht.

↑ Bronzeaxt. Gewinnung und Verarbeitung von Metall kennzeichnen die bronzezeitliche Kultur in Margiana und Baktrien.

In Margiana und in Baktrien sind Hinweise auf eine Besiedlung während der Kupfersteinzeit und der Bronzezeit bis 2500 v. Chr. äußerst dürftig. In Margiana ist lediglich der Siedlungskomplex von Geoksiur im Tedschendelta bekannt, während vergleichbare Orte im Murgabbecken gar nicht oder nur in Spuren vorhanden zu sein scheinen. Weiter östlich ist der Fundort Sarazm im Serawschantal bekannt. Mit Beginn der mittleren Bronzezeit (2500–1800) dagegen zeichnen sich die Konturen einer Besiedlung ab, die mehrere Gemeinsamkeiten aufweist. Dies hat dazu geführt, daß Victor Sarianidi die Bezeichnung »Archäologischer Komplex Baktrien und Margiana« (BMAC) vorgeschlagen hat.

→ Siegel aus Chlorit im typischen Stil Margianas. Die Vorderseite zeigt einen eingravierten Löwen mit Flügeln, während auf der Rückseite vier Vögel mit ausgebreiteten Flügeln zu sehen sind (3. Jahrtausend v. Chr.).

Das Besiedlungssystem in Baktrien und Margiana ist durch Ballungsgebiete gekennzeichnet, die häufig als »Oasen« bezeichnet werden. Obgleich dieser Begriff die derzeitige Situation gut beschreibt, scheint dies den Umständen in der damaligen Zeit überhaupt nicht entsprochen zu haben, denn offenbar war das fruchtbare Schwemmland weitaus dichter bewohnt. Die Besiedlung scheint von den Flußläufen bestimmt worden zu sein. Da für den Ackerbau große Bodenflächen gebraucht wurden, muß es Kanäle und andere Bewässerungsanlagen gegeben haben.

In der mittleren und der späten Bronzezeit (2300–1500) waren Margiana und südliches Baktrien (das nordwestliche Afghanistan) dicht besiedelt. Die Orte waren recht groß und lagen nicht allzu hoch. Einige wurden durch Winderosion abgetragen, so daß sich keine größeren Bauten nachweisen lassen; andere waren befestigt und von großen Wohngebieten umgeben. Zu den wichtigsten Stätten zählen in Margiana (Turkmenistan)

↑ *Zwischen Kaspischem Meer und Hindukusch liegt die Schwemmlandebene, in der während der Bronzezeit die Kultur Baktriens und Margianas heimisch war.*

Kelleli, Gonur, Togolok, Auchin und Tahirbaj, im nördlichen Baktrien (südliches Usbekistan) Tepe Sapalli, Djarkutan, Bustan und Molali und im südlichen Baktrien (nördliches Afghanistan) Dashly, Daulatabad und Farukhabad.

Typische Beispiele für die »Oasen« Baktriens sind Dashly-1 und Dashly-3. Dashly-1 besteht aus einem Wohngebiet von 110 mal 90 Meter mit einer 4 Meter hohen Erhebung; nach Norden liegen die Grenzen des Grabungsgeländes noch nicht fest. Innerhalb ist lediglich eine Befestigung (90 mal 85 Meter) mit einer 3 bis 4 Meter starken Mauer teilweise untersucht worden. An den Ecken und an den Seiten dieses Bauwerks standen Türme mit rundem oder ovalem Grundriß.

Dashly-3 ist eine künstliche Erhebung, 3,5 Meter hoch und von rechteckiger Form (125 mal 100 Meter). Hier haben die Grabungen unter der Leitung von Victor Sarianidi von der Moskauer Akademie der Wissenschaften einen befestigten Palast (88 mal 84 Meter) mit einem umlaufenden, 10 Meter breiten und 3 Meter tiefen Graben sowie einen weiteren großen Komplex in Rundbauweise ans Licht befördert, der von bescheideneren Wohngebäuden umgeben war. Der Rundbau mit einem Durchmesser von etwa 40 Metern besitzt an der Außenmauer mehrere rechteckige Türme und einen doppelten Mauerring, innerhalb dessen ein Korridor verläuft. Dieses Bauwerk, vielleicht ein Kultbau, scheint von Wohnquartieren umgeben und in ein größeres Befestigungswerk (130 mal 150 Meter) eingegliedert gewesen zu sein, das seinerseits von einer dicken Mauer mit Graben umgeben war.

→ *Silberdeckel eines kleinen Behälters für Kosmetika mit Reliefdarstellung eines vermutlich mesopotamisch beeinflußten Stierkopfes (3.–2. Jahrtausend v. Chr.)*

Die Architektur des Festungspalastes ist auch bei der Anlage von Tepe Sapalli zu beobachten, die in die Zeit zwischen 2200 bis 2000 gehört und zwischen 1969 und 1973 von A. Askarov ausgegraben wurde. Bei Sapalli handelt es sich um einen kleinen, etwa 4 Hektar großen Ort mit einem viereckigen, befestigten Zentralteil von 82 Metern Seitenlänge. Der komplizierte Grundriß besteht aus einem viereckigen Kern, von dem aus zu jeder Seite zwei T-förmige Bauten mit innerem Korridor abgehen, so daß ein blinder Eingang entsteht und das Auffinden des Zugangs in der südöstlichen Ecke erschwert ist. Im Innern sind deutlich acht Gruppen von Kammern auszumachen, die durch Zwischenräume voneinander getrennt sind. In der Umgebung befanden sich Feuerstätten und Öfen für die Keramikherstellung, außerdem Kochherde und Bereiche für die handwerkliche Erzeugung von Geräten aus Knochen und Bronze.

Die Festung in Sapalli diente später als Grabstätte. Es wurden 138 Erdgräber mit reichen Grabbeigaben freigelegt, die es uns gestatten, Rückschlüsse auf die Gesellschaftsstruktur in Baktrien während der mittleren Bronzezeit zu ziehen. Danach hat es mehr Erwachsene als Kinder und mehr Frauen als Männer gegeben. Die Menge der Grabbeigaben und der An-

↑ *Kleine Gefäße aus Chlorit, die als Kosmetikbehälter dienten, mit eingravierten Verzierungen aus geometrischen und schematisierten Motiven (3.–2. Jahrtausend v. Chr.)*

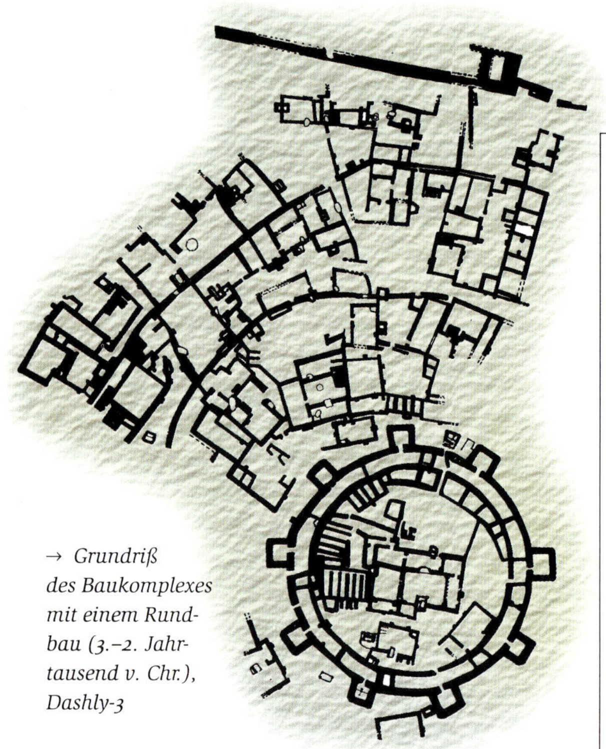

→ *Grundriß des Baukomplexes mit einem Rundbau (3.–2. Jahrtausend v. Chr.), Dashly-3*

teil an Metallen und Edelsteinen ist in allen Gräbern annähernd gleich. Das bedeutet, daß nur die Mitglieder einer bestimmten Bevölkerungsgruppe im Palast bestattet wurden.
Auffällig ist die reiche Ausstattung der Gräber von Frauen. Hier wurden auch Prestigeobjekte von verwaltungstechnischer Bedeutung, wie etwa Siegel, gefunden. Unter den Gräbern von Männern ragen nur zwei durch die Einbettung in Holzkisten und durch zahlreiche Metallgegenstände heraus. Da es in Baktrien und Margiana keine mehrschichtigen Stätten (Ruinenhügel, Tells) gibt, wurden hier weiträumig architektonische Strukturen freigelegt, wobei keine Rücksicht auf stratigraphische Probleme und die chronologische Abfolge genommen zu werden brauchte. Daher verfügen wir heute über ausführliche Lagepläne einiger der wichtigsten Stätten, darunter Togolok und Gonur.

TOGOLOK. Die Stätte besteht aus einigen Dutzend Siedlungen, die beinahe ohne Unterbrechung angelegt wurden. Togolok 21 ist fast vollständig erforscht; die Ergebnisse sind publiziert: Es bedeckt eine Fläche von

Die digitalisierte archäologische Karte

Der Plan zu einer archäologischen Karte des Murgabdeltas entstand 1989. An der Ausarbeitung beteiligt waren die Moskauer Akademie der Wissenschaften und das italienische Institut für den Mittleren und den Fernen Osten (IsMEO) sowie, nach der Unabhängigkeit Turkmenistans, die dortige Universität. Das abflußlose Binnendelta des Murgab mit seinem Überschuß an Wasser und fruchtbarem Schwemmland nimmt im Herzen der mittelasiatischen Sandwüste Karakum eine Fläche von etwa 7000 Quadratkilometern ein. Es war schon früh eines der bevorzugten Siedlungsgebiete Mittelasiens. Spätestens seit Ende des 3. Jahrtausends haben sich hier unter anderem altiranisches Volkstum und altiranische Kultur herausgebildet.

Das Forschungsprogramm hat die Arbeiten sowjetischer Archäologen von 1968 in der Schwemmebene (heute fast vollständig Wüste) wiederaufgenommen. Diese hatten zahlreiche Siedlungen aus der Bronze- und der Eisenzeit aufgespürt, die offensichtlich in verschiedenen Oasen längs der nördlichen Abschnitte der größeren urzeitlichen Flußläufe im Mündungskomplex des Murgab entstanden waren.
Einige Reste der alten Siedlungen haben stark unter Winderosion gelitten. Andere liegen unter Hügeln, die architektonische Strukturen, auch monumentalen Typs, bewahrt haben. Mit neuen Methoden konnte nun der archäologische Befund genauer geklärt und analysiert werden, um die Umweltbedingungen der damaligen Zeit zu rekonstruieren. Dazu mußten Satelliten- und Luftaufnahmen verarbeitet werden; sie wiederum wurden mit den Geländeverhältnissen verglichen. Zur genaueren Erkundung des Geländes waren besondere technische Geräte erforderlich wie das GPS (Global Positioning System) und eine Elektronikstation, die eine genaue Topographie in digitalisierter Form auf Karten im Maßstab 1:100 000 lieferte. Bei feldarchäologischen Erkundungen des Geländes werden alle zutage liegenden Materialien in einem genauen Raster vermerkt. Gegebenenfalls wurde die Oberfläche leicht abgetragen, der Abraum durchgesiebt, sofern das Areal von besonderem Interesse war. All dies lieferte eine ausgezeichnete Grundlage für die typologische und chronologische Zuordnung der Grabungsstätten. Auf diese Weise konnte ein Informationssystem für das ganze Gebiet entwickelt werden. Alle Daten wurden in einen Rechner eingegeben, der danach die frühe Besiedlung berechnete, sie in räumlich-geographische Begriffe umsetzte und bei ihrer Entwicklung alle geschichtlich-ökonomischen Variablen berücksichtigte.

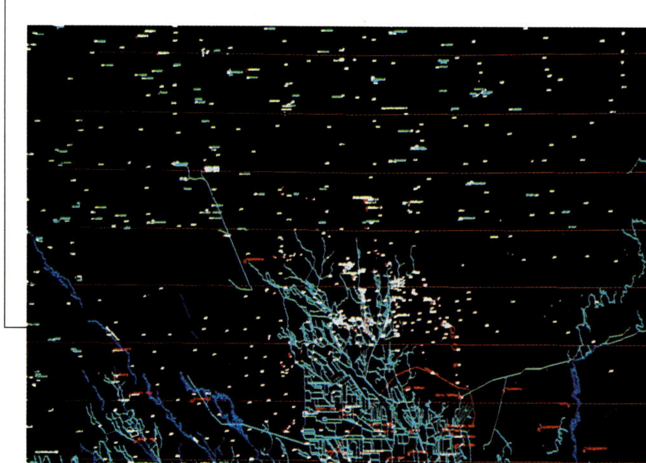

← *Digitalisierte Karte des Murgabdeltas. Der Plan, eine archäologische Karte für dieses Gebiet anzufertigen, geht auf das Jahr 1989 zurück.*

1 Hektar und besteht aus einer Umfassungsmauer mit halbrunden Türmen und einem Zentralgebäude mit zwei Umfassungsmauern; die innere fällt durch ihre bemerkenswerte Stärke (5 Meter) und die mächtigen Türme auf, die an den Mauerecken rund und in der Mitte der östlichen und der westlichen Seite halbrund sind.

Gonur. Auch hier gibt es mehrere Siedlungen, unter denen Gonur 1 besonderes Interesse verdient. Es besteht aus zwei bescheidenen, aber weiträumigen Erhebungen: Gonur-Süd und Gonur-Nord. Die laufenden Grabungen unter Leitung von Victor Sarianidi haben im südlichen Gebiet einen Palast mit runden und halbrunden Mauern freigelegt, der von Wohnquartieren umgeben war. Im Norden liegt eine befestigte Anlage mit Wohn- und Produktionsstätten auf einer weiten, erhöhten Fläche. Westlich wird eine Nekropole aus der mittleren Bronzezeit ausgegraben.

Die Erforschung der Keramik mittels Computer. Die Grabungen in Tahirbaj haben Materialien zutage gefördert, aus denen auf die Entwicklung der Keramikherstellung von der späten Bronzezeit bis zur achämenidischen Epoche geschlossen werden kann. Auffallend ist die Kontinuität der Gefäßformen in der Frühzeit. Neuartige Erzeugnisse aus handgearbeiteter (nicht auf der Töpferscheibe gedrehter) und bemalter

←↓ Zwei vollplastische Statuetten, zusammengesetzt aus Chlorit und Kalk, weibliche Figuren darstellend. Besonders auffallend sind die hohe Qualität der Ausführung und die Freude am Detail.

→ Schematische Rekonstruktion des Zentralgebäudes in Togolok 21 mit Umfassungsmauer, Eck- und Mitteltürmen (Anfang des 2. Jahrtausends v. Chr.)

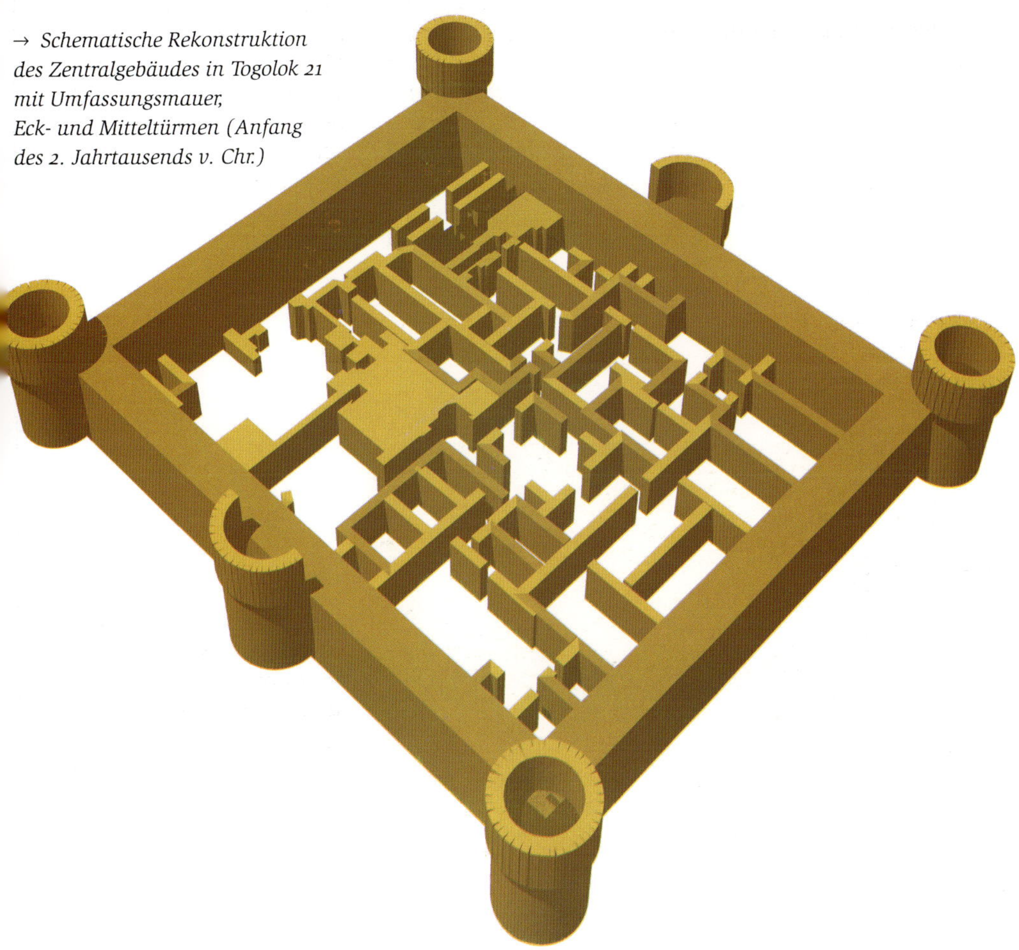

Keramik sind erst für die frühe Eisenzeit typisch.
Mit Hilfe neuer Technologien konnten die Daten zur Keramikherstellung von digitalen Verarbeitungsprogrammen erfaßt werden. Das hat nicht nur die Zeichenarbeit erleichtert, sondern auch die Aufstellung der typologischen Abfolge. Die Seitenansichten der Keramikscherben werden mit einem Keramigraphen digitalisiert und in den Computer eingegeben. Er kann mit weiteren Daten zum Durchmesser und zur äußeren Beschaffenheit die ursprüngliche Gestalt des Gefäßes berechnen.
Auch wenn man nur über kleine Scherben verfügt, so ist es doch möglich, die Gefäßformen dreidimensional zu rekonstruieren. Dadurch fällt es leichter, die Maße zu schätzen, das Fassungsvermögen zu berechnen und Überlegungen über die Verwendung des Gefäßes anzustellen. Dann werden Farbe und Beschaffenheit der

Tahirbaj

Die Ausgrabungen von Tahirbaj haben die Arbeiten an der archäologischen Karte des Murgabdeltas ein gutes Stück vorangebracht. Um die Oberflächenfunde zeitlich ordnen und miteinander vergleichen zu können, mußte eine Siedlung gefunden werden, die mit ihrem Schichtenprofil einen Orientierungsrahmen bot. Für diese Zwecke schien der Depe (Ruinenhügel) von Tahirbaj am besten geeignet, da er sehr alt ist (vom Ende der Bronzezeit bis in die vollentwickelte achämenidische Epoche: vom 15. bis ins 5. Jahrhundert v. Chr.). Der kleine, rund 6 Meter hohe Hügel erhebt sich 9 Kilometer nördlich des heutigen Dorfes Karakul und ist in der flachen, mindestens 400 Quadratkilometer großen Ebene schon von weitem auszumachen. Er wurde Anfang der fünfziger Jahre von Masson entdeckt und in die Eisenzeit datiert.
Eine archäologische Vorbesichtigung wurde 1991 unternommen. Dabei wurde eine planimetrische Karte der Oberfläche mit Höhenkurven in 30 Zentimeter Abstand angefertigt. Dadurch wurde es möglich, Ausmaße und Form des Depe zu analysieren und Überlegungen über seine ursprüngliche Gestalt anzustellen. Aus dem Plan ergibt sich beispielsweise eine viereckige Grundform mit abgerundeten Ecken, was die Annahme rechtfertigt, es handle sich um ein Festungswerk.
Die Bodenoberfläche wurde systematisch erforscht. Das Hauptaugenmerk galt Artefakten und ihrer genauen Fundortbestimmung: Keramiken, Gegenstände aus Metall und Schmucksteinen (Türkis, Lapislazuli) und andere Zeugnisse handwerklicher Tätigkeit (Reste von Brennöfen, Mahlsteinen usw.). Ein Gitterraster mit Querabschnitten (175 mal 5 Meter), unterteilt in Planquadrate mit jeweils 5 Meter Seitenlänge, gewährleistete die systematische Erfassung der Bodenoberfläche und eine genaue Lagebeschreibung der Funde. Das keramische Material wurde typologisch und nach äußeren Merkmalen geschieden, gewogen und numeriert. Bei diesem Vorgehen können genaue Vergleiche mit anderen Stätten angestellt werden. Wo besonders viele Schmucksteine gefunden wurden, die verschiedene Stadien der Verarbeitung aufweisen, hat man die Oberfläche durch vorsichtiges Schaben abgetragen. Dadurch konnte sehr genau die Lage der Werksstätten bestimmt werden.
Die Hauptaufgabe hatte darin bestanden, eine Chronologie der Funde aufzustellen. Dennoch hat man nicht darauf verzichtet, entwicklungsgeschichtliche Linien der Siedlung nachzuzeichnen. Zu diesem Zweck wurden zwei Schnittgrabungen durchgeführt, einmal 80 Meter lang und 5 Meter breit auf der nördlichen Seite, beginnend am oberen Teil des Depe. Hier wurde weiteres Fundmaterial in der Bodenoberfläche geborgen. Die andere Untersuchung galt dem südlichen Abhang. Dadurch konnte die Schichtenfolge von der späten Bronzezeit bis in die achämenidische Epoche bestimmt werden. Es wurden eine Zitadelle mit einer Plattform und eine große Umfassungsmauer mit Graben nachgewiesen, die in die späte Bronzezeit datiert werden. Die Schichten darüber stammen aus den folgenden Perioden und enthalten zahlreiche Umbauten. Das reichhaltige keramische Material gewährleistet eine genaue Kontrolle der chronologischen Abfolge.

↑ Teil der Grabungen in Tahirbaj, die vom IsMEO (Rom) durchgeführt wurden

← Luftaufnahme von Tahirbaj: Plattform der Zitadelle, umgeben von einem Graben

Oberfläche, die zuvor mit einer Videoaufnahme der Keramikscherben erfaßt wurden, hinzugefügt. Sie ermöglichen die virtuelle bildliche Darstellung des ursprünglichen Aussehens der Gefäße. Schließlich erlauben das Erfassen der Keramikprofile und die Zusammenstellung weiterer Informationen in einer Datenbank auf statistischer Basis eine sehr viel genauere Bewertung und Beurteilung der gesamten Keramikherstellung.

Bibliographie

• V. M. Masson, V. I. Sarianidi *Central Asia. Turkmenia before the Achaemenids*. London 1972
• M. Tosi »The Northeastern Frontier of the Ancient Near East«, in: *Mesopotamia* 8–9, 1974, S. 21–76
• P. L. Kohl *The Bronze Age Civilization of Central Asia. Recent Soviet Discoveries*. New York 1981
• – *Central Asia. Paleolithic Beginnings to the Iron Age*. Paris 1984
• G. Ligabue, S. Salvatori *Bactria. An Ancient Oasis Civilization from the Sands of Afghanistan*. Venedig 1990
• F. T. Hiebert »Origins of the Bronze Age Oasis Civilization in Central Asia«, in: *American School of Prehistoric Research Bulletin* 42. Cambridge (USA) 1994
• C. C. Lamberg Karlovsky »Central Asian Bronze Age-Special Section«, in: *Antiquity* 68, 1994

↑ *Luftaufnahme von Gonur-Süd, wo V. Sarianidi von der Akademie der Wissenschaften in Moskau die Ausgrabungen geleitet hat. Die Anlage bestand aus einem Palast, eingefaßt von mächtigen Mauern mit Türmen. Außerhalb lagen die Wohnviertel, die von einer zweiten Umfassungsmauer mit Ecktürmen umgeben waren. (Ende 3.–2. Jahrtausend v. Chr.)*

Völker der Steppe

Die altgriechischen Quellen beschreiben die Skythen als ein Volk, das vom 7. bis zum 3. Jahrhundert v. Chr. zwischen Wolga und Schwarzem Meer lebte. Herodot bezeichnet sie als Nomaden ohne Häuser und Städte. Andere bekannte Nomadenvöker der eurasischen Steppen hießen, den Griechen zufolge, Sauromaten, Massageten oder Saken; die Chinesen nannten sie Sai oder Yuezhi, die Römer Sarmaten. Die moderne Forschung faßt alle diese Völkerschaften häufig unter dem Oberbegriff »Skythen« zusammen.

Der archäologische Befund offenbart eine ziemlich verworrene Situation in den weiten Steppenlandschaften, die von Ostsibirien und der Mongolei bis nach Ungarn reichen. Es gibt sowohl gemeinsame Merkmale als auch ganz unterschiedliche historisch-kulturelle Besonderheiten und politisch-ökonomische Organisationsformen, die noch schwieriger zu deuten sind.
Vor allem das gesellschaftliche und wirtschaftliche System der nomadisierenden Hirtenvölker ist unbeständig. Es gibt zahlreiche Formen fester Ansiedlungen an unterschiedlichen Orten und zu verschiedenen Zeiten.
Dynamik und Komplexität der eurasischen Steppenvölker wurzeln in der Vorgeschichte, in den zentralasiatischen und europäischen jungstein- und kupfersteinzeitlichen Kulturen (Kelteminar; Jamnaia und Sredni Stog), wobei seit der Kupfersteinzeit ein Prozeß zunehmender Differenzierung zu beobachten ist.
Weite Grassteppen und Halbwüsten, Kommunikation und Mobilität bei der Suche nach neuen Weidegründen haben die Entwicklung der Nomadenvölker geprägt. Wichtigstes Fortbewegungsmittel war das Pferd, das zunächst den Karren zog und dann geritten wurde. Seine Bedeutung wird erkennbar in der Rolle, die es in der symbolisch-rituellen Sphäre (Opfertier, Bestattung in Gräbern) spielte.
Die Domestikation des Pferdes ist für das südliche Rußland zwischen 3300 und 2700 v. Chr. belegt und scheint mit der Ausbreitung europäischer Völkerschaften von Westen nach Osten in Zusammenhang zu stehen. Sie gelangten durch Zentralasien (Afanasjewokultur) bis in die Mongolei und nach China. Sie haben die ersten Zeugnisse entscheidender Veränderungen hinterlassen, die damals die Völker der zentralasiatischen Steppen ergriffen haben: Verbreitung der Bronzetechnik, Nutzung von Pferden, die die Kriegskarren zogen, und eine neue Wirtschaftsweise, die den Ackerbau mit der Viehzucht verband.
Aus dem Vollscheibenrad der Karren entwickelte sich das Speichenrad, das bereits Anfang des 2. Jahrtausends v. Chr. in Gebrauch war. Die tiefgreifenden Auswirkungen dieser technischen Entwicklung sind im ganzen Vorderen Orient zu beobachten.
Eine Besonderheit der nomadischen Gemeinschaften in der Steppe stellen die als »Kurgane« bekannten Grabhügel dar. Der Brauch, die Toten in einer Grube zu beerdigen und darüber einen Erdhügel (Tumulus) aufzuschütten, breitete sich während der Kupfersteinzeit im mittelöstlichen Europa aus und wurde in Asien zu einem der Merkmale nomadischer Gesellschaften.
Die frühesten bekannten Wanderungsbewegungen der Steppenvölker während der Kupferzeit (3200–2200) in den europäischen Raum hinein schreibt man diesen Menschen zu, die nach der Art ihrer Totenbestattung auch »Völker der Kurgane« genannt werden. Bei den Kurganen handelt es sich nicht selten um beeindruckende Bauwerke mit einem Durchmesser zwischen 30 und 60 Metern und einer Höhe von 2 bis 10 Metern. Ihre Errichtung erforderte eine beachtliche sozio-ökonomische Kraft und setzt eine Gemeinschaft mit sozialer Differenzierung voraus.
Auf Familien- und Stammesebene gewann der Kurgan symbolische Bedeu-

↑ Teilansicht eines goldenen Prunkkamms aus dem Kurgan von Solocha. Dargestellt sind skythische Krieger und Pferde beim Kampf. (4. Jahrhundert v. Chr.)

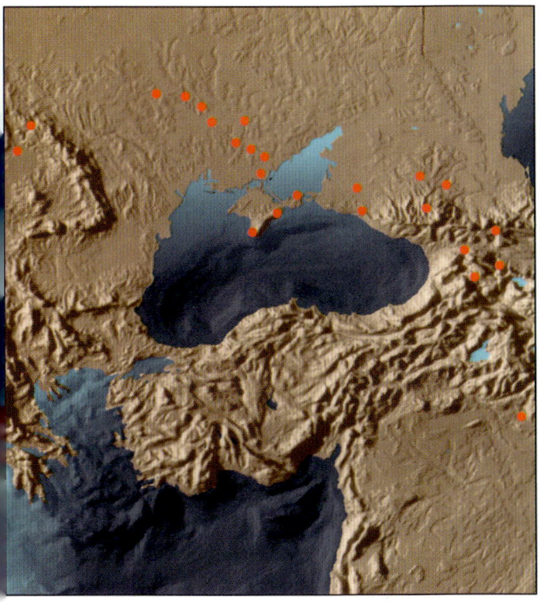

↑ *Die wichtigsten Orte am Schwarzen Meer, in denen Kurgane, Grabhügel der Skythen, entdeckt wurden.*

tung, nämlich für alle, die an seiner Errichtung beteiligt waren; brachte er doch zum Ausdruck, wer alles zu einer gesellschaftlichen Gruppe gehörte. Überdies war er ein Sinnbild für die Herrschaft über ein Gebiet, da er die Herausbildung von Ahnenreihen förderte. Lediglich das Bestattungsritual veränderte sich im Lauf der Jahrhunderte, weswegen sich die Entwicklung bis zu den Grabhügeln der Skythen verfolgen läßt, wie Herodot es im 5. Jahrhundert v. Chr. beschrieben hat.

Im asiatischen Raum wurden die bedeutendsten Entdeckungen aus dem Beginn dieser Entwicklung östlich des Ural gemacht, und zwar in der Umgebung von Siedlungen, die ins 17. und 16. vorchristliche Jahrhundert datiert werden. Ein typisches Beispiel dafür liefern uns die Ausgrabungen von Sintaschta.
Dort liegen die mit Holz verschlossenen Gräber unter großen Erdhügeln. In den Gruben wurden die ältesten bekannten Karren mit Speichenrädern gefunden, die einen Durchmesser von 1 Meter und jeweils zehn Speichen hatten. Neben und auf der Holzabdeckung fanden sich Skelette von Pferden sowie zahlreiche Spuren von rituellen Speisebeigaben mit Überresten von Pferde-, Rinder- und Schafschädeln. Unter den Grabbeigaben waren Keramikgefäße, Waffen und Schmuck aus Metall (Äxte, Armbänder, Ringe). Bemerkenswert ist auch die Wohnsiedlung mit Gruppen in den Boden getiefter Häuser (60 mal 95 Meter bzw. 70 mal 120 Meter), umgeben von Verteidigungsanlagen. Von den aufgefundenen Materialien zeigen nicht wenige westlichen Einfluß.
Gegen Mitte des 2. Jahrtausends bewohnten Völkerschaften derselben Kultur das gesamte Gebiet Kasachstans, das südliche Sibirien und die weiter südlich gelegenen Gegenden (entlang des Syrdarja und des Amudarja). Sie werden »Steppenvölker der Bronzezeit« genannt und sind Träger der Andronowokultur.
Sie betrieben Ackerbau und Viehzucht, wobei die Rinderzucht gegenüber der Pferde- und Schafzucht überwog. Dazu nutzten sie die Flußtäler, vor allem aber die Halbwüsten oder

↓ *Frauenantlitz mit geritzter Verzierung (12,5 Zentimeter großes Keramikfragment). Ostsibirien, 3. Jahrtausend v. Chr., Nowosibirsk, Akademie der Wissenschaften*

← *Wagenaufsatz aus Bronze mit Hirschfigur. Solche Wagenaufsätze, die häufig als Schellen dienten, waren bei allen Steppenvölkern verbreitet.*

Steppen. Reich ausgebildet waren die Metallverarbeitung und die Herstellung verzierter Keramik; Schmuckmotive: Dreiecke, Mäander, Zickzack. Aus Metall wurden Äxte, Lanzenspitzen, Dolche, Pfeilspitzen, Haarnadeln, Ohrringe und anderer Schmuck hergestellt.

Der archäologische Befund zeichnet das Bild einer kontinuierlichen Entwicklung von Form und Materialverarbeitung bis zur Eisenzeit (1. Jahrtausend). Gemeinsam ist den Steppenvölkern der Bronzezeit und den nomadisierenden Gemeinschaften der Eisenzeit die Metallherstellung und der sogenannte Tierstil. Letzterer kann als typisch für die skythische Kunst gelten. Zu den spärlichen Zeugnissen aus der Zeit des Übergangs gehören die Funde aus der Karassukkultur im südlichen Sibirien (13. bis 8. Jahrhundert).
Ähnlichkeiten bei der Bestattung, bei Waffen und Zaumzeug und vor allem der gemeinsame Tierstil haben dazu geführt, daß sich für alle Kulturen aus den eurasischen Steppen die Bezeichnung »skythisch« eingebürgert hat. Dennoch gibt es regionale Unterschiede. So hat man unter der Tasmoliakultur jene Stämme zusammengefaßt, die in Zentralkasachstan lebten; unter der Pasyrykkultur die Stämme des Altaigebirges; unter der Tagarkultur die Stämme des Minussinsker Beckens, nicht zu vergessen die Gruppen in der nördlichen Mongolei oder in Nordchina (Ordosplateau).
An den Funden aus dem Kurgan von Arschan (Tuwa, Südsibirien) aus dem 8. bis 7. Jahrhundert können wir die Lebensweise der Reiternomaden studieren. Der Erdhügel hat einen Durchmesser von 120 Metern. In seinem Inneren befindet sich eine Holzkonstruktion aus Lärchenstämmen mit etwa 70 Kammern, die in Speichenradform angeordnet sind. Im Zentrum liegt die Hauptkammer mit einer Seitenlänge von 8 Metern; ihre Grabausstattung wurde bereits in antiker Zeit geraubt. Hier waren ein erwachsener Mann und eine junge Frau in Holzkisten bestattet. Über der Hauptkammer hatte man eine zweite Grabkammer mit Wänden aus Holzstämmen gebaut; darin lagen acht männliche Skelette, ebenfalls in Holzkisten, sowie sechs Pferdegerippe.
Gefunden wurden zahlreiche Goldfragmente, die vom Zaumzeug oder von Gewändern stammen, Türkise, Reste von Pelzen, Leder, Wolle und kostbare Stoffe; schließlich einige Gegenstände aus Metall, wie Bronzemesser mit Griffverzierungen in Form eines Wildschweins und ein Bronzehalsband. All das läßt vermuten, daß die Grabkammern ursprünglich sehr reich ausgestattet waren. In den Nebenräumen befanden sich weitere Gräber mit den Überresten von 15 erwachsenen Personen und 160 Pferden.
Eine Kammer, die vermutlich nicht geplündert worden ist, enthielt elf Ske-

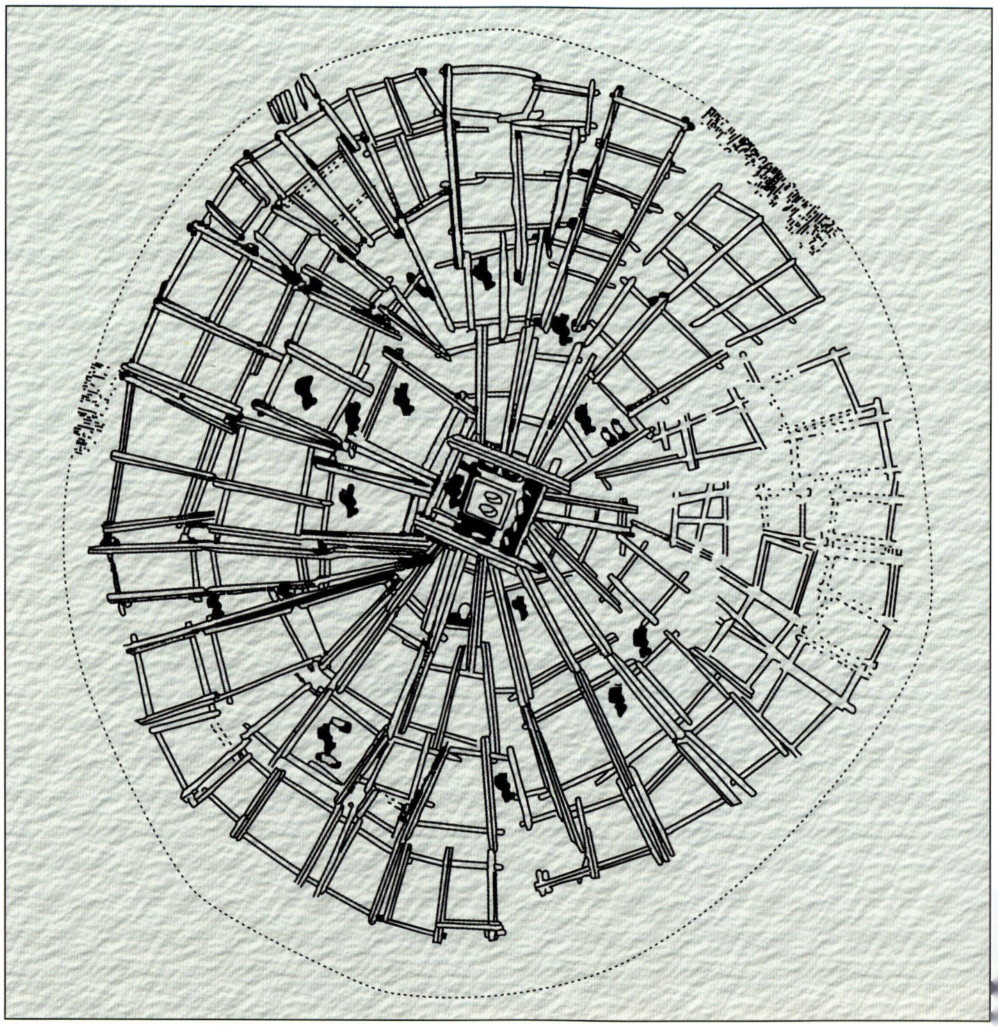

↑ *Grundriß des Kurgans in Arschan mit radialförmig angelegten Räumen aus Baumstämmen. In der Mitte die Hauptkammer. In den Nebenkammern waren Pferde bestattet (im Plan gekennzeichnet). Dieser gigantische Grabhügel besaß ursprünglich einen Durchmesser von 120 Metern und wahrscheinlich eine Höhe von 5 Metern.*

lette von Pferden, die mit Bronzebeschlägen und anderen Verzierungen aus Wildschweinhauern gezäumt waren. Weiterhin wurden Pferdegebisse und drei Bronzebeschläge gefunden, die – zusammen mit den Pfeilspitzen – eines der Merkmale der Steppenvölker von der Mongolei bis Ungarn waren. Aus einer anderen Kammer stammt eine Bronzeplatte in Gestalt eines Panthers, Symbol des wilden Tieres schlechthin.
Die Grabanlage spiegelt eine Gesellschaft wider, die auf eine Zentralfigur von vermutlich deutlich militärischem Charakter ausgerichtet war. Ihre Rolle erwuchs aus dem Besitz von Pferden und aus deren Einsatz für militärische Zwecke.

↑ *Fragment einer Sattelverkleidung aus Filz. Es wurde im Kurgan von Pasyryk gefunden, mitten im ewigen Eis des Altaigebirges. Hier sind zahlreiche Gegenstände aus vergänglichen Materialien frostkonserviert erhalten geblieben.*

Ausdruck dieser Gesellschaft ist die expressive Figurensprache des Tierstils. Er beschränkte sich nicht darauf, wilde Tiere naturalistisch darzustellen. Man wollte auch deren Bewegung in origineller Komposition erfassen. So entstanden zoomorphe Mischwesen, gewundene, unnatürliche Haltungen, fliegender Galopp und der mit untergeschlagenen Beinen »schwebende« Hirsch. Bevorzugt sind die Tiere im Profil dargestellt. Es gibt aber auch verschiedentlich Frontalansichten, ja selbst den Versuch, mehrere Ansichten ein und desselben Tieres zu einer einzigen Figur zusammenzufügen. Alle diese Merkmale verbinden die Kunst der verschiedenen Völker der eurasischen Steppen. Hierher gehören die Funde aus dem südlichen Rußland, der Ukraine und vom Kuban, der goldene Hirsch aus Kostromskaja Stanitsa, ein Beschlag wahrscheinlich von einem Eisenschild, die berühmten Akinakes – skythische Kurzschwerter mit goldener Scheide – und die goldene Prunkaxt aus Kelermes. Weiter im Westen liegen die Fundstätten von Melgunow Litoj (Kirowograd), wo die Grabbeigaben aus einem Kurgan orientalische Einflüsse (urartäische Kunst) erkennen lassen.
In der Ukraine waren das Dnjeprtal und die fruchtbaren Küstengebiete am Schwarzen Meer mit den weiten Grasflächen für Getreideanbau und Viehzucht besonders geeignet. Nach Ausweis der zahlreichen Kurgane und der wiederholt bewohnten Gebiete, die sich über mehrere Hektar erstrecken, muß die Besiedlungsdichte sehr hoch gewesen sein.
In den letzten Jahrzehnten des 6. Jahrhunderts vollzog sich in der skythischen Gesellschaft ein Wandel zu einem geregelteren Nomadendasein und zu einer kriegerischen Aristokratie, die rege Handelsbeziehungen zu den seßhaften Völkern der nördlichen Steppen und vor allem zu den griechischen Kolonien am Schwarzen Meer unterhielt. Von dort kamen Luxusgüter, die die Skythen gegen Getreide eintauschten. Im 4. Jahrhundert wurden die Kontakte zu den Griechen noch enger, begünstigt von einer wachsenden Nachfrage nach Gütern. Vor allem in der Kunst spiegelt sich eine strenge hierarchische Ordnung wider, die sich auf militärische Überlegenheit gründete.
Die Macht scheint nun vererbbar zu sein.
Die engen Beziehungen zwischen den Kulturen der Skythen und der Griechen fanden ihren Ausdruck in einem eigenen Kunstgewerbe: Griechische Kunsthandwerker schufen

← *Bronzeplatte aus dem Kurgan von Arschan in Gestalt eines zusammengerollten Panthers. Es handelt sich vermutlich um das Mittelstück eines Pferdegeschirrs und ist eines der bedeutendsten Beispiele des Steppentierstils. (8.–6. Jahrhundert v. Chr.)*

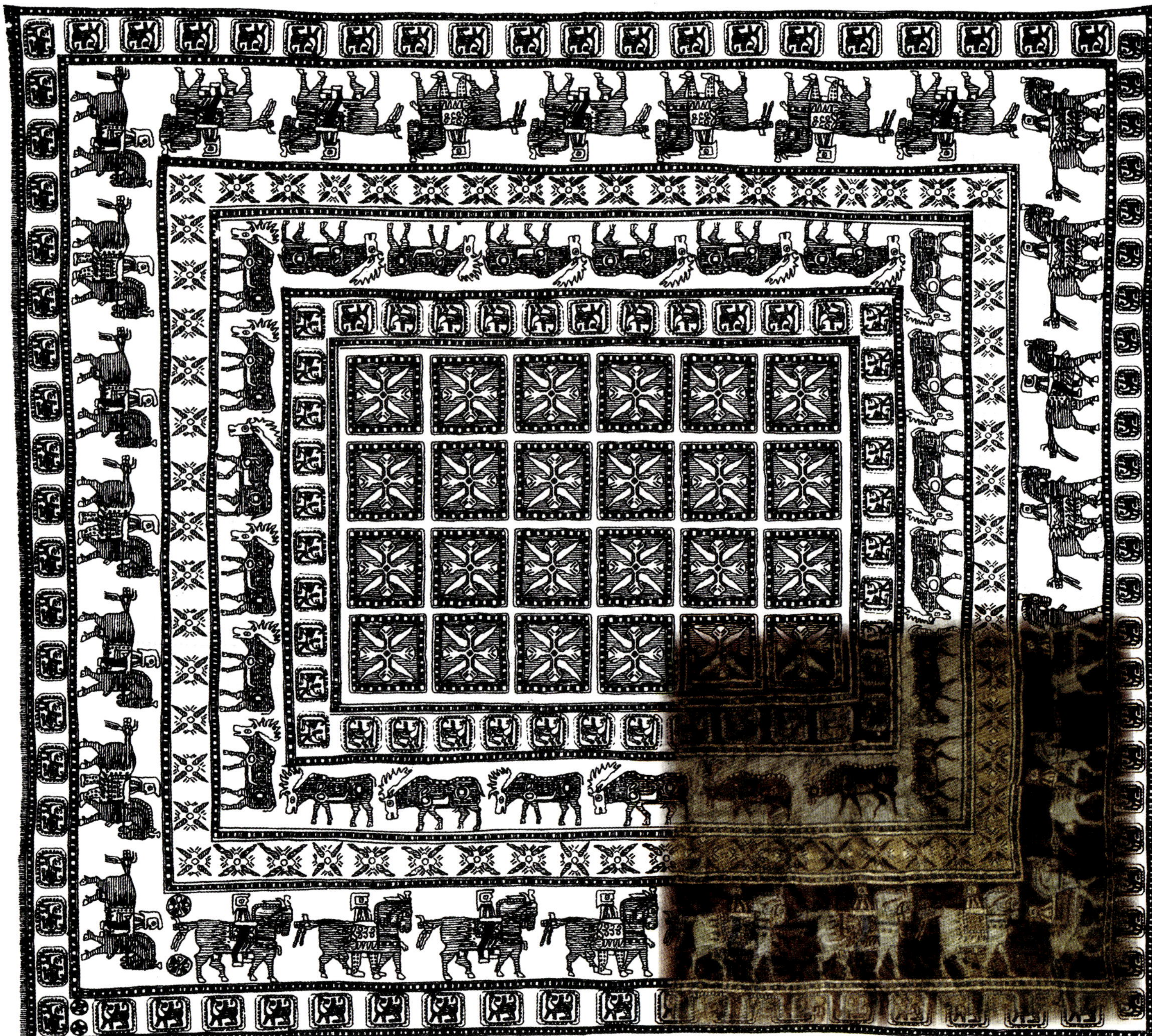

für die Skythen Gegenstände, auf denen vorwiegend Szenen aus dem skythischen Hirtenleben dargestellt waren.
Herodot, der um 450 das Gebiet der Skythen bereiste, liefert viele nützliche Informationen über ihre Bräuche, so daß wir durch ihn die skythische Gesellschaft nördlich des Schwarzen Meeres besser verstehen, auch wenn die Angaben manchmal widersprüchlich sind. Vieles bei Herodot wird immerhin durch den archäologischen Befund bestätigt.

In Zentralasien haben die Kurgane von Pasyryk Berühmtheit erlangt. Sie liegen so hoch im Altaigebirge, daß ihr Inhalt aus vergänglichen Materialien frostkonserviert wurde. Sie stammen aus dem 4. und dem 3. Jahrhundert. Die Gruben für die Verstor-

↑ *Teil eines Wollteppichs mit Fries aus Damhirschen und Pferden mit Reitern. Das Originalformat (vermutlich 183 mal 200 Zentimeter) wurde ergänzt. Das Fundstück aus Kurgan Nr. 5 in Pasyryk stammt aus dem 3. Jahrhundert v. Chr. Sankt Petersburg, Eremitage*

benen waren auch hier mit Holzbalken abgedeckt. In den Seitenkammern waren mehrere Pferde samt Zaumzeug, Sattel und Beschlägen bestattet.
Die mumifizierten Körper der Männer tragen Spuren von Tätowierungen mit Motiven des Tierstils. Am besten erhalten sind Armtätowierungen mit Darstellungen von Katzen, Steinböcken und Hirschen. Obwohl die Gräber kurz nach der Bestattung ausgeraubt worden sind, wurde noch reichlich gut erhaltenes Zubehör gefunden: Kleidungsstücke, Teppiche und Filzüberhänge, Pelze, Schnitzereien mit Darstellungen von Greifvögeln sowie Zaumzeug aus Holz und Leder.
Gegen 500 n. Chr. entwickelten die Steppenvölker einen neuen Dekorationsstil, der von Pflanzenmotiven und geometrischen Figuren bestimmt war. Darin dürften Einflüsse benachbarter Kulturen zu sehen sein, etwa aus Byzanz oder Sogdien.
Die Stammes- oder Sippenabzeichen, aber auch solche von Einzelpersonen nehmen nunmehr fast abstrakte Formen an. Man sieht in ihnen Brandzeichen für das Vieh *(tamga)*. Doch vermutlich ist es kein Zufall, daß das Abzeichen jenes Stammes, der das mächtige Köktürkische Reich gründete (von der Mongolei bis zum Aralsee), nichts anderes als einen Steinbock darstellt. Er ist viel einfacher als zur Zeit des Tierstils gestaltet, dennoch mangelt es ihm nicht an Kraft und Eleganz.

→ Beschlag aus Gold in Form eines Hirsches mit untergeschlagenen Beinen. Wahrscheinlich war es der Zierbuckel eines Eisenschildes (8./7. Jahrhundert v. Chr.). Dieses kostbare Stück stammt aus Kostromskaja Stanitsa und befindet sich heute in der Eremitage in Sankt Petersburg.

Bibliographie

• E. D. Philips *The Royal Hordes. Nomad People of the Steppes*. London 1965
• S. I. Rudenko *Frozen Tombs from Siberia. The Pazyryk Burials of Iron Age Horsemen*. London 1970
• M. P. Griaznov *La Siberia del sud*. Genf 1975
• *L'oro degli Sciti* (Ausstellungskatalog). Venedig 1977
• *Tesori d'Eurasia. 2000 anni di storia in 70 anni di Archeologia sovietica* (Ausstellungskatalog). Venedig 1987
• V. Basilov *Nomads of Eurasia*. Washington 1989
• A. Askarov, V. Volkov, N. Ser-Odjav »Pastoral and Nomadic Tribes at the Beginning of the First Millenium B.C.«, in: V. Masson, A. H. Dani *History of Civilization of Central Asia*. Paris 1992, S. 459–472
• V. F. Gening, G. B. Zdanovich, V. V. Gening *Sintashta*. Tscheljabinsk 1992
• V. M. Masson »The Decline of the Bronze Age Civilization and Movements of the Tribes«, in: V. M. Masson, A. H. Dani *History of Civilization of Central Asia*. Paris 1992, S. 337–356
• V. Schiltz *Gli Sciti*. Mailand 1994
• *Tesori dei Kurgani del Caucaso settentrionale* (Ausstellungskatalog). Locarno

→ Bronzener Wagenaufsatz in Form eines Raubvogelkopfes mit Glöckchen aus Ul'skij (6./5. Jahrhundert v. Chr.). Sankt Petersburg, Eremitage

Das Zeitalter der Jade

Die Archäologie in China hat in diesem Jahrhundert bemerkenswerte Fortschritte erzielt. Sie liefert uns eine Fülle neuer Daten, die uns die Entwicklungphasen der chinesischen Zivilisation besser verstehen lassen. Unter den Entdeckungen der letzten 10 bis 15 Jahre nehmen die Funde aus dem späten Neolithikum eine besondere Stellung ein. Man hat darunter zahlreiche Jadegegenstände zutage gefördert: persönlichen Schmuck, Waffen und mancherlei Kultobjekte.

Die spätneolithischen Kulturen, denen man diese Jadestücke zuordnet, blühten im 4. bis 3. Jahrtausend v. Chr. in den nordöstlichen, östlichen und südlichen Regionen Chinas. Einige dieser Kulturen waren dank der früheren, in den dreißiger Jahren begonnenen Ausgrabungen schon bekannt. Aber erst die neuesten Entdeckungen ermöglichen es, sie in ihrer Entwicklung, ihrer Besonderheit und materiellen Ausstattung genauer nachzuzeichnen. Einer der überraschendsten und auffallendsten Aspekte dieser Kulturen liegt in der großen Zahl der inzwischen entdeckten Jadegegenstände: Sie gehen in die Tausende. Dies hat viele chinesische Forscher dazu gebracht, die traditionelle Unterteilung auch der chinesischen Vorgeschichte in eine Stein-, Bronze- und Eisenzeit zu überprüfen. Dieses auf dem vornehmlich benutzten Werkstoff der Zeit basierende Dreiperiodensystem zur Kennzeichnung der Entwicklung einer vorgeschichtlichen Zivilisation wurde erstmals von Christian Jürgensen Thomsen (1788–1865) vorgeschlagen. Um ein kulturelles Phänomen Chinas angemessen beschreiben zu können, dem man bislang noch in keiner anderen Zivilisation begegnet ist, benötigte man das Konzept einer »Jadezeit«. Diese Epoche hat man sich als Endphase des Neolithikums, unmittelbar vor der Bronzezeit vorzustellen. Damit wollten die chinesischen Gelehrten allerdings nicht nur die weitverbreitete Rolle der Jade während einer bestimmten, für die Entwicklung der altchinesischen Zivilisation entscheidenden Periode hervorheben, sondern ein Gesamtbild von kulturellen Eigenschaften entwerfen, wie es sich in der Herstellung von Jadeobjekten beispielhaft zeigt. Die Bearbeitung der Jade erforderte außerordentlich viel Zeit und komplizierte Arbeitstechniken. Das wiederum läßt auf die Existenz einer hochspezialisierten Handwerkerschaft schließen. Zudem waren Jadegegenstände für die Mitglieder der

↑ *Eines der größten* cong *aus Jade, gefunden im Grab Nr. 12 von Fanshan, Liangzhu-Kultur (um 2500 v. Chr.). Hangzhou, Archäologisches Institut der Provinz Zhejiang*

↑ *Obere Reihe: drei Waffen aus Stein und Jade aus verschiedenen neolithischen Kulturen Chinas. Unten Ritualwaffen aus Jade aus der Shang-Dynastie (16.–11. Jahrhundert v. Chr.). London, Britisches Museum*

→ *Ritualobjekte aus Jade,* cong *und* bi *(im Vordergrund), die auf die spätneolithische Kultur von Liangzhu zurückgehen (etwa 3300–2200 v.Chr.). London, Britisches Museum*

Oberschicht bestimmt. Diese Gesellschaften waren in ihrer Struktur also deutlich vielschichtiger als die der vorangegangenen Kulturen, komplexer auch als die meisten anderen zur gleichen Zeit. Diese differenzierte Gesellschaftsordnung spiegelt sich in den als »Ritualobjekten« definierten Jadestücken wider, die häufig mit Abbildungen verziert sind, hinter denen man religiöse Motive vermutet. Alle diese und andere Merkmale nehmen wesentliche Kennzeichen der Kulturen der Bronzezeit (etwa 2000–500 v. Chr.) vorweg.

↑ Fundort von Yaoshan (um 2500 v. Chr., Liangzhu-Kultur). Das Foto zeigt, wie die Gräber um eine Plattform für Kulthandlungen herum angeordnet waren.

Besonders deutlich wird das am Beispiel der Liangzhu-Kultur. Sie blühte im Osten Chinas, im Delta des Langen Flusses (Jangtsekiang, Yangzi) und in der Nähe des Tai-Sees, des größten Gewässers der Region, etwa um die Zeit zwischen 3300 und 2200. Die Bearbeitung der Jade wird zwar auch schon für die vorhergehenden Kulturen von Majiabang und Songze bezeugt, aber erst während der Liangzhu-Kultur hat sie höchste künstlerische Vollendung erreicht. Die Analysen der Grabausstattungen haben gezeigt, daß Jadegegenstände ein deutliches Zeichen für den sozialen und zugleich den religiösen Status der bestatteten Personen sind. Die Gräber der einfachen Leute waren nicht weit von den Wohnorten entfernt und enthalten nur gelegentlich Grabbeigaben, die zudem noch aus Stein und Keramik sind und Spuren der Benutzung aufweisen. Die Grabstätten der Mitglieder der Oberschicht

↑ Grab Nr. 12 von Fanshan (um 2500 v. Chr., Liangzhu-Kultur) bei der Entdeckung

Die Archäologie im Fernen Osten

Die drei größten Länder des Fernen Ostens – China, Japan und Korea – sind von jeher ihrer eigenen Vergangenheit mit Achtung begegnet und haben sich schon immer mit ihr beschäftigt. Aber archäologische Feldforschung ist ein relativ junges Fach; sie wurde hier unter jeweils verschiedenen Umständen erst seit Ende des 19. oder Anfang des 20. Jahrhunderts betrieben, doch konnte sie dank einer bemerkenswerten Intensivierung der Grabungstätigkeit während der letzten Jahrzehnte gewaltige Fortschritte erzielen. Die gleichsam »mythischen« Wurzeln der fernöstlichen Zivilisationen sind aus dem Nebel der Sagen emporgetaucht und bieten heute in allen drei Ländern eines der meistversprechenden Gebiete für die archäologische Forschung. Dabei sollen nicht nur die großen Epochen, sondern auch die Vielfalt der einzelnen historischen Zeitabschnitte erforscht werden. Die rasche Entwicklung der Ausgrabungsarbeiten und die folglich enorme Anhäufung von Daten sind allerdings von einigen Schwierigkeiten begleitet: Die Zahl der Fundstätten ist sehr hoch; die archäologische Vorbereitung ist nicht immer gleich gut; die modernen Ausgrabungstechniken und die hochentwickelten Technologien werden häufig nur unzureichend eingesetzt. Dennoch: Die wirtschaftliche Entwicklung eines Landes wie China und die zunehmende wissenschaftliche Zusammenarbeit der internationalen Experten könnten sich positiv auf die Entwicklung der Archäologie auswirken. Werden die wissenschaftlichen Möglichkeiten der Gegenwart erst einmal in größerem Umfang eingesetzt, dann wird sich daraus auch ein besseres Verständnis der Vergangenheit ergeben.

← Männlicher Kopf aus Bronze aus Sanxingdui, Provinz Sichuan, aus der späten Shang-Zeit

Jade

Der Begriff Jade (chinesisch: yu) bezeichnet zwei Gesteinsarten, den Nephrit und den Jadeit. Der Nephrit gehört zu den Aktinolithen-Tremoliten aus der Gruppe der kalkhaltigen Hornblenden, während der Jadeit zu den natriumhaltigen Pyroxenen zählt. In China war das bevorzugte Material für die Herstellung von Jadegegenständen der Nephrit. Der Jadeit wurde erst ab dem 18. Jahrhundert bearbeitet. Der Nephrit wurde auch zhen yu *genannt: echte Jade. Damit sollte er in Qualität und Farbe von allen anderen, ihm ähnlichen Mineralien unterschieden werden. Eines der Merkmale des Nephrit ist seine Dichte, die ihn zu einem der am schwierigsten zu bearbeitenden Steine macht. Es ist noch nicht völlig geklärt, welche Techniken und Geräte benutzt wurden, um die raffiniert gearbeiteten Gegenstände der spätneolithischen Kulturen herzustellen.*

Keine andere Kultur der Welt hat der Jade eine so große Bedeutung beigemessen wie die chinesische. Jade wurde im Spätneolithikum und in der Bronzezeit für die Herstellung von Ritualobjekten verwendet, während sie später nicht nur um ihrer ästhetischen Schönheit willen geschätzt wurde, sondern auch wegen der Eigenschaften, die man ihr zuschrieb. Die Alchimisten der Han-Zeit (206 v. Chr.–220 n. Chr.) waren etwa der Ansicht, daß die Jade die Macht habe, einen Leichnam vor der Zersetzung zu bewahren. Das erklärt, warum unter den Grabbeigaben der damaligen Zeit Jadegegenstände so häufig sind. Noch im heutigen China gehören Jadestücke zu den meistgeschätzten Glücksbringern.

← Grabgewand des Fürsten Liu Sheng (Westliche Han-Dynastie, 206 v. Chr.–24 n. Chr.). Es besteht aus 2498 Jadeplättchen, die mit Goldfäden zusammengenäht sind. 1968 in Mancheng (Provinz Hebei) gefunden; heute im Museum für Chinesische Geschichte, Beijing

hingegen lagen weit von den bewohnten Zentren entfernt und oft noch unter einem künstlich aufgetürmten Tumulus oder dem Gipfel eines Hügels. Hier zeigen die Grabbeigaben, darunter zahlreiche Jadegegenstände, keinerlei Benutzungsspuren und müssen daher als Symbole der Macht betrachtet werden, wenn nicht gar als tatsächliche Ritualobjekte, die während religiös-kultischer Zeremonien benutzt wurden. Eine solche Begräbnisstätte der Elite von Liangzhu wurde bei Yaoshan entdeckt, nicht weit von Hangzhou in der Provinz Zhejiang entfernt. Der Name Yaoshan ist übrigens recht kurios, denn er bedeutet wörtlich »Berg der wertvollen Steine«.

Yaoshan wurde 1987 ausgegraben. Unter dem Gipfel eines kleinen Hügels von 35 Meter Höhe legte man einen kleinen Friedhof frei. In einigen der zwölf Erdgräbern fanden sich Überreste von Särgen aus lackiertem Holz. Die Gräber sind im großen und ganzen in zwei parallel von Ost nach West verlaufenden Reihen angeordnet in der Nähe einer Erhöhung aus rötlicher Erde von 400 Quadratmetern, die man für einen Altar oder eine Kultplattform hält. Ähnliche Baulichkeiten sind an anderen Fundstätten der Liangzhu-Kultur zutage getreten, so in Fuquanshan und Huiguanshan. Die Ausgrabungen lieferten insgesamt 635 Jadegegenstände und weitere aus Stein und Keramik. Die Gruben in unmittelbarer Nähe des Altars waren reicher und vielfältiger ausgestattet als die weiter entfernt liegenden. Vielleicht läßt dies auf eine Hierarchie unter den Bestatteten schließen. Da Knochenreste fehlen, hat man typologische Vergleiche zwischen den Gegenständen der Yaoshan-Grabstätten und denen anderer Fundorte angestellt, um das Geschlecht der beigesetzten Personen festzustellen. Man kam zu dem Ergebnis, daß in den Gräbern der oberen Reihe Frauen, in der unteren Reihe Männer bestattet worden waren. Ganz ähnlich wie bei einem Fund in Fanshan, etwa 5 Kilometer südwestlich von Yaoshan, zeigt das größte Jadeteil eine sehr kunstfertige Verzierung, eine menschenähnliche Gestalt, die eine große gefiederte Kopfbedeckung trägt und über einem tierähnlichen Wesen steht. Man nimmt an, daß es sich um die örtliche Hauptgottheit handelt. Das Schmuckmotiv findet sich in vielfachen Variationen auf zahlreichen Jadeobjekten wieder, die man an anderen Fundstät-

→ Häufig wiederkehrendes Schmuckmotiv auf Jadestücken der Liangzhu-Kultur, gefunden in Yaoshan und Fanshan: menschenähnliches Wesen mit gefiederter Kopfbedeckung

→ Ritualemblem aus Jade aus dem Grab Nr. 10 in Yaoshan. Das Bild stellt wahrscheinlich eine Gottheit dar.

ten dieser Kultur entdeckt hat.

Neu und vielversprechend sind die mineralogischen Laboranalysen, denen man die spätneolithischen chinesischen Jadestücke unterzieht. Dabei werden Mikrostrukturen winziger Mineralteilchen (normalerweise 2 Milligramm) unter dem Elektronenmikroskop untersucht; spektrometrisch wird der Typus des Minerals bestimmt. Dabei wurde festgestellt, daß die in den Grabungsberichten allgemein »Jade« genannten Materialien in Wirklichkeit drei verschiedenen Kategorien angehören: der echten Jade, der Halb- und der Pseudojade. Die erste Gruppe umfaßt alle Objekte aus Nephrit; zur zweiten Gruppe gehören Gegenstände, für deren Herstellung Nephrit und andere Mineralien, etwa Kalzit und Tremolit oder Talk und Tremolit, verwendet wurden; die letzte Gruppe bezeichnet Gesteine, die zwar wie Jade aussehen, aber keine sind.

Die naturwissenschaftlichen Untersuchungen sind von größter Bedeutung. So konnten vor allem die ältesten bis heute nicht nur in China, sondern weltweit entdeckten Gegenstände aus Nephrit nachgewiesen werden: eine kleine Gruppe von Schmuckstücken aus Chahai (Distrikt Fuxin) in der nordostchinesischen Provinz Liaoning. Sie werden in das 6. vorchristliche Jahrtausend datiert und nehmen die folgende, während der Hongshan-Kultur (etwa 4500–3000) entwickelte Jademanufaktur vorweg. Die Analysen der in der Nähe des Tai-Sees gefundenen Jade haben bewiesen, daß nicht erst in der Liangzhukultur Nephrit verwendet wurde. Aber das ist noch nicht alles: Es hat sich gezeigt, daß die beste Steinqualität ausschließlich für Ritualobjekte verwendet wurde, die auch in ihrer Dekoration am aufwendigsten gearbeitet sind.

↓ Cong aus Jade, verziert mit auf der Oberfläche eingeschnittenen Augenmotiven, gefunden im Grab Nr. 10 in Yaoshan

↑ Armreif aus Jade aus dem Grab Nr. 9 in Yaoshan. Aus diesem Typus persönlicher Schmuckstücke könnten sich die Ritualobjekte entwickelt haben, die unter dem Namen cong *bekannt sind. Die Jadegegenstände auf dieser Seite gehören alle der neolithischen Liangzhu-Kultur an.*

↑ Rundes Ritualemblem, geschmückt mit dem dreifachen Motiv eines unbekannten Tieres. Aus dem Grab Nr. 2 in Yaoshan

Bibliographie

• R. Keverne (Hg.) *Jade.* London 1991

• Guang Wen »Chinese Neolithic Jade. A Preliminary Geoarchaeological Study«, in: *Geoarchaeology. An International Journal* 7, 3, 1992, S. 251–275

• F. Salviati »Il materiale in giada della cultura Liangzhu allo stato attuale delle conoscenze: osservazioni«, in: *Rivista degli Studi Orientali* LXVI, 1–2, 1992, S. 145–169

Neue Funde aus der Shang-Zeit

Ein herausragendes Ergebnisse der chinesischen Archäologie zu Beginn dieses Jahrhunderts war der Beweis für die Existenz der Shang-Dynastie in der Zeit vom 16. bis zum 11. Jahrhundert v. Chr.; er wurde mit den Entdeckungen in Anyang, der letzten Shang-Hauptstadt, erbracht. Mittlerweile ist es gelungen, weitere städtische Zentren zu entdecken, außerdem zahlreiche Orte, die es erlauben, eine wenn auch noch unvollständige Karte der Ausbreitung der Shang-Herrschaft zu zeichnen.

↑ *Männlicher Kopf aus Bronze, ursprünglich wohl auf einem Körper aufsitzend. Sanxingdui, Guanghan, späte Shang-Zeit (13.–11. Jahrhundert v. Chr.)*

In den letzten Jahren wurden zwei außerordentliche Entdeckungen gemacht, die auch wegen der Typologie der Funde von großer Bedeutung sind. Die erste erfolgte in Sanxingdui, einer Ortschaft bei Guanghan, etwa 40 Kilometer nördlich von Chengdu, der Hauptstadt der südwestlichen Provinz Sichuan, gelegen. Im Juli 1986 wurde die Stelle durch Zufall entdeckt. Die Archäologen haben zwei große Opfergruben von 4,60 mal 3,50 und 5,50 mal 2,30 Metern geöffnet, die mehr als 700 Gegenstände, vor allem aus Jade und Bronze, enthielten. Sie werden der späten Shang-Zeit vom 13. bis zum 11. Jahrhundert v. Chr. zugerechnet. Die Relikte selbst und auch die Tatsache, daß viele Funde Spuren absichtlicher Zerstörung aufweisen und sich auch Tierreste fanden, lassen die Schlußfolgerung zu, daß sie während einer Art kultischen Rituals vergraben wurden. Unter den Bronzegegenständen, die das meiste Aufsehen erregten, waren einige große Masken. Verglichen mit den bis dahin bekannten Funden aus der Shang-Zeit sind sie absolut einmalig: über einen Meter breite menschenähnliche Gesichter – auffallende Besonderheiten: vorstehende Augen und große Ohren.

Die Öffnungen zum Festbinden vorne und an den Seiten lassen vermuten, daß sie ursprünglich auf hölzernen totempfahlähnlichen Pfeilern befestigt waren, wie es im übrigen auch bei anderen kopfförmigen Bronzeskulpturen der Fall war, die mittels eines hohlen Halses auf Stützen gesteckt werden konnten.

Noch unerwarteter war die Entdeckung der großen Bronzeskulptur einer männlichen, auf einem bearbeiteten Sockel stehenden Person, vielleicht das Bildnis eines Priesters. Außergewöhnlich an diesen Funden ist nicht nur ihre Einmaligkeit, sondern auch die Tatsache, daß sie eine fortgeschrittene Kenntnis der metallverarbeitenden Techniken beweist, und zwar in einer Gegend, von der man noch bis vor kurzem annahm, sie liege am Rand jener Region, in der die technischen Errungenschaften der klassischen chinesischen Zivilisation erzielt wurden: in Zentralchina.

Als man schließlich Reste einer Ringmauer fand, die auf ein beachtliches städtisches Zentrum im Sanxingdui der Bronzezeit hinweist,

↑ *Das Ausgrabungsgelände von Sanxingdui bei Guanghan, etwa 40 Kilometer von Chengdu, Hauptstadt der südwestlichen Provinz Sichuan, entfernt. Hier wurden Reste einer Ringmauer ausgegraben, die auf eine städtische Siedlung hinweist.*

↓ *Große Maske aus Bronze, 60 Zentimeter hoch und mehr als 1 Meter breit. Charakteristisch sind die vorstehenden Augen und die großen Ohren. Gefunden in Sanxingdui*

← Männliche Figur aus Bronze, vielleicht ein Priester, aus Sanxingdui, nach der Restaurierung. Der Fund, etwa 2 Meter hoch, belegt den hohen Stand der Metallverarbeitung im alten China.

wurde das Interesse an diesem Ort noch größer. Die Funde zwingen uns nämlich, einige traditionelle Vorstellungen von den Entwicklungszentren der altchinesischen Zivilisation zu revidieren.
Die zweite, ähnlich aufsehenerregende Entdeckung erfolgte 1990 in Dayangzhou, Distrikt Xing'an in der südlichen Provinz Jiangxi. Dort hat man eine riesige Grabanlage gefunden, die aufgrund von typologischen Vergleichen der Geräte ebenfalls in die Endphase der Shang datiert wird. Die Stücke erinnern an die Produkte aus den Gießereien der Hauptstädte der Shang, wie Zhengzhou und Anyang. Daneben weisen sie allerdings auch noch örtliche Besonderheiten vor allem in den Schmuckmotiven auf, unter denen der Tiger vorherrscht. Auch die zahlreichen Jadegegenstände haben nicht wenig Interesse hervorgerufen. Die Gesteine für die Herstellung der über 1000 ausgegrabenen Objekte scheinen tatsächlich aus mehreren Provinzen zu kommen, so zum Beispiel aus Xinjiang, Liaoning, Shaanxi und Zhejiang. Ungeachtet seiner relativen Entfernung von den hauptstädtischen Zentren der Shang, scheint Xing'an demnach Zentrum eines weitreichenden Verbindungsnetzes gewesen zu sein.

Schon seit Beginn der Song-Dynastie (960 bis 1127 n. Chr.) hat man sich für altchinesische Bronzeobjekte interessiert. Damals begannen die Kaiser, die von Bauern in den verschiedensten Regionen des Reiches zufällig zutage geförderten Funde systematisch zu sammeln. Der Song-Dynastie ist also eine erste Stilkunde alter Ritualbronzen zu verdanken, weiterentwickelt und bereichert durch moderne Methodologie und jüngere archäologische Entdeckungen. Andererseits verdanken wir der modernen Technik die wichtigsten Erkenntnisse über die Art und Weise, wie diese Bronzen hergestellt wurden.
Mit der Röntgentechnik kann man einen Gegenstand noch in seinem verborgensten Teil untersuchen, ohne tatsächlich in ihn einzudringen. Mit den Daten kann man dreidimensionale Computermodelle herstellen und auch eventuelle Reste vom Ton der Modelle nachweisen, mit denen die alten Chinesen ihre Bronzegegenstände im Gußverfahren herstellten. Tonpartikel können einem Thermolumineszenztest unterzogen werden, um die Datierung des Stückes zu überprüfen und sicherzugehen, daß es sich nicht etwa um eine Fälschung handelt.

Bibliographie
• R. W. Bagley »Sacrificial Pits of the Shang Period at Sanxingdui in Guanghan County, Sichuan Province«, in: *Arts Asiatiques* XLIII, 1988, S. 78–86

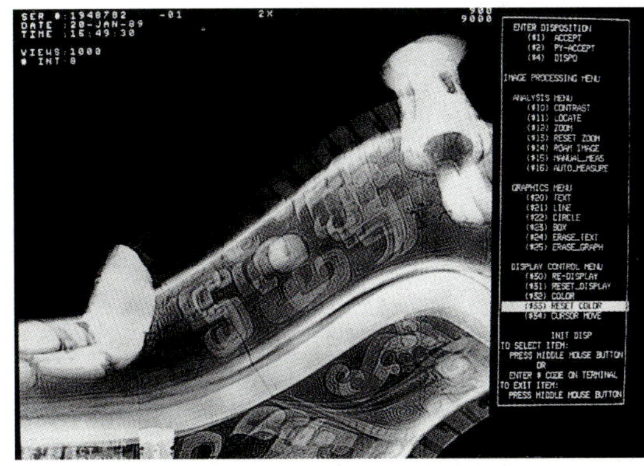

↑↓ Drei Computerbilder: Röntgenaufnahmen von Bronzegefäßen aus der späten Shang-Zeit. Die moderne Technik wird immer häufiger für die Analyse von Funden verwendet: Mit Röntgenaufnahmen und Thermolumineszenztest kann die Echtheit der Gegenstände überprüft werden. Bei Ritualbronzen aus der Shang-Zeit ergaben Labortests die Zusammensetzung der Legierung und die ausgeklügelten Gußverfahren (mit Hilfe von Tonformen und zusammengesetzten Kernen).

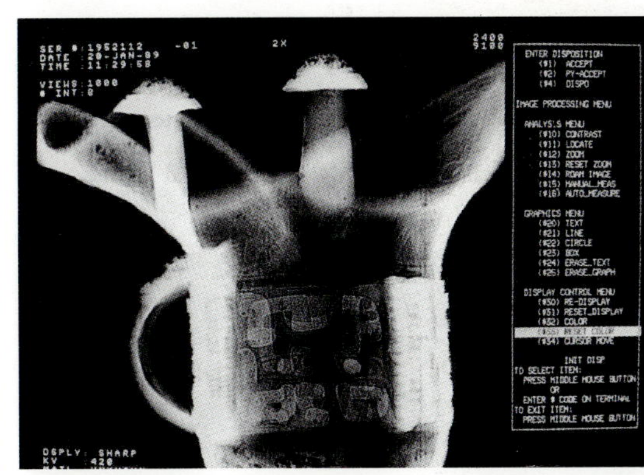

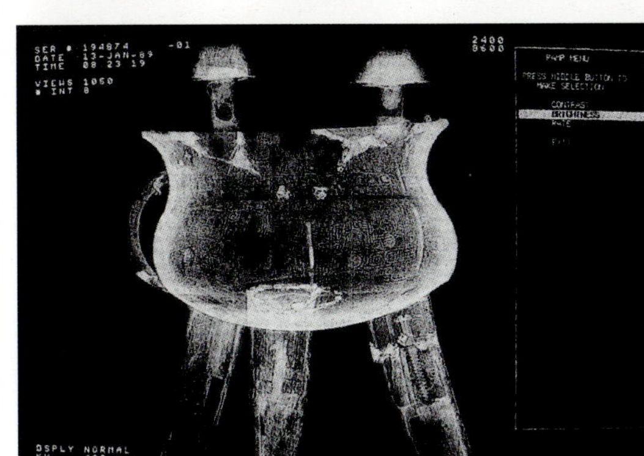

Die Terrakotta-Armee

Die Terrakotta-Wache am Grab des Ersten Kaisers von China ist ohne Zweifel einer der »Klassiker« der modernen Archäologie. Entdeckt wurde sie 1974 zufällig von einigen Bauern, die einen Brunnen graben wollten. Die Tonarmee, auch das »Achte Weltwunder« genannt, wird jedes Jahr von Millionen von Touristen besucht, die an Ort und Stelle die Tausende von Statuen bewundern wollen. Man hat sie mittlerweile restauriert und in ihrer ursprünglichen Position am Fundort aufgestellt.

Die Figuren stellen jedoch nur einen Teil, wenn auch den spektakulärsten, der Grabanlage dar, die Qin Shi Huangdi (»Erster Kaiser aus dem Hause Qin«) errichten ließ, damit sich die Nachkommen seiner und seiner Werke erinnerten.
Das Mausoleum liegt östlich von Xi'an in der Ebene des Wei-Flusses. Der Wei umfließt die Anlage im Norden, während im Süden schützende Hügel aufsteigen. Eine dieser Erhebungen, der Berg Li, gibt dem ganzen archäologischen Gelände den Namen: Nekropole vom Berge Li.
Im Jahre 246 v. Chr., als Fürst Zheng, der künftige Erste Kaiser, im Staat Qin den Thron bestieg, ließ er bereits mit dem Bau der Grabanlage beginnen, und zum Zeitpunkt seines Todes im Jahre 211 war sie immer noch nicht vollendet. Das lag vor allem an der enormen Ausdehnung von mehr als 56 Quadratkilometern. Der Grabhügel selbst hat heute noch eine Höhe von 50,50 Metern, ursprünglich war er 150 Meter hoch. Er befindet sich innerhalb, wenn auch nicht genau im Zentrum zweier rechteckig angelegter Wälle aus gestampfter Erde. Außen und innerhalb davon hat man einige Opfergruben gefunden, die Reste menschlicher und tierischer Opfer enthielten, dazu noch Gegenstände der Begräbnisausstattung und kleine Terrakottastatuen männlicher und weiblicher Personen in kniender Haltung.
Im nördlichen Teil des Geländes sind innerhalb des äußeren Walls Fundamente sowie unterirdische Kanäle zur Entwässerung des Geländes freigelegt worden. Wie wir aus anderen Quellen wissen, handelt es sich um die Reste einer Gruppe von Palästen, Wachtürmen und Tempeln für den Ahnenkult. Alle diese Bauten wurden von Hunderttausenden von Soldaten und Handwerkern ausgeführt, die auch die Tonarmee hergestellt haben.

↑ Kopf eines hohen Offiziers aus der Terrakotta-Armee. Er wurde in der Nähe des Grabhügels des Ersten Kaisers von China gefunden.

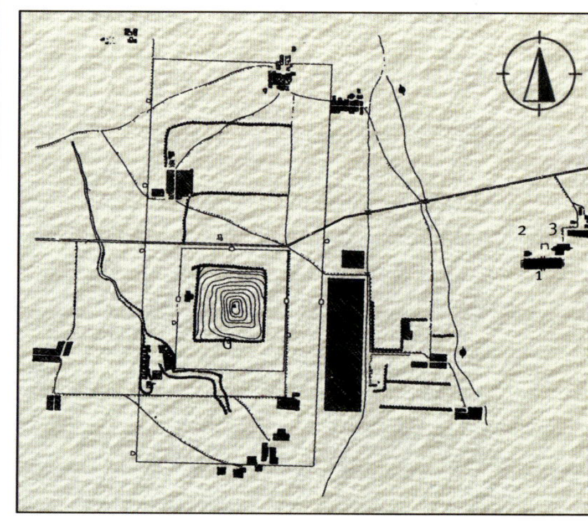

↑ Plan der Grabanlage für Qin Shi Huangdi: Der Grabhügel (G) liegt innerhalb zweier rechteckig verlaufender Wälle, während sich die Gruben für die Terrakottasoldaten (1, 2, 3) im Osten des Komplexes befinden.

↓ Rekonstruktion eines Abschnitts der größten Grube (Nr. 1). Hier sind die Statuen der Krieger in Schlachtordnung aufgestellt.

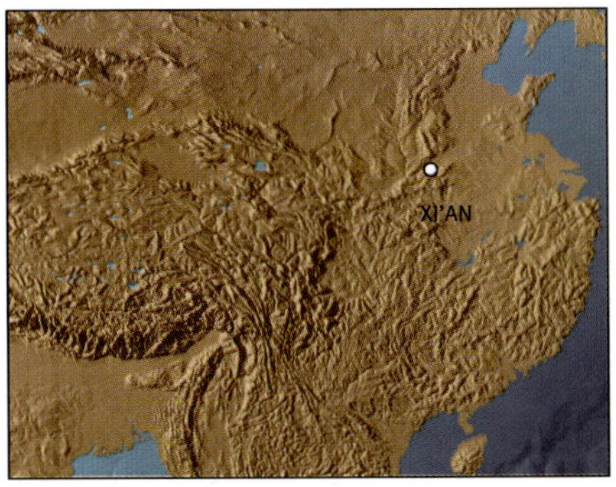

↑ *Die geographische Lage der Stadt Xi'an in der Provinz Shaanxi*

↓ *Gesamtansicht von Grube Nr. 1: Die Terrakottasoldaten bewachen den ewigen Schlaf des Ersten Kaisers.*

Die Terrakotta-Armee wurde anderthalb Kilometer östlich des Grabhügels in drei großen Gruben entdeckt. Eine vierte ist leer, und man vermutet, daß sie nie vollständig belegt wurde.
Die größte Grube (Nr. 1) mißt etwa 210 Meter an der ostwestlichen und 60 Meter an der nordsüdlichen Seite. Sie umfaßt elf parallel verlaufende Korridore von etwa 2 bis 3 Meter Breite und ungefähr 200 Meter Länge. Die Zwischenwände bestehen aus gestampfter Erde. Der Boden ist mit Ziegelsteinen ausgelegt. Ursprünglich war die Grube mit einer Holzkonstruktion gedeckt.

Der Erste Kaiser von China

Der Titel Qin Shi Huangdi wird allgemein mit der »Erste Kaiser« übersetzt. Tatsächlich besteht er aus verschiedenen Bedeutungselementen, die eine entscheidende Epoche der chinesischen Geschichte beleuchten und ein politisches Programm enthalten. »Qin« ist der Name eines der vielen Reiche, in die China seit Beginn des 8. Jahrhunderts v. Chr. zerfallen war. Diese Aufsplitterung resultierte aus dem zunehmenden Machtverfall der Zhou-Dynastie, die Opfer ihres eigenen Systems wurde: Sie hatte die großen Gebiete aufgeteilt, um sie besser verwalten zu können. So waren abhängige Fürstentümer entstanden. Im 5. Jahrhundert wurden daraus politisch und militärisch unabhängige Staaten, die untereinander um die Vorherrschaft rangen. 221 konnte Qin die übrigen Reiche erobern. Fürst Zheng, der all dies vollbracht hatte, nahm nun den Titel »Huangdi« an. So hatten vor ihm nur die mythischen Herrscher geheißen, die man der Sage nach für die Gründer der chinesischen Kultur hielt. Das Wort »shi« (»erster«) deutet auf den Willen des Kaisers hin, eine Dynastie zu gründen, die 10 000 Generationen überdauern sollte – also für die Ewigkeit bestimmt war. Auch wenn es nicht so kam, war Qin Shi Huangdi doch der Schöpfer des ersten zentralisierten chinesischen Reiches, das in seiner Grundidee immerhin bis zur Revolution von 1911 Bestand hatte: ein Mann, der sich selbst zum Universalherrscher ausrief, der besessen war von der Idee der Unsterblichkeit, berüchtigt wegen seiner Bücherverbrennung, aber auch berühmt, weil er das China seiner Zeit geeinigt hat.

↑ *Vermutlich ein Porträt des Ersten Kaisers von China: Qin Shi Huangdi*

Die Tonsoldaten bilden Einheiten der Infanterie und sind in Schlachtordnung aufgestellt. Die ersten Reihen bestehen aus etwa 200 Bogen- und Armbrustschützen, ohne Rüstung, um ihnen auf dem Schlachtfeld eine größtmögliche Beweglichkeit zu sichern. Ihre tödlichen Pfeile mit einer zielgenauen Reichweite von fast 200 Metern konnten schon aus großer Entfernung abgeschossen werden. Hinter ihnen befinden sich sechs Kampfwagen und drei Einheiten leichter Infanterie. Die ursprünglich aus Holz gefertigten Wagen sind verschwunden, sie konnten aus den Spuren im Erdboden rekonstruiert werden. Es waren Vierspänner, auf denen Platz war für einen Wagenlenker und ein bis zwei Soldaten, die biegsame

↑ *Einer der mittleren Gänge der ersten Grube in einer fortgeschrittenen Phase der Ausgrabung. Zu sehen sind ein Pferdegespann sowie ein Zug Infanterie, Kernstück des Qin-Heeres.*

6 Meter lange Lanzen, wahrscheinlich aus Bambus, trugen. Damit konnten sie die Feinde auf Distanz halten. Zwei Wagen sind mit Bronzeglocken und Trommeln versehen, wohl um die verschiedenen Phasen der Schlacht zu signalisieren. Die drei Züge der leichten Infanterie sind mit 2 Meter langen Lanzen bewaffnet und sollten die Bogenschützen und Streitwagen im Kampf unterstützen. Die hinter ihnen aufgestellten Soldaten tragen verstärkte und zusammengenähte Lederplatten, um Brustkorb und Schultern zu schützen.
Im zweiten Sektor, der noch nicht völlig ausgegraben ist, kam eine ähnliche Formation ans Licht, bestehend aus Kavallerieeinheiten, Streitwagen und gepanzerten Infanteriesoldaten.
Neuere Untersuchungen weisen auf eine weite Ausdehnung hin.
Keiner der Soldaten trägt einen

Die Große Mauer

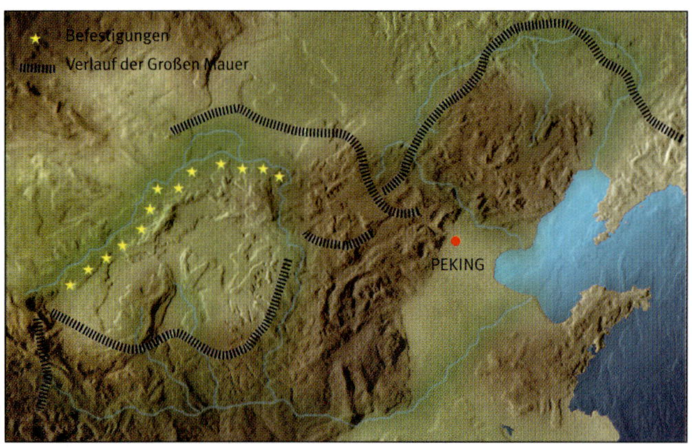

↑ *Skizze des Verlaufs und der Befestigungen (mit Sternchen gekennzeichnet) der Großen Mauer zur Zeit der Qin (3. Jahrhundert v. Chr.)*

Die Errichtung der Großen Mauer wird im allgemeinen dem Ersten Kaiser zugeschrieben. Er soll ihren Bau befohlen haben, um die nördlichen Regionen Chinas, die zum großen Teil natürlicher Grenzen entbehren, vor den Einfällen der Nomadenvölker aus dem Norden zu schützen. Aber nachdem man die Textquellen anhand der neuen archäologischen Untersuchungen überprüft hat, ist man heute der Ansicht, daß Qin Shi Huangdi wohl eher die Restaurierung, Befestigung und Verbindung schon vorhandener Grenzbefestigungen befohlen hat. Die Wallanlagen, die auf ausdrücklichen Befehl des Ersten Kaisers errichtet wurden, sollen sich außerdem in einer enger begrenzten Gegend befinden, nämlich zwischen Ordos und der großen Schleife des Gelben Flusses (Huanghe). Eine Stelle im Shiji*, dem Buch des Historikers Sima Qian (145–90) aus der Han-Dynastie (206 v. Chr bis 220 n. Chr.), berichtet uns, Qin Shi Huangdi habe dem General Meng Tian befohlen, die Nomaden über den Gelben Fluß zurückzujagen. Nach diesem Feldzug wurde eine Reihe von Befestigungen oder auch – je nach Lesart – befestigter Gebäude errichtet, um künftige Invasionen zu verhindern.*
Wie auch immer, die Geschichte und die tatsächliche Ausdehnung der Großen Mauer – von den Kaisern der folgenden Dynastien erneuert, verbreitert, in Teilen neu aufgebaut oder sogar verlegt – liegen noch weitgehend im dunkeln.

↓ *Teil der Mauer bei Badaling, 80 Kilometer von Peking entfernt*

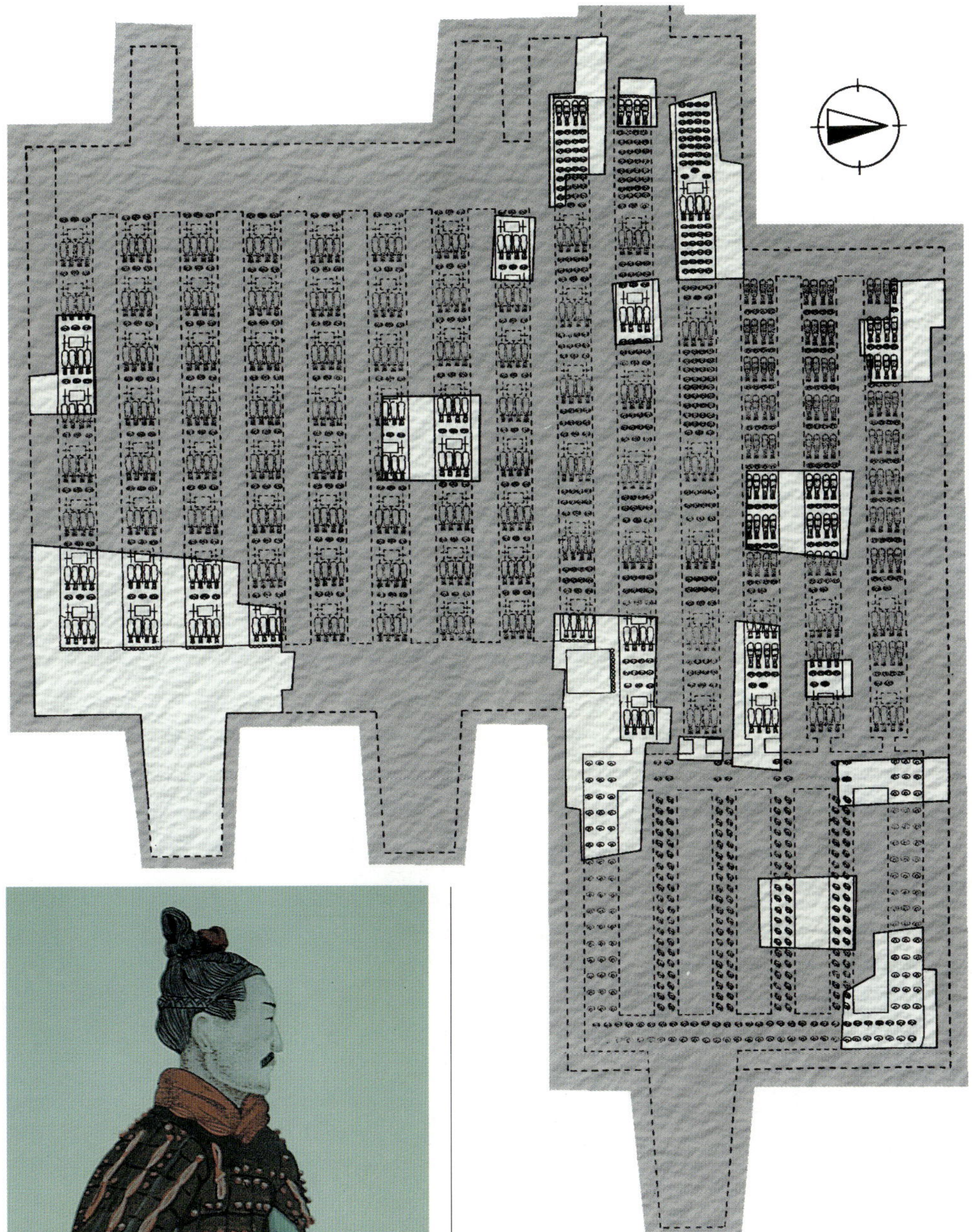

Schild, noch nicht einmal diejenigen, die an den Seiten und nach außen hin zur Verteidigung der Flanken aufgestellt sind. Mut und Grausamkeit der Soldaten von Qin, von denen alte Texte berichten, bildeten wohl die Kampfmoral der stets zum Angriff bereiten Krieger. Ihre eiserne Disziplin wurde von erbarmungslosen Offizieren durchgesetzt, die nicht gezögert haben sollen, befehlsverweigernde Soldaten oder solche, die beim Angriff Feigheit oder Furcht zeigten, zu töten.

Die Generäle, die das Heer des Ersten Kaisers befehligten, kamen in der dritten Grube ans Licht, die man von März bis Dezember 1977 ausgegraben hat. In diesem unregelmäßig geformten Bereich wurden ein Kriegswagen und 68 Statuen von durchschnittlich 1,90 Meter Größe gefunden. Viele von ihnen stellen Offiziere dar. Die Soldaten in ihrer Begleitung, sehr wahrscheinlich die persönliche Leibwache, tragen teils leichte, teils schwere Uniformen. Die individuellen Gesichtszüge der Offiziere, wie im übrigen auch die der Tausenden von Terrakottakriegern, wirken wie lebensechte Porträts.
Man nimmt an, daß auf diese Weise

→ Plan der Grube Nr. 2 der Terrakotta-Armee. Die bis jetzt ausgegrabenen Abschnitte sind hell wiedergegeben; in der grauen Fläche ist die wahrscheinliche Anordnung der Soldaten und der vierspännigen Streitwagen eingezeichnet.

←↑ Links: ein kniender Bogenschütze aus der Grube Nr. 2. Oben: So hat die ursprünglich bemalte Figur wahrscheinlich einmal farbig ausgesehen.

↑ *Einige der noch halb in der Erde steckenden Kriegerstatuen aus Terrakotta bei der Ausgrabung. Während Archäologen die Figuren bergen, bemühen sich bereits Restauratoren darum, die stark beschädigten Exemplare wieder zusammenzusetzen.*

die Vielfalt der Volksstämme des damaligen China gezeigt werden sollte, die zum erstenmal unter dem Befehl eines einzigen Mannes vereinigt waren. Aber sicher wollte man auch mit der individuellen Nachzeichnung der Gesichtszüge das Heer »lebendiger« erscheinen lassen, das die Aufgabe hatte, den Herrscher in das Reich der Toten zu begleiten und ihn dort zu beschützen.

Dennoch war für die Bewältigung einer so gewaltigen Arbeit eine gewisse Standardisierung notwendig. Sie ist bei der Bearbeitung der Körper zu erkennen. Die unteren Teile sind massiv, der Torso hingegen ist hohl, wie auch der Kopf, der in die Öffnung zwischen den Schultern gesteckt und durch einen langen Hals in Stellung gehalten wurde. Die Köpfe wurden zunächst mit Hilfe von Gußformen hergestellt, dann arbeitete man im einzelnen die Gesichtszüge, die Ohren, die Schnurrbärte und Haare heraus. Arme und Hände wurden gesondert modelliert. Die Hände hielten wohl ursprünglich echte Waffen, die später wahrscheinlich von Aufständischen entwendet wurden; diese haben offenbar auch die Gräber in Brand gesetzt.
Zu den Maßnahmen, die Qin Shi Huangdi gleich nach der Vereinigung Chinas ergriffen hat, gehörte auch die Konfiszierung aller Waffen im Lande, um sicherzugehen, daß außer der kaiserlichen Armee keine andere bewaffnete Macht existierte. Damit sollten Aufstände verhindert werden.
Aber die Geschichte lehrt uns, daß dadurch Volkserhebungen nicht verhindert werden. So wurde auch die Qin-Dynstie (221–206) gestürzt. Auf den kaiserlichen Thron folgte Liu Bang, der Gründer der Han-Dynastie (206 v. Chr.–220 n. Chr.).
Die Figuren sind heute grau; es ist die Farbe des Grundmaterials, der Terrakotta. Ursprünglich waren sie mit lebhaften Farben bemalt, wie Farbreste beweisen. Eine Gruppe von Soldaten

Die Geheimnisse des Grabhügels

Das Interesse, das die Entdeckung der Terrakotta-Armee in aller Welt hervorgerufen hat, wird weiterhin wachgehalten durch die Gerüchte, die über den Grabhügel des Qin Shi Huangdi im Umlauf sind. Wenn man den Beschreibungen der historischen Texte folgt, dann befindet sich im Inneren des Hügels eine riesige Grabkammer, darin eine Welt im kleinen, die um den Leichnam des Kaisers gruppiert ist; sie zeigt ihn als Herrscher des Universums. Das Gewölbe stellt den Himmelsraum dar, übersät mit wertvollen Edelsteinen als Sterne und Sternbilder. Darüber hinaus soll die Anlage ein Miniaturmodell jener Territorien und Städte sein, die Qin Shi Huangdi erobert hat. Seen und Hauptflüsse dieser unterirdischen Nachbildung sollen nicht mit Wasser, sondern mit Quecksilber gefüllt sein, das, wie es heißt, durch einen ausgeklügelten Mechanismus in Bewegung gehalten wird. Unermeßliche Schätze sollen die Begräbnisausstattung ausmachen. Zum Schutz der Anlage sollen Verteidigungssysteme installiert worden sein: Fallen, Irrwege, Armbrustanlagen, die augenblicklich ihre vergifteten Pfeile losschießen, sollte jemand es wagen, das Grab zu entweihen.
Leider kann hier nur beschrieben werden, wie alles aussehen soll, denn geöffnet wurde das Grab des Ersten Kaisers noch nicht. Die chinesischen Archäologen befürchten, ohne hochstehende Technologien die Grabanlage zu gefährden – sofern sie denn überhaupt noch besteht. Wenn wir nämlich dem Text noch weiter folgen, dann ist das Grab schon aufgebrochen und zum Teil geplündert worden, und zwar von den aufständischen Truppen, die mit ihrer Rebellion der kurzen Qin-Dynastie das Ende bereitet haben.

← Der Grabhügel, der die sterblichen Überreste des Ersten Kaisers enthält. Nach den historischen Quellen soll der bis heute nicht geöffnete Grabhügel sagenhafte Schätze enthalten, die von ausgeklügelten Mechanismen geschützt werden.

trug schwarze Rüstungen mit vergoldeten Knöpfen, dunkelblaue Hosen und schwarze Stiefel mit roten Schnürsenkeln. Eine andere trug braune Uniformen mit orangefarbenen Knöpfen. Die Tonerde für die Herstellung der Tausenden von Figuren kam vom nahegelegenen Berg Li und wurde in Öfen in der Nähe der Gruben verarbeitet. Auch wenn der größte Teil dieser ungeheuren Arbeit von Tausenden unbekannter Handwerker vollbracht wurde, so konnten chinesische Archäologen doch auf einigen Statuen Signaturen entdecken. Man glaubt, daß es sich um die Namen der Handwerksmeister handelt, die mit der Aufsicht betraut waren. In den Annalen der Archäologen jedenfalls wird Qin Shi Huangdi die Unsterblichkeit erhalten, die er so sehr ersehnt hat.

Bibliographie

• M. K. Hearn »The Terracotta Army of the First Emperor of Qin (221 to 206 B. C.)«, in: Wen Fong (Hg.) *The Great Bronze Age of China*. New York 1980, S. 353–368
• A. Cotterell *The First Emperor of China. The Story behind the Terracotta Army of Mount Li*. London 1981
• R. L. Thorp »An Archaeological Reconstruction of the Lishan Necropolis«, in: *The Great Bronze Age of China. A Symposium*. Los Angeles 1983, S. 72–83
• A. Waldron *La Grande Muraglia. Dalla storia al mito*. Turin 1993
• *Cina 220 a. C. I guerrieri di Xi'an* (Ausstellungskatalog). Mailand 1994

Museen und Restaurierungsarbeiten

Die archäologische Forschung wird stets von der Frage der Restaurierung und der Aufbewahrung der Funde begleitet. Hier hat China, auch dank der immer intensiveren Zusammenarbeit mit dem Ausland, beachtliche Fortschritte erzielt.

In China gibt es recht viele Museen. Man findet sie in jeder Region des Landes, in jeder größeren Stadt. Auf nationaler Ebene bestehen zwei Institutionen: das Museum für Chinesische Geschichte und das Palastmuseum (Gugong), das in der Verbotenen Stadt untergebracht ist. Während sich das Gugong vor allem auf die über Jahrhunderte hinweg von den Kaisern zusammengetragenen Kunstschätze konzentriert, hat das Museum für Chinesische Geschichte eher einen archäologischen Zuschnitt. Mit Hilfe einer chronologischen Ordnung der Hauptfunde aus dem gesamten Land zielt es in der Tat darauf, die historische und kulturelle Entwicklung Chinas zu illustrieren, angefangen von den ersten Spuren menschlicher Siedlungen im Paläolithikum bis hin zu den Kulturleistungen der letzten Dynastie.
Neben diesen beiden Institutionen beherbergt jede Provinzhauptstadt ein Museum mit Funden aus der Region. Größere Städte wie Shanghai oder Xi'an können sich rühmen, Museen von höchstem Niveau, auch im Weltvergleich, zu besitzen. Dabei zählen nicht nur die Sammlungen selbst, sondern auch die Ausstellungskriterien sowie die hochentwickelten Techniken, die ihnen für Konservierung, Restaurierung und Untersuchung zur Verfügung stehen.
Das Museum für die Geschichte von Shaanxi in Xi'an, verfügt über Informationsnetze, Telekommunikationssysteme, eine große Bibliothek, ein Auditorium und weiträumige Depots, in denen die nicht ausgestellten Funde durch empfindliche Sicherheitssysteme geschützt sind. Zu den bedeutendsten Ausstellungsstücken gehören einige Fresken aus den zahlreichen Gräbern der Tang-Zeit (618 bis 907 n. Chr.). Sie stammen aus der Umgebung von Xi'an, das unter dem Namen Chang'an ehemals Hauptstadt dieser Dynastie war.

↑ *Gruppe von kopflosen Statuen aus Stein, gefunden in der Nähe des Grabs des Kaisers Gao Zu aus der Tang-Dynastie (618–907 n. Chr.) bei Xi'an*

↓ *Teil eines Freskos aus dem Grab des Li Shou (577–630 n. Chr.). Es wird, wie viele ähnliche Funde, in einer eigenen Abteilung des Provinzmuseums von Shaanxi in Xi'an aufbewahrt.*

Um die Ausbildung von Archäologen und Restauratoren zu fördern, hat Italien vor kurzem einen Vertrag mit China geschlossen, um zusammen mit dem Shaanxi Provincial Bureau for Museum and Archaeological Data in Xi'an eine Schule für Restauratoren zu gründen. Man erwartet, daß nach dem ersten Jahr 20 bis 25 neu ausgebildete Restauratoren die Schule verlassen werden.
Zum Thema Restaurierung gehören auch die zahlreichen Bemühungen um die Erhaltung der Denkmäler und der Fundorte, die aus einer Zeit stammen,

← Weihedenkmal in Form einer Stupa (Reliquienschrein) in Mogao (Dunhuang, Provinz Gansu), aufgerichtet vor den »Höhlen der Tausend Buddhas«

als sich die buddhistische Lehre in China ausbreitete. Es handelt sich um Höhlenklöster, vor allem in den nördlichen Provinzen des Landes. Sie werden unter dem Namen »Höhlen der Tausend Buddhas« zusammengefaßt, den sie wegen der zahlreichen Bilder, Reliefs und Skulpturen mit Bezug zum buddhistischen Glauben tragen.

Einige dieser Höhlenanlagen wurden von der UNESCO in die Liste der Denkmäler des Weltkulturerbes aufgenommen. So zum Beispiel die Höhlen von Mogao in der Nähe von Dunhuang in der nordwestlichen Provinz Gansu. Die Anlage war vom 4. bis zum 14. Jahrhundert n. Chr. in Betrieb und zählt Tausende von seitlich in einen langen Hügel eingegrabenen Höhlen: Zellen für Mönche, Nischen für heilige Bildnisse und große Räume für religiöse Kulthandlungen. Die Fresken und Skulpturen, die den größeren Teil der Grotten schmücken, wurden aus sehr empfindlichem Material hergestellt: einem Gemisch aus Stroh und trockenem Lehm, Holz und Verputz. Um weitere Beschädigungen zu verhindern, wurde eine drastische

↑ Vierzehn Meter hohe Buddhastatue, eine der ersten, die in Yungang (Datong, Provinz Shaanxi) in der zweiten Hälfte des 5. Jahrhunderts n. Chr. zur Zeit der Nördlichen Wei-Dynastie (386–535) errichtet wurden

Vorsichtsmaßnahme getroffen, nämlich die völlige Schließung der Höhlen für das Publikum.
In Yungang bei Datong in der Provinz Shaanxi liegen weitere buddhistische Höhlentempel, die streng bewacht werden. Mit allen Mitteln bemüht man sich zu verhindern, daß Regenwasser eindringt, das nach Erschütterungen und Einstürzen der ursprünglichen Decke die Höhlen bedroht.
Eine weitere, vor etwa drei bis vier Jahren in Gang gesetzte Maßnahme ist die Umrüstung der wichtigsten Industrie in der Region, der Kohleförderung, die den Höhlen großen Schaden zugefügt hat. Außerdem wurden mehrere archäologische Untersuchungen durchgeführt, um Art und ursprüngliche Zusammensetzung der Aufbauten festzustellen, die während verschiedener Epochen zum Schutz der Grotten errichtet wurden.

↑ Außenansicht einiger Höhlen und Ausgrabungen, die von chinesischen Archäologen in Yungang unternommen wurden, um die Fundamente der Holzgerüste ans Licht zu bringen, die in den vergangenen Jahrhunderten zum Schutz der Grotten errichtet wurden. Alle größeren buddhistischen Denkmäler Chinas stehen heute unter Schutz.

Archäologie in der Mongolei

Die Grabungen in den Randprovinzen Chinas, wie die in der Inneren Mongolei, liefern uns neue Informationen über die Völker, mit denen China über Jahrhunderte hinweg enge Verbindungen unterhielt. Während man sich lange Zeit auf das Tal des Gelben Flusses und auf Zentralchina als der Wiege der chinesischen Kultur konzentrierte, lassen neuere Ausgrabungen in weit davon entfernten Gegenden vielversprechende Entdeckungen für die nahe Zukunft erwarten.

Auch wenn es richtig ist, daß die größeren Machtzentren im mittleren Tal des Gelben Flusses lagen, so hat China doch aus den Einflüssen von außerhalb stets großen Nutzen gezogen. Sie kamen aus Randgebieten, in denen ethnisch gesehen nichtchinesische, in historischen Quellen nicht selten als »Barbaren« bezeichnete Völker lebten.

Die Mongolei, und mit ihr die weiten, im Norden von China gelegenen Gebiete, ist eine der wichtigsten dieser Regionen. Sie ist heute in zwei politische Einheiten geteilt, wobei die Innere Mongolei als Autonome Provinz zu China gehört. Sie hat ihren Namen von einem Volk, mit dem viele geschichtliche Ereignisse verbunden sind, und zwar nicht nur in China, sondern auch in Zentralasien, Indien und Osteuropa. Es handelt sich um die Mongolen, die aber nur eine der zahlreichen ethnischen Gruppen dieses weiten Landes sind, von denen wir aus den chinesischen Geschichtsquellen wissen. Die jüngeren Entdeckungen ermöglichen uns heute ein genaueres Bild von der materiellen Kultur jener Völker, die auf dem Gebiet der Inneren Mongolei gelebt haben. Knochenreste des Homo sapiens sapiens wurden zu Beginn dieses Jahrhunderts in Siedlungen beim Fluß Sjara-osso-gol (Gebiet von Ordos) gefunden. Sie sind 35000 Jahre alt. Die Innere Mongolei war also schon im späten Pleistozän bewohnt.

Klimatische Veränderungen um 10 000 v. Chr. (Ende der letzten Eiszeit) schufen günstige Bedingungen für die Entwicklung der Landwirtschaft, die Lebensgrundlage jener neolithischen Kulturen, die unter dem Begriff Kultur von Xinglongwa (um 6000 v. Chr.) zusammengefaßt werden. Durch die Ausgrabungen vor allem der siebziger Jahre ist uns die zeitliche Abfolge der Kulturstufen heute bekannt. Sie ist besonders gut dokumentiert für den Distrikt Aohan in der Nähe von Chifeng, im Osten der Inneren Mongolei. Dort folgte auf die Xinglongwa-Kultur die Zeit der Zhaobaogou, die schon Wesensmerkmale der folgenden Hongshan-Kultur (etwa 4500–3000) vorwegnimmt. Diese ist vor allem für ihre zahlreichen Jadeobjekte berühmt. Die Grab-

↑ *Gemälde aus der Ming-Zeit (1368–1644), das einen mongolischen Bogenschützen zu Pferd zeigt, dem Tier, das traditionellerweise mit dem halbnomadischen Leben der Mongolen assoziiert wird*

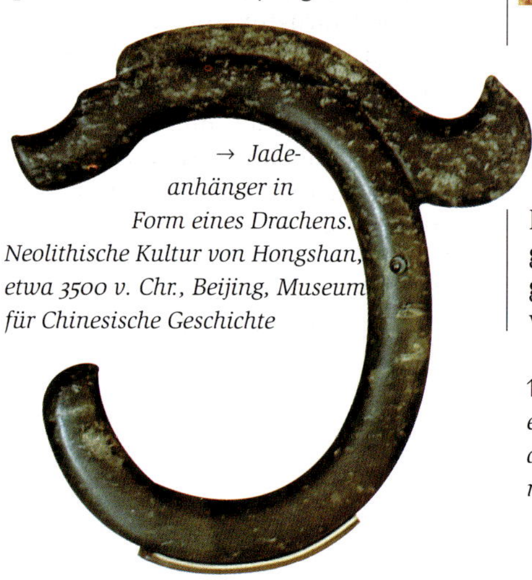

→ *Jadeanhänger in Form eines Drachens. Neolithische Kultur von Hongshan, etwa 3500 v. Chr., Beijing, Museum für Chinesische Geschichte*

→ Maske aus vergoldeter Bronze, die einem Toten mit ins Grab gegeben worden war. Sie stammt aus der Liao-Dynastie (916–1125 n. Chr.). Masken wie diese fanden häufig als Grabbeigabe Verwendung, wenn hochgestellte Persönlichkeiten der genannten Dynastie feierlich bestattet wurden. Sie zeugen von Begräbnispraktiken, die sich von den traditionellen chinesischen unterscheiden. Paris, Musée National des Arts Asiatiques-Guimet

Der Höhepunkt dieser Entwicklung ist bei einer Reihe protourbaner Siedlungen des 3. Jahrtausends zu erkennen. Die Siedlung von Laohushan (2800–2300) erstreckt sich über mehr als 130 000 Quadratmeter und ist von einem Ringwall aus Erde und Steinen umgeben. Innerhalb befanden sich die meist viereckigen und halbeingegrabenen Wohnungen. Außer-

(19.–16. Jahrhundert) und mit der folgenden Shang-Dynastie (16.–11. Jahrhundert) gefunden.
Von da an sind Verbindungen und Austausch zwischen den großstädtischen Zentren Chinas und den Kulturen der Inneren Mongolei gut dokumentiert. Dort hat sich infolge der klimatischen Veränderungen um 1500 die Landwirtschaft größtenteils zur Viehzucht gewandelt, die zum Nomadentum geführt hat.

Die Mobilität der Menschen, die damals die Innere Mongolei be-

stätten, in denen sie gefunden wurden, bringt man mit den Resten von Zeremonialbauten in Verbindung, wie sie zum Beispiel in Niuheliang im Westen der Provinz Liaoning zutage traten. Daraus läßt sich auf ein fortgeschrittenes kulturelles Niveau und eine zunehmend vielschichtiger strukturierte Gesellschaft schließen.

halb hat man Öfen für die Herstellung von Keramikgeschirr nachgewiesen. Laohushan und andere befestigte Orte gehören in dieselbe Epoche wie die, die man im Inneren Chinas gefunden und mit einer protourbanen Zivilisation in Verbindung gebracht hat. Ihren reifen Ausdruck hat sie in der Bronzezeit mit der Erlitou-Kultur

wohnt haben, ist Ursache all der Schwierigkeiten, denen Historiker und Archäologen heute begegnen, wenn sie die verschiedenen ethnischen Gruppen mit Namen aus chinesischen Quellen und dem archäologischen Befund zur Deckung bringen wollen.
Ein gutes Beispiel sind die Xiongnu, über die Sima Qian (145–90 v. Chr.),

↑ Computerrekonstruktion eines mongolischen Feldlagers. Jurten, die typisch mongolischen Zelte, waren einheitlich ausgestattet und zu beiden Seiten der Jurte des Anführers (in der Mitte) regelmäßig angeordnet.

Beijing (Peking)

Es ist nicht übertrieben, Beijing (Peking), die Hauptstadt der Volksrepublik China, als ein »Erbe der Mongolen« zu bezeichnen. Die »Nördliche Hauptstadt«, so die Übersetzung ihres Namens, lag eigentlich sehr weit entfernt vom mittleren Tal des Gelben Flusses, das sich mehrerer chinesischer Hauptstädte über die Jahrhunderte hinweg rühmen kann: Erlitou, Xi'an, Luoyang, Kaifeng. Die Geschichte Beijings hängt also mit seiner geographischen Lage zusammen: Es liegt im äußersten Norden der großen zentralen Ebene, in der Nähe der Bergpässe, die zu den mongolischen Ebenen führen. Dies hatte zuerst die Khitan und Jurchen, dann die Mongolen, Gründer der Yuan-Dynastie (1271–1368) dazu veranlaßt, die Gegend für ihre Hauptstadt auszuwählen. An Kambaluc (so hieß die Stadt bei den Mongolen), wie es von Marco Polo beschrieben wurde, erinnern heute nur noch wenige Reste, so ein Teil der alten Ringmauer, die von den Archäologen entdeckt wurde und heute vor dem Vormarsch der modernen Stadt geschützt wird.
Die auf die Yuan folgenden Dynastien, die Ming (1368–1644) und die Qing (1644–1911), haben hier den wie ein Gitter ausgelegten Stadtkern gebaut und die beeindruckenden Bauwerke errichtet, vor allem die weltberühmte Verbotene Stadt, Residenz des Kaisers und Zentrum der Macht des »Himmelssohnes«, wie der Kaiser auch genannt wurde. Es ist kein Zufall, daß die Stadtmauer purpurn war, die Farbe, die man seit alters dem Polarstern, dem Herrscher der Sterne, zuschrieb und mit dem der Herrscher der Menschen verglichen wurde.

↑ Die Computerrekonstruktion zeigt, wie die Verbotene Stadt während der mongolischen Epoche wahrscheinlich ausgesehen hat. Die Gebäude, jenseits der Brücke im Vordergrund, bildeten den Haupteingang zum Palastkomplex.

← Computerrekonstruktion der Verbotenen Stadt aus der Vogelperspektive. Zu sehen sind im Zentrum die auf einem Marmoruntergrund errichteten Gebäude, in denen der Kaiser seine Regierungsgeschäfte abwickelte (der Pavillon in der Mitte ist auch bekannt als »Thronsaal«). Im Hintergrund die kaiserlichen Privatwohnungen

→ Die Computerrekonstruktion zeigt Beijing (Peking) aus der Vogelperspektive, wie es zur Mongolenzeit ausgesehen haben könnte. Die Stadt ist gitterförmig angelegt, wobei die Straßen in nordsüdlicher und in ostwestlicher Richtung verlaufen. Das aus dem Zentrum gerückte Rechteck ist die Verbotene Stadt, links davon der Bohaisee mit den kaiserlichen Gärten. Der Kanal, der vom See abzweigt, führt zum Sommerpalast, der einige Kilometer von der Stadt entfernt liegt.

Historiker der Han-Zeit, knapp berichtet. Dank der Arbeit der Archäologen ist die Kultur der Xiongnu heute ganz gut bekannt.
Die Xiongnu haben als erstes Steppenvolk Eurasiens eine politische Ordnung errichtet. Grundlage war die Konföderation verschiedener, von einem Oberhaupt angeführter Stämme. Dieses Modell wurde der Prototyp der gesellschaftlichen und militärischen Organisation jener Völker, die später die Schwäche des Kaiserreichs ausnutzten, um eigene Dynastien in China zu gründen: so etwa die Touba Xianbei, Gründer der Nördlichen Wei-Dynastie im Jahre 386 n. Chr., die Qidan (Khitan) und ihre Liao-Dynastie (916–1125), auf die im nördlichen China die von den Nüzhen (Jurchen) gegründete Jin-Dynastie (1115–1234) folgte. Schließlich kamen die Mongolen, die im Laufe des 13. Jahrhunderts unter Dschingis Khan die Macht der verbündeten Hirtenvölker auf eine nie zuvor erreichte Höhe führten.

Die Mongolen waren ursprünglich nur einer der Stämme, die 1206 unter die Befehlsgewalt eines einzigen Mannes gerieten: Temüdschin, bekannter unter seinem Ehrentitel Dschingis Khan, was so viel wie »Mächtiger Universalherrscher« heißt. Nach der Wahl zum Oberhaupt des Stammesverbandes unternahm er mehrere Feldzüge gegen China und gegen westliche Gebiete. Er eroberte die Städte Zentralasiens, Samarkand und den Kaukasus. Nach einem

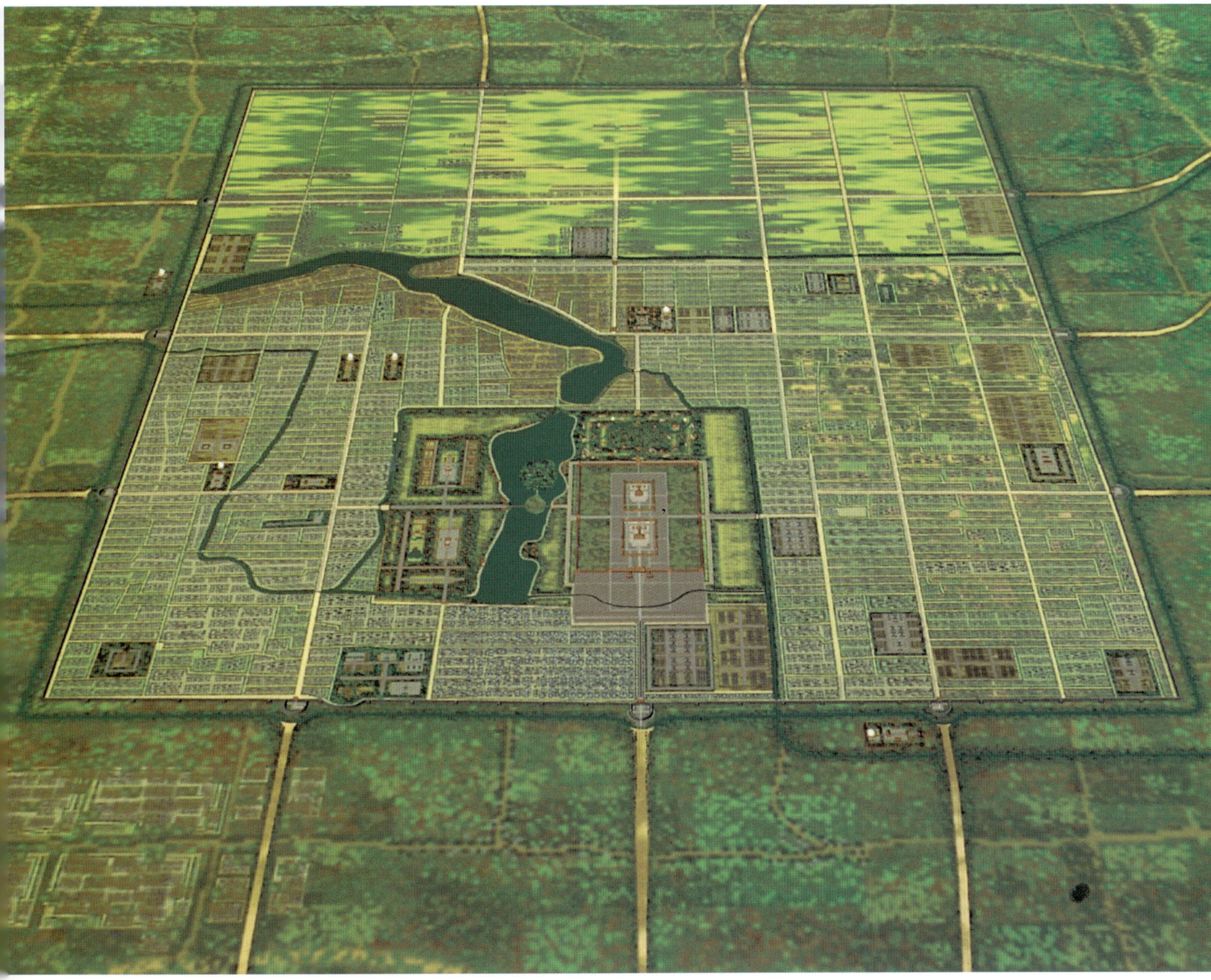

schweren Reitunfall im Jahre 1226 kehrte er in die mongolische Steppe zurück. Im Jahr darauf starb er, nachdem er das Reich unter seine drei Söhne aufgeteilt hatte.
Die mongolische Eroberung Chinas dauerte von 1211 bis 1279, als die Song-Dynastie von Kublai, einem Enkel Dschingis Khans, gestürzt wurde. Mit seinem Tod setzte allerdings rasch der Zerfall des mongolischen Reiches ein – eines der größten in der Geschichte. In der Mitte des 14. Jahrhunderts kam es in China zu Rebellionen, die mit der Vertreibung der Mongolen und der Wiedereinsetzung eines chinesischen Kaisers auf den Thron ihren Höhepunkt erreichten. Damit beginnt die Dynastie der Ming (1368–1644).

Bibliographie

• Weng Wan-Go, Yang Boda (Hg.) *The Palace Museum, Peking. Treasures of the Forbidden City*. London 1982
• E. D. Phillips *L'impero dei Mongoli*. Rom 1985
• A. T. Kessler *Empires beyond the Great Wall. The Heritage of Genghis Khan*. Los Angeles 1993
• S. Milledge Nelson (Hg.) *The Archaeology of Northeast China. Beyond the Great Wall*. London-New York 1995

Das alte Japan

Seit den Ausgrabungen in Yoshinogari wissen wir mehr über die Yayoi-Kultur (300 v. Chr. – 300 n. Chr.), in der in Japan der Reisanbau eingeführt wurde. Auf das Yayoi folgte die Kofun-Periode (4.–7. Jahrhundert), bekannt durch die monumentalen Hügelgräber einer damals aufstrebenden Oberschicht.

Yoshinogari liegt auf der Insel Kyushu im Süden Japans (Präfektur Saga). Ihre geographische Lage war von Bedeutung für die mittlerweile auch durch die Archäologie abgesicherten kulturellen Verbindungen zwischen der japanischen Zivilisation und dem asiatischen Festland. Eine Vermittlerrolle nahm dabei Korea ein, das von Japan durch einen Meeresarm von 140 Kilometer Breite getrennt ist. Auf die sehr lange, etwa um 10 000 v. Chr. beginnende Phase Jomon folgte die Yayoi-Periode (300 v. Chr. bis 300 n. Chr.), in der Reisanbau und Metallverarbeitung eingeführt wurden, wodurch sich die kulturellen und technischen Entwicklungsprozesse in Japan beschleunigten.

→ Menschenähnliche Figur aus Terrakotta, gefunden in Kamikurogoma (Misaka-cho, Distrikt Yamamashi). Sie gehört zu den sehr typischen Funden aus der Jomon-Periode und wird auf die Zeit von 3000 bis 2000 v. Chr. datiert. Tokio, Nationalmuseum

Von beidem finden sich viele Spuren auf Kyushu. Der nordwestliche Teil der Insel war tatsächlich ein Zentrum der Yayoi-Kultur in ihrer Anfangsphase. Der Reis, heute das Grundnahrungsmittel der asiatischen Völker, wurde erstmals in China um 5000 als Kulturpflanze angebaut, wie die Funde in Hemudu beweisen, einem Ort etwas südlich des Jangtsekiangdeltas. Von dort könnte sich der Getreideanbau nach Japan ausgebreitet haben, wahrscheinlich zuerst nach Kyushu. Der Weg ging wohl über Südkorea, wo man den Reisanbau für die Zeit um 2000 indirekt nachweisen konnte.

Auf Kyushu wurden auch die ersten bekannten Bronzegegenstände Japans gegossen, einschließlich Waffen (Schwertern, Lanzenspitzen und Hellebarden), Glocken und Spiegeln, die sich von Prototypen außerhalb Japans herleiten lassen. Die Schwerter gehören zu dem Typ »Liaoning«; so heißt die heutige nordöstliche Provinz Chinas, wo noch ältere Exemplare gefunden wurden. Von dort gelangten die Waffen zunächst nach Korea und dann nach Japan. Mit Sicherheit koreanisch sind die Bronzeglocken, die die japanischen Zeremonialglocken, bekannt unter dem Namen *dotaku*, aus der Yaoyoi-Kultur inspiriert haben, während die Bronzespiegel aus chinesischer Herstellung stammen. Das läßt auf enge Beziehungen zwischen Japan und den anderen Ländern des Fernen Ostens schließen. Der archäologische Befund hat darüber hinaus ergeben, daß diese Stücke zu den Grabstätten einzelner Persönlichkeiten einer aufsteigenden Gesellschaftsschicht gehörten. Dies wiederum verweist auf die wachsende Komplexität der japanischen Gesellschaft während der mittleren und der späten Yayoi-Kultur, eine Entwicklung, die mit der Herausbildung erster frühstaatlicher Gebilde während der folgenden Kofun-Zeit (300–700 n. Chr.) ihren Höhepunkt erreichen wird. Anzumerken ist, daß Japan noch während der Yayoi-Periode in die Frühgeschichte eintrat, denn schon damals erscheinen in chinesischen Quellen die ersten Nachrichten von Menschen, die den japanischen Archipel bewohnten.
In diesen Zusammenhang gehören die Funde aus Yoshinogari, eine Fundstätte, die zum besseren Verständnis der Yayoi-Kultur außerordentlich viel beigetragen und auch die Grundlage für neue Deutungen geschaffen hat. Um ein Beispiel zu liefern: Vor den Entdeckungen in Yoshinogari, wo eine kontinuierliche Besiedlung während der gesamten Yayoi-Zeit nachgewie-

↑ Lanzenspitze der Yayoi-Periode aus Okamoto-cho (Kasuga, Präfektur Fukuoka), 80,6 Zentimeter lang. Waffen wie diese mit dem charakteristischen »Violinprofil« gehen auf Prototypen zurück, die man in der Provinz Liaoning im Nordosten Chinas gefunden hat. London, Britisches Museum

sen ist, basierten die Kenntnisse über diese Zeitspanne vor allem auf den Funden von Toro in der Präfektur Shizuoka.
Toro hat genaue Daten über den Reisanbau nicht nur für Japan, sondern für ganz Ostasien geliefert. Es ist aber nur ein kleines Dorf, verglichen mit Yoshinogari, das ein Zentrum der späten Yayoi-Kultur gewesen ist.

Yoshinogari liegt auf einem niedrigen Bergkamm von etwa 600 Meter Breite, der sich 3 Kilometer lang am Fuß der Sefuri-Berge bis zum Ende der Saga-Ebene hinzieht. Der Teil des Fundortes, den man der mittleren und der späten Yayoi-Kultur zuordnet, erstreckt sich über eine Fläche von 25 Hektar; hier hat man Spuren von Behausungen und ein Gräberfeld entdeckt.
Der ganze Bereich ist von einem Wassergraben umgeben. Ausgrabungen haben verschiedene Gegenstände zutage gefördert, darunter Muscheln, Pfeilspitzen aus Knochen, bearbeitete Hirschgeweihe, die der frühen und der mittleren Yayoi-Kultur zugeschrieben werden. Ein weiterer Wassergraben innerhalb des ersten umgibt die Wohnfläche auf der Kammhöhe. Im nordwestlichen Teil wurden Pfostenlöcher entdeckt. Die Pfähle haben einst wohl Holzbauten getragen. Außerhalb des Grabens wurden verschiedentlich Spuren von Bauwerken entdeckt, die man wegen ihrer strategischen Lage als Wachtürme gedeutet hat. Solche Wachtürme werden auch in zeitgenössischen chinesischen Texten erwähnt.
In Yoshinogari bildete der Reisanbau, neben Jagd und Fischfang, die Grundlage der Ernährung. Das belegen verschiedene Geräte aus Eisen, die nur für den Anbau dieses Getreides verwendet wurden. In dem Wassergraben um die eigentliche Siedlung hat man Tierknochen gefunden, darunter auch die von Schweinen, von denen man bis dahin glaubte, daß sie erst während der folgenden Epoche aus Korea nach Japan eingeführt worden seien.

Einige bedeutendere Funde stammen aus Gräbern, die zum Teil am nördlichen Rand des Fundortes und noch innerhalb des Wassergrabens liegen. Das Hügelgrab von Yoshinogari, das größte aller bis heute entdeckten Gräber aus der mittleren Yayoi-Periode, hat eine ovale Form und ist etwa 40 Meter lang und 30 Meter breit. Der Hügel ist heute 2,50 Meter hoch, ursprünglich müssen es aber 4 bis 5 Meter gewesen sein. Des weiteren hat man Spuren eines unterirdischen Zugangs gefunden, der von Süden her zum Hügel führte. Im Gang standen Keramikgefäße, die, wie man annimmt, Zeremonien dienten. An seinem Ende gelangt man an einige Stufen, die wahrscheinlich zum Eingang des Grabes führten.
Das Hügelgrab aus dem 1. Jahrhundert v. Chr. wurde mit gestampfter Erde errichtet, eine Technik, die in China schon seit dem Neolithikum bekannt war. In Japan war sie bisher erst für das 7. bis 8. Jahrhundert

↑ *Die Computerrekonstruktion zeigt die ursprüngliche Form des Hügelgrabs des Kaisers Ojin (Präfektur Osaka).*

← *Bronzeglocke vom Typ* dotaku *aus der Yayoi-Kultur (2./3. Jahrhundert n. Chr.), gefunden in Sumiyoshi-cho (Higashinada, Kobe). Tokio, Nationalmuseum*

n. Chr. nachgewiesen. Im Inneren des Hügels sind acht Tongefäßbestattungen zu erkennen, eine Begräbnissitte, die auf Kyushu weit verbreitet war. Da die Gräber im oberen Teil und im Inneren des Hügels angelegt waren und besondere Grabbeigaben enthielten, geht man davon aus, daß hier hochrangige Personen bestattet worden waren, vielleicht Mitglieder derselben Sippe, nur aus verschiedenen Generationen.
Das älteste Grab (Nr. 1006) liegt fast in der Mitte des Hügels und enthält das Skelett einer etwa dreißigjährigen Person. Kranzförmig darum herum befinden sich die anderen sieben Gräber. Eines der bedeutendsten ist Nr. 1002, in dem ein Bronzeschwert des Typs »Liaoning« lag, ähnlich der koreanischen Stücke, aber wahrscheinlich in Japan hergestellt. Weitere Exemplare sind in den Gräbern Nr. 1005, 1007 und 1009 gefunden worden. Außer dem Schwert enthielt dieses Grab auch noch 75 kleine hellblaue Glaszylinder, die ursprünglich vielleicht Teile eines Kopfschmucks waren.
Daneben gibt es mindestens zwölf Gräberfelder. Meist handelt es sich um Gefäßbestattungen (rund 2000), doch wurden auch Steinkistengräber (13), Gruben (380) und Gräber mit hölzernen Särgen (6) entdeckt.
Anzeichen für manchen gewaltsamen Tod lassen vermuten, daß es in der Yayoi-Periode zahlreiche militärische Konflikte gegeben hat. Auch muß der Handel sehr weit gereicht haben, wie einige Armbänder aus Muscheln belegen, die aus fernen Gegenden stammen.
In einem Grab lagen allerdings auch Reste von Seide, die denen aus anderen Fundorten auf Kyushu ähneln. Bruchstücke von Modellen für das Schmelzen von Metall aus einem anderen Grab weisen darauf hin, daß Yoshinogari ein wichtiges Zentrum der frühen Metallverarbeitung gewesen ist.

Yoshinogari und die Königin Himiko

Um zu verstehen, warum die Ausgrabungen von Yoshinogari ein so großes Echo in Japan hervorgerufen haben, muß man an eine legendäre Figur aus der Geschichte dieses Landes erinnern: an Königin Himiko, die im 3. Jahrhundert n. Chr. für einige Zeit die Herrschaft über Yamato ausgeübt haben soll und auf die sich chinesische Texte der Wei-Dynastie (220–264) beziehen. Jahrhundertelang haben japanische Geschichtsschreibung und archäologische Forschung der neueren Zeit nach dem Ort dieser Herrschaft gesucht – ihn aber nicht gefunden.
Den chinesischen Quellen zufolge war Königin Himiko eine ältere Frau mit magischen Kräften, die an einem befestigten und von Wachtürmen geschützten Wohnsitz lebte. Im Jahr 238 habe sie Geschenke an den chinesischen Hof geschickt und dafür den Ehrentitel »Befreundete Königin der Wei« erhalten. Bei ihrem Tod einige Jahre später soll die Königin in einem Grab innerhalb eines Hügels von großen Ausmaßen bestattet worden sein.
Die Entdeckung von Yashinogari hat das Interesse an diesem geheimnisumwitterten Kapitel der japanischen Geschichte wieder aufleben lassen. Yoshinogari hat Hinweise geliefert, die man mit den chinesischen Beschreibungen in Verbindung bringen könnte: die Fundamente der höher gelegenen Bauten – vielleicht die Wachtürme; die Wohnbauten innerhalb des eingefriedeten Bereichs – vielleicht lebte hier die Oberschicht; die Hügelgräber – vielleicht ruht hier irgendwo die Königin.
Aber noch ist das Rätsel der Königin Himiko nicht gelöst.

Die Kofun-Periode. Im alten Japan wird die voranschreitende Entwicklung zu komplexeren Formen der gesellschaftlichen Organisation schon im späten Yayoi sichtbar, beschleunigt sich dann und gelangt in der Kofun-Kultur des 4. bis 7. Jahrhunderts n. Chr. zur Reife. Der Name »Kofun« bedeutet »alte Gräber« und bezieht sich auf ein Charakteristikum dieser Periode: die gewaltigen Hügelgräber, in denen die Mitglieder der Oberschicht jener Zeit bestattet wurden.
Typisch für diese Gräber ist ihr Grundriß, der an ein überdimensioniertes Schlüsselloch erinnert. Auf dem Gipfel des Hügels befand sich einst eine runde Plattform, deren Rand von Terrakottafiguren gebildet wurde. Sie sind bekannt unter dem Namen *haniwa* und zeigten den gesellschaftlichen Rang des Verstorbenen an.
Es muß hier noch einmal betont werden, daß die obige Beschreibung sich auf Rekonstruktionen der Archäologen begründet. Das ursprüngliche Aussehen eines großen Teils dieser Gräber (bis heute wurden in ganz Japan mehr als 3000 entdeckt) hat sich über die Jahrhunderte natürlich sehr verändert. Der schlüssellochförmige Grundriß ist nur einer von vielen: Die Gräber konnten durchaus auch rund oder viereckig sein oder beide Formen verbinden, etwa mit einem quadratischen Fundament und einem runden Oberbau und so weiter.

← Grabfigur aus Terrakotta (haniwa), *gewappneter Krieger aus dem 6. Jahrhundert n. Chr., gefunden in Kami-chujo (Kumagaya). Solche Figuren sind typisch für die Kofun-Kultur und wurden in der Nähe der Hügelgräber gefunden. Tokio, Nationalmuseum*

← *Grabgefäß aus Keramik vom Typ* sue. *Kofun-Periode, 6. Jahrhundert n. Chr. London, Britisches Museum*

Obwohl sie für die Kofun-Periode typisch sind, hat man Hügelgräber auch schon während der vorhergehenden Yayoi-Kultur gebaut, wie es die Ausgrabungen von Yoshinogari belegen: Der Unterschied besteht im Ausmaß der Mausoleen. In der Kofun-Epoche nahmen sie gewaltige Proportionen an. Sie sind allerdings kein isoliertes Phänomen im fernöstlichen Asien des 4. bis 7. Jahrhunderts: Auch die Herrscher der zeitgenössischen koreanischen Reiche (300–668) wurden in ähnlich umfangreichen Grabanlagen bestattet. Es fehlte im übrigen auch in Korea nicht an Beispielen für den Schlüssellochgrundriß. Dies und die Ähnlichkeit der Grabbeigaben bezeugen die engen Beziehungen in dieser Zeit zwischen Japan und Korea. Die Keramiken des Typs *sue*, die Schwerter mit einer ringförmigen Parierstange und die Schmuckstücke aus wertvollem Material wurden, so vermutet man aufgrund ähnlicher Funde in Korea, entweder von dort importiert oder von koreanischen, nach Japan ausgewanderten Handwerkern hergestellt.

Trotz dieses regen Warenaustauschs sind die eigentlichen Begräbnisriten der Kofun-Zeit in Japan entstanden, für das sie typisch sind. Dies geht vor allem daraus hervor, daß auffällige Bronzespiegel und Grabfiguren aus Keramik, die *haniwa*, in den Gräbern nun eine besondere Rolle spielen, um hier nur die wichtigsten Beispiele zu nennen.

Die Bronzespiegel wurden entweder aus China importiert oder in Japan nach chinesischen Mustern hergestellt. Manchmal bleibt die Frage offen wie im Fall der 33 Exemplare, die in Tsubai Otsukayama (Präfektur Kyoto) ans Licht gekommen sind. Sie spielten jedenfalls eine wichtige Rolle im altjapanischen Begräbnisritual; ihre Ornamente zeigen Gottheiten, Sternbilder oder mythologische Tiere. Vielleicht haben sie als Talismane gedient, wie schon in China. Das läßt auch ihre Lage in den Gräbern vermuten: In Otsukayama wurden sie an den Seiten der Grabkammer gefunden; in Koganezuka wurde ein chinesischer Spiegel, der in das Jahr 239 n. Chr. datiert werden konnte, unter dem Sarkophag des Hauptgrabes entdeckt. Seit dem 5. Jahrhundert verringert sich die Zahl der importierten Spiegel beträchtlich, dafür wächst die der Waffen: Schwerter, Helme, Lanzenspitzen – was für die Zunahme kriegerischer Aktivitäten in der damaligen Zeit spricht.

Weniger bekannt sind Wohnsiedlungen aus der Kofun-Zeit. Eine Aus-

↑ *Eine Gruppe Grabterrakotten vom Typ* sue, *von unterschiedlicher Höhe (6,6 bis 52,6 Zentimeter) aus Honshu und Shikoku. Die Gegenstände, verschieden in Form und Funktion, wurden zusammen aufgenommen, um ihre Vielfalt in Aufbau und Dekoration zu zeigen. London, Britisches Museum*

Computer und Archäologie

Mit Hilfe des Computers, in dem alle bekannten archäologischen Daten eingegeben werden, kann man heute das ursprüngliche Aussehen von archäologischen Stätten rekonstruieren und bildlich darstellen.
In Japan wird diese Methode sehr häufig angewandt, um Yayoidörfer und die großen Hügelgräber der Kofun-Zeit auf dem Bildschirm wiedererstehen zu lassen. Dies findet nicht nur beim interessierten Publikum großen Anklang, sondern dient auch Lehrzwecken.
Bei der Computerrekonstruktion der Hügelgräber, deren äußere Gestalt über die Jahrhunderte sehr gelitten hat, wird zunächst ein Grundlagenmodell aus den gespeicherten Daten mehrerer Grabstätten hochgerechnet. Ihm fügt man die spezifischen Daten der Grabstätte hinzu, die rekonstruiert werden soll; dazu gehören die bekannten Maße, die Besonderheiten des Geländes und der Landschaft.
Bei der Computerrekonstruktion der Yayoidörfer hat man insbesondere den topographischen Bedingungen größte Aufmerksamkeit geschenkt.
Das größte Problem besteht darin, daß die alten Bauten aus Holz errichtet waren und daher nur wenig Spuren hinterlassen haben. Immerhin helfen Pfostenlöcher, erkennbar an typischen Verfärbungen im Erdreich, die Grundrisse von Holzbauten und ihre Anordnung im Gelände festzulegen, woraus der Computer mittels seiner Parameter auf bestimmte Gebäudetypen schließen und sie in ihrer natürlichen Umgebung bildlich darstellen kann.

nahme bilden die von Mitsudera (Präfektur Gumma), die man auf das Ende des 5. bis Anfang des 6. Jahrhunderts datiert. Der Bereich, in dem die herrschende Schicht wohnte, ist durch einen Wassergraben vom Siedlungsgebiet der übrigen Bevölkerung getrennt. Im inneren Areal finden sich auch mehrere Bauten, die wohl Ritualzwecken gedient haben. Die Tatsache, daß die Herrschenden der Kofun-Periode sowohl religiöse als auch politische Führungsfunktionen innehatten, lebt in dem Ausdruck *matsurigoto* weiter, der von nun an die doppelte Bedeutung »Regierungsbefugnis« wie auch »rituelle Beschäftigung« hat.
Deutlich erkennbar ist die kriegerische Haltung der Herrschenden der Kofun-Zeit. Hier liegt wohl der Kern jener Wesenszüge, die für die späteren Samurai charakteristisch werden sollten.
Zahlreich sind übrigens auch die Grabterrakotten von Kriegern, die mit zusammengenähten Platten – wahrscheinlich aus Kupfer – gepanzert sind.
Bewaffnet mit oftmals sehr fein gearbeiteten Schwertern, auf deren Griffen mythische Vögel oder andere Tiere eingraviert sind, hatten die Krieger im Pferd noch ein weiteres beeindruckendes Statussymbol. Die *haniwa* zeigen, daß die Tiere Geschirr aus vergoldeter Bronze und kunstvoll gearbeitete Sättel trugen.

Bibliographie

• O. Mitsuzane »Mounded Tombs in East Asia from the 3rd to the 7th Centuries A.D.«, in: R. Pearson (Hg.) *Windows on the Japanese Past. Studies in Archaeology and Prehistory*. Ann Arbor 1986
• M. Hudson »From Toro to Yoshinogari. Changing Perspectives on Yayoi Archaeology«, in: G. L. Barnes (Hg.) *Hoabinhian, Jomon, Yayoi, Early Korean States. Bibliographic Reviews of Far Eastern Archaeology*. Oxford 1990, S. 63–111
• M. Hudson, G. L. Barnes »Yoshinogari. A Yayoi Settlement in Northern Kyushu«, in: *Monumenta Nipponica* 46, 2, 1991, S. 211–235

←↓ Links: Zwei Computerrekonstruktionen des alten Yayoi-Dorfes bei Yoshinogari. Zu sehen sind verschiedene Behausungen und Pfahlbauten, die vielleicht als Getreidespeicher und zur Aufbewahrung von Lebensmitteln gedient haben. Der Typus solcher Dörfer hat sich in einigen Gebieten Asiens bis heute unverändert erhalten, wie unsere Aufnahme (unten) von einem Dorf in Südchina zeigt.

Pueblo Bonito und die Anasazi-Indianer

Das im Chaco Canyon gelegene Zentrum Pueblo Bonito ist eines der besten Beispiele für Bauten in der Anasazi-Tradition. Es gehört in die klassische Periode (950–1150 n. Chr.) und besitzt einen D-förmigen Grundriß. Die einst aus fünf halbkreisförmigen Stockwerken bestehende Anlage öffnet sich auf einen großen Hauptplatz, von dem zahlreiche Schächte hinunter in die unterirdischen Zeremonialräume, die Kivas, führen. Die für den Handel wie die Religion bedeutsame Stadt war über ein Fußwegenetz mit anderen Orten verbunden.

→ Der Chaco Canyon im Nordwesten von New Mexico war einer der wichtigsten Kultur- und Handelsräume in diesem Teil Amerikas.

Die Anasazikultur hat sich in dem »Four Corners« genannten Gebiet entwickelt, wo Utah, Colorado, Arizona und New Mexico aneinandergrenzen. Da diese Kultur keine Schrift kannte, können ihre Entwicklungsphasen allein über die – dank des trockenen Klimas gut erhaltenen – archäologischen Funde rekonstruiert werden.
Die Blütezeit der Anasazikultur liegt zwischen 950 und 1150 n. Chr. und ist durch eine Stärkung der politischen, sozialen, wirtschaftlichen und religiösen Strukturen gekennzeichnet. Es ist eine Periode materiellen Wohlstands, belegt durch zahlreiche Fundstücke und eine Reihe von Siedlungen, zu denen auch Pueblo Bonito gehört.
Die in aufeinanderfolgenden Phasen errichtete Stadt nimmt heute eine Fläche von einem Hektar ein. Die aus Holz und Adobes, luftgetrockneten Lehmziegeln, errichteten Gebäude bilden, übereinander angeordnet, eine nach Süden hin offene halbmondförmige Mauer. Grundform und Ausrichtung der Stätte lassen vermuten, daß der Lauf der Sonne und andere Naturerscheinungen für die Anlage maßgeblich waren. Die Mauer aus Lehmbauten schützt die Stadt vor Nordwind, nimmt die Sonnenwärme auf und speichert sie. So konnte Mais, eines der Hauptnahrungsmittel, auf den sonnenwarmen Terrassen getrocknet und in den eher kühlen Räumen gelagert werden. Die Räume dienten auch als Wohnungen für die Bevölkerung von Pueblo Bonito, das ungefähr 1200 Einwohner gehabt haben muß.
Der Hauptplatz, aufgeteilt in zwei fast gleiche Hälften, weist über seine ganze Breite kreisförmige Schächte verschiedener Größe auf, die in die unterirdischen Zeremonialbereiche führten, jedoch auch als Lager genutzt wurden.
Für den Bau der Stadt benötigte man große Mengen Sand, Ton, Wasser und Holz, die über das Netz aus Verbindungswegen zwischen den Städten im Chaco Canyon herangeschafft wurden. Landwirtschaftliche Erzeugnisse, Türkise, Erze und sonstige Produkte wurden von der Pazifikküste und aus Zentralmexiko eingeführt. Man vermutet, daß sich die Anasazi für das Siedlungsgebiet im San-Juan-Becken des Chaco Canyons wegen seiner zentralen Lage entschieden haben. Pueblo Bonito war also nicht nur eine religiöse Stätte, sondern auch ein Ort des Handels, der Lagerung und der Verteilung von Gütern.

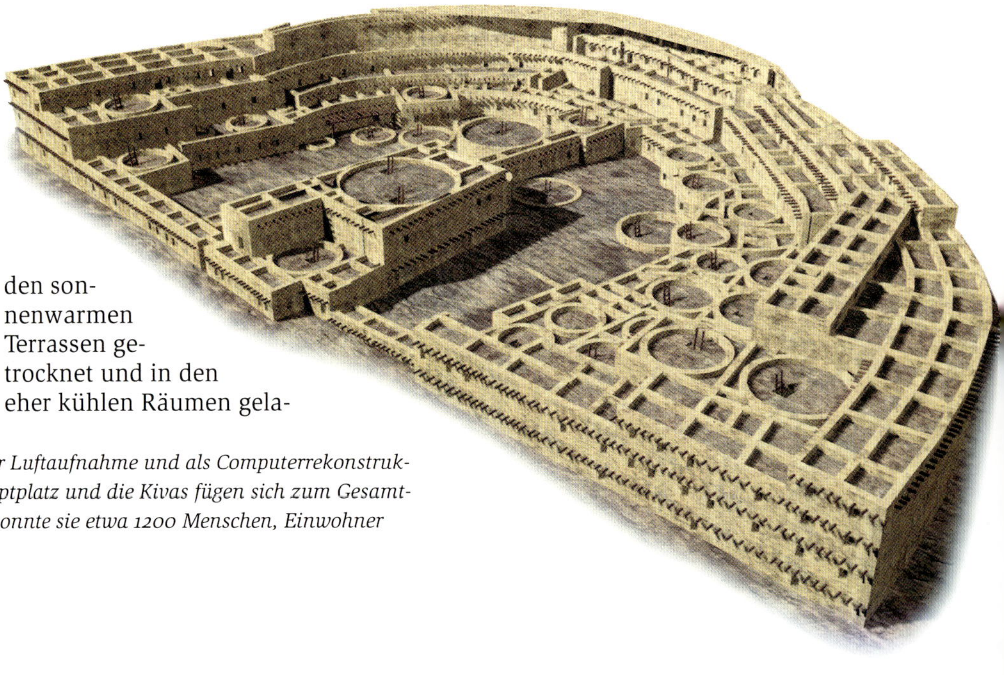

↑→ Die Ausgrabungsstätte Pueblo Bonito auf einer Luftaufnahme und als Computerrekonstruktion. Die übereinandergelagerten Bauten, der Hauptplatz und die Kivas fügen sich zum Gesamtbild der D-förmigen Stadt zusammen. Insgesamt konnte sie etwa 1200 Menschen, Einwohner oder Reisende, aufnehmen.

← *Bemalter Krug aus Keramik, eines der seltenen Beispiele für die Darstellung des menschlichen Körpers in der Kunst der Anasazi*

Historische Quellen

Die wichtigsten Quellen zur Anasazikultur stammen aus dem 16. Jahrhundert. Es handelt sich um Chroniken der Spanier, die gegen 1530 die Völker jenseits der Nordgrenze Mexikos entdecken. Von 1540 bis 1542 ist eine Expedition unter Leitung von Francisco Vasquez de Coronado im Auftrag des spanischen Gouverneurs damit befaßt, das Gebiet der Anasazi zu erforschen. Die bei dieser Mission angelegten Chroniken sind die ältesten Schriftdokumente über diese Kultur. Weitere Kontakte zwischen Anasazi und Spaniern, belegt durch Briefe, Schriften und Chroniken, folgen in den Jahren darauf, bis Don Juan de Onate 1598 an der Spitze einer Expedition in das Tal des Rio Grande vordringt; damit beginnt die europäische Präsenz auf dem Anasazi-Territorium. Die Spanier nannten alle Indianer, die in den aus Adobes erbauten Dörfern (spanisch: pueblos) lebten, Puebloindianer, um sie von den umherziehenden Stämmen der mexikanischen Grenzregion zu unterscheiden. Der Name bezeichnet heute die Stämme im Südwesten Nordamerikas, die die traditionelle Bauweise der Anasazi beibehalten haben.

Ein Kiva ist ein runder oder viereckiger unterirdischer Raum, der verschiedene Funktionen haben kann. Die Architektur erinnert an unterirdische Wohnbauten der ersten amerikanischen Indianer des südwestlichen Großraums. Trotz der schrittweisen Fortentwicklung der Bauweise und der Entstehung der ersten Dörfer gab es auch weiterhin Kivas in allen großen Siedlungsgebieten im Südwesten Nordamerikas. Kiva bedeutet, so der Anthropologe Frank Waters, »unterirdische Welt« und symbolisiert die Erde als Mutter, Ursprung des Menschen und durch die Nahrungsmittel, die sie hervorbringt, des Lebens selbst.
Heute befinden sich die Kivas auf dem zentralen Platz des Dorfes, sind normalerweise rechteckig und von Ost nach West ausgerichtet, dem Lauf der Sonne entsprechend. Nach unten gelangt man über eine Leiter, wobei der Zugang normalerweise durch ein Dach aus pflanzlichem Material geschützt ist.
Das Innere umfaßt im wesentlichen zwei Räume, den »Osten« für die Profanen, die initiiert werden sollen, und den »Westen« für die Priester, von denen die Zeremonie durchgeführt wird. Der Kiva symbolisiert die Welt, den Mythos vom Erscheinen des Menschen und seinen Durchgang durch die vier aufeinanderfolgenden Welten.

Chronologie der Anasazi-Kultur

Basketmaker II	200 – 400
Basketmaker III	400 – 700
Pueblo I	700 – 900
Pueblo II	900 – 1100
Pueblo III	1100 – 1300
Pueblo IV	1300 – 1600
Pueblo V (Neuzeit)	1600 – 1900

↑ *Computerrekonstruktion eines Teils des Hauptplatzes und der Kivas, in die man über Holzleitern gelangte. Kreisförmig und unterschiedlich groß, erinnern diese unterirdischen Sakralräume an den Mythos von der Erschaffung des Kosmos. Aus der Erde nämlich sollen die Tiere aufgestiegen sein, um zusammen mit den Menschen die Welt zu beleben.*

Bibliographie

• J. J. Brody *Les Anasazis. Les premiers Indiens du Sud-Ouest américain (Corpus précolombien)*. Mailand 1990
• F. Waters *Le livre du Hopi*

Die alte Indianerstadt Cahokia

Die Ruinenstätte Cahokia liegt in der Nähe von Saint Louis und ist mit ihren Tempelhügeln ein Beispiel für präkolumbischen Städtebau in Nordamerika. Die Bedeutung und die gewaltigen Dimensionen Cahokias lassen den Reichtum einer der großen Kulturen am Mississippi erkennen. Im wesentlichen aus Erdpyramiden bestehend, deren größte und berühmteste heute »Monk's Mound« heißt, wird Cahokia oft mit der alten Stadt Moundville (Alabama) verglichen, mit der es in der Anlage und der Nutzung einiger Tempel zu Bestattungszwecken Ähnlichkeit hat.

← In der Nähe des heutigen Saint Louis erstreckt sich Cahokia über beinahe 13 Quadratkilometer, auf denen sich etwa 100 Baureste finden.

Cahokia verdankt seine Entstehung den Erbauern der Tempelhügel im fruchtbaren Becken des Mississippi. Der extensive Maisanbau in diesem Schwemmland schuf die Voraussetzung für die Ansiedlung seßhafter Stämme und ihre kulturelle Entwicklung. Diese Mississippikultur breitete sich in weiten Teilen Nordamerikas aus, ein Gebiet, zu dem (wenn man es nach den heutigen Staaten bestimmt) im Westen Oklahoma, im Südosten Alabama, im Norden Georgia und Wisconsin gehörten und das im Süden bis zum Golf von Mexiko reichte.
Die archäologische Stätte liegt nicht weit vom heutigen Saint Louis (Missouri) entfernt. Um die Hügel erstrecken sich noch heute riesige Maisfelder. Diese Hügel sind die Überreste der alten Stadt, die sich über eine Fläche von 13 Quadratkilometern erstreckte.
Die Stadt wurde zwischen 800 und 1450 n. Chr. erbaut, beinahe ein Jahrhundert nach dem Niedergang der Hopewellkultur. Ihre gewaltigen Dimensionen lassen den großen Arbeitsaufwand erahnen: Tausende von Indianern müssen mit der Errichtung der zahlreichen Tempel beschäftigt gewesen sein.
Die Stadt hat sich um einen Haupttempel herum entwickelt, dem man den Namen »Monks's Mound« (Mönchshügel) gegeben hat, zur Erinnerung an die französischen Trappisten, die diese Stätte entdeckt haben. Sein Volumen wird auf ungefähr 60 000 Kubikmeter geschätzt. Er ist 30 Meter hoch, 316 Meter lang und 241 Meter breit. In 14 Etappen zwischen 950 und 1150 errichtet, beherrscht Monk's Mound noch immer den Hauptplatz, auf dem sich weitere 16 kleinere Tempelhügel erheben und der an drei Seiten von einer Palisade umgeben ist. Noch rund 100 Erdhügel liegen verstreut auf dem Gelände.

Der Niedergang Cahokias erfolgte gegen 1250; der kulturelle Austausch wurde von den Zentren El Angel und Aztatlan weitergeführt.
In Cahokia erhoben sich auf einigen Tempelhügeln Bauten aus Holz und anderem pflanzlichen Material, die zum Teil als Wohnungen für Würdenträger dienten, andere waren Bestattungsanlagen. Die reichen Grabbeigaben in den eindrucksvollsten Gräbern sind aus Knochen, Muscheln, Keramik, Stein, Kupfer und Glimmer gefertigt. Die Größe der Stätte sowie die Fülle, Vielfalt und Qualität der Opfergaben offenbaren den Wohlstand dieses nordamerikanischen Stammes, der sich der Baukunst, dem Bestattungskult und dem Handel widmete.
Einflüsse aus Mexiko lassen sich in den Kulturen des Mississippibeckens klar erkennen. Sie dürften nicht nur durch das weite Binnengewässernetz, sondern über den Seeweg durch den Golf von Mexiko vermittelt worden sein.
Einige Keramiken sind mit Motiven mexikanischen Ursprungs dekoriert, und die in Mexiko unter dem Namen »Quetzalcoatl« bekannte Gefiederte Schlange erscheint bisweilen als Schmuckmotiv auf Fundstücken aus

↑ Diese 15 Zentimeter hohe Flasche, Darstellung einer Mutter, die ihr Kind stillt, hat ein Handwerker aus der Gegend von Cahokia geschaffen.

↑ Computerrekonstruktion: Die Wohnhäuser, hoch und mit Dächern aus pflanzlichem Material, standen in der Nähe der Kultstätten.

Die Tempel von Moundville

→ *Runde Steinplatte mit Ritzmuster, das eine Schlange und eine Hand mit einem Auge darstellt.*

Die archäologische Stätte Moundville (Alabama) aus dem 13. Jahrhundert wird oft mit Cahokia verglichen. Sie nimmt eine Fläche von 120 Hektar ein und besteht aus 20 Tempelplattformen, die um einen weiten Hauptplatz herum angeordnet sind. Die Höhe der Tempel schwankt zwischen 7 und 17 Metern; der größte besteht aus 112 000 Kubikmetern Erde. Einige der Erdhügel sind als Grabstätten genutzt worden, während man auf anderen Häuser für Würdenträger errichtet hatte. Zur Blütezeit lebten dort 3000 Menschen.

der Mississippiregion. Außerdem sind die hierarchische Gesellschaftstruktur und der Sonnenkult charakteristisch für beide Kulturräume.

Die Kunst aus dem Mississippigebiet zeichnet sich durch zahlreiche Symbole aus, die gemalt oder eingeritzt wurden. Die häufigsten sind das Kreuz, die Sonnenscheibe, der Pfeil, das Auge im Inneren einer offenen Hand, der Totenkopf und der Knochen – alles Elemente, die in enger Beziehung zum Tod zu stehen scheinen. Diesem Thema begegnen wir auch in vielen Bemalungen und Gravuren wieder. Dort finden sich Darstellungen von Schädeltrophäen, Menschenopfern mit Enthauptungen und von Kriegen. Die Fundstücke, auf denen Darstellungen des Todes erscheinen, sind Muschelarbeiten, Steinäxte, Masken, Brustschmuck, Keramiken und Kupferreliefs oder -gravuren. Zu Beginn des 18. Jahrhunderts entdeckten die Europäer die seit langem verlassenen Ruinen von Cahokia. Die letzte Mississippikultur, der sie begegneten, war die der Natchez, Indianer, die das Territorium um die Stadt herum bevölkerten. Sie hingen ebenfalls dem Sonnenkult an und waren der letzte Stamm der Mississippitradition.

Bibliographie

• M. Coe, D. Snow, E. Benson *Atlas of Ancient America*. New York 1986

← *Computerrekonstruktion des Inneren einer Wohnung. Man erkennt die Öffnung für den Abzug des Rauchs. Die Feuer wurden in der Mitte des Hauses entzündet.*

Teotihuacán, Stadt der Götter

Teotihuacán ist ein hervorragendes Beispiel für eine städtische Siedlung in Mesoamerika, dem altindianischen Kulturraum Mittel- und Südmexikos sowie der angrenzenden Teile von Guatemala, Belize und Honduras. Die Anlage, die Ordnung der Bauten, ihre Monumentalität und ihre Ästhetik lassen Rückschlüsse auf das politische, wirtschaftliche und religiöse System in der Zeit vom 1. bis zum 8. Jahrhundert n. Chr. zu.

Die Ruinenstadt Teotihuacán erhebt sich in 2300 Meter Höhe 40 Kilometer nordöstlich der alten aztekischen Hauptstadt Mexiko-Tenochtitlán. In der Mitte einer weiten Ebene gelegen, bietet sie ein bemerkenswertes Beispiel für eine perfekt an ihre Umgebung angepaßte Baukunst. So konnte es geschehen, daß die Mondpyramide und die Sonnenpyramide den ersten spanischen Konquistadoren entgingen und diese nichts von der Existenz der Metropole ahnten: Zerstört durch eine Reihe von Bränden, hatte sie ihre urprünglichen Farben verloren und war äußerlich mit den vulkanischen Formationen des Hochtals verschmolzen.

Die Entwicklung von Teotihuacán setzte Anfang der christlichen Zeitrechnung ein, nachdem die Stadt Cuicuilco untergegangen war und sich die Völkerschaften im Hochtal von Mexiko zusammengefunden hatten (3. Jahrhundert v. Chr.–1. Jahrhundert n. Chr.). In dieser Epoche hatten sich die kulturellen Charakteristika Mesoamerikas gefestigt. Die Entwicklung der vorklassischen Zeit führte zur Errichtung dieses ersten urbanen Zentrums der klassischen Periode. Aus dem leicht zugänglichen gebirgigen Umland hatte man die Baumaterialien herbeigeschafft. Auch die Nähe des San-Juan-Flusses und des Texcocosees hatten bei der Wahl des Orts eine entscheidende Rolle gespielt, da sie eine Kanalisierung, die Bewässerung des Bodens und damit die Entwicklung der Landwirtschaft ermöglichten.

← Alabastergrabmaske aus Teotihuacán. Das 20 Zentimeter hohe Fundstück wird auf das 5. bis 6. Jahrhundert n. Chr. datiert und gehört heute zu den Beständen des Nationalmuseums für Anthropologie und Geschichte in Mexiko (Stadt).

Die Chinampas waren Plattformen aus Erde, die schwimmende, durch Wurzeln gehaltene Gärten bildeten, auf denen Nutzpflanzen aller Art wachsen konnten. Eine intensive Bewirtschaftung erbrachte gewaltige Mengen an Nahrungsmitteln, die dennoch kaum ausreichten, den Bedarf einer Bevölkerung zu decken, die vom 4. bis zum 7. Jahrhundert auf fast 200 000 Menschen anstieg.

Die strategisch günstige Lage von

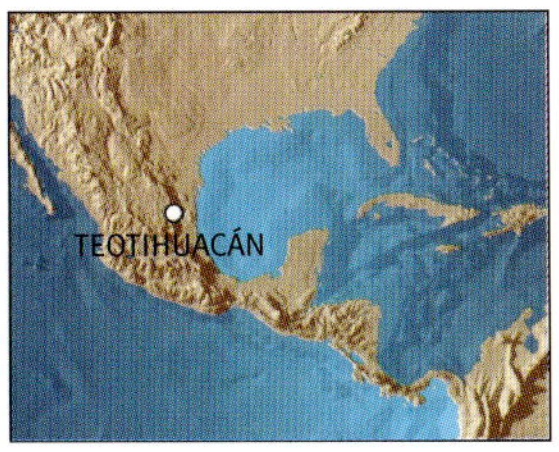

← Teotihuacán liegt rund 40 Kilometer nordöstlich von Mexiko (Stadt).

Teotihuacán förderte eine Politik der Kolonisation von der Mesa Central bis zu den östlichen Teilen Mexikos und die Organisation eines blühenden Handels zwischen den verschiedenen Stämmen des mesoamerikanischen Raums. Die Analyse des archäologischen Materials und der bildschriftlichen Elemente auf den Fresken zeigen in der Tat, daß einige exotische Produkte (wie der *copal*, ein zur Herstellung von Weihrauch verwendetes Harz) bekannt waren, die in Teotihuacán gegen andere Güter getauscht wurden und sich an zahlreichen archäologischen Stätten Mesoamerikas wiederfinden.
Im Wohnkomplex der Stadt, der eine Ausdehnung von beinahe 20 Quadratkilometern hatte, sind fast 400 Werkstätten gefunden worden, was die intensive Aktivität von Handwerkern belegt. Man stellte zahlreiche Güter aus Jade und aus Obsidian her, der in Otumba und Pachuca abgebaut wurde. Die interessantesten Fundstücke sind Grabmasken, zum Teil mit Mosaiken geschmückt. Die ein-, zwei- und dreifarbigen Keramiken zeigen krummlinige Motive in Negativmalerei; außerdem fertigte man Figurinen mit beweglichen Armen und Beinen, die mit Fäden am Torso befestigt sind. Als chronologische Indikatoren belegen die Keramiken ebenso wie die Objekte aus Stein, daß Teotihuacán in seiner Blütezeit (5.–7. Jahrhundert n. Chr.) einen großen Einfluß auf die mesoamerikanischen Völker ausgeübt hat.

Während des 7. und des 8. Jahrhunderts schwand die Macht der Stadt; Xochicalco (im Süden), Cacaxtla und Cholula (im Osten) sowie Tula (im Norden) wurden die Kulturmittelpunkte. Atzcapotzalco im Hochtal von Mexiko bewahrte die Tradition von Teotihuacán.

Die Bedeutung von Teotihuacán beschränkte sich jedoch nicht auf den Handel mit Zier- und Gebrauchsgegenständen. In Monte Albán und Tajin wurden Keramiken gefunden, die dem Stil von Teotihuacán nachempfunden sind. Doch eine der deutlichsten Spuren des kulturellen Einflusses der »Stadt der Götter« findet sich im Mayagebiet von Guatemala, fast 1000 Kilometer entfernt. Die Bauten A7 und B4 von Kaminaljuyu weisen nämlich die gleichen Proportionen, die gleichen architektonischen Elemente und den gleichen Stil wie die in Teotihuacán auf. Die Architektur, die sich bei der Erbauung von Teotihuacán herausgebildet hatte, kann als eines der bestimmenden Elemente im Prozeß der Beeinflussung und der Kolonisation betrachtet werden, da sie durch ihren historischen Ursprung, ihre Formen und Proportionen einer starken politischen Macht Ausdruck verleiht. Ein originaler Stil wie dieser, der sich in großen Teilen Mesoamerikas ausbreiten sollte, bedurfte einer starken und überzeugenden Zentralmacht, die eine solide wirtschaftliche Basis hatte und über Baumeister verfügte, die in der Lage waren, ein so groß angelegtes Projekt erfolgreich durchzuführen.
Die Kunst der Baumeister bestand in der Errichtung von in sich geschlossenen Bauwerken in einem offenen städtischen Raum. Die ausgegrabene Stadt beeindruckt insgesamt durch

↑↓ Bauplastik eines Tempels in Teotihuacán mit dem Kopf der Gefiederten Schlange (unten) und Rekonstruktion in Originalfarben (oben)

← Computerrekonstruktion des Zentrums von Teotihuacán zur Zeit seiner größten Prachtentfaltung (5.–7. Jahrhundert n. Chr.): Pyramide des Quetzalcoatl (1), ciudadela *(Zitadelle, 2), Straße der Toten (3), Hof der vier Tempel (4), Sonnenpyramide (5), Mondpyramide (6), Palast des Quetzalpapalotl (7), Palast der Jaguare (8)*

Perioden von Teotihuacán	
Patlachique	(Cuicuilco V, vorklassisch) 100 v. Chr. – Zeitenwende
Tzacualli	Zeitenwende – 150
Miccaotli	150 – 250
Tlamimilolpa	250 – 450
Xolalpan	450 – 650
Metepec	650 – 750

ihre systematische Gliederung. Die Gesamtanlage, die streng den Regeln der Rechtwinkligkeit und Symmetrie folgt, konnte offenbar Erweiterungen vertragen, ohne daß ihr architektonischer Rhythmus aus dem Gleichgewicht geraten wäre.

Teotihuacán ist ein anschauliches Beispiel für einen »agglomerierenden« Städtebau, der eine spätere Ausweitung mit einbezog. Die monumentalen Proportionen der Kultstätte lassen zudem erahnen, daß die Religiosität von großer Bedeutung für die Stadt war.

Die wichtigsten Bauwerke sind die Sonnenpyramide und die Mondpyramide. Die beiden Kolossalbauten weisen eine Grundfläche von 225 mal 222 Metern bei 65 Meter Höhe (Sonnenpyramide) bzw. von 150 mal 140 Metern auf. Von den einst auf ihnen hoch aufragenden Tempeln ist keine Spur geblieben. Die beiden Pyramiden erheben sich in der Nähe des Säulensaals des Quetzalpapalotl-Palastes und begrenzen einen Teil der 40 Meter breiten und 2 Kilometer langen Straße der Toten, die zur *ciudadela* (Zitadelle) führt.

Das architektonische Grundelement ist der *talud-tablero*, eine Verbindung vertikaler und horizontaler Flächen. Bei vielen Bauwerken in Teotihuacán ist er das Schlüsselelement, gleichzeitig variabel und repetitiv; und mit seiner Hilfe lassen sich die mexikanischen Bauten der klassischen Periode chronologisch ordnen.

Dieses Grundelement bestimmt maßgeblich den architektonischen Rhyth-

↑ *Luftaufnahme der Mondpyramide: Am Ende der Straße der Toten, der Hauptachse in Nord-Süd-Richtung, und in der Nähe des Quetzalpapalotl-Palastes und anderer kleiner Pyramiden gelegen, ist sie nicht so hoch wie die Sonnenpyramide. Sie besteht aus vier Hauptstufen; eine breite Treppe führt hinauf.*

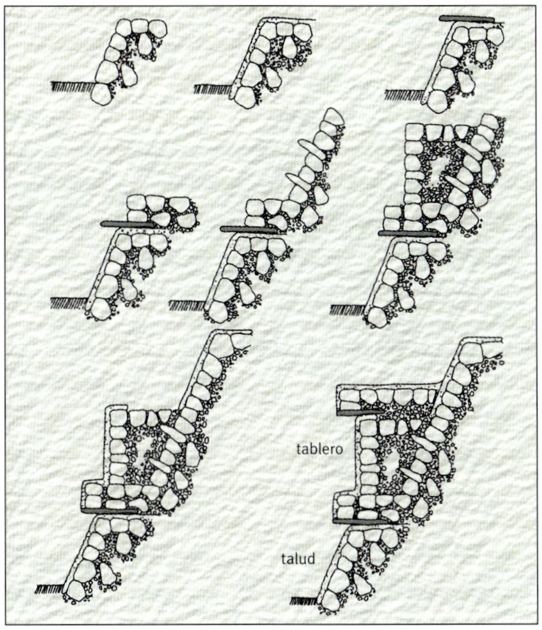

↑ *Die einzelnen Bauphasen des* talud-tablero, *das bei vielen Gebäuden der klassischen Zeit in Teotihuacán und an anderen Orten verwendet wurde.* Talud *ist das Element der Schräge,* tablero *das der Vertikalen, das jeweils oben und unten horizontal begrenzt wird. Aus der Aufeinanderfolge beider Teile entsteht das charakteristische Stufenprofil der Pyramide.*

mus. Die Plattformen und die Unterbauten der rechteckigen Gebäude und der Tempel sind nach diesem Grundmodell entstanden: Der Kern besteht aus Steinen und Lava; das Äußere (im natürlichen Böschungswinkel von 45 bis 50 Grad) ist durch den Wechsel von schrägen *(talud)* und senkrechten Flächen *(tablero)* gegliedert. Übereinander gestaffelt, ermöglichen die *talud-tableros* solide, manchmal recht hohe und stets ästhetisch gültige Bauwerke, bei denen die verschiedenen Flächen das Licht auf reizvolle Weise unterschiedlich reflektieren und so den reliefartigen Aufbau betonen. Unzählige Male ist dieses Prinzip bei der Errichtung von zwei-, drei- und vierstufigen Gebäuden angewendet worden.
Die Bauten, die heute mit der grauen vulkanischen Umgebung verschmelzen, waren einst mit Skulpturen geschmückt, von einer feinen Schicht Stuck überzogen und mit farbigen Fresken dekoriert, bei denen Rot und Grün überwogen. Am Quetzalpapalotl-Palast, der inzwischen restauriert worden ist, zeigen sich noch Spuren der alten Polychromie; auf den mit Basreliefs geschmückten Pfeilern haben sich Darstellungen mythischer Tiere erhalten.
Die Fresken wurden mit Kalk und natürlichen Pigmenten ausgeführt. In den letzten Jahren in großer Zahl entdeckt und restauriert, offenbaren sie uns dank ihrer aussagekräftigen Bildsprache die Identität wichtiger Figuren aus der Götterwelt jener Zeit. So erscheint auf den Fresken des Palastes immer wieder der Regengott Tlaloc, die Gefiederte Schlange Quetzalcoatl, dem die *ciudadela* geweiht war, und der Jaguar.
Tlaloc ist der Gott des Landbaus, der über Tlalocan herrscht, eine Art üppigen Garten, eine Welt des Überflusses. Quetzalcoatl wird symbolisch mit der Golfküste, der reichen Pflanzenwelt und mit dem Himmel in Zusammenhang gebracht, da er mit *quetzal*-Federn geschmückt ist.
Offenbar hat sich in Teotihuacán ein bedeutender Kult um diese Gottheit durchgesetzt, der im wesentlichen in der Zitadelle *(ciudadela)* dargestellt ist, einem der größten Baukomplexe der Stadt. Dort finden wir Tlaloc und Quetzalcoatl auf den Reliefs der Fassade vereint, wobei die Muscheln auf ihre Verbindung zur Welt des Meeres verweisen.
Später, bei den Azteken, ist Teotihuacán, die »Stadt der Götter«, der Ort der Erschaffung von Sonne und Mond. Nach der Legende wurden zwei Gottheiten auserwählt: Die eine, Tecuciztecatl, sollte sich in den Sonnenstern verwandeln und die Welt erleuchten; die andere, Nanahuatzin, sollte zum Mond werden. Doch Tecuciztecatl schwand der Mut vor dem Becken mit glühenden Kohlen, in das er sich werfen sollte; Nanahuatzin dagegen zeigte sich tapferer und stürzte sich als erster in die Flammen. Er verwandelte sich in den Sonnenstern, während aus Tecuciztecatl der Mond wurde.
Alles in der Metropole verweist darauf, wie wichtig es ist, die Erinnerung an die Traditionen und die Geschichte zu bewahren. Das Monumentale der Stätte, ihre architektonische Anlage und ihre Geometrie unterstreichen, in welchem Maße Zusammenhalt und Ausgewogenheit grundlegend für eine Kultur waren, die sich die Welt in ihren Dimensionen Vergangenheit, Gegenwart und Zukunft vorstellte und ihr eine bauliche Gestalt zu geben vermochte, die rational und symbolisch zugleich war.

Bibliographie

- M. Coe, D. Snow, E. Benson *Atlas of Ancient America*. New York 1986
- *Le Mexique, des origines aux Aztèques. Le monde précolombien, l'univers des formes*. Paris 1986
- E. Matos Moctezuma *Teotihuacán, la metropoli de los dioses. La aventura humana*. Mailand 1990
- I. Tisserand »L'architecture mexicaine à l'époque classique«, in: *Encyclopédie Clartés*. Paris 1994

→ *Fragment einer Wandmalerei aus Teotihuacán, datiert auf das 5. bis 6. Jahrhundert n. Chr. Die reichen Verzierungen verweisen auf das soziale Ansehen des Kriegers.*

Tikal, Metropole im Regenwald

Tikal entstand im Regenwald, im heutigen Petén im Norden Guatemalas. Wie das mexikanische Teotihuacán war Tikal eine dichtbevölkerte städtische Siedlung. Charakteristisch für diesen Stadtstaat waren die Monumentalbauten im mesoamerikanischen Stil und die Entwicklung doppelter Pyramiden, sogenannter Zwillingskomplexe. Mit einer bebauten Fläche von mehr als 16 Quadratkilometern gehörte Tikal zu den größten Metropolen Amerikas.

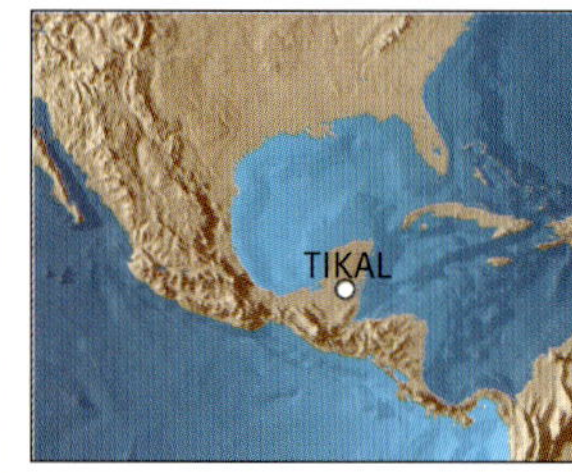

← Tikal im Departement El Petén, einer Landschaft, die sich nach Norden hin als weite Karstplatte der Halbinsel Yucatán fortsetzt

Die Stätte wurde im 18. Jahrhundert entdeckt und im 19. Jahrhundert durch Gustave Bernoulli bekannt gemacht. Er überführte 1877 die ersten Holzschnitzereien aus den Tempeln I und IV des Zeremonialplatzes von Tikal ins Museum von Basel. Später setzten Maudslay, Tozzer, Maler und Morlay die Ausgrabungen fort. Die erste Phase der Restaurierung, bei der vor allem die Gebäude von der üppigen Vegetation befreit wurden, erfolgte in den Jahren von 1956 bis 1966 unter der Leitung der Universität von Pennsylvania. Von Beginn der Forschungsarbeit an war deutlich, daß Tikal zu den repräsentativsten städtischen Siedlungen der klassischen Mayakultur gehört.

Verschiedene Umstände begünstigten damals die Ausdehnung der großen Städte als Kult- und Handelszentren. Man verfügte über reiche Rohstoffquellen, und die Landwirtschaft wurde umsichtig betrieben. Die Bauern nutzten, was die Gegend zu bieten hatte, legten Terrassierungen und Anbauflächen in den *bajos* an, regelmäßig von jahreszeitlich bedingten Regenfällen überschwemmten und durch zahlreiche Kanäle entwässerten Gebieten. Mais und *ramon*, die Frucht des Brotbaums, wurden in *chultun* aufbewahrt; dies sind in den Felsen geschlagene Räume, die auch als Wasserbecken dienten. Die damalige Bevölkerung war sehr mobil. Es gab ein weites Netz von Handelswegen, wobei die Binnengewässer ebenso wie die Land- und Seewege zu weitreichenden Unternehmungen genutzt wurden.

Während dieser außerordentlichen Entwicklungsphase ist ein stetiges Wachstum der Bevölkerung zu verzeichnen. Das Volk war Nutznießer der Politik und nahm an den religiösen Zeremonien teil, die sich um die zahlreichen Heiligtümer und Tempel entwickelt hatten. Immer größere Gebiete wurden von einer politischen Macht kontrolliert, die durch Handel, Krieg und wahrscheinlich auch dynastische Allianzen ausgeübt wurde.

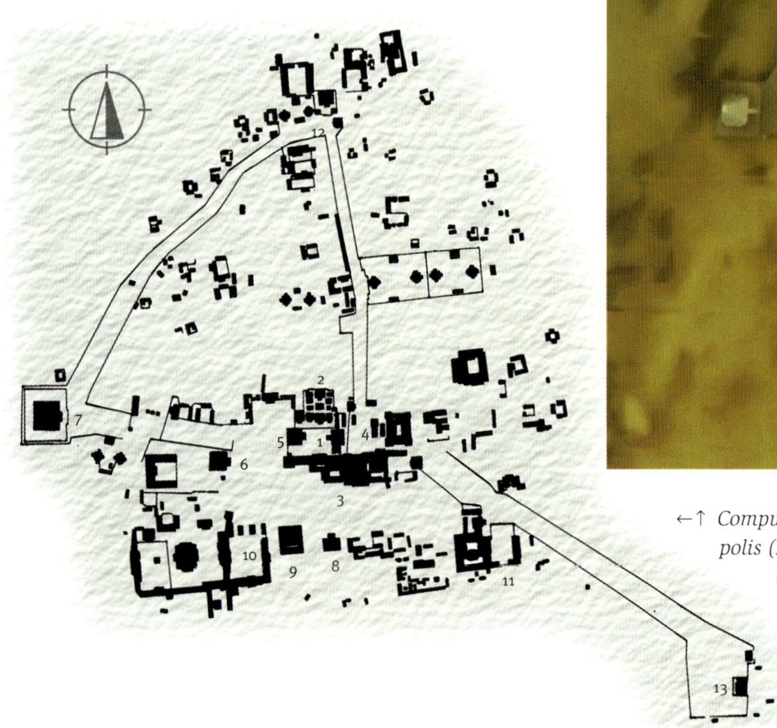

←↑ Computerrekonstruktion und Lageplan von Tikal: Großer Platz (1), nördliche Akropolis (2), zentrale Akropolis (3), Tempel I (4), Tempel II (5), Tempel III (6), Tempel IV (7), Tempel V (8), südliche Akropolis (9), Platz der sieben Tempel (10), Gruppe G (11), Gruppe H (12), Tempel der Inschriften (13)

← *Pektorale aus Jade, gefunden in Tikal. Die Hauptfigur mit reichem Kopfschmuck sitzt auf einem Thron und scheint sich einer kleinen Gestalt zuzuwenden. Jade wurde in der Mayakultur sehr häufig verwendet; sie war ein Symbol für Reichtum und Fruchtbarkeit.*

Nach den Daten der Steinstelen zu urteilen, reichte die Geschichte der Stadt von 292 bis 869, wobei die Blütezeit im 7. und im 8. Jahrhundert lag. Verschiedene Inschriften bezeichnen die Könige als »Jaguarkralle«, »Krummschnauze« und »Gewitterhimmel«. Einige aus Zentralmexiko stammende Elemente belegen, daß von dort, insbesondere aus dem mexikanischen Hochtal, im 4. und 5. Jahrhundert Einflüsse bis Tikal reichten: eine Darstellung des Regengottes Tlaloc auf der Stele Nr. 32 und ein von Jacques Soustelle beschriebenes polychromes Gefäß; darauf bilden sechs Personen in mexikanischer Kleidung eine Prozession, die sich auf ein Heiligtum zubewegt. Dessen Architektur ist identisch mit der eines Bauwerks im Zentrum von Teotihuacán.
Das Grabungsgebiet von Tikal umfaßt derzeit 1000 Gebäude und 200 Steinstelen. Die Gebäude gruppieren sich vor allem um den zentralen Teil der Stadt. Sie liegen verstreut, ebenso wie bei den rund 20 Städten, die sich in einem Gebiet von etwa 200 Kilometern von Nord nach Süd und von 100 Kilometern von Ost nach West finden. Das Stadtbild von Tikal war also weitaus weniger dicht als das von Teotihuacán und paßte sich der endlosen Weite des Petén an.
Eine solche lockere Stadtanlage bedarf besonderer Verbindungswege, damit die Kommunikation nicht behindert wird und der Zusammenhalt der Stadt und ihrer Bevölkerung gewährleistet bleibt. Die Forschungen sind noch unbefriedigend, doch die Vermutung liegt nahe, daß die langen gepflasterten Straßen, die sogenannten *sacbeob*, die wichtigsten Gebäudekomplexe der Stadt miteinander verbunden haben.
Horizontale und Vertikale sind in der Architektur Tikals sehr ausgewogen, da die Gesamtfläche mit der Höhe der Pyramiden (bis zu 70 Meter hoch) auf dem Hauptplatz korrespondiert. Schlüsselelement der Bauten ist das

↓ *Die Ruinen Tikals liegen verstreut im tropischen Regenwald. Zahlreiche Gebäude mußten vor ihrer Erforschung erst von der Vegetation befreit werden.*

→ *Computerrekonstruktion von Tikal. Die Stadt ist hier von der Vegetation befreit. Das Regenwasser, Voraussetzung für den tropischen Wald, wurde einst kanalisiert.*

Gewölbe, kombiniert mit den Grundpfeilern. Funktionell nimmt es das Bauschema der traditionellen Mayahütten auf, der Wohnhäuser des einfachen Volkes, wie sie oft auf Flachreliefs dargestellt sind. Das Gewölbe der Maya besteht aus Schichten behauener Steine, die Reihe um Reihe

↑ *Oberkörper einer Figur mit Kopfputz im Profil, von einer Keramik. In der Mayakultur wurden Keramiken im täglichen Leben, bei Kulthandlungen sowie als Grabbeigaben verwendet. Sie sind bemalt oder plastisch modelliert und zeigen menschliche, tierische oder mythische Gestalten.*

etwas über die untere Lage nach innen hin vorkragen (falsches Gewölbe, Kraggewölbe). Mit ihm wurden Flure und Gänge gedeckt. Der Querschnitt ist dreieckig, oben leicht abgeflacht oder abgerundet. Diese Dachkonstruktion schützt zwar vor den Unbilden des Wetters, benötigt aber sehr dicke Mauern, die das Volumen der Räume einschränken. Das oft durch Balken verstärkte Gewölbe war im Mayagebiet weit verbreitet. Man findet es in allen Städten des Usumacintatals (unter anderem in Bonampak, Yaxchilán, Palenque), im Norden (Uxmal, Chichén Itzá, Kabah, Sayil), im Süden (Copán) und im Osten (Tulum). Obwohl das Gewölbe nicht die einzige Dachkonstruktion war (es gibt auch Flachdächer), bleibt es doch die häufigste und ist immer mit einer Dachbekrönung *(crestería)* verbunden. Die an sich schon gewaltigen Pyramiden wurden durch die hohen Dachkämme der Tempel noch vergrößert. Diese durchbrochene Bekrönung entsprach zugleich einer praktischen Notwendigkeit und dem Drang zur Höhe. Die Pyramiden selbst bestehen aus mehreren Stufen, bergen im Inneren einen Raum und durchbrechen das natürliche Dach des Regenwaldes, wodurch Licht in die Tempel auf der obersten Plattform fällt. Die Tempel I, II, V (7. und 8. Jahrhundert), IV (8. Jahrhundert) und III (9. Jahrhundert) sind dafür die besten Beispiele.

Anders als die Monumentalbauten sind die »Paläste« auf ein, zwei oder drei Stufen gebaut und nicht sehr hoch. Sie bilden Gruppen und besitzen lange und enge Räume, in die nur ein schwaches Licht durch die wenigen schmalen Öffnungen fällt; darin befinden sich breite, kurze Mauerbänke.
Die »Paläste« liegen in der nördlichen und der zentralen Akropolis von Tikal; die im Norden umfaßt mehr als 100 Gebäude, errichtet seit dem 2. Jahrhundert v. Chr. Hier wurde das Grab Nr. 48 entdeckt. Es stammt aus dem Jahre 457 und enthält eine Reihe gemalter Glyphen. Die zentrale Akropolis erstreckt sich über anderthalb Hektar in einer Länge von 215 Metern von Ost nach West. Auf dem Ostplatz wurden 1964 in einer Grabstätte Schädel gefunden, die von Menschenopfern stammen.
In diesen Bereichen stehen zahlreiche Stelen, glatt oder mit Reliefs, einst mit Stuck verkleidet und bemalt. Sie gehören in die Zeit von 292 bis 869 und zeigen trotz zahlreicher Unterschiede im Detail eine homogene Bilderwelt. Das Grundmuster ist immer gleich: Um ein zentrales Relief läuft ein flaches Band. Von vorn oder im Profil dargestellt sind Würdenträger in aufrechter Haltung. Sie tragen einen stattlichen Kopfputz. Kleidung und Schmuck wirken verfeinert und erlesen.
Zu Füßen der Stelen, die sich überall auf dem archäologischen Gelände von Tikal finden, wurden zahlreiche Verstecke für Opfergaben entdeckt, ins-

↓ *Der imposante Jaguartempel in Tikal besteht aus drei Stufen. Auf der obersten Plattform erhebt sich ein Tempel, darüber eine durchbrochene Dachbekrönung. Eine breite Treppe in der Mitte führt nach oben. Die mesoamerikanischen Pyramiden sind normalerweise auf anderen Pyramiden errichtet: Dank dieser Technik der Überbauung konnten die Mayabaumeister beträchtliche Höhen erreichen.*

besondere die »exzentrischen Steine«, die für das Mayagebiet charakteristisch sind.
Die Städte der Maya waren politische, administrative, religiöse, wirtschaftliche und künstlerische Zentren. Astronomische Beobachtungen führten zu einem Kalendersystem, das genauer war als der Julianische Kalender Europas. Die hochentwickelte Schrift der Maya ist nur zum Teil entziffert. In den meisten Städten fanden sich Ballspielplätze, die offenbar rituellen Zwecken dienten, und Dampf- oder Schwitzbäder.
Vieles davon ist charakteristisch für die mesoamerikanischen Gesellschaften, so auch die sogenannten Zwillingskomplexe. Diese Doppelpyramiden entsprechen einer Denkungsart, die allen mesoamerikanischen Kulturen gemein ist. Sie veranschaulichen das dualistische System, auf dem große Teile der mesoamerikanischen Weltanschauung beruhen.
Wie Teotihuacán erlebte auch Tikal im 10. Jahrhundert seinen Niedergang. Verschiedene Vermutungen sind über die Gründe angestellt worden: schlechte Ernten, Klimaänderung, Erdbeben, Epidemien, Aufstände? Oder haben mehrere Ursachen zusammengewirkt? Zukünftige archäologische Entdeckungen werden vielleicht eines Tages Licht in das rätselhafte Ende dieser Hochkultur bringen.

Bibliographie
- J. Soustelle *Les Mayas*. Turin 1982
- P. Gendrop *Les Mayas* (Sammlung *Que sais-je?)*. Paris 1985
- M. Coe, D. Snow, E. Benson *Atlas of Ancient America*. New York 1986

↑→ In Tikal gibt es mehrere große Pyramiden und Bauten sowie zahlreiche Stelen aus Stein. Oben die nördliche Akropolis, rechts der Tempel I

Palenque und die geheimnisvolle Pyramide

In Palenque, mitten im Regenwald der Sierra de Chiapas und nicht weit von den Ufern des Usumacinta entfernt, hat man in der weltberühmten Pyramide, die den »Tempel der Inschriften« trägt, eine Grabkammer entdeckt. Pakal, Herrscher über Palenque, wurde in einem Steinsarkophag mit einer skulptierten Deckplatte beigesetzt, deren Bildmotive untersucht werden. Die Mayaarchitektur hat sich hier den Beschränkungen durch die geographischen Gegebenheiten angepaßt.

Der Regenwald, der die Stätte umgibt, war kein Hindernis für ihre Errichtung. Um den Schwierigkeiten durch die hohen jährlichen Niederschläge zu begegnen, gingen die Baumeister von den natürlichen Gegebenheiten des Ortes aus, kanalisierten den Río Otulum, der das Gebiet durchfließt, und legten die Bauten höher. Viele Baureste sind erhalten geblieben, und so kann zwar nicht die Geschichte der Bevölkerung Palenques vollständig rekonstruiert werden, wohl aber teilweise die Abfolge der wichtigsten Herrscher.
Kin Pakal (»Sonnenschild«) bestieg

↑ *Luftaufnahme von Palenque, eingebettet in tropische Vegetation. Im Hintergrund die Pyramide, die den Tempel der Inschriften trägt, im Vordergrund der Palastkomplex.*
Im Inneren der Pyramide, die den Tempel der Inschriften trägt, fand Alberto Ruz Lhuillier das Grab des Priesterkönigs Pakal.

→ *Dieses Stuckporträt wurde in der Pyramide des »Tempels der Inschriften« gefunden und stellt möglicherweise Pakal dar. Die aus dem 7. bis 8. Jahrhundert n. Chr. stammende Skulptur ist 43 Zentimeter hoch und wird heute im Nationalmuseum für Anthropologie und Geschichte in Mexiko (Stadt) aufbewahrt. Stuck wurde von den Maya auch zur Verkleidung von Gebäuden benutzt und war bemalt.*

den Thron im Jahr 615 und starb 692. Ihm folgte sein Sohn Chan-Bahlum II., diesem dessen jüngerer Bruder Kan-Xul. Drei Fürsten sollten danach noch herrschen. Das letzte Datum einer Thronbesteigung ist das von Kuk, der Palenque 764 regierte. Die Chronologie der überlieferten Daten dieser Stätte mitten im feuchten Urwald reicht also vom 7. bis ins 9. Jahrhundert.

Viele bekannte Persönlichkeiten waren an den frühen Entdeckungen in dieser Region beteiligt: Dupaix, Juan Galindo, Lord Kingsborough, Edward H. Thompson, John L. Stephens, Abbé Brasseur, Désiré Charnay, Alfred Maudslay, Le Plongeon und Graf Waldeck, der – nachdem es ihm gelungen war, Geldmittel für eine Expedition aufzutreiben – 1831 die Ruinenstätte Palenque entdeckte, sich dort einrichtete, die Stelen wieder aufstellte, die Tempel säuberte und zeichnete. Die ersten Bilder zeigen deutlich, wie schwer es ihm fiel, die Entdeckung objektiv einzuordnen. 1838 veröffentlichte er die Zeichnung eines Bauwerks, der Pyramide des Wahrsagers, die von vier prächtigen »ägyptischen« Statuen flankiert wird.

Trotz der eher phantasievollen ersten Analysen konnten mit den verschiedenen Vergleichen doch die Grenzen des Kulturraums der Maya bestimmt werden. Die Vielfalt der entdeckten Bauten und Objekte bewies die Existenz hochentwickelter Gesellschaften seßhafter Völker, für die Palenque eines der berühmtesten Beispiele bleibt.

→ *Die Lage von Palenque in der Sierra de Chiapas, berühmt für ihre Berge und ihren Küstenstreifen am Golf von Mexiko*

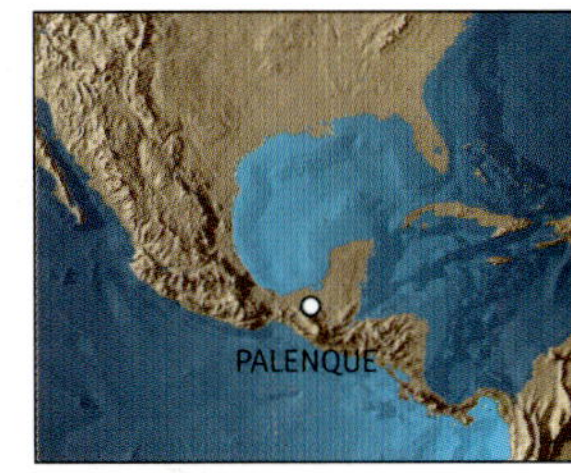

Rolle und Funktion dieser Stadt, die das Umland beherrscht hat, sind noch immer schwer zu definieren. Die Anlage gleicht grundsätzlich der der übrigen Metropolen, und die Architektur weist eine Reihe mesoamerikanischer Elemente auf. Man

→ *Lageplan: Tempel der Inschriften (1), sogenannter Palast (2), Sonnentempel (3), Kreuztempel (4), Tempel des Blattkreuzes (5), Relieftempel (6), Ballspielplatz (7), Tempel des Grafen (8), Nordgruppe (9)*

darf also annehmen, daß Palenque – wie auch zahlreiche andere wichtige Zentren des Mayagebietes – in einer schöpferischen Epoche aufblühte, die zugleich der Tradition verpflichtet war.
Die Gesamtanlage der Stätte wirkt aufgelockert, sie ist weniger streng als die der anderen großen Zentren der Maya. Die Gebäude wirken nicht so abweisend wie an anderen Plätzen dieses Kulturraums, da sie nicht den Regeln der Monumentalarchitektur folgen. Palenque gilt als Stadt der Kunst und der religiösen Tradition; hier sollten sich die Technik des Flachreliefs und die Schrift entwickeln. Vom viergeschossigen Turm des Palastes reicht der Blick weit übers Land bis zum Meer. Hat er astronomischen Beobachtungen gedient? Oder war es ein Wachturm? War

↑ Das Relief der Deckplatte, die den Sarkophag in der Grabkammer (Abbildung oben links) in der Pyramide des Tempels der Inschriften verschloß. Die Zeichnung wurde in den sechziger Jahren von Merle Green Robertson angefertigt.

Palenque vielleicht nur eine Grenzstadt, ein Wachposten, eine Garnisonsstadt? Möglicherweise war Palenque all dies zusammen.
Ohne Zweifel folgt die Architektur der Stadt dem klassischen Baustil der Maya. So gibt es beispielsweise viele Gemeinsamkeiten mit Tikal: Pyramiden, Gewölbe, Galerien, Plätze für das Ballspiel (das eine sehr wichtige zeremonielle Funktion in der Kultur der Maya hatte) und die Kanalisation. Charakteristisch für die Stadt sind die

→ Diese »Pyramide« zeigt die Hierarchie der Mayagesellschaft im Yucatán. Man erkennt die soziale Rolle der Personen am Schmuck und an der Kleidung. Zu den gesellschaftlich wichtigsten Schichten zählten mit Sicherheit die Priester und die Krieger. Ihnen scheint die Kenntnis der Schrift vorbehalten gewesen zu sein.

Der Mayakalender

↑ *Zwei der 800 bekannten Glyphen der Mayaschrift. In ihrem Kalender kombinierten die Maya verschiedene Zyklen: den 365 Tage langen Sonnenzyklus, den 260 Tage langen Ritualzyklus und den Großen Zyklus von 52 Jahren.*

Die Daten der Inschriften in Palenque beziehen sich auf den 260 Tage umfassenden Ritualkalender. In der Sprache der Maya tzolkin *genannt, weist er eine Kombination von 13 Zahlen mit 20 Tagen* (kin) *auf.*

TAGE	BEDEUTUNG
imix	Krokodil
ik	Wind
akbal	Haus
kan	Eidechse
chicchan	Schlange
cimi	Tod
manik	Hirsch
lamat	Kaninchen
muluc	Wasser
oc	Hund
chuen	Affe
eb	Gras
ben	Binse
ix	Jaguar
men	Adler
cib	Geier
caban	Erdbeben
etznab	Kiesel
cauac	Regen
ahau	Blume

Flachrelieftafeln aus Stuck, der Dachkamm der Pyramidentempel, der Turm des Palastes und die Grabkammer unter der Pyramide, die den Tempel der Inschriften trägt.

Der »Palast« ist auf einem künstlich angelegten Platz erbaut: 10 Meter hoch, 100 Meter lang und 80 Meter breit. Er besteht aus überwölbten Galerien und Räumen, die um Innenhöfe angeordnet sind, und wird von einem vier Geschosse hohen, quadratischen Turm beherrscht, der vermutlich aus der Spätzeit Palenques stammt. Die Außenfassaden des Palastes sind mit großen Stelen aus Kalkstein geschmückt (7. und 8. Jahrhundert).

↑ *Glyphen in Palenque, in Kalksteinplatten eingemeißelt. Die Schrift der Maya ist eine Mischform (aus Begriffszeichen und Silben), ihre Glyphen erscheinen in Registern (Reihen). Trotz aller Bemühungen ist die Schrift noch nicht ganz entziffert.*

↑ *Das Mayagewölbe besteht aus nach innen vorkragenden Steinlagen (sogenanntes falsches oder Kraggewölbe).*

In der Nähe liegen die Tempel. Zu den am besten erhaltenen gehören der Kreuztempel, der Tempel des Blattkreuzes und der Sonnentempel. Alle sind mit skulptierten Stuckplatten versehen und verdanken ihre Namen den wichtigsten Flachreliefs, die ihren jeweiligen Hauptraum schmücken: Sonnenscheibe, Baum des Lebens und stilisierte Maispflanze. Dieser kunstvoll gearbeitete, einst polychrome Stuck hat einige religiöse Ausdrucksformen der Maya bewahrt und zeigt noch Spuren grüner, brauner und roter Farbe.
Alle Tempel trugen riesige, mit Ornamenten übersäte Dachbekrönungen. Da diese durchbrochen sind, ließen sie Licht ins Innere und bezogen den

Die Maya und die Kunst der Kleidung

Die in Palenque gefundenen plastischen Darstellungen vermitteln uns einen Gesamteindruck vom Erscheinungsbild der Maya und zeigen uns die verschiedenen Arten der Kleidung und des Schmucks. Hauptrohstoff war Baumwolle: Sie wurde mit Terrakottaspindeln gesponnen, auf Holzwebstühlen gewebt und schließlich mit Pflanzenextrakten gefärbt.
Die Göttin Ixchel wachte über die Arbeit der Weberinnen und beschützte sie. Wir kennen eine Darstellung der Ixchel aus dem Codex Tro-Cortesianus, auf der man sie an einem traditionellen Webstuhl sitzen sieht, wie er heute noch im Mayagebiet benutzt wird. Auf den Bildern der Maya tragen die Männer im allgemeinen einen Lendenschurz, der aus einem Baumwolltuch besteht, das zwischen den Beinen durchgezogen und um die Taille geschlungen wird. Seine Enden sind mit Stickereien und Federn in schillernden Farben geschmückt. Dieser Schmuck, schon in der vorklassischen Periode von den Olmeken benutzt, stand bis zur Ankunft der Spanier im 16. Jahrhundert hoch im Kurs. Von den Maya ex genannt, wird er bei den Azteken mit maxtlatl bezeichnet.
Die Frauen tragen weite Gewänder, mit Blumenmotiven und geometrischen Mustern bestickt, doch vor allem eine große Baumwolltunika, auch sie mit Stickereien verziert und bei den Nachfahren der Maya im Yucatán noch heute unter dem Namen huipil in Gebrauch. Die Würdenträger tragen bessere Kleidung. Der Lendenschurz wird durch einen Rock bedeckt, der bis zu den Knien (bisweilen bis zu den Waden) reicht. Auf einigen Darstellungen sind lange Mäntel, pati, zu sehen. Der Oberkörper bleibt, bis auf Ketten und Brustschmuck, frei.
Einige besonders aufwendige Kopfbedeckungen zeigen den Grad der Macht, die Funktion und den Rang einer Person an. Ihre Gestalt bildet einen Kontrast zu dem einfachen Turban, wie er häufig von Musikern und Dienern getragen wird. Viele Kopfbedeckungen bestehen aus Masken über Aufbauten aus Binsen oder Holz, auf verschiedene Art geschmückt mit bestickten Stoffen oder Jade sowie im allgemeinen mit den grünen Federn des Quetzal, eines kleinen, in Mesoamerika hochgeschätzten Vogels. Einfachere Kopfbedeckungen erscheinen auf den Malereien und den Keramiken der Maya. Es handelt sich um Tiaren, Diademe und steife gerade Hüte. Die aufwendigen Kopfbedeckungen sind nicht zu trennen von der höchst eigenartigen Form der Köpfe, seit dem zartesten Alter deformiert durch Täfelchen zu beiden Seiten des Kopfes, die mit einem Riemen gehalten wurden.
Die Maya praktizierten auch die Körperbemalung. So malten die Priester von Yucatán, wie Jacques Soustelle schreibt, ihren Körper blau.
Die Amerikanistin Morlay unterscheidet mindestens zwölf Arten von Sandalen bei den Maya: Alle wurden mit einem doppelten, zwischen den Zehen hindurchgezogenen Riemen gehalten und mit einem Knoten geschmückt. Auf der Ferse saß ein verzierter Schutz, der sich bis zu den Fesseln hochzog. Nicht vergessen werden dürfen auch die zahlreichen Zepter oder Zeremonialstäbe, die, ebenso wie die Kopfbedeckungen, den Rang des einzelnen in der Hierarchie anzeigten.
Schmuck bestand im allgemeinen aus Jade. Dieser in Mexiko gefundene Stein war Symbol der Fruchtbarkeit. Aus ihm wurden Perlen, Ohrpflöcke, Ringe und Mosaiken gemacht.
Die Maya kannten aber auch Jadeite, Serpentin, Diorit, Amazonit, Onyx, Kalzit und Muscheln.

↑→ Darstellung von Personen auf den Fresken des Maya-Palastes von Bonampak aus dem 8. Jahrhundert. Die Szenen sind mit pflanzlichen oder tierischen Farbstoffen gemalt.

wundervollen tropischen Dschungel mit ein, in den die Stätte eingebettet ist.

Eine 21 Meter hohe Pyramide trägt den »Tempel der Inschriften«. In ihm wurden Platten gefunden, in die Glyphen der Maya eingemeißelt sind. Die Fundamente der Pyramide bergen den einzigen aus der präkolumbischen Zeit bekannten steinernen Sarkophag, 1952 von Alberto Ruz Lhuillier entdeckt.
Nach mehreren Grabungskampagnen bot sich folgendes Bild: Vom Boden des Tempels führt eine überwölbte Treppe, die mit Geröll zugeschüttet gewesen war, durchs Innere der Pyramide zur Grabkammer mit dem Sarkophag. Unter der gewaltigen skulptierten Deckplatte ruhen die Gebeine Pakals, umgeben von einem Schatz aus Jadestücken, darunter eine lebensgroße Mosaikmaske. Das Relief der Platte hat zu verschiedenen Interpretationen Anlaß gegeben. Es zeigt eine Figur an einem Lebensbaum, darüber einen Quetzalvogel. Ungewöhnlich ist ein in die Grabkammer führender Gang, der lange Zeit als Verbindungsweg zwischen der Welt der Toten und der Lebenden gedeutet wurde. Andere Erklärungen sehen in ihm eine Art Belüftungsschacht.

Bibliographie

- J. Soustelle *Les Mayas*. Turin 1982
- P. Gendrop *Les Mayas* (Sammlung: *Que sais-je?)*. Paris 1985
- M. Coe, D. Snow, E. Benson *Atlas of Ancient America*. New York 1986

↑ Computerrekonstruktionen des Thronsaals im sogenannten königlichen Palast von Palenque. Das Medaillon umschließt zwei Personen und zwei katzenartige Tiere, links und rechts der Mittelfigur. Diese ist über einem Altar dargestellt, der mit figürlichen Skulpturen geschmückt ist. Die Zeichnung (unten links) wurde von Merle Green Robertson angefertigt.

Copán, Stadt der Kunst und der Astronomie

Das Zeremonialzentrum Copán im Westen des heutigen Honduras ist berühmt für seinen Ballspielplatz, dessen Markierungen aus Steinzapfen mit Papageienköpfen (Aras) bestehen, die mit 2500 Glyphen verzierte, 63 Stufen hohe Treppe und seine Hochreliefs. Deren Besonderheit liegt in der Verschmelzung mit den Bauten des Stadtzentrums, das wie alle Mayastädte einen eigenen Stil aufweist, obwohl die in Mesoamerika verbreiteten Architekturmuster bewahrt und verarbeitet sind.

↑ *Die Mayakultur ist berühmt für ihre prächtigen Skulpturen. Dieser skelettierte Kopf in Stein stellt den Gott der Unterwelt dar.*

Copán ist die südlichste der großen Mayastädte und wurde auf einem weiten, künstlich geschaffenen Gelände, das aus fast einer Million Kubikmeter Erde besteht, an den Ufern des Flusses, einem Nebenfluß des Río Motagua, erbaut. Wie Teotihuacán und Palenque stammt Copán aus der klassischen Epoche und ist, nach Tikal, die zweitgrößte Mayastadt.

In 30 Meter Höhe über dem Fluß gelegen, folgt die Stadt keinem einheitlichen Bauplan; sie wurde in verschiedenen Epochen nach ganz unterschiedlichen Vorstellungen erweitert. Die Dimensionen der Stadt sind enorm: Das Zentrum erstreckt sich über eine Fläche von 40 Hektar. Dort liegen die zentrale Akropolis, die Tempelpyramiden, einige Paläste, die Treppe der 2500 Glyphen, die zur großen Pyramide hinaufführt, und der Ballspielplatz.

In Copán gehen Skulptur und Architektur eine Verbindung ein, deren Ästhetik keineswegs der Zweckbestimmung der Gebäude schadet. Die Baumeister haben ein grünes Vulkangestein verwendet, das mit Meißeln, kleinen Äxten und natürlichen Schleifmitteln bearbeitet werden konnte. Aus ihm wurden Skulpturen und Stelen geschaffen, deren gemeinsame Thematik die Darstellung der Macht ist, was in der Größe und dem reichen Schmuck der Figuren ihren Ausdruck findet.

Die monolithischen »Altäre« aus Trachyt haben gewöhnlich die Form von riesigen mythischen Tieren und tragen Daten des Mayakalenders. Dargestellt sind Schlangen, Echsen und skelettierte Figuren, vielleicht Sym-

↓ *Computerrekonstruktion der Stadt Copán: östlicher Platz (1), Tempel 16 (2), Akropolis mit dem »Tempel der Inschriften« und den Tempeln 16 und 11 (3), westlicher Platz (4), Tempel 11 (5), Hieroglyphentreppe (6), Hof vor der Hieroglyphentreppe (7), Stele (8), nördlicher Platz (9), großer Platz (10), Ballspielplatz (11), »Tempel der Inschriften« (12)*

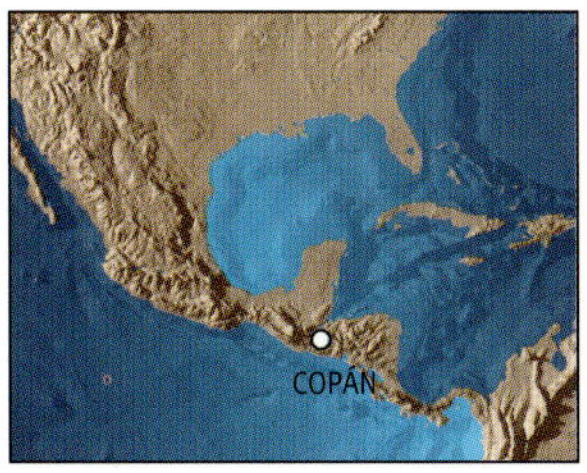

→ Die Lage von Copán am gleichnamigen Fluß in Honduras, wenige Kilometer von der Grenze zu Guatemala entfernt

bole der Unterwelt. Charakteristisch für diese Skulpturen ist der Gegensatz der Stile, schwankend zwischen Vielfalt und Einfachheit. Vor allem die menschlichen Gesichter zeigen sehr reine und klare Züge.
Die Astronomie spielte in Copán eine große Rolle: Die großen Steinblöcke mit den Bildnissen bedeutender Personen bewahren mathematische Berechnungen, die von Generation zu Generation weitergegeben wurden. Bei der Beobachtung der Himmelskörper benutzten die Maya die Gebäude und die Stelen als feste Bezugspunkte: Copán ist auch ein Observatorium, von dem aus die Bewegung der Planeten und der Sterne beobachtet wurde.

RELIGION UND MYTHOLOGIE. In den Werken der Bildhauerkunst offenbart sich ein Teil des religiösen Denkens der Maya, in dem Sonne, Mond, Mais und Wasser die wichtigsten Elemente gewesen zu sein scheinen. Von der klassischen Epoche an bestand der Kosmos der Maya aus 13 übereinanderliegenden Himmeln, die mit einer Reihe von Taggöttern in Beziehung standen, während die neun unterirdischen Ebenen zur nächtlichen Welt gehörten, mit dem Tod verbunden waren und von einer Gottheit der Unterwelt regiert wurden. Der Tod wird mit einer *cimi* genannten Glyphe dargestellt, die einen skelettierten Körper mit Kopfputz und Schmuck zeigt. Der Gott Cizin wacht über die neun unterirdischen Ebenen und ist mit den Erdbeben verbunden.
Das Pantheon der Mayagötter schließt Venus, den Mond und die Schutzgötter der Tage und Monate des Kalenders ein. Nach ihrem Glauben waren vier Weltalter aufeinandergefolgt; jedes ist durch eine Naturkatastrophe vernichtet worden. Die Erde ist viereckig und ruht auf dem Rücken eines riesigen Reptils, das im Ozean treibt. Mond und Sonne bilden ein Urpaar, Protagonisten einer dramatischen Geschichte. Die untreue Mondgöttin provoziert eine Reihe von Zwischenfällen, für die sie büßen muß, da der Sonnengott, verborgen unter einem Hirschfell, sie zusammen mit dem Morgenstern oder einer Wolke überrascht (so eine Variante der Geschichte). Der gedemütigte Sonnengott nimmt der Mondgöttin ein Auge, was erklärt, warum sie weniger hell leuchtet als er. Auch der Mais hat seine Stellung in der Mythologie der Maya, da er, ebenso wie Mond und Sonne, als Lebensquell galt. Verschiedene Mythen berichten, er sei von einem Tier gebracht worden, das in den unterschiedlichen Versionen ein Kojote, eine Wildkatze, eine Ameise, ein Fuchs oder ein Papagei war.
Nach dem *Popol Vuh* wurden die ersten vier Frauen und die ersten vier Männer von den Göttern aus einem Teig aus weißem und gelbem Mais geschaffen.
Die Eroberung durch die Spanier und die Missionierung machten den alten Mythen ein Ende. Doch die Kunst von Copán und zahlreichen anderen Stätten der Maya bewahrt sie für immer.

↑ Teil des Ballspielplatzes, der inmitten der Kultbauten liegt. Das Ballspiel hatte eher rituelle als sportliche Bedeutung.

← Menschen- und Tierfiguren sind die häufigsten Motive der Großplastik in Copán, wo 38 Stelen entdeckt wurden.

Bibliographie
- S. Morlay *The Inscription of Copán.* Washington 1920
- J. Soustelle *L'Art du Mexique ancien.* Paris 1966
- – *Les Mayas.* Turin 1982
- P. Gendrop *Les Mayas* (Sammlung: *Que sais-je?*). Paris 1985

Die Entdeckung Tenochtitláns

Die Archäologie hat in fünfjähriger Grabungsarbeit große Teile der Geschichte Mexiko-Tenochtitláns erforscht. Die auf das Stadtzentrum begrenzten Ausgrabungen konnten nicht ausgedehnt werden: zum einen aus Mangel an technischen Mitteln, zum anderen, weil die sumpfige und überschwemmungsgefährdete Umgebung strenge Beschränkungen notwendig machte. Die Untersuchung der Funde hat die große Bedeutung von Landwirtschaft und Krieg für die Azteken nachgewiesen.

Die Spanier machten 1521 die Bauten Altmexikos dem Erdboden gleich und verwendeten das Material, um die ersten Gebäude der Kolonialzeit zu errichten. Es war eine folgenreiche Zerstörung, denn es verschwand nicht nur eine der größten präkolumbischen Kulturen, sondern es begann auch ein Glaubenskrieg. Erst 1790 wandte sich die Aufmerksamkeit wieder der präkolumbischen Kultur zu.

Am 13. August jenes Jahres wurde die Kolossalstatue der Erd- und Todesgöttin Coatlicue gefunden und auf Anordnung der Kirche im Patio der Universität vergraben, um zu verhindern, daß die Mexikaner an ihre kulturelle Vergangenheit erinnert würden. Am 17. Dezember beschloß man, nachdem bei Reparaturarbeiten an der Kathedrale von Mexiko (Stadt), errichtet auf dem Platz eines alten aztekischen Tempels von Tenochtitlán, der »Sonnenstein«, ein aztekischer Kalender, gefunden worden war, diesen an der Kirche auszustellen. Damit begann die allgemeine Rückbesinnung, und der Glanz der Vergangenheit regte den Widerstand gegen die Spanier, die sich bald darauf mit dem Kampf um die Unabhängigkeit konfrontiert sahen.

Beim Bau einer Wasserleitung 1898 kamen die ersten Spuren der aztekischen Hauptstadt zum Vorschein. Die Bauarbeiten für die Untergrundbahn förderten Hunderte von Fundstücken zutage. 1960 konzentrierten sich die Forschungen auf das benachbarte Zentrum Tlatelolco, und im Februar 1978 brachte die Verlegung von Stromkabeln die Skulptur der Göttin Coyolxhauqui ans Licht. All dies unterstreicht die Notwendigkeit archäologischer Erforschung des Gebiets. Doch es gibt Einschränkungen: Im feuchten Untergrund sind keine allzu tiefen Grabungen möglich; ein weiteres Hindernis bilden die spanischen Kirchen und der zentrale Parkplatz. Dem Archäologen Eduardo Matos Moctezuma aber ist es gelungen, die Behörden zu überzeugen. Das gefundene Material ist ergiebig, reicht jedoch für die Rekonstruktion der Vergangenheit der Stadt nicht aus. Seine Arbeit muß mit den völkerkundlichen Erkenntnissen abgeglichen werden. Einige spanische Eroberer (etwa Sahagún, Cortés, Díaz del Castillo, Torquemada und Durán) haben den Großen Tempel mit eigenen Augen gesehen, ihn beschrieben oder in ihren Chroniken Einzelheiten festgehalten. Eine weitere Quelle sind die schriftlichen Zeugnisse von Ordensgeistli-

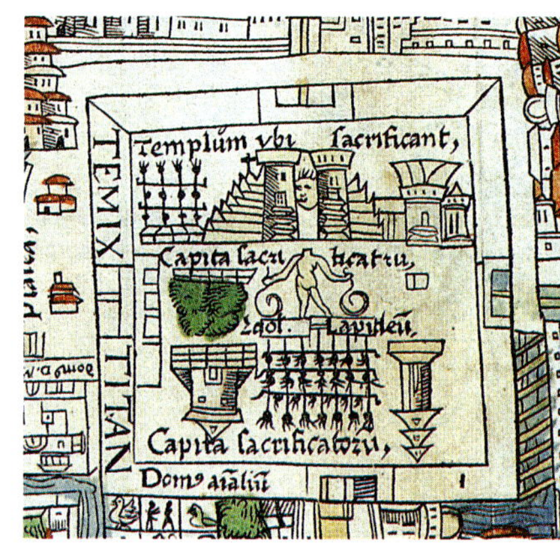

↓→ *Unten: Die Inselstadt Tenochtitlán im Texcocosee und der Golf von Mexiko (links). Handkolorierter Holzschnitt aus* Praeclara de Nova maris oceani Hyspania narratio *(Nürnberg 1524). Rechts: Hauptplatz mit dem Tempel, in dem Menschenopfer dargebracht wurden, und dem Altar für die Schädel der Opfer*

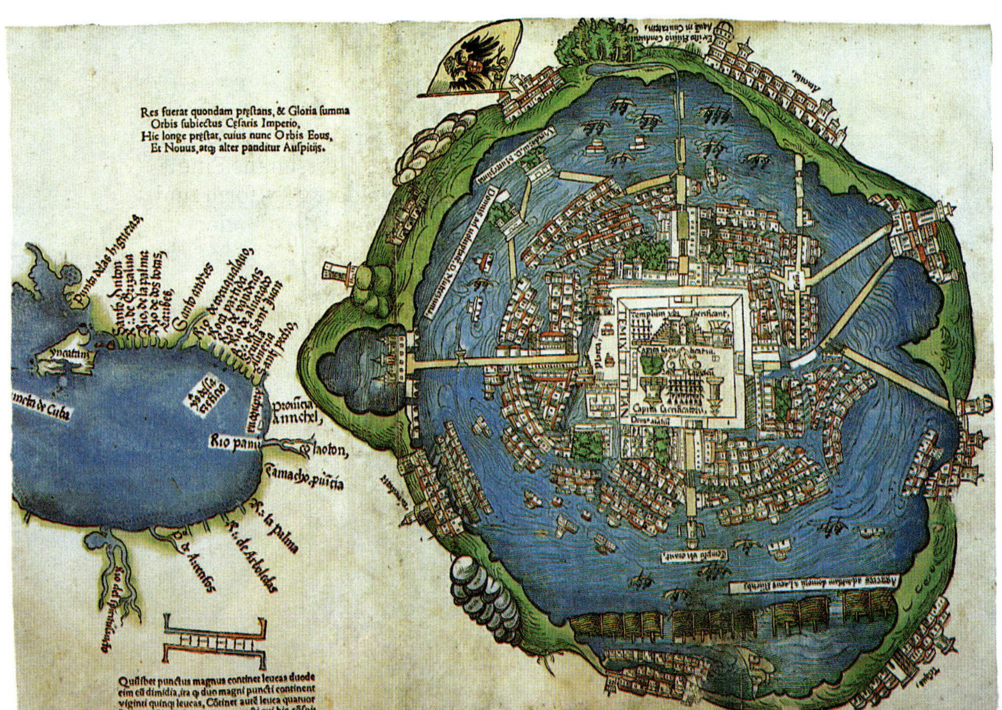

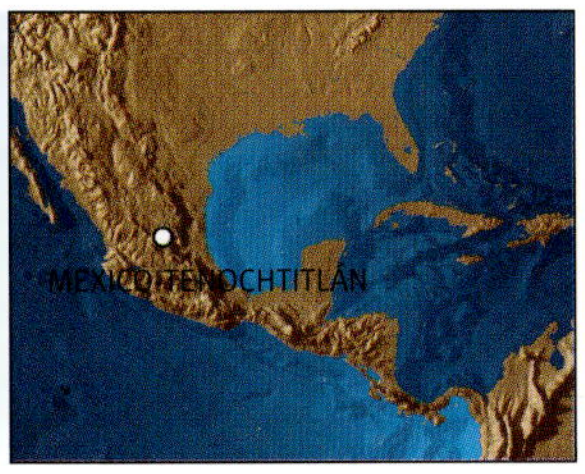

← Mexiko-Tenochtitlán: Die 2277 Meter über dem Meeresspiegel gelegene Stadt wurde 1521 von den Spaniern zerstört und im Kolonialstil wiederaufgebaut.

chen während ihres Aufenthalts in Neuspanien. Dazu kommen die einheimischen Chroniken von Tezozomoc, Ixtlilxochitl und Chimalpahin, die ebenfalls wertvolle Angaben über den Großen Tempel enthalten.
Zum großen Erstaunen der Forscher wurden viele Angaben der alten Quellen durch die Grabungen bestätigt, was Eduardo Matos Moctezuma veranlaßt hat, ein aus drei Phasen bestehendes Programm durchzuführen: die Neuordnung der Dokumentation und der stratigraphischen Grabungen, die im März 1978 begonnen und im November 1982 abgeschlossen wurden; die Untersuchung und Interpretation des Materials; die Präsentation der Ergebnisse, der Fundstücke und der Grabungsstätte auf Museumsniveau. Die Einteilung der archäologischen Zone in drei Hauptsektoren, die Einrichtung einer Werkstatt für Restaurierungsarbeiten und die Zusammenarbeit mit Zeichnern, Chemikern, Biologen, Photographen und Geologen haben den Erfolg des Unternehmens gewährleistet.

Das Erscheinungsbild dieser Stätte wird durch die Überlagerung von Mauern aus verschiedenen Bauphasen des Großen Tempels bestimmt. Die Hauptfassade liegt nach Westen hin auf einer weiten Plattform und einem Unterbau aus vier übereinanderliegenden Stufen. Zwei Treppen führen nach oben, wo sich zwei Heiligtümer befinden: im Süden das der Stammes- und Kriegsgottheit Huitzilopochtli und im Norden das des Regengottes Tlaloc.
Der Tempel erlebte sieben aufeinanderfolgende Erweiterungen an allen vier Seiten; jede Bauphase entspricht einer historischen Periode, wobei die kläglichen Reste aus der ersten Epoche wenig ergiebig sind. Die Datierung wird erst ab Phase II mit einem Bauteil aus dem Jahre 1390 möglich.

← Basaltskulptur von Xochipilli, dem auf einem Altar sitzenden Gott der Liebe, des Tanzes, des Gesangs und der Kunst. Mexiko (Stadt), Nationalmuseum für Anthropologie und Geschichte

Die Heiligtümer von Huitzilopochtli und Tlaloc gehören in die späte Phase II, ihre Reste sind gut erhalten, darunter der Opferstein. Von den Treppen des Tempelteils aus Phase III stammen acht anthropomorphe Skulpturen und die Glyphe »4-Binse«, die dem Jahr 1431 entspricht. Phase IV ist durch Kohlenbecken und verschiedene, sehr gut erhaltene steinerne Schlangenköpfe belegt. In Phase IVB fällt die Vergrößerung der Westfassade der Plattform des Großen Tempels. Sie ist mit sich windenden schlangenförmigen Körpern geschmückt und umfaßt auch einen kleinen Altar, flankiert von zwei aufrecht stehenden Fröschen auf Steinquadern. Eduardo Matos Moctezuma ist der Meinung, daß Phase IV mit der Herrschaft von Moctezuma I. zusammenfällt. Die Glyphe »1-Kaninchen« entspricht dabei dem Jahr 1445 und die Glyphe »3-Haus«, auf der Südseite eines Baus eingeritzt, dem Jahr 1469, dem Ende seiner Herrschaft. Eine mit Stuck verkleidete Plattform und ein Teil mit gepflastertem Boden stammen aus Phase V. Die Mauern der Phase VI tragen Schlangenköpfe, und für Phase VII ist eine Plattform mit Mauerwerk nachgewiesen. Verschiedene Funde wurden in Kästen für kleinere Opfergaben und in Gruben des Aufschüttungsmaterials der verschiedenen Bauphasen gemacht. Die Gaben sind immer auf symbolische Achsen ausgerichtet (Nord-Süd, Ost-West oder die Mitte der Trep-

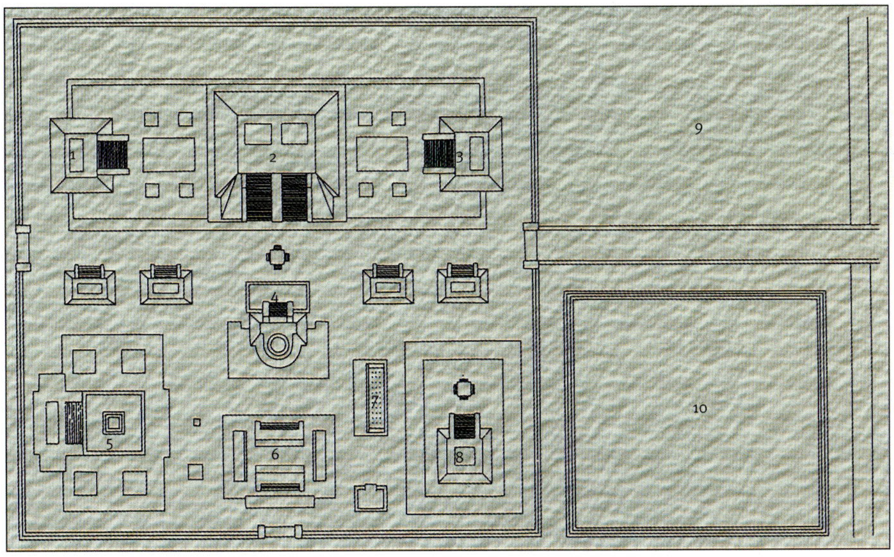

↑ Lageplan des Zeremonialzentrums von Tenochtitlán: Tempel (1), Großer Tempel (2), Tempel des Tezcatlipoca (3), Tempel des Quetzalcoatl (4), Wohnungen der Priester (5), Ballspielplatz (6), Tzompantli (7), Sonnentempel (8), Platz, auf dem sich der Palast Moctezumas II. erhob (9), Zocalo oder Großer Platz (10)

pen), die in enger Beziehung zur Architektur stehen. Es fanden sich beispielsweise Opfergaben in den Tempeln des Tlaloc und des Huitzilopochtli.
Tributobjekte aus Guerrero, Teotihuacán, Oaxaca, Tabasco, Veracruz und Puebla belegen den Einfluß der Azteken in Mesoamerika. Neben den Gegenständen aus Keramik und Stein wurde zahlreiches organisches Material gefunden, das von Schlangen, Adlern, Schildkröten, Jaguaren, Muscheln und Krokodilen stammt. Während der fünfjährigen Grabungen wurden rund 7000 Funde registriert.

↓ Der Große Tempel erhob sich nahe der heutigen Kathedrale von Mexiko (Stadt). Er wurde in den Jahren 1428 bis 1520 erbaut und war gerade fertiggestellt, als die spanische Invasion begann.

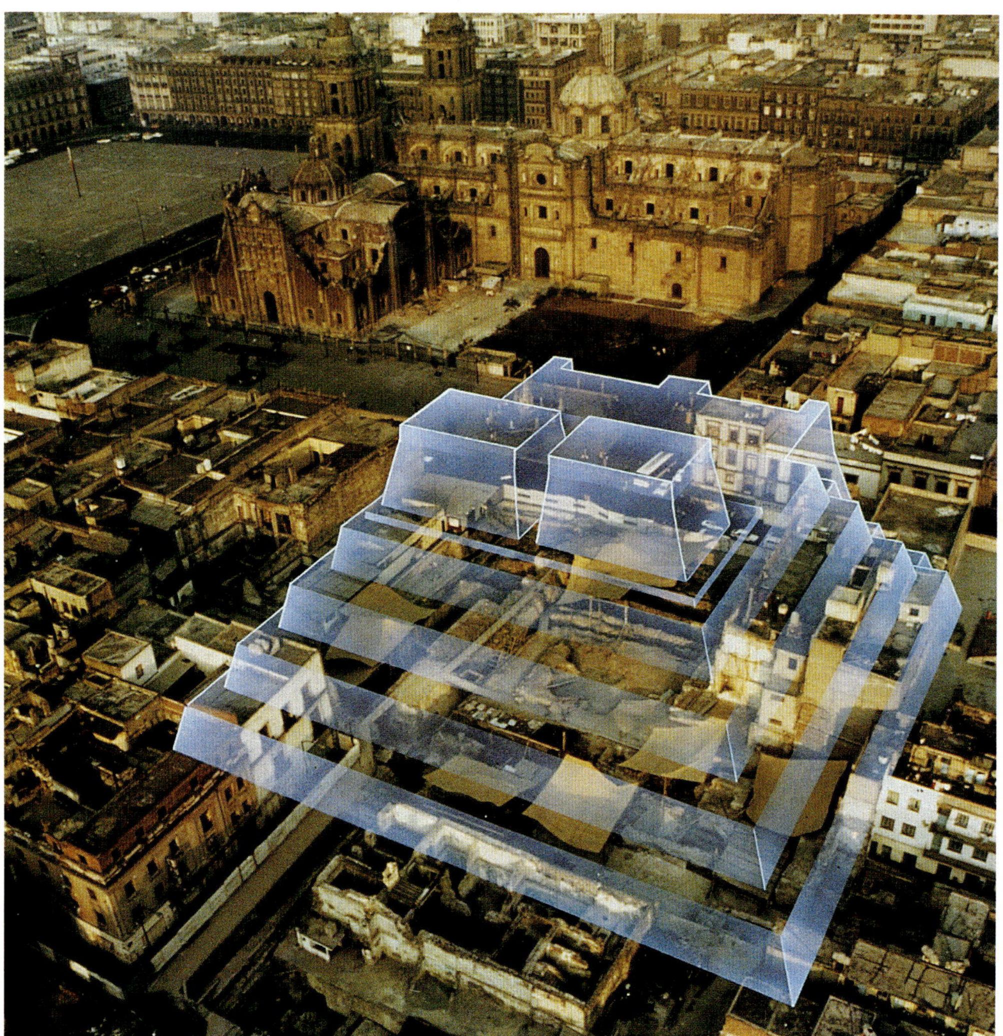

Die Forschungen haben ergeben, daß die Bauten grundsätzlich mit den Themen Leben und Tod zu tun haben: Themen, die für das Denken der Azteken bestimmend waren. Anders als die Moralphilosophie kreiste die aztekische Religion nicht um die Problematik von Gut und Böse, sondern um die Dualität von Leben und Tod, Gegensätze der Schöpfung und der menschlichen Existenz, die sich dennoch ergänzen. In der religiösen Vorstellung der Azteken gelangten die Ertrunkenen nach Tlalocan, in die von Tlaloc beherrschte Welt des Überflusses. Die eines natürlichen Todes Gestorbenen gingen nach Mictlan, in die unter den Schutz von Mictlantecuhtli gestellte Unterwelt; die Spanier setzten sie mit der Hölle gleich. Geopferte, im Kampf gefallene Krieger und

↑ Die Machtstruktur in der aztekischen Gesellschaft beruhte vor allem auf dem Menschenopfer. Da die Welt immer von Vernichtung bedroht ist, vollzogen die Azteken das Menschenopfer nach göttlichem Vorbild, denn die Götter hatten sich in Teotihuacán den Tod gegeben, um die Welt zu beleben. Dies entsprach einem Universum, das beständig an Energie verlor und in dem es nur durch den rituellen Tod möglich war, Leben hervorzubringen und im Menschenopfer die individuelle Energie wiederzuerlangen.

bei der Geburt eines Kindes gestorbene Mütter folgten nach ihrem Tod dem Lauf der Sonne und kehrten später als Kolibris oder Schmetterlinge auf die Erde zurück.
Das Pantheon der Azteken ist außergewöhnlich reich. Die meisten Funde aus Tenochtitlán stellen jedoch Tlaloc dar oder beziehen sich auf ihn. Andere haben mit Huitzilopochtli zu tun, symbolische Darstellungen mit einem Kohlenbecken, geschmückt mit der Schlinge, abgeschlagenen Köpfen und den *tecpatl* (Opfermessern).
Doch es werden auch andere wichtige Gottheiten aus der religiösen Tradition der Azteken dargestellt: Coyolxauhqui, die kriegerische Schwester des Stammesgottes Huitzilopochtli, der die Azteken auf ihrer Wanderung nach Mexiko führte; Tezcatlipoca, der mit Krieg und Hexerei zu tun hat; Mayahuel, Göttin des Pulque (alkoholisches Getränk aus dem vergorenen Saft einiger Agavenarten); Xiutecuhtli, Gott des Feuers; Chalchiuhtlicue, Gemahlin oder Schwester des Tlaloc; Painal, nach Sahagún einer der »Statthalter« Huitzilopochtlis; Coatlicue, Erdgöttin und Mutter Huitzilopochtlis; Mictlantecuhtli, »Fürst der Unter-

← Das »Venedig der Neuen Welt«, das soviel Bewunderung bei den spanischen Eroberern erregte, wurde Anfang des 16. Jahrhunderts zerstört. Berühmt waren die riesigen Schwimmenden Gärten (Chinampas). Die Stadt war über drei Dämme mit dem Festland verbunden. Die Wahl des Ortes ist in der Geschichte der aztekischen Wanderung, angeführt von Huitzilopochtli (»Kolibri der linken Seite« = Kolibri des Südens), beschrieben.

welt«, durch welche die Seelen derer irrten, die eines natürliche Todes gestorben waren.

Diese Gottheiten zeigen deutlich die Rolle von Wirtschaft und Krieg in der gesellschaftlichen Organisation des seßhaft gewordenen Aztekenvolkes. Tenochtitlán fiel im Kampf, Greueltaten und Feuer besiegelten sein Ende und mit der Stadt verschwand – ganz oder teilweise – der Goldschatz Moctezumas. Erhalten blieb nur ein Exemplar jener Barren, zu denen bei der Eroberung die präkolumbischen Stücke aus Gold zusammengeschmolzen wurden. In der Via Tacuba wiedergefunden, wird er heute in der mexikanischen Hauptstadt gezeigt.

Der Franziskaner Bernardino de Sahagún schreibt: »Und nachdem sie an dem Schatzhause, das Teocalco genannt wird, angelangt waren, wurde alles Glänzende [Schmucksachen] hervorgeholt, der Federschmuck der Tabasco-Leute, die Rangabzeichen, die [Feder]schilde, die goldenen Brustscheiben, die Halsketten [Geschmeide] der Götterbilder, die goldenen Nasenhalbmonde, die goldenen Wadenringe, der goldene Handgelenkriemen, die goldene Stirnbinde [Stirnrosette]. Danach wurde das Gold abgelöst, das an den Schilden befestigt war, und an allen den Abzeichen; und nachdem alles Gold abgelöst war, zündeten sie alle die verschiedenen Kostbarkeiten an, steckten sie in Brand; alles verbrannte. Und das Gold schmolzen die Spanier in Barren [...]« (Übers. v. Eduard Seeler)

Bibliographie

- C. Duverger *La Conversion des Indiens de Nouvelle-Espagne*. Paris 1979
- – *La Fleur létale*. Paris 1979
- – *L'Origine des Aztèques*. Paris 1983
- E. Matos Moctezuma *Una visita al Templo mayor de Tenochtitlán*. Mexiko 1981
- – »Le Grand Temple de Mexico«, in: *Arqueología* 231, 1988, S. 22–29
- B. Díaz del Castillo *Historia verdadera de la conquista de Nueva España*. Mexiko 1983
- D. Durán *Historia de las Indias de Nueva España e islas de la tierra firme*. I-II, Mexiko 1984[2]
- B. de Sahagún *Historia general de las cosas de Nueva España*, 1582[6] Mexiko 1985, S. 776
- H. Cortés *Cartas de relación*. Mexiko 1985[14]
- D. Lévine (Hg.) *Amérique continent imprévu*. Paris 1992

↑ Computerrekonstruktion des Zeremonialzentrums von Tenochtitlán. Im Hintergrund der Große Tempel mit den Schreinen des Huitzilopochtli (Stammesgott) und des Tlaloc (Regengott). Es wurden zwei Altäre gefunden, die dem Tlaloc und dem Tezcatlipoca (Gott des Krieges und des Menschenopfers) geweiht waren.

Die Entzifferung der aztekischen Schrift

Auch wenn die verfügbaren archäologischen Daten noch lückenhaft sind, kann man doch in großen Zügen die Geschichte und die Entwicklung der mesoamerikanischen Schriftsysteme rekonstruieren – von den »ikonographischen« Texten der Olmeken über die verschiedenen Bilderschriften der Maya, Mixteken und Zapoteken bis hin zu den Glyphen der Azteken und den Zwittergebilden, die nach der spanischen Eroberung Mittelamerikas im 16. Jahrhundert entstanden sind.

Es ist ziemlich wahrscheinlich, daß die Grundidee der Bilderschrift, charakteristisch für die mesoamerikanischen Schriftzeugnisse, aus der olmekischen Epoche (1500–100 v. Chr.) stammt und, bei allen Veränderungen, von den anderen Zivilisationen übernommen wurde. Ein Vergleich der verschiedenen Schriftsysteme zeigt deutlich die Beständigkeit der Grundprinzipien. So ist etwa, beginnend mit der olmekischen Epoche, bei den Schriften in Teotihuacán, Mitla, Tula, Tenochtitlán und mitunter bis in die Zeit vom 16. bis ins 18. Jahrhundert hinein die Wiederkehr bestimmter Zeichen festzustellen.

Die Azteken haben niemals das Bild vom Klang ihrer gesprochenen Sprache, dem Nahuatl, getrennt. Nicht selten sind die kleinsten Elemente ihrer Bilderschrift als figurative Darstellungen mit direktem Bezug zur Realität beschrieben worden. Eine tiefer gehende Analyse zeigt jedoch, daß die Malerei der

↑ *1,70 Meter hohe Keramik eines Adlerkriegers. Die Adler- und die Jaguarkrieger bildeten die Elite der aztekischen Gesellschaft.*

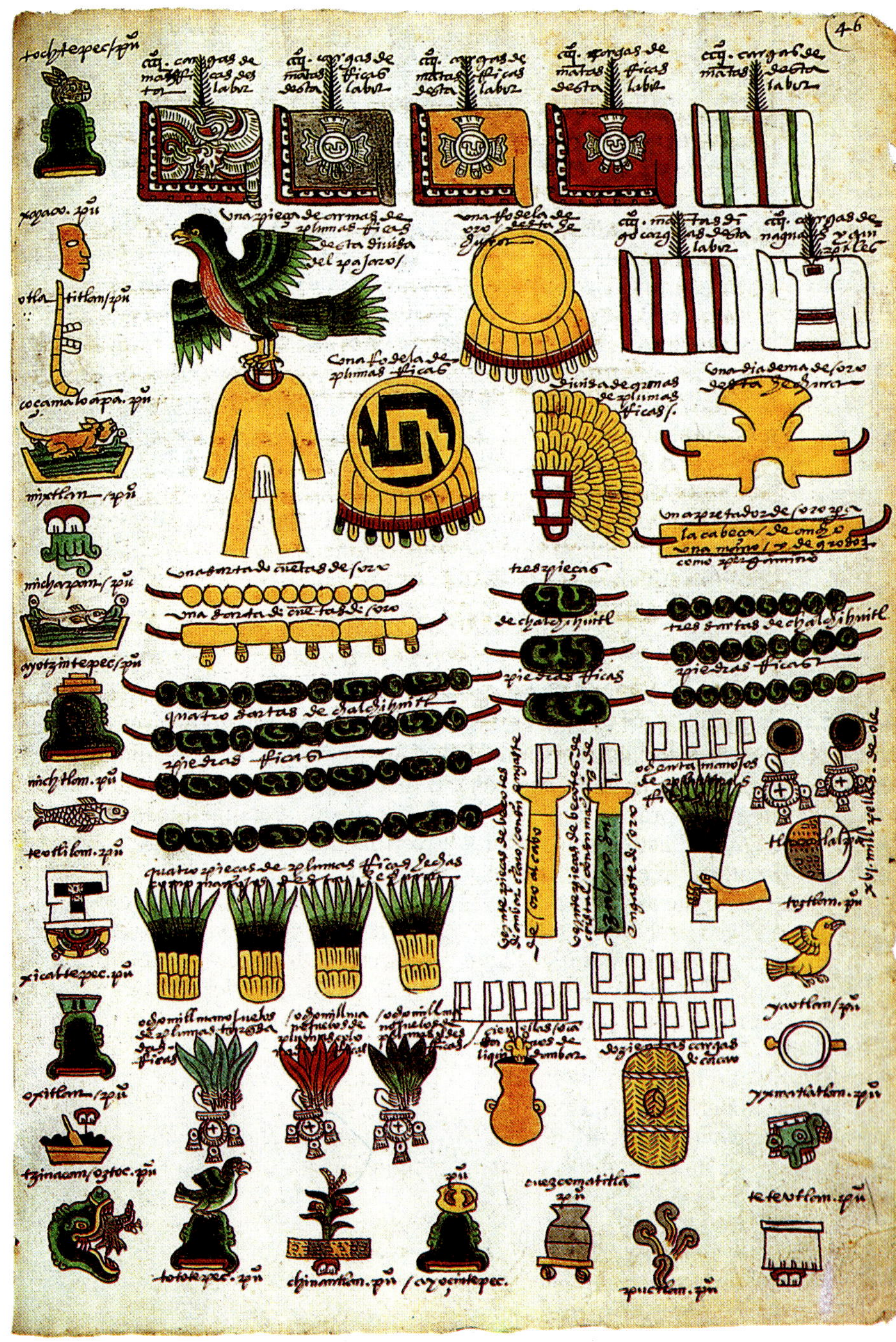

→ Die Glyphen, die die Namen des Texcocosees (links) und von Tenochtitlán (rechts) phonetisch wiedergeben.

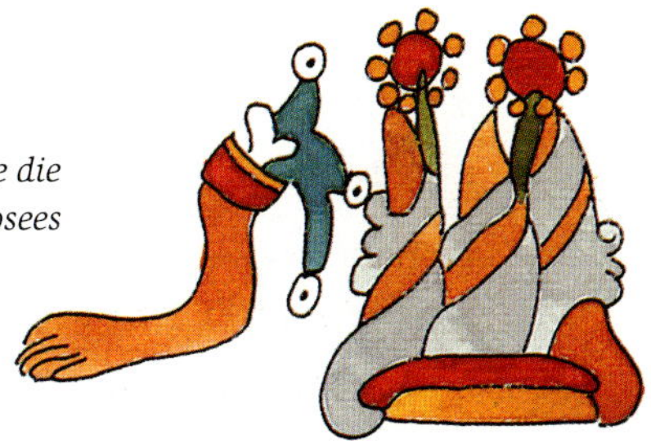

Azteken alles andere als naturalistisch ist: Um Lebewesen und Dinge in Glyphen zu verwandeln, wurden sie einem Prozeß der Stilisierung und Vereinfachung unterzogen, der den alten Regeln der künstlerischen Zeichnung folgte. Was »Glyphe« genannt wird, ist also eine Verbindung zahlreicher kleinster Elemente, und die komplexen Bilder der Kodizes bestehen wiederum aus mehreren Glyphen.
Die Gesetze, denen das aztekische Bild gehorcht, beziehen sich nicht allein auf das Erkennen einer standardisierten graphischen Grundform. Bei Lektüre des Textes muß man berücksichtigen, daß neben der Bildgestalt auch die Farben von Bedeutung sind ebenso wie die Größenverhältnisse der Glyphenkomplexe, ihre Position und Verbindungen auf der Kodexseite, der jeweilige Bereich der *tira* (langes, zusammengerolltes Papierband, gewonnen aus einer *amate* genannten Pflanze) und der geographisch-thematische Bedeutungsraum der *mapa* (Karte) oder des *lienzo* (große Schreibfläche aus Baumwolle).
Der *tlacuilo*, der gelehrte Maler-Schreiber, war ein Künstler, dessen Kreativität Regeln unterlag: den strengen Konventionen der Formensprache, den grammatikalischen Gesetzen der gesprochenen Sprache und den künstlerischen und ästhetischen Normen seiner Kultur. In den Bildern der Kodizes individuelle »Erfindungen« zu sehen hieße »Lesebildern«, deren Ursprünge viele Jahrhunderte zurückliegen, keinen Wert als Schrift beizumessen. Das Hauptproblem, das sich heute den Fachleuten stellt, besteht darin, die allzu engen ethnozentrischen Klassifizierungen zu überwinden, die oft deswegen nicht weiterführen, weil sie an den indoeuropäischen Sprachen und insbesondere am lateinischen Alphabet entwickelt wurden, das auf der Trennung von Bild und Buchstabe beruht; letzteres ist dem mesoamerikanischen System fremd, das gerade das Klang-Bild verwendet.

Es besteht kein Zweifel daran, daß unser mangelndes Verständnis der mesoamerikanischen Schrift in einer Art Verachtung des Bildes begründet ist. Wer zu den Kulturen des griechischen und des lateinischen Alphabets gehört, kann Schrift kaum anders als über Buchstaben begreifen. Bilder sind dabei nichts als begleitende Illustration. Die alphabetische Schrift ist jedoch keineswegs der Maßstab, mit dem jede andere Möglichkeit, die mündliche Sprache zu erfassen, beurteilt werden kann.
Auch heute noch wird das aztekische Bild zumeist nach europäischen Kategorien beurteilt. 500 Jahre nach der Entdeckung der Neuen Welt liefern das 15. Jahrhundert und die Renaissance noch immer die Vorbilder, an denen sich die Ausdrucksformen der altamerikanischen Völker messen lassen müssen. Es ist nicht leicht, sich dem Bild zu nähern, das die Ureinwohner Amerikas geschaffen und überliefert haben, seine Elemente, Gesetze und Regeln zu begreifen. Es bedeutet nämlich, in eine komplexe Ausdrucksform einzutauchen, ohne über die notwendigen Instrumente zu verfügen, sie zu analysieren. Wir müssen gleichzeitig sehen – und dabei unseren Blick relativieren – und die Kriterien, die wir im Kopf haben, vergessen. In den Jahrhunderten, in denen sich die großen amerikanischen Kulturen entwickelt haben, dienten Malerei und Zeichnung der Übermittlung von Gedanken. Bei allen Veränderungen der Zeichensysteme wurde doch niemals das Bild aufgegeben. Im Nahuatl gibt es übrigens nur einen einzigen Ausdruck für Malerei und Schrift: Das Wort *tlacuiloa* bedeutet »malend schreiben«.
Das Instrumentarium, das dem *tlacuilo* zur Verfügung stand, war mit Sicherheit vielfältiger als das eines zeitgenössischen europäischen Schreibers. Es umschloß nicht nur die überlieferten stilisierten Formen der Lebewesen und der Dinge, die den Azteken bekannt waren, sondern auch die Farben, wahrhaftig phonetische Farben, sowie eine reiche und vielwertige Bilderwelt. So bezeichnet beispielsweise *tepetl*, wo sich etwas im Gebirge befindet. Mit den zahlreichen Umbildungen der Glyphe verändern sich auch ihre Bedeutung und ihre Lesart. Ist die Spitze des Pikto-

← Eine Seite des berühmten Codex Mendoza, *in dem die jährlichen Tribute der unterworfenen Städte aufgeführt sind. Die Zeichen bilden eine echte Schrift des Nahuatl, der gesprochenen aztekischen Sprache. Die Erläuterungen in lateinischen Buchstaben wurden später von den spanischen Chronisten hinzugefügt, die die Piktogramme nicht lesen konnten.*

↑ Das Herz des Aztekenreichs bildete das Gebiet um den Texcocosee mit der alten Hauptstadt Tenochtitlán.

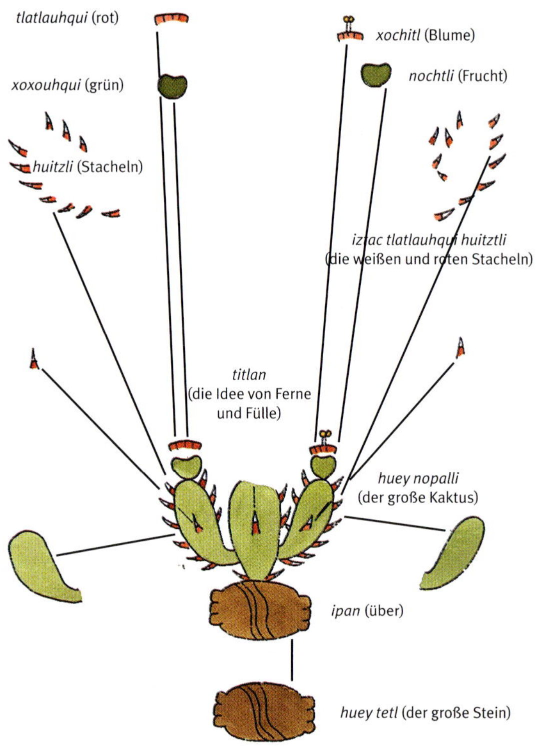

↑ *Zerlegung der Glyphe »Tenochtitlán«: Der Kaktus* (nopalli) *ruht auf einem Stein* (tetl) *mit zahlreichen* (titlan) *Früchten* (nochtli)*:* te-noch-titlan.

gramms eingerollt, dann bedeutet die Glyphe »wo der Berg gekrümmt ist«. Nahm man statt der grünen die weiße Farbe, wurde sie »bei dem weißen Berg« gelesen. Auch die syntaktische Funktion im Text kann sich je nach ihrer Position auf der Seite verändern: Auf diese Weise wird aus der ortsbestimmung *tepetl* ein Substantiv, das sich mit anderen Elementen verbindet (etwa mit Verben wie »sich erstrecken« und »sich gabeln«) und mit ihnen einen größeren Bedeutungszusammenhang bildet.

Das Unverständnis, das die europäischen Gelehrten diesem komplexen System lange entgegengebracht haben, kann zum Teil mit der weiteren Entwicklung – besser: Rückbildung – der Kodizes in der Zeit nach der Kolonialisierung erklärt werden. Neue Themen und vor allem die Übernahme europäischer Inhalte und Betrachtungsweisen veränderten langsam den Charakter des Bildes in Richtung Illustration. Von der alten Schrift der Azteken übernahm man die Ausschmückungen, jene Elemente, die nicht gelesen werden konnten. Sie ließen die Erzeugnisse wertvoller erscheinen, ähnelten sie darin doch denen der Konquistadoren. Vieles andere verschwand mit der Einführung des Christentums, so etwa der rituelle Kalender und die zeremonielle Lesung des Horoskops. Die europäische Kultur blieb auch nicht ohne Einfluß auf die einheimischen Schreibgewohnheiten. Es entstanden schließlich jene hybriden (gemischten) Kodizes – Manuskripte, die traditionelle Elemente und europäische Einflüsse verbinden, vor allem Erläuterungen in lateinischer Schrift. Sie waren oft eine

↓ *Computerrekonstruktion des Zeremonialzentrums von Tenochtitlán, beherrscht vom gewaltigen Bauwerk des Großen Tempels. Dieser Bereich wurde erst vor kurzem wiederentdeckt.*

→ *Ein aztekischer Schreiber, der* tlacuilo, *dargestellt mit seinem Arbeitsgerät. Das Wort bedeutet »der malend schreibt« und drückt die tiefe und unlösbare Beziehung zwischen Zeichen und Klang in der aztekischen Sprache aus.*

Hilfe für Wissenschaftler und Sprachforscher, doch genauso oft Anlaß zu Mißverständnissen und Fehldeutungen.

Meine Entzifferung der aztekischen Schrift ist das Ergebnis langer und geduldiger Arbeit, die Ende der fünfziger Jahre begann. Dabei habe ich mich auf zwei Arbeitshypothesen gestützt: Zunächst bin ich davon ausgegangen, daß die mesoamerikanischen Bildzeichen alle Einzelheiten der gesprochenen Sprache sowie das Denken und die Weltsicht der Einheimischen ausdrücken. Weiter habe ich angenommen, daß die Elemente des mesoamerikanischen Bildes künstlerischen Gesetzen und Regeln entsprungen sind. Diese Regelhaftigkeit, die jene der Grammatik der gesprochenen Sprache nachvollzog, war zu entdecken. Dazu mußte eine neue Methode gefunden werden, mit der eine systematische wissenschaftliche Untersuchung möglich war. Es durfte nicht der Weg beschritten werden, den die Wissenschaftler bis dahin eingeschlagen hatten, nämlich den der subjektiven Interpretation, die sich je nach dem untersuchten Dokument ändert. Es mußten möglichst viele Bildhandschriften miteinander verglichen und analysiert werden, um eine repräsentative Sammlung und eine typologische Ordnung zu erhalten.

Als erstes Dokument wurde der *Codex Mendoza* herangezogen, die Abschrift eines zweisprachigen Werkes, das eingeborene Künstler im Auftrag des ersten Vizekönigs von Mexiko, Antonio de Mendoza, angefertigt hatten. Er enthält zahlreiche Ortsangaben und Informationen wirtschaftlicher Art, da er die Eroberungen der Aztekenherrscher und die tributpflichtigen Städte und Völker auflistet. Zunächst habe ich die glyphischen Elemente untersucht, die Informationen über die präkolumbische Landwirtschaft enthalten. Sie bezogen sich also auf die Erde, die Pflanzen, die Bewässerungskanäle und die landwirtschaftlichen Werkzeuge.
Im Vergleich zwischen den gezeichneten Ortsnamen (toponymische Glyphen) und den Erläuterungen in lateinischen Buchstaben – oft für Lesarten der Glyphen gehalten – wurde deutlich, daß die Zeichnungen nicht korrekt gedeutet worden waren: Die Wiedergabe war oft unvollständig und fehlerhaft. Außerdem war die Stellung einiger Glyphen geändert worden, oder man hatte sie verwechselt. Es blieb nichts anderes übrig, als für jede toponymische Glyphe eine eigene Karteikarte anzulegen. Nur so konnten ihre Elemente untersucht und ihre möglichen Lesarten Silbe für Silbe notiert werden. Damals zog ich vor allem den lautlichen Aspekt der Glyphe in Erwägung.

→ *Der berühmte Sonnenstein ist ein Monolith mit einem Durchmesser von 3,60 Meter und einem Gewicht von 24 Tonnen. Der darauf dargestellte Kalender beruht auf der aztekischen Vorstellung von der Entstehung der Welt.*

Um jede Glyphe individuell untersuchen zu können, wobei sie aus dem Zusammenhang gelöst wurde, ohne ihre Beziehungen zu den Nachbarelementen und zu der ganzen Seite zu vernachlässigen, stützte ich mich auf die Methode von J. Cooper Clark (1937) und A. Nowotny (1962); sie verwendet Ziffern und Buchstaben. Erst sehr viel später habe ich eine eigene Kodifizierung entwickelt, die weiteren Erfordernissen der Klassifizierung aller Zeichnungen auf einer Seite (nämlich Glyphen und Bildern, kleinen und großen Gebilden) und ihrer kleinsten Elemente genügen konnte. Ein zweiter Schritt – nach der Klassifizierung von Formen und Farben – bestand darin, Thema und Symbolik eines jeden Elements festzuhalten. Dazu mußte ein eigenes System zur Klassifizierung der Themen entwickelt werden; es orientierte sich an der Methode von A. Leroi-Gourhan (*L'homme et la matière*, 1943–1949), erprobt bei Techniken und Rohstoffen.

→ *Diese Glyphe stellt das Wort* tepetl *(Berg) dar. Eine Glyphe ist das kleinste Element der aztekischen Schrift, eine stilisierte Zeichnung und ein Lautzeichen.*

Auf jeder Karteikarte mußten immer mehr Daten vermerkt werden, wobei bis zu 72 Aspekte berücksichtigt wurden (vgl. Galarza 1973). So konnte in einer Zeit, als die EDV noch nicht zur Verfügung stand, eine relativ komplexe Datei aufgebaut werden. Dazu wurden farbige Indikatoren verwendet, die man auf verschiedene Positionen im oberen Teil jeder Karteikarte setzte (sechs Farben auf zwölf Positionen). Die rechte Hälfte der Karte enthielt eine graphische Darstellung der Glyphe, während links weitere Angaben gemacht wurden: der Orts- oder Personenname, die alten Erläuterungen und ihre Übersetzung. Am unteren Rand wurden die Klassifikationsmerkmale eingetragen – Nummer des Blattes, auf dem die Glyphe erscheint, Klassifikationsnummern von Cooper Clark, Peafield (1885) und Nowotny und schließlich unsere eigene Karteinummer. Die meisten Angaben aber enthielt der obere Rand der Karteikarte, der in zwölf Felder unterteilt war, die den zwölf möglichen Positionen der Klassifikationstabelle Leroi-Gourhans entsprachen.

Nehmen wir ein Beispiel: Der Ortsname »Tlaollan« – aus *tlaolli* (»entkörnter Mais«) und *tlan*, lokatives Suffix mit der Bedeutung »Überfluß« – wird thematisch klassifiziert, indem man die Erwerbstechnik bei dem Element »Mais« vermerkt (Landwirtschaft, gekennzeichnet durch den grünen Indikator in Position eins), die Verwendung der Pflanzenfaser, dargestellt als Werkzeug (grüner Indikator, doch in Position zwei), die Rohstoffe, die in der Glyphe vorkommen, und so weiter. Später erkannte ich die Notwendigkeit, wenigstens eine weitere Kartei anzulegen, um in ihr die Erklärung und die Bedeutung der verschiedenen Elemente zu verzeichnen. Dies erlaubte eine Interpretation, die die korrespondierenden Lesarten auf fünf verschiedenen Ebenen berücksichtigte: klanglich, thematisch, symbolisch, bildlich, formal.
Neben den Karteien zur Thematik und zur Deutung richtete ich eine dritte ein. In ihr wurden in lateinischer Umschrift die Klangsequenzen (je nachdem ein-, zwei- oder dreisilbig) der kleinsten graphischen Elemente der toponymischen Glyphen festgehalten.
Des weiteren vermerkte ich auch die Abkürzungen, auf die ich im Laufe der Untersuchung gestoßen war. Ich markierte also jeden einzelnen Fall, in dem bestimmte Silben gelesen und ausgesprochen, jedoch nicht geschrieben wurden. In diesen Fällen war die Lesart, still oder implizit, gegründet auf Gesetze »graphischer oder bildlicher Ökonomie« oder auf Abkürzungen: Die Zeichnungen, die bestimmten Klängen entsprachen, erschienen in der Tat nicht innerhalb der Glyphe. Derartige Phänomene ermöglichten es mir auch, aus den Parametern der Zeichnung und den graphischen Mitteln, die der Zeichner entwickelt hatte, Regeln abzuleiten und zu berücksichtigen, die Lage, Ausdehnung und Anordnung im Raum betreffen. Die Sammlung der Toponyme ist nach und nach um Personennamen (Anthroponyme), zivile und militärische Titel und einige Bildzeichen oder große Bilder erweitert worden. Je weiter die Untersuchung fortschritt, desto stärker wurde mir bewußt, daß alle Zeichnungen der Komposition auf jeder Seite gelesen werden mußten. Die großen wie die kleinen Bilder waren das Ergebnis ein und derselben künstlerischen und bildlichen Konvention: Alle sind Glyphen!
Die Lektüre der erweiterten Glyphen erfolgte auf die gleiche Art wie die der kleinen Bilder, da die großen Bilder denselben Regeln gehorchten. Daher erschien es mir notwendig, einen neuen Katalog zu schaffen und die großen Bilder nach denselben Krite-

→ *Eine Seite des* Codex Telleriano-Remensis *aus dem 16. Jahrhundert. Auch hier wurden später Erläuterungen in lateinischer Schrift hinzugefügt, um die ansonsten für die europäischen Eroberer unverständlichen Zeichnungen zu erklären. Dieser Kodex umfaßt 50 Blätter und gehört zum Bestand der Nationalbibliothek in Paris.*

↑ *Die erste Seite des* Codex Mendoza, *der die letzten 194 Jahre der aztekischen Geschichte nach der Gründung von Tenochtitlán beschreibt. Der blaue Rahmen, der die Seite einfaßt, besteht aus 51 Jahresglyphen, zu lesen gegen den Uhrzeigersinn von links oben. Nach jahrelanger Forschungsarbeit ist es Galarza gelungen, den Schlüssel zur Entzifferung zu finden.*

rien zu untersuchen. Die geordneten Karteikarten der Glyphen (alle Elemente des Systems verdienten nun diese Bezeichnung) bildeten ein ideales »Glyphenwörterbuch des aztekischen Nahuatlsystems«, auf der Basis der zuvor festgelegten Klassifikation in der Datei systematisiert. Danach mußten auf Tafeln die Glyphen nach der ersten Silbe des transkribierten Worts alphabetisch geordnet werden. Nach und nach gelang es, eine stattliche Anzahl von Vergleichstafeln zusammenzustellen.

Zunächst waren die Bildzeichen von Hand kopiert worden, wobei Fehler nicht auszuschließen waren, die schwerwiegende Konsequenzen für die späteren Analysen haben konnten. Dann kamen die ersten Fotokopierer auf, mit denen das Zeitalter der »mechanischen Reproduzierbarkeit« anbrach. Es war ein großer Fortschritt, an originalgetreuen Kopien versuchsweise Veränderungen vornehmen zu können. Die Elemente konnten zerlegt und neu geordnet werden. Selbst diejenigen, die nicht die erste Silbe eines Wortes, sondern die folgenden Silben transkribierten, konnten leichter aus ihrem Kontext gelöst und zusammengestellt werden, während sie zuvor überhaupt nicht in den Registern von Toponymen erschienen waren.
Diese geordnete Zusammenstellung machte mir augenblicklich klar, wobei auch Intuition eine Rolle gespielt haben mag, daß die kleinsten Einheiten der Schrift sich wiederholen und miteinander verbunden werden können und daß sie die kleinsten klanglichen und/oder semantischen Elemente der aztekischen Sprache sind (vgl. Galarza, Monod und Becquelin 1980).
Ergebnis der Arbeit ist ein *Wörterbuch der aztekischen Glyphen von Ortsnamen* (noch unveröffentlicht), dem sich ein *Wörterbuch von kleinsten Elementen der Nahuatl-Sprache* anschließt (ebenfalls noch unveröffentlicht), beide basierend auf dem *Codex Mendoza*. Es handelt sich jedoch lediglich um die ersten Arbeiten zu einem großen Wörterbuch, in dem alle Gesetze und Regeln des aztekischen Bildes erklärt werden sollen. Dazu müssen allerdings die Erkenntnisse, die im *Codex Mendoza* gewonnen wurden, um die ergänzt werden, die man durch Anwendung derselben Methode auf andere Bilderhandschriften erhält.
Seit den Anfängen meiner Forschungsarbeit sind 35 Jahre vergangen. Heute kann dieses Analysesy-

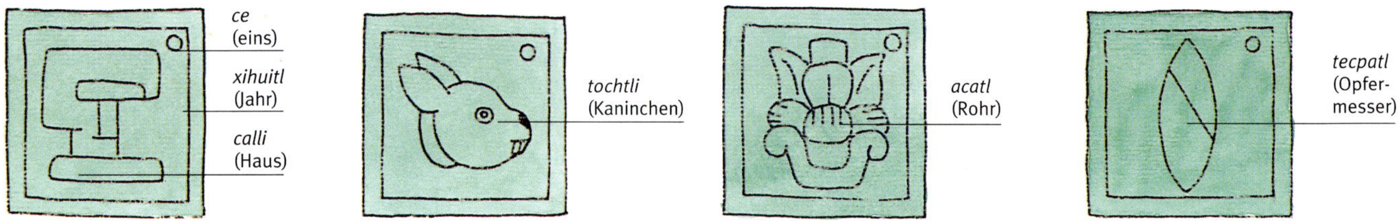

↑ *Die vier Grundglyphen zur Angabe von Jahren: Ihre blaue Farbe bedeutet* xihuitl *(Jahr). Zusammen mit den Zahlen von 1 bis 13 (dargestellt durch einen oder mehrere kleine Kreise) bilden sie einen Zyklus von 52 Jahren (13 mal 4).*

stem, Ergebnis einer visuellen Klassifikation, in den Computer eingegeben werden. Ein Programm, das auf den gleichen Grundlagen aufbaut, wird gerade entwickelt. Mit dem Computer kann man eine große Datenmenge überprüfen, die Verbindung bekannter graphischer Parameter analysieren und vielleicht neue und bisher unbekannte ermitteln.
Wahrscheinlich werden künftig papierlose »Bilderbücher« auf neuen Datenträgern wie CD, Kassette, Bildplatte oder CD-Rom entstehen. Sie bieten dem Benutzer die Möglichkeit, Teile der Daten auf Papier ausdrucken zu lassen, ohne daß das Forschungsmaterial verändert oder beeinträchtigt wird.
Auf diese Weise wird es möglich, mit den Texten und Bildern zu »spielen«, weitere Untersuchungen vorzunehmen und verschiedene Vergleiche anzustellen. Denn mit Hilfe der modernen Mittel kann die »mechanische Arbeit« stark eingeschränkt werden, die der »reinen Forschung« in der Vergangenheit wertvolle Zeit und Kraft entzogen hat.

Der Codex Mendoza. Die Bilderhandschrift wurde von den Nahuas auf Anordnung von Don Antonio de Mendoza, dem ersten Vizekönig von Mexiko, angefertigt. Aus drei älteren Handschriften zusammengestellt, besteht sie aus 72 Blättern und umfaßt drei Teile: Der erste zählt chronologisch die Eroberungskriege der Herren von Mexiko-Tenochtitlán während rund 200 Jahren auf; der zweite ist eine Kopie und listet die Tributleistungen von fast 400 *pueblos* an Moctezuma auf, den letzten Aztekenherrscher von Tenochtitlán; der dritte Teil schließlich ist ethnographischer Art und erzählt das Leben eines Mexikaners von der Geburt bis zum Tod.
Um das piktographische System besser zu verstehen, mag es von Nutzen sein, die erste Seite dieses außerordentlich wichtigen Dokuments, den *folio 2 recto*, zu lesen (vgl. Galarza 1983). Ihre Bildelemente gehören drei Gruppen an: Wir sehen zwei Rahmen, eine Landschaft und einige Szenen mit Figuren. Der äußere Rahmen, der den Bildraum des Blattes begrenzt, ist tatsächlich eine Chronologie, die Jahr für Jahr gelesen werden kann, wenn man der durch die Anordnung der Glyphen vorgegebenen Richtung folgt, in diesem Fall: gegen den Uhrzeigersinn, ausgehend vom linken Rand oben. Das erste Jahr, »2-Haus«, und das letzte Jahr, »13-Rohr«, markieren die zeitlichen Grenzen des historischen Berichts über die Gründung von Tenochtitlán und die Regierung Tenochtzins, des ersten Herrschers oder *huey tlatoani* (»großer Redner«) des alten Mexiko.
Der innere Rahmen geht in die Landschaftsschilderung über, da er das Wasser darstellt, das Tenochtitlán umgab. Von ihm gehen die Kanäle aus, die die Stadt in fünf Bereiche geteilt haben: vier dreieckige Gebiete auf der Insel und eines auf dem Festland. Die Landschaft, dargestellt mit den Elementen Wasser, Erde, Pflanzen, großer Stein in der Mitte, Berge und fünf Bauten, kann zu Recht eine »phonetische Landschaft« genannt werden, da sie in einem gegliederten und in Flächen unterteilten Bildraum einen komplexen Text umsetzt, der die geographisch-mythischen Koordinaten der Geschichte von der Gründung Tenochtitláns liefert.
Die Gliederung der Komposition bestimmt, in welcher Reihenfolge sie gelesen werden soll: Der Adler, der sich auf dem Kaktus *(nopalli)* niederläßt, und der Stein *(tetl)* bilden die Mitte und sind daher dem Leser »näher«; ihre Lektüre geht daher der der übrigen Bildelemente voraus, einschließlich der »Bodenfläche« mit den Wasserkanälen (bei den Dokumenten der Azteken kann man nicht von »Bodenlinie« sprechen, da diese üblicherweise von der gesamten Blattfläche dargestellt wird).
Die Figuren bilden zweifelsohne einen der schwierigsten Aspekte des Schriftsystems. Denn während die Personen-

→ *Diese Wandmalerei stammt aus Teotihuacán. Das Volk, das die Stadt ursprünglich bewohnte, und seine Sprache sind unbekannt; vielleicht war diese verwandt mit der der späteren Azteken.*

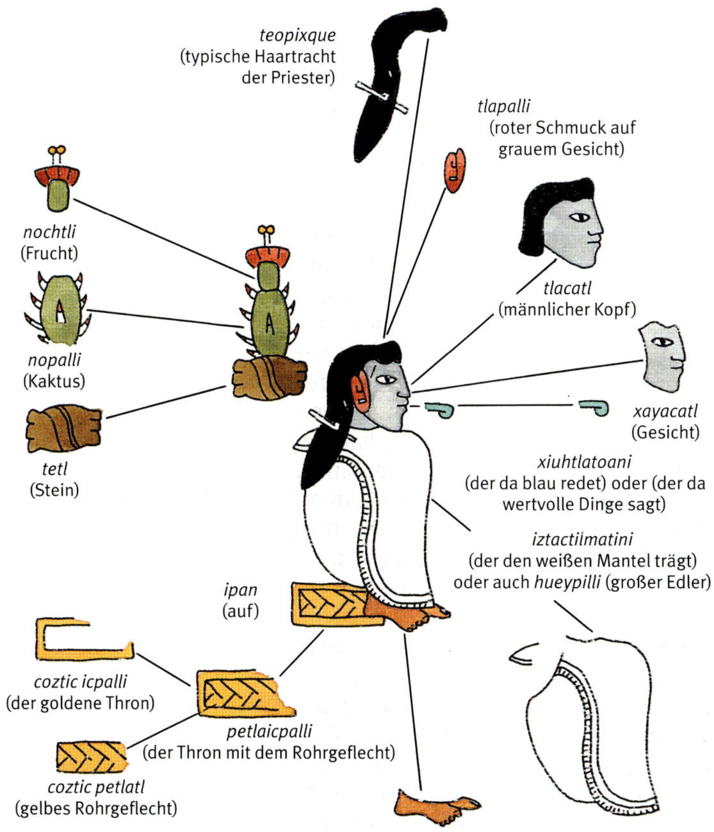

← *Zerlegung einer auf der ersten Seite des* Codex Mendoza *dargestellten Figur in ihre Bestandteile. Die Analyse ergibt, daß sie einen komplexen Satz und den Personennamen enthält.*

namen über ihren Köpfen zu »schweben« scheinen und mit diesen über ein »graphisches Band« verbunden sind (was sie deutlich als graphischer Kunstgriff auf der Schreibebene erkennbar macht), scheinen die menschlichen Wesen auf den ersten Blick nichts anderes als »Abbildungen«.

Bei genauerem Hinsehen erkennt man jedoch, daß sie ohne ihre Personennamen keinerlei Individualität besitzen und eher eine Montage glyphischer Elemente sind, die der lautlichen Wiedergabe traditioneller Bezeichnungen, Titel und Metaphern dienen. Beispielsweise besitzt der große und verehrte Tenochtzin, zuvorderst in der linken Sektion, zahlreiche Attribute (die langen Haare mit einem weißen Knoten; der Schmuck, weiß auf dem Ohr und rot im Gesicht; das türkisfarbene Wortzeichen; der weiße Mantel mit doppeltem Fransensaum; die Nägel der bloßen Füße und der gelbe Mattensitz), die, nacheinander gelesen, eine klare Metapher der Macht bilden. Wäre diese Figur ihres Namens beraubt (»der verehrenswerte Herr des Kaktus aus Stein, der verehrenswerte Tenochca«), wie ihn das kleine Bild über seinem Kopf wiedergibt, wäre sie einfach der Hohepriester, der Oberste Befehlshaber, der große Edle, der große Herr und Richter: eine Reihe von Ämtern, die auch einer anderen Persönlichkeit zugesprochen werden können.
Auf dem unteren Teil der Seite sind die Personen nicht sitzend und im weißen Mantel (Attribut des Adels) dargestellt, sondern als kämpfende Krieger, die die ersten feindlichen Städte erobern und unterwerfen: Colhuacán und Tenayuca.
Die Namen der beiden Städte erscheinen jeweils rechts von den Kriegern neben den brennenden Tempeln, von diesen teilweise überschnitten, die das traditionelle Bild für die Niederlage eines *pueblo* sind. Die nominal-verbal-lokative Wortgruppe (Syntagma) mit Colhuacán (*colhua* = krümmen, *-can* = lokatives Suffix) könnte etwa so gelesen werden: »Bei dem Berg, der sich krümmt, neigt sich das gelbe Binsendach des großen Tempels mit Pyramide nach vorn und fällt, der große Tempel mit Pyramide macht viel Rauch, brennt; es ist die Niederlage, der Fall der Stadt Colhuacán.«

→ *Der untere Teil der ersten Seite des* Codex Mendoza *zeigt die Eroberung zweier Städte durch aztekische Krieger. Die Glyphen nennen die Namen der beiden Städte: Tenayuca und Colhuacán.*

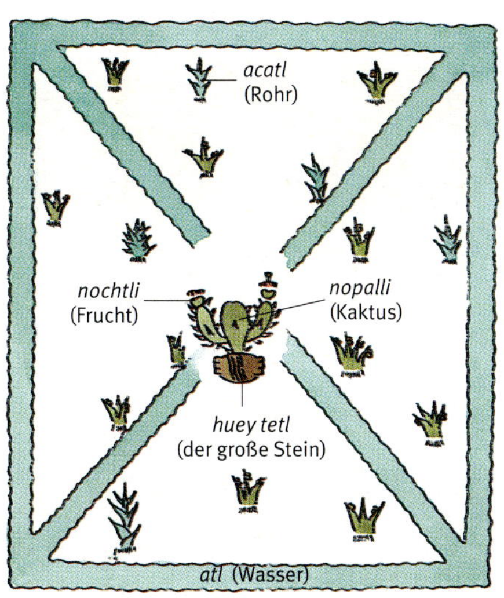

↑ *Der innere Rahmen auf der ersten Seite des* Codex Mendoza *zeigt ein von Wasser* (atl) *umgebenes und von Kanälen durchzogenes Gebiet, in dem Rohr* (acatl) *wächst. In der Mitte befindet sich ein Kaktus* (nopalli), *dessen Früchte* (nochtli) *zahlreich* (titlan) *sind auf einem großen Stein* (huey tetl), *was zusammen Tenochtitlán und sein Kanalsystem bedeutet.*

Bibliographie

• D. Robertson *Mexican Manuscript Painting of the Early Colonial Period: The Metropolitan Schools*. New Haven 1959
• J. Galarza *Codex Mendoza, première page: 2 recto. Méthode d'analyse*. Paris 1983 (Mikrofiche)
• – *Codex Mendoza, première page: 2 recto. Lecture nahuatl*. Paris 1983 (Mikrofiche)
• – *In amoxtli, in tlacatl. El libro, el hombre. Codices y vivencias*. Mexiko 1987
• –, R. Maldonado Rojas *Amatl, amoxtli. El papel, el libro. Los códices mesoamericanos*. Mexiko 1986
• –, A. Siliotti *Tlacuilo. Il segreto svelato della scrittura azteca*. Florenz 1992.

Das Reich der Inka

Das Reich der Inka war wahrscheinlich das größte Imperium im präkolumbischen Amerika. Es entwickelte sich etwa ab 1200 n. Chr. in den Anden, und seine Macht erstreckte sich über beinahe 900 000 Quadratkilometer. Um ein derart riesiges Territorium zu kontrollieren und zu regieren, richteten die Inka einen Beamtenapparat ein, der das Reich politisch, ökonomisch und administrativ lenkte. Zwei Mythen erzählen vom Auftreten der ersten Inka in der Region von Cuzco. In der ersten Version beginnt die Geschichte mit der Wanderung von vier Brüdern aus einer Höhle in der Sierra bis nach Cuczo, in einer anderen mit der Geburt von Manco Capac, Sohn der Sonne, aus den Wassern des Titicacasees: Von seinem Vater erhält er den Auftrag, zusammen mit seiner Gefährtin, Mama Ocllo, den Menschen die Zivilisation zu bringen.

↑ *Silberfigur eines Alpaka*

Die Anden wurden von den Spaniern rund zehn Jahre nach Mexiko entdeckt. Vasco Nuñez de Balboa, der Nachricht von der Existenz weiterer Länder erhalten hatte, überquerte den Isthmus von Panama und fand den Weg nach Südamerika. Doch erst Francisco Pizarro begann mit etwa 100 Männern die Eroberung des Inkareichs. Nach mehreren Versuchen erreichte er den Fluß Biru (nach dem Peru seinen Namen erhalten hat). Die Konquistadoren kamen in ein vom Bruderkrieg zerrissenes Land. Nach dem Tod von Huayna Capac stritten sich seine Söhne, der legitime Thronfolger Huáscar und Atahualpa, Sohn einer ecuadorianischen Konkubine, um die Herrschaft.
Als die Spanier ins Land kamen, befand sich Atahualpa an der Spitze seines Heeres auf dem Marsch nach Cuzco. Bei einer Ruhepause in Cajamarca stimmte er einer Begegnung mit Pizarro zu, wobei ihn dieser gefangensetzte. Dennoch besiegte Atahualpas Heer das von Huáscar.
Aus dem Gefängnis in Cajamarca heraus gab Atahualpa den Befehl, seinen Halbbruder zu töten, und bot den Spaniern für seine Freilassung einen riesigen Gold- und Silberschatz an. Dieser wurde zu Barren geschmolzen und nach Spanien gebracht. Dennoch ließ Pizarro den Inkaherrscher wegen Götzendienstes und Inzests anklagen und zum Tode auf dem Scheiterhaufen verurteilen. Um seinen Körper zu erhalten, was nach dem Glauben der Inka von großer Bedeutung war, trat Atahualpa zum Christentum über und erreichte damit, daß er mit der Würgschraube hingerichtet und in einer behelfsmäßigen Kapelle beigesetzt wurde.
Die Spanier marschierten nach Cuzco, das sie nach einigen Monaten eroberten. Pizarro setzte Manco Capac, den jüngeren Stiefbruder Huáscars, auf den Thron und gründete an der Küste eine neue Hauptstadt, das spätere Lima.
Die spanische Kolonialisierung weitete sich nach und nach auf die anderen Andenländer aus. Große Teile Chiles, Boliviens und Kolumbiens wurden besetzt, doch die Lage in der spanischen Kolonie verschlechterte sich zusehends: Die Gier nach Gold führte zu inneren Zwistigkeiten. 1541 wurde Pizarro von einem seiner Männer ermordet.

↑ *Manco Capac, der Stammvater der Inka, und seine Gefährtin Mama Ocllo. Abbildungen aus* Nueva Crónica y Buen Gobierno *von Felipe Guamán Poma de Ayala. Bei diesem Werk handelt es sich um eine illustrierte Chronik, in der große Teile der Inkageschichte so festgehalten sind, wie sie sich zum Zeitpunkt der spanischen Eroberung darstellte.*

→ Das riesige Territorium der Inka war durch ein mehr als 25000 Kilometer langes Straßennetz erschlossen.

→→ Die Inka verwendeten zur Aufzeichnung von Rechnungen und kurzen Mitteilungen die Quipus, Knotenschnüre. An einem Hauptstrang wurden verschiedenfarbige Schnüre angebracht, in die man Knoten schlug. Dabei spielten ihre Anordnung, die Zahl, die Art und die Position der Knoten eine Rolle.

Erst im 15. Jahrhundert war, unter der Herrschaft von Pachacutec, aus einem kleinen Staat ein Reich geworden: Die Inka hatten die Anden erobert und ein Territorium besetzt, das den südlichen Teil von Kolumbien, Ecuador und Peru bis zum mittleren Chile umfaßte.
Diese Entwicklung gründete in der Entschlossenheit von Generationen von Inkaherrschern. Viracocha, der einen Teil des Urubambatals eroberte, betrieb als erster Inkaherrscher eine expansionistische Politik. 1438 drohten die Chanca, die Inkastadt Cuzco einzunehmen. Cusi Yupanqui, Sohn Viracochas, bestieg unter dem Namen Pachacutec den Thron, organisierte die Verteidigung der Stadt und errang den Sieg über den Feind. Er setzte weitreichende politische Reformen durch und verwandelte Cuzco in eine echte Hauptstadt.
Capac Yupanqui, einer seiner Brüder, sollte den Frieden mit den Chanca wiederherstellen. Doch kaum hatte er die Nordgrenze Perus überschritten, wurde er von Cusi Yupanqui des Amtes enthoben. Dieser stellte Tupac Yupanqui, seinen Sohn, an die Spitze des Heeres, um das Reich der Chimú,

Gegenstände des täglichen Lebens

Bei den Fundstücken aus der Inkazeit handelt es sich im wesentlichen um Keramiken, Steinobjekte und Textilien. Typisch für die Keramik ist die Bemalung mit geometrischen Motiven, bisweilen treten Pflanzenmotive auf. Zu den häufigsten Formen gehören die Schüssel mit tiergestaltigem Griff und der Krug mit spitz auslaufendem Boden; größere Exemplare wurden auf dem Rücken getragen. Stoffe wurden nach traditionellen Methoden gefertigt; ihre Muster zeigen eine Vorliebe für die Geometrisierung der Motive. Gefäße aus hartem Stein dienten als Mörser und hatten normalerweise Griffe in Form von Tierköpfen. Es wurden auch zahlreiche Metallgegenstände gefunden, darunter Waffen und Gerätschaften aus Bronze sowie Goldschmiedearbeiten.

↓ Ein Aryballos, ein großes Gefäß zum Transport von Lebensmitteln. Es wurde mit Hilfe einer Schnur, die durch die Henkel lief, auf dem Rücken des Trägers gehalten.

↑ *Als Symbol zweier grundsätzlich verschiedener Kulturen erhebt sich die spanische Kirche Santo Domingo in Cuzco auf einer großen Mauer, dem Überrest des alten Sonnentempels. Unter Pachacutec aus behauenen Steinblöcken sorgfältig zusammengefügt, hat sie zahlreiche Erdbeben überlebt, während der Bau aus der Kolonialzeit mehrmals wiederaufgebaut werden mußte.*

das sich im Norden des Landes gebildet hatte, zu erobern. Am Ende der Herrschaft von Pachacutec beanspruchte Tupac Yupanqui kraft des Titels *sinchi* (»siegreicher Krieger«) die Macht. Als er sein Ziel erreicht hatte, eroberte er die südlichen Küstenreiche. 1493 folgte ihm Huayna Capac nach und weitete die Grenzen des Reiches im Norden und Süden noch weiter aus.

Um die Probleme der Organisation und des Zusammenhalts dieses ethnischen »Mosaiks« zu meistern, mußte ein politisches, ökonomisches und administratives System für das ganze Territorium geschaffen werden. Ermöglicht wurde dies durch zwei Straßennetze, die die Verbindung zwischen der Hauptstadt und den Provinzen gewährleisteten. Das erste folgte der Küste und verband einen Teil Ecuadors mit der Mitte Chiles; das zweite verlief durch die Andentäler und reichte von Quito (in Ecuador) bis Santiago de Chile. Über Hängebrücken gelangte man selbst in Gegenden, die sonst unerreichbar gewesen wären. Überall gab es Poststationen *(tambo)*. Auf dem leistungsfähigen Straßensystem waren Beamte und Handwerker sowie Lama- und Alpakaherden unterwegs, konnten Waren befördert und Truppen bewegt werden.

Die Stärke des Reichs beruhte auf der Arbeit der Bevölkerung, die mit dem *quipu* registriert wurde. Dieses Instrument, gehandhabt vom *qui-*

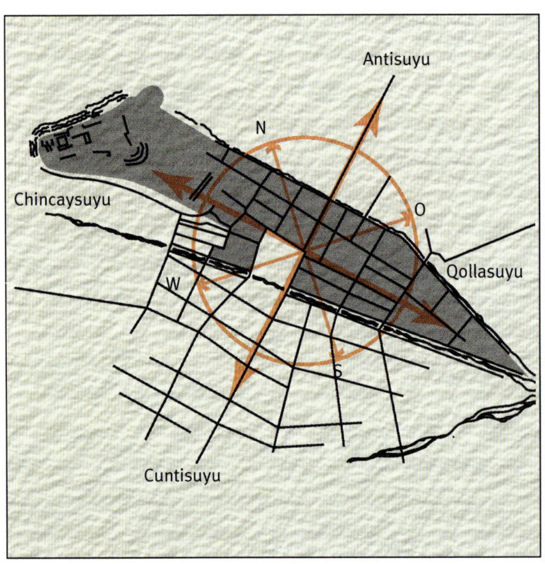

↑→ *Der Stadtplan Cuzcos hatte die Form eines Pumas. Die Zeichnung zeigt die Beziehungen zwischen der Stadt, den vier Himmelsrichtungen und den vier Provinzen des Reichs.*

Textilkunst

Gewebe und Stoffe spielten im wirtschaftlichen, politischen, religiösen und militärischen System der Inka eine wichtige Rolle. Es verwundert deshalb nicht, daß die Herstellung eines so wertvollen Gutes reglementiert und überwacht wurde. Stoffe wurden als Geschenke bei politischen Verhandlungen überreicht. Mit ihnen sollten treue Untertanen geehrt werden. Sie wurden auch für das Heer gebraucht, das ständig im Einsatz war und seine Ausrüstung regelmäßig erneuern mußte. Auf sozialer Ebene schließlich konnte mit Stoffen der Status von Personen ausgedrückt werden. Die Textilien wurden von Männern und Frauen hergestellt, die die Techniken des Webens von Kindheit an erlernten. Die Weber waren in drei Klassen eingeteilt: die Hatun Runa *fertigten in Fronarbeit die Textilien des allgemeinen Bedarfs; die* Cumbi Camayoc *genannten Männer produzierten Qualitätstextilien, von denen manche an das Heer gingen; die geschicktesten Frauen schließlich, die* Mamacona, *webten die Kleidung des Inkaherrschers und die Behänge der Tempelmauern.*

← Wie man an dieser Tunika erkennt, waren Gewebe für die Andenvölker so wichtig, daß sie mit außerordentlicher Sorgfalt hergestellt wurden. Paris, Musée de l'Homme

pucamayoc, bestand aus Knotenschnüren und erlaubte es, die Bevölkerung, die Güter und das Vieh zu zählen. Der Staat verlangte die Achtung der Gesetze; jede Überschreitung wurde mit dem Tod bestraft, Lüge und Müßiggang galten ebenso als Vergehen wie Diebstahl. Die Inka führten auch die *mitmaj* ein, die erzwungene Umsiedlung oder Auswanderung von Aufrührern. Um die innere Ordnung aufrechtzuerhalten und das Land vor äußeren Feinden zu schützen, unterhielten sie ein stehendes Heer, in dem jeder Mann eine bestimmte Zeit zu dienen hatte.

Die besiegten Völkerschaften, denen die Inka das Quechua als Sprache aufzwangen, waren durch Gesetze geschützt, insbesondere was ihren Landbesitz anging. Die Dörfer, die Familien mit verwandtschaftlichen Beziehungen vereinten *(ayllu)*, waren der Autorität eines *curaca* unterstellt. Jedes *ayllu* war eine soziale Einheit

↑ Die oberhalb Cuzco gelegene Festung Sacsayhuamán ist die größte Festungsanlage des amerikanischen Kontinents. Sie besteht aus drei hintereinanderliegenden Mauerreihen, über einen halben Kilometer lang und um die 20 Meter hoch. Die Mauern sind durch vorspringende schräge Bastionen verstärkt.

Landwirtschaft

Die Landwirtschaft zur Zeit der Inka nutzte Terrassen, um die Anbauflächen zu vergrößern und die Erosion in Grenzen zu halten. Angebaut wurden Kartoffeln, Mais, Bohnen, Koka, Pfefferschoten und verschiedene Kürbisarten. Das Lama wurde in erster Linie als Lasttier gehalten, das den Transport der Erzeugnisse auf dem gesamten Territorium ermöglichte. Doch auch sein Fleisch wurde bisweilen gegessen; man verwendete es auch als Opfertier bei Kulthandlungen. Aus Lamawolle wurden Textilien, aus Lamaleder Beutel hergestellt. Das Lama gehörte, wie Alpaka, Meerschweinchen und Hund, zu den Haustieren.
In der Höhle von Guitarrero wurden die ältesten Spuren von Nutzpflanzen entdeckt. Es handelt sich um Bohnen, die seit 7000 v. Chr. angepflanzt wurden. In den Höhlen von Ayacucho fand man Kürbisreste (ebenfalls 7000 v. Chr.) und Mais (3. Jahrtausend v. Chr.).
Die Landwirtschaft der Küstenregion scheint aus einer späteren Epoche zu stammen. Der Anbau von Bohnen, einigen Kürbisarten und von Baumwolle geht auf die Zeit um 3000 v. Chr. zurück.
In den Zentren von Kotosh, Galgada und Chavín wurden damals Kamelarten (Lamas, Alpakas) gezüchtet sowie Mais und Kartoffeln angebaut. Diese Knolle stammte aus den Anden und war in der Küstenregion seit etwa 2000 v. Chr. bekannt. Es gab, je nach der Höhenlage der Anbaugebiete, 200 Arten. Man aß die Kartoffel frisch oder getrocknet. Auf den Hochebenen wurden noch weitere Knollenfrüchte angebaut, darunter mashua, olluco *und* oca, *ebenso wie* maca, *ein Wurzelgemüse, und* quinoa, *eine Art Reis, die reich an Mineralstoffen war.*

→ Die Keramik der Anden hatte gewöhnlich die Form von Früchten und Gemüse, so auch diese Flasche, deren Wandung die Gestalt von Maiskolben hat.

← Zwei Abschnitte im Maisanbau: Bodenbearbeitung und Aussaat sowie der Transport der Ernte in die Vorratshäuser

und besaß eine *marka*, parzelliertes Ackerland, das in unterschiedlicher Höhe lag, um den Bauern den Anbau verschiedener Nutzpflanzen zu ermöglichen. Die zugeteilte Fläche wurde regelmäßig nach der Familiengröße neu bemessen.
Die Andenbauern nutzten große Teile der Kordilleren. Sie bauten ungefähr 40 Sorten Gemüse an. Die Anbaugebiete reichten von den feuchtwarmen Gegenden am Fuß der Bergkette bis in ziemliche Höhe, wo es empfindlich kalt war. Mais wurde, anders als Kartoffeln, nur in den feuchten und warmen Zonen angebaut, in einer Höhe unter 4000 Metern. Dazu benötigte man eine gute Bewässerung und Düngemittel, darunter Guano (Exkre-

← Die Inkafestung Ollantaytambo, erbaut aus großen polygonalen Blöcken, die ohne Mörtel präzise zusammengefügt wurden

mente von Seevögeln), den die Inka mit Lamas von der Küste heranschafften. Zur Bearbeitung des Bodens benutzten sie Hacken, Spaten, Stangen, Schaufeln und Pflanzstöcke, die *taclla*.
Die Männer kümmerten sich um die Feldarbeit, die Frauen waren mit der Aussaat betraut, und die Kinder hielten die Vögel von der Ernte fern. Man terrassierte die Gebirgshänge und führte in Kanälen das Wasser der

↑ *In der Architektur haben die Inka ihren ganzen Einfallsreichtum und ihre großen Fähigkeiten bewiesen. Die gewaltigen Steinblöcke sind immer genau eingepaßt, wie der »Stein der zwölf Ecken« in einem Bau in Cuzco zeigt.*

Gletscher heran. Damit die Ernte gedieh und Regen fiel, begleiteten Zeremonien und Versöhnungsriten den Anbau. Der Mais, tägliches Nahrungsmittel, war auch eine heilige Pflanze, die zur Herstellung von *chicha* diente. Dieses Bier wurde bei Zeremonien und Trankopfern und in einer *pajcha* serviert, einem becherähnlichen Gefäß aus Holz mit einem geschnitzten, durchbohrten Griff, durch den das kostbare Getränk floß. Mit Lamablut gemischtes Maismehl diente zur Bereitung des *sancu*, der bei den Zeremonien geopfert wurde. Der Inkaherrscher selbst bat die Götter um Erlaubnis, Mais anbauen zu dürfen, und überwachte die Zeremonie der Aussaat, die von Tieropfern begleitet war. Die lokalen Herren, *curaca*, mußten in ihren Regionen ähnliche feierliche Handlungen durchführen. Steinerne Maiskolben wurden den Mumien, Göttern und *huaca* – allem, was heilig war – dargebracht. Im Frühling richtete jedes Dorf ein großes Fest zu Ehren von Mama Zara (»Mutter des Maises«) aus.

Die Hauptstadt war Cuzco, Sitz der Macht und Residenz des Inkaherrschers. Vier Wege verbanden den Heiligen Platz mit den vier Hauptbezirken, *suyu*, des Reichs, die von je einem Beamten verwaltet wurden.
In einer Höhe von 3326 Meter gelegen, ist Cuzco von fast 4000 Meter hohen Bergen umgeben. Tausende von Menschen lebten dort. Es gab Kult-, Verwaltungs- und Wohngebäude, errichtet aus großen akkurat behauenen Steinblöcken, die man ohne Mörtel zusammenfügte. Geschützt wurde die Stadt durch den dreifachen Mauergürtel der Festung Sacsayhuamán. Offenbar war sie nicht mit Malereien geschmückt. Die Spanier berichteten, die Mauern des Coricancha genannten Sonnentempels seien vergoldet gewesen und in den Gärten habe es Tierskulpturen, ebenfalls aus Gold, gegeben. Die Stadt war symmetrisch angelegt: Die Wege kreuzten sich im rechten Winkel.

Bibliographie

- F. G. Poma de Ayala »Nueva Crónica y Buen Gobierno«, in: *Travaux et Mémoires de l'Institut d'ethnologie* 23. Paris 1936
- D. Lavallée, L.-G. Lumbreras »Les Andes, de la préhistoire aux Incas«, in: *L'univers des formes*. Paris 1985
- *Ancient Pérou, vie, pouvoir et mort*. Paris, Mai 1987 bis Januar 1988 (Beiträge verschiedener Autoren)
- D. Lévine »Les Américains de la première rencontre«, in: *Amérique, continent imprévu*. Paris 1992
- J. Alcina Frank *L'Art précolombien*. Paris 1996

→ *Die Ruinenstadt Machu Picchu (15. Jahrhundert). Im Hintergrund ragt der Huayna Picchu mit seinem charakteristischen »Zuckerhut« in den Himmel.*

Geheimnisvolle Zeichen in der Pampa von Nazca

Die Nazcakultur hat sich zwischen 300 v. Chr. und 600 n. Chr. im Wüstengebiet der Küste Südperus entwickelt und ist vor allem für ihre Stoffe, ihre Keramik und ihre Scharrbilder bekannt.

↑ *Terrakottagefäß mit doppeltem Ausguß und Darstellungen von Fruchtbarkeitsdämonen und Trophäenköpfen*

Die Nazcakultur, die sich in den fruchtbaren Gegenden der Täler von Ica herausbildete, durchlief – so der archäologische Befund – zwischen dem Ende des 4. und Anfang des 7. Jahrhunderts n. Chr. neun Phasen. Die Bauernvölker kultivierten das Land und schufen die riesigen Bodenzeichnungen: menschen-, tier- und blattgestaltige sowie geometrische Figuren. Diese gigantischen Bilder wurden mit einer sehr einfachen Methode geschaffen: Man entfernte die obere dünne Bodenschicht, so daß eine tiefere, hellere Schicht zum Vorschein kam. Angesichts der Dimensionen lassen sich diese Bilder in ihrer Gesamtheit zwar nur aus der Höhe erfassen, aber auch auf der Erde sind sie zu erkennen. Allgemein wird heute angenommen, daß die geometrischen Formen (Liniensysteme) eine astronomische Bedeutung hatten und sich auf die Zeitrechnung bezogen.
Maria Reiche, die dem Studium der Scharrbilder viele Jahre ihres Lebens gewidmet hat, zog ebenfalls Kalenderberechnungen und die genaue Beobachtung der Sonnenwenden in Betracht. Andererseits legen Opfergaben aus Keramik, die an verschiedenen Stellen gefunden wurden, nahe, daß einige Bilder auch als Kultstätten gedient haben. Ihre Formensprache entspricht dem Dekorstil der Nazcakeramik: Geometrische Figuren stehen neben Vierfüßern, Vögeln, Fischen, Walen, Spinnen und menschengestaltigen Umrissen. In der Gegend von Paracas scheinen einige Motive, wie das vertikale Bild des Kaktus, Orientierungspunkte für die Schiffahrt gewesen zu sein. So dienten die Scharrbilder und die Liniensysteme wohl zugleich der astronomischen Beobachtung, der kalendarischen Zeitrechnung und als rituelle Stätten.

Im 3. Jahrhundert n. Chr. erlebte Peru ein beachtliches Bevölkerungswachstum, das zur Gründung zahlreicher Dörfer in den Tälern von Pisco, Ica und Nazca führte. Die Keramik dieser Periode ist in besonderer Weise für kultische Zwecke und als Grabbeigabe gedacht und zeichnet sich durch Polychromie und eine neue Technik des Dekors aus, mit der die Farben beim Brennen fixiert wurden. Von Hand geformt, weist diese Keramik bis zu sechs verschiedene Farben auf. Bei

→ *Luftaufnahme eines Scharrbildes, das einen riesigen Kolibri darstellt. Die rätselhaften Bodenzeichnungen zeigen Motive aus der Tierwelt oder geometrische Figuren.*

← *In der südlichen Küstenregion Perus ist Nazca einem trockenen Klima ausgesetzt, das zur Erhaltung der Scharrbilder beigetragen hat.*

den Motiven überwiegen geometrische Formen und mythische Wesen.
Die weniger fein gearbeiteten Keramiken sind älter und haben einfache Muster auf einem glänzenden einfarbigen Grund, der meist weiß oder braun ist. Andere Töpferwaren sind mit abstrakten und gewundenen Motiven verziert, während die jüngeren, polychromen Keramiken mythische Figuren und geometrische Formen verbinden.

↑ *Zu den bekanntesten Motiven gehören eine Spinne, ein Affe und verschiedene Vögel in stilisierter Form. Die Figuren haben riesige Ausmaße und können als Ganzes nur aus der Luft erkannt werden.*

Bibliographie
- D. Lavallée, L.-G. Lumbreras »Les Andes, de la préhistoire aux Incas«, in: *L'univers des formes*. Paris 1985
- D. Lévine »La Mort et les morts«, in: *Ancient Pérou, vie, pouvoir et mort*. Paris Mai 1987–Januar 1988, S. 159–169
- J. Alcina Frank *L'art précolombien*. Paris 1996

Der Totenkult

In der Nazcakultur wurden die Toten in geringer Tiefe bestattet. Die Grabkammern hatten ein Dach aus Holzplatten mit einer Tonschicht und luftgetrockneten Ziegeln. Dem Toten wurden im allgemeinen Keramiken als Opfergaben mitgegeben. Die Verfeinerung des Bestattungskults zeugt von der Bedeutung, die dem Tod in der peruanischen Tradition zukam. Der Glaube an ein Leben nach dem Tod und die Erhaltung der sterblichen Hülle als Wohnstatt der Seele waren für die alten Peruaner von größter Wichtigkeit. Unser Wissen über den Totenkult und die Religion der Nazcakultur ist allerdings sehr lückenhaft, da wir über keine autochthonen Textquellen verfügen. Aus den Chroniken der Spanier weiß man lediglich, daß man zur Inkazeit daran glaubte, die Verstorbenen gingen in eine himmlische Welt ein oder kämen in eine Unterwelt, die jedoch nicht, wie die spanischen Ordensgeistlichen zur Zeit der Eroberung annahmen, mit unserer Hölle verglichen werden kann.
Man hat in den Wüstengebieten Perus und in einigen Höhlen der Anden sogenannte Mumienbündel gefunden. Die bekleideten Toten wurden in Hockerstellung beigesetzt und mit mehreren Schichten von Tüchern bedeckt. Verschiedentlich trägt die Mumie, die durch natürliche Austrocknung erhalten blieb, einen künstlichen Kopf aus Stoff oder Holz, meist geschmückt mit Materialien, die Augen und Mund darstellen sollen, damit sie möglichst menschlich aussieht. Die prächtigen Stoffe haben wesentlich zur Konservierung der Mumien beigetragen. Die Grabbeigaben finden sich oft zwischen den Stoffschichten und umfassen unter anderem Masken und Schmuckstücke aus getriebenem Goldblech, die schematisierte Figuren darstellen und zu den schönsten Goldarbeiten aus Peru gehören.

↑ *Maske, aus dünnem Goldblech gefertigt*

← *Beispiel eines künstlichen, bemalten Kopfes aus Holz, der dem Mumienbündel aufgesetzt wurde. Er gehört in die Huari-Epoche (600–1000 n. Chr.) und stammt aus dem mittleren Küstengebiet.*

Die Mochekultur

Die Mochekultur erblühte zwischen 200 v. Chr. und 600 n. Chr. in der nordperuanischen Küstenebene; ihr Einfluß reichte jedoch bis in den Süden. Hoch angesehen wegen ihrer Keramik und Goldschmiedekunst, entwickelte sie auch Architektur und Städtebau. Die Gesellschaft war streng gegliedert und wurde von einer Kriegerkaste beherrscht.

→ *Die gebrannte Tonplastik zeigt einen Fischer, der rittlings auf einem spindelförmigen Boot sitzt.*

Die Mochekultur entstand in der Gegend von Chicama und dehnte ihren Einfluß auf ein beinahe 300 Kilometer langes Territorium aus, vom Tal des Jequetepeque im Norden bis zum Nepeñatal im Süden. Es war ein Volk von Bauern und Fischern, das in der Nähe des Meeres siedelte. Die archäologischen Funde haben uns Aufschluß über ihr Alltagsleben geliefert, das bestimmt war durch die Nähe zum Pazifik und dessen Tierwelt (begünstigt durch das phosphathaltige und planktonreiche Wasser). Die Bilderwelt der Töpferwaren und einiger Werke der Goldschmiedekunst zeigt eine Meeresfauna, die mehrere 100 Arten aufweist (Sardinen, Thunfische, Schollen, Makrelen, Rochen, Haie, Robben, Delphine und Weichtiere wie Muscheln, Schnecken, Austern und so weiter). Die vielen Vögel (Kormorane, Pelikane, Möwen) liefern den Guano, der sich manchmal mehrere Meter hoch anhäuft und ein ausgezeichneter Dünger ist. Algen waren nicht nur als Nahrungsmittel geschätzt, sondern auch als Schlaf- und Beruhigungsmittel.

Eine wichtige Nahrungsquelle war der Fischfang: Muscheln wurden zu Fuß gesammelt und mit Netzen, in geflochtenen Körben und kegelförmigen Reusen gefangen; in letzteren auch Krustentiere. Die Fischer verwendeten Netze aus Pflanzenfasern, versehen mit Gewichten und mit Kürbissen als Schwimmer. Es gab Harpunen und Angelhaken, die aus Knochen geschnitzt waren. Die spindelförmigen Boote bestanden aus zusammengebundenen Binsenbündeln, auf denen die Fischer rittlings hockten.

↑ *Heutiges Binsenboot, das der alten Keramikdarstellung (links) gleicht.*

← Die Chicamaregion, wo zwischen 200 v. Chr. und 600 n. Chr. die Mochekultur aufblühte. Der Landbau wurde durch ausgedehnte Bewässerungsanlagen verbessert, und es entwickelte sich eine reiche künstlerische Produktion (Keramik und Goldschmiedekunst).

← Keramikgefäß mit Steigbügelausguß und zwei Figuren (3.–5. Jahrhundert n. Chr.). Es gibt zahlreiche Keramiken, die Szenen aus dem Alltag der Mochekultur schildern.

Auf den Keramiken sind häufig Szenen aus dem Alltagsleben dargestellt. Sie sind in großer Anzahl von Hand modelliert und zeichnen sich durch ihre Formgebung und ihre konsequente Zweifarbigkeit aus (braun auf cremefarbenem Grund). Neben unzähligen Darstellungen aus Pflanzen- und Tierwelt erscheinen auf ihnen auch Porträts, Krieger, Figuren aus dem religiösen Bereich, Ritual- und Opferszenen. Der Stil ist realistisch oder geometrisch. Verschiedentlich sind Mischwesen, halb Mensch, halb Tier, zu sehen, die vielleicht Gottheiten darstellen, gegenübergestellt oder im Kampf mit anderen anthropozoomorphen Mischwesen – eine Bilderwelt, die von phantastischen und mythologischen Allegorien geprägt war. Dies und anderes verweist auf die strenge Gliederung einer Gesellschaft, die von einer Kriegerkaste regiert wurde. Die schön gekleideten Krieger, ob nun als Sieger oder als Gefangene, tragen auf plastischen Werken wie auf malerischen Darstellungen sorgfältig herausgearbeitete Kopfbedeckungen, Katzenmasken und »Befehlsstäbe«. Obwohl die allgemeine Thematik der sehr vielschichtigen Ikonologie im großen und ganzen gedeutet werden konnte, bleibt die Rolle einiger Personen unklar. Unübersehbar aber ist, mit welcher Kraft und Genauigkeit sich die plastische Kunst der Darstellung von Glück, Leid oder Tod zuwendet.
Vielleicht spiegelt sich die streng hierarchisch gegliederte Mochegesellschaft in einer an Symbolen reichen Bildersprache wider, die uns aber noch verschlossen ist.

Zur Kunst der Keramik gesellt sich die Metallverarbeitung (Gold, Silber, Kupfer), gleichwertig in der Kraft der Darstellung und der technischen Qualität. Ihre Anfänge reichen bis in die Zeit um 1500 v. Chr. zurück (Andahuaylas im südlichen Peru).
Zwei- und dreifache Legierungen waren bekannt, ebenso Treibarbeit und der Guß in verlorener Form (Wachsausschmelzverfahren). Goldobjekte verbinden üblicherweise mehrere Herstellungsverfahren. Das Grundelement wurde gegossen und mit Treib- und Emaillearbeiten oder Cloisonné (Türkis auf Gold) ergänzt. Alle Techniken heben die Bedeutung des Goldes hervor, das so hell wie die Sonne strahlen sollte. Zu Schmuck verarbeitet, sollte es das Ansehen der Repräsentanten höherer sozialer Schichten heben.
Schmuckstücke aus Metall fanden auch als wertvolle Grabbeigaben Verwendung, so im Grab von Sipan, das 1987 von dem Archäologen Walter Alva in Nordperu (Lambayeque) entdeckt worden ist. Häufig wurden Metallgegenstände vergoldet, um sie wie echtes Gold aussehen zu lassen.
Zur Grabausstattung des »Herrn von Sipan« gehörten Hunderte von Gegenständen aus Gold, in einigen Fällen von beträchtlicher Größe, die die ganze Bandbreite der Goldschmiedekunst der Mochekultur vorführen. Der wichtigste Tote war mit Gold, Silber und Kupfer überhäuft. Zu den wertvollsten Stücken gehören Ketten mit großen Erdnüssen aus Gold, Schmuckstücke für Ohren, Arme,

↑ Kniender Krieger in festlicher Kleidung mit Kopfschmuck und Schild. Der Stil dieser in ihrer Form vollkommenen Keramik ist sehr realistisch.

↑ Fragment eines polychromen Freskos, das Opferszenen und Priester darstellt. Aus Pañamarca

Beine, Nase sowie für Gürtel, weiterhin Kopfschmuck, Halsbänder mit Goldperlen und Muscheln, Waffen und Verkleidungen von Zeremonialstäben.
Aus allen bildlichen Darstellungen geht hervor, daß Stoffe eine große Rolle gespielt haben. Doch bei den klimatischen Verhältnissen blieb davon nichts erhalten.
Gut bekannt ist hingegen die Baukunst durch Huaca del Sol, einer Zeremonialanlage mit Stufenpyramide. Der Komplex besteht aus rund 50 Millionen luftgetrockneten Lehmziegeln. Die Seiten waren wahrscheinlich verputzt und mit Malereien geschmückt. Das gewaltige Bauwerk liegt im Mochetal: fünf Stufen mit einer einst polychromen Rampe, von der kaum etwas erhalten geblieben ist. Das Ganze nimmt eine Fläche von 288 mal 136 Meter ein. Andere Baureste finden sich in den nahen Tälern von Virú, Chicama und Nepeña. In Pañamarca gibt es polychrome Freskenfragmente, die eine mythologische Szene darstellen, sie sind heute zum Teil zerstört.

Chronologie der Nordküste

Einfluß: Chavín	1200 v. Chr.	–	400 n. Chr.
Vicús und Frias	500 v. Chr.	–	500 n. Chr.
Moche	200 v. Chr.	–	600 n. Chr.
Einfluß: Huari	700 n. Chr.	–	1000 n. Chr.
Lambayeque-Sican	700 n. Chr.	–	1100 n. Chr.
Chimú	1000 n. Chr.	–	1460 n. Chr.
Einfluß: Inka	1460 n. Chr.	–	1533 n. Chr.

Das Grab des »Herrn von Sipan«

Der Direktor des Nationalmuseums Brüning, Walter Alva, und sein Archäologenteam haben 1987 im Tal von Lambayeque das Grab des »Herrn von Sipan« entdeckt. Eine Rekonstruktion der Gesamtanlage hat ergeben, daß der Tote in einem Sarkophag aus Holz lag, umgeben von zahlreichen Grabbeigaben und sterblichen Überresten anderer Menschen. Zwei junge Frauen, Ehefrauen oder Konkubinen, waren am Fuß- bzw. Kopfende bestattet; an den Seiten lagen zwei Männer, darunter offenbar ein Krieger, zu dessen Füßen wiederum eine Frau und ein auf der Seite liegender Hund ruhten. An drei Seiten der Grabstätte waren Nischen mit Opfergaben und Krügen voller Lebensmittel. In der vierten Mauer fand man die Überreste eines zehnjährigen Jungen, oberhalb der Grabkammer die eines weiteren Kriegers, der wohl als »Wächter« fungierte. Um alle Funde zu inventarisieren, benötigten die Archäologen zehn Monate. Zwar waren die künstlerischen Ausdrucksformen der Stämme im Lambayequetal schon bekannt, aber hier konnten die Forscher erstmals in der Geschichte der peruanischen Archäologie eine unberührte Grabanlage wissenschaftlich untersuchen und genaue Informationen über Bestattungsritual und Jenseitsvorstellungen der alten Peruaner gewinnen.

↓ Im Grab des »Herrn von Sipan« sollten zwei Frauen und zwei Diener ihren Gebieter auf der Reise ins Jenseits begleiten.

Die Chronisten des 16. Jahrhunderts berichten, daß Gold und Silber im altperuanischen Denken mehr waren als nur wertvolle Edelmetalle. Sie hatten darüber hinaus eine symbolische Bedeutung. Gold versinnbildlichte den leuchtenden Stern; es galt als »Schweiß der Sonne«, Silber als »Tränen des Mondes«.
Die ältesten Spuren der Goldschmiedekunst Altperus reichen in die Zeit um 1500 v. Chr. zurück (Andahuaylas im südlichen Peru). Die Ureinwohner verarbeiteten auch Silber und Kupfer, das in den Anden sehr reichlich vorkommt, während Gold in kleinen Mengen durch Waschen von Flußsand gewonnen wurde. Die vorkolumbischen Indianer kannten auch die Legierung aus Gold und Kupfer (Tumbago), die für die Metallverar-

↑ *Die Huaca del Sol ist eine gewaltige, aus luftgetrockneten Lehmziegeln errichtete Stufenpyramide. Man nimmt an, daß die Seiten verputzt und mit Malereien geschmückt waren.*

beitung der altamerikanischen Kulturen so charakteristisch war und von den europäischen Eroberern zunächst für reines Gold gehalten wurde.
Die erstaunliche Entwicklung von Goldschmiedekunst und Metallverarbeitung Altperus hat an der Nordwestküste des Landes stattgefunden, insbesondere in den Kulturräumen von Vicús, Moche und Chimú. Gegen Endes des 7. Jahrhunderts n. Chr. gelangte die Kenntnis der technischen Verfahren von hier auf dem Seeweg in den Westen Mexikos.

Die landwirtschaftlich genutzten Flächen besaßen ein ausgeklügeltes Bewässerungssystem aus Aquädukten, Kanälen und Speicherbecken. Bedeutende Beispiele dafür sind die Wasserleitung von Ascope im Chicamatal, 1500 Meter lang und 15 Meter hoch, der 110 Kilometer lange Kanal von La Cumbre und das Reservoir von San José für Hunderttausende Kubikmeter Wasser. Die Mochekultur verschwand im 7. Jahrhundert n. Chr., als sich die von Tiahuanaco beeinflußte Huarikultur vom Süden her ausbreitete.

Bibliographie

• D. Lavallée, L.-G. Lumbreras »Les Andes, de la préhistoire aux Incas«, in: *L'univers des formes*. Paris 1985
• C. Plazas *Museo del oro*. Bogotá 1991
• W. Alva »La tombe du seigneur de Sipan«, in: *Le Pérou de l'origine aux Incas*. Sonderausgabe Nr. 2 der *Dossiers d'archéologie*, koordiniert von D. Lévine, 1992
• M. Graulich *L'art précolombien, les Andes*. Paris 1992
• D. Lévine (Hg.) *L'Or des dieux, l'or des Andes*. Metz 1994
• J. Alcina Frank *L'art précolombien*. Paris 1996
• F. Kauffmann Doig *Manual de arqueología peruana*. Lima
• L.-G. Lumbreras *The People and Cultures of Ancient Peru*. Washington
• G. R. Willey *An Introduction to American Archaeology 2: South America*. Englewood Cliffs
• P. Rivet, H. Arsandaux *La métallurgie en Amérique précolombienne, Travaux et mémoires de l'Institut d'ethnologie* 39. Paris
• A.-M. Hocquenghem »Rapport entre les morts et les vivants dans la cosmovision mochica«, in: *Les hommes et la mort*. Paris, S. 85–95
• D. Lavallée »Contacts et échanges dans les Andes«, in: *Atlas de l'archéologie*. Paris, S. 366f.

→ *Die Kunst der erotischen Keramik war an der gesamten nördlichen Küste Perus verbreitet, aber besonders entwickelt in der Mochekultur. Dieses Gefäß spielt auf das männliche wie das weibliche Geschlechtsorgan an.*

GLOSSAR

Kursivierungen verweisen auf eigene Stichwörter. Unterstrichene Buchstaben geben die Betonung wieder.

Abakus: quadratische Deckplatte, die zusammen mit dem darunterliegenden *Echinus* (Wulst) das dorische *Kapitell* bildet. Darüber erhebt sich der *Architrav* (Trag- oder Querbalken).
Abschlag: durch Schlag oder Druck entstandener Gesteinssplitter, scharfkantiges Werkzeug der Steinzeit (s. *Dreiperiodensystem)*
Adobe: luftgetrockneter, im Holzrahmen gefertigter Lehmziegel, verbreitet vom Südwesten der USA bis Peru
Agora: Markt- und Versammlungsplatz der griech. Stadt. Ihn säumten Verwaltungsgebäude und Kultstätten der Schutzgötter.
Akrolith: griech. Statue, deren unbekleidete Teile (Kopf, Hände, Füße) aus kostbarerem Material (Elfenbein, Gold, Marmor) gearbeitet sind als die unbekleideten
Akropolis: Stadtburg, hochgelegener befestigter Zufluchtsort vieler antiker Städte; dort befanden sich üblicherweise die städtischen Heiligtümer. In der *mesoamerik.* Archäologie moderne Bezeichnung für Palastkomplex
Akroter, Akroterion, Akroterium: bekrönende Verzierung an den Ecken und auf dem First des *Giebels* antiker *Tempel*
Amphiprostylos: giebeltragende Säulenreihe an jeder Schmalseite des griech. *Tempels*
Amphitheater: offenes röm. *Theater*, ellipsenförmig oder rund angelegt, mit Arena und stufenweise ansteigenden Sitzreihen
Amphora, Amphore: bauchiges *Keramik*gefäß mit engem Hals und zwei Henkeln zur Aufbewahrung von Wein, Öl, Honig usw.
Anastylose: Wiederaufbau eines antiken Bauwerks, wobei zuvor alle Bauteile abgetragen wurden. Bei der Wiederzusammensetzung können verlorengegangene Teile ergänzt werden.
Antefix: *polychromer* Stirn- oder Abschlußziegel, ornamental oder figürlich gestaltet, an der Traufseite des Daches griech., etrusk. und röm. Bauwerke
Antentempel: An der Vorderseite des griech. *Tempels* sind die Seitenwände der *Cella* über die Frontmauer vorgezogen und meist pfeilerartig gestaltet (Anten), dazwischen in der Regel zwei Säulen. Der Doppelantentempel besitzt Anten an Vorder- und Rückseite.
anthropomorph: menschengestaltig
Apadana: Audienzsaal in pers. Königspalästen
Apsis (Apsiden): halbrunder, auch vieleckiger Nischenraum
Aquädukt: röm. Wasserleitung auf oft mehrgeschossigen Bogenbrücken, natürliches Gefälle nutzend
Architrav (Epistyl): (steinerner) Tragbalken, der die Säulen oberhalb der *Kapitelle* verbindet
Artefakt: vorgeschichtl. Gegenstand, der menschliche Bearbeitung erkennen läßt
Aryballos: 1. kleines bauchiges Salbgefäß der Griechen ohne Standfläche, von den Athleten am Handgelenk getragen – 2. Gefäß der Inka, größer und ebenfalls ohne Standfläche, mit Stricken auf dem Rücken getragen
Atlant: *Gebälk*träger in Form einer männlichen Figur anstelle einer Säule oder eines Pfeilers
Atlatl: indian. Bezeichnung für eine Speerschleuder, eine Verlängerung des Wurfarms, die Hebelwirkung und Reichweite vergrößert
Atrium: großer Mittelraum, meist mit Öffnung im Dach *(compluvium)*, des altröm. Hauses, der zu den angrenzenden fensterlosen Räumen führt. Im Fußboden eingelassen das *Impluvium*, in dem das Regenwasser gesammelt wurde
Ayllu (spr. aiju): Dorfgemeinschaft der Inka im zentralen Andengebiet (Peru, Bolivien). Die Familien waren miteinander verwandt und bewirtschafteten das Land gemeinsam, das jährlich nach der Familiengröße neu zugeteilt wurde.

Ballspiel: ein in *Mesoamerika* seit dem 1. Jahrtausend v. Chr. bis zur span. Eroberung verbreitetes rituelles Spiel, bei dem mit Hüften und Schenkeln eine schwere Kautschukkugel vermutlich durch einen steinernen Ring an der Seitenwand des Spielhofes gestoßen werden sollte
Basilika: ein öffentliches Gebäude, drei- oder mehrschiffig, meist über rechteckigem Grundriß errichtet, das die Römer als Markt- und Gerichtshalle nutzten
Bernstein: festes fossiles Harz der Kiefer Pinus succinifera, klare bis undurchsichtige Stücke von hellgelber bis dunkelbrauner Farbe; sie enthalten oft Einschlüsse tertiärer Insekten und Pflanzenteile. Bernstein kommt vor allem in den baltischen Ländern vor, sehr selten auf Sizilien. In der Antike beliebter Rohstoff für Schmuck (Fernhandel: Bernsteinstraßen)
Bilderschrift: Darstellung von Lebewesen, Dingen, Begriffen und gedanklichen Zusammenhängen durch stilisierte Bilder oder Symbole, im Gegensatz zu Wort-, Silben- und Buchstabenschrift
Bronze: Kupferlegierung (v.a. mit Zinn) mit mehr als 60 % Kupferanteil und weiteren Zusätzen, die nicht als Messing gilt. Sie ist härter als Rohkupfer, ihr Schmelzpunkt niedriger.
Bronzezeit s. *Dreiperiodensystem*
Buleuterion: Gebäude der Ratsversammlung (Bule) in griech. Städten, quadratischer Sitzungssaal mit ansteigenden Sitzreihen an drei Seiten
Bustrophedon: regelmäßig von Zeile zu Zeile wechselnde Schreibrichtung (nach rechts und nach links) in altgriech. und altlat. Inschriften

Caldarium: röm. Warmwasserbad, meist Zentrum der *Thermen*
Cardo: Straße in nordsüdl. Richtung der rechtwinklig angelegten röm. Stadt. Cardo maximus: Hauptstraße in nordsüdl. Richtung
Cavea: ovale oder halbkreisförmige, in Stufenreihen ansteigende Zuschauertribüne in röm. *Theatern* und *Amphitheatern*, von unten nach oben in »prima«, »media« und »summa« unterteilt
Cella: im antiken *Tempel* der Hauptraum, in dem das Götterbild stand
Chalkolithikum s. *Kupfersteinzeit*
Chasqui: Bote, Stafettenläufer der Inka
Chullpa: Grabtürme aus Stein oder luftgetrockneten Lehmziegeln im südperuanisch-bolivianischen Andengebiet
Circus: in der röm. Antike langgestreckte Arena, an den Schmalseiten halbkreisförmig abgeschlossen, mit stufenartig ansteigenden Sitzreihen. Hier fanden Wagenrennen statt.
Clovisspitzen: *kannelierte* Steinspitzen mit konkaver Basis. Sie gehören zu den ältesten Werkzeugen der Neuen Welt (10 000 – 9000 v. Chr.). Sie wurden vor allem in weiten Teilen Nordamerikas gefunden.
Copál: Weihrauch, der bei Ritualen der Maya verwendet wurde; gewonnen aus dem Harz verschiedener Tropenbäume
Coricancha: Haupttempel der Inka mit Bildern aller Götter
Cromlech: kreisförmige Steinsetzung der Jungsteinzeit; gehört zur sog. *Megalithkultur*

Decumanus: Straße in westöstl. Richtung der rechtwinklig angelegten röm. Stadt. Decumanus maximus: Hauptstraße in westöstl. Richtung
Demotisch: schon von Herodot (5. Jahrhundert v. Chr.) vorgeschlagener Name für die jüngere altägypt. volkstümliche Kursivschrift, über das Hieratische (»heilige«, von Priestern vereinfachte Schrift) von den *Hieroglyphen* abgeleitet
Dipteros: griech. *Tempel*, von einer doppelten Säulenreihe umgeben
Dolmen: *Megalith*grab aus senkrecht aufgestellten Tragsteinen und einer oder mehreren Deckplatten *(Kupfersteinzeit*, Bronzezeit, vgl. *Dreiperiodensystem)*; ursprünglich mit einem Erd- oder Steinhügel bedeckt
dorische Ordnung: Die Säule steht ohne Basis direkt auf dem *Stylobat* (oberste Stufe des Unterbaus). Der Schaft ist kanneliert (s. *Kannelure)*. Das *Kapitell* besteht aus *Echinus* (Wulst) und *Abakus* (Deckplatte). Über dem *Architrav* (Tragbalken) verläuft der *Fries* aus *Metopen* (Reliefplatten) und *Triglyphen* (Dreistegfelder). (Vgl. a. *Säulenordnung)*
Dreiperiodensystem: nach den hauptsächlich verwendeten Werkstoffen vorgenommene grobe (geographisch abweichende) Einteilung der Vorgeschichte in Steinzeit (ältere: Paläolithikum, zwei bis drei Millionen Jahre, bis etwa 8000 v. Chr., mittlere: Mesolithikum, bis ins 4. Jahrtausend, jüngere: Neolithikum, bis etwa 2000 v. Chr.), Bronzezeit (ca. 2000 bis 1000 v. Chr.) und Eisenzeit (ab etwa 1200 v. Chr.)
Dromos: langer offener Eingangsweg zum mykenischen Kammer- oder Kuppelgrab, in den Fels oder den Hügel eingeschnitten

Echinus: Wulst des dorischen *Kapitells* zwischen Säulenschaft und Deckplatte *(Abakus)*
Eisenzeit s. *Dreiperiodensystem*

Enkaustik: im 5. Jahrhundert v. Chr. entwickeltes griech. Malverfahren, bei dem die Farben durch Wachs gebunden und heiß aufgetragen wurden
Entasis: leichte Schwellung des sich nach oben verjüngenden Säulenschafts, verdeutlicht die drückende Last
Epistyl s. *Architrav*

falsches Gewölbe (Kraggewölbe): Dachkonstruktion, bei der die horizontalen Steinlagen, Reihe für Reihe ansteigend, nach innen etwas vorkragen, bis sie schließlich zusammentreffen. Den Abschluß bildet ein Deckstein.
Faustkeil: keilförmiges, beidseitig bearbeitetes Mehrzweckwerkzeug aus Stein des Alt- und des Mittelpaläolithikums (vgl. *Dreiperiodensystem)*. Entstanden als *Kern*stück nach Gewinnung von *Abschlägen* und *Klingen*
Fibel: dekorative Gewandspange, verschiedentlich aus Gold, bestehend aus Nadel, Feder und Bügel (Bogen)
Filigran: Goldschmiedearbeit aus feinem Gold-, Silber- oder versilbertem Kupferdraht, verschiedentl. mit aufgelöteten Edelmetallkörnern (vgl. *Granulation)*
Forum: Markt- und Versammlungsplatz der röm. Städte
Fries: beim antiken *Tempel* Teil des *Gebälks* zwischen *Architrav* (Tragbalken) und Gesims, in der *dorischen Ordnung* durch den Wechsel *Metopen* (Bildplatten) und *Triglyphen* (Dreistegfelder) gegliedert, in der *ionischen Ordnung* glatt durchlaufend oder mit *Reliefs* geschmückt
Frigidarium: Kaltwasserbad der röm. *Thermen*

Gebälk: am dorischen Tempel *Architrav* (Tragbalken über den Säulen) mit durchlaufender Leiste (Taenia) am oberen Rand, darüber *Metopen-Triglyphen-Fries* (Bildplatten, Dreistege mit Tropfleiste unter der Taenia) und vorkragendes Gesims (Geison) mit je einer Platte (Mutulus) mit Tropfen (Guttae, herabhängende zylindrische Stifte) über Triglyphen und Metopen. Am ionischen Tempel der in Fascien (vorkragende Streifen) dreigegliederte Architrav, darüber Kyma (Zierleiste aus Eier- und Perlstab), umlaufendes *Fries*band, schmales Gesims (Geison) mit Zierprofil am oberen Rand
Giebel: oberer Abschluß einer Gebäudefassade, gebildet von den Dachschrägen und der oberen horizontalen Abschlußleiste des *Gebälks*
Giebelfeld (Tympanon, Tympana): von Dachschrägen (Schräggeison) und Geison (Kranzgesims) gerahmtes dreieckiges Feld des *Giebels*, meist mit Skulpturen geschmückt
Glyphe: in Stein geschnittenes Bild- oder Schriftzeichen
Granulation: Ziertechnik der Goldschmiedekunst, bei der sehr kleine Goldkörnchen auf Geschmeide gelötet werden
Guß in verlorener Form s. *Wachsausschmelzverfahren*

Gymnasion: griech. Wettkampfanlage zur körperlichen Ertüchtigung

Hellenismus: nachklassische Epoche von Alexander dem Großen bis zur röm. Kaiserzeit mit weitreichendem griech. Einfluß und Verschmelzung mit orient. Kulturelementen
Herme: vierkantiger pfeilerartiger Schaft mit Büste am oberen Ende
Heroon: Kult- und Grabheiligtum eines Heros, eines halbgottähnlichen Helden; vor allem in der griech.-hellenistischen Welt verbreitet
Hexastylos: *Tempel* mit sechs Säulen an der Vorderfront oder auch an beiden Schmalseiten.
Hieratisch s. *Demotisch*
Hieroglyphe (griech., »heiliges Bildzeichen«): Zeichen der (vokallosen) ältesten ägypt. Schrift. Drei Gruppen: Pikto- oder *Ideogramme* (Wortzeichen) stellen bildlich einen ganzen Begriff dar; Zeichen, die gleichlautende Wörter verschiedener Bedeutung wiedergeben (deutsch etwa »Bauer« = 1. Landmann, 2. Vogelkäfig); Determinative bestimmen die Begriffsklassen von Wörtern (etwa ein Vogel bei allem, was fliegt)
Hippodrom: griech. Pferde- und Wagenrennbahn
Hort: historisches Depot archäologischen Materials (Münzen, Bronzen, Edelmetall usw.), das in Kriegszeiten oder aus kultischen Gründen vergraben wurde (in letzterem Fall wurde es oft zerbrochen)
Hügelgrab (Tumulus): vor- oder frühgeschichtl. Grab unter einer Aufschüttung aus Erde oder Steinen
Hüyük s. *Tell*
Hypogäum: unterirdischer Grab- oder Kultraum, bei sog. primitiven Völkern auch Wohnstätte
Hypokaustum: röm. Bodenheizung, bei der heiße Luft durch Kanäle in Stein- oder Ziegelfußböden geleitet wurde

Ideogramm: bildhaftes Schriftzeichen, das nicht eine bestimmte Lautung, sondern einen Begriff wiedergibt (s. a. *Bilderschrift)*
Idol: Götterbild; vorgeschichtl. oder aus frühen Hochkulturen stammende Kleinplastik mit kultisch-religiöser Bedeutung
Impluvium: rechteckiges Sammelbecken für Regenwasser im Fußboden des *Atriums*
Inkrustation: in der Antike Wandverkleidung aus polierten Steinplatten (Marmor, Porphyr u.a.)
Insula: in der röm. Stadt Mietshaus oder Häuserblock, auf allen Seiten von Straßen umgeben
ionische Ordnung: Die Säulenbasis aus Torus (Wulst) und Trochilus (Hohlkehle) ruht auf einer quadratischen *Plinthe* (Platte). Die in der Regel 24 *Kanneluren* des schlanken Schafts sind durch schmale Stege (nicht Grate) getrennt (seit dem 5. Jahrhundert v. Chr.). Das *Kapitell* besteht aus Eierstab (Ornament aus wechselnd ei- und pfeilspitzenförmigen Gebilden) und zwei seitlich ausladenden *Voluten* (spiralförmige Einrollungen). Die Deckplatte ist nur noch eine schmale Zone zum *Architrav* (Tragbalken). (Vgl. a. *Säulenordnung)*
kannelierte Spitze: Projektilspitze aus Stein mit Schäftungsrillen (s. a. *Clovisspitzen)*
Kannelure: senkrechte Hohlkehle im Säulenschaft von der Basis bis zum *Kapitell*. Die dorische Säule hat in der Regel 20 flache Rillen, durch spitze Grate getrennt, die ionische und die korinthische 24 fast halbrunde, getrennt durch kantige Stege. Als Kannelierung werden auch ähnliche Rillenmuster an *Keramik*- und Metallgefäßen bezeichnet. In der amerikanischen Archäologie s. *kannelierte Spitzen*
Kanope: 1. altägypt. Krug mit Deckel in Form eines Menschen- oder Tierkopfes zur Bestattung der Eingeweide von mumifizierten Toten – 2. etrusk. Graburne mit *anthropomorphem* Deckel und angedeuteten Gliedmaßen.
Kapitell: oberer Abschluß einer Säule oder eines Pfeilers, Zwischenglied zwischen Stütze und Last *(Gebälk)*. Die wichtigsten Formen in der Antike: Das dorische Kapitell besteht aus *Echinus* (Wulst) und *Abakus* (Deckplatte); das ionische ist ein *Voluten*kapitell; das korinthische ein Akanthuskapitell (aus den nachgebildeten Blättern einer bestimmten Pflanze, Bärenklau), aus dem das röm. Kompositkapitell entstanden ist.
Karyatide: Frauenstatue mit langem Gewand, die anstelle einer Säule das *Gebälk* eines Bauwerks trägt.
Kazike: Häuptling oder Fürst der Indianer Mittel- und Südamerikas
Keilschrift: von den Sumerern Ende des 4. Jahrtausends aus Bildzeichen entwickelte Schrift in Mesopotamien, benannt nach dem keilförmigen Eindruck des Schreibgriffels aus Schilfrohr in den weichen Ton
Kenotaph: ein leeres Grabmal zur Erinnerung an einen Toten, der woanders bestattet ist
Keramik: alle Arten von Töpfer- oder Tonware
Kernstein (Nukleus): Steinbrocken, von dem in vorgeschichtl. Zeit durch Schlag oder Druck *Abschläge* und *Klingen* gewonnen wurden (s. a. *Faustkeil)*
Kiva: runder, meist unterirdischer Kult- und Versammlungsraum der *Pueblo*indianer
Klinge: steinzeitlicher *Abschlag* mit parallelen Seitenflächen und langen scharfen Schnittkanten
Kolonie: 1. griech. Stadtgründung außerhalb des Mutterlandes, um Landwirtschaft und/oder Handel zu treiben – 2. röm. Kolonie nach kriegerischer Eroberung fremden Gebiets. Röm. Siedler erhielten Land der Staatsdomäne *(ager publicus)*, um es zusammen mit den Beamten der Hauptstadt zu verwalten. Handelte es sich um eine Stadt, behielt sie ihre eigenen Gesetze, ihre eigene Münzprägung und Gerichtsbarkeit sowie das Recht, Handel zu treiben; dafür war die Stadt zu militärischen Hilfsleistungen verpflichtet.
Konglomerat: 1. grobkörniges Sedimentgestein aus gerundeten Elementen mit natürlichem Bindemittel – 2. Mörtelwerk, in dem Kalk und Sand vermischt sind
korinthische Ordnung: ähnlich wie *ionische Ordnung*, aber mit höherer Säule auf Basis

und mit Akanthus*kapitell*, einem Blattkapitell (s. a. *Säulenordnung*)

Kraggewölbe s. *falsches Gewölbe*

Kupfersteinzeit (Kupferzeit, Chalkolithikum): Epoche zwischen Neolithikum und Bronzezeit (vgl. *Dreiperiodensystem*); in ihr wurde unlegiertes Kupfer zu Werkzeugen, Waffen und Schmuck verarbeitet.

Kurgan: Hügelgrab in Südrußland, im allgemeinen den Skythen zugeschrieben

Kyklopenmauer: mörtelloses Mauerwerk aus großen unregelmäßigen Natursteinblöcken, zweischalig mit Innenfüllung aus Lehm und Steinen

Lisene: flacher pfeilerartiger Mauerstreifen ohne Basis und Kapitell

Mastaba: Das arabische Wort bedeutet »Bank« und bezeichnet in der Archäologie einen altägypt. kastenförmigen Grabbau (mit abgeschrägten Wänden) aus Lehmziegeln mit einem Schachtgrab. Vorläufer der ägypt. *Stufenpyramide*

Mausoleum: monumentaler Grabbau für eine hochgestellte Persönlichkeit, benannt nach Mausolos († 353 v. Chr.), König von Karien, dessen Grabmonument in Halikarnassos in der Antike zu den Sieben Weltwundern zählte

Megalith: wörtl. Großstein, Steinsetzung des Neolithikums oder der frühen Bronzezeit (s. *Dreiperiodensystem*), Kult- oder Grabmal aus unbearbeiteten Steinblöcken. Einen einzelnen aufrechtstehenden Megalith nennt man *Menhir*, kreis- oder halbkreisförmig aufgestellte Steine *Cromlech*; bilden senkrechte Tragsteine und waagerechte Deckplatten eine Kammer, spricht man von *Dolmen*.

Megalithkulturen: Sammelbezeichnung für Kulturkreise der Jungsteinzeit und der Kupfersteinzeit (s. *Dreiperiodensystem*), Kulturen, in denen »große Steine« zur Errichtung von Monumenten verwendet wurden; sie müssen aber nicht notwendigerweise etwas miteinander zu tun haben. Gewöhnlich nur auf europäische Kulturgruppen angewendet

Megaron: rechteckige Halle mit vorgezogenen Seitenwänden (Anten) und Herd, von vier Säulen umstellt, als Mittelpunkt. Kern der mykenischen Paläste

Menhir: großer aufrechtstehender unbehauener Steinblock der *Megalithkulturen*

Mesoamerika: von P. Kirchhoff 1943 geprägte Bezeichnung für das Gebiet der indianischen Hochkulturen in Mexiko und der Mayavölker: Mittel- und Südmexiko sowie die angrenzenden Gebiete von Guatemala, Belize und Honduras

Mesolithikum: Mittelsteinzeit, s. *Dreiperiodensystem*

Metope: fast quadratische Platte aus gebranntem Ton oder Stein, bemalt oder mit einem *Relief* verziert. Metopen und *Triglyphen* (Dreistegplatten) bilden im Wechsel den *Gebälk*fries des dorischen *Tempels* (s. a. *Fries*).

monochrom: einfarbig

Nekropole: das griech. Wort bedeutet »Totenstadt«. Gräberfeld des Altertums oder der Vorgeschichte.

Neolithikum: Jungsteinzeit, s. *Dreiperiodensystem*

neolithische Revolution: Übergang von der aneignenden (Jäger, Sammler) zur produzierenden Wirtschaftsform (Landwirtschaft, Viehzucht). Domestikation von Wildpflanzen und Tieren. Aus umherstreifenden Nomaden wurden seßhafte Bauern.

Nukleus s. *Kernstein*

Nymphäum: ursprünglich den Nymphen (weibliche Naturgottheiten) geweihtes Heiligtum, dann natürliche Grotte und röm. Brunnenanlage in Villen, Palästen oder an öffentlichen Plätzen

Obelisk: freistehender, sich nach oben verjüngender schmaler Pfeiler, meist mit quadratischem Grundriß. Er wurde im ägypt. Heliopolis als Symbol des Sonnengottes entwickelt. Tatsächlich brachten die ersten Sonnenstrahlen morgens die mit Bronze oder Gold verkleidete pyramidenförmige Spitze zum Leuchten.

Odeion, Odeon: gedeckter Saalbau für musikalische Aufführungen

Oktostylos: Tempel mit je acht Säulen an den Schmalseiten

Oppidum: ursprünglich Festung, stadtähnliche Siedlung, später große keltische Stadtanlage

Opus alexandrinum: geometrisch angeordnetes, reichverziertes zweifarbiges Fußbodenmosaik

Opus caementicium: röm. Mauerwerk, bei dem eine Mischung aus Steinsplittern, Reste gebrannter Tonware und Mörtel verwendet wurde

Opus lateritium: röm. Mauerwerk, bei dem in waagerechten Reihen Ziegel verlegt wurden

Opus quadratum: röm. Mauerwerk, bei dem regelmäßig geformte Steinquader im Fugenversatz ohne Mörtel verlegt wurden

Opus reticulatum: röm. Steinmuster an den Sichtflächen der Mauer. Die pyramidenförmig zugeschnittenen Steine werden mit der quadratischen Basis nach außen übereck gestellt, so daß sie ein Rautenmuster bilden.

Opus spicatum: im Fischgrätenmuster verlegte Ziegel des Fußbodens oder der Mauer

Orchestra: im griech. Theater der halbrunde Raum zwischen Bühne und Zuschauertribüne, bestimmt für den Chor

Ostrakon (Ostraka): Tongefäßscherben, die im Altertum als Schreibmaterial benutzt wurden. In Griechenland dienten sie als »Stimmzettel« bei Abstimmungen; Ostrazismus: athenisches Scherbengericht, das über die Verbannung eines Bürgers mittels Ostraka abstimmte

Palaistra, Palästra: Übungsplatz der Ringer, dann jede größere Sportanlage; Sporthöfe der röm. *Thermen*

Paläolithikum: Altsteinzeit, s. *Dreiperiodensystem*

Papyrus: ein Zypergras, am Nil des Altertums häufig. Die ältesten ägypt. Boote bestanden aus zusammengebundenen Papyrusbündeln. Das Mark der Staude wurde in dünne Streifen geschnitten, die rechtwinklig übereinandergelegt, gepreßt und gehämmert wurden. Dabei trat stärkehaltiger Saft aus, der die Lagen verklebte. So entstand (in Ägypten ab etwa 3000 v. Chr.) ein widerstandsfähiges, im Altertum weitverbreitetes Schreibmaterial (Blätter, Rollen).

parischer Marmor: feiner weißer Marmor, der in der griech. und der röm. Welt äußerst geschätzt war. Er stammt von der Kykladeninsel Paros, westlich von Naxos.

Pektorale: Schmuckplatte, auf der Brust getragen

Peribolos: Umfassungsmauer des heiligen Tempelbezirks

Peripteros: griech. *Tempel* mit einem umlaufenden Säulengang

Peristyl: Säulenumgang um einen freien Platz; Säulenhof oder -garten

Petroglyphe: vorgeschichtl. Felszeichnung oder -ritzung

Pilaster: flacher Wandpfeiler

Pithos (Pithoi): großes Vorratsgefäß aus Keramik, nach unten spitz zulaufend; auch für Totenbestattung

Plinthe: rechteckige Platte, auf der die Basis von Säule oder Pfeiler ruht

Polis, (Poleis): griech. Stadtstaat (eigentliche Stadt und Hinterland)

polychrom: mehrfarbig

pompejanische Stile: Da aus röm. Zeit keine Tafel- oder Leinwandbilder überliefert sind, stützt sich unsere Kenntnis der röm. Malerei vor allem auf die erhaltenen Wandmalereien in Rom und besonders in den vom Vesuvausbruch (79 n. Chr.) verschütteten Städten. Sie kamen großflächig erstmals in Pompeji zum Vorschein; an ihnen hat man früh vier Stile unterschieden, die dann auf die gesamte röm. Wandmalerei übertragen wurden:
Der erste (2. Jahrhundert v. Chr.) ahmt in farbigem Stuck die Marmor*inkrustation* (Wandverkleidung) über hohem Sockel nach; der zweite (1. Jahrhundert v. Chr.) zeigt unter dem Einfluß der hellenistischen Bühnenmalerei in raumerweiternden illusionistischen Durchblicken Scheinarchitekturen, darin oft figürliche Darstellungen; im dritten Stil (20 v. Chr. bis 45 n. Chr.) wird der Raum von »fest geschlossenen« Wänden bestimmt, unterteilt in einfarbige Felder, in die dünne klassizistische Zierformen und Landschaftsminiaturen gemalt sind, oft mit einem großen Zentralbild; der vierte Stil (45 – 79 n. Chr.) ist vom gesteigerten Illusionismus der Bühnenmalerei mit zahllosen Durchblicken auf Scheinarchitekturen geprägt.

Portikus: Säulenvorhalle an der Haupteingangsseite eines Gebäudes

Pronaos: Vorhalle des griech. *Tempels*

Propyläen: monumentaler Torbau (meist als Säulenhalle) griech. Heiligtümer oder Zugang zu Märkten, *Gymnasien*, Palästen u. a.

Prostylos: griech. *Tempel* mit vorgelagerter Säulenreihe (mit *Gebälk* und *Giebel*)

Pseudodipteros: griech. *Tempel* wie der *Dip-*

teros, aber ohne innere umlaufende Säulenreihe, daher Umgang besonders weiträumig
Pueblo (span., Volk, Dorf): Siedlung der Puebloindianer im Südwesten der USA (Neu-Mexiko, Arizona). Sie besteht aus zahlreichen ein- bis mehrgeschossigen Wohnhäusern und meist runden unterirdischen Zeremonialräumen *(Kivas)*.
Pyramide: 1. monumentaler Grabbau der Pharaonen Altägyptens (s. a. *Stufenpyramide*) – 2. hoher Tempelunterbau in Amerika (s. a. *Tempelhügel*)

Quetzal: Vogel der Gebirgswälder von Chiapas, Guatemala, Honduras, dessen grünrotes, metallisch schimmerndes Gefieder mit langer Schwanzfeder als Schmuck oder wegen der symbolischen Bedeutung sehr begehrt war/ist
Quipu: Knotenschnur der Inka zur Aufzeichnung von Berechnungen und kurzen Mitteilungen. In verschiedenfarbige Schnüre, die am Hauptstrang befestigt waren, wurden unterschiedlich große und verschieden angeordnete Knoten geknüpft.

Relief: aus einer Fläche herausgearbeitetes Bildwerk, erhaben oder vertieft. Nach dem Reliefgrad (Höhe) unterscheidet man Flach- oder Basreliefs, Halb- und Hochreliefs.
Rhyton (Rhyta): trinkhornartiges Spendegefäß aus Stein, getriebenem Metall oder *Keramik* mit nur einem Henkel. Es wurde häufig im Alten Orient, in der kretisch-mykenischen Welt und dann auch im Griechenland des 6. und des 5. Jahrhunderts v. Chr. und in Etrurien für Trankopfer verwendet. Es hatte oft am unteren Ende, häufig als Menschen- oder Tierkopf gebildet, eine zweite Öffnung, die bis zur Opferung mit dem Finger verschlossen wurde.
Rollsiegel s. *Siegel*
rotfiguriger Stil: Stil der attischen Vasenmalerei ab etwa 530 v. Chr., bei dem rote Figuren auf schwarzem Bildgrund stehen; ihre Binnenzeichnung ist gemalt.

Säulenordnung: die Maßverhältnisse des griech. *Tempels*, die von der Säule bestimmt wurden; zu dieser gehören bestimmte *Gebälkformen*. Entsprechend den griech. Hauptstämmen lassen sich vor allem zwei Architekturstile unterscheiden: die *dorische* (strenger, spröder) und die *ionische Ordnung* (eleganter, weniger monumental), entstanden in der Peloponnes und im ionischen Bereich (Attika, Inseln, westl. Kleinasien). – Erst die Römer brachten die griech. Bauästhetik in ein System von Regeln, das durch den Baumeister und Architekturtheoretiker Vitruv (1. Jahrhundert v. Chr.) auf uns gekommen ist.
Schaber: vorgeschichtl. Steinwerkzeug mit retuschierter (durch Bearbeitung mit Druck oder Schlag) Arbeitskante, mit der Holz oder Leder bearbeitet und Felle ausgekratzt wurden
Schicht s. *Stratigraphie*
schwarzfiguriger Stil: Stil der attischen Vasenmalerei, entstanden in Korinth ab Anfang des 7. Jahrhunderts v. Chr. Die Figuren stehen silhouettenartig auf dem helleren Bildgrund. Die Binnenzeichnung ist eingeritzt.
Serapeion, Serapeum: ägypt. unterirdische Grabanlage für die heiligen Apisstiere (z. B. in Sakkara) und Kultort des Serapis (gräz. Form von Osiris-Apis), dessen Verehrung in der Ptolomäerzeit stark zunahm und schließlich in der ganzen röm. Welt verbreitet war
Siegel: Gegenstand mit vertieftem *Relief* (Schriftzeichen, figürliche Darstellung), das in weiches Material wie Wachs oder Ton zur Kennzeichnung eingedrückt wurde. Das Stempelsiegel liefert Einzelbilder, das Rollsiegel (v. a. in Mesopotamien) dagegen eine ununterbrochene Abfolge des Musters.
Silbenschrift: Schrift, deren Zeichen Silben bezeichnen. Offene Silben enden auf einen Vokal, geschlossene auf einen Konsonanten.
Situla: vorgeschichtl. eimerartiges Gefäß aus getriebener *Bronze*, Metallguß, *Terrakotta* oder Holz, verkleidet mit Silber-, Bronzeblech oder Elfenbein, mit einem oder zwei Henkeln und einem Deckel; reicher figürlicher Schmuck in *Treibarbeit*
Sphinx (Sphingen): 1. (männl.) ägypt. Steinskulptur in Löwengestalt mit Männerkopf (seltener Widderkopf), Sinnbild des Königs – 2. weibliches Fabelwesen der griech. Mythologie
Stadion: offene Sportarena mit Zuschauerrängen
Steinkistengrab: kistenähnliches Grab aus größeren Steinplatten, auf Kante gestellt. Es kann in den Boden eingetieft oder von einem Hügel überwölbt sein und gehört in die *Megalithkulturen* des Übergangs vom Neolithikum zur frühen Bronzezeit (s. *Dreiperiodensystem)*
Steinzeit s. *Dreiperiodensystem*
Stele: freistehende behauene Steinplatte, meist mit Inschriften und/oder *Reliefs* versehen. Sie diente als Grabdenkmal, Gedenkstein, Weihegabe, mitunter auch als Meilen- und Grenzstein.
Stempelsiegel s. *Siegel*
Stichel: vorgeschichtl. Steinwerkzeug mit Spitze an der Schnittstelle zweier *Abschlagkerben* oder mit meißelartiger Schneide
Stoa: griech. Säulen-, Wandelhalle
Stratigraphie: Schichtungsbefund einer Grabungsstätte. Der aus der Geologie übernommene Begriff berücksichtigt die Abfolge der Kulturschichten (Ablagerungen), wobei die jeweils obere jünger ist als die darunterliegende (bei ungestörten Bodenverhältnissen).
Stufenpyramide: meist vierseitige abgestufte *Pyramide* in Vorderasien *(Zikkurat)*, Ägypten und Amerika. Die ägypt. Stufenpyramide ist aus der *Mastaba* entstanden.
Stylobat: oberste Stufe des meist dreistufigen Unterbaus griech. *Tempel*; auf ihr erhoben sich die Säulen
Sudatio (Sudationes) s. *Thermen*

Taberna: in röm. Zeit offener Hausraum an einer Straße, der als Laden, Werkstätte oder Wirtshaus diente
Tell: Das aufs Arabische zurückgehende Wort bezeichnet einen Ruinenhügel, entstanden aus den Trümmern lange Zeit bewohnter Siedlungen, vor allem im Vorderen Orient. Synonyme: Tepe, Hüyük (türkisch)
Temenos (sächl.): heiliger Bezirk im griech. Kult
Tempel: Gebäude für den Kult einer Gottheit. Der griech. Tempel ist künstlerisch/gestalterisch kein Innenraumbau, sondern Außenbau, entwickelt aus dem *Megaron*; seine Formen: *Antentempel*, Doppelantentempel, *Prostylos, Amphiprostylos, Peripteros, Dipteros, Pseudodipteros, Tholos*
Tempelhügel (engl., temple mound): künstlich errichteter pyramidenförmiger Hügel, darauf eine Plattform mit Heiligtum, in den Waldgebieten des nordamerikanischen Ostens
Tepe s. *Tell*
Tepidarium: Abkühlraum mäßiger Temperatur der röm. *Thermen*
Terrakotta: gebrannte unglasierte Tonware, *Keramik*, Plastik, Architekturornament; Terrakotten: auch Kleinplastiken
Terramaren: bronze- und eisenzeitliche Siedlungen an oberitalienischen See- und Flußufern. Die von Erdwällen und Gräben umgebenen Dörfer besaßen einen regelmäßigen Grundriß und waren an zwei Hauptwegen auf Holzrosten angelegt, die von Pfahlwerk getragen wurden.
Tetrastylos: griech. *Tempel* mit vier Säulen an der Vorderfront
Theater: nicht gedecktes Gebäude für die Aufführung öffentlicher Schauspiele. Die Grundform ist in etwa halbrund, wobei die gerade Seite von der Bühne, das Rund, oft aus einem Hügelhang herausgearbeitet, von den Sitzreihen eingenommen wird. (Vgl. a. *Amphitheater*)
Thermen: röm. öffentl. Badeanstalten mit Wandelhallen, Gärten, Unterhaltungsräumen, Bibliotheken, Geschäften. Sie gewannen als Gesundheit wie Bildung fördernde Einrichtungen ab dem 1. Jahrhundert v. Chr. große Bedeutung im täglichen Leben und erfuhren dementsprechend eine vielgestaltige bauliche Ausformung. – Der eigentl. Badevorgang verlief durch mehrere Räume: Auskleideraum (Apodyterium), Säulenhof für Spiel und Sport *(Palaestra)*, Warmlufträume (Sudationes) mit steigenden Temperaturen, eventuell Schwitzbad (Laconicum), Warmwasserbad *(Caldarium)*, temperierter Abkühlraum *(Tepidarium)*, Kaltwasserbad *(Frigidarium)*, Freibad (Natatio); außerdem Massageräume
Thesauros: Schatzhaus in einem Heiligtum zur Aufbewahrung von kostbaren Weihegeschenken
Tholos (weibl.): ursprüngl. runder Sakralbau, auch mit umlaufender Säulenhalle, dann jeder griech. Rundbau
Torques: spiralig gedrehter Halsring aus Metall der Kelten
Treibarbeit: Technik der Metallblechverarbeitung mit Hammer oder Punze, mit der *Relief*verzierungen herausgearbeitet wurden, nachdem die Hohlform (grobe Form) über einem

Pechblock (um Risse zu vermeiden) aufgezogen worden war
Triclinium: röm. Speisetisch; an drei Seiten lagen Polster für je drei Personen. Auch Eßzimmer
Triglyphe: mit den *Metopen* wechselndes Feld, durch drei Stege senkrecht gegliedert, am *Fries* des dorischen *Tempels*
Trilithen: vorgeschichtl. Monumente aus zwei großen aufrechtstehenden Steinblöcken, die durch einen dritten, darüberliegenden Stein verbunden sind (s. a. *Megalithkulturen)*
Tumulus (Tumuli) s. *Hügelgrab*
Tympanon (Tympana) s. *Giebelfeld*

Urne: Gefäß aus *Keramik* oder getriebener *Bronze* für die Asche einer Brandbestattung
Uschebti: altägypt. Bezeichnung für meist mumienförmige Figürchen aus Stein, Fayence oder Holz (oft mit den Gesichtszügen des Toten), die dem Verstorbenen die Arbeiten im Jenseits abnehmen sollten

Volute: spiralförmige Einrollung am ionischen *Kapitell*

Wachsausschmelzverfahren (Guß in verlorener Form): Metallguß, bei dem ein Wachsmodell (oft mit Tonkern, der mit dem Mantel verbunden sein muß, wenn das spätere Gußstück hohl bleiben soll) mit Ton umkleidet wird. Dieses Gebilde wird gebrannt, wobei das Wachs ausschmilzt und durch eine Öffnung im Tonüberzug hinausfließt. In die nunmehr hohle Gußform wird flüssiges Metall gegossen. Nach dem Erkalten wird die Tonumkleidung zerschlagen. Das fertige Gußstück ist eine genaue Kopie des Wachsmodells und ein Unikat, da die Gußform verloren ist.

Zikkurat: abgestufter pyramidenförmiger Tempelturm Mesopotamiens mit quadratischem Grundriß und geböschten Außenmauern, von den Sumerern im 4. Jahrtausend v. Chr. entwickelt. Ihr Kernmauerwerk bestand aus luftgetrockneten Lehmziegeln und war mit Backsteinen verkleidet. Eine meist dreiteilige Freitreppe führte zum Götterschrein an der Spitze.
Zista (**Ziste**): oft reichverzierter zylindrischer Behälter aus Metall, metallverkleidetem Holz, Elfenbein, verschiedentlich mit drei Füßen, Henkeln und Deckel, zur Aufbewahrung von Schmuck, Toilettenartikeln u. a.
Zyklopenmauer s. *Kyklopenmauer*

Kleines Glossar technischer Begriffe der Datentechnik

Alphanumerisch: eine Zeichenmenge, bestehend aus den Buchstaben des Alphabets und der Ziffernfolge 0 bis 9

Algorithmus: bei einem bestimmten Rechenvorgang die Folge von Anweisungen an den Computer nach einem bestimmten (sich wiederholenden) Schema

Analog: Datenform, die auf bestimmten physischen Charakteristika beruht und keine Umwandlung in elektronische und numerische Signale in digitaler Form vorsieht

ASCII (**A**merican **S**tandard **C**ode for **I**nformation **I**nterchange): Standardcode für den Informationsaustausch zwischen unterschiedlichen Datenverarbeitungssystemen

Auflösung: bei einer Computergrafik die kleinste Entfernung zwischen zwei Bildpunkten, die noch als eigenständige Elemente wahrgenommen werden können

BASIC (**B**eginners **A**ll-purpose **S**ymbolic **I**nstruction **C**ode): zur technisch-wissenschaftlichen Datenverarbeitung geeignete Computersprache

Bildkorrektur: Technik der Veränderung von elektronischen Bildern. Im Umfeld der numerischen Filtrierung besteht die Bildveränderung darin, aufgetretene Unregelmäßigkeiten (Unschärfe, geringe Lesbarkeit, usw.) zu reduzieren oder zu eliminieren.

Bildverarbeitung: Technik der Verarbeitung und Visualisierung von Bildern

Bildverarbeitung, pseudofarbige: Pseudofarbige Analyse. Die Qualität der Visualisierung hängt direkt von der Anzahl der dargestellten Einzelfarben ab. Die Analyse anhand falscher Farben ermöglicht es, den Informationsgehalt eines Bildes zu verbessern, indem jene Details besonders markiert werden, die andernfalls der Aufmerksamkeit des Beobachters entgehen würden.

Bit (Zusammenziehung aus **Bi**nary Digi**t** = Dualzahl): kleinste Maßeinheit in der Datenverarbeitung

Byte: kleinste Informationseinheit aus acht Bits, die jeweils ein Zeichen darstellen

CAD (**C**omputer-**a**ided **D**esign): Computerunterstütztes grafisches Entwerfen

CD-ROM: Datenspeicher auf CD (**C**ompact **D**isc), der lediglich gelesen werden kann (ROM = **R**ead **O**nly **M**emory)

Chip: Mikrobaustein aus Halbleitermaterial, der eine große Anzahl miniaturisierter elektronischer Komponenten enthält

Computergrafik: Technik zur Erzeugung von Bildern vermittels automatischer Datenverarbeitungssysteme

Cyberhelm: mit stereoskopischer Brille und stereophonischen Kopfhörern bestückter Helm, der die Kopfbewegungen an das virtuelle System überträgt, so daß die virtuellen Bilder aktualisiert werden und den entsprechenden Blickwinkel in einem bestimmten Augenblick darstellen

Datenbank: System zum Archivieren, Verarbeiten und Verwalten von Daten

Datenhandschuh: mit Sensoren bestücktes spezielles Navigationsinstrument für dreidimensionale virtuelle Räume, das die Bewegungen der Hand interpretiert und diese Daten an ein Rechensystem zur Darstellung auf dem Monitor weiterleitet

Digitalisierung: Konvertierung eines Datensystems in ein numerisch-digitales oder maschinenlesbares Format

DTM: digitales Modell zur Höhendarstellung des Geländes

Eidomatik: Technik der Verarbeitung von Bildern in digitalem Format

Einordnung, digitale: Verfahren auf dem Gebiet der telemetrischen Peilung und der rechnergestützten Datenverarbeitung, das die Bestimmung eines Bildes nach bestimmten Gesichtspunkten erlaubt, wie etwa geologische Einordnung, Bodenbeschaffenheit oder archäologische Strukturen.

Expertensystem: selbstlernendes Computersystem, das sowohl auf menschlichem Wissen als auch menschlicher Erfahrung beruht

Filtrierung, numerische: Auswahl- und Klassifizierungssystem digitaler Daten zum Zweck der Bildverarbeitung

Fortran (Formelübersetzungsprogramm): Programmiersprache besonders für die Verarbeitung technisch-wissenschaftlicher Zeichen

Geräusch, digitales: digitale Veränderung eines Signals; bei der Bildverarbeitung verändern digitale Geräusche den Informationsgehalt eines Bildes.

GIS: komplexes manuelles und/oder automatisiertes Verfahren zum Archivieren und Verwalten von Geo-Daten. Innerhalb der Archäologie wird GIS eingesetzt zur Analyse sämtlicher verfügbarer Daten über die antike Topographie eines Geländes, die in unterschiedlichen Formaten vorliegen (Grafiken, Bilder, Datenbanken, Luftbildaufnahmen und Satellitenbilder, Kartenmaterial, usw.)

Hardware: Maschinenausrüstung, aus der die Architektur eines Rechensystems besteht

Input: Vorgang, bei dem Daten in ein Rechensystem eingegeben werden

Kartographie, digitale: System der Konvertierung geographischer Daten (Karten oder Pläne) in digitale Geo-Daten

Kosmos: Name mehrerer russischer Satelliten, bestückt mit den beiden Kamerasystemen TK-350 und KVR-1000. Das erste besitzt ein Auflösungsvermögen von 10 m und gibt eine Fläche von 200 x 300 km wieder, das zweite dagegen besitzt ein Auflösungsvermögen am Boden von 2 m und gibt eine Fläche von 40 x 40 km scharf wieder. Wegen des hohen Auflösungsvermögens eignen sich die Daten aus diesen Aufnahmen besonders gut für archäologische Untersuchungen, bei denen sie bis heute allerdings nur wenig verwendet werden.

Kybernetik: Forschungsrichtung, die das Verhältnis und die Interaktionen zwischen Systemen, Menschen oder Maschinen mit Selbstregelungsmechanismen studiert (aus dem Griech., Steuermannskunst)

Landsat: insgesamt fünf amerikanische Satelliten in sonnensynchronen Umlaufbahnen zwischen 920 (die ersten drei) und 705 km Höhe (Landsat 4 und 5); bestückt mit zwei Sensorentypen, bei den ersten drei Satelliten mit MSS, und mit TM (Thematic Mapper) in der neueren Anwendung.

Mainframe : Großrechner mit gewaltiger Datenverarbeitungskapazität

Modellierung, feste: Methode, dreidimensionale Gegenstände am Computer darzustellen

MSS: Multispektraler Scanner bei Landsat 1 bis 3. Besondere Kennzeichen: vier Spektralbänder, Übertragungsbreite 185 km, Auflösungsvermögen 80 m.

Mustererkennung: digitales Verfahren zum Identifizieren und Einordnen von Formen und Gestalten, wie etwa von Gegenständen, Strukturen oder Bildteilen.

Navigation, virtuelle: im Rechner simulierte interaktive Erkundung innerhalb eines dreidimensionalen Raumes

Output: Vorgang, bei dem Daten erzeugt oder ausgegeben werden

Pixel: kleinster Rasterpunkt bei der Bilddarstellung auf dem Monitor, dem eine Farbe und Intensität zuzuordnen möglich ist

Realität, virtuelle: Gesamtheit der Techniken und Vorrichtungen, die mit dem künstlichen Raum eines Rechensystems in Echtzeit interaktiv umzugehen erlauben. Die bei der Interaktion benutzten Vorrichtungen (Cyberhelm, Datenhandschuh, stereoskopische Brille usw.) bestimmen den Tiefengrad des Eintauchens.

Rendering (wörtl. Wiedergabe): Berechnung fotorealistischer, dreidimensionaler grafischer Objekte, wobei Texturen sowie Lichteffekte wie Schatten und Lichtreflexionen simuliert werden.

Spracherkennung: Fähigkeit eines Computers, die Stimme des Anwenders und seine diktierten Anweisungen zu erkennen

Scanner: Lesegerät, das Bildvorlagen und Texte in Bildpunkte zerlegt und zur weiteren Verarbeitung in den Computer überträgt

Schnittstelle (Interface): elektronische Schaltung, die die Steuerung und kurzzeitige Zwischenspeicherung einzelner Daten bei der Datenübertragung übernimmt

Segmentierungstechnik: auf dem Gebiet der Segmentierung von Bildern finden sich vor allem jene Techniken und Handlungen, die auf dem Klassifizieren von Pixeln, auf dem Verwenden von Stufen und auf dem Identifizieren bestimmter Regionen anhand ihrer Umrisse beruhen.

Sensor: Gerät zum Konvertieren der bei einem physischen Vorgang meßbaren Elemente in Daten für die Verarbeitung

Software: alle zum Funktionieren eines Datenverarbeitungssystems notwendigen Programme und Verfahren

Spacelab: Raumstation zur Erkundung und Erforschung von terrestrischen Ressourcen mit einem Transportsystem für bis zu sieben Personen und bestückt mit solch hochentwickelten Instrumenten wie dem Shuttle Imaging Radar, dem Shuttle Multispectral Infrared Radiometer, dem Night/Day Optical Survey of Lightning und dem Feature Identification and Location Experiment. Seit jüngstem zudem ausgerüstet mit einem Fotoapparat für großformatige Bilder, deren Auflösungsvermögen 10–15 m beträgt.

Spot: französischer Satellit zur Erdbeobachtung, der mit drei Bändern im sichtbaren und nahen Infrarotbereich ausgerüstet ist, mit einem Auflösungsvermögen am Boden von etwa 20 m (multispektral) und einem breiteren Spektralband (panchromatisch weiß und schwarz) mit einem Auflösungsvermögen am Boden von 10 m.

Stereoskopie: Bilddarstellung vermittels zweier getrennter Bilder, wovon eins für das rechte Auge und das andere für das linke bestimmt ist. Obwohl diese unterschiedlichen Bilder von den Augen verschieden interpretiert werden, setzt unser Gehirn diese beiden Bilder zu einem einzigen, allerdings dreidimensionalen Bild zusammen.

Stichprobe, digitale: statistisches Einordnungssystem auf der Grundlage digitaler Daten

System, multimediales: System der Datenverarbeitung, das mit dem Anwender vermittels verschiedener Darstellungsformen der Information interagiert, wie etwa dem Kopf, den Bildern, dem Ton und der Grafik.

Telemetrische Peilung: Gesamtheit der Instrumente, Techniken und Interpretationshilfen, die die Wahrnehmungsfähigkeit des Auges erweitern und verbessern, indem sie dem Beobachter qualitative wie quantitative Informationen über weit entfernte Gegenstände liefern. Innerhalb der Archäologie wird die telemetrische Peilung, sei es vom Flugzeug oder vom Satelliten aus, erst in jüngster Zeit eingesetzt. Sie ermöglicht die Entdeckung antiker Anlagen, die noch nicht erkundet sind, sowie die Visualisierung von geomorphologischen Merkmalen und menschlicher Besiedlung in einem Gebiet.

Texture mapping: Entnahme von Materialmustern zwecks Anwendung auf grafische Gegenstände, die vom Computer erzeugt werden

TM (**T**hematic **M**apper): Sensor in den Landsat-Satelliten 4 und 5. Besondere Kennzeichen: sieben Spektralbänder, Auflösungsvermögen 30 m, Übertragungsbreite 185 Kilometer.

Visualisierung, wissenschaftliche: Anwendungsgebiet der computergestützten Simulation, die die grafische und/oder numerische Darstellung physischer oder theoretischer Modelle erlaubt.

Wire frame: Vektormodell (Gitterkonstruktion) beim grafischen Entwerfen, bei dem noch ohne Material gearbeitet wird (Arbeitsschritt beim CAD, noch vor dem *Rendering*)

Workstation: die einem einzelnen Anwender zur Verfügung stehende grafische Datenstation mit der Fähigkeit zur Verarbeitung zu einem spezifischen Zweck

Kursiv gesetzte Seitenzahlen verweisen auf Abbildungen oder eine Erwähnung des betreffenden Begriffes bzw. Personennamens in einer Bildlegende.

Abarsal 78, *82*
Abu Gurob 30, 42
Abu Rauwasch *21*, *22*, *27*
Abu Simbel 62, 66–69, *67*
– Großer Tempel *66–69*
Abusir 30
Abydos 26, 27
Achet-Aton (Tell el-Amarna) 28
Adria 130, 137
Afanasjewokultur 210
Afghanistan 78, 200, 204, 205
Afrika 12, 14–69
Ägäis *121*, 124, *124f.*, 126, *151*
Agathokles von Syrakus 146, 149
Ägypten 11, 18–69, 76, 77, 78, 79, 121, 125, 128, 174, 190
Ägyptische Altertümerverwaltung 36, 62
Ägyptisches Museum Kairo *34*, 45
Ägyptisches Museum Turin 65
Aha 26
Ahmose 58
Aigai (s. auch Vergina) 164, *165*, 168
Aigospotamus *157*
Aischylos 97, 122
Akakus 15ff., *14f.*, *17*
Akalamdug von Ur 90
Akkad 76, 78, 83, 92, 94
Akropolis von Athen 150–155, *150f.*
– Erechtheion 154f., *155*
– Niketempel 154, *154*
– Parthenon *150*, 152f., *152f.*
– Propyläen *153f.*
Alabama 242f.
Alalach 76, 77
Aleppo (Chalpa) 76, 77, *77*, 80
Alexander der Große 94, 97, 163, 164, *165*, 166, 167, 168, 169, *185*
Alexandria 41, 176
Alignment 106, *106f.*, 107f.
Alkamenos 155, *155*
Alpen (s. Similaun) *130*
Alpheios (Fluß) 160, 161, *161*
Altaigebirge 212, *213*, 214
Altertümerverwaltung von Pompeji 188
Altin Depe *199*, 200
Alva, Walter 281, 282
Amanosgebirge 78, 83
Amduat 60
Amenemhet III. 44, 45, 50
– Pyramide des *44*
Amenemhet IV. 45, 50
Amenia 29
Amenophis I. *53*
– Grab des 58
Amenophis II. *53*
– Grab des *59*, 61
Amenophis III. 53, *53*, 64
– Grab des 58, *59*, 61
Amenophis IV. (Echnaton) 28, 54, *57*
Amerika 11, 42, 240–283, *240*
Amerikanische Universität in Kairo 64
Amt für Altertümer des Irak 94
Amudarja (Oxus, Fluß) 204, 211
Amun-her-chepeschef 67
Anasazikultur 240f., *241*
Anatolien 76, 120
Anax (Wana-ka) *122*
Ancus Marcius 173
Andahuaylas 281, 282
Anden *272*, *273*, 274, 276, *276*, 279, 282
Andenstaaten 12, *272–277*
Andronikos, Manolis 164, 165, 167f.
Andronowokultur 211
Antequera, Nekropole von 111
Anti, Carlo 43
Antiochia 176
Anyang *220*, *221*
Aohan (Provinz) 230
Apenninen 130, 138
Apodoulou 120
Apulien 146
Aquileia 136
Arabien 90, 93
Aralsee 215
Archäologisches Museum Florenz *31*, 41
Archäologisches Nationalmuseum Neapel 181, *185*
Ardea 176
Arelate (Arles) 176
Argolis *127*
Argos 126
Arizona 240
Arnold, Dieter 43, 47
Arpi 143, 144
Arrukum von Ebla 78
Arschan 212f., *212*, *213*
Arsinoë 42
Artaxerxes II. 100
Arzachena 108
Ascoli, Satriano *142*, 144, *144f.*, 145
Ascope 283
Asien 7, 12, 121, 190–239
Askarov, A. 205
Assorors 149
Assuan 69
Assuanstaudamm 66, 69
Assur 77, 99
Assurbanipal von Babylon *96*
Atahualpa 272
Athanadoros 178
Athen 146, 150–155, *151*, *156f.*, 158, *158*
Attalos I. *157*
Attika 150, *150*, 153
Aubrey, John 109
Auchin 205
Augustus *145*, 171, 172, *172*, 174, *176f.*, *181*
Aurelian 171, 178
Avebury 108
Ayrton, Edward 64
Aztatlan 242
Atzcapotzalco 245
Ayacucho, Höhle von 276
Ayala, Felipe Guamán Poma de *272*
Azteken 13, 247, 256, 260–271
– Entzifferung der Schrift 11, 264–271, *264ff.*, *268–271*
– Kalender 260, *267*
– Religion 262f.

Babylon 77, 94–97, *95*
– Esagila 95
– Hängende Gärten 94, 97
– Ischtartor *94*, 96, *97*
– Prozessionsstraße *95*, 96, *96*
– Turm zu Babel 94, 95, 96
– Weltkarte *95*
Babylonien 93
Badaling *224*
Bagdad 88, 89
Bagolini, Bernardino 114
Bahr Jusuf (Josefkanal) 42, *43*
Baka, Pyramide des *21*
Bakchias 42
Bakenrenef 33–41, *33*, *39*
– Grab des *26*, 33f., *31*, *33f.*, 36–41, *36–40*
Baktrien 7, 204–209, *204f.*
Balboa, Vasco Nuñez de 272
Balbus 172
Ballerini, Francesco 65
Baltikum *137*
Bankes, William John 67
Banzi 144
Bardin, Maurice *94*
Bari (Provinz) 142
Barnenez, Hügelgrab von 108
Beijing s. Peking
Belize sinistro (Fluß) 146, 147
Belize (Staat) 244
Belzoni, Giovanni Battista 61, 67, *68*
Beni Hasan *42*, 48
Berlin 96, *97*
Bernoulli, Gustave 248
Bernstein, Verbreitung und Verarbeitung 136–141, *136–41*
Biahmu 44
Bintanat 67
Biru (Fluß) 272
Bisutun (Behistan) 98
Bohaiseee 232
Bolivien 272
Bologna (s. auch Villanovakultur) 130–135, *130*, 164
Bonampak 250, *256*
Bonanno, A. 112
Bortenschlager, Sigmar *115*
Bradano (Fluß) 142
Brasseur, Abbé 253
Bratislava 136
Breccia, Evaristo 42f.
Bresciani, Edda 33, 50
Bretagne 106, *106ff.*, 107f., 109f.
Bruce, James 61
Buch von der Erde 60
Buongarzone, Roberto 37
Burckhardt, Johann Ludwig 66
Burton, James 61, 64, *65*
Bustan 205
Byzanz 163, 215

Cacaxtla 245
Caesarea 176
Cahokia 7, 9, 242f., *242f.*
Cajamarca 272
Cambridge (USA) 117
Cannae 144, 145
Canosa *142*, 144, *144*, 145
Capac Yupanqui 273
Caracalla 171, 178, *178f.*, 179
Carnac, Alignments von *106*, 107, 110
Carnarvon, Lord 64
Carnuntum 136
Carter, Howard *59*, *64*, 64
Casalecchio di Reno 131
Caselle di San Lazaro *131*
Casteldebole 131
Castillo, Diáz des 260
Çatal Hüyük *70–73*, *70–73*
Centre National de la Recherche Scientifique (CNRS) 54, 57, 65, 184
Centre Polonais d'Archéologie 46
Centro di studi e documentazione sull'antico Egitto (CEDAE) 65
Cerveteri (Caere) 174
Chaco Canyon 240, *240*
Cha-em-weset, Grab des 65
Chahai 219
Chaironeia 163, 164, 168, 169
Chalpa s. Aleppo
Champ-Dolent, Dolmen von *106*
Champollion, Jean-François 61, 64
Chan-Bahlum III. 253
Chania 120, *120*, 121
Charnay, Désiré 253
Chavín 276
Chelua (s. auch Kom Rukaia), Grabmal des Uadsche *11*, *46*, 47–51, *47*, *49f.*, 51
Chengdu *220*, *220*
Cheops 7, *18*, *21f.*, 22, 24
– Pyramide des 18, *19ff.*, 20–23, 24, *24*
Chephren *21f.*, 22, 79
– Pyramide des *19*, *21*, 22f.
Chicama 280, *281*, 282, 283
Chicago Oriental Institute *94*
Chichén Itzá 250
Chifeng 230
Childe, Vere Gordon 106
Chile *272*, *273*, *274*
Chimalpahin 261
Chimúkultur *273*, 283
China 210, 212, *234*, 235, 236, 237, *239*

– Archäologie in der Mongolei 230–233
– Beijing (Peking) 232f., *232f.*
– Große Mauer 224, *224*
– Museen und Restaurierungsarbeiten 228ff., *228f.*
– Neue Funde aus der Shang-Zeit 220f., *220f.*
– Terrakotta-Armee 222–227, *222–227*
– Zeitalter der Jade 216–219, *216–219*
Chnumhotep, Grab des *42*
Cholula 245
Chrysolakkos 121, *123*
Cicero *173*
CNUCE (Pisa) 39
Codex Mendoza *265*, 267, 269, *269*, 270f., *271*
Codex Telleriano-Remensis *268*
Codex Tro-Cortesianus 256
Colhuacán *271*, *271*
Colorado 240
Cooper Clark, J. 268
Copán 250, 258f., *258f.*
– Ballspielplatz *259*
Coronado, Francisco Vasquez de 241
Cortés, Hernán 260
Crespellano 131
Croisiau, Alain 35
Cromlech 106, *107*, 108
Cuicuilco 244
Cupola 143
Cusi Yupanqui 273
Cuzco *272*, 273, *274f.*, 277, *277*
– Festung Sacsayhuamán *275*, *277*

Dahschur 20, 22, 27
Damaskus 80
Dänemark 110, *137*, 138
Daochos II. *157*
Darius I. 98, 100, 101
Darmstadt 13
Dashly 205, *206*
Datong 229, *229*
Daulatabad 205
Daunia 11, 142–145, *142–145*
– Grabstelen 143, *143*
Dayangzhou 221
Dekhan 107
Delos 157
Delphi 7, 156–159, *156f.*, 160, 161
– Apollontempel 158f., *159*
– Heiligtum der Athena Pronaia 159
– Schatzhäuser 157f., *158*
Demargne, P. 121
Denon, Dominique Vivant *44*
Der el-Bahari 61, *61*
Der el-Medina 58, 59
Der el-Naklun 46
Derveni, Nekropole von *164ff.*
Desful 98
Deutsche Orientgesellschaft 94
Deutsches Archäologisches Institut (Kairo) 20, 21
Deutschland 110, 138
Dieulafoy, Jane 98
Dieulafoy, Maurice 98, 101
Diodorus Siculus 43, 61, 167
Diokletian 174, 178, 179
Dion, Nekropole von 164, *164*
Dionysias 42, 43
Djarkutan 205
Djedefre *21*, *22*, *22*, 24
Djoser *27*
– Stufenpyramide des *27*, *26f.*
Dnjepr (Fluß) 213
Dodona 157
Dol-de-Bretagne *106*
Dolmen 106, 107f., *107f.*
Donau 136
Dra Abu'l-Nega 58
Dschebel Saffan 75
Dschingis Khan (Temüdschin) 232, 233
Dunhuang 229, *229*
Dupaix 253
Durán, D. 260
Dur-Untasch (Tschogha Saubil) 100

Ebla (Tell Mardich) 11, 76–83, *77f.*, *81*
– Erforschung der Texte 83
– Grab des Herrn der Capriden 82, *82*, 83
– Königspalast *79f.*
– Nordpalast *77*
– Staatsvertrag *82*, 83
– Westpalast *79*
– Tempel P2 *80*
– Unterstadt und Akropolis *76*
Echnaton (s. auch Amenophis IV.) 28, 31, 42, 54, *57*
Ecuador 273, 274
Edessa 166
Egg, Markus 115, 119
Egypt Exploration Society 28, 33
Egyptian Antiquities Organization (EAO) 65
Eje 28, 62
– Grab des 58, 61
Elagabal 178
Elam 92, 98, 100, 199
El Angel 242
El-Asasif 58
El-Chocha 58
Eleusis 159
Elis 160, *161*
Emilia-Romagna 138
England 106–113, *107*, *110f.*
Enna 149
Entella 146–149, *146f.*
– Bronzetafeln 149, *149*
– Getreidespeicher *147*, 148, *148f.*
– Nekropole *146*, 149, *149*
– Verteidigungssystem 147f.
Epidamnos 163
Epos der Befreiung *77*, 80
Ercoli, Alessandro 46, *46*
Eremitage *215*
Eridu 87
Erlitou-Kultur 231, 232
Erydike von Makedonien 168
Eryx (Erice) 146
Eschnunna 100
Essé *107*
Etrurien 130–135, *130*, 136ff.
Eumachia 185
Euphrat 78, 80, 83, 86, *89*, 95, *95*, 97
Eurasien 210–215, 232
Europa 11, 12, 42, 102–189, 190, 210, 230
Evans, Arthur *122*

Fabullus 172
Faijum 11, *11*, 42–51, *42f.*
– Chelua 48–51, *46–51*
– Hauwara, Sarkophag *45*
– Kom Madi *45*
– Medinet Madi *44*, *46f.*
– Pyramiden Amenemhets III. und Sesostris' II. *44*
Fanshan *216ff.*, 218
Farukhabad 205
Faulkner, R. O. 35
Ferner Osten 217, 234
Ferrara 67
Finati, Giovanni 67
Flinders Petrie, William Matthew 22, 42, 45
Foggia (Provinz) 142, *142*
Fondazione Lerici 194
Forte, Maurizio 9–13
Fortore (Fluß) 142
Frankreich 63, 98, 138
– Megalithkultur 106–113, *106–109*
Französisch-Ägyptisches Zentrum von Karnak 54
Französische Archäologische Mission Sakkara (MAFS) 35
Frattesina (Rovigo) 137
Friedrich II. 146
Fukuoka *234*
Fuquanshan 218
Fuxin 219

Gabii 176
Gades (Cádiz) 176
Galarza, Joaquin 268, *269*
Galgada 276
Galindo, Juan 253
Gallienus 172
Ganges (Fluß) 190
Gansu (Provinz) 229, *229*
Gao Zu *228*
Garak, Becken von 51
Gardiner, A. H. 35
Gargano (Fluß) 142
Gasa 121
Gela 149, 163
Gelber Fluß 224, 230, 232
Geoksiur 198, 204
Geomap 46
Georgia 242
Germanien 136
Getty Conservation Institute 62
Ggantija 112f., *113*
Ghirshman, Roman 100
Gia (s. auch Narmouthis bzw. Medinet Madi) 45, 50
Gise 18–25, *18–25*, 27, *27*, 79
Goedecker-Ciolek, Roswitha 115
Gonur 205, 206, 207, *209*
Gouder, T. 112
Gozo 112f., *112f.*
– Brochtorff-Kreis 113, *113*
– Ggantija 112f., *112*
Green Robertson, Merle *254*, *257*
Grenfell, Bernard 42
Griechenland 120–129, 150–169, 213
Griechisches Amt für Archäologie (Olympia) 122
Guanghan 220, *220*
Guatemala *12*, 244, 245, 248–251, *259*
Gudea von Lagasch 76
Guerrero 262
Guidotti, Maria Cristina 37
Guitarrero, Höhle von 276
Gumma 239
Gurob 42

Hadrian *170*
Hağar Quim 113
Hagesander 178
Hagia Triada *120*, 124
Hal Saflieni, Hypogäum von 112, *112*
Hal Tarxien, Tempel von 113, *113*
Hammurapi 76, *78*, 81
Hangzhou 218
Hann, Rainer 114
Harappa *191*, *193f.*, 196f., *196f.*
Haremhab 31, *31*, 53, *53*, *57*
– Grab des *26*, 28f., *28f.*, *59*, 64
Hatschepsut 53, *53*
– Grab der 59, *59*, *61*
Hattusa 78
Hauwara *44f.*, 45
Hay, Robert 61
Hebei (Provinz) *218*
Heliopolis 68
Helmand (Fluß) *198*, 201
Hemudu 234
Henutsen, Pyramide des 22
Herakleopolis 30
Herbita 149
Herculaneum 189, *189*
Herdonia 145, *145*
Herodot 26, 44, 45, 95, 96, 136, 210, 211, 214
Hetepheres, Pyramide des 22
Higashinada *235*
Himiko 236
Hindukuschgebirge 198, 204, *205*
Hipparchos 150
Hippias 150
Homer 9, 52, 122
Honduras 244, 258f., *259*
Hongshan 219, 230, *230*
Honshu *237*
Hopewellkultur 242
Huaca del Sol 282, *283*
Huanghe s. Gelber Fluß

Huarikultur 283
Huáscar 272
Huayna Capac 272, 274
Huiguanshan 218
Hunt, Arthur 42
Hussein, Saddam 95

Ibbi-Sikir von Ebla 78
Ibbit-Lim von Ebla 82, 83
Iberische Halbinsel 110
Ibi 30, 35
- Pyramide des 30
IBM-Pisa 184
Ibrium von Ebla 78
Ica 278
Idagebirge 121
Idice (Fluß) 135
Igrisch-Chalam von Ebla 78, 83
Igrisch-Chep von Ebla 83
Iktinos 151, 152, 159
Illahun 42, 44, *44*
Imhotep 27
Immeja von Ebla 83
In Elobu 16
In Habeter 16f., *16*
Indien 107, 174, 190–197, *191*, 230
Indilimgur von Ebla 83
Industal 74, 75, 90
- Stadtkultur 190–197, *190f.*, *195*, 198, *199*
Inenek 7
Inkakultur 272–277, *273*
- Gegenstände des täglichen Lebens 273, *273*
- Landwirtschaft 276, *276*
- Textilkunst 275, *275*
Institut Francais d'Archéologie Orientale (Kairo) 43
Institut für Botanik (Innsbruck) *115*
Institut für den Mittleren und den Fernen Osten (IsMEO) 193, 194, 200, 202, *202*, 204, 206, *208*
Institut für Vor- und Frühgeschichte (Wien) 114
Institut für Ur- und Frühgeschichte (Innsbruck) 114, 117
Irak 84–97
Iran 75, 87, 90, 98–101, 190, 193, 198, 200, 206
Irkab-Damu von Ebla 78, 83
Irland 106–113, *107*, *109*
Isch'ar-Damu von Ebla 78, 79, 83
Isernia la Pineta 7, 11, 102–105, *103*, *105*
- Altsteinzeitliches Grabungsfeld 102ff., *102*
- Analyse der Steinwerkzeuge 103, *103*
- Analysetechniken 104f.
- Archäozoologische Erforschung 104, *104*
- Siedlungsschicht 3A *105*
Isetnofret 62
Istituto di papirologia della Statale di Milano 43

Italien 7, 102–119, 130–149, 170–189, 195, 204, 228
Itea, Golf von 156
Iti-Taui (Lischt) 42
Iulius Caesar 171, 172, *172*
Ixtlilxochitl 261

Ja'alan 74
Jade 216–219, *216–219*
Jangtsekiang s. Langer Fluß
Jansen, Michael 193
Japan 7, 12, 217, 234–239
- Computerrekonstruktion von Kofun- und Yayoi-Stätten 238, *238*
- Kaiserin Himiko 236
- Kofun-Zeit 234, 236f., *236f.*, 238, 239
- Yayoi-Periode 234ff., *234f.*, *237ff.*
Jarmuti 83
Jequetepeque (Fluß) 280
Jéquier, G. 35
Jerusalem 80
Jiangxi (Provinz) 221
Jong, Piet de *129*
Jordanien 66
Juja, Grab des 64
Jürgensen Thomsen, Christian 216
Jütland 138

Kabah 250
Kadesch *67*, 68
Kaifeng 232
Kairo 18, 21, 26, 32, 34, 42, *43*, 58
Kallikles 167
Kallikrates 151, 152, *153*, 154
Kami-chujo *236*
Kaminalyuyu 245
Kammerlander, Hans *116*
Kampanien 144
Kan-Xul 253
Karakul 208
Karakum 206
Karanis 42, 48
Karassukkultur 212
Karkemisch 77
Karnak 52–57, *52–57*
- Amuntempel *52*
- Chonstempel *52*, 56
- Festhalle Thutmosis' III. *52*, 53
- Großer Säulensaal *52*, 56
- Heiligtum der Ipet *52*, 56, *56*
- Kanal *54*
- Kiosk des Taharka *52*
- Tempel Ramses' III. *52*
Karthago 146, 174
Karunsee (Moerissee) 42, *42f.*, 43
Kasachstan 211, 212
Kaspisches Meer *205*
Kasr es-Sagha 43
Kasr Karun (s. auch Dionysias) 43
Kasuga *234*
Kato Zakros *120*, 121

Kaukasus 232
Kelermes 213
Kelleli 205
Kercado, Grabhügel von 110
Kerkeosiris 42
Kerlescan, Alignment von 107
Kermario, Alignment von 107
Kilikien 78
Kimon 151, 153
Kingsborough, Lord 253
Kirowograd 213
Kisch 89
Kivas 240f., *241*
Kladeos (Fluß) 160, *160f.*, 161
Knidos 157, *157*
Knossos 7, 120, *120*, 121, *122ff.*
Kobe (Provinz) *235*
Kodex Hammurapi *98*, 100
Koganezuka 237
Koldewey, Robert 92
Kolumbien 272, 273
Kom el-Chamsin 47
Kom Madi *45*, 46
Kom Rukaia 47 (s. auch Chelua) 47
Konstantin 178
Konya 70, *71*
Koppe Dagh (Gebirge) 204
Kordilleren 276
Korea 217, 234, 235, 236, 237
Korinth *157*, 158
Korsika 106, 107
Kostromskaja Stanitsa 213, *215*
Kotosh 276
Kreta 11, 71, 120–125, *120–125*, 190
- Ältere Paläste 120f., *120f.*
- Diskos von Phaistos 123ff., *124f.*
- Hieroglyphenschrift 120, 121f., 123, 124
- Jüngere Paläste 121, *120*, *122*
- Linear A 120, 121f., 123, 124
- Linear B 122, 124
- Mykene und Griechenland 122f.
Krokodilopolis s. Schedet
Kuban 213
Kublai Khan 233
Kuk 253
Kumagaya *236*
Kurnet Murai 58
Kutattara 149
Kyoto 237
Kyrene *157*, 163
Kyushu (Insel) 234, 236

Labici 176
La Cumbre 283
Lagasch 76
Lahore 196
Laloux, V. *162*
Lambayeque 281, 282, *282*
Landesdenkmalamt Bozen 114
Langenscheidt 168
Langer Fluß 217, 234
Laohushan 231
Lascaux, Höhle von *10*, 63

Latium 137
Lauer, Jean-Philippe 27
Lavello 143, 144
Leclant, Jean 7, 30, 35
Lefkadia, Nekropole von 164, 166f.
- Grab Kinch 167
- Grab des Letzten Gerichts 166, *166*
- Grab von Lyson und Kallikles 167
Leidener Museum für Altertümer 28
Leochares 169
Le Plongeon 253
Lepsius, Richard 33, 37, 61
Leroi Gourhan, A. 268
Lhuillier, Alberto Ruz *252*, 257
Liangzhu-Kultur *216*, 217ff., *217ff.*
Liaoning (Provinz) 219, 221, 231, 234, *234*, 236
Libanongebirge 78, 86
Libon 161
Libyen *15*, 68
Lima 272
Li Muri 108
Lipari 149
Lippert, Andreas 114
Lischt 42
Li Shou *228*
Liu Bang 226
Liu Sheng *218*
Livius 176
Loftus, William Kennett 98
London 88, 154
Los Millares, Nekropole von 111
Louvre (Paris) 101, *101*
Loret, Victor 61
Lucera (Luceria) *143*, 144, 145
Luoyang 232
Luxor (s. auch Theben) 52, 54, *54*, 56, *57ff.*, 58
Lysander *157*
Lyson 167

Maccu Picchu *277*
Maecenas 172
Magan 74f., *74* (Oase Hili), 93
Magdola 42
Maja 28, 31
- Grab des *26*, 28
Majiabang 217
Makedonien 163, 164–169
Makedonische Königsgräber (s. auch Vergina) 164–169
Makella 149
Maler 248
Malia 120, *120f.*, 121, *123*, *125*
Mallegni, Francesco *50*
Malone, C. 112
Malta 112, *112*
Mama Ocllo *272*
Mancheng *218*
Manco Capac 272, *272*
Manischtusu von Akkad 100
Marathon 158

Marcellus 172
Marco Polo 232
Marecchia (Fluß) 137
Margiana (Merw) 204–209, *204f.*
Mari 78, 83, 88, 89
Martin, G. T. 30
Maspero, G. 35, *60*
Massilia (Marseille) *158*, 174
Matos Moctezuma, Eduardo 260f.
Maudslay, Alfred 248, 253
Mayakultur 248–259, *249*, *253*, 264
– Astronomie 259
– Kalender 255, *255*
– Kleidung 256, *256*
– Religion und Mythologie 259
– Schrift 255, *255*
Mecquenem, Roland de 98, 99
Medinet el-Nahas 47
Medinet Habu 124
Medinet Madi (s. auch Narmouthis) *44*, 45ff., *46f.*, 50
Megalithkulturen 106–113, *106–113*
– Alignment 106, 107f., *106f.*
– Cromlech 106, *107*, 108
– Dolmen 106, 107f., *107f.*
– Galeriegrab 106, *107*
– Menhir 106f., *106f.*, 109, 118, 119
Megara 157, 163
Melfi 142, 144
Melgunow Litoj 213
Mellaart, James 70, *70*
Memoires de la Délégation en Perse (MDP) 99
Memphis 26 (s. auch Sakkara), *27*, *27*, 28, 29, 30, 31, 32, 33, 68
Menander 182
Mendoza, Antonio de 267, 270
Ménec, Alignments von 107
Meng Tian 224
Menhir 106, *106f.*, 107, 109, 118, 119
Menkauhor 30
– Pyramide des 30
Merenptah 62
– Grab des *59*, *60*
Merenre, Pyramide des *30*, 35
Mehrgarh *197*
Meriatum, Grab des 61
Merikare, Pyramide des 30
Merit-Amun 67
Meritetis 7
– Pyramide des 22
Meskalamdug von Ur 88, 90
– Grab des *90*, 91
Mesoamerika 7, 244–259
Mesopotamien 74, 75, 76–101, 190, 191, 198, 199, *199*, *205*
Messak Settafet 15ff., *14f.*
Messenien 127, *127*, *129*
Messner, Reinhold *116*
Metapont 163
Methone 168, *169*
Metropolitan Museum New York 45
Mexiko 241, 242, 244–247, 252–257, 260–272, *272*, 283
Mexiko-Stadt 244, *244f.*, 260, *262*
Mexiko, Golf von 242, *253*, *260*
Mideia 122
Milazzese 149
Minussinsker Becken 212
Misenum 184
Mississippi *9*, 242, 243
Mitla 264
Mitrahine *27*
Mitsudera 239
Mittelasien 7, 11, 190, 198–209, *199*, 210, 232
Mittelmeer 7, 72, 78, 83, 112, 125, 126, 130, 134, 136, 175
Mittlerer Osten 204
Mixteken 264
Mnesiklos *153*, 154
Mochekultur 280–283, *280f.*
– Grab des »Herrn von Sipan« 281f., *282*
Mochlos 124
Moctezuma I. 261
Moctezuma II. *261*, 263, 270
Moerissee s. Karunsee
Mogao 229, *229*
Mohendscho Daro *190–194*, 193–196, *196*, 197
Molali 205
Monastiraki 120, 121
Moneer *194*
Mongolei 7, 11, *12*, 210, 212f., 215, 230–233, *230f.*
Monte Albán 245
Monte Andranone 148
Monti Lessini 118
Mora, Paolo *63*
Morgan, Jacques de 98, 99
Morgantina s. Serra Orlando
Morley 248, 256
Moskauer Akademie der Wissenschaften 205, 206, *209*
Muccioli, Giuseppe 39
Multan 196
Mundigak 199
Murgab (Fluß) 204, 206, *206*, 208
Mursili I. 77, 83
Museum für Altägyptische Kunst (Luxor) *57*
Museum für Chinesische Geschichte (Peking) 228
Museum für die Geschichte von Shaanxi (Xi'an) 228
Musgrave 168
Mutemuja 67
Mutnedjmet 29
Mykene 122, 126f., *126f.*, 128, 129, *129*
Mykenische Architektur 126–129, *126*
– Grabbauten 128f., *128*
– Palastbau 126ff., *126–129*
Mykerinos *21*, *22*, 24, *25*
– Pyramide des *19*, *21*, 22, 24
Nabeter *15*
Nabu-apla-iddina von Babylon *96*
Nagar (Tell Brak) 78, 83
Naghsch e Rostam 98
Naher Osten 12, 81, 120, 125, 134, 140, 190, 191, 192, 197, 204
Nahuakultur 270
Nakone 149
Namazga 199
Napoleon 61
Naram-Sin von Akkad 76
Narbo (Narbonne) 176
Narmouthis (s. auch Medinet Madi) 42, 45, 46
Nasser, Abdel 69
Nassersee 66, *67*
Natchezkultur 243
Nationalmuseum Brüning 282
Naturalis historia 136, 172
Nauplia, Golf von 126
Nazcakultur 278f., *278f.*
– Totenkult 279, *279*
Neapel *103*
Neapel, Golf von 184
Neave 168
Nebet-taui 67
Nebetmut 48
Nebukadnezar I. von Babylon 95
Nebukadnezar II. von Babylon 93, 94, 95, *95*, 96
Nefertari Meri-en-Mut 62f., 66, 67
– Grab der 62f., *62f.*, 65
Neferuptah 45
Nektanebos I. 53, *53f.*, 56
Nepeña (Fluß) 280, 282
Nero 136, 170, 171, 172
Nueva Crónica y Buen Gobierno *272*
Newgrange, Ganggrab von *109*, 111
New Mexico 240, *240*
Nicola di Aramengo, Gianluigi *46*, 49
Nikomachos 165
Nil 7, 18, 19, 26, *27*, 42, *43*, 52, *54*, 58, 60, 121
Niuheliang 231
Nomentum 176
Nordamerika 7, 12, 240–243
Nothdurfter, Hans 114
Nowotny, A. 268
Nubien 66
Nubunet 7
Numa Pompilius 174

Oaxaca 264
Obeid 99
Octavia 172
Odoaker 173
Odyssee 136, 137
Ofanto (Fluß) 142
Ojin *235*
Okamoto-cho *234*
Oklahoma 242
Ollantaytambo *276*
Olmeken 256, 264
Olympia 7, 122, 138, 157, 160–163, *160f.*, 169
– Heratempel *161*, 162f., *163*
– Philippeion 163, 169
– Schatzhäuser *161*, 163
– Stadion *160*, 163
– Zeustempel *160–163*, 161f.
Olympias von Makedonien 169
Oman 74f., *75*, 93, 99
Onate, Don Juan de 241
Opisthodom 161
Ordona (Herdonia) 143, 144f., *144f.*
Ordosplateau 212, 224, 230
Osaka *235*
Ostia *175*, 176
Ostsee 136
Ötzi (s. Mann vom Similaun) 11
Ötztal 114, 119
Oxford 117

Pachacutec 273f., *274*
Padua 67
Pagels, Heinz 13
Paionios 161
Pakal 252, *252*, 257, *257*
Pakistan *75*
– Stadtkultur 190–197, *190–198*
Palamidese, Patricia 39
Palästina 121
Palastmuseum (Gugong, Peking) 228
Palenque 250, 252–257, *252f.*, *255*, 258
– königlicher Palast 255, *257*
– Pyramide des Wahrsagers 253
– Tempel der Inschriften 252, *252f.*, *254*
Palermo 146
Pamirgebirge 90, 204
Panama, Isthmus von 272
Pañamarca *281*, 282
Panaro (Fluß) 135
Pandschab *191*
Pannonien 136
Papyrus Harris 56
Paracas 278
Paris 101, 117, *268*
Pasyryk 212, *213*, 214f., *214*
Pazifik 240, 280
Peafield 268
Peisistratos 150
Peking (Kambaluc, s. auch Beijing) 11, *224*, 228, 232f., *232f.*
Pella 164
Peloponnes 126–129, 160–163, *161*
Pepi I. 7, 30
– Pyramide des 32, *32*, 35, *35*, *79*
Pepi II. 27, 35
Pergamon 181
Perikles 151, 153
Pernier, Luigi 123
Perrot, Jean 99, 100
Persepolis 97, 100, 101
Die Perser 98
Persiceto 131
Persischer Golf 93,174, 198

Peru *7*, 273, 278–283, *279*
Petén 249
Petra 66, 149
Pfeiffer, John 9
Pfortenbuch 60
Phaistos 120, *120*, 121, 124
Phaistos, Diskos von 11, 123ff., *124f.*
Phidias 151, 152, 153, *153*, 154, 155, *155*, *160*, 161, *162*
Philadelphia 42, 88
Philipp II. von Makedonien 163, 164f., 167ff., *165*, *167ff.*
Philipp III. Arridaios 168
Phokis 156, *157*
Phrygien 146
Piräus *151*
Piscotal 278
Pizarro, Francisco 272
Platon 167
Pletzer, Luigi 117
Plinius der Ältere 136, 167, 172, 184
Plinius der Jüngere 184
Plouezoc'h 108
Po (Fluß) 136, 137
Pococke, Richard 61
Poebene 118, 130, *130*, 137
Polen 138
Polydoros von Rhodos 178
Polygnot von Thasos *157*
Polyzalos von Gela *157*
Pompeji *7*, 98, *173*, 180–189, *180f.*
– Apollontempel *182*, 184
– Bäckerei *187*
– Basilika *182*, 184
– Forum 183ff., *189*
– Gärten und Atriumhaus 185f.
– Haus des Fauns *185*
– Haus der vier Stile *189*
– »Pompeji drittes Jahrtausend« 186ff.
– Projekt Neapolis 188f.
– Stabianer Thermen *188*
– Tempel der Fortuna Augusta *186*
– Via dell'Abbondanza *183*
– Villa der Mysterien *188*
– Vulkanausbruch 184
Pompejus 172
Popol Vuh 259
Portugal 106, 107
Praeneste 174
Prag 168
Praxiteles 161, 163
Pronaxos 161
Psammetich I. 33, *34*
Ptolemaios II. 42
Puabi (Schubad) von Ur 89
– Grab der 89, 90, *91*, *93*
Puebla 262
Pueblo Bonito 240f., *240*
Pylos 122, 127f., *127*, 129, *129*
Pyramidentexte 30, 32, 35, *35*

Qatna *77*
Qin Shi Huangdi (Erster Kaiser, Fürst Zheng) 222, 223, *223*, 224, 225, 226, *227*
– Grab des *222*, *227*, *227*
Quito 274

Rabbi Benjamin 94
Ra's al-Hadd 75f.
Ra's al-Junayz 74, *75*
– Rekonstruktion von Häusern *75*
Ramses I. *53*, 65
– Grab des *59*, 61
Ramses II. 30, 33, 44, 53, *53*, *55*, *60f.*, 61, 62, *62*, 64, 65, *65*, 66ff., *66ff.*
– Grab des *59*, 64
Ramses III. *52f.*, 65, 124
– Grab des *59*, 61
Ramses IV., Grab des *53*, *59*
Ramses V., Grab des *53*
Ramses VI., Grab des *53*, *59*
Ramses VII., Grab des *53*, *59*
Ramses VIII., Grab des *53*
Ramses IX., Grab des *53*, *59*
Ramses X., Grab des *53*, *59*
Ramses XI. *53*, 60
– Grab des *59*
Ravone 133
Reiche, Maria 278
Reilly, Paul 9
Remedello 118, 119
Rhomaios, K. A. 167
Rì, Lorenzo dal 114
Riamses 67
Rio Grande 241
Río Motagua 258
Río Otulum 252
Rimini 136, 137
Rocca d'Entella s. Entella
Roche aux Fées, Dolmen von *107f.*
Rom *7*, 130, 170–179, *170f.*, *177*
– Acqua-Marcia-Aquädukt 178
– Anfänge 173ff.
– Forum Romanum *172*
– Gesundheitswesen 172f.
– Handel 176
– Haus des Romulus 174
– Mietshäuser *175*, 176f.
– Städtebau der Kaiserzeit 170ff.
– Tempel von San Omobono *174*
– Thermen 177ff., *178f.*
– Zeit des Augustus 175f.
Römisch-Germanisches Zentralmuseum (Mainz) 115, *119*
Romolus Augustulus 173
Rosellini, Ippolito 41, *41f.*, 61
Rotes Meer 174
Rumänien 138
Rußland 138, 210, 213

Saga 234, 235
Sagrosgebirge 198, 199
Sahagún, Bernardino de 262f.
Sahara 11, 14–17, *14f.*, *17*, 43
Saint Louis *9*, 242, *243*
Sakkara *7*, 26–41, *26f.*, *35*
Salah El-Naggar 36
Salapia 143
Salé, Homo sapiens von *9*
Saletto 131
Salomo 80
Saloniki 164
Salt, Henry 67
Samarkand 232
Samos 138
San José 283
San Juan (Fluß) 240, 244
Sankt Petersburg *215*
San Omobono 174, *174*
Santiago de Chile 274
Sanxingdui *217*, 220, *220f.*
Sarazm 204
Sardinien 106, 107, 108
Sargon I. von Akkad 76, 78, 79, 83, 100
Sarianidi, Victor 204, 205, 207, *209*
Sarnus (Sarno, Fluß) 180, *181*
Sat-Hathor-Junit 45
Sat-Re 65
Sayil 250
Schech Abd el-Kurna 58
Schedet 43f.
Scheil, Jean-Vincent 100
Schera 149
Schiaparelli, Ernesto *62*, 65
Schleswig-Holstein 138
Schliemann, Heinrich 127
Schusch 98
Die Schutzflehenden 122
Schwarzes Meer 210, *211*, 213, 214
Schweden 110
Schweinfurth, Georg August 43
Sechemchet 30
– Stufenpyramide des *26*, 30
Seeler, Eduard 263
Sefuri-Berge 235
Segesta 146, 149
Selinunt 163
Seneca 167
Serawschantal 204
Serra Orlando (Morgantina) 148
Servius Tullius 174, 175
Sesostris I. 52
Sesostris II. 44
– Pyramide des 44, *44*
Seth-her-chepeschef, Grab des 65
Sethe, K. 35
Sethos I. 53, *53*, *55*, *60*, 65
– Grab des *59*, 61
Sethos II. *53*
– Grab des *59*
Severus Alexander 178
Shaanxi (Provinz) 221, *223*, 228, *228*, 229, *229*
Shaanxi Provincial Bureau for Museum and Archaeological Data 228
Shahdad 200
Shahr-i Sokhta *7*, *198*, 199, 200–203, *200–203*
Shanghai 228
Shiji 224
Shikoku *237*
Shizuoka (Provinz) 235
Sibirien 210ff., *211*
Sicard, Claude 61
Sichuan *217*, 220, *220*
Sierra de Chiapas 252, *253*
Sikyon 157, *157f.*, 163
Silvano, Flora 37
Sima Qian 224, 231
Similaun, der Mann vom 11, 114–119, *115*, *117*
– Ausrüstung *118f.*
– Fundstelle *114ff.*
– Kleidung *119*
– Modell des Schädels *117*
Sind (Provinz) *190*, 193
Sintaschta 211
Siphnos *157f.*, 158
Siptah, Grab des *59*, 64
Sistanbecken 198–203, *198*
Sizilien 138, 146–149
Sjara-osso-gol (Fluß) 230
Skandinavien 137
Skythen s. Steppenvölker
Sogdien 215
Soknopaiou Nesos 42
Solocha 210
Songze 217
Sonnenlitanei 60
Sophokles 167
Soustelle, Jacques 249, 256
Spanien 94, 106, 107, 111, 138
Sphinx von Gise *22*, *24*, *24f.*
Spindler, Konrad 114, 117, 119
Stabiae 184
Stadtkultur im Industal 190–197
– im Sistanbecken 198–203
Stein, Sir Aurel 200
Stephens, John L. 253
Steppenvölker 210–215, *211*
– Kurgane von Arschan 212f., *212f.*
– Kurgane von Pasyryk *213f.*, 214f.
stern *119*
Stoddart, S. 112
Stonehenge 107, 108f., *110*, *111*
Strabon 94
Straße von Hormus 93
Südamerika s. Andenstaatem
Sudan 66, *67*, 121
Südtirol 119
Sumer 75, 84–87, 99
Sumoiyoshi-cho *235*
Susa (Schuschan) 98–101, *99*
– Apadanapalast 98, 99, *99*, 100
Sybaris 163
Syrakus 146, 157, 158, 160, 163
Syrdaja (Fluß) 211
Syrien 68, 76–83, *77*, 89, 121, 138

Tabasco 262
Tacitus 184
Tadrart Akakus 15
Tagarkultur 212
Taharka *52*, *55*
Tahirbaj 205, 207f., *208*
Tai-See 217, 219

Tajin 245
Talit 47
Tan Zoumaitak *16*
Tarent, Golf von 144, 145
Tarquinia 137
Tarquinius Priscus 173, 174
Tarquinius Superbus 175
Tarraco (Tarragona) 176
Tasmoliakultur 212
Taurusgebirge 76, 78, 83
Tebtynis 42, 43, 47, 51
Tedschen (Fluß) 204
Teje 42, 64
Tejo (Fluß) 106
Tenayuca 271, *271*
Tenochtitlán *13*, 244, 260–263, *261*, *263*, 264, *265f.*, *269*, 270, *271*
– Großer Tempel 260f., *261ff.*
Tenochtzin 270, 271
Teotihuacán (»Stadt der Götter«) *7*, 11, 244–247, *244f.*, *247*, 251, 258, 262, *262*, 264, *270*
– Mondpyramide *246*
– Talud-tablero *247*
Tepe Hissar 199, 200
Tepe Jahja 198, 199
Tepe Sapalli 205
Tepe Sialk 199
Tepe Tal-i Iblis 199
Teti 30
– Pyramide des *26*, 30, 35
Texcocosee 244, *260*, *265*
Tezozomoc 261
Thapsos 149
Theadelphia 42
Theben (Weset bzw. Luxor) 27, 28, 30, 31, 34, 42, 52, *53*, 54, 58–65, *58f.*, 68, 122
– Tal der Königinnen 58, 62, *62f.*, 63, 64–65
– Tal der Könige 58–64, *59ff.*, *64*
Theoderich 178
Theodosius 161
Thessalien *157*
Thom, A. 107
Thutmosis I. 53, *53*
– Grab des 58, 59, *59*, 61
Thutmosis II. *53*
– Grab des 58f., *59*
Thutmosis III. *52*, 53, *53f.*
– Festhalle des (Karnak) *52*, 53, 55
– Grab des 58, 59, *59*, 61
Thutmosis IV. *22*, *53*
– Grab des *59*, 64
Tiahuanaco 283
Tiati 144
Tiber (Fluß) 137, *171*, 173, 174, 176
Tibet 107
Tikal *7*, *12*, 248–251, *248f.*, *251*, 258
– Jaguartempel *250*
– nördliche Akropolis *251*
– Tempel I *251*
Tin-n-Ascigh 16, *17*
Tiryns 122, 127, *127*, 129, *129*
Titicacasee *272*
Tivoli (Tibur) *170*, 176
Tlatelolco 260
Togolok 205, 206f., *207*
Toro 235
Torquemada 260
Tosi, Maurizio 193, 200
Toskana 130, 137
Totenbuch 60
Trajan 171, *172*, 178
Trastevere 172
Trentino 115, 118
Troja 9
Trump, D. 112
Tsulsai Otsukayama 237
Tucci, G. 200
Tudela 94
Tuja, Grab der 64
Tula 264
Tulum 250
Tupac Yupanqui 273, 274
Tura 18, 19, 30
Tureng Tepe 199
Türkei 70–73, 76
Turkmenistan 204, 206
Tusculum 176
Tutanchamun 28, 29, 30, *53*, 58, *59*
– Grab des *59*, 64, *64f.*
Tuttul 83
Tuwa 212

Uadsche 11, 48–51, *49ff.*
– Grab des *11*, 48–51, *46–49*
Ubelhaker, Douglas H. *50*
UdSSR 204
Ugarit 121
Ukraine 213
Ul'skij *215*
Umbrien 137
Unas 30
– Pyramide des *26f.*, *30*, 30
UNESCO 66, 69, 229
Ungarn 210, 213
Universität Aachen 193, 194
Universität Harvard 196
Universität Innsbruck 114, *115*, 117
Universität Kairo 42
Universität Madison (Wisconsin) 196
Universität Mailand 45
Universität von Michigan 42
Universität von Pennsylvania 248
Universität Pisa (Archäolog. Abteilung) 33, 34, 36f., 39f., 45–48, *46ff.*, *50*, 51, 146
Universität von Rom 76
Universität von Trient 114
Untasch-Nabirischa 100
Uppsala 117
Ur 75, 79, *84*, 88–93, *88ff.*, 99, 190
– Standarte von Ur *91*
– Zentrum *88*
– Zikkurat *92f.*
Ural 211
Ur-Nammu von Uruk *84*, *87*, 92, *92*
Urschu *77*
Urubambatal 273
Uruk 84–87, *84–87*, 99
USA 12, 117, 195
Usbekistan 205
User 121
Userkaf 30
– Pyramide des *27*
Usumincinta (Fluß) 250, 252
Utah 240
Uxmal 250

Valle, Pietro della 94
Vaphio 129
Vasto *103*
Veji 137
Venetien 118, 137
Ventris, Michael 122
Veracruz 262
Vereinigte Staaten s. USA
Vergina (Aigai) 164ff., *165*, 167ff., *167ff.*
– Grab der Eurydike *165*
– Grab Philipps II. 165f., 167ff., *168f.*
Veria 166
Verucchio, Bernstein in 136–141, *136–141*
– Bronzegegenstände 140, *140*
– Goldschmiedekunst 140f., *140*
– Verarbeitungstechnik 137–140, *137–140*
Vespasian 185
Vicús 283
Villanova di Castenaso 130
Villanovakultur (Bologna) 130–135, *131*, *135*
– Besiedlung 134f., *135*
– Bronzehort von San Francesco 131ff., 134
– Einführung der Schrift 134, *134*
– Nekropolen 133f., *131*, *133ff.*
– Villanovahütte 132, *132*
Vintschgauer Alpen 118
Viracocha 273
Virú 282
Vogliano, Achille 43, 47
Vorderer Orient 12, 70–101, 210
Vyse, Howard 24

Wadi In Elobu *14*, 16
Wadi Mathendush 17, *17*
Wadi Rajan *43*, 47
Wadi Sennadar *14*, 16, *17*
Wadi Teshuinat *15*
Waldeck, Graf 253
Wana-ka *122*
Warka 84
Waters, Frank 241
Weeks, Kent 64, *65*
Wei-Fluß *222*
Wilkinson, John Gardiner 61
Wiltshire 108, 109
Witigis 173
Wolga 210
Woolley, Leonard 76, 88, *88*, 90, 91, *91*
Wörterbuch der aztekischen Glyphen von Ortsnamen 269
Wörterbuch von kleinsten Elementen der Nahuatl-Sprache 269
Wüstenlack (Sahara) 14–17, *14f.*

Xerxes I. 96
Xi'an (Chang'an) *7*, *222*, *223*, 228, *228*, 230
Xing'an 221
Xinglongwa-Kultur 230
Xinjiang (Provinz) 221
Xiongnu-Kultur 231
Xirotis 168
Xochicalco 245

Yamato 236
Yangzi s. Langer Fluß
Yaoshan *217ff.*, 218
Yaxchilán 250
Yoshinogari 234, 235f., 237, *239*
Yucatán *248*, *254*, 256
Yungang 229, *229*

Zapoteken 264
Zawijet-el-Arjan *21*, 24
Zentralasien s. Mittelasien
Zhaobaogon-Kultur 230
Zhejiang 218, 221
Zhengzhou 221

BILDNACHWEIS

Archivio Centro Studi Ricerche Ligabue, Venedig: 199 oben, 200, 201, 202 unten links, 202 unten rechts, 203, 204 unten, 204 rechts, 205 rechts, 205 unten. – *Archivio Mondadori:* 6, 22 Mitte links, 24 unten, 25 unten, 29 Mitte rechts, 30 links, 45 unten links, 63 unten, 64 unten rechts, 70 Mitte rechts, 73 oben rechts, 84 links, 87 unten rechts, 90 oben, 91 oben links, 91 unten rechts, 122 oben links, 123 unten, 124 oben links, 124 unten, 129 oben links, 129 Mitte rechts, 129 unten links, 130 oben rechts, 135 oben, 141 oben, 143 Mitte rechts, 143 oben rechts, 144 oben rechts, 150 oben rechts, 152 unten, 153 oben, 154 oben, 156, 157 oben links, 160 Mitte rechts, 162 Mitte links, 166 unten links, 169 Mitte rechts, 170 oben rechts, 171 unten, 174 oben links, 174 unten rechts, 175 unten, 181 Mitte rechts, 187 Mitte rechts, 189 oben links, 190 Mitte links, 192 oben rechts, 193 Mitte links, 195 Mitte, 211 unten, 213 unten, 216 oben rechts, 216 unten, 217 unten, 220 links, 221 links, 222 Mitte links, 223 Mitte rechts, 224 oben rechts, 225 unten links, 226, 227, 234 Mitte, 234 unten, 235 unten links, 236, 237, oben, 237 unten, 240 Mitte links, 241 oben, 242 links, 243 oben rechts, 244 Mitte, 246, 247 unten, 249 oben, 252, 253 oben links, 254 oben rechts, 257 unten links, 260 Mitte rechts, 257 unten links, 260 Mitte rechts, 260 unten, 261 oben rechts, 262 oben, 264 links, 264 rechts, 267 Mitte rechts, 268 unten, 269, 272 links, 272 unten, 273 Mitte oben, 273 unten rechts, 274 unten rechts, 276 oben rechts, 276 Mitte, 280 unten, 281 oben rechts, 281 Mitte, 281 unten rechts, 283 unten. – *Maria Carmela Betrò, Universität Pisa:* 36 oben links, 36 oben rechts, 36 unten, 36, 37, 37 oben, 38 links, 38 unten, 39 oben links, 39 oben rechts, 39 unten, 40 unten, 41 oben, 41 rechts. – *Edda Bresciani, Universität Pisa:* 33 oben, 33 unten, 34 oben, 34 unten links, 34 unten rechts, 40 oben links, 40 oben rechts, 42 Mitte, 42 unten, 44 unten links, 44 rechts, 45 oben, 45 unten rechts, 46 Mitte, 46 unten rechts, 47 oben, 47 Mifte, 48 oben, 48 unten links, 49 oben links, 49 unten, 50 Mitte, 50 unten, 51 unten. – *Benjamin Britton, Universität Cincinnati:* 10 oben, 10 unten. – *Maurizio Cattani, Parma:* 198, 206 unten, 207 oben, 207 oben links, 207 oben rechts, 208 oben rechts, 208 unten links, 209. – *Cineca, Laboratorio di Visualizzazione Scientifica e Supercalcolo, Bologna/Maurizio Forte:* 148 oben, 148 unten, 167 oben rechts, 167 Mitte links, 174 Mitte links, 207 unten. – *Serge Cleuziou, Paris:* 74, 75 Mitte, 75 unten. – *Mauro Cremaschi, Reggio Emilia:* 14 oben, 14 unten, 15 links, 15 unten, 17 unten. – *Lorenzo De Cola, Mailand:* 16 links, 16 Mitte. – *Roberto De Nicola-Sabatino Laurenza, Neapel:* 202 oben. – *Explorer, Paris:* 43 unten. – *Maurizio Forte, Reggio Emilia:* 130 unten, 131 oben rechts, 131 Mitte, 132 oben, 132 Mitte, 132 unten, 134 unten rechts, 135 unten, 142 Mitte, 143 unten, 144 oben links, 144 Mitte links, 144 unten, 145 Mitte, 145 links, 145 unten links, 147 oben rechts, 147 unten. – *Futura Film, Mailand:* 110. – *Louis Godart, Rom:* 120 links, 121 oben, 121 unten, 124 oben rechts, 125 oben rechts. – *Hochfeiler, Rom:* 78 unten, 81 oben, 81 Mitte links, 81 unten. *IBM SEMEA, Mailand:* 188 oben, 188 rechts, 188 unten, 189 oben reehts, 189 unten. – *Infobyte, Rom: 62* oben rechts, 62 Mitte rechts. – *Alan Kalvin,* IBM*: 9.* – *Laboratorio di Topografia Storico-Archeologica del Mondo Antico, Scuola Normale di Pisa:* 146 links, 146 unten rechts, 149 oben, 149 unten. – *Audran Labrousse, Paris:* 32 oben, 32 Mitte, 32 unten links, 32 unten rechts. – *Daniel Lévine, Paris:* 282 unten, 283 oben. – *Ministero per i Beni Culturali, Bologna:* 3, 133 oben, 133 unten rechts, 136 Mitte, 136 unten rechts, 137 Mitte, 137 unten, 138 unten, 139 oben, 139 unten, 139 rechts, 140 oben links, 140 Mitte rechts, 140 unten, 141 unten rechts. – *Mission archeologique française, Paris:* 99 oben rechts. – *Musée de L'Homme, Paris:* 273 Mitte unten, 275 oben, 279 Mitte rechts. – *Musée de l'Homme/J. Oster:* 278 oben links. – *Musée de l'Homme/Photo Kido:* 279 unten. – *Archäologisches Museum, Saloniki:* 164 rechts, 165 unten links, 165 unten rechts, 166 oben, 167 unten, 168 oben, 168 unten, 169 unten links. – *National Geographic Society:* 24 oben. – *National Geographic Society/Victor R. Boswell:* 21 oben. *National Geographic Society/David Hiser:* 262 unten. – *National Geographic Society/Claude E. Petrone:* 21 oben rechts. – *Mario Necci (mit freundlicher Genehmigung der Missione Archeologica Italiana in Siria der Universität »La Sapienza«, Rom):* 76, 77 oben rechts, 77 unten, 78 oben, 79 oben, 79 unten rechts, 80 oben, 80 unten, 82 oben links, 82 oben rechts, 82 unten, 83 oben. – *Grazia Neri/Georg Gerster:* 84 unten. – *Kazumasa Ozawa, Universität für Elektro-Kommunikation, Osaka:* 235 oben, 238 oben, 238 unten. – *Daniele Pellegrini, Rom:* 102 Mitte rechts. – *Carlo Peretto, Ferrara:* 102 unten links, 103 rechts, 105 oben links. – *Bruno Picard-I. Willerval, Paris:* 101 unten. – *Agentur Luisa Ricciarini, Mailand:* 18 unten, 25 oben, 59 Mitte rechts, 64 oben, 65 oben, 72 oben, 72 unten links, 73 Mitte links, 86 oben, 86 unten, 88 Mitte links, 91 Mitte rechts, 92 unten, 97 rechts. 100 unten, 112 unten, 131 unten rechts, 173 unten, 178 oben, 184, 187 oben links, 210, 212 oben links, 213 oben, 215 oben, 215 unten, 217 unten. – *Luisa Ricciarini/Andrea Baguzzi:* 158 unten, 159 oben links. – *Luisa Ricciarini/Archiv 2P:* 251 oben. – *Luisa Ricciarini/Giorgio Nimatallah:* 122 unten, 133 Mitte, 133 Mitte links, 134 oben, 134 unten links, 152 oben, 173 oben, 192 links. – *Luisa Ricciarini/Publiaerfoto:* 160 unten, 180. – *Luisa Ricciarini/Giovanni Ricci:* 161 oben rechts, 162 oben rechts, 163 oben, 163 Mitte. – *Luisa Ricciarini/Roberto Schezen:* 172 rechts. – *Luisa Ricciarini/Emilio Simion: 94* unten links, 98, 99 unten, 123 oben, 125 links, 170 unten, 179 oben, 189 Mitte rechts. – *Luisa Ricciarini/Work in Progress:* 223 unten. – *Luisa Ricciarini/Foto W.P.S.:* 60 unten, 69 oben, 191 oben rechts, 191 Mitte links, 274 oben, 275 unten, 278 unten. – *Gianluca Rossi, Sasso Marconi, Bologna:* 265 oben, 266 oben, 267 oben, 268 Mitte, 270 oben, 271 oben links, 271 rechts, 271 unten. – *Santa Barbara Studios und Pathways Production:* 8, 242 unten, 243 unten, 257 oben links, 257 oben rechts, 257 Mitte. – *Scala, Florenz:* 112 Mitte rechts, 176 oben, 185 oben. – *Filippo Salviati, Rom:* 109 Mitte, 109 unten links, 218 links, 220 Mitte rechts, 220 unten, 225 Mitte unten, 228 oben, 228 unten, 229 oben links, 229 oben rechts, 229 unten, 230 unten links, 231 oben, 239. – *Sam Sherril, Universität Cincinnati:* 12 unten, 248 unten rechts, 249 Mitte rechts, 249 unten rechts. – *Alberto Siliotti, Verona:* 11 oben,11 unten, 18 rechts, 19 oben rechts, 20 rechts, 22 oben, 23, 26 rechts, 30 oben rechts, 31 oben, 35 unten, 44 oben, 51 oben, 52, 53 oben rechts, 54 unten links, 54 Mitte rechts, 55 unten, 56 Mitte links, 56 unten, 57 oben, 57 unten, 58, 60 oben, 61 oben, 61 unten links, 61 unten rechts, 62 unten links, 63 oben, 64 unten links, 67 oben rechts, 67 Mitte rechts, 67 unten rechts, 68 Mitte rechts, 69 unten, 70 unten, 71 oben links, 72 Mitte rechts, 85 unten, 87 oben, 87 Mitte links, 92 oben, 94 unten rechts, 95 oben rechts, 96 oben, 97 oben links, 101 oben, 106 links, 107 unten rechts, 108, 109 oben links, 111 oben rechts, 111 unten, 155 oben, 245 unten, 250 links, 250 unten, 254 oben links, 254 unten, 255 oben links, 255 oben rechts, 256 oben links, 256 unten rechts, 270 unten. – *Andreas M. Steiner, Rom:* 112 oben links, 113 Mitte rechts. – *Agentur Stradella/Lamberto Caenazzo:* 249 Mitte links, 276 unten, 277 Mitte links, 277 unten rechts. – *Agentur Stradella/Erminio Papetti:* 224 unten. – *Agentur Stradella/Archiv 2P:* 245 Mitte, 251 unten, 255 unten, 280 oben. – *Agentur Stradella/Amedeo Vergani:* 117 Mitte rechts, 122 oben rechts, 126 oben links, 127 rechts, 128 unten, 150 unten, 153 unten, 154 unten. – *Studio Altair 4, Rom:* 182 oben, 182 Mitte rechts, 182 unten, 183 Mitte, 183 unten, 186 oben, 186 unten. – *Studio Pagus Media, Vicenza:* 15 oben, 17 oben, 19 oben links, 19 unten, 20 unten links, 26 links, 27 oben, 31 unten, 43 oben links, 43 oben rechts, 53 oben links, 53 unten, 59 oben links, 59 unten, 65 unten, 67 oben links, 71 oben rechts, 71 unten, 75 oben links, 77 oben links, 84 oben, 85 oben, 85 Mitte rechts, 88 oben, 95 oben links, 95 unten links, 99 oben links, 103 oben links, 104, 105 unten rechts, 107 oben links, 113 oben, 115 oben rechts, 120 oben rechts, 126 unten, 127 oben links, 128 oben, 136 unten links, 137 oben, 138 oben, 138 Mitte, 142 unten links, 143 oben links, 147 oben links, 151 oben, 151 unten, 157 oben rechts, 157 unten, 158 oben, 161 oben links, 161 unten, 164 unten links, 165 oben links, 171 oben rechts, 177 unten, 178 unten links, 181 oben links, 181 unten, 191, oben links, 197 oben links, 199 unten, 205 oben, 206 oben, 211 oben links, 212 unten, 214, 222 Mitte rechts, 222 unten, 223 oben links, 224 Mitte links, 225 oben rechts, 240 oben rechts, 240 unten, 242 oben rechts, 244 unten, 245 oben links, 247 oben, 248 oben, 248 unten links, 253 oben rechts, 253 unten, 258 unten, 259 oben links, 261 oben links, 261 unten, 265 rechts, 273 oben links, 274 unten links, 279 oben links, 279 oben rechts, 281 oben links. – *J. Suire, Paris:* 96 unten. – *Taisei Corporation, Tokyo:* 12 oben, 13, 68 oben, 68 unten links, 88 unten, 89 oben, 89 unten, 90 Mitte links, 90 unten rechts, 93 unten, 152 Mitte, 175 oben, 176 unten, 177 oben, 179 unten, 231 Mitte, 232 links, 232 oben, 233, 241 Mitte, 263 oben, 263 unten, 266 unten. – *TE.M.P.LA. Tecnologie Multimediali per l'Archeologia, Bologna:* 1, 27 unten, 28 oben, 28 unten, 29 oben links, 29 oben rechts, 29 unten links, 29 unten rechts. – *Isabelle Tisserand-Gadan, Paris:* 258 oben rechts, 259 Mitte, 259 unten. – *Victoria und Albert Museum, London:* 230 Mitte. – *Massimo Vidale, Rom:* 190 unten, 191 unten rechts, 193 oben rechts, 193 unten links, 194 oben links, 194 Mitte, 194 unten rechts, 195 oben links, 195 Mitte rechts, 196 links, 196 unten, 197 unten. – *Village H.T.C., Rom:* 54, 55, 56 oben, 66, 129 unten rechts, 155 unten, 159 rechts, 162 unten rechts, 163 unten rechts, 172 unten links, 185 unten, 187 unten. – *Wang Mingda, Hangzhou:* 216 Mitte links, 217 Mitte links, 218 unten rechts. – *ZKM (Computeranimation von Heinach Klotz und Monique Mulder, 1995), Karlsruhe:* 73 unten. – Aus *»Arts of Asia«, März/April 1993:* 221 oben rechts, 221 Mitte rechts, 221 unten rechts. – Aus *»Kulturführer Liangzhu« (Liangzhu wenhua yugi), Pechino-Hong Kong, 1989:* 217 oben, 219 oben, 219 Mitte links, 219 Mitte rechts, 219 unten. – Aus *»Journal of Hellenic Studies«, 1984:* 169 oben. – Aus *M. Egg, K. Spindler »Die Gletschermumie vom Ende der Steinzeit aus den Ötztaler Alpen«, Mainz 1993:* 114, 115 links, 116, 117 oben, 117 unten, 118 119. – *Helene Weiß:* Vorsatzpapier

Für eventuelle Irrtümer oder versehentlich unterlassene Angaben bittet der Verlag um Entschuldigung.

Der Verlag dankt folgenden Unternehmen und Instituten für ihre wertvolle Mitarbeit:

- Taisei Corporation, Tokyo
- Cineca, Laboratorio di Visualizzazione Scientifica e Supercalcolo, Bologna
- Hochfeiler, Rom
- IBM SEMEA, Mailand
- Infobyte, Rom
- Santa Barbara Studios and Pathways Production
- Studio Altair 4, Rom
- Studio Pagus Media, Vicenza
- TE.M.P.LA., Tecnologie Multimediali per l'Archeologia, Bologna
- Village H.T.C., Rom